cocon

Zum Buch

Unter normalen Umständen hätte der kleine Dieter zum jungen Mann heranwachsen können, der vielleicht in den väterlichen Betrieb eingetreten wäre. Doch nichts war „normal" in dieser Zeit, wenn man heutige Maßstäbe anlegt. Die Normalität des Lebens der Familie Möckel wurde das, was die Nazis aus Deutschland machten: ein Land, in dem eine radikale politische Bewegung sich alle Macht aneignete, die Gesellschaft in „gute" Deutsche und in „Volksschädlinge" aufteilte und unnachgiebig verfolgte; ein Land, in dem alle Medien vom Regime beherrscht und kontrolliert wurden, in dem tagaus, tagein übelste Propaganda verbreitet wurde; ein Land, in dem schon die Kinder in den Schulen von den Lehrern und in zahlreichen nationalsozialistischen Organisationen von den „Führern" indoktriniert wurden.

Dieter Möckel erzählt, wie er hineinwächst in diese Verhältnisse und wie er von ihnen geprägt wird. Als kleines Kind kann er sich der gesellschaftlichen und politischen Atmosphäre seiner Zeit nicht entziehen. Die Eltern geben ihren Kindern Geborgenheit und Liebe, doch sie vermögen es nicht – und sie wagen es nicht – in einem von Hass und Hetze geprägten Land ihre Kinder in einer Weise großzuziehen, die den Normen des nationalsozialistischen Deutschland widersprochen hätte. In einer Diktatur, das zeigt die Schilderung von Dieter Möckel eindringlich, ist es nahezu unmöglich, als Kind und Jugendlicher in Distanz oder gar Opposition zum Regime heranzureifen, weder in der emotionalen noch in der intellektuellen Entwicklung. Der individuelle Reifeprozess ist unter solchen Umständen ein Prozess der Korruption der kindlichen Anlagen hin zu einem ideologisch verzerrten, inhumanen Welt- und Menschenbild.

Dieter Möckel

Ein vom Wind verwehtes
Sandkorn
Kindheit und Jugend im Nationalsozialismus

cocon

Dieter Möckel: Ein vom Wind verwehtes Sandkorn.
Kindheit und Jugend im Nationalsozialismus
Herausgegeben von Claudia Koch, Ingeborg Möckel, Georg Möckel,
Stefan Möckel, Thomas Möckel, Jürgen Müller, Joachim Schulmerich,
Sybille von Soden
ISBN 978-3-86314-335-0
Erschienen im CoCon-Verlag, 2. Auflage, Hanau 2017
www.cocon-verlag.de

Lektorat: Isabella Heil
Kommentierung: Jürgen Müller
Umschlaggestaltung: Daniel Nachtigal
Vignetten: Dieter Möckel

Die Drucklegung dieses Buches wurde ermöglicht durch großzügige Zuschüsse
der Bürgerstiftung Nidderau und der Stadt Nidderau.

Vielen Dank allen, die geholfen haben,
dass aus Dieters Erinnerungen ein Buch wurde.

Ingeborg Möckel

Inhalt

1 Die Eltern (1900–1930)   9

Wandervogel • Familiengründung und Geschäftseröffnung

2 Die Gefeller Zeit (1930–1938)   17

Geburt und erste Erinnerungen • Die Putzfrau und ihre Schreckgespenster • Der SA-Onkel • Der Umzug der Plauener Großeltern • Streiche und Strafen • Die Zugehmädchen • Der Dorfarzt und seine Familie • Neugier auf das Weibliche • Auch die schönste Zeit vergeht • Meine Einschulung • Gelddiebstahl • Das Fahrrad • Kraft durch Freude • Maxl • Ausflüge • Damenkränzchen • Bocksgestank • Eberhards Internat • Im Geschäft • Das Gefeller Weihnachtsfest • Pläne für Berlin • Winter • Krankheit • Rainers Einschulung • Der letzte Gefeller Sommer • Schieferbruch • Sommerfrische • Umzug

3 Die Berliner Zeit (1938–1940)   83

Fahrt nach Berlin • Das neue Haus • Schulanfang in Berlin • Ratten • Berliner Schulweg • Heikle Frage • Stollen backen • Geigenunterricht • Das erste Berliner Weihnachtsfest • Eisenbahngrundstück • Flugexperimente • Uniformierung • Sommerhitze • Ausflug nach Tempelhof • Ausflug nach Babelsberg • Bollewagen • Karl-May-Festspiele • Jungvolk • Kriegsanfang • Kriegsgefangene • Volksempfänger • Kriegsspiele • Kindersoldaten • Blick aus dem Küchenfenster • Ausflug nach Tegel • Der Berliner Betrieb • Der Führer kommt • Erster Luftangriff • Urlaub

4 Kinderlandverschickung (1940–1945)   183

KLV • Abschiede • Der Vater kommt aus Gefell • Reisetag • Königsberg • Die Ankunft • Olgachens Tod • Bernstein • Das Brummtopflaufen • Een Boot is noch buten! • Beetenbatsch, Sperkles und Sauerampfersuppe • Das Palmnickener Weihnachtsfest • Wintervergnügen • Schollchenfahren • Die Grönlandexpedition • Feuerzauber • Auf dem Heuboden • Beim Wirt • Schlachtfest und Heimkehr • Wieder Krieg! • Bertchen Lohr oder: verbotene Spiele • Abschied von Palmnicken • Ausblick: Kriegsende in Ostpreußen • Das Lager Krössinsee • Warnicke, der Päderast • Das Leben im Lager • Herbst- und Winterfreuden • Mufti, der Tapfere • Julfest und Weihnachten 1941 • Die Schwarze Kuh • Bannturnfest • Letzte Tage in Krössin • Fahrt nach Lohme • Das Chemnitzer Jugendheim • Berlinurlaub • Zurück ins Lager • Bomben auf Berlin • Die Aktentasche • Urlaubstage in Lychen • Falkenstein • Herbstferien in Gefell • Wieder in Falkenstein • Kohlenklau • Nachmittage in Falkenstein • Wochenendbesuch in Gefell • Zurück ins KLV-Lager • Weihnachten in Gefell • Dresden • Fahrt in das KLV-Lager Bistritz • Ankunft auf dem Hostein • Winter im Lager • Frühling und Sommer auf dem Hostein • Spiele in der Freizeit • Prag • Das KLV-Lager in Böhmisch Brod • Noch einmal Prag • Das KLV-Lager in Schwarzenberg

5 Wehrdienst und Gefangenschaft (1945)   471

Das Wehrertüchtigungslager Groß-Zinitz • „Freiwilligenmeldung" zum Wehrdienst • Kriegsende • Im russischen Gefangenenlager • Transportmusterung • Národni vybor • Calofrig • Der Unfall • Küchendienst • Die Ziegelei • Nashornkäfer • Auf der Feldbahn • Jitka • Herbst • Ein Instrument wird repariert

Anmerkungen   548

Nachwort   560

1

Die Eltern

1900–1930

Wandervogel

Es war die Jugendbewegung, der „Wandervogel", der meine Eltern zusammengebracht hat. Während mein Vater Hans Möckel* sich schon vor dem Ersten Weltkrieg diesem Strom aufmüpfiger, dem Plüschmöbelmief entfliehender Jugend angeschlossen hatte, stieß meine Mutter Rosel, geborene Pörschke, erst nach 1918 dazu. Mein Vater fühlte sich damals noch ganz als Künstler und kleidete sich auch danach: schwarzer, breitkrempiger Schlapphut, langes, ebenfalls schwarzes Lodencape, schwarzes Haar, feurige Augen, recht nach dem Geschmack eines schwärmerischen, jungen Mädchens. So jedenfalls hat unsere Mutter im Alter diesen hoffnungsvollen Kunsteleven oft geschildert. Sie wiederum konnte durch ihr Äußeres das Interesse eines künstlerisch begabten, dem Schönen zugetanen jungen Mannes durchaus auch wecken. Groß, dennoch grazil, bei aller Naturschwärmerei tatkräftig und unerschrocken. Später, während und nach dem Zweiten Weltkrieg, hat ihr diese unerschrockene Tatkraft geholfen, so manche gefährliche Situation zu entschärfen.

Der „Wandervogel" war um 1900 als eine Jugendbewegung entstanden, die sich von der als verlogen empfundenen städtischen Welt des Bürgertums ab- und der freien Natur zuwandte. Die Bewegung nahm ihren Anfang in Berlin-Steglitz und breitete sich rasch über das ganze Deutsche Reich aus. Im Jahr 1913 versammelten sich auf dem Hohen Meißner im osthessischen Bergland über 25 000 junge Deutsche zu einem Treffen „wider das Spießbürgertum unserer Zeit". Es war ein friedlicher Aufstand engagierter Mädchen und Jungen gegen die Generation ihrer Eltern. „Selbstbestimmung und innere Wahrhaftigkeit" waren ihre Ziele, romantisch verklärte Rückwendung zu vergangenen Zeiten beherrschte ihr Lebensgefühl.

Auf ihren häufigen Wanderungen in die Natur wurde viel musiziert und gesungen. Fiedel und Klampfe, Blockflöte und Laute liehen dem Gesang der wiederentdeckten alten Volkslieder ihren begleitenden Klang. Peter Harlan[1], der Bruder des umstrittenen Naziregisseurs Veit Harlan[2], begann nach 1918 in Markneukirchen Gamben[3] und historische Lauten zu rekonstruieren. Darauf wurden überwiegend deutsche Komponisten vergangener Zeiten gespielt:

---

* Die Namen der Familienangehörigen wurden beibehalten, ebenso die Namen von bekannten historischen Personen. Dagegen wurden die Namen aller anderen im Verlauf der Erzählung auftretenden Personen geändert.

Heinrich Isaak, Ludwig Senfl und Michael Praetorius, um nur einige zu nennen. Harlan war auch mit meinen Eltern bekannt. Er hat diese ein- oder zweimal in Gefell[4] besucht und hätte es gern gesehen, wenn Vater von der Geige auf die Gambe umgestiegen wäre.

Das Bild dieser Jugend war keineswegs einheitlich, denn die Gruppen umfassten alle ideologischen Strömungen ihrer Zeit, vom äußersten rechten bis hin zum äußersten linken Rand der Gesellschaft. Auch religiös Engagierte fanden Gleichgesinnte. Zum Leitlied des „Wandervogels" wurde „Wildgänse rauschen durch die Nacht".[5] Wie so vieles aus der Jugendbewegung wurde auch dieses Lied später von den Nazis und ihren Jugendorganisationen übernommen. Ich habe es oft zu Heimabenden und ähnlichen Zusammenkünften des Jungvolks gesungen.

Jugendliche gleicher Anschauungen und Interessen schlossen sich damals zu Bünden zusammen. Es entstand die sogenannte Bündische Jugend. Fritz Jöde hat mit seinen Hermann-Löns-Liedern das Lebensgefühl dieser unter klingendem Klampfenspiel singend durch die Lande wandernden Jungen und Mädchen getroffen.[6]

„Rosemarie, Rosemarie,
Sieben Jahre mein Herz nach dir schrie,
Rosemarie, Rosemarie,
Aber du hörtest es nie!"

Besonders verehrt wurde die Frau, das Mädchen, als Hüterin „Deutscher Haus- und Frauenehre". Der Wanderkameradin war der Schutz von Anstand und Sitte anvertraut, sie hatte die Aufgabe, die wilden Wünsche und Triebe der Wanderkameraden im Zaum zu halten und zu läutern.

Zum Habitus der Wanderjugend gehörte natürlich auch eine vom damals Üblichen abgehobene Kleidung. Im Sommer trug man Sandalen, sogenannte Jesuslatschen. Bei den Frauen kamen weite, wehende Reformkleider aus grob gewebten Stoffen dazu. Die Männer kleideten sich in bäurische Hemden und Hosen, aus ähnlichen Stoffen geschneidert wie die Frauenkleidung. Die Wetterkleidung bestand aus Lodencapes im Hirtenschnitt und festen Lodenhüten. Mit dieser Aufmachung hoben sich die Jugendlichen von der bürgerlichen Gesellschaft deutlich ab. Wenn an den Sonntagnachmittagen die bessere Gesellschaft im Plauener Stadtpark lustwandelte, konnte es geschehen, dass sie auf Wandervogelgruppen trafen, die von ihren Wochenendfahrten heimkehrten. Natürlich wären Herr und Frau Oberpostsekretär nicht erfreut gewesen, von ihrer reformgekleideten Tochter bei einem zufälligen Zusammentreffen vor allen Leuten begrüßt zu werden. Herr und Frau Zeichenateliersbesitzer Möckel wäre es mit ihrem wanderbesessenen Sohn ebenso ergangen. Es gab darum ein Abkommen zwischen den Generationen, bei solchen Gelegenheiten grußlos aneinander vorbeizugehen.

Familiengründung und Geschäftseröffnung

Im Jahr 1921 haben sich meine Eltern heimlich verlobt. Diese Heimlichkeit rührte wohl daher, dass meiner Mutter und meines Vaters Eltern sich nicht immer einig waren: „Für die waren wir, als kleine Beamte, doch nie gut genug." So äußerte sich Oma später.[7] Zwei Jahre später hat das junge Paar dann geheiratet. Bis 1926 mussten sie noch mit meinen Großeltern zusammenwohnen, denn es war damals für junge Paare schwer, eine eigene Wohnung zu finden.

Die Großeltern besaßen in der Wildstraße in Plauen einen kleinen Garten, den sie meinen Eltern zur Verlobung schenkten. Sicherlich hofften sie, dadurch die jungen Leute von ihrer sonntäglichen Wanderei abzubringen. Dies hat aber nicht geklappt. Der Garten musste verkauft werden, nachdem die Nachbarn sich über dessen Verwahrlosung beklagt hatten. Den jungen Leuten waren die Wandertouren am Ende doch lieber als die Gartenarbeit.

Im Jahr 1926 wurde mein Bruder Eberhard geboren. Meine Eltern nahmen dessen Ernährung sehr genau. Er wurde während des Stillens mehrmals gewogen und kam, wenn er das vorgeschriebene Quantum eingesuckelt hatte, in sein Bettchen, er mochte schreien, so viel er wollte. Oma behauptete stets, er wäre ohne ihre Hilfe bei solcher Ernährung verhungert. Sie hat ihm, sobald es möglich war, heimlich zugefüttert. Als er größer wurde, hat er viele schöne Sommertage bei den Großeltern in der Siedlung verbracht.

Mein Vater war nach dem Ersten Weltkrieg und der Beendigung seiner Ausbildung als Kompagnon in den Stickereibetrieb meines Großvaters eingetreten. Aber nach einigen Jahren der Zusammenarbeit hat er sich auf eigene Füße gestellt. Während der Großvater an der altbewährten Herstellung hochwertiger Handarbeiten festhalten wollte, war mein Vater am zusätzlichen Aufbau einer Maschinenstickerei interessiert. Der Anfang muss recht mühsam gewesen sein, denn meine Mutter hat in jener Zeit ihre Kochkünste ausgenützt und einen offenen Mittagstisch für alleinstehende Herren gehalten. So konnte sie etwas zum Familieneinkommen beitragen. Viele der Naturalien für Küche und Herd kamen aus der Gartensiedlung der Großeltern. In Omas Lebensbeschreibung liest sich das so: „Wir haben die Siedlung von Grund auf selber eingerichtet und viel geschafft. Wir hatten aber auch viel Freude daran und konnten unseren Kindern während den schweren Jahren der Inflationszeit so manche Erleichterung schaffen."

Mutti, wie unsere Mutter bis an ihr Lebensende von allen Familienmitgliedern genannt wurde, half gelegentlich in Vaters Geschäft mit. Sie verdiente sich in Heimarbeit durch das Beschneiden der gestickten Bögen an den Tischdeckenrändern, das „Ausbogen", ein Taschen- oder zusätzliches Wirtschaftsgeld.

Die ersten Nachkriegsjahre waren keine günstige Zeit für den Aufbau eines Geschäfts. Aber im rechten Moment hat sich ein potenter Geschäftspartner gefunden, ein jüdischer Kaufmann namens Katz. Dieser hatte Beziehungen nach Amerika, wo die feine Tischwäsche aus dem Vogtland sehr begehrt war. Unser Vater konnte mit Hilfe von Katz mit seiner jungen Firma groß ins Exportgeschäft einsteigen.

Dies war ein Glücksfall und Volltreffer, denn alle Geschäfte wurden in Goldmark abgewickelt und waren somit von der galoppierenden Geldentwertung nicht betroffen. Katz war ein sehr seriöser Geschäftsmann, und mein Vater hat zeitlebens, auch während des unsäglichen „tausendjährigen Reiches", sein Andenken stets hochgehalten. „Ja der Katz, das war noch ein reeller Geschäftsmann, wenn er bei uns auch nie einen Bissen gegessen hat, wegen der koscheren Speisen. Aber Wein hat er gern getrunken", erklärte mein Vater.

Die im Vogtland heimische sogenannte fränkische Handstickerei war seit eh und je bäuerliche Heimarbeit. Die Frauen und Töchter der auf kargen Böden wirtschaftenden Kleinbauern der Gegend zwischen Plauen und Hof verdienten sich in den Wintermonaten damit ein bescheidenes Zubrot. Die „Verleger" betrieben ihr Geschäft von Plauen aus. Sie kauften die Stoffe ein, ließen die Muster im eigenen Betrieb entwerfen und vorpausen. Die so vorbereitete Ware wurde in den Dörfern an die Stickerinnen zum Bearbeiten ausgegeben. Im Hause wurden nach deren Rücklieferung nur noch Endarbeiten verrichtet: Fäden schneiden oder das Ausbogen der Tischdeckenränder. In der Stadt, dem Stickereizentrum, waren in der Regel nur die Musterateliers ansässig.

Auch unser Vater betrieb sein Geschäft von Plauen aus in dieser Weise. Die Ware wurde mit der Bahn nach Göttengrün, dem für die Gefeller Gegend zuständigen Bahnhof, geschickt. Dort holte sie der spätere Kompagnon ab und verteilte die einzelnen Werkstücke an die auf den umliegenden Dörfern arbeitenden Stickerinnen. Längst war für diese Frauen und Mädchen die Stickerei zum Hauptberuf geworden, wenn auch im Winter regelmäßiger gearbeitet wurde als während der Erntezeit im Sommer.

Der Kompagnon Arno, ein sehr agiler und tatkräftiger Mann, war gebürtig aus Blintendorf, einem der Stickereidörfer in der Umgebung von Gefell.

Er kannte dort draußen Hinz und Kunz, und er war es auch, der meine Eltern überredete, das Haus in Gefell als Geschäftssitz anzumieten. Er und mein Vater ergänzten sich in hervorragender Weise. Mein Vater, der künstlerisch Begabte, war in modischen Dingen stets aufs Beste informiert, Arno war ein jovialer, aber harter Verhandler.

2

Die Gefeller Zeit

1930 – 1938

Geburt und erste Erinnerungen

Am 2. Dezember 1929 vergrößerte meine Geburt die Familie um ein Mitglied. Die elterliche Wohnung in Plauen wurde dadurch zu eng, und so zog also die Familie 1930 hinaus aufs Land nach Gefell. Die Eltern meiner Mutter waren gleich mit von der Partie, während die Eltern meines Vaters weiterhin in Plauen wohnten.

Die Gefeller Zeit war für mich, und ich glaube auch für meine Brüder sprechen zu können, die schönste und prägendste Zeit unserer Kindheit. Vorläufig war ich als jüngster Spross unserer Familie so klein, dass ich nichts von dem ganzen Umzug mitbekommen habe. Allerdings hat man mir später so viel und so lebendig von diesem Umzugstag erzählt, dass ich heute meine, ihn bis in alle Einzelheiten bewusst erlebt zu haben.

Vor allem glaube ich mich noch daran erinnern zu können, dass man mich nach der Ankunft in Gefell im Kinderwagen unter der Birke im Garten abgestellt hatte und mich erst am Abend vermisste, als alles eingeräumt war. Es war ein schöner Sommertag, und mich hat sicherlich das im Winde spielende grüne Birkengezweig den lieben langen Tag unterhalten. Als man sich endlich um mich kümmerte, hatte ich friedlich mit meinen Händen spielend im Wagen gelegen. Ein guter Anfang für eine glückliche Zeit.

Jedoch weiß ich von der ersten Zeit in Gefell nicht viel. Erste Erinnerungen verknüpfen sich mit der Geburt meines Bruders Rainer. Natürlich habe ich nur den Moment im Gedächtnis behalten, als mein Vater uns, Eberhard und mich, oben von Oma herunterholte und mit bewegter Miene ins elterliche Schlafzimmer führte. Dort lag meine Mutter im Bett, und neben ihr stand ein geschmückter Korb auf Rädern. Vater hob mich hoch und ließ mich in das Körbchen schauen. Darin sah ich etwas sehr Schönes: Zwei in glänzendes Staniolpapier gehüllte Früchte, einen Apfel und eine Birne. „Euer Brüderchen", meinte Vater mit heiserer Stimme sehr feierlich. Natürlich hatte ich auch gleich das Babyköpfchen entdeckt, aber das war mir im Augenblick nicht so wichtig. Die beiden Schokoladenfrüchte waren viel interessanter. Später hat es sich natürlich herausgestellt, dass dieses Brüderchen das alles überragende Geschenk war, denn der Schokoladenapfel war bald gegessen.

Von diesem Tag an werden die Abstände zwischen den Erinnerungsblitzen immer dichter, bis sie sich, etwa seit meinem vierten Lebensjahr, zu einem in seinen leid- und freudvollen Passagen interessanten Film zusammenfügen. Einer dieser Erinnerungsblitze betrifft einen Besuch bei den Großeltern in Plauen. Rainer musste noch im Wagen gefahren werden. Also war es etwas mühsam, am Marktplatz in Gefell den Bus nach Plauen zu besteigen. Es war Sommer, denn es schien schon die Sonne, als meine Eltern, Eberhard und ich am frühen Morgen im Nichtraucherreck des Busses auf der letzten Sitzbank Platz nahmen. Rainer lag im Kinderwagen vor uns im Gang.

Die Fahrten nach Plauen waren für uns Landpomeranzen immer sehr aufregend. Allein die vielen Autos auf der Landstraße während der Fahrt und dann in der Stadt, ihr Hupen, Knattern und Stinken, all das war schon die Reise wert. Bei uns in Gefell sah man damals kaum einmal ein Automobil. Im Ort selbst besaß nur der Arzt Doktor Ganzert ein solches Vehikel. Er wohnte uns schräg gegenüber und war der Besitzer einer Weberei und ehemaliger Besitzer unseres Hauses. Ein Freund unserer Eltern, der im Nachbarort Langenbuch ein Sägewerk betrieb, besaß ebenfalls ein Automobil und nahm uns darin gelegentlich nach Plauen mit, was immer ein aufregendes Erlebnis war.

Meine Großeltern wohnten in Plauen in der Moritzburg, einem dem berühmten Königsschloss[8] nachgebauten Mietskomplex der Gründerzeit. Von der Wohnung ist mir nur die dunkle, steife Einrichtung des Wohnzimmers in der Erinnerung haften geblieben. Auf dem Tisch stand stets eine Glasschale mit Seifenobst. Es waren Trauben, Birnen, Pfirsiche und Äpfel, sehr natürlich aus Seife gegossen. Nach dem Tode der Großeltern haben wir uns während des Krieges mit diesen Früchten gewaschen. Es waren, gemessen an der damals verbreiteten Kriegsseife, echte Luxusgüter. In der Erinnerung geblieben ist mir auch der Wohnungsduft, ein Gemisch aus Bohnerwachs und abgestandenem Zigarrenrauch. Denn mein Großvater hat mit Vorliebe jene „Stinkstengel" geraucht, wie die Großmutter sagte.

Großvater hat damals für die Firma meines Vaters noch Entwürfe und Zeichnungen angefertigt. Nach dem Mittagessen wurden auf dem Wohnzimmertisch viele mit Mustern bedeckte Blätter ausgebreitet. Eigentlich wäre es nun für mich Zeit gewesen, Mittagsschlaf zu halten. Mutter kam aus der Küche und meinte: „Komm, Ditt, das Bett ruft." Eberhard, der Große, durfte natürlich mittags schon aufbleiben. Ich wäre an jenem Tage ebenfalls gern aufgeblieben. Die schönen Blumen auf den Zeichnungen interessierten mich. Ich hätte sie mir zu gern angeschaut. Auf meine Betteleien hin meinte Großvater, der sich über mein Interesse an seiner Arbeit freute: „Rosel, lass unsern Ditt heut ausnahmsweise mal aufbleiben, wenn er sich so für die Muster interessiert. Vielleicht wird mal ein Zeichner aus ihm."

Später, als die Großeltern schon in Gefell wohnten, saß ich gern unten im Geschäft, in der Zeichnerei und schaute Großvater und Vater beim Musterentwerfen zu. Es war für mich faszinierend, zu beobachten, wie ihre Bleistifte mit schnellen, schwungvollen Bewegungen übers Papier glitten und wie aus diesen Bewegungen Blumen, Ranken, Schmetterlinge und kleine Paradieswelten erwuchsen.

Einmal waren wir im Sommer mit der Eisenbahn nach Plauen gefahren, und ich hatte auf dem Weg von Gefell zum Göttengrüner Bahnhof ein „Weibchen" gefangen, eine jener großen, grünen Heuschrecken, die sich durch einen gefährlich anmutenden Legestachel als weibliche Tiere ausweisen. Auch auf unserem Grundstück gab es sie im Sommer häufig. Sie sind von den angrenzenden Wiesen hereingekommen. Ich habe als Kind eifrig Jagd auf sie gemacht. Man konnte sie von unserem Abortfenster aus so schön über den Garten fliegen lassen.

Ich habe also dieses Weibchen in meiner Hosentasche heimlich mit nach Plauen genommen. Nach Ausflügen und Spaziergängen hatte ich häufig Kleingetier in meinen Hosentaschen – Eidechsen, Käfer, Weinbergschnecken. Meine Eltern haben immer erst meine Taschen kontrolliert, bevor ich die Wohnung betreten durfte. Verwunderlich ist es mir heute noch, wie ich all diese Tierchen lebend und unbeschädigt über Stunden hinweg in meinen Hosentaschen transportieren konnte.

Die Putzfrau und ihre Schreckgespenster

Die Putzfrau gehörte fast schon zur Familie. Sie war eine typische Vogtländerin, polternd, gutmütig, man wusste bei ihr nie, ob ihr Zorn gespielt oder echt war. Jedenfalls hat sie unser Haus mit den unmöglichsten Schreckfiguren bevölkert, oder besser gesagt, sie hat diese Schreckfiguren in unsere Fantasie gepflanzt, wo sie quälende Ängste wuchern ließen. Im Keller wohnte das Fuchsenbubi, ein böser Geselle, der nur darauf aus war, Buben ins Bein, in die Hand oder gar in den Hintern zu beißen. Bei meinen spielerischen Ausflügen in den Keller war ich immer froh, das hellere Waschhaus erreicht zu haben. Besonders unheimlich war mir die dunkle Ecke hinter der Kellertreppe, die vom spärlichen Licht der Deckenlampe dort unten nicht beleuchtet wurde.

Die Toilette war von dem Abortfrosch bewohnt. Diese Toiletten waren bei uns natürlich Plumpsklos, im Treppenhaus an der Außenwand zwischen den Etagen übereinander gebaut. Es waren kleine Kammern, unter deren Fenstern in ganzer Breite und in Sitzhöhe truhenähnliche Kästen gezimmert waren. In diese Kästen war je ein Loch gesägt, unter dem das Abortrohr begann. Beim großen Geschäft konnte man seine Hinterlassenschaft platschend und klitschend in die Tiefe fallen hören, bis es endlich in die Jauchegrube plumpste. Es war schon möglich, dass dort unten ein großer Frosch lebte und nur darauf wartete, heraufzusteigen und kleine Kinder hinunter in sein stinkendes Reich zu ziehen. Im Winter fror diese Toilettenanlage regelmäßig ein und musste mit viel Viehsalz und heißem Wasser aufgetaut werden.

Die Jauchegrube wurde von einem Bauern geleert. Er fuhr mit einem von zwei schweren Kaltblütern gezogenen Fasswagen, einem sogenannten Jauchewagen, auf unseren Hof und pumpte die Grube leer, ein nicht eben wohlriechendes Geschäft. Wir Kinder waren trotzdem begeisterte Zuschauer dieser Prozedur, obwohl es uns natürlich lieber gewesen wäre, einer der wenigen im Dorf vorhandenen Bulldogs wäre auf unseren Hof getuckert. Vom Abortfrosch hat sich bei den Grubenentleerungen allerdings keine Spur gezeigt.

In der Feueresse, dem Schornstein, wohnte das Rußbuttel, ein übler Geselle, der beim Ofenloch herausfuhr und unartigen Kindern die Gesichter schwärzte. Noch zur Jugendzeit meiner Großeltern gehörten die Rußbuttenträger zu den oft sehnlichst erwarteten Hausierern. Auf einer hohen Kraxe transportierten sie kleine Holzfässchen, in denen sich der begehrte Ruß befand. Er wurde aus Fichtenharz gebrannt und ergab, mit Steinöl und Terpentin vermischt, eine gute Stiefelwichse.

Meine Eltern konnten reden, was sie wollten, die suggestiven Erzählungen der Putzfrau waren stärker als die richtigstellenden Erklärungen unseres Vaters oder unserer Mutter, zumal Oma in die gleiche Kerbe hieb wie die Putzfrau.

Der SA-Onkel

Meine Tante und mein Onkel besuchten uns und die Oma öfters. Der Onkel war ein eifriger Wanderer und Pilzesucher. Oft kam er, wenn wir im Sommer gerade aufgestanden waren, von seinen Pilztouren mit gefüllten Körben zurück. Als begeisterter Lehrer interessierte er sich natürlich stets für unseren schulischen Werdegang. Wir Buben, soweit wir schon in die Schule gingen, waren immer froh, wenn seine Examinierungen vorüber waren und wir unbeschwert seinen Besuch genießen konnten. Die Wanderungen mit ihm waren für uns stets ein Abenteuer. Er kannte, wie die Oma, jede Pflanze am Wege, jeden Baum, jeden Strauch, Schmetterlinge, Käfer und Vögel, er konnte alle mit ihrem Namen benennen.

Besonders begeistert hat mich sein Klavierspiel. Bei uns stand noch jenes Instrument, welches sich die Großeltern unserer Mutter für ihren Erstgeborenen

Albert vom Munde abgespart hatten. Es kostete damals den stolzen Preis von achthundert Reichsmark, ein kleines Vermögen. Die Großeltern haben lange daran abgezahlt, bis in die Inflationszeit nach dem Ersten Weltkrieg.

Der Onkel hat, im Gegensatz zu Albert, nie eine Klavierstunde erhalten. Das Geld reichte nur für seinen älteren Bruder. Er hat aber stets den Stunden seines Bruders beigewohnt und alles, was er dabei gehört und gesehen hatte, später unter Alberts Anleitung fleißig rekapituliert und geübt. Auf diese Weise ist er ein guter Klavierspieler geworden. So jedenfalls hat es seine Tochter erzählt. Er bevorzugte Wagner'sche Opernbearbeitungen und leichtere Beethovensätze. Von ihm habe ich auch „Des Löwen Erwachen" gehört, jenes von Oma und unserer Mutter so vielgelobte Stück.[9]

Der Onkel war ein strammer Sportler und, wie es uns damals schien, ein ebenso strammer SA-Mann[10], dabei, wie seine Mutter, meine Oma, ein Idealist. Gelegentlich, besonders zu Nazi-Gedenktagen, ging er, auch bei uns in Gefell, in seiner SA-Uniform spazieren, was meinem Vater nicht gefiel. Ich erinnere mich noch an eine Auseinandersetzung zwischen ihnen während einer Wanderung zum Gefeller Schieferbruch. Wir Kinder waren ein Stückchen vorausgegangen, als hinter uns die Unterhaltung der beiden Männer unversehens laut wurde. Natürlich haben Kinder bei solchen Gelegenheiten lange Ohren, so ist mir nicht entgangen, dass mein Vater seinem Schwager die Uniformtragerei vorhielt und jener sich vehement verteidigte.

Von seiner Tochter habe ich später, lange Jahre nach dem Ende der Nazizeit erfahren, dass der Onkel zwar seit 1933 der Partei und als Sportwart auch der SA angehörte, von den Nazi-Oberen, Hitler und Konsorten, allerdings nicht viel hielt. „Viel zu ungebildet und ungehobelt, das kann nur ins Unglück führen." So soll er sich bereits im Jahr 1937 im engsten Familienkreis geäußert haben. Warum hat er dann nicht die Konsequenzen daraus gezogen? Wie viele, die aus der Jugendbewegung kamen, wird ihn anfangs der deutschnationale Impuls geblendet haben, der von dieser Bewegung ausging. Erstens kam der Onkel aus einer „völkisch-deutsch" geprägten Familie, und zweitens empfanden jene Kreise das Ende des Ersten Weltkriegs als eine nationale Schmach. Hitler versprach, diese Schmach zu tilgen, was ihm viele Anhänger zuführte. Der Onkel glaubte, so ist anzunehmen, damals noch an das „Gute" in der Nazibewegung. Später, so erfuhren wir es aus seiner Aussage des Jahres 1937, hat er zwar das Verbrechertum der Naziführer erkannt, aber nicht die Kraft gefunden, aus dem Boot zu springen, bei dessen Kiellegung er 1933 seinen, wenn auch geringen Beitrag geleistet hat. Er ist, wie viele seiner Zeit- und Generationsgenossen, aus Schwäche schuldig geworden und hat dafür bitter büßen müssen.

Ich hatte bei ihm keinen Stein im Brett, weil ich absolut unsportlich war, jedenfalls in den Sportarten, die er bevorzugte, Leichtathletik und Geräteturnen. Nie habe ich einen Klimmzug oder Liegestütz zustande gebracht, ein guter Sprinter war ich auch nicht. Später bin ich während des Krieges im Zuge der Kinderlandverschickung[11] zu Tante und Onkel nach Falkenstein gekommen und wurde ausgerechnet Schüler am dortigen Gymnasium, dessen Direktor der Onkel war. Ich weiß, dass er sich wegen meiner Unsportlichkeit oft geschämt hat.

Übrigens kam, wenn der Onkel zu Besuch war, unser Herrenzimmer zu Ehren. Es war der einzige Raum in unserer Wohnung, in welchem das Rauchen erlaubt war. Der Onkel war starker Zigarrenraucher, und so zogen sich die Herren nach den Mahlzeiten ins Herrenzimmer zurück. Meinem Vater wird dieser Akt der Gastfreundschaft recht schwergefallen sein, denn er war Nichtraucher und vertrug auch das passive Rauchen sehr schlecht. Meistens politisierten die beiden Männer bei solchen Gelegenheiten und oft wurden ihre Diskussionen recht laut. Während der Onkel Anhänger der Nazis war, hing mein Vater eher liberalem Gedankengut an, obwohl die Eltern, nach eigenem Bekunden, im Jahre 1933 für Adolf Hitler gestimmt hatten. Für Zündstoff war also gesorgt. Den Frauen oblag es dann, die beiden Kampfhähne zu beruhigen.

Der Umzug der Plauener Großeltern

Eines Tages, es muss im Sommer 1934 gewesen sein, hieß es: „Die Plauener Großeltern ziehen zu uns nach Gefell!" Bis dahin hatte in der Einliegerwohnung neben dem Geschäft im Parterre eine junge Familie gewohnt, ein Ehepaar mit einem Säugling. Sehr dunkel kann ich mich noch an das Schreien des Kindes und an die recht hübsche Frau erinnern. Sie haben eine größere Wohnung gefunden, und so konnten meine Großeltern zu uns heraus aufs Land ziehen.

Ich erinnere mich noch genau an den Einzugstag. Die Sonne schien, es war Sommer. Wir Kinder warteten schon seit dem frühen Morgen voller Aufregung auf den großen Möbelwagen, der neben dem Großvater auch die Einrichtung der Großeltern bringen sollte. Großmutter war mit dem Omnibus unterwegs. Als es dann endlich soweit war, das Möbelauto vorfuhr und Großvater, schon von seiner Krankheit gezeichnet, mühsam aus dem Führerhaus kletterte, wurden wir Kinder nach der Begrüßung erst einmal davongeschickt: „Ihr seid ja doch bloß im Weg." Später, als die kleinen Sachen ausgeladen wurden, durften wir tüchtig mithelfen. Am Abend jenes Tages stand mein Berufswunsch fest: Möbelträger.

Mit dem Einzug der Großeltern änderte sich einiges in unserem Leben. Vor allem war es nun nicht mehr möglich, ungesehen aus dem Haus zu entwischen. Großmutters Küchenfenster ging nach dem Hof hinaus. Man konnte von ihm aus die paar Treppenstufen, welche vom Hof zur Haustür hinaufführten, gut überblicken. Großmutter saß fast täglich viele Stunden lang an diesem Fenster, mit Handarbeiten für das Geschäft beschäftigt. Es war unmöglich, unbemerkt an ihr vorbeizukommen.

Anfangs half Großvater noch in der Zeichnerei des Geschäfts. Stundenlang saß er an der Stechmaschine und perforierte Schablonen. Diese Maschine sah ähnlich wie ein Zahnarztbohrer aus, nur dass statt des Bohrkopfes eine auf- und niedersurrende Nadel winzige Löcher in das Schablonenpapier stach. Man musste nur geschickt mit dem Nadelkopf der Zeichnung auf der Schablone folgen. Hatte Großvater weitflächige Schablonen mit langen Linien zu stechen, durften wir Kinder bisweilen die Maschine, unter dem Tische sitzend, mit der Hand antreiben. Später, als seine Hände vom Rheumatismus schon verkrüppelt waren, musste er diese Tätigkeit aufgeben.

Die beiden alten Frauen, oben die Oma und unten die Großmutter, haben sich von Anfang an sehr argwöhnisch betrachtet. Bei uns im Vogtland kennt man einen treffenden Begriff, das Niffen. Das Wort ist von lautmalerischer Farbigkeit, es beschreibt ein dauerndes, nicht zerstörendes, nicht verletzendes, aber als unangenehm empfundenes Kratzen oder Reiben. Die Kartoffeln werden für die Klöße auf dem Reibeisen genifft, im übertragenen Sinne kann ein Mensch durch dauerndes Niffen Missgunst erzeugen. Oma verstand dies hervorragend, und ihr liebstes Opfer war die Großmutter. Natürlich ist diese Nifferei auch bei unserer Mutter nicht ohne Wirkung geblieben. So war Muttis Verhältnis zu ihrer Schwiegermutter zeitweise ebenfalls recht gespannt.

Während das Verhältnis unserer Mutter zur Großmutter nur gelegentlich als gespannt bezeichnet werden konnte, hatte sie Herrn Arno gegenüber eine handfeste Feindschaft entwickelt. Für sie war er ein ungehobelter Emporkömmling. Sie konnte nie anerkennen, dass unser Vater, bei aller kaufmännischen Gewieftheit und künstlerischer Begabung, seine Firma ohne die Tatkraft des Herrn Arno kaum aus den Startlöchern herausgebracht hätte.

Im Sommer 1930, kurz nach dem Umzug, waren meine Eltern von Herrn Arno zur Taufe der Tochter nach Blintendorf eingeladen worden. Natürlich hat Mutti diese Einladung ausgeschlagen, und Vater ist alleine nach Blintendorf gegangen. Er kam mit einem Kompanievertrag in der Tasche zurück.

Streiche und Strafen

Unser Leben in Gefell war vom Geschäft geprägt. Schon beim Erwachen am Morgen hörte man das Rattern der Stickmaschinen und das Singen der Mädchen, die an diesen Maschinen ihrem Tagwerk nachgingen. Von neun Uhr bis halb zehn Uhr am Vormittag war Frühstückspause. An schönen Sommertagen saßen die „Geschäftsmädels" in der Regel im Hof, auf der Haustreppe oder auf dem Stamm eines alten Ahornbaumes, den mein Vater hatte fällen lassen, um einen freien Blick vom Wohnzimmerfenster aus zu bekommen.

Es lohnte sich für uns Kinder, während der Frühstückspause über den Hof zu gehen, denn es gab nicht selten bei dieser Gelegenheit eine kleine Nascherei. Wenn um zwölf Uhr unser Betrieb, aber auch die Spitzenstickereien Spangenberg gegenüber und Eulenstein oberhalb unseres Hauses zur Mittagspause schlossen, bewegte sich eine wahre Völkerwanderung hinunter in die Stadt.

Die Spitzenstickerei gegenüber unserem Haus war ein langer, barackenähnlicher Holzbau auf festem Steinfundament. Vorn beim Gartentor befand sich der Haupteingang. Am anderen Ende, quasi auf Stelzen stehend, war ein Kontor angebaut. Unter diesem Kontor lagerten allerlei Kartons, Kisten und damals auch ein bis auf einen kleinen Rest geleertes Teerfass.

Ralf, der Enkel des Besitzers, mein Bruder Rainer und ich haben gern in dem verschwiegenen Winkel unter dem Kontor gespielt. Es war wie eine Höhle. Eines Tages, es war schon spät im Jahr und herbstlich kühl, kam ich auf die Idee, das Teerfass als Ofen zu verwenden und Feuer darin anzuzünden. Ich wusste auch, wo bei uns die immer versteckt gehaltenen Streichhölzer zu finden waren, nämlich in der sogenannten kleinen Küche. Sie lagen, für Kinder normalerweise nicht erreichbar, auf einem sehr hoch hängenden Regal. Eine Fußbank auf den Spültisch gestellt, und schon waren die Streichhölzer für Kinderhände nicht mehr unerreichbar. Das Teerfass war schnell und ohne Mühe mit Papier und Stroh gefüllt. Zum Glück geschah dies an einem der für unsere Gegend typischen nebelverhangenen Herbsttage. Unsere Brandbeschleuniger waren feucht geworden und wollten nicht Feuer fangen.

Als der Inhalt der Streichholzschachtel verbraucht war und aus dem Teerfass statt eines wärmenden Feuers nur stinkender Qualm kam, verloren wir schnell das Interesse an diesem Spiel und verschwanden in die hintere Hohle, weit weg vom Ort unserer Untat. Als der „Strick", wie Ralfs Vater genannt wurde, spät abends noch einmal sein Kontor betrat, fand er es voller beißendem Rauch und entdeckte auch recht bald dessen Quelle. Das Stroh und Papier im Teerfass hatten sich im Laufe der Zeit doch entzündet, und über kurz oder lang wäre die Stickerei in Flammen aufgegangen.

Ich lag schon im Bett, als sich das Strafgericht über mir zusammenbraute. Einschlafen konnte ich an jenem Abend nicht. Das schlechte Gewissen bohrte mir Riesenlöcher in die Seele. Deshalb empfand ich es geradezu als Erlösung, als mein Vater mich aus dem Bett holte und recht unsanft in die Küche bugsierte: Dort hatten sich der wütende Strick, Mutti und Oma versammelt. Die beiden Frauen waren in Tränen aufgelöst. Natürlich habe ich gar nicht erst versucht, meine Schuld zu leugnen. Meine Streichholzklauerei war ja schon von Ralf gepetzt worden. Die Hiebe mit dem Rohrstock waren sehr schmerzhaft, denn mein Vater hat all seinen Schreck und natürlich auch seinen Zorn hineingelegt. Viel schlimmer als der Schmerz waren für mich aber die Tränen unserer Oma und meiner Mutter.

Am nächsten Tag bin ich dann in der Schule noch einmal vom Lehrer vor versammelter Klasse mit dem Rohrstock abgestraft worden. Dies empfand ich, da ich ja meine Strafe schon erlitten hatte, als schmähliche Ungerechtigkeit. Ich habe das jenem im Grunde fähigen Lehrer nie verziehen.

Oft lagen Rainer und ich mit Ralf im Streit. So auch eines schönen Herbsttages, es war der Samstag vor dem Kirchweihfest. In allen Häusern wurde gebraten, gesotten und Teig gewalkt. Gebacken wurden die Kerwekuchen im Dorfe beim Bäcker. Es war auf der Schleizer Straße ein reges Kommen und Gehen schwerbepackter Frauen. Die einen trugen ihre vorbereiteten Kuchenbleche hinunter ins Dorf, die anderen kamen mit den duftenden, knusprig gebackenen Köstlichkeiten von dort zurück.

Soweit ich mich erinnern kann, wurde damals gerade die Straße gepflastert, und beiderseits auf den Gehwegen lagen Haufen feinen Straßensplitts. Das war die rechte Munition, um unsere mit Ralf über die Straße hin und her gewechselten verbalen Kanonaden zu unterstützen. Leider haben wir im Eifer des Gefechts eine Nachbarin übersehen, die, links und rechts je ein Blech frisch gebackenen Kuchens gegen die Hüften gestützt, schweren Ganges die Straße heraufkam und ihrem Hause zustrebte. Ihr duftendes Backwerk wurde von uns noch einmal, nun aber mit Straßensplitt überzuckert. Diesmal kamen wir mit einer Standpauke davon. Den verhängten Stubenarrest durften wir oben bei der Oma absitzen. Ralf war dagegen eine härtere Strafe zugedacht, der er sich vorübergehend entziehen konnte. Wir sahen nämlich vom Fenster in Omas kleiner Kammer aus, wie er einem Wiesel gleich um das Haus flitzte und sein Vater, laut schimpfend und den Rohrstock wie einen zur Attacke gezückten Säbel schwingend, mühsam hinter ihm herlief. Das nach kurzer Zeit zu uns herüberschallende Wehgeschrei kündete jedoch davon, dass das Schicksal meist schneller ist als die flinksten Beine.

Man darf sich nun nicht vorstellen, dass das Wissen um die Existenz des Rohrstocks auf dem Küchenschrank unsere Kindheit beschwert hätte. Er gehörte als Selbstverständlichkeit zum kindlichen Leben, belastete uns demzufolge nicht weiter. Auch für unsere Eltern war er traditionelles Erziehungsmittel, und um den Wert oder Unwert seines Gebrauches haben sie sich sicherlich keine Gedanken gemacht. Meistens verfielen die Unbeteiligten von uns drei Brüdern, sowie einer den Rohrstock zu spüren bekam, in lautes, nervtötendes Geschrei. Oft legten die Eltern dann den Stock nach zwei, drei Hieben, durch unser Gezeter besiegt, wieder zurück auf den Küchenschrank.

Wir waren fröhliche Kinder und haben mit unseren Eltern viel Spaß gehabt. Ich erinnere mich gern an die Sonntagvormittage, wenn unser Vater mit uns auf dem Rasenfleck unter dem Apfelbaum im Garten herumtollte. Bei solcher Gelegenheit konnte unser Vater allerdings auch über das Ziel hinausschießen. Einmal, es ist allerdings in unserem Wohnzimmer passiert, hatte er sich mit angezogenen Beinen auf den Rücken gelegt, und wir Kinder sollten uns nacheinander auf seine Fußsohlen setzen. Was er mit uns vorhatte, wussten wir nicht, waren aber sehr gespannt darauf. Eberhard kam als Erster an die Reihe. Kaum hatte er sich auf Vaters abgewinkelte Füße gesetzt, streckte dieser mit Schwung seine Beine und Eberhard segelte im Bogen durch die Luft. Die Landung kurz vor der Tür zum Herrenzimmer war sehr unsanft. Es krachte, als hätte man einen Holzsack auf die Dielen geworfen. Mutter kam, sich die Hände an der Schürze abwischend, aus der benachbarten Küche gesaust. Sie warf meinem Vater einen vernichtenden Blick zu und nahm ihren Ältesten mit hinaus in die Küche, um ihn zu verarzten. Zu weiteren Flugversuchen ist es dann nicht mehr gekommen, denn Mutter kam noch einmal hereingeschossen und meinte recht giftig: „Untersteh dich, noch mehr solchen Unfug zu machen!" Dies war übrigens das erste und einzige Mal, dass wir Kinder Zwist zwischen unseren Eltern erlebten. Eberhard war danach für mehrere Tage zum Hinken verurteilt. Er war ein guter Sportler und hätte diese Prozedur bestens überstanden, wenn er von unserem Vater entsprechend darauf vorbereitet worden wäre.

Die Zugehmädchen

Zu unseren meist von Jahr zu Jahr wechselnden Haushaltshilfen gehörten neben der Wasch- und Putzfrau auch junge Mädchen, die nach dem Mittagessen das Geschirr spülten, die Küche putzten und uns Kinder beaufsichtigten, während meine Eltern ihr Mittagsschläfchen hielten. Diese Mädchen, meist dreizehn oder vierzehn Jahre alt, sind gern bei uns gewesen, und ich kann mich nicht erinnern, dass eine von ihnen je schlecht gelaunt gewesen wäre. In der Ferienzeit waren sie meist ganztags bei uns, und meine Mutter lehrte sie „höhere Küchenkunst" und Haushaltsführung. Ihr Reich war die kleine Küche, ein als Spülküche genutzter separater Raum, der an die große Koch- und Wohnküche anschloss und vom Flur aus zu betreten war. Hier stand die Zinkbadewanne, und gleich links neben der Tür war der elektrische Warmwasserboiler aufgehängt. Alle diese Mädchen, hießen sie nun Adele, Isolde, Dora oder Christa, unterliefen durch ihre Gutmütigkeit und natürliche Liebenswürdigkeit die strengen Erziehungsprinzipien unserer Eltern. In der kleinen Küche konnte man sich zusätzliche Streicheleinheiten holen.

Besonders gern erinnere ich mich an die Dorle. Oder war es eine der vielen anderen Zugehmädchen, die wir im Laufe der Zeit hatten? Unserer Mutter, die ich viel später danach befragte, fiel natürlich nur das Dorle ein, denn sie hat jenes liebenswürdige Mädchen wie eine Tochter geliebt. Also lassen wir die Dorle in dieser Geschichte namentlich erscheinen. Eigentlich hieß sie Dorothea. Ihr Großvater, ein früher Gastarbeiter, hatte um 1900 beim Gleisbau der Eisenbahnstrecke Schönberg-Hirschberg gearbeitet. Von Beruf war er eigentlich Friseur. Er muss ein schöner und feuriger Mann gewesen sein, denn eine angesehene Gefellerin fand Gefallen an ihm, und so kamen wir zu einem Dorffriseur mit italienischem Namen und malerischem Aussehen.

In die Dorle war ich regelrecht verliebt, so wie ein sieben- oder achtjähriger Bub in ein hübsches, gerade aus dem Kindsein aufblühendes Mädchen schon verliebt sein kann. Ich tat alles, um von ihr als kleiner Mann wahrgenommen zu werden. Desto beschämender war folgende Begebenheit für mich: Eines Mittags, das Dorle klapperte in der kleinen Küche schon mit dem abgeräumten Geschirr und die Mutter hielt Mittagsschlaf, rief mich Vater zu sich in die Küche. Ich wusste sofort, was mir blühte, denn ich hatte mich am Tag vorher wieder auf das Anbaudach gewagt. Richtig, kaum war ich in der Küche angelangt, griff Vater wortlos auf den Schrank und ich bückte mich in vorauseilendem Gehorsam, kannte ich doch die Prozedur schon zur Genüge. Als ich die ersten zwei, drei Hiebe empfangen hatte, ging die Türe auf und das Dorle wollte hereinkommen, blieb aber wie angewurzelt auf der Schwelle stehen, schaute einige Sekunden meiner Bestrafung zu und verschwand dann leise und leichtfüßig. Ich nahm in diesem Moment all meine Willenskraft zusammen und versuchte die Bestrafung ohne Schmerzensregung zu erdulden, um meine schmachvolle Lage vor ihr in einen Akt heldenhafter Stärke zu verwandeln.

Vater meinte nur, als er den Rohrstock zurück auf den Schrank legte: „Du weißt hoffentlich, warum das jetzt nötig war!" Ich habe mich dann in die Speisekammer geschlichen und in den dunkelsten Winkel verkrochen. Die Dorle hat mich aber doch gefunden und mit zu sich in die kleine Küche genommen. Sie setzte sich auf den Küchenschemel und stellte mich zwischen ihre Knie. Ihre Tröstungen haben dann bei mir alle Tränenschleusen aufgerissen. Nun durfte ich der kleine Junge sein, der soeben einen großen Schmerz erlitten hatte.

In jener Zeit diente bei uns auch ein sehr sanftes und liebenswürdiges Mädchen. Sie kam aus einem der Nachbarorte, ich glaube es war Göttengrün. Von dort aus führte ein Fußpfad, ein sogenannter Kirchenweg, zu uns herein nach Gefell. Über Wiesen und an Feldern vorbei gelangte man zur hinteren Hohle, und von dort aus war es nur noch ein Katzensprung zu unserem Haus. Täglich ging sie diesen Weg. Einmal brachte sie eine Distel mit, die ihr wegen ihrer seltenen Schönheit aufgefallen war, um sie unserer Mutter zu schenken.

Ich kann mir die Szene recht bildhaft vorstellen. Als das Mädchen freudestrahlend die Distel unserer Mutter als Mitbringsel reichen wollte, bezog meine Mutter den Symbolgehalt dieser Blume auf sich und erstarre zur Salzsäule: „Bin ich zu dir etwa so garstig und kratzbürstig wie diese Distel?" Unsere Mutter konnte ihre Missstimmung über viele Stunden hin zeigen. Sie schuf um sich dann eine Aura der Kälte. Das arme Mädchen wird an jenem Tage keinen Grund zur Fröhlichkeit gehabt haben.

Der Dorfarzt und seine Familie

Unserem Grundstück schräg gegenüber wohnte Doktor Ganzert, der Arzt unseres Städtchens. Sein weitläufiges Grundstück grenzte wie unseres an die Wiesen- und Feldflur. Das Besondere an diesem Anwesen war nicht etwa die prächtige, im dörflichen Landhausstil gebaute Villa, das Wohn- und Praxisdomizil der Familie Ganzert, sondern drei Karpfenteiche, die im hinteren Garteneck angelegt waren. Sie erhielten ihr Wasser aus den Wolken, waren also sogenannte Himmelsteiche. Im Winter froren sie natürlich regelmäßig zu, und

Doktor Ganzert ließ sie stets schneefrei halten, als Schlittschuhbahn für alle Nachbarskinder. Manchmal bildete sich sogenanntes Spiegeleis. Man konnte hindurchschauen wie durch eine Fensterscheibe. Mittags, wenn die Sonne höher stand und ihre Strahlen bis auf den Grund drangen, sah man, wenn man sich auf den Bauch legte und die Augen mit den Händen abschirmte, die grauen reglosen Karpfen, die dort unten auf dem Teichgrund ihren Winterschlaf hielten. Im Herbst wurden diese Winterschläfer nach dem Abfischen in einen der drei Teiche gesetzt, der dann im Winter nach dem Zufrieren nicht mit den klappernden und klirrenden Schlittschuhen betreten werden durfte. Nur zum Anschauen der schlafenden Fische durften wir Kinder diesen Teich leise und sachte betreten. Dafür konnten wir aber auf den anderen, nun fischfreien Teichen nach Herzenslust toben.

Doktor Ganzert war der zweite große Jäger in Gefell. Er hatte das Jagdrevier nach dem Dörfchen Rothenacker hin gepachtet. Sein Revier schloss die Felder und Wiesen hinter seinem Haus ein und zog sich bis zum Wald hin. Zur Jagdzeit, vor allem im Mai und Juni, wenn die Rehböcke frei waren, gab es ein Abkommen mit dem Küster: In Notfällen hatte er die Kirchenglocken zu läuten, um den leidenschaftlichen Nimrod heimzurufen. War eine Geburt zu erwarten, so wusste schon beim ersten Glockenton ganz Gefell: Bei Osterheims, zum Beispiel, ist es wieder mal soweit. Dazu ist zu sagen, dass die Familie Osterheim in Gefell stadtbekannt war für ihren Kindersegen. „Bei Osterheims, da wird jedes Jahr ein Kind hingebuttert, gerade so." Spätestens zehn Minuten nach dem letzten Glockenton sah man unseren Äskulapjünger in großen Schritten, seinen Hund an der Leine führend, die Flinte geschultert, über die Wiesen zu seinem Anwesen eilen und beim hinteren Gartentürchen hereinkommen. Wiederum höchstens fünf Minuten später eilte er beim Vordereingang heraus und strebte geschäftig hinunter in die Stadt. Hatten ihn die Glocken gerade vom Ansitz auf einem kapitalen Bock weggerufen, konnte er die betreffende unschuldige Wöchnerin sehr grantig behandeln.

Wie gesagt, die Praxis von Doktor Ganzert lag unserem Hause schräg gegenüber auf der anderen Seite der Straße. Dies war bei kleineren Unfällen, sei es im Betrieb oder in der Familie, recht praktisch. So auch, als auf der Straße vor unserem Haus das Kugellager eines Rades an einem Lastkraftwagen zersprang. Rainer und ich hatten im Garten den leichten Knall gehört und waren natürlich gleich zur Stelle. Als das Lager ausgebaut war, bekamen er und ich je eine der Kugeln geschenkt. Rainer, der damals noch in dem Alter war, in dem man vieles mit dem Munde erkundet, vergnügte sich bald damit, die ölverschmierte Kugel im Munde mit der Zunge hin und her zu schieben. Es dauerte nicht lang, und schwupp war sie in den Magen gerutscht. Großes Geschrei setzte im Kanon, erst von Rainer, dann von mir, ein. So erschienen wir zu Hause. Die entsetzten Fragen unserer Mutter hatten nur zur Folge, dass sich unser Duett zu haltlosem Gebrüll steigerte.

„Jetzt seid doch mal ruhig!", schrie nun ihrerseits Mutti, unser Geplärr übertönend. „Also, Dieter, was ist eigentlich los?"

„Der Rainer hat 'ne Kugel verschluckt!"

„Waas, 'ne Kugel verschluckt?"

„Ja, vom Lastauto!"

So nach und nach ist es ihr gelungen, den Sachverhalt aus mir herauszuholen, während Rainer unentwegt weiterbrüllte.

„Konntest du großer Esel nicht besser auf den Kleinen aufpassen?" Mehr konnte sie in ihrem Schreck nicht sagen. Wir sind dann schnell hinüber zu Doktor Ganzert gelaufen. Er konnte, nachdem er mich noch einmal über den Hergang des Unglücks befragt hatte, unsere Mutter beruhigen. „Is' nich so schlimm, Frau Möckel! An dem bisschen Öl hat sich ihr Rainer bestimmt nicht vergiftet, und die Kugel kriegen wir mit Kartoffelbrei wieder raus."

So wurde ein großer Topf Kartoffelbrei gekocht und Rainer damit vollgestopft. Siehe da, nach zwei Tagen machte es im Nachttopf Klick, und die Kugel hat das Licht der Welt wieder erblickt, wenn sie jetzt auch nicht mehr silbrig glänzte, sondern mit einer braunen Rostschicht überzogen war.

Auch bei anderer Gelegenheit hat sich die Nachbarschaft zur Ganzert'schen Praxis als segensreich erwiesen. Es war ein trüber Novembertag, kein Hof- und Gartenwetter. Ich ging noch nicht zur Schule und spielte gemeinsam mit Rainer unlustig und schlecht gelaunt auf der Türschwelle zwischen Küche und Wohnzimmer. Wir bauten Türme und Burgen aus Holzklötzen. Es waren jene mit bunten Bildern bedruckten, massiven Würfel, die man zu Märchenszenen zusammensetzen konnte. Nach einer Weile friedlichen Zusammenspiels kam, was kommen musste: Beide waren wir plötzlich erpicht auf einen der Klötze. Ja, das ganze Glück unserer kindlichen Welt schien in diesem Moment am Besitz dieses Bauklotzes zu hängen. Mit höchster Verbissenheit und lautem Geschrei kämpften wir um diesen Gegenstand unserer jäh entflammten Begierde. Unsere Mutter, die gerade im Schlafzimmer die Betten aufschüttelte, kam über den Vorsaal herein in die Küche gelaufen. Nachdem sie unsere schrillen Anklagen analysiert hatte, rief sie mir entnervt und ärgerlich zu: „Also, Dieter, du bist der Große, Klügere, ..." Weiter kam sie nicht, denn in jähem Zorn schleuderte ich Rainer den eben erbeuteten Klotz ins Gesicht. Plötzliche Stille. Der Schreck war uns in die Glieder gefahren! Rainer lähmten der plötzliche Schmerz und die erfahrene Gewalt, mich meine Zornestat. Unsere Mutter stand wie versteinert, starrte auf den Blutstrom, der über Rainers Lippen und Kinn floss. Plötzlich kam Leben in sie. Ehe sie mit Rainer an der Hand davonstürzte, rief sie mir zornbebend zu: „Du bleibst hier, in der Küche, bis wir zurückkommen, und dann kannst du was erleben, alter Zornigel – du Wutnickel du!"

Der Klotz hatte Rainers Oberlippe durchschlagen. Doktor Ganzert hat sie kunstgerecht vernäht, sodass Rainer nach einer mir endlos erscheinenden halben Stunde wohlverpflastert mit unserer Mutter zurückkam. Nicht die zu erwartenden Schläge haben mir die halbe Stunde endlos erscheinen lassen, sondern die Sorge um meinen Bruder, das schlechte Gewissen und die Angst, seine Anhänglichkeit zu verlieren. Mutter war immer noch voller Zorn und griff wortlos auf den Küchenschrank nach dem Rohrstock. Da begann Rainer, soweit es sein verpflasterter Mund zuließ, Zeter und Mordio zu schreien, drängte sich an mich und hielt Mutters Arm fest, so dass sie den Stock, von so viel Anhänglichkeit gerührt, wieder zurück auf den Schrank legte. Mir wäre in diesem Fall die Senge als gerechter Lastenausgleich ganz gut bekommen. Die Schmerzen hätten mein Gewissen beruhigt.

Die Tochter von Doktor Ganzert gehörte eigentlich nicht zu unseren Spielgefährtinnen, denn sie war zwei oder drei Jahre älter als Eberhard, also unserer Spielwelt schon entwachsen. Sie sah recht sanft aus, war aber ein sehr wildes Mädchen. Im Winter war sie stets die Erste beim Rodeln, und auf dem Eis glänzte sie durch gewagte Sprünge und wieselflinkes Kurvenfahren. Später, nach dem Krieg, hat sie bis zur Enteignung die Landwirtschaft geführt, welche ihr Vater in den dreißiger Jahren gekauft hatte. Sie war eine rasante Traktorfahrerin: „Leute, haltet eure Kinder fest, de Doktorsch Tochter kommt auf'm Traktor angerast!" Sie gehörte, neben den Kellermädchen, zu dem weiblichen Element unserer Spielwelt. Vor allem anlässlich sommerlicher Kinderfeste waren diese Mädchen in unserem Hof und Garten gern gesehen. Die fehlende Schwester konnten sie uns allerdings nicht ersetzen.

Neugier auf das Weibliche

Zu jener Zeit gab es für mich eine Frage, welche mich vor allem abends vor dem Einschlafen sehr beschäftigte: Warum tragen alle Frauen und Mädchen Kleider oder Röcke, alle Männer und Buben jedoch Hosen? Es musste also einen Unterschied zwischen den beiden Menschengeschlechtern geben. Aufklärung wie heutzutage kannte man dazumal in unserer Familie nicht. Wir drei Buben sind recht unwissend in die Welt geschickt worden. Aber dass die Frauenröcke ein Geheimnis bergen könnten, ahnte ich damals schon und war deshalb sehr erpicht darauf, einmal einen Blick unter solch ein weibliches Kleidungsstück werfen zu dürfen. Zumal der Erich, ein frühreifer Gassenjunge aus der Nachbarschaft und damals schon im reifen Alter von elf oder zwölf Jahren, aufregende Sachen über „Weiber" erzählte, wenn wir uns in der hinteren Hohle heimlich trafen. Sachen die ich zwar nicht verstand, die aber trotzdem meine Neugier weckten und mich beunruhigten.

Die Gelegenheit zum heimlichen Blick in verbotenes Terrain fand sich eines Winternachmittags. Ich saß allein in der Küche bei meinen Schularbeiten, während unsere Mutter und Rainer ihren obligatorischen Mittagsschlaf hielten. Vater war schon im Geschäft, und Eberhard verbrachte damals die Wochentage im Schleizer Internat. Ich arbeitete gerade an einer Schönschreibübung, schon mit Feder und Tinte, als unser damaliges Dienstmädchen mit einem Stapel Teller auf dem Arm hereinkam. „Ditt, hilfste mir mal?" Natürlich war ich froh, die langweilige Schreiberei unterbrechen zu dürfen. Ich reichte ihr die Teller zu, und sie, auf einem Fußbänkchen stehend, stapelte sie in eines der oberen Schrankfächer. Ich weiß nicht mehr, wie es zu jener freundschaftlichen Balgerei zwischen ihr und mir kam, in deren Verlauf ich rücklings mit dem Kopf zwischen ihren Füßen zu liegen kam und an ihren Beinen hinaufschauen konnte. Sie bemerkte sofort meine neugierigen Blicke und zischte ärgerlich durch die Zähne: „Steh auf, Ditt, marsch an die Schularbeiten!"

Später, als sie hinaus in die kleine Küche ging, meinte sie noch flüsternd: „So kleen und schon so'n großer Schlawiner! Mit'm Rohrstock hätt ich dir'n paar geben sollen!" „Darfste ja garnich", flüsterte ich zurück. „Und ob ich das darf!" Ihre Augen funkelten dabei so zornig, dass ich es vorzog, mich ganz schnell wieder an meine Arbeit zu setzen.

Was ich gesehen hatte, konnte meine Neugier allerdings nicht befriedigen, denn sie trug, weil es Winter war, eine dicke, blaugraue Parchenthose, deren Beinlinge dicht über den Knien mit wulstigen Gummizügen abschlossen. Erich, vor dem ich bei unserem nächsten Zusammentreffen in der hinteren Hohle mit dieser Heldentat prahlte, winkte gelangweilt ab und meinte: „Mal hinlangen hättste soll'n, das wär was gewesen!" Was er damit meinte, ist mir allerdings, bis ich fast erwachsen war, unverständlich geblieben.

Der Anblick dieser Mädchenhose hat meine Fantasie noch eine ganze Weile beschäftigt und ist in meine abendlichen Träumereien eingewuchert. Deren Trägerin hat sich mir gegenüber an jenen Nachmittag recht zurückhaltend gezeigt, am nächsten Tag war sie zu meiner Erleichterung jedoch wieder unbefangen wie eh und je.

Auch die schönste Zeit vergeht

Im Sommer, vor allem zur Ferienzeit, spielte sich ein Teil unseres Familienlebens im Garten ab. Ich liebte besonders die Kaffeerunden am großen Gartentisch auf dem Rasenfleck unterm Apfelbaum. Schattenspendende Fichten begrenzten dieses paradiesische Fleckchen Erde nach der Wiese hin. Die hohe Birke im Garteneck ließ am späten Nachmittag gerade so viel flimmerndes Sonnenlicht durch ihre Krone dringen, dass die beginnende Abendkühle noch ein Weilchen aufgehalten wurde. Großvater paffte seine Zigarre, und die Oma hüstelte vorwurfsvoll. Im Übrigen herrschte aber während dieser Nachmittagsstunden ein allgemeiner Burgfrieden zwischen den verschiedenen Familienzweigen. Kam dann zu solchen Anlässen noch die Tante, Vaters Schwester, mit ihrem Angetrauten und ihrem Sohn zu Besuch, war das Glück vollkommen. Der Onkel kam aus Plauen mit einem Motorrad herausgeknattert, mit Soziussitz für die Tante und Beiwagen für den Sohn, oh, wie beneidete ich ihn um einen solchen Vater. Motorradlenker, das wäre damals für mich ein Traumberuf gewesen, wenn ich nur gewusst hätte, dass es überhaupt einen solchen Beruf gab.

Bei solcher Gelegenheit hat Großvater einmal erwähnt, dass er als ganz kleiner Junge gern die großen Wiesengrillen gefangen und sie sommerlang in einem kleinen Holzkäfig gehalten hatte, den ihm sein Vater gebastelt hatte. Ich war damals noch sehr klein und ging noch nicht zur Schule. Ich meinte, ja, ich war fest davon überzeugt, dass ich zeitlebens ein Kind bleiben dürfte. Ich konnte mir nicht vorstellen, dass dieser alte und kranke Großvater auch einmal so klein und kindlich wie ich war.

„Großvater, muss ich auch mal groß werden?"

„Natürlich, du dummer Ditt!"

Lange habe ich an dieser Antwort zu knaupeln[12] gehabt. Ich wäre ja so gern ein Kind geblieben.

Meine Einschulung

Nach Ostern im Jahre 1936 war es dann soweit: Der sogenannte Ernst des Lebens holte mich aus meiner kindlichen Spielwelt. Ich kam in die Schule. Schon Tage vor diesem großen Ereignis herrschte bei uns zu Hause geschäftige Aufregung. Eberhards abgelegter Bleyle-Anzug[13] wurde mir von Oma angepasst und aufgebügelt, er sah hinterher fast wie neu aus. Schulmappe, Schiefertafel, Griffel, Schwamm und Läppchen wurden gekauft. Ich konnte in jenen Tagen vor ängstlicher Spannung abends nicht mehr so recht einschlafen. Endlich war es soweit: Mutti und sogar mein Vater begleiteten mich zur Schule. Vater hatte sich extra für diesen Tag frei genommen und die Geschäftsleitung Herrn Arno überlassen. Den Kirchgang durfte ich schwänzen, weil meine Eltern damals schon aus der Kirche ausgetreten waren. In der Aula der Schule gab es eine feierliche Begrüßung durch den Schulleiter. Später versammelten sich Eltern und Abc-Schützen, sogenannte Achterbabeln, auf dem Flur vor unserem zukünftigen Klassenzimmer. Endlich trennte Fräulein Kuskow uns Kinder von den Eltern und führte uns in die Klasse zur ersten und an diesem Tag einzigen Schulstunde. Die Eltern blieben auf dem Gang zurück. Viele der Mütter hatten die obligatorischen Tränen in den Augen. Man hörte während der Einführungsstunde draußen vor der Tür das gedämpfte Murmeln unserer Erzeuger.

Alle Mädchen und Buben saßen still und beklommen in ihren Bänken. Fräulein Kuskow stand am Katheder und schaute erwartungsvoll zur Tür. Endlich ging diese auf, und Herr Hanft kam herein. „Aufstehen!", rief Fräulein Kuskow. Wir Kinder sprangen verdattert und eingeschüchtert von unseren harten Schulbänken auf, und Herr Hanft trat vor uns, riss seinen rechten Arm hoch und rief: „Heil Hitler!" „Heijtler", brüllten wir Kinder durcheinander. Darauf er: „Ruhe! Jetzt lernen wir erstmal unseren geliebten Führer anständig zu grüßen! Heil Hitler!" Unsere Antwort darauf war nicht viel besser als beim ersten Mal. Nach einigen Versuchen ging der Deutsche Gruß dann doch recht leidlich. Herr Hanft nickte zufrieden. Wir durften uns wieder setzen. Er gab sich dann sehr jovial. Ich traute aber seiner Onkelhaftigkeit nicht, denn ich hatte von Spielkameraden, die schon zur Schule gingen, gehört, dass er sehr streng und schnell mit dem Rohrstock bei der Hand sei. Dies hat sich später leider bewahrheitet. Vorerst allerdings erzählte er uns in mildem Redefluss, was sicherlich alle Schulanfänger mit ähnlichen Worten eingeschärft bekamen: Dass wir sehr fleißig sein müssten, um etwas Rechtes im Leben zu erreichen, damit unsere Eltern und unser geliebter Führer an unserem Fleiß ihre Freude hätten. Ganz zum Schluss kam die schönste Aussage: „Nun, Kinder, könnt ihr euch freuen, denn im Schulkeller wächst ein ganz besonderer Baum! Er trägt Zuckertüten. Für jeden von euch ist über Ostern eine reif geworden. Der Herr Hausmeister hat sie schon geerntet und wird sie euch jetzt austeilen." Diese Ankündigung rief eine allgemeine lautstarke Begeisterung hervor. Da erscholl wieder dieser militärisch harte Ruf: „Rrruhe!", und dann, etwas sanfter: „Im Keller wächst auch ein anderer Baum, der Rohrstöcke und Ruten für Kinder, die nicht artig sind, trägt." Sofort trat Stille ein, und ich dachte: „Der Erich hatte doch recht mit seinen angstmachenden Prophezeiungen."

Erich war, obwohl viele Jahre älter als ich, in unserer Spielgemeinschaft ein gern gesehener Kamerad, weil man von ihm all das lernen konnte, was zu Hause streng verboten war. Sein Schatz an Flüchen, aber auch an Worten aus der Fäkalsprache war nahezu unerschöpflich. Er hat mir auch eine alte Zündplättchenpistole mit einer Rolle entsprechender Munition dazu geschenkt. Ein Spielzeug, welches ich vor meinen Eltern unbedingt verborgen halten musste, weil sie uns den Umgang mit derartigen „Knalldingern" bei Strafe untersagt hatten. Etwas später hat er dann für diese Pistole einen Offizier aus meiner kleinen Elastolin-Soldatentruppe verlangt, und es ist mir nicht leichtgefallen, mich von diesem Spielzeughelden zu trennen. Erich galt natürlich auch bei den Lehrern als Tunichtgut und hat demzufolge den Rohrstock regelmäßig zu kosten bekommen. Seine Angstmacherei kam aus einem Schatz leidvoller Erfahrungen. Die konspirativen Treffen mit ihm fanden meistens in der hinteren Hohle statt, also weit außerhalb des Blickfeldes unserer Eltern und Großeltern, denn der Umgang mit Erich war uns streng untersagt. Unsere Oma kam allerdings gelegentlich in die hintere Hohle, um Kräuter für ihre heilkräftigen Tees zu suchen. Vor allem hatte sie es auf das zarte, weißblühende Pflänzchen „Augentrost" abgesehen. Sie war jedoch in der Regel am frühen Morgen als Kräuterweiblein unterwegs, also zu einer Zeit, da wir Kinder die Schulbank drückten.

Endlich war es soweit: die erste Schulstunde, der Beginn meiner durch Höhen und Tiefen führenden schulischen Laufbahn, war zu Ende. Fräulein Kuskow wünschte uns einen guten Heimweg. Herr Hanft schloss sich diesen Wünschen an und gab uns noch einige Ermahnungen mit auf den Weg, ehe er wieder seinen rechten Arm hob und wie zum Beginn der Stunde „Heil Hitler!" rief. Unsere Antwort kam nun schon fast wie aus einem Munde, und er lächelte uns zufrieden und aufmunternd zu.

Wir Kinder stürmten hinaus auf den Gang. Unsere Eltern empfingen uns mit Hallo und mütterlichen Tränenströmen. Auch Vater hatte feuchte Augen und strich mir mit ungewohnter Zärtlichkeit übers Haar. Der Heimweg über den Marktplatz und die Straße hinauf zu unserem Haus war für mich wie ein

Triumphzug. Ich marschierte, mit dem Schulranzen auf dem Rücken und der Zuckertüte im Arm wie ein Großer zwischen meinen Eltern einher. Für kleinere Kinder hatte ich nur verächtliche Blicke, ich war ja jetzt ein Achterbabel, ein Schulanfänger.

Erich allerdings dämpfte mein Hochgefühl etwas. Er lungerte vor dem Schießhaus herum, streckte mir die Zunge heraus und zeigte mir eine lange Nase. Sicherlich hatte er wieder einmal die Schule geschwänzt, irgendwo einige Pfennige stibitzt und diese im Gasthaus in Limonade verwandelt.

Zu Hause wartete Großmutter schon am offenen Küchenfenster auf mich. Ich entwischte meinen Eltern und stürmte in die großelterliche Wohnung, deren Vorsaaltür nur angelehnt war. Großmutter weinte ein bisschen, drückte mich zärtlich an sich und schenkte mir Kleinigkeiten für die Zuckertüte. Auch Großvater war sehr gerührt.

Mutter erwartete mich in der elterlichen Wohnung. Sie hatte gemeinsam mit dem Dienstmädchen das Mittagsmahl gekocht und im Wohnzimmer den Tisch festlich gedeckt. Ihr Empfang war allerdings reserviert freundlich. Sie lächelte mir mit zusammengekniffenem Munde zu. Es war ihr sicherlich nicht recht gewesen, dass ich vor ihr bei den Großeltern war. Am Nachmittag beim gemeinsamen Kaffeetrinken mit den Großeltern war diese leichte Verstimmung allerdings wieder verflogen, es herrschte die zu solchen Anlässen in unserer Familie zur Schau getragene Harmonie.

Gelddiebstahl

Auf dem Schreibtisch im Herrenzimmer meiner Eltern stand eine metallene Schatulle. An sich war diese stets verschlossen. Eines Tages während der Ruhestunde nach dem Mittagessen fand ich sie jedoch unverschlossen vor. Ich öffnete den Deckel und traute meinen Augen nicht, denn sie barg viele große silberglänzende Geldstücke. Dieser matte Silberglanz faszinierte und erregte mich bis unter die Haarwurzeln. Vor dem Gang zur Schule am nächsten Morgen verschwand ich kurz im Herrenzimmer und füllte, da ich die Schatulle immer noch unverschlossen fand, den ganzen Segen in meine Hosentaschen. In der Schule dann verteilte ich während der großen Pause die Münzen unter den Schülern. Lehrer Schöler, der gerade die Aufsicht führte, wurde zum Glück auf mein Treiben aufmerksam und stoppte erst einmal die Verteilungsaktion. Sofort wurden alle Schüler und Schülerinnen in ihre Klassenzimmer befohlen, und das Einsammeln des verteilten Geldes begann. Ein Anruf bei meinen

Eltern ergab, dass ich die Lohnkasse des Geschäfts geplündert hatte. Mittlerweile hatte mein Vater den Verlust entdeckt und die Polizei verständigt. Ich wurde vom Dorfgendarm abgeführt und im Zimmer des Schulleiters Hanft einem peinlichen Verhör unterzogen, an dessen Ende eine gehörige Tracht Prügel mit dem Rohrstock stand.

Der Heimweg ist mir an jenem Tag sehr schwergefallen, und ich habe ihn lange ausgedehnt. Erwartete ich doch zu Hause eine erneute, nun aber väterliche Züchtigung. Es kam aber vorerst ganz anders: Vater nahm mich mit ins Herrenzimmer, zeigte mir die leere Kassette und machte mir klar, dass nun viele Familien hungern müssten, weil er die Geschäftsmädels nicht für ihre Arbeit bezahlen könne. Alles von dem, was er sagte, habe ich natürlich nicht verstanden, dass aber nun die Geschäftsmädels durch meine Schuld hungrig zur Arbeit kommen müssten, hat mir sehr leidgetan, obwohl ich damals noch gar nicht wusste, was richtiger Hunger eigentlich ist.

Nach dieser sehr ruhig vorgetragenen Standpauke meinte Vater, gar nicht streng, eher wie gerade so hingesagt: „Nun geh' in die Küche, hol' den Rohrstock!" Der Schreck fuhr mir durch alle Glieder. „Marsch, geh'!" Das war schon etwas schärfer, und als ich immer noch zögerte, kam der strenge Befehl: „Geh', sonst mach ich dir Beine!"

In der Küche fand ich nur unser damaliges Dienstmädchen Isolde vor. Sie deckte gerade den Mittagstisch. Ich blieb auf der Türschwelle stehen, da ich mich schämte, von ihr den Rohrstock zu erbitten. „Na Ditt, da haste ja was pexiert!"[14] Ich stand immer noch schweigend und hoffte, Mutter würde kommen und mich aus der peinlichen Lage erlösen. Sie kam aber nicht, ich hörte sie in der Speisekammer rumoren. So musste ich nun doch diesem Mädchen mein Anliegen vorbringen: „Ich soll ..." „Was sollst du?" Ich wäre am liebsten im Erdboden versunken. „Vati hat gesagt, ich soll ... den Rohrstock holen." „Ach so, du armer Ditt, nu' ja, verdient hast'n ja!" Sie holte aus dem Eck neben dem Küchenschrank das Fußbänkchen hervor, stieg hinauf und holte den Rohrstock herunter. „Da hast 'n, Ditt, 's wird scho' nich so schlimm wer'n, bist ja 'n tapf'rer Indianer."

Die paar Schritte über den Flur zum Herrenzimmer sind mir dann sehr schwergefallen, und in mir keimte die verzweifelte Hoffnung auf, dieses eine Mal, nur dieses Mal den Vater milde stimmen zu können. Deshalb stammelte ich, als ich das Herrenzimmer betrat: „Bitte nicht hauen, Vati, der Herr Hanft hat mich doch schon ..." Weiter kam ich nicht, denn Vater meinte nur lakonisch: „Doppelt genäht hält besser. Da hättste früher dran denken sollen!"

Ich bückte mich, was blieb mir auch anderes übrig, und bekam die Quittung für meine unschuldige, elsterhafte Dieberei mit dem Rohrstock auf den Hosenboden gezählt, aufgeworzelt, wie man im Vogtland sagt. Als ich mich nach dem letzten Hieb aufgerichtet hatte, gab mir Vater den Stock in die Hand: „Bring ihn zurück und dann gehst du in die kleine Küche, dort bleibst du heute!"

In der Küche fand ich wieder nur das Mädchen Isolde vor. Ihr streckte ich den Rohrstock hin, noch beschämter als vor ein paar Minuten, da ich ihn von ihr erbitten musste. Sie nahm ihn wortlos, stieg erneut auf die Fußbank und legte ihn auf den Schrank zurück. In diesem Moment kam unsere Mutter herein. Sie trug zwar ihr strenges Gesicht zur Schau, drückte mich aber trotzdem kurz an sich, ehe sie befahl: „Ab, in die kleine Küche!"

Zum Mittagessen gab es an jenem Tag Hefeplinsen[15] mit Apfelmus, mein Lieblingsgericht. Ich saß traurig und allein in der kleinen Küche, hörte von nebenan das Klappern der Bestecke, und der Duft der frischgebackenen Plinsen zog mir in die Nase. Ich war sehr unglücklich. Als das Klappern der Teller und Bestecke endlich aufgehört hatte und das Mittagessen vorüber war, kam Isolde herein, um nun den Abwasch zu machen. Zu meiner Freude hatte man mich nicht vergessen! Frisch gebacken und goldgelb glänzend lagen fünf Plinsen auf der Platte, welche sie hereintrug.

Das gestohlene Geld ist vorläufig in polizeilicher Verwahrung geblieben, bis Vaters Anzeige zurückgezogen war. Nach der Rückgabe des „Schatzes" fehlten nur zwei Fünfmarkstücke. Oma meinte verächtlich: „Die hat natürlich der Erich verschwinden lassen." Einige Tage später hat sie dann der Hausmeister beim Schulhofkehren gefunden. Sie sind mir bestimmt beim Verteilen aus der Hosentasche gefallen. Ich habe damals natürlich keine Ahnung vom Wert meines Diebesgutes gehabt. Es war nur die Faszination des Silberglanzes, welcher mich zum Stibitzen verleitet hatte.

Das Fahrrad

Das Jahr 1936 war insofern herausragend, als Eberhard zu seinem zehnten Geburtstag ein Fahrrad geschenkt bekam. Meine Eltern hatten für sich auch zwei dieser für damalige Zeiten noch recht teuren Luxusgüter gekauft. Nun ging es ans Fahrenlernen. Es sollte ja im Sommer des kommenden Jahres während der großen Ferien zu einer Radtour gestartet werden. Vater und Eberhard hatten den Dreh schnell heraus, aber Mutti tat sich sehr schwer. Sie saß, den Lenker krampfhaft umklammernd, kerzengerade auf ihrem Vehikel, schaute starr geradeaus und sprang selbst vor der kleinsten Kurve vom Rad. Kurz vor

Beginn der geplanten Fahrt war sie dann soweit, dass man ihr unter Vorbehalt einen Führerschein hätte geben können. Zu Beginn der Sommerferien im Jahr 1937 begann endlich die große Radtour. Nach langen und umständlichen Abschiedszeremonien vor dem Hoftor schoben Vater, Mutter und Eberhard die Räder die Straße hinauf.

Auf dem Weg nach Schleiz, etwa anderthalb Kilometer vom nördlichen Rand unseres Städtchens entfernt, führte die Straße einen längeren, recht steilen Berg hinunter, den sogenannten Brandberg. Im Tal erschwerte eine leichte Rechtskurve Anfängern die Fahrt, ehe eine mäßige Steigung den Schwung auf natürliche Weise abbremste. Mutti, den Brandberg vor sich sehend, vergaß alles, was sie an Fahrkünsten gelernt hatte und sauste die abschüssige Straße ungebremst hinunter, den Lenker fest umklammert, ängstliche Juchzer ausstoßend. Die Kurve im Tal schaffte sie gerade noch, aber als der sanfte Anstieg gegenüber ihre Fahrt abgebremst hatte, sprang sie zitternd vom Rad. „Ich fahr' keinen Meter weiter, ich will nach Hause!" Sie ließ sich dann doch überreden weiterzufahren und kam als perfekte Radfahrerin von der Reise zurück.

Für Rainer und mich war diese Radtour der übrigen Familienmitglieder ein Geschenk, denn die Großmütter, oben die Oma und unten die Großmutter, überboten sich während dieser Zeit an Liebesbeweisen uns gegenüber.

Kraft durch Freude

Das Jahr 1936 war auch das Jahr der Olympiade. Berlin war in jenem Jahr der Austragungsort, eine gute Gelegenheit für die Machthaber des sogenannten „Dritten Reiches", der Welt Sand in die Augen zu streuen. Damals stand es für Hitler schon fest, einen zweiten Weltkrieg anzuzetteln, sang man doch im Jungvolk und der Hitlerjugend, den Jungmädeln und dem Bund deutscher Mädchen, also in den Jugendorganisationen der Nationalsozialisten[16] folgendes Marschlied:
> „Es zittern die morschen Knochen der Welt vor dem neuen Krieg.
> (BUM BUM)
> Wir haben die Fesseln gebrochen, für uns war's ein großer Sieg.
> (BUM BUM)
> Wir werden weiter marschieren, bis alles in Scherben fällt,
> (BUM BUM)
> Denn heute gehört uns Deutschland und morgen die ganze Welt!
> (BUM BUM)"[17]

Die Melodie zu diesem Machwerk hatte Herms Niel[18] geschrieben, Hitlers Leibkomponist. Für seine Marschmusik waren die dumpfen Trommelschläge am Ende jeder Liedzeile charakteristisch.

Hitler veranstaltete in Berlin ein grandioses Friedensfest, und die Welt glaubte ihm dieses Theater. Für unsere Familie war die Olympiade insofern wichtig, als zum Empfang der Sportübertragungen ein neues, größeres Radio angeschafft wurde. Erklang aus dem Lautsprecher die Olympiafanfare, versammelte sich die gesamte Familie in unserem Wohnzimmer. Selbst die beiden Großmütter waren während dieser Übertragungen ein Herz und eine Seele. Die gemeinsame Begeisterung für „unsere wiedergeborene, große deutsche Nation" ließ allen familiären Zwist zur Bagatelle schrumpfen. Vater verließ oft seinen Arbeitsplatz im Geschäft, um auch seinen Anteil an dem allgemeinen nationalen Rausch zu bekommen. Gelegentlich durfte auch Herr Arno, der ungeliebte Kompagnon, dabei sein, und in der braunen Soße nationalistischer Begeisterung ertrank sogar vorübergehend Muttis Hass auf diesen tüchtigen und für das Geschäft wichtigen Mann.

Oma war eine glühende Anhängerin der nationalsozialistischen Ideologie. Irgendwann hat sie sogar ihren Pegasus aufgezäumt und ein Poem auf die Eltern des Führers verfasst. Es lag dann bis zum Zusammenbruch des „Dritten Reiches" unter Glas verwahrt und für jeden Besucher lesbar im Geburtshaus des braunen Adolf zu Braunau am Inn. Ich weiß nicht, ob es der Lohn für dieses Reimgebilde war oder ob sie sich ganz schlicht und einfach nur beworben hatte. Jedenfalls bekam sie im Jahr 1937 die Einladung zu einer KDF-Fahrt ins ferne Ostpreußen.

KDF, Kraft durch Freude[19], war eine jener Einrichtungen, mit denen der damalige Reichspropagandaminister Joseph Goebbels[20] die Kritikfähigkeit unseres Volkes zu betäuben suchte, und es gelang ihm auch. Die KDF organisierte günstige Reisen zu fernen, begehrten Urlaubszielen. Die Fjorde Norwegens, die sonnigen Strände Italiens oder Spaniens – welcher Arbeiter, welcher kleine Beamte oder Angestellte hätte sich damals eine Urlaubsreise dorthin leisten können? Die KDF machte es möglich.

Eines Tages im Sommer 1937 waren alle Koffer gepackt, und Oma ging auf die große Reise, erst mit dem Zug bis Kiel und von dort mit einem KDF-Dampfer nach Pillau, jenem zu Königsberg gehörenden Hafen in Ostpreußen. Oma genoss gemeinsam mit gleichgesinnten urlaubsfrohen Menschen den Komfort eines modernen Luxusliners. Jeder Tag brachte Anregungen, Aufregungen, Sport, Spiele, Tanz und gemeinsames Volksliedersingen, natürlich unter Einbeziehung bekannter Lieder der „Bewegung", wie die Nazis ihre Partei mit allen Gruppen und Organisationen nannten. „Deutschland, heiliges Wort" oder „Nichts kann uns rauben Liebe und Glauben zu unserm Land." Unmerklich wurden die Teilnehmer solcher KDF-Fahrten mit Nazi-Gedankengut geimpft.

Oma jedenfalls schrieb, erst vom Dampfer, später dann aus Palmnicken in Ostpreußen begeisterte Ansichtskarten. Sie schickte auch Fotografien. Diese zeigten sie im Kreise ihrer Gastgeberfamilie Kowallski vor dem Hause, am weißen weiten Strand, beim Sonnenbad, beim Wassertreten in der Brandung und beim Schwimmen.

„Sehr nette Leute, wirklich, sehr nett, und dem Führer so treu ergeben", meinte Oma nach ihrer Heimkehr. „Schon nach drei, vier Tagen waren wir per Du. Der Max, solide und fleißig, und die Anna erst, das goldene Mutterkreuz hat sie vom Führer verliehen gekriegt.[21] Neun Kinder, stellt euch das mal vor, neun Kinder!" Oma war in ihrer Begeisterung nicht zu bremsen.

Maxl

Neben einem kleinen Aquarium, in dem zwischen üppig wuchernden Wasserpflanzen drei Goldfische, einige Wasserschnecken und gelegentlich auch Wasserflöhe als Goldfischfutter lebten, gab es bei uns auch ein Terrarium. In ihm lebte Maxl, unser Laubfrosch. Er genoss viele Jahre lange unsere Obhut. Die Geschäftsmädels, soweit sie aus Bauernfamilien stammten, brachten am Morgen häufig in Streichholzschachteln an den Kuhstallfenstern gefangene Fliegen mit. Maxl kannte die Prozedur und platzierte sich, wenn man sich mit einer Streichholzschachtel seiner Behausung näherte, nahe bei dem Futterloch im Gazedach. Ohne große Hüpferei konnte er die fetten Brummer, so wie sie nacheinander aus der Schachtel ins Terrarium krochen, verputzen. Bei dieser Ernährung ist er natürlich fett und behäbig geworden. An schönen Sommerabenden begleitete uns Kinder sein meckerndes Quaken in den Schlaf.

Maxl hat elf Jahre lang unser Leben begleitet, den Umzug nach Berlin mitgemacht, die dortigen Bombenangriffe und danach die Flucht der Eltern aus dem zerbombten Berlin zurück nach Gefell erlebt und überlebt. Gestorben ist er, weil wir ihn während unseres Umzugs im Gefeller Haus vom Dachgeschoss zur Beletage einen Tag lang vergessen hatten. Es war damals sehr heiß, und so ist er uns vertrocknet.

In Berlin stand sein Terrarium im Blumenfenster in der Diele. Bei Fliegeralarm während des Krieges wurden im Hause alle Fenster geöffnet, um deren Scheiben vor den Druckwellen der Bomben zu schützen. Oft flog während der

Angriffe das Gazedach von Maxls Behausung davon, und er büchste aus. Nach der Entwarnung ging in unserer Diele dann das große Suchen los. Natürlich mussten im ganzen Haus erst die Fenster wieder verdunkelt werden. Lichtanknipsen war nur nach totaler Verdunkelung erlaubt, und Zuwiderhandlungen, wie es so schön im Amtsdeutsch hieß, wurden sehr streng bestraft.

Die Diele und der Treppenaufgang zur ersten Etage unseres Berliner Hauses waren tapeziert. Die Tapete trug ein naturalistisches Blumenmuster. Maxl war stets auf einem der abgebildeten grünen Blätter zu finden und hatte trotz der Dunkelheit immer seine Farbe dem Grün des Untergrundes angepasst, auf dem er saß.

Damals in Berlin galt es in unserer Familie als Sonntagnachmittagsvergnügen, vor dem Kaffeetrinken eine Runde mit Luftgewehr und Bolzen auf eine Scheibe zu schießen. Diese wurde auf ein Brett gepinnt, das stets neben dem Blumenfenster stand. Ich war meistens der „Scheistermütze", traf selten die Scheibe, oft nicht einmal das Scheibenbrett. Meisterschütze war übrigens immer Rainer. Mutti schoss etwas besser als ich, traf jedenfalls immer die Scheibe, und Eberhard lag oft dicht hinter Rainer in der Punktezahl.

Einmal war nach einem der Luftangriffe Maxl nicht mehr zu finden gewesen. Wir hatten jedes Blatt der Tapete abgesucht, die Blumen im Blumenfenster, nichts, er blieb verschwunden. Bis zu meinem Meisterschuss am Sonntagnachmittag. Ich traf nämlich statt der Scheibe eines der gedruckten Tapetenblätter. Mein Bolzen steckte dicht neben dem schlafenden Maxl in der Wand. Später hing an dieser Wand übrigens die große Europakarte. Vater steckte täglich den neuen Frontverlauf auf ihr ab, solange es noch voranging und die deutschen Armeen ganz Europa überrannten.

Ausflüge

An den Sonntagnachmittagen standen in Gefell oft Ausflüge auf dem Programm. Es gab für unsere Eltern nur zwei Ziele: ein Gasthaus in Seubtendorf und das Ausflugslokal Juchhö nahe dem kleinen Städtchen Hirschberg. Zu beiden Zielen waren es etwa vier bis fünf Kilometer über Feldwege, an Viehkoppeln entlang und zum Teil auch durch den Wald zu Fuß. Für uns Kinder besonders interessant waren derartige Ausflüge nach Seubtendorf, wenn dort Kirchweih war. Dann schwammen in den großen Granittrögen auf dem Hof der Gastwirtschaft die „Kerwekarpen" und warteten darauf, verspeist zu werden. Der Wirt persönlich stand an einem schweren Wirtschaftstisch nahe diesen Trögen. Er holte die von den Gästen bezeichneten Fische aus ihrem nassen Element, warf sie auf den Tisch, schlachtete sie, schuppte sie vorsichtig und gab sie dann in die Küche zur Zubereitung. Ein glitschendes und blutiges Geschäft. Rings um ihn herum, auf dem Tisch und auf dem Pflaster des Hofes, glitzerte es von unzähligen Karpfenschuppen.

„Nu Ditt, willste 'ne Karpfenschuppe für's Portemonnaie, wenn de eine drinne hast, wird dein Geld nie alle."

„Ich hab doch noch gar keen Portemonnaie."

„Ach so, du bist ja noch 'n kleener Hemd'nmatz! Pass nur auf, dass ich dich nicht mit'm Karpfen verwechsel, dann, schwupp, auf 'n Tisch 'nauf und …" Seine Geste mit dem scharfen Fischmesser war recht mörderisch.

Obwohl er mich mit Ditt angesprochen hatte, meinem Kosenamen, den die Eltern nur gebrauchten, wenn sie guter Dinge und mit mir sehr zufrieden waren, zog ich es doch vor, auszureißen und zu den anderen ins Gasthaus zu laufen. Damals trieb sich in Mitteldeutschland gerade ein Triebmörder herum, der es auf kleine Jungen abgesehen hatte. Die ständigen Warnungen der Eltern vor diesem Unmenschen hatten in meine Fantasie schreckliche Angstbilder gepflanzt.

In der Gaststube ging es an solchen Tagen hoch her. Verräuchert war sie schon am frühen Nachmittag. Bier- und Fuseldunst hing in der Luft, an vielen Tischen saßen Männer zusammen und droschen ihre Karten mit lautem Klatschen auf die hölzernen Platten. Die Bezechten unter ihnen begannen mit ersten Streitgesprächen. Wir als städtische Gäste bekamen an den Kerbnachmittagen stets einen Platz im stillen Nebenzimmer. Mir war das gar nicht recht. Der Trubel im Gastzimmer war wesentlich interessanter als die langweiligen Gespräche am Tisch der Eltern.

Einmal, es muss im Jahr 1934 gewesen sein, führte unser Sonntagsausflug in eine andere Richtung. Es ging nämlich nach Blintendorf. Herr Arno hatte zur Kirchweih eingeladen. Diesmal konnte sich Mutti der Einladung nicht entziehen. Schon am Vormittag ging es los. Für Rainer, der noch nicht einmal dreieinhalb Jahre alt war, wurde der Sportwagen aus dem Keller geholt, „man kann ja nie wissen, ob's heute Abend nicht spät wird und der kleine Kerl dann nicht mehr laufen kann."

Mir erschien der Weg endlos. Endlich, ich wollte gerade anfangen zu betteln, „Vati, bitte trag mich 'n Stückel!", kamen wir zur Blintendorfer Ziegelei. Bisher hatte ich von ihr nur die Spitze des hohen Schornsteins mit der dazugehörigen Rauchfahne gesehen. Von einer bestimmten Stelle auf dem Wege nach Göttengrün aus konnte man beides über den Wald ragen sehen. An sich war dies ein

Fabrikchen. Für uns, die wir noch nie eine größere Anlage dieser Art gesehen hatte, war sie allerdings eine mächtige Fabrik. Leider rauchte an jenem Tage der Schornstein nicht in der gewohnten Weise. Es war ja Kirchweihsonntag, also ruhte die Arbeit.

Der Weg nach Blintendorf hinein führte damals an der Autobahnbaustelle vorbei. Es ist die Strecke von Nürnberg aus über Bayreuth und Hof in Richtung Berlin. Wie eine lange, frisch aufgerissene Wunde zog sich das Band der künftigen Trasse durch Wiesen, Felder und Wälder über die Hügel hinweg. Auch am Sonntag ruhte die Arbeit nicht. Soweit das Auge reichte wurde geschaufelt, wurden Feldloren mit Abraum beladen und auf bereitstehende Lastkraftwagen gekippt. Über dem Land hing, trotz der ameisenhaften Geschäftigkeit, Sonntagsfrieden. Wir standen auf einem Hügel oberhalb der Baustelle. Die Eltern schauten begeistert und ergriffen auf dieses Bild menschlichen Fleißes. Vater beschrieb eine weit ausholende Geste und rief mit bewegter Stimme: „Schau, Rosel, alles ehemalige Arbeitslose. Der Führer hat sie von der Straße geholt! Ja, wir haben '33 richtig gewählt! Die Roten hätten sowas nicht fertiggebracht!"

Dann standen wir in Blintendorf vor Herrn Arnos Anwesen. Wir wurden schon erwartet. Kaum hatten wir das Gartentor geöffnet, kam uns Herr Arno entgegen. Auf seinem Gesicht glänzte echte unverstellte Freude. „Willkommen, Hans, willkommen, Frau Möckel!" Auch Vaters Freude war unverstellt, nur unsere Mutter musste sich zu einem Lächeln zwingen. Aber sie taute im Laufe des Tages einigermaßen auf, und es wurde für uns alle ein fröhliches Kirchweihfest. Wie Mutter schon vorausgesagt hatte, war Rainer am späten Abend nicht mehr fähig, nach Hause zu laufen. Er musste im Wagen gefahren werden. Es war schon stockfinstere Nacht, als wir uns auf den Heimweg machten. Ich hatte bis dahin noch nie nächtliche Dunkelheit im Freien erlebt. Anfangs lief ich recht verängstigt vor unserer Mutter zwischen den Stangen des Kinderwagengriffs her und wagte nicht, um mich zu schauen. Als aber dann groß und rot der Mond über dem schwarzen Wald aufging, wurde ich zunehmend mutiger. Endlich lief ich sogar ein ganzes Stück auf der dunklen Straße voraus. Dabei machte ich eine so erschreckende wie beglückende Entdeckung: Der Mond lief dabei immer mit mir mit. Blieb ich stehen, stand er am Himmel auch still, lief ich wieder los, kam er mit mir.

„Das ist ja mein Mond!", rief ich, als ich zu den Eltern und Brüdern zurückstürzte. „Der läuft immer mit mir mit!" „Dein Mond, du Dreikäsehoch", rief Vater belustigt. „Vielleicht gehören dir auch noch alle Sterne dazu?" Ich lief wieder los, und wirklich, wenigsten der eine, der große Stern dort oben lief auch vor mir her. Ich wollte gerade begeistert rufen: „Ja, auch die Sterne laufen mit mir!", da meinte Vater: „Schau Ditt, der Mond, das ist so einer, der läuft mit allen mit. Mit dir, mit mir, mit einem Hund, sogar mit einem Hasen. Das ist nur eine optische Täuschung. Der Mond kann dir doch gar nicht gehören. Er steht für alle dort droben am Himmel."

Ich habe es damals nicht geglaubt und nichts darauf geantwortet, war aber fest entschlossen, derartig große Entdeckungen forthin niemandem zu offenbaren.

Damenkränzchen

Zu den gesellschaftlichen Pflichten einer Fabrikantengattin gehörte es damals, ein Damenkränzchen zu unterhalten. Muttis Kränzchen stand, als prima inter pares, Frau Ganzert, die Gattin des Dorfarztes, vor. Sie war groß und neigte zur Korpulenz. Im Sommer trug sie gern hellfarbige, buntgeblümte Seidenkleider und breitkrempige Florentinerhüte. Ihr Wort galt etwas im Kreise der Kränzchendamen. Die Gattin des Apothekers war dagegen ein zartes Wesen, von zierlicher Statur und vornehmer Blässe. Sie redete wenig und das leise und abwägend, aber was sie sagte, traf meistens ins Schwarze. Sie war übrigens die einzige Katholikin in diesem Kreis.

Bei uns Kindern besonders beliebt war die Freundin unserer Mutter und Gattin des schon erwähnten Sägewerkbesitzers. Sie kam nie, ohne eine Kleinigkeit für uns in ihrer Handtasche zu haben. Fand das Kränzchen bei uns statt, brachte die Apothekergattin gelegentlich ihre beiden Töchter mit. Meine beiden Brüder konnten mit den beiden nicht viel anfangen, ich spielte aber recht gern mit ihnen. Im Gegenzug mussten wir unsere Mutter zu ihnen begleiten, wenn man sich dort traf. Das war dann nicht unterhaltsam, weil die Mädchen erwarteten, dass wir mit ihnen Puppenvater und Puppenmutter spielten.

Natürlich mussten wir Buben die Damen im guten Bleyle-Anzug und frisch gekämmt begrüßen, eine lästige Pflicht, der wir uns nicht entziehen konnten. „Ach, das Rainerli, süß, dieses Lockenköpfchen! Wie brav er seinen Diener machen kann! Und der Ditt, schon ein richtiger, kleiner Kavalier!" In der Regel waren wir froh, wenn wir diese Pflicht hinter uns hatten und uns in den Hof verdrücken durften. Ich war jedoch damals von einer unbändigen Neugier geplagt und hätte zu gern einmal, ein einziges Mal, den angeregten Gesprächen der Kränzelschwestern gelauscht.

Eines Tages ist mir dies sogar gelungen. Ich hatte mich hinter einem der Clubsessel im Wohnzimmer versteckt. Begriffen habe ich von dem Gespräch, das ich belauschte, allerdings nicht sehr viel, die Damen hatten ja auch ein heikles Thema beim Wickel. Angefangen hat es damit, dass die Freundin fragte: „Meine Damen, wissen Sie übrigens, dass die Frau Osterheim schon wieder guter Hoffnung ist?" Worauf allgemeines Erstaunen folgte. Nur für Frau Ganzert war dies nichts Neues: „Mein Mann hat's mir vorgestern schon gesagt. Die Osterheim war bei ihm in der Sprechstunde. Wissen Sie, was sie ihm geantwortet hat, als er ihr Vorhaltungen machte? Es ist ja nun immerhin schon das sechste Mal! ‚Ach, Herr Doktor, mein Mann braucht bloß mal seine Hose neben mir über'n Schlafzimmerstuhl zu hängen, schon hat's bei mir gefunkt!'"

Mutter, die ahnte, welche Wendung das Gespräch nehmen würde, schickte das gespannt lauschende Mädchen Isolde hinaus. „Nichts für Kinderohren!" Die Freundin meinte darauf: „Jedes Jahr ein Kind, dabei sieht diese Person aus wie das blühende Leben. Und hübsch ist sie dabei, alle Männer drehen sich nach ihr um. Meinem musste ich neulich gehörig die Leviten lesen, guckt so einem Lärvchen hinterher!"

Isolde kam herein, um nach dem Rechten zu sehen. Ich machte mich hinter meinem Sessel ganz klein, und sie verließ, ohne mich entdeckt zu haben, das Zimmer. Das Gespräch blieb beim Thema. Nun hörte ich unsere Mutter sagen: „Jedes Jahr ein Kind, das kann doch nur'n Zeichen männlicher Brutalität sein. Man soll ja nicht aus dem Schlafzimmer plaudern, nicht wahr, meine Damen, aber mein Mann ist zum Glück sehr rücksichtsvoll! Ja, sehr rücksichtsvoll! Er verlangt nichts von mir, wenn ich's nicht will! Und wenn nichts hilft, stell ich mich zur rechten Zeit schlafend!"

„Sie Glückliche", seufzte darauf Frau Ganzert, „mein Gatte ist nicht so zartfühlend, auf meinen Schlaf Rücksicht zu nehmen."

Darauf Mutter: „Geht jetzt nicht bald die Jagd an, Frau Doktor, auf Böcke? Da ist Ihr Gemahl doch viel draußen, im Wald, da haben Sie doch, wie soll ich's nennen, Schonzeit."

„Von wegen Schonzeit! Sie sagten's schon, Frau Möckel, man soll nicht aus dem Schlafzimmer plaudern, aber so viel muss ich doch sagen: Wenn mein Mann nachts von der Abendpirsch heimkommt, ist er wie ein gieriger Wolf!"

Ich stellte mir daraufhin unseren Doktor Ganzert als Märchenwolf vor. Er liegt im Bett, den Jägerhut auf dem Kopfe, die Flinte neben sich. Seine Frau steht davor, im bunten Sommerkleid, den Florentinerhut auf dem Haupte. „Doktor, warum hast du so große Ohren?" „Damit ich dich besser hören kann!" „Doktor, warum hast du so große Augen?" „Damit ich dich besser sehen kann!" „Doktor, warum hast du solch großen Mund?" „Damit ich dich besser fressen kann!"

Schrips schraps, schon ist sie in ihm verschwunden. Dieses Bild wucherte danach noch lange in meinen abendlichen Einschlafträumen.

Das Gespräch der Damen ging weiter. Die Stimme der Frau des Apothekers riss mich aus meinen Gedanken: „Ja, ja, die Männer, sie scheinen immer nur an das Eine zu denken und, was das Schlimmste ist, Vergnügen scheinen sie dabei auch noch zu empfinden!"

Das Mädchen Isolde kam herein. „Frischen Kaffee gefällig?" Da diese Frage ohne Echo blieb, hörte ich Mutter sagen: „Meine Damen, jetzt wäre es aber Zeit für ein gutes Likörchen. Isolde, im Herrenzimmer steht schon die Karaffe mit den Gläschen bereit. Bitte bring alles herein!" Und an die Tischrunde gerichtet: „Nun sollten wir aber dieses Thema beenden. Man wird ja ganz und gar genierlich, wenn man dauernd an so was denken muss. Eins muss aber noch gesagt werden: An uns ist's, Frauenehre, deutsche Frauenehre, gegen die männliche Stiernatur zu verteidigen! Wir sollten unsere Männer auf eine höhere, sittlichere Ebene heben! Nehmen wir darauf ein Tröpfchen!"

Isolde füllte die Gläschen, verteilte sie an die Damen, welche sie erhoben und die Rede unserer Mutter bekräftigten. Da ich nicht wusste, was eine höhere sittliche Ebene ist, stellte ich mir unsere Mutter vor, wie sie Vater packt und auf den Küchentisch wuchtet.

In meinem Winkel wurde es mir langsam langweilig, ich begann einzunicken. Isolde schenkte eine neue Runde ein, dabei kam sie meinem Versteck zu nahe. „Herrje, hier sitzt ja der Ditt! Hee, raus mit dir!" Sie zog mich unsanft hervor und bugsierte mich schleunigst hinaus. Ich hörte noch, wie Mutti stöhnte: „Und der hat alles gehört!"

Isolde benutzte fast dieselben Worte, als sie mich in der Küche fragte: „Haste etwa alles gehört?" Auf meine Antwort hin, „Ja, aber verstanden hab ich nischt", war sie sehr erleichtert: „Die hamm ja heut geschwafelt, 's war richtig zum Schämen!" Mit einem Klaps auf den Hintern schickte sie mich hinunter zu den anderen Kindern auf den Hof. Mutter hat mich am Abend dann noch einmal ausgefragt und war sehr erleichtert, als sie merkte, dass ich von den Kränzchengesprächen wirklich nichts begriffen hatte.

Damals schon, in den letzten Gefeller Jahren 1937 und 1938, ich war also erst acht, neun Jahre alt, gab es weibliche Wesen, vor allem jüngere, die mich auf wundersame Weise anzogen. Ihre Anziehungskraft weckte andere Regungen in mir als mütterliche, großmütterliche oder tantenhafte Zuneigung. War es möglich, dass jenes während der Pubertät Seele und Sinne durchwucherndes Triebgeflecht im kindlichen Gemüt vorzeitige, zarte Sprossen trieb? Sicherlich waren es aber auch die heimlichen Zusammenkünfte mit dem Erich in der hinteren Hohle und dessen Flunkereien über „Sauereien" mit Weibern, sprich Mädchen, die mich in vorpubertäre Unruhe versetzten.

Bocksgestank

Etwa fünfhundert Meter außerhalb von Gefell, in Richtung Schleiz, lag auf der rechten Straßenseite die Ockergrube, im Volksmund Bimburg genannt, nach dem Spitznamen der damaligen Besitzer. In den Jahren vor 1938, da wir in Gefell wohnten, wurde dort noch nach der goldfarbigen Erde gegraben. Auf dem Weg zum Göttengrüner Bahnhof sah man die Grube mit ihren goldgelben Erdwänden sowie die flachen Betriebsräume, zugleich Wohnung der Familie, etwas von der Straße abgesetzt liegen. Lange Jahre hindurch zeigten diese Gebäude ihre rohen Ziegelmauern. Da sie später verputzt und mit dem selbstgeförderten Farbstoff gestrichen wurden, hoben sie sich kaum von den Wänden der dahinterliegenden Grube ab. Im Sommer trocknete auf langen, überdachten Regalen der geschlämmte und zu runden Kuchen geformte Farbstoff. War er trocken, wurde er gemahlen, in Säcke abgefüllt und versandt. Diese Ockergrube verbreitete zeitweise einen unangenehm scharfen Gestank, der sogar ihren Bewohnern anhaftete. Weitab von jeder menschlichen Wohnung war dort nämlich der städtische Ziegenbock eingestallt.

Warum erzähle ich dies? Blenden wir noch einmal zurück ins Jahr 1936. Ich war gerade eingeschult worden, und der erste Schultag hatte mit der Platzverteilung in der Klasse begonnen. Die Schulmöbel waren damals noch jene zweisitzigen Pultbänke, wie man sie heute nur noch in Schulmuseen oder auf alten Fotos sieht. Für die älteren Jahrgänge waren hinter den Pulten Klappsitze montiert, wir Kleinen mussten jedoch auf durchgehenden Bänken sitzen. Das Holz dieser Bänke war durch das Besitzen unzähliger Schülergenerationen spreißelig geworden, und es kam oft vor, dass man sich beim unruhigen Hin- und Herrutschen Splitter in den Hintern riss. Eine unangenehme Sache, gab es doch Hilfe erst nach Schulschluss zuhause.

Fräulein Kuskow verteilte die Plätze vorerst einmal nach Wunsch. Viele der Schüler und Schülerinnen waren miteinander bekannt oder gar befreundet und wurden entsprechend paarweise auf die Bänke verteilt, links die Buben, rechts die Mädchen. Zwei blieben übrig, sie hatten keine Wunschpartner, also wurden sie zusammengesetzt, zwei Außenseiter auf einer Bank: der von draußen aus der Bimburg und der andere ein Zugereister, ein Fremder. Fremde zu sein, dieser Makel haftete uns in Gefell an, bis wir 1938 nach Berlin zogen, obwohl unsere eigentliche Heimat, die Stadt Plauen, nur fünfundzwanzig Kilometer von Gefell entfernt lag.

Wir Geschwister waren damals die einzigen Zugezogenen unter den Gefeller Kindern. Wir sprachen anders als die eingeborenen Jungen, und wir trugen Bleyle-Anzüge. Diese Unterschiede machten uns bald zu Ausgegrenzten, ja wir zogen Hass auf uns. Die Schulwege, vor allem der Heimweg, gestalteten sich für Eberhard und mich häufig zu Treibjagden. Meine Strategie war, mich nach Schulschluss so lange in oder bei der Schule versteckt zu halten, bis sich auch der letzte Klassenkamerad verlaufen hatte. Nun galt es, ungesehen über die Straße und zum nördlichen Gartenbereich des Städtchens zu gelangen. Vorher musste jedoch erst die westlich gelegene tiefe Hohle durchquert werden, ein gefährliches, meistens von einigen feindlichen Spähern besetztes Terrain. Wurde ich entdeckt, begann die Jagd. An Gartenzäunen entlang, über Feldwege und Raine versuchte ich, die hintere Hohle zu erreichen, den Beginn unseres Territoriums. Oft wartete Erich dort auf mich, ein willkommener Helfer und Beschützer. Wurde ich gefangen, fiel die ganze Meute über mich her, und es setzte Faust- und Stockschläge, manchmal auch Brennnesselhiebe ins Gesicht. Besonders hervorgetan hat sich als Anführer der Horde Osterheims Horst, der spätere Ehemann der Tochter unseres Kompagnons Arno.

An jenem ersten Schultag beim Mittagessen, ich hatte meine Schulkleidung noch an, war es Vater, der als Erster die Nase rümpfte. „Hier riecht's doch nach Ziegenbock!" „Ja", meinte Rainer, der neben mir saß, „der Dieter stinkt wie de' Bimburg." „Komm doch mal her!", befahl Mutti, und als ich neben ihr stand, beschnüffelte sie mich nach Art eines Straßenköters: „Wirklich, Ziegenbock, wo hast du dich bloß wieder rumgetrieben?"

Das Rätsel löste sich, als ich erzählte, wer in der Schule mein Banknachbar war. Der Bocksgestank, der den Bim umgab, hatte sich auch in meinen Kleidern festgesetzt. Nachdem Mutter bei Fräulein Kuskow interveniert hatte, wurde der Bim auf eine Extrabank gesetzt. Nach einer Weile durfte er jedoch wieder neben mir sitzen, nachdem seine Mutter versichert hatte, dass er fortan bocksgestankfrei zur Schule käme. Er hatte denselben Schulweg wie ich und hat mir oft gegen die Klassenbande geholfen, wenn sie wieder einmal Treibjagd auf mich veranstaltete. Wir zwei Außenseiter mussten ja zusammenhalten.

Eberhards Internat

Ab 1937 ging Eberhard nach Schleiz zur Schule und war dort im Schülerheim untergebracht. Er hat nie etwas über diese Zeit erzählt. Während unseres fünfzigsten Abiturjubiläums in Schleiz haben ehemalige Klassenkameraden, die während der Nazizeit einige Jahre nach Eberhard dieses Heim erleben mussten, Haarsträubendes über die dortigen Lebensverhältnisse berichtet. Ältere Mitschüler, sogenannte Stubenälteste, müssen damals über die Kleineren ein regelrechtes Terrorregime errichtet haben. Immer getreu nach der Naziparole: „Gelobt sei, was hart macht!" Alle Schikanen, Appelle und sportlichen Schindereien waren durchaus von der Schulleitung und der Führung der Hitlerjugend gedeckt.

Samstags wurde Eberhard natürlich von allen sehnsüchtig erwartet. Besonders im Sommer, wenn er mit dem Fahrrad von Schleiz her unterwegs war. Vor allem unsere Mutter brachte dann vor Aufregung und Angst beim Mittagessen kaum einen Bissen hinunter. Hörten wir dann unten vor dem Haus seine Fahrradklingel ertönen, war die allgemeine Erleichterung groß. Wenn er im Sommer sonntagsnachmittags wieder zurück nach Schleiz fuhr, begleiteten wir ihn oft bis zur Kapelle, einem alten Gasthaus, welches auf dem Weg nach Schleiz etwa fünf Kilometer von unserem Haus entfernt an der Straße lag. Es war meistens ein trauriger Spaziergang. Nur das zahme, im Wirtshausgarten herumspazierende Reh konnte uns etwas aufmuntern. Natürlich auch der vorzügliche hausgebackene Streuselkuchen. Von der Kapelle aus ging es in Richtung Schleiz einen langen Berg hinunter nach Zollgrün. Eberhard fuhr nach dem Kaffeetrinken meist ohne großes Abschiedsgetue davon. Unsere Mutter musste sich dann unbedingt die Nase schneuzen, und in die Augen schien sie auch immer etwas bekommen zu haben, während wir Zurückbleibenden Eberhard nachwinkten, bis er von den alten Alleebäumen an der ersten Kurve verschluckt wurde.

Im Geschäft

In der Gefeller Zeit hat das Geschäft mit seinen das Haus erfüllenden Geräuschen unser Leben geprägt. Was ich als besonders beeindruckend in der Erinnerung behalten habe, war die fast körperlich erlebbare Sonn- und Feiertagsstille. Samstagnachmittags um zwei Uhr wurden die Maschinen abgestellt, und die Schar der Geschäftsmädels schlenderte kichernd und schwätzend die Straße hinunter, ihrem Sonntag entgegen. Freilich hieß es für viele, vor dem Sonntagsvergnügen noch ein gerüttelt Maß schwerster Arbeit zu erledigen. Vor allem in der Erntezeit wartete man samstags schon sehnsüchtig auf die aus dem Geschäft heimkehrenden Helferinnen. Hatte die Putzfrau dann die Dielen und was sonst noch zu putzen war geschrubbt, stand die Tür zum Geschäft uns Kindern offen.

Es war allerdings kein Ort zum ausgelassenen Herumtoben. Meistens nützten Herr Arno und unser Vater den arbeitsfreien Samstagnachmittag zum Vorpausen zugeschnittener Blusen- und Kleiderteile. Sie standen dann nebeneinander am großen Pack- und Versandtisch. Vater links, neben sich die hohen Stapel zugeschnittener Ware, Herr Arno rechts, die gepausten Teile abnehmend und stapelnd. Geschickt wie ein Jongleur hantierte Vater mit den Papierschablonen, den eisernen Schablonenbeschwerern und dem Farbreiber. Ebenso geschickt und flott nahm ihm Herr Arno die Teile ab, sprühte aus einer Flasche den farbfixierenden Spiritusnebel darüber und stapelte sie wieder auf. Schweigend und konzentriert arbeiteten die beiden Männer, eingehüllt in Schwaden duftenden Spiritusdunstes. Oft saß Großvater am Zeichentisch und entwarf neue Muster oder half uns Kindern, erste ungelenke Blumen zu zeichnen. Die Reihen der Stickmaschinen waren dann mit langen, weißen Tüchern zugedeckt, und auf dem Tisch, an dem sonst die schwatzenden und kichernden Abschneiderinnen saßen, reckten die hochgestellten Stühle ihre Beine zur Saaldecke. Diese Decke wurde von zwei gusseisernen Säulen getragen. Man konnte einen Arm um sie legen und im Kreis um sie herumlaufen, bis man vom Schwindel zu Boden gestreckt wurde. Eberhard konnte sie schon als Kletterstangen benutzen und kam an ihnen bis hinauf zur Saaldecke.

Das Gefeller Weihnachtsfest

Eine besondere Zeit war diejenige zwischen den Jahren, also von Heiligabend bis Silvester. Am 24. Dezember schloss um zwei Uhr der Betrieb. Mit großem Hallo verabschiedeten sich die Geschäftsmädels voneinander und von den Chefs, viele kamen herauf zu uns in die erste Etage, um auch unserer Mutter eine frohe Weihnachtszeit zu wünschen Alle waren fröhlich und guter Dinge, lag doch eine gute Woche freier Zeit vor ihnen. Gegen vier Uhr am Nachmittag hörten wir dann Herrn Arno mit seinem Motorrad davonknattern, natürlich ohne vorher unserer Mutter ein frohes Fest gewünscht zu haben. Es herrschte ja Feindschaft zwischen ihnen. Endlich hörten wir die Vorsaaltür gehen, und

Vater kam zu uns in die Küche hinein. Hier war schon der Kaffeetisch gedeckt, weil es galt, den Stollen anzuschneiden. Das Wohnzimmer, sonst der Ort festlicher Tafelei, war schon seit dem vierten Advent fest verschlossen und verriegelt, denn in ihm hatte ja nun der Weihnachtsmann seine Werkstatt.

Mutter war vor dem hohen Ritual des Stollenanschnitts immer sehr aufgeregt. Wird er, der wichtigste Teil des Weihnachtsfestes, auch diesmal wieder gelungen sein? Sind genug Rosinen drin, genug Butter? Hoffentlich ist er nicht versalzen? Ach, es gab, den Stollen betreffend, viele Angstpunkte für sie! Es war bei ihr wie das Lampenfieber vor einem Konzertauftritt: Man ist sich seiner Leistungen und seines Könnens absolut sicher. Trotzdem steigen Spannung und Aufregung, je näher das Ereignis kommt. Muttis Stollen war jedenfalls immer vorzüglich und wohlgeraten.

Ach, diese Heiligabende! Wir Kinder waren schon am frühen Morgen unleidliche und streitsüchtige Geschöpfe. Die Luft hing demzufolge, vor allem in der Umgebung unserer Mutter, voller Kopfnüsse und Backpfeifen. Ungefährlich war es dagegen oben bei der Oma und unten bei den zwar strengen, aber trotzdem immer geduldigen und gutmütigen Großeltern. Meistens kam Vater im Laufe des Vormittags aus dem Geschäft herauf mit der Ankündigung: „Kommt, Kinder, Großvater baut seinen Weihnachtsberg auf!" Da gab es für uns kein Halten mehr. Unter großem Jubel stürmten wir die Treppen hinunter zur großelterlichen Wohnung. Großmutter erwartete uns schon an der Vorsaaltür: „Ruhig, Kinder, nicht so hastig! Wenn ihr zugucken wollt, dürft ihr nicht so angetobt kommen."

Dieser Weihnachtsberg war ein mechanisches Bergwerk, wie es im Vogtland und Erzgebirge in vielen Familien von Generation zu Generation weitervererbt wurde. Gebaut hatte ihn Großvaters Vater, heute ist der Weihnachtsberg leider verschollen. Hinter einer Glasscheibe konnte man in einem aufgeschnittenen Berg auf drei Etagen viele kleine geschnitzte und gedrechselte Bergleute arbeiten sehen. Da wurde gehämmert, geschaufelt, und es wurden Loren hin- und hergeschoben. Die Krönung war ein Göpelwerk, in dem zwei kleine Pferde im Kreise liefen. Oben auf dem Bergplateau fuhr laut bimmelnd eine Eisenbahn von einem Tunnel zum andern. Auf der linken Seite kam sie heraus und auf der rechten verschwand sie wieder.

Das Ganze stand auf einem Tisch, war etwa fünfzig Zentimeter hoch und wurde von einem alten Uhrwerk angetrieben. Mit Hilfe einer Kurbel musste ein Gewicht hochgezogen werden. Auf einen Hebelzug hin setzte sich das pendellose Werk schnelltickend in Bewegung und verlieh dem Weihnachtsberg ein kurzfristiges Leben. Großvater hatte von Jahr zu Jahr größere Schwierigkeiten, den Berg in Gang zu setzen. Der fortschreitende Rheumatismus ließ seine Hände knotiger und knorriger werden. Da war es wichtig, dass wir still und aufmerksam um ihn herumsaßen, während er von der offenen Rückseite her den Mechanismus in betriebsfertigen Zustand versetzte. Es war wie der Blick in den Schnürboden eines winzigen Theaters, der sich uns bei solcher Gelegenheit bot. Unzählige Transmissionen aus bunten Zwirnsfäden führten vom Uhrwerk aus über eine Hauptwelle in die entlegensten Winkel des kleinen Kunstwerks. Oft mussten sie teilweise neu geknüpft und mit Hilfe einer langen Pinzette über die entsprechenden Rädchen gelegt werden. Dies alles zu beobachten, Großvaters unendliche Geduld und seine handwerkliche Geschicklichkeit – all das bedeutete uns Kindern mehr als hernach das rasselnde, klingelnde Ablaufen des alten Erbstücks.

Natürlich benötigte Großvater zu dieser anstrengenden Arbeit seine geliebten Stinkstengel, die Zigarren. Oft war er allerdings so in sein Tun vertieft, dass die Zigarre, im nebenstehenden Aschenbecher abgelegt, zu einer weißen Aschenstange verglomm. Der dabei entstehende beißende Gestank rief meistens die Großmutter auf den Plan, die dann schweigend, aber mit grimmiger Miene die Stinkbombe hinausschaffte.

Während Großvater an seinem Berg arbeitete, war es so still in der großelterlichen Küche, dass man im angrenzenden Geschäft die Mädchen lachen, schwatzen und rumoren hörte. Um elf Uhr am Vormittag wurden an Heiligabend über einen Hauptschalter alle Motoren abgestellt. Die Stickerinnen, für ihre Maschinen verantwortlich, hatten Jahresputz zu halten. Die Stickmaschinen waren je vier zu vier auf gegenüberstehenden Tischen montiert. Eine tiefe Sperrholzmulde verband diese Tische miteinander. Diese Mulde diente zum Auffangen der Stickteile und hatte gleichzeitig eine wichtige Schutzfunktion. Unter ihr verlief die Welle, über welche die zu einem Maschinensystem gehörenden acht Stickköpfe angetrieben wurden. Diese „Unterwelt", wie Vater sie nannte, wurde am Jahresende einer besonders gründlichen Pflege unterzogen. Dazu war es nötig, dass jemand als Hüter des Hauptschalters fungierte, während die Stickerinnen unter den Arbeitstischen herumkrochen. Herr Arno übte meistens diese Funktion aus. Es waren Lager zu ölen, Schmierbuchsen mit Fett zu füllen und brüchige Riemen auszuwechseln. Die Stickerinnen mussten auch in diesem Metier versiert sein. Es war streng verboten, bei laufenden Maschinen in die „Unterwelt" abzutauchen, um kleinere Schäden zu beheben. Es wurden jedoch immer wieder Stickerinnen bei solchem Tun erwischt. Gearbeitet wurde ja im Stücklohn, und das Abschalten eines Maschinensystems hätte zur Verdienstschmälerung aller acht zu diesem System gehörenden Stickerinnen geführt. Beim ersten Mal kamen die erwischten Sünderinnen mit einer heftigen und meistens von beiden Chefs gleichzeitig lautstark vorgetragenen Standpauke davon. Beim zweiten Mal drohte unweigerlich die Entlassung. Die Stickerinnen setzten bei solchem Leichtsinn ja Gesundheit und Leben aufs Spiel. Wenn sie einmal mit den Haaren in die laufenden Antriebssysteme geraten wären, hätte es für sie keine Rettung mehr gegeben.

An Heiligabend waren allerdings alle Mühsale und Ärgerlichkeiten des Arbeitsjahres vergessen. In unserem Betrieb war es damals schon üblich, dass die Arbeiterinnen zu Weihnachten ein kleines Zugeld, eine Treue- und Fleißprämie bekamen. Während also im Geschäft noch eifrig an den Maschinen geputzt, gelacht und getratscht wurde, Großvater an seinem Bergwerk arbeitete, hörte man draußen im Treppenhaus die Putzfrau mit ihrem Eimer klappern und die Treppen scheuern. Der Samstagsgeruch nach Bohnerwachs und Schmierseife ist untrennbar mit meinen Erinnerungen an Heiligabend und Silvester verbunden. Übrigens waren die samstäglichen Scheueraktionen unserer Putzfrau im Winter nicht ungefährlich. Oft gefror das Scheuerwasser auf den steinernen Treppenstufen zu spiegelndem Glatteis. Viel Streusalz war dann nötig, um die Treppe wieder begehbar zu machen.

Das Mittagessen fiel an Heiligabend bei uns sehr bescheiden aus. Zwar blieb die Küche nicht kalt, aber Mutter hatte mit den Vorbereitungen für das Festtagsmenü vollauf zu tun. Vor allem musste die Gans vorgekocht werden und das Gänseklein, die Grundlage für die Nudelsuppe am zweiten Feiertag, vorbereitet werden. Das Nudelmachen oblag unserer Oma. Sie spannte schon in aller Frühe in ihrer Küche die Wäscheleine auf, über der dann die hauchdünn ausgewalzten Teiglappen zum Trocknen hingen. Es war eine Kunst, diese Lappen im rechten Moment abzunehmen, zusammenzurollen und zu feinen Fadennudeln zu schneiden. Der Teig durfte nicht zu trocken sein, sonst wäre er gebrochen, kleben durfte er aber auch nicht mehr. Oma hatte dafür ein besonderes Fingerspitzengefühl. Niemand konnte so feine, gleichmäßig geschnittene Fadennudeln herstellen wie sie, und unser Vater legte großen Wert auf diese Qualität. Man kann sagen, dass sein Wohlgefühl am zweiten Feiertag von Omas Nudelqualität abhing.

Die Großmutter wartete immer ungeduldig auf die Fertigstellung des Weihnachtsberges, denn ihre Küche war ja an Heiligabend durch Großvaters Werkelei blockiert. Auch sie wollte vorkochen, denn im Gegensatz zur Oma, die an Festtagen immer bei uns mit am Tisch saß, kochte Großmutter selbst die Mahlzeiten für sich und Großvater. Auch bei ihr gab es am ersten Feiertag

Gänsebraten und am zweiten Gänseklein mit Nudeln. Auch sie bereitete ihre Nudeln selbst, allerdings waren diese lange nicht so fein geschnitten wie Omas. „Bauernnudeln", oder „Schürzenbänder", so lautete Omas abfälliger Kommentar zu Großmutters Nudelprodukten.

An Heiligabend waren wir der Pflicht entbunden, mittags am heimischen Tisch zu erscheinen. Oben bei der Oma gab es in der Regel Buttersemmeln mit Kakao, eines meiner Leibgerichte, ich zog es aber vor, meine Semmeln bei der Großmutter zu essen. Bei ihr gab es Sauerkraut und „Aufkochwurst" dazu. Das war eines meiner Leibgerichte und noch viel seltener zu haben als Semmeln mit Kakao. Letztere gab es bei uns sowieso regelmäßig an Samstagen oder wenn großes Waschfest war und Mutter mit der Putzfrau vom frühen Morgen an im Waschhaus stand. Die Putzfrau hätte ja ohne Aufsicht die feine Wäsche verderben können.

Um zwei Uhr, wenn die Geschäftsmädels gingen, mussten wir allerdings zu Hause erscheinen. Dann wurden wir in die Badewanne gesteckt und frisch angezogen. Unsere Mutter verschwand im Schlafzimmer und kam nach einer geraumen Weile schön gewandet, meistens kurz vor dem Kaffeetrinken, wieder zum Vorschein. Nur Vater, der ja bis zuletzt noch im Geschäft war, durfte in seiner Alltagskluft am Kaffeetisch sitzen.

Für uns Kinder war der Stollenanschnitt mehr eine Qual als eine Freude. Erstens waren wir jetzt eher noch größere Zappelgeister als am Vormittag und die Gefahr, kurz vor Toreschluss eins hinter die Ohren zu bekommen, war daher immer noch sehr groß. Zweitens konnten aller Vorweihnachtszauber, die Pyramide und das qualmende Räucherkerzenmännchen auf dem Tisch unsere erwartungsvolle Langeweile und die schier endlose Zeit bis zur Bescherung nicht verkürzen. Für unsere Mutter war dieser Moment, in dem sie das Messer zücken und den ersten Stollen anschneiden durfte, immer ein mit großer Spannung erwarteter Moment. Konnte sie doch jetzt erst auf Qualität und Wohlgeschmack hin überprüfen, was sie schon Ende November im Schweiße ihres Angesichts zustande gebracht hatte.

Mit Mutters Stollenbäckerei fing für uns eigentlich schon die Adventszeit an. Es begann stets samstags nach Buß- und Bettag mit dem Abwiegen und Sieben des Mehls. Bittere und süße Mandeln wurden gekocht, aus ihren braunen, harten Hemdchen in große Schüsseln gedrückt und hernach auf einem Brett mit dem Wiegemesser zerkleinert. Wir Kinder durften Berge von Rosinen lesen, welche dann in Schüsseln geschüttet und in duftendem Rum ersäuft wurden. Oma half stets beim Rosinenlesen und achtete darauf, dass wir Buben nicht zuviel der süßen Rosinen in unsere schleckersüchtigen Mäuler stopften. Im Laufe des Nachmittags, nach der Schule, kam meistens das jeweilige Dienstmädchen dazu, immer schon sehnsüchtig erwartet, denn es galt ja noch mindestens ein Kilogramm Zitronat zu schneiden und zu hacken.

Im Wohnzimmer wurde der große Kachelofen angeheizt, meistens zum ersten Mal nach der Sommer- und Herbstperiode. Am Morgen des Sonntags war es dort dann wohlig warm, gerade recht für die auf dem großen Tisch ihrer Verarbeitung harrenden Stollenzutaten. Am folgenden Montag, dem Backtag, war unsere Mutter meistens schon seit fünf Uhr in der Frühe tätig. Wenn wir gegen sieben Uhr aufstanden, war der Stollenteig schon fertig und ruhte in zwei großen, mit Tüchern abgedeckten Wannen zum Aufgehen im Wohnzimmer am warmen Kachelofen. „Kinder, haltet die Türen zu, der Stollenteig fällt sonst zusammen!"

Gebacken wurde beim Bäcker drinnen in Gefell, in einer uralten Bäckerei mit einem aus Vorzeiten stammenden Steinofen. Einen Laden gab es nicht in dem alten Haus. Verkauft wurde aus der Backstube heraus, in der es vor allem im Winter heimelig warm war. Man fühlte sich in dem niedrigen, kleinfenstrigen Raume mit seinen langen Verkaufsregalen und großen Arbeitstischen wohlig geborgen. Der Gesang des Heimchens, welcher sommers wie winters aus einem verborgenen Winkel hinter dem mächtigen Backofen tönte, gehörte genauso dazu wie das Geruchsgemisch aus den Düften nach gebackenem Brot und Sauerteig, nach Semmeln und Kuchen, nach Hefe und verglimmender Holzkohle.

Manchmal lag am Backtag schon der erste Schnee. Dann wurden die Teigwannen, wohlverpackt, damit die Hefe keinen Kälteschreck bekäme, auf dem großen Rodelschlitten verstaut und noch am Vormittag zur Bäckerei transportiert. In der Backstube war dann meistens reger Betrieb. In der Regel buken zwei oder drei Hausmütter gleichzeitig und tauschten, während sie die Laibe formten und auf die Bleche legten, Erfahrungen aus, ohne jedoch das Geringste ihrer streng gehüteten Familienrezepte zu verraten. Jeder Laib bekam noch ein hölzernes Namensschildchen in den Rücken gesteckt. Dann gingen die Frauen erst einmal nach Hause. Alles Weitere oblag nun dem Bäcker.

„Halb Dreie komm'n se raus!" Das bedeutete, dass die Frauen dann wieder in der Backstube zu erscheinen hatten, denn nun mussten die duftenden, heißen Stollen mit flüssiger Butter bestrichen werden. „Aber nicht zu knapp", gab unser Vater der Mutter stets mit auf den Weg. Im selben Arbeitsgang wurden sie mit Staubzucker bestreut und danach vorsichtig nach Hause transportiert. Dort ruhten sie bei uns auf dem Kleiderschrank im ungeheizten Schlafzimmer und reiften, vorweihnachtlichen Duft verbreitend, dem Stollenanschnitt an Heiligabend entgegen.

Nach dem Kaffeetrinken begann für uns Kinder die schlimmste Zeit des Heiligabends. Von da an waren wir in die Küche verbannt. Vater hatte angeblich stets noch etwas Wichtiges für das Geschäft zu erledigen, und Mutter musste im angrenzenden Wohnzimmer dem Weihnachtsmann helfen. Nur Oma harrte bei uns aus und verstand es, durch allerlei lustige oder besinnliche Geschichten unsere Ungeduld zu besänftigen. Durch die verschlossene Tür zum angrenzenden Wohnzimmer drangen verheißungsvolle Geräusche zu uns herein, mal ein zartes Klirren, dann ein leises Klingeln, gedämpftes Klopfen und Scharren. Unsere Spannung stieg, wurde unerträglich – endlich der Glockenton, die Tür ging auf, Vater kam über den Flur herein, und wir betraten, vom Kerzenglanz überwältigt, das weihnachtlich geschmückte Wohnzimmer. Mutter saß schon am Klavier, wir riskierten einen schnellen Blick auf den Gabentisch, ehe wir uns um sie herum gruppierten. Sie schlug einen Akkord an, schon erklang das erste Lied: „Süßer die Glocken nie klingen". Natürlich wurde es mehrstimmig gesungen, wir Kinder übernahmen im Sopran die Melodie, Mutter, mehr schlecht als recht, die Altstimme und Vater, allem das Fundament gebend, den Bass. Mutter tat sich schwer mit der Klavierbegleitung, stolperte, setzte mit dem Gesang aus, fing sich wieder, sodass wir das Lied glücklich zu Ende brachten. Vater griff nach der Geige und spielte weiterhin die zweite Stimme, Mutter sang nun mit uns Kindern die Melodie und meisterte dadurch ihren Klavierpart besser. „Es ist ein Ros' entsprungen", „Leise rieselt der Schnee", „Vom Himmel hoch, da komm' ich her", „Am Weihnachtsbaume die Lichter brennen" – Kitsch und Kunst waren in unserem Heiligabendprogramm stets innig vereint. Es war das in allen Familien unseres Landes gesungene weihnachtliche Liedgut. Die Nazis konnten nur ein einziges Lied in dieser Hitparade platzieren: „Hohe Nacht der klaren Sterne".[22] Während des Krieges durfte es in keinem der vorweihnachtlichen Wunschkonzerte fehlen. An den Adventssonntagen, gegen fünf Uhr am Nachmittag zwischen Ferntrauungen und Geburtstagsgrüßen im Rundfunkprogramm eingefügt, füllte es unzählige Mütteraugen mit Tränen.

„Hohe Nacht der klaren Sterne,
die wie weite Brücken steh'n,
über einer weiten Ferne,
drüber uns're Herzen gehn!
Mütter, Euch sind alle Kerzen,
alle Brücken aufgestellt!
Mütter, tief in Eurem Herzen,
schlägt das Herz der ganzen Welt!"

Nach dem Absingen des Liedprogramms waren wir Kinder aufgefordert, einige Gedichte aufzusagen, dann folgte die sehnsüchtig erwartete Bescherung. Jährlich kehrte, wenn auch meistens erweitert, die Eisenbahn wieder. Anfangs noch mit einer Aufziehlock, später elektrifiziert, war sie für mich von geringem Interesse, für meine Brüder jedoch die Hauptattraktion der Weihnachtszeit, übrigens für unseren Vater auch. Er baute die anfangs einfache ebenerdige Anlage zu einem großen, in einer Berglandschaft verlegten Schienensystem aus. Berge und Täler formte er aus mit Warmleim getränkten Jutesäcken. Sie ließen sich, solange der Leim noch warm und feucht war, in jede gewünschte Form bringen, welche sie nach der Austrocknung behielten. Sie wurden knochenhart und ließen sich vorzüglich bemalen.

Das Abendessen war gemeinhin im Vogtland wegen des vorgeschriebenen „Neunerlei" eine aufwendige Tafelei.[23] Bei uns fiel es sehr einfach aus: Es gab Kartoffelsalat mit Würstchen, der Einfachheit halber in der Küche serviert. Der Wohnzimmertisch, noch mit Geschenken vollgepackt, wurde stets erst zum festlichen Mittagsmahl am ersten Feiertag freigeräumt. Außerdem musste ja an Geschirr gespart werden, denn das Dienstmädchen hatte frei und kam erst am zweiten Feiertag nach dem Mittagessen wieder, um den Berg in der kleinen Küche gestapelter Teller, Schüsseln und Töpfe zu spülen. Natürlich hatte Mutter immer ein passendes Weihnachtsgeschenk für die Mädchen parat, weshalb sie sich nie lange bitten ließen, wenn Mutter an Heiligabend bei der Verabschiedung meinte: „Kommst du am Zweiten?"

Die Singerei vor der Bescherung war mir immer ein Gräuel. Viel lieber wäre ich gleich zu den Geschenken gestürzt, aber das Weihnachtsfest lief bei uns stets nach den gleichen Ritualen ab, da gab es kein Abweichen. Einmal jedoch war alles ganz anders. Kein Singen, keine Gedichtaufsagerei, dafür herrschte große Aufregung und heilloses Durcheinander im Weihnachtszimmer! Angefangen hat alles ganz normal. Die Glocke läutete, wir betraten das kerzenerleuchtete Wohnzimmer. Mutter saß schon am Klavier, Vater kam herein, und wir stellten uns hinter unserer Mutter zum Singen auf. Sie wollte noch etwas sagen, drehte sich zu uns um und brach mit dem Klavierhocker zusammen. In ihrer Angst griff sie nach der Gardine, riss diese herunter und fiel über den Christbaum mit seinen brennenden Kerzen. Vater nahm geistesgegenwärtig einen der stets bereitstehenden Wassereimer und schüttete ihn über Gardine und Weihnachtsbaum. Mir ist während dieses hochdramatischen Geschehens ein lauter Lacher herausgeplatzt, weshalb mich Vater, als Mutter sich aufgerappelt hatte und Oma mit dem Scheuereimer kam, kurzerhand in die Küche bugsierte. Ohne ein Wort zu sagen, griff er auf den Küchenschrank ... na ja, was weiter geschah, brauche ich nicht zu erzählen. Als alles vorüber war, er sich zum Gehen wandte und ich mir den schmerzenden Hintern rieb, meinte er, sehr ernst und eindringlich: „So, du frecher Bengel, schreib dir's hinter die Ohren: Das Unglück anderer ist kein Grund zum Lachen!"

Nachdem alles wieder notdürftig aufgeräumt und das Löschwasser aufgewischt war, ist es doch noch ein recht vergnüglicher Weihnachtsabend geworden. Wir sind dann ohne große Umschweife zur Bescherung gekommen. Der große gelb gestrichene Holzomnibus, auf dem ich fast reiten konnte und den ich mir sehnlichst gewünscht hatte, ließ mich schnell alle vordem erlittene Unbill vergessen. Vater zeigte sich mir gegenüber von seiner heitersten, gemütlichsten Seite, so als hätte ich nicht einige Minuten vorher von ihm schmerzliche Senge bezogen. Dies kannten wir Buben an ihm und schätzten es: Man konnte aus kindlicher Bosheit heraus das schlimmste Unheil angerichtet haben, für Vater war alles erledigt, wenn wir unsere Tracht Prügel bekommen hatten. Unsere Mutter schlug selten zu, konnte aber durch stundenlangen Liebesentzug viel härter strafen als Vater mit dem Rohrstock.

Der Christbaum stand, als wir an jenem Abend zu Bett gingen, zwar noch zerzaust und wie von einem Platzregen begossen etwas schief in seiner Zimmerecke. Am Morgen des ersten Feiertages hatte der Weihnachtsmann jedoch auch ihn wieder gerichtet.

Da unsere Eltern der Kirche schon in den zwanziger Jahren den Rücken gekehrt hatten, wurde unser Weihnachten eher wie ein germanisches Julfest[24] als wie ein christlicher Feiertag begangen. Die Geschenke brachte nicht das Christkind, sondern der Weihnachtsmann, und statt des Nikolaus kam der heidnische Knecht Ruprecht, der Ruprich, wie er im Vogtland genannt wird. Natürlich sind wir auch nie zu irgendeinem Feiertag in die Kirche gegangen. Trotzdem hatte Vater aus einem Wurzelstock einen Christbaumständer gebaut, zu dem eine Weihnachtskrippe mit allem Drum und Dran gehörte. Entrindet und glatt geschliffen, war er mit seinen breit gefingerten Wurzelstrünken auf ein Brett montiert. Der Baumstumpf ragte in die Höhe und diente mit seinem oben eingebohrten Loch als Baumständer. Zwischen zwei Wurzeln hatte Vater eine Höhle als Unterstand für die Weihnachtskrippe ausgestemmt. Da saßen Maria und Josef beim Jesuskindchen, Ochs und Esel lagen in den hinteren Winkeln der Höhle, richtig heimelig und gemütlich war es in dem winzigen Stall. Das Ganze wurde von einem graulackierten Zaun eingefasst. Der Wurzelstock mit seinem Bleiglanzkleid stand wie ein Felsen inmitten dieses Weihnachtsgartens. Sogar ein eingehauener Weg führte schneckenförmig hinauf zum Gipfelplateau, nach dem Abgrund hin gesichert durch ein Drahtgeländer. Dort oben, am Stamm des Christbaums, hatte der Verkündigungsengel seinen Platz. Unten auf der Wiese innerhalb des Zaunes tummelten sich Schafe, kamen aus einem Winkel die Heiligen Drei Könige mit ihrem Gefolge geschritten und knieten die Hirten vor der Krippe. Wir Kinder hockten gern vor dieser Miniaturlandschaft und träumten von fernen Ländern. Mir fielen zu den einzelnen Figuren und Figurengruppen oft märchenhafte Geschichten ein, die ich dann abends vor dem Einschlafen weiterspann. Zu fabulieren, mit offenen Augen zu träumen und mich aus der Gegenwart in eine Wunschwelt zu stehlen war mir schon in den frühen Kinderjahren gegeben. Diese Fähigkeit hat mir in der Schule zwar manchen Tadel und manchen Hieb mit dem Rohrstock eingebracht, mich aber später die schweren Jahre des Lagerlebens und der Gefangenschaft leichter ertragen lassen.

Die Zeit zwischen den Jahren war in unserem Haus still und geruhsam. Nach den Feiertagen mit seinen üppigen Mahlzeiten an festlich gedeckter Tafel freute man sich wieder auf schlichte Hausmannskost, wenn auch das am zweiten Feiertag beginnende Stollenkosten den feiertagsgestressten Mägen noch einiges abverlangte. Dieses Stollenkosten war eine im Vogtland weitverbreitete Sitte und begann stets am zweiten Feiertag und endete am Tag vor Silvester. Die Hausfrauen befreundeter Familien besuchten sich zur Kaffeezeit an den Nachmittagen gegenseitig und kosteten den in den verschiedenen Häusern gebackenen Stollen. Da wurde an den frisch abgeschnittenen Stückchen geschnuppert, mit Bedacht gekaut, ein winziges Schlückchen Kaffee genommen, kaum merklich mit dem Kopf genickt oder, das kam fast einem Todesurteil gleich, das Haupt skeptisch gewiegt. Es war wie bei einer Weinprobe. „Hm, sehr gut Ihr Stollen, wirklich, sehr gut! Aber ist das Zitronat nicht eine Spur zu grob gehackt?", oder: „Ein bisschen krümelig dieses Jahr, aber sonst, wie die Gewürze abgestimmt sind – könnten's nicht ein paar weniger bittere Mandeln sein?" Die Kritikerinnen konnten unerbittlich sein. Unsere Mutter war immer froh, wenn die Stollenkosterei vorüber war. Angefangen hat bei uns das Stollenkosten übrigens jedes Jahr innerhalb der Familie. Für Oma wurde extra gebacken, nach einem Rezept ihrer Eltern. Ohne Rosinen und mit vielen bitteren Mandeln war mir dieser Dresdener Stollen zu trocken. Ich habe ihn nur einmal gekostet.

Am zweiten Feiertag ging es nachmittags „runter zu den Großeltern". Großmutter buk nach dem Rezept ihrer Familie. Sie hatte es von ihrer Mutter übernommen und unserer Mutter weitergegeben. Es muss in den ersten Ehejahren unserer Eltern zu Weihnachten so manches Mal Tränen gegeben haben, wenn Vater beim Stollenanschnitt die Zähne hochzog und meinte: „Ganz gut, dein

Stollen, na ja, nicht ganz so gut wie Mutters! Aber schon viel besser als voriges Jahr!"

In der Zeit zwischen den Jahren war es im Hause angenehm still, weil ja im Geschäft die Arbeit ruhte. Nur die beiden Chefs hatten zu tun: Herr Arno mit der Inventur und Vater mit dem Jahresabschluss. Zu Silvester musste die Bilanz stehen, so hatte er es von seinem Vater gelernt. Meistens konnte er am Nachmittag im großen altväterlichen Hauptbuch die Jahresrechnung mit einem schönen Schnörkel abschließen. War es ein gutes Jahr gewesen, kam er strahlend aus dem Geschäft herauf zu uns an die Kaffeetafel, gab unserer Mutter einen herzhaften Kuss, und wir konnten uns auf einen fidelen Silvesterabend freuen. War es ein schlechtes Jahr, konnte er sehr betreten sein. Spätestens abends beim Karpfenessen fand er jedoch in der Regel seine gute Laune wieder. Der Karpfen, vogtländisch zubereitet mit grünen Klößen, Rotkraut und natürlich auch mit viel „Brieh", ist auch mein Leibgericht geworden und darf auf der Silvestertafel nicht fehlen. Nur auf die Karpfenschuppe im Portemonnaie als Glücksbringer verzichte ich. Vater trug immer eine im Geldbeutel. Beim Schuppen des Silvesterkarpfens nahm er stets die vorjährige, schon recht zerkratzte und blind gewordene Schuppe heraus und ersetzte sie durch eine der gerade vom frischen Fisch gestreiften, welche natürlich noch wie schönstes Silber glänzte.

Zum Silvesterabend gehörte auch die Goebbels-Rede. Mutter sorgte immer dafür, dass vom Karpfen nur noch die große Gräte wie ein Doppelkamm auf der Platte lag, Kloß- und Rotkrautschüsseln leer und wir also mit dem Festmahl fertig waren, bevor aus dem Radio die plärrende, unangenehme Stimme des „Reichspropagandaministers" aufklang. Damals, es war ja noch Friedenszeit, lauschten unsere Eltern andächtig dem demagogischen Geschrei dieses Volksverhetzers, und Oma geriet stets in Verzückung. Ihre Begeisterung für Hitler, Goebbels und Göring kannte damals keine Grenzen. Damals noch!

Pläne für Berlin

Der Weihnachtsabend des Jahres 1937 leitete große Veränderungen in unserem Leben ein. Angefangen hat er, wie jeder andere vordem auch, mit dem Stollenanschnitt, dem Liedersingen und der Bescherung. Unsere Mutter nahm, wie meistens, mit gefrorenem Lächeln Vaters Geschenk in Empfang: „Danke, Hans". Er hatte wieder einmal nicht die richtige Wahl getroffen. Sie wird das Geschenk, nach alter Gewohnheit, zwischen den Jahren umtauschen.

Eines war an diesem Weihnachtsabend jedoch von vornherein anders als an all denen, welche wir schon erlebt hatten: Der Knecht Ruprecht, das Christkind und der Weihnachtsmann hatten sich von uns Kindern als Wundertäter verabschiedet. Da Rainer mittlerweile in das hohe Alter von sechs Jahren gekommen war und ich unsere Putzfrau als Möchtegern-Ruprecht entlarvt hatte, mussten uns unsere Eltern, wenigsten in punkto Weihnachtsgläubigkeit, aufklären. Eberhard mit seinen elf Jahren war natürlich schon längst eingeweiht.

Das Besondere geschah erst beim Abendessen. Anfangs lief alles wie in all den Jahren vorher. Mutter teilte den Kartoffelsalat aus, und Vater legte jedem sein Würstchen auf den Teller. Oma, die neben Rainer saß, wollte wie immer dessen Würstchen aufschneiden, und Rainer legte, ebenfalls wie immer, Protest dagegen ein. Der Verlauf des Abends spulte sich nach den vertrauten Ritualen ab, und doch war zu spüren, dass etwas in der Luft lag.

Unserem Vater sah man es an, dass er sehr bewegt war. Er konnte seine Gefühlsregungen nie verbergen. Sie waren immer auf seinem Gesicht abzulesen. Mutter warf ihm des Öfteren fragende Blicke zu. Plötzlich legte sie ihr Besteck beiseite: „Kinder, denkt mal, in einem Jahr feiern wir unser Weihnachten nicht mehr hier!" Ich hatte mir gerade ein Stückchen Wurst zwischen die Lippen geschoben. Vor Schreck klappte mir nun die Kinnlade herunter. Das eben verspeiste Wurstbröckchen fiel mir aus dem Munde heraus und landete auf meinem Teller im Mostrichklecks neben dem Kartoffelsalat. Allgemeine Heiterkeit war die Folge, dann aufgeregte Fragerei: „Warum, wieso nicht mehr hier, wo denn dann? Etwa oben, bei der Oma, oder unten, bei den Großeltern?" „Nein, ganz woanders: In Berlin! Ja Kinder, wir ziehen um, nach Berlin! Schon in den kommenden großen Ferien!" „Und die Oma?" „Die kommt natürlich mit!" „Und die Großeltern, kommen die auch mit nach Berlin?" „Nein Ditt, die Großeltern möchten gern hier bleiben."

Die Eltern erzählten uns dann vom Leben in der großen Stadt und wie schön es dort wäre. „Stellt euch vor, ein Haus ganz für uns allein, ohne Geschäftslärm, mit einem großen Garten ringsum." Mich konnten die Erzählungen nicht neugierig machen und schon gar nicht aufheitern. Mich befiel im Gegenteil zum ersten Mal in meinem kurzen Leben eine tiefe Traurigkeit. Es war wie die Vorahnung des Heimwehs, welches mich in Berlin befiehl. Ich habe mich an diesem Weihnachtsabend in den Schlaf geweint.

Die Vorfreude auf das Neue, Abenteuerliche hat sich bei mir natürlich recht bald eingestellt. Trotzdem habe ich in den letzten Monaten unserer Gefeller Zeit sehr bewusst von allem Abschied genommen, was mir unser Lebensumfeld liebenswert gemacht hatte. Jeder Winkel in Hof und Garten, die das

Grundstück umgebenden Wiesen mit ihren Hohlwegen, jeder Spazierweg, den wir mit der Oma oder unseren Eltern je gegangen sind, ich habe alles in mich aufgesogen.

Winter

Nach dem ereignisreichen Weihnachtsabend, den darauffolgenden Feiertagen, der stillen Zeit zwischen den Jahren und dem fröhlichen Jahreswechsel ging unser Leben recht bald wieder seinen gewohnten Gang. Anfangs meinte es der Winter gut mit uns. Mäßiger Frost und genügend Schnee ließen uns seine Freuden so recht genießen. Die vordere Hohle war täglich schon vom Vormittag an erfüllt vom fröhlichen Geschrei rodelnder Kinder, und die Karpfenteiche von Doktor Ganzert lockten unzählige Schlittschuhläufer an. Erst als nach dem Dreikönigstag – Hochneujahr wird dieser Tag im Vogtland genannt – die Schule wieder begonnen hatte, wurde es ruhiger auf den winterlichen Tummelplätzen.

Mitte Januar packte uns der Winter dann mit eisiger Faust. Schneestürme fegten über die kahle Feldmark bis in die Stadt herein. Die tiefen Hohlwege mit ihren Rodelbahnen wehten innerhalb einer Sturmnacht zu. Auf meinem abgekürzten Schulweg an den Gärten des Stadtrandes entlang musste ich zwei der zugewehten Hohlen überqueren. Eines Tages gab der Schnee unter meinen Füßen nach. Ich brach in einen unterirdischen Hohlraum ein. Bis zu den Schultern stak ich in dem firnig harten Schnee. Natürlich war kein Mensch in der Nähe, der mir hätte helfen können, denn niemand mochte sich in dieser unwirtlichen Zeit einen Weg an den Zäunen entlang durch den tiefen Schnee bahnen. Nur unter Aufbietung aller Kräfte konnte ich mich aus meiner misslichen Lage befreien. Ich mochte danach rennen so viel ich wollte, ich schaffte es nicht mehr, rechtzeitig zur Schule zu kommen. Schulleiter Hanft, der mich auf dem Flur abfing, hörte sich meine Entschuldigungen ruhig an. „Komm mal mit!" Wir gingen in sein Zimmer. Dort langte er nach dem Rohrstock, er lag bei ihm neben einem Lineal und mehreren Bleistiften auf dem Schreibtisch immer griffbereit: „Ranzen ablegen, bücken, Hosen stramm ziehen!" Nach sieben oder acht Hieben meinte er: „So, das war für's Zuspätkommen, jetzt noch einige für's über die Hohle laufen. Du weißt ganz genau, dass das gefährlich ist, ich hab's euch oft genug verboten!" Ja, der gelbe Onkel, wie Fräulein Kuskow den Rohrstock nannte, er gehörte damals zum Bubenalltag wie das Salz zur Suppe. Auch ohne diese schmerzliche Lektion hätte ich nie mehr einen der zugewehten Hohlwege betreten. Der unvermittelte Einbruch hat mir die tiefen Verwehungen in den Hohlen unheimlich gemacht. Im Traum bin ich danach noch ein paarmal in Schneehöhlen eingebrochen. Sie hielten mich gefangen. Über der verzweifelten Suche nach einem Ausgang wachte ich regelmäßig schweißgebadet auf.

Oft sank jetzt das Quecksilber auf Werte unter zwanzig Grad, und der Schneepflug, damals noch von einem Sechsergespann stämmiger Bauernpferde gezogen, wurde der meterhohen Verwehungen auf den Straßen nicht mehr Herr. Freiwillige schaufelten die wichtigen Verkehrsadern rund um unser Städtchen täglich frei. Die dabei entstandenen Schneewälle türmten sich bis in die Kronen der alten Alleebäume auf, und in der Stadt konnte man, auf ihnen balancierend, in die erste Etage der Häuser schauen. An den Fenstern unseres ungeheizten Treppenhauses blühten jetzt pelzige Eisblumen. Man konnte kleine Schmelzflecken in die Blütenpracht hauchen und dann wartend beobachten, wie sich von den Rändern dieser Gucklöcher her heilende Eiskristalle bildeten und die Wunden in kurzer Zeit wieder schlossen. In stillen frostklaren Nächten wuchsen aus dem Schnee hauchzarte Eisgebilde auf und verwandelten nach Sonnenaufgang die Schneedecke in einen glitzernden Kristallrasen. Sträucher, Bäume, ja selbst die winterdürren Dolden des Pferdekümmels an den Wegrändern trugen jetzt dicke Raureifpelze.

Die Plumpstoilettenanlage unseres Hauses fror natürlich in dieser Zeit regelmäßig zu und musste dann mit viel kochendem Wasser wieder aufgetaut werden. In jedem der Kabüffchen stand jetzt ein Kasten voller Viehsalz: „Kinder, vergesst nach dem großen Geschäft das Nachstreuen nicht, sonst haben wir gleich wieder den Salat" – gemeint war, sonst friert die Kloröhre gleich wieder zu. Auf unserer Toilette war über der Tür, dem Sitz gegenüber, ein Regal aufgehängt. Dort stand neben Tüten und Kästchen mir unbekannten Inhalts auch eine Kaffeebüchse. Sie trug eine für diese eisige Zeit sinnige Aufschrift, den auch heute noch gebräuchlichen Werbeslogan: „Eduscho sorgt zu jeder Zeit für Wärme und Behaglichkeit!"

Besonders schwierig war es, die von vielen Menschen benützten Geschäftstoiletten freizuhalten. Arno, der Kompagnon, hatte diese unangenehme Pflicht übernommen. Er war immer helfend zur Hand, wenn in Haus und Garten eine schwere oder unangenehme Aufgabe zu bewältigen war. Ihn konnten in dieser harten Zeit weder Schneestürme noch Verwehungen oder gar strenger Frost davon abhalten, morgens spätestens um sechs Uhr mit seinem Motorrad knatternd auf unserem Hof vorzufahren. Er sorgte dann dafür, dass es die Geschäftsmädels, wenn sie um sieben Uhr durchgefroren zur Arbeit kamen, schön warm hatten. Es gab damals noch keine Zentralheizung in unserem Haus, und die Dauerbrandöfen im Geschäft benötigten jeden Morgen ein kräftiges Koksfrühstück, um mollige Wärme verbreiten zu können.

Krankheit

In dieser Zeit geschah es, dass mir das Herumtollen im Schnee und das Schlittschuhlaufen auf den mittlerweile freigeschaufelten und blankgefegten Karpfenteichen in Doktor Ganzerts Garten schwerfielen. Es begann mit dauernder Müdigkeit und einem unangenehmen Ziehen in allen Gliedern und Kopfschmerzen. Als mir dann auch noch der Hals wehzutun begann, ließ sich mein Zustand vor unserer Mutter nicht länger verheimlichen. „Junge, du isst doch gar nix!" „Ooch, ich hab keinen Hunger." „Du musst doch Hunger haben, warst doch den ganzen Nachmittag draußen an der Luft, los, eine Bemme wird gegessen!" Sie bemerkte sofort meine mühsame Schluckerei. „Komm mal her ans Licht, Ditt!" Als sie mir in den Mund schaute, erschrak sie sichtlich. „Wie sieht denn dein Hals aus, aber marsch ins Bett!" Nachdem sie meine Schläfen mit ihren Lippen berührt hatte, meinte sie, schwankend zwischen Angst und Unmut: „Ganz heiß! Kind, warum sagst du denn nichts, wenn du krank bist?" Welches Kind möchte denn während solch herrlicher Wintertage krank sein? Mich hatte es tüchtig erwischt. Vater wurde aus seinem Bett ausquartiert, und ich genoss den Vorzug, Vaters Stelle neben Mutter einzunehmen. Viel habe ich allerdings davon nicht mehr mitgekriegt, denn mein Bewusstsein fiel bald in die Dämmerwelt hochfiebernder Kranker. Alles, was ich berührte, bekam riesige Dimensionen: die Finger meiner Hände, Nase, Ohren, ja selbst die Falten des Deckbetts.

Vater, Mutter und Doktor Ganzert standen an meinem Bett. Ich erkannte sie und doch verschmolzen ihre Gestalten, ihre Gesichter mit den bunten Flammengebilden, die vor meinen Augen flimmerten, und ihr Flüstern dröhnte mir quälend laut in den Ohren. Nur Mutters eisige Wadenwickel rissen mich aus dieser Dämmerwelt in Momente klaren Bewusstseins. Irgendwann muss ich in einen tiefen Schlaf gefallen sein, bis ich eines Nachts mit dem Gefühl animalischer Geborgenheit erwachte. Ich lag in Mutters Armen, eng an sie gekuschelt und eingehüllt von ihrer Wärme und dem ruhigen Rhythmus ihres Atems. Sie schlief, merkte aber sofort, dass ich erwacht war. Sie berührte meine Stirn: „Ditt, du bist ja gar nicht mehr heiß!" Leise rief sie: „Hans, komm mal schnell! Der Dieter ist wach, ich glaube, er hat fast kein Fieber mehr!" Vater kam auch sofort. Im langen weißen Nachthemd sah er aus wie ein Gespenst. Ich musste lachen. „Ach Ditt, du kannst ja schon wieder lachen!" Im Schein der Nachttischlampe sah ich, dass beide Tränen in den Augen hatten. „Ich hab Hunger", waren meine nächsten Worte. „Hunger, jetzt, mitten in der Nacht? Natürlich bekommst du was! Was soll's denn sein?" „'Ne Speckfettbemme." Selbst ausgelassenes Speckfett hatten wir winters immer parat. Mutter wollte aufstehen, aber Vater flüsterte: „Lass mal Rosel, ich mach's schon." Er verschwand, und ich hörte ihn in der Küche klappern. Bald darauf erschien er mit einem duftenden Speckfettbrot in der Hand. Die Eltern schauten meiner Esslust mit glücklicher Begeisterung zu, so, als hätten sie mich noch nie beim Essen beobachtet. „Tut dir der Hals noch weh?" Ich musste erst ein paarmal bewusst schlucken, um dies festzustellen. „Ein ganz kleines bisschen noch." Vater begann mit den Zähnen zu klappern. Es war ja auch bitter kalt im ungeheizten Schlafzimmer. „Leg dich wieder ins Bett Hans, du erkältest dich sonst, und noch 'nen Kranken kann ich jetzt nicht brauchen!"

Am nächsten Morgen, noch vor seiner Sprechstunde, stand Doktor Ganzert an meinem Bett. „Guten Morgen Dieter! Na heut siehst du ja viel besser um die Nase 'rum aus als die Tage! Hast uns 'nen ganz schönen Schrecken eingejagt." Dann folgte das Übliche: Abhören, in den Mund schauen, „sag mal AAA!" „Wie hoch war denn die Temperatur heute Morgen?" „Siebenunddreißigfünf!" „Prima!" Nachdem er mich am Hals und auch sonst noch am Körper abgetastet hatte, meinte er: „Aber jetzt schnell unter die warme Decke!", und zu meinen Eltern gewandt: „'N bisschen geschwollen noch, die Knoten, der Hals auch noch leicht gerötet, na ja, mit so 'nem ausgewachsenen Pfeiffer ist nicht zu spaßen! Hat 'ne gute Kondition, Ihr Dieter, so schnell, wie der das überwunden hat. Bisschen verschleimt ist er auch noch, kein Wunder, nach diesen Fieberattacken. Ich schreib' Ihnen mal Schneckensaft auf, der hilft gut!" „Schneckensaft? Wird der aus Schnecken gemacht?" Mich ekelte! „Natürlich, brauchst aber keine Angst haben, der schmeckt prima, wirst schon sehen!" So war es dann auch. Als der Doktor ging, vermied er das pflichtgemäße „Heil Hitler" und gebrauchte stattdessen das vogtländisch gemütliche „Hadjee!"

Ich durfte aus dem unwirtlich kalten Schlafzimmer auf die Wohnzimmercouch umziehen. Dort war es gemütlich warm, ich konnte mich ohne zu frieren aufsetzen und zum Spielen meine Arme unter der Bettdecke hervorziehen. Nun begannen für mich paradiesische Tage. Gegen Mittag kam Vater zu mir: „Guck mal, was ich dir mitgebracht habe." Er legte mir eine Papiertüte auf die Bettdecke: „Mach sie ruhig auf, sie gehört dir." Ich öffnete sie, und heraus kullerten herrlich bunte Glasmurmeln, jede für sich ein kleines Farbparadies.

Vaters Freude war garantiert genau so groß wie die meinige, ich konnte es auf seinem Gesicht lesen. „Danke Vati, danke!" Ich nahm mir die schönste der Kugeln zur Hand und hielt sie mir vor die Augen, einmal vor das linke und einmal vor das rechte. Unendlich weite Farbwelten barg dieser kleine Glasglobus in sich, bunte, sich umschlingende Wege und Straßen, die in endlose Fernen zu führen schienen. „Das kenn' ich, das hab ich schon gesehen, diese vielen schönen Farben!" Vater schaute mich verständnislos an. „Wo hast du denn diese Farben schon mal gesehen?" „Als ich Fieber hatte, da hat's immer so vor meinen Augen geflimmert!"

Mutter klapperte in der benachbarten Küche mit Töpfen und Tellern, es würde bald Mittagessen geben. Ich freute mich darauf, weil ich einen rechten Wolfshunger hatte. Das Schönste war, dass Mutter mir für die nächste Zeit versprochen hatte, nur meine Leibgerichte zu kochen.

Im Übrigen wurden mir die Tage im Bett umso langweiliger, je gesünder ich wurde, zumal Rainer noch nicht mit mir spielen durfte. Aber auch diese Zeit ging vorüber, und als ich endlich aufstehen durfte, hatte der Winter bereits seine Kraft verloren. In der Mittagssonne wuchsen jetzt tropfend schwere Eiszapfen von allen Dachtraufen. Die Krähen, welche seit Monaten die hohen Bäume in Doktors Garten bevölkert hatten und sich auch vom Geschrei der schlittschuhlaufenden Kinder auf den Teichen darunter nicht vertreiben ließen, begannen laut krächzend mit ihren taumelnden Balzflügen. Bald würden sie wieder zurück nach Polen und in die Weiten Russlands fliegen, woher sie, wie aus dem Nebel geboren, im vergangenen November gekommen waren. Immer öfter wehte der Wind jetzt vom Westen her. Das weite weiße Tuch des Schnees zerriss und wurde schwarzlöchrig. Von unserem südlichen Wohnzimmerfenster aus, an dem ich jetzt oft saß, konnte ich dies gut beobachten. Endlich krallte sich der Winter nur noch in den letzten schmutzigen Schneeresten der Gräben und Hohlwege fest. Von dort aus sandte er lange Nebelfahnen über das aufatmende Land. Eine voreilige Amsel sang.

Ich war jetzt soweit genesen, dass ich im Haus herumgehen durfte. Mein erster Weg führte mich hinunter zu den Großeltern. Ich hatte sie während meiner Krankheit kaum zu Gesicht bekommen. Gewiss, einmal ist die Großmutter heraufgekommen, um mich zu besuchen. Sie fand aber Oma an meinem Bett. Die Begrüßung der beiden alten Damen war so frostig freundlich, dass die Großmutter sich recht bald wieder zurückzog.

Seitdem ich wusste, dass die Großeltern nicht mit nach Berlin ziehen würden, habe ich mich ihnen recht eng angeschlossen. Oft saß ich jetzt bei ihnen, erbettelte mir von den Eltern auch die Erlaubnis, bei ihnen zu Mittag essen zu dürfen. Großvaters Leibgericht war Bröckelbolz, ein urvogtländisches Gericht einfachster Art. In eine gut gebutterte eiserne Pfanne werden mittels einer Kartoffelpresse frisch gekochte Salzkartoffeln gepresst. Auf mäßiger Hitze gebraten, dabei öfters vorsichtig gewendet, entsteht eine vielkrustige, bröckelige und herrlich duftende Speise. Mit Zucker bestreut wird sie zu eingemachten Preiselbeeren oder Apfelmus gegessen. Großmutter aß den Bröckelbolz gern ungezuckert zu Apfelmus und gebratenen Blutwurstscheiben. So mochte ich ihn auch gern. Wenn Großmutter mir beim abendlichen Zeitungsträgergang ankündigte: „Dieter, morgen gibt's Bröckelbolz", dann war dies für mich wie eine Einladung ins Paradies. Bei solcher Gelegenheit, ich hatte bereits meine erste Portion Bröckelbolz verdrückt und wartete darauf, dass die zweite Pfanne fertig würde, fragte ich die Großeltern: „Warum zieht ihr nicht mit nach Berlin? Die Oma kommt doch auch mit!" Die Großmutter, am Herd beschäftigt, rasselte vernehmlich mit der Eisenpfanne auf den Ofenringen, und Großvater schaute schweigend auf seinen Teller und kratzte mit der Gabel die letzten darauf verbliebenen Zuckerkrümelchen zusammen. Diese Tätigkeit schien ihn so in Anspruch zu nehmen, dass er meine Frage scheinbar überhört hatte. Später, als wir auch die zweite Portion verdrückt hatten, meinte Großmutter: „Schau, Dieter, wir würden schon gern mit nach Berlin ziehen, aber für uns ist dort kein Platz im Haus, wir brauchen ja eine Wohnung. Oma ist allein, die braucht bloß ein Zimmer. Das findet sich in jedem Haus." Das leuchtete mir ein. Dass aber beide traurig waren, als Großmutter dies sagte, spürte ich, und es machte mich auch traurig.

Man sah mir meine überstandene Krankheit noch lange an. Auch war mir eine unerklärliche Nervosität geblieben. Ein unerträgliches Jucken hinter der Stirn zwang mich dazu, dauernd meine Augen zu verdrehen. Jeder nahm jetzt auf mich Rücksicht, Lehrer und Mitschüler, Eltern, Brüder, Großeltern, Onkels und Tanten. Selbst die größten Rabauken der Klasse, Osterheims Horst und Günter, stellten ihre Piesackerei ein und benahmen sich mir gegenüber sehr rücksichtsvoll.

Da meine Nervosität sich eher verschlimmerte als besser zu werden, verschrieb mir Doktor Ganzert eine Lecithinkur. Das war damals der letzte medizinische Modeschrei. Ich war einer von einigen hundert Versuchspatienten. Jeden Abend musste ich, oder besser gesagt, durfte ich ein Lecithinbonbon essen. Diese Leckerei wurde meinen Eltern direkt vom Hersteller zugeschickt. Achtundzwanzig Stück waren immer in einer Packung, gerade für einen Monat reichend. Das Schönste daran war jedoch ein Täfelchen Schokolade, ebenfalls in achtundzwanzig Stückchen aufgeteilt. Beides, Lecithinbonbon und Schokoladenstückchen mussten gemeinsam genommen und vor dem Hinunterschlucken achtundzwanzig Mal durchgekaut werden. Fletschern nannte man dies, nach dem Arzt und Ernährungswissenschaftler Doktor Fletcher.[25] Er war übrigens der Meinung, dass man zu jeder Mahlzeit jeden Bissen durchfletschern müsse, um sich eine gesunde und geregelte Verdauung zu erhalten.

Rainers Einschulung

Als ich wieder zur Schule gehen durfte, kam der Winter noch einmal zurück. Zwar war sein Regiment nicht mehr so streng wie in den vergangenen Wochen, doch der Schnee reichte zum Rodeln und zum Bau eines schönen großen Schneemanns. Es war am Samstagnachmittag und unser Vater hatte Zeit, uns tüchtig zu helfen. So konnten wir den Schneemann aus vier großen Rollen auftürmen. Den Kopf bugsierte Vater gemeinsam mit Herrn Arno hinauf auf den übermannshohen Gesellen. Mutter spendierte eine schöne Möhre als Nase und Großmutter einen alten Kochtopf als Hut. Als Herr Arno spätnachmittags, noch vor dem Dunkelwerden Feierabend machte, brachte er aus dem Schuppen, in dem sein Motorrad stand, einen alten Reisigbesen mit. Nun war er komplett! Ein wahrhaft schöner Schneemann. Mit seinen Kohleaugen und den fletschenden Kieselzähnen sah er zum Fürchten aus. Als die Geschäftsmädels am Montag in stockdunkler Frühe zur Arbeit kamen und das Ungeheuer in der finstersten Hofecke stehen sahen, erstarrten sie in echtem oder gespieltem Schrecken. Rainer und ich waren extra früher aufgestanden und hatten uns hinter dem Schneemann versteckt. Ja, er war so mächtig, dass wir beide hinter ihm Platz hatten. Durch lautes Huh-Huh-Geschrei trieben wir die Herde kichernder und juchzender Mädchen dem warmen Geschäft und ihrer Arbeit zu.

Bald danach kam Ostern. Pünktlich zum Fest konnte die Sonne dann doch die Kraft des Winters brechen. Zwar versteckten sich an den schattigen Hängen der vorderen und hinteren Hohle noch Reste einstiger Schneeverwehungen, aber ihre rußigen Rücken erinnerten eher an schmutzige Erdhaufen als an Zeugen einstiger Winterpracht. In den Buchsbaumrabatten neben unserer Haustür blühten bereits die Schneeglöckchen, und über Langheinrichs Wiese, nach der hinteren Hohle zu, zogen die ersten Lerchen ihre klingenden Perlenschnüre in den Frühlingshimmel.

Für Rainer begann nun, nachdem auch das letzte Osterei aufgegessen und von den Schokoladenhasen nur noch das geglättete Staniolpapier übrig war, der Ernst des Lebens. Er wurde eingeschult. Weil der mir von Eberhard zu meiner Einschulung vererbte Anzug mittlerweile sehr schäbig geworden war, also für Rainer nicht mehr taugte, wurde ihm ein neuer angeschafft. Natürlich wieder ein Bleyle-Anzug, hässlich, unverwüstlich und auf Zuwachs gekauft. Er würde ihn noch lange tragen müssen.

Rainer kam zu Fräulein Kuskow in die Klasse, welche die ersten beiden Schuljahre betreute und ein recht mildes, freundliches Regiment führte. Ich dagegen wurde aus diesem Regiment entlassen und kam unter die Fuchtel des Lehrers Schöler. Er unterrichtete in der zweiten Klasse das dritte und vierte Schuljahr. Seine Strenge bekam ich vorläufig nicht zu spüren.

Der letzte Gefeller Sommer

War zu Weihnachten der angekündigte Umzug nach Berlin für uns Buben noch ein in weiter Ferne liegendes Phantom, so griff dieses Phantom in den letzten Gefeller Monaten zunehmend in unsere Realität ein. Vater war jetzt öfters abwesend. „Er ist in Berlin, muss sich um's Haus kümmern und um's neue Geschäft." Auch unsere Mutter war schon ein- oder zweimal mit in die neue Heimat gereist. „Kinder ist's dort schön! Ein richtiges kleines Paradies, unser neues Haus. Liegt wie verwunschen in einer stillen Straße!" „Gibt's dort auch Hohlen und Wiesen mit Weibchen?" Gemeint waren jene großen Grillen, welche sommers mit ihrem lauten Zirpen die südlich an unser Haus angrenzende Wiese und die nach Norden zu gelegene Wiese belebten. „Nein, Ditt, natürlich nicht. Wir wohnen ja dann mitten in einer Vorortsiedlung. Da gibt's nur Häuser und Gärten." Auf meinen traurig-bockigen Kommentar: „Ooch, blöde Häuser" antwortete Mutter nachsichtig lächelnd: „Dir wird's dort schon gefallen." Und dann, bekräftigend: „Dir muss es gefallen!" Ich konnte es mir aber im Moment noch nicht vorstellen, dass mir eine Umgebung ohne Hohlen, Wiesen und Grillengezirp gefallen würde. Meine Angst vor dem Umzug bekam neue Nahrung.

Wie im Fluge verging der letzte Gefeller Sommer. Pünktlich zum Beginn der großen Ferien wurde es richtig heißes Schwimmbadwetter! Würden wir auch dieses Jahr, trotz des bevorstehenden Umzugs und der umfangreichen Vorbereitungen darauf, in unser schön gelegenes Erligbad gehen? Sein Name leitete sich von seiner Lage am Erligbach her. Der Erligbach wiederum verdankte seinen Namen den alten Erlen, die seine Ufer begrenzten.

Eines schönen Sonntags, gleich in der zweiten Ferienwoche, rief unsere Mutter, als sie uns morgens weckte: „Auf, Kinder, heut' geht's ins Schwimmbad!"

Sie war in aller Frühe aufgestanden, denn in der kleinen Küche stand bereits eine große Schüssel voll des köstlichsten Kartoffelsalats bereit. Sie hatte ihn schon am frühen Morgen zubereitet.

Obwohl das Schwimmbad höchstens zwanzig Gehminuten von unserem Haus entfernt lag, waren die Besuche dort während der Ferienzeit stets Tagesausflüge. Es trafen sich dann meistens mehrere befreundete Familien zum fröhlichen Picknick. Man saß in sommerlicher Heiterkeit im Schatten der alten Erlen beieinander, welche die Badeanstalt nach den Erligwiesen hin abgrenzten. Diesmal waren nur die engsten Freunde unserer Eltern mit von der Partie. An jenem Tag waren die Mienen der Erwachsenen jedoch gar nicht sommerlich heiter, sondern ernst und ihre Gespräche gedämpft. Dies weckte natürlich meine Neugier. Was ich jedoch erlauschen konnte, war mir sehr unverständlich. Ich hörte so fremde Namen wie Daladier und Chamberlain, München wurde auch genannt.[26] Dass dies der Name einer Stadt ist, wusste ich bereits, es fiel aber auch ein paarmal das Wort Krieg und dass man den Tschechen auf die Finger hauen müsse!

„Krieg?", meinte der Freund, es war gerade Mittagszeit und er hatte mit seinem Automobil von zu Hause eine große Schüssel heißer Aufkochwürste geholt. „Krieg? Wegen der Tschechen werden weder die Franzmänner noch die Tommys einen Schuss abgeben! Wie war's denn im Frühjahr, als wir uns die Ostmark[27] heimgeholt haben? Keiner hat sich gerührt! Ja, wir gelten wieder was in der Welt!" Dabei biss er herzhaft in eine der knackigen Würste, dass der Saft spritzte. Ein gutes Jahr später hatten wir dann den Krieg, und nach seinem Ende galten wir erst einmal nichts mehr in der Welt. Schuld daran hatte nicht nur die braune Pest, sondern auch so brave und gläubige Mitläufer wie meine Eltern und ihr Freund. Viel zu spät sind viele von ihnen aus ihrer Ahnungslosigkeit aufgewacht. Doch noch war kein Krieg. Die Sonne schien, der Kartoffelsalat schmeckte, leider hatte man den Mostrich für die Würstchen zu Hause vergessen. Die Mienen hellten sich trotzdem nach und nach auf.

Unsere Mutter hatte gerade wieder einmal ein offenes Bein. Ihr linker Unterschenkel war dick bandagiert. Sie konnte natürlich nicht ins Wasser gehen, führte aber trotzdem ihren neuen Badeanzug vor. „Ach, ist das eine Wohltat, diese herrliche Luft auf der Haut. Ja, man kann auch in ihr baden." Ich verglich sie heimlich mit den anderen Frauen im Schwimmbad. Der Vergleich fiel sehr zu ihren Ungunsten aus. Sie war damals sehr schwergewichtig. Selbst die fülligste Rubensdame wäre neben ihr schlank erschienen.

Rainer und ich konnten noch nicht schwimmen, aber Eberhard besaß schon den Fahrtenschwimmer und sprang, von uns allen bewundert, vom

Dreimeterbrett. Er übte damals gerade für den sogenannten Grundschein, weshalb er eifrig tauchte, einige Male sogar durch das ganze Becken von einem Ende bis zum anderen. Rätselhaft ist es mir bis heute, wie er dies in dem mehr als trüben Wasser schaffte, ohne die Orientierung zu verlieren. Die Prüfung zum Grundschein hat er dann übrigens beim Onkel in Falkenstein abgelegt.

Das Schwimmbecken wurde von einem Bach gespeist, der sich über die Wiesen in den Erliggrund hereinschlängelte. Als der Lehrer Schöler in Erdkunde mit uns den Bodensee behandelte, diente ihm unser Schwimmbad als Anschauungsmittel: „Der Rhein fließt durch den Bodensee. Nun stellt euch mal unser Schwimmbad vor: An einem Ende fließt der Bach hinein und am anderen wieder heraus. Es ist immer Strömung da und doch spürt man nichts davon. Das Wasser im Becken steht scheinbar ruhig, wie in einem Teich, und doch ist immer Strömung drin. So ist's auch mit dem Rhein und dem Bodensee!" Gewiss, der Vergleich war weit hergeholt, aber wir verstanden schon, was unser Lehrer meinte.

Wir Kleinen, Rainer und ich, durften vorläufig nur, von aufgeblasenen Schwimmkissen, sogenannten Engelsflügeln, getragen, im flachen Bereich des Beckens herumpaddeln. Mich interessierte übrigens die Bretterwand des Beckens mehr als alle Schwimmerei. Sie war von unzähligen kleinen Süßwasserpolypen bedeckt, die ich fasziniert beobachtete. Gern hätte ich einige davon in unser Goldfischglas umgesiedelt, aber Vater und auch Eberhard redeten mir dies aus. Die empfindlichen Tierchen hätten ja auch den Umzug ins Aquarium nicht überlebt. Sie waren auch meiner Experimentierfreudigkeit gegenüber misstrauisch. Eines Tages hatte ich in Doktor Ganzerts Teichen einen der großen Schwimmkäfer, einen Gelbrandkäfer gefangen und in unser Goldfischglas gesetzt. Über Nacht hat dieser Tunichtgut den Goldfischen die Flossen bis auf kleine Reste abgeknabbert. Sie haben es überlebt, boten aber seitdem ein Bild des Jammers.

Schieferbruch

Oma ging mit uns Buben besonders viel spazieren, als Mitte August die Gelbschwämmelzeit[28] begann. Es war, als wollte sie uns in den letzten Wochen der Gefeller Zeit Gelegenheit geben, von unseren Lieblingsplätzen Abschied zu nehmen.

„Heut geht's zum Schieferbruch!" Diese Ankündigung löste bei uns immer Jubel aus. Bis zur Mitte des neunzehnten Jahrhunderts wurde am Waldrand nordöstlich unsres Städtchens Dachschiefer abgebaut. Erst im Tagebau und, nachdem das zutage tretende Vorkommen erschöpft war, unter Tage. Der Weg zu diesem verwilderten Bruch führte von Gefell aus etwa zweihundert Meter am Erligbach entlang. Dann ging es, stetig leicht ansteigend, bis hinauf zum Waldrand. Der sonnige Weg, der an jenem Waldrand entlang zum Schieferbruch führte, war damals zum Walde hin durch einen sumpfigen Graben begrenzt. Dort wuchsen und blühten im Sommer die fleischfressenden Pflanzen, Sonnentau und Fettkraut. „Schaut mal Kinder, was es hier gibt!" Oma zeigte mit einem Stöckchen auf die glitzernde, wie von unzähligen winzigen Tautröpfchen bekränzte Blattrosette einer Sonnentaupflanze. „Sieht doch wunderschön aus, gell? Und doch ist diese Pflanze ein kleines Ungeheuer! Guckt mal, was jetzt passiert!" Auf der anderen Wegseite standen einige Doldengewächse. Ihre weißbüscheligen Blüten waren von unzähligen kleinen Käfern bevölkert, die dort im Honigrausch schwelgten. Oma fing einen der Trinker und bugsierte ihn mit viel Geschick in die Mitte eines der Sonnentaublätter. Sofort schlossen sich die mit winzigen Leimtränen besetzten Wimpern des Blättchens über dem Unglücklichen. Es gab für ihn kein Entrinnen. „Der arme Käfer, was will der Sonnentau denn von ihm?" „Fressen, ja, Kinder, jedes Sonnentaublatt ist eine Falle und zugleich ein kleiner Magen. Für die Pflanze ist der Käfer, was für euch ein gutes Leberwurstbrot ist. Kommt, geh'n wir zum Schieferbruch, dort gibt's für euch auch was zu essen."

Endlich standen wir vor dem Einstieg in den Steinbruch. Es war genau die Stelle, wo früher die gebrochenen Schieferplatten heraus und auf die Wagen befördert wurden. Rainer und ich kannten den Weg schon zur Genüge, eilten voraus und sprangen wieselflink über Steine und Wurzeln den Pfad hinunter. Oma war sich unserer Geschicklichkeit sicher. Sie ließ uns gewähren und kam in aller Vorsicht und mit Bedacht nachgestiegen. Wir durften erst eine Weile in dem verwilderten Gelände herumtoben. „Aber nicht in den Wänden und auf den Felsen herumklettern!" Oma hatte sich mittlerweile einen sonnigen Platz in der Nähe des Stolleneingangs gesucht. „Kommt Kinder, frühstücken!" Wir setzten uns zu ihr, und sie gab uns aus dem Korb, den sie zu solchen Gelegenheiten stets mit sich führte, unsere Wanderbrote. „Mm, Leberwurst!" Paradiesisch still war es um uns auf dem Grunde des Steinbruchs. Unvorstellbar, dass hier noch vor hundert Jahren das Hämmern und Klopfen vieler fleißiger Menschen getönt hat.

Als wir unsere Brote aufgegessen hatten, meinte Oma: „Seid mal ganz still Kinder. Hört ihr, wie's im Stollen noch klingt? Vielleicht sind's die Geister verstorbener Bergleute oder gar Zwerge, die ganz weit drinnen im Berg nach Gold oder Edelsteinen suchen?" In der Tat, aus dem Stollen klang es ganz leise, so als würde dort drinnen in weiter Ferne noch fleißig geschafft. Es war aber nur der Klang unzähliger Wassertropfen, die von der Decke auf den glitschigen Stollenboden fielen. Später hat uns die Oma in diesen finsteren Rachen hineingeführt. Es hat uns vor der dunklen Kälte in ihm gegraust. Omas warme Hände, mit denen sie uns führte, gaben uns jedoch Sicherheit. Wir wussten schon, was nun kommen würde. Immer tiefer ging es vorsichtig Schritt für Schritt in die Dunkelheit hinein. Plötzlich, weit vor uns, hell leuchtendes Grün: Leuchtmoos! Oma hatte uns schon oft zu dieser Stelle im Stollen geführt, von der aus man dieses Phänomen besonders gut beobachten konnte. Jedes Mal erschauerten wir jedoch von neuem, wenn dieses Naturwunder vor uns aufleuchtete. Unzählige winzige Linsen in den Blättchen des Mooses bündeln auch noch den letzten Rest dämmrigen Lichtes auf den Farbkörnchen in ihnen. Aus einem bestimmten Winkel betrachtet, kann man dies grüne Pigment auch noch aus einiger Entfernung aufleuchten sehen.

Während wir aus dem kalten, dunklen Stollen wieder hinaus in den Tag traten, blendete uns das wärmende Licht der Sonne, sodass Oma besorgt hinauf zum Himmel schaute. „Es geht schon auf Elfe! Kommt Kinder, noch schnell zur Gelbschwämmelschonung, und dann nix wie heim!" Kaum hatte sie dies gesagt, hörte man aus Gefell heraufklingend das Elfuhrläuten. Oma konnte am Sonnenstand recht genau die Zeit ablesen. Nach wenigen Schritten hatten wir unseren Gelbschwämmelfleck erreicht. Wir brauchten gar nicht tiefer in die Fichtenschonung einzudringen, denn gleich am Rande, versteckt zwischen Heidekraut, Moos und Gras leuchtete es uns dottergelb entgegen: Die schönsten Gelbschwämmeln!

„Mmm!", rief Christa, unser letztes Gefeller Dienstmädchen, als wir pünktlich zum Mittagessen zu Hause ankamen, „sehn die aber gut aus, da kricht mer ja'n richtigen Heißhunger drauf!" „Die gibt's heute zum Abendbrot. Willste dableiben? Für dich langt's allemal noch!" Wir Buben freuten uns über die Großzügigkeit unserer Mutter. Vor den Genuss der köstlichen Gelbschwämmelmahlzeit hatte das Schicksal eine Hürde gesetzt, das Pilzeputzen. Das war bei den zum Teil kleinen und lappigen Gelbschwämmeln eine mühsame und langweilige Arbeit. Diese oblag in der Regel uns Kindern, Oma half natürlich kontrollierend mit. Die flinken und geschickten Finger unseres Mädchens Christa waren da natürlich hochwillkommen, denn durch ihre Hilfe schrumpfte der Berg nadelverschmutzter und sandiger Pilze schnell ein. Ehe wir uns versahen, lagen sie alle geputzt und geschnippelt in einer großen Emailleschüssel zum Braten bereit.

Sommerfrische

Zeitig am Morgen des Montags in der zweiten Ferienwoche hieß es: Rucksäcke schultern. Gleich nach dem Frühstück marschierten wir hinunter zur Bushaltestelle. Mit dem Bus ging die Fahrt bis Saaldorf und von dort aus zu Fuß die zehn Kilometer bis zur Ebersdorfer Jugendherberge. Diese war in einem uralten, romantisch gelegenen Haus untergebracht. Eingerichtet war sie sehr spartanisch. Neben einem großen Gemeinschaftsschlafsaal gab es noch zwei, drei Zimmer, in denen doppelstöckige Betten standen. Eines dieser Zimmer bezogen wir, die ganze Familie. Vater, Eberhard, Rainer und ich richteten uns in den mehrstöckigen Betten ein, für Mutter wurde ein zusätzliches Feldbett aufgestellt. Es gab Gemeinschaftswaschräume, für Frauen und Männer getrennt, und die damals noch landesüblichen Plumpsklos befanden sich in einem außerhalb gelegenen Häuschen. In der niedrigen dunklen Küche mit ihren kleinen Fenstern nahm ein großer Herd mit seiner blinkenden Platte fast drei Viertel des Raumes ein. Dazu gab es einen Gemeinschaftsraum mit roh gezimmerten Tischen und Bänken. Dies alles vermittelte den Eindruck einer verrufenen Räuberherberge. Ich habe mich dort von der ersten Minute an wohlgefühlt.

Ebersdorf ist ein Städtchen von mittlerer Dorfgröße und war trotzdem ehemals Residenz der Fürsten Reuß jüngere Linie. Sie hatten sich in einem Bachgrund am Stadtrand ein bescheidenes Schlösschen gebaut, mit einem herrlichen Landschaftspark, dessen Besonderheit die von Ernst Barlach in den zwanziger Jahren des zwanzigsten Jahrhunderts gestaltete Grablege der Reuß'schen Familie darstellt. Durch das Wandern, Schwimmen in der nahegelegenen Saaletalsperre, Flanieren im Schlosspark und Eisschlecken auf der Orangerieterrasse im Park fühlten wir uns wie im Paradies. Es war ja unsere erste Sommerfrische.

Unvergesslich sind die Wanderungen zum Heinrichstein. Diesen aus dem Saaletal hochaufragenden Felssporn hatte sich schon um 1800 die Fürstlich Reuß'sche Familie zum Lust- und Aussichtsplatz erkoren und mit einem Geländer, Bänken und einer Schutzhütte versehen. Als Lola Montez nach ihrer Flucht aus München in Ebersdorf Zuflucht gefunden hatte, soll der damals regierende Fürst Heinrich hier oben mit seiner Angebeteten so manches Kosewort ausgetauscht haben. Die Idylle dauerte allerdings nicht lange. Das kleine Ländchen war den hohen Ansprüchen der schönen Betrügerin nicht gewachsen. Dem Staatsbankrott kam der nun nicht mehr so sehr verliebte Heinrich zuvor, indem er Lola Montez kurzerhand des Landes verwies. Vierundzwanzig

Stunden gab er ihr. Sie soll ihm darauf geantwortet haben: „Sehr gütig, Durchlaucht, aber zum Verlassen dieses Ländchens benötige ich höchstens dreißig Minuten und das nicht einmal per Extrapost."[29]

Das Ebersdorfer Schloss wird heute als Altersheim genützt. Nach der Enteignung durch die Russen im Jahre 1945 stand es eine ganze Weile leer. Durch die Umwandlung in ein Altersheim ist es vor dem Verfall bewahrt worden. In der Zeit, als das Schlösschen leerstand, ist es leider seines Inventars beraubt worden. Viele Kunstschätze waren darunter: Gemälde, Porzellan, Möbel des berühmten Herrnhuter Schreiners Roentgen[30] und eine wertvolle Bibliothek.

Umzug

Nun stand der Umzug nach Berlin bevor. Morgen schon, in aller Frühe, sollte der Möbelwagen vorfahren. Überall im Hause, oben bei der Oma, bei uns in der Wohnung, ja, selbst im Keller, standen Kisten, Kartons und Körbe voller Geschirr und Wäsche zum Verladen bereit. Die Wohnung erschien nun fremd, wie ausgeleert, da alle Schränke ihres vertrauten Inhalts beraubt waren und sich alle Wände bilderlos und nackt zeigten. Nur helle Rechtecke und Quadrate gaben noch Zeugnis vom ehemaligen, nun abgehängten Wandschmuck. Meine Mutter räumte den Küchenschrank aus und rief uns Kinder zu sich in die Küche. Natürlich hat jeder von uns schnell sein Gewissen durchforstet, aber wir konnten unbeschwert dem Rufe folgen, keiner von uns hatte in den letzten Tagen größeren Unfug angestellt, etwas pexiert, wie man im Vogtland sagt. Als Mutter die letzte Tasse aus dem Schrank geräumt hatte, griff sie nach oben, holte den Rohrstock herunter und fragte uns: „Brauchen wir den in Berlin noch? Ihr seid doch jetzt schon große Jungs!" Wir natürlich wie im Chor: „O ja, lass' ihn hier!" Sie hat ihn vor unseren Augen zerbrochen und zum Abfall geworfen. Von diesem Tage an haben wir von unseren Eltern keinen Hieb mehr mit Hilfe irgendeines Zuchtmittels bekommen, obwohl ich ihnen gerade in den ersten Berliner Jahren viel Kummer bereitete. Ich mochte nicht so recht an dessen Verschwinden aus unserem Kinderleben glauben und befürchtete, dass er in Berlin wieder auftauchen würde.

Vater hatte am Vorabend des Umzugs als letzte Handlung im Keller noch sein Weinregal geleert. Wir Kinder durften ihm dabei zuschauen und gelegentlich auch helfend zur Hand gehen. Dies natürlich unter peinlicher Beachtung seiner Anweisungen, denn im Regal herrschte eine nur einem Weinkenner begreifliche Ordnung. Da wurden Sorten, Jahrgänge und Lagen streng getrennt gehalten. Auch Roter und Weißer durften nicht in bunter Mischung beieinanderliegen. Bedächtig und mit aller gebotenen Vorsicht bettete Vater Flasche für Flasche, so, wie wir sie ihm reichten, in die fest gezimmerten Kisten. Natürlich durften Weine verschiedener Herkunft, unterschiedlichen Wertes, Roter und Weißer nicht gemeinsam reisen. Jede Sorte reiste in einer eigenen, sorgsam beschrifteten Kiste. Gebettet wurde jede Flasche in einen Flausch frischer Holzwolle. Vater rupfte sie aus einem großen Sack. Ihren Duft habe ich nie vergessen, er lebt quasi heute noch in meiner Nase.

Leider mussten die Eltern, als sie im Winter 1944/45 aus dem zerbombten Berlin flohen, ihren Weinvorrat dort im Keller zurücklassen. Als dann in den ersten Maitagen 1945 die Rote Armee in Lichtenrade einrückte, geriet dieser zurückgelassene Weinvorrat den Frauen in der Umgebung unseres Hauses zum Verhängnis. Die Haus für Haus, Grundstück für Grundstück durchkämmenden russischen Soldaten fanden in unserem Keller natürlich sofort den Weinschrank. Durch den Krieg an sich schon verroht, nun durch die Trunkenheit zusätzlich enthemmt, fielen sie über die Frauen in den Nachbarhäusern her. Zwei Tage lang währte dieser Alptraum, bis die letzte Flasche geleert und vom Weinlager, dem Stolz unseres Vaters, nur noch ein Scherbenhaufen übrig war.

Doch nun, nach diesem Vorgriff auf noch zu Berichtendes, zurück zu unserem Umzug. Der Möbelwagen fuhr unserer Mutter natürlich viel zu spät vor. Sie hatte ihn schon früh um sieben Uhr erwartet, nun war es bereits zehn Uhr. Sie war ärgerlich und aufgeregt. „Aber Frau Möckel, immer mit der Ruhe. Wir haben noch den ganzen Tag Zeit zum Laden. Morgen früh geht's doch erst auf die Reise." Wir Buben standen natürlich wieder überall im Wege herum, während in allen Zimmern unserer Wohnung Schränke zerlegt und Kommoden ihrer Schubladen beraubt wurden. Unsere Mutter lief mit hochrotem Kopf von einem Zimmer ins andere, sauste treppauf, treppab, den Flur hin und her und war durch ihre Geschäftigkeit den Packern und auch den Helfern, der Putzfrau mit dem Dienstmädchen Christa, viel mehr im Wege als wir zuschauenden Kinder.

Ich traf mich noch einmal in der hinteren Hohle mit dem Erich. „Haste die Pistole noch?" „Welche Pistole?" „Nu' die, die ich dir gege'm hab!" Diese Pistole hatte ich mittlerweile total vergessen. Nachdem ich sie von Erich bekommen hatte, war sie natürlich eine Zeitlang die Nummer Eins unter meinen Spielsachen gewesen. Wegen des elterlichen „Waffenverbotes" durfte ich sie allerdings nur heimlich benützen, außerdem war es schwierig, illegal an Zündplättchenmunition zu kommen. Ich hatte darum bald das Interesse an ihr verloren und sie in einem Winkel versteckt. Der Erich nahm sie, nachdem ich sie geholt hatte, steckte sie wortlos in seine Hosentasche. Er dankte mir nicht einmal dafür. Grußlos rannte er davon. Ehe ich aus meiner Verdatterung aufgewacht war, lief er schon, nun nicht mehr für mich erreichbar, um die Gartenecke des Nachbargrundstücks. Der Hauptmann aus der Schar meiner Elastolinsoldaten, den er von mir noch während der Zeit meiner ersten Pistolenbegeisterung abgepresst hatte, war damit verloren. Ich war fest entschlossen gewesen, ihn im Zuge eines Rücktauschs von ihm zu fordern. Enttäuschung und Ärger fraßen an mir. Ich beruhigte mich aber recht bald wieder und dachte daran, wie oft mir der Erich gegen die Klassenbande geholfen hatte, wenn sie wieder einmal Jagd auf mich gemacht hatte, um mich durchzuprügeln.

Am Reisemorgen war es noch dunkel, als wir von unserer Mutter geweckt wurden. „Aufsteh'n Kinder, schnell, kommt aus den Federn! Die Betten müssen noch verladen werden!" Es war fast wie bei einem Überfall. Kaum hatten wir unsere Betten verlassen, da stürzte die Putzfrau mit dem Dienstmädchen Christa herein. Sie knoteten unser Bettzeug mit den Laken zu großen Bündeln zusammen, nahmen die Matratzen aus den Gestellen und begannen, diese zu zerlegen. Wir hatten uns noch nicht richtig angezogen, da war schon alles verladen, und die großen Türen des Möbelwagens wurden verriegelt. Vater, der eifrig beim Verladen mitgeholfen hatte, kam noch einmal zu uns herauf in die Wohnung. Nachdem er sich von unserer Mutter und uns Kindern aufs Herzlichste verabschiedet hatte, wandte er sich, schon im Gehen begriffen, in der Tür noch einmal um: „Also, dann bis heute Abend, in Berlin." Auch Oma, die mit Vater im Möbelwagen vorausfuhr, sagte uns auf Wiedersehen. Vom Wohnzimmerfenster aus konnten wir beobachten, wie beide zu den Fahrern ins Führerhaus des Möbelwagens einstiegen, Oma vorsichtig den zugehängten Käfig des Petermätzels vor sich her bugsierend. Es wurde noch einmal hin- und hergewunken und ab ging die Fuhre.

Großmutter hatte bei sich in der Küche ein einfaches Frühstück für uns Abreisende aufgetischt. Sehr still ging es während dieser Henkersmahlzeit zu. Großmutters Augen schimmerten verräterisch rot. Als es ans Abschiednehmen ging, flossen auch die Augen unserer Mutter über. Sehr herzlich nahm sie von ihrer Schwiegermutter Abschied, und als sie vorsichtig Großvaters knotige Hand in die ihre nahm, war es, als hätte sie gern diesem alten gebrechlichen Mann übers schlohweiße Haar gestrichen. Derartige Gefühlsäußerungen verboten sich allerdings in jener fernen Zeit. Als wir aufbrachen, liefen im Geschäft schon die Maschinen. Wir gingen noch einmal hinein, und Herr Arno schaltete den Betrieb ab. Ach, wenn doch alle guten Wünsche in Erfüllung gegangen wären, die man uns damals beim Abschied mit auf den Weg gegeben hat! Auch Herr Arno war sehr bewegt, als er unserer Mutter die Hand drückte, und ihre Feindseligkeit schien in diesem Augenblick zu schmelzen wie später Schnee im März.

Die Großeltern sind mit uns bis vors Tor gegangen. Lange haben sie uns nachgewunken, während wir die Straße hinauf in Richtung Göttengrün zum Bahnhof gingen. Ein gebückter alter Mann, auf seinen Stock gestützt und eine immer noch stattliche Matrone, ihn nun überragend. So hat sich mir das Bild der Großeltern damals eingeprägt. Ich habe sie danach nie wiedergesehen.

3

Die Berliner Zeit

1938–1940

Fahrt nach Berlin

Im September des Jahres 1938 fuhren wir also nach Berlin. Die Annäherung an diese Stadt gestaltete sich längst nicht so spektakulär, wie sie sich mir in meinen Ängsten und Hoffnungen dargestellt hatte. Ängste, die aus dem Verlust des Vertrauten erwuchsen und Hoffnungen, welche diesem Verlust die bittere Schwere nahmen.

Ein paar Tränchen sind mir doch in die Augen gestiegen, als wir am Morgen vom Bahnhof in Göttengrün aus abfuhren. Die Reise wurde dann jedoch zum interessanten Abenteuer, und meine Traurigkeit verflog zusehends mit jedem Kilometer, den wir zurücklegten. Die Fahrt nach Plauen mit dem Umstieg in Schönberg war uns durch mehrere Besuche dort schon vertraut, also wenig aufregend. Richtig interessant wurde es erst nach unserer Ankunft auf dem oberen Bahnhof in Plauen. Unsere Mutter verspürte, kaum hatten wir den Zug verlassen, mächtigen Hunger. Sie war am Morgen, bevor wir uns auf den Weg machten, so aufgeregt gewesen, dass sie nicht fähig war, auch nur einen Bissen zu essen. Also wurde als Erstes das Bahnhofsrestaurant angesteuert. „Viermal Bauernfrühstück!" „Mit zwei oder drei Spiegeleiern?" „Für mich mit dreien, für die Kinder langt eins. Oder möchtest du zwei, Eberhard?" „Für mich ohne Eigelb!", wagte ich dazwischenzurufen. „Bitte, Ditt, bitte sagt man, du weißt's doch." Der Ober verbeugte sich vor mir, als sei ich ein kleiner Graf: „Ohne Eigelb? Natürlich, wenn's der Herr so wollen." Mutter warf mir zwar einen verweisenden Blick zu, ließ mich aber gewähren. Es galt ja damals noch: Was auf den Tisch kommt, wird gegessen, und Kinder reden bei Tisch nur, wenn sie gefragt werden.

Als wir uns gestärkt hatten, Mutter ihr Portemonnaie zückte und den Ober herbeiwinkte, meinte sie, auf ihre Uhr schauend: „Wir haben noch viel Zeit, gehen wir noch mal raus!" Vom Bahnhofsvorplatz, auf dem wir dann standen, hatte man einen herrlichen Blick über die Stadt. Es war eine grüne Stadt, denn das schimmernde Blaugrau der Schieferdächer verschwand fast im Grün unzähliger Bäume. Die Stadt, auf vielen Hügeln gebaut, von bewaldeten Höhen umgeben, wurde überragt vom Kemmler mit seinem weithin sichtbaren Aussichtsturm.[31] Mutter schaute lange ergriffen und bewegt auf dieses Bild tiefsten Friedens. Nur der September vermag uns Derartiges zu schenken. Die Sonne schien mild, mit weißem Licht, der Himmel war von wächserner Blässe, und über dem Land lag ein duftiger Schleier. Es war nicht mehr Sommer und noch nicht Herbst.

Wir wandten uns zum prächtigen, im Stil der Gründerjahre erbauten

Bahnhof um, betraten die Vorhalle und gingen mit unserem leichten Gepäck durch den Gleistunnel zum Bahnsteig drei. Acht Jahre später würde ich wieder vor diesem Bahnhof stehen, besser gesagt, vor seiner Ruine. Ein abgerissener, verlauster, zum Skelett abgemagerter Kriegsheimkehrer, noch nicht einmal sechzehn Jahre alt.

Endlich standen wir auf dem Bahnsteig. „Kinder, geht nicht so nah an die Bahnsteigkante! Ihr glaubt gar nicht, was so'n großer Zug für'n Wind vor sich herschiebt!" Dann die Ansage: „Achtung! Auf Gleis drei hat Einfahrt der Schnellzug aus München, über Nürnberg, Bayreuth, Hof. Weiterfahrt um 10 Uhr 15 nach Berlin, über Leipzig."

Wir Buben benahmen uns vor Aufregung wie kleine Hampelmänner und reckten unsere Hälse neugierig nach beiden Richtungen. Wer würde den Zug als Erster erspähen? Endlich rief Eberhard: „Da kommt er!" Wirklich: Weit draußen vor dem Bahnhof, noch spielzeugklein, näherte sich in Dampf gehüllt der Zug. „Zurücktreten von der Bahnsteigkante!", tönte es aus dem Lautsprecher. Zugleich rief unsere Mutter: „Dieter, Rainer, kommt, an die Hand!" Sowas, als ob wir noch kleine Kinder wären! Der Zug wurde immer größer, und ehe wir uns versahen, fuhr er zischend und Dampfwolken ausstoßend langsam auf dem Bahnsteig vor. Zwei mächtige Lokomotiven waren vorgespannt. Sie hatten Räder größer als unsere Mutter, und leuchtend rot waren sie. Die Gestänge der Kolben glänzten wie geputztes Silber. Ich war nun froh, an der sicheren Hand unserer Mutter zu sein, denn die fauchenden Lokomotiven und die nachfolgenden Wagen, der langsam an uns vorbeirollende Zug versetzten mich in einen zu Boden ziehenden Schwindel. Erst als Lokomotiven und Wagen endlich standen, war ich wieder fähig, sicher auf meinen Beinen zu stehen. Nun kam Bewegung in unsere Mutter: „Kommt Kinder, wir müssen zum Wagen vier, dort sind unsere Plätze! Haltet euch an mich, dass mir keiner zurückbleibt!" Wie wohltuend war nach der Aufregung des Einsteigens und der Platzsuche dann die Ruhe im Abteil. Zuerst gab es zwischen uns Brüdern heftigen Streit um die Fensterplätze. „Eberhard, du als der Älteste solltest vernünftig genug sein, lass doch die Kleinen am Fenster sitzen!" Immer werden von den Ältesten Rücksichten gefordert, die sie noch gar nicht einzusehen vermögen. Eberhard setzte sich mit finsterer Miene neben mich.

Unserer Mutter stiegen Tränen in die Augen, als sich die Bahn in Bewegung setzte. Es war ja die Stadt ihrer Kindheit und Jugend, durch deren nördliche Außenbezirke der immer schneller werdende Zug nun fuhr. Sie nahm aus ihrer Handtasche ein Tüchlein heraus, wischte sich die Tränen aus den Augen und schneuzte sich heftig: „Also, Kinder, auf ein Neues. Möge uns dies Berlin nur

Gutes bringen!" Sie erhob sich noch einmal von ihrem Sitz, beugte sich zu uns nieder und gab jedem von uns einen Kuss auf die Wange, während wir, nun schon im D-Zug-Tempo, in unseren neuen Lebensabschnitt hineinfuhren.

Vorerst blieben wir die einzigen Reisenden in unserem Abteil. Verschiedene Kartenspiele sollten uns die Zeit verkürzen. Ich spielte jedoch sehr unkonzentriert und schlief bald fest ein. Wir waren nämlich schon seit fünf Uhr in der Frühe auf den Beinen. Ein lauter Gongschlag und ein ebenso lauter Ruf „Fertig zum ersten Mittagessen!" weckten mich. Ich schaute aus dem Fenster und erschrak. Wo waren denn die Berge hingekommen? Das Land, wodurch wir jetzt fuhren, glich einer großen ebenen Tischplatte. Ich war ja noch nie aus dem Vogtland mit seinen bewaldeten Höhen herausgekommen. Ein Land ohne diese Höhen und Täler konnte ich mir bis jetzt nicht vorstellen. „Mutti, hier gibt's doch gar keine Berge!" „Ja, Ditt, wir sind schon in der Ebene, da gibt's keine Berge. Es wird nicht mehr lange dauern, vielleicht eine oder anderthalb Stunden, dann werden wir in Leipzig sein. Vorher fahren wir erst durch Leuna, da müsst ihr euch aber die Nase fest zuhalten, denn dort stinkt's gewaltig!" „Wonach stinkt's dort?" „Nach Chemie! Ihr werdet's schon sehen und riechen! Der Zug fährt an riesigen Fabriken vorbei. Da wird aus Kohle Benzin gemacht, stellt euch das mal vor!" Mich hat das alles nicht sonderlich interessiert, aber was der Mann gerufen hat, als ich eben aufwachte, hätte ich nun gern gewusst. „Der hat zum Mittagessen gerufen. Weil im Speisewagen nicht für alle, die essen wollen, auf einmal Platz ist, werden Essenskarten verteilt. Zum ersten, zweiten und zum dritten Mittagessen. Er hat gerade zum ersten Mittagessen aufgerufen. Da gehen nun alle hin, die eine Eins auf ihrem Kärtchen haben." „Gehen wir auch hin?" „Nein, wir haben doch in Plauen erst reichlich gegessen. Außerdem hat uns die Großmutter Wurstbemmen mitgegeben, die werden uns gut schmecken." Schade, ich wäre zu gern in den Speisewagen gegangen.

In Leipzig herrschte dann große Aus- und Einsteigerei. Wir ließen das Abteilfenster herunter, lehnten uns neugierig hinaus und beobachteten fassungslos das Treiben auf den Bahnsteigen: Dieses Geschiebe und Gedränge, dieses Hin- und Hergelaufe, diese Kofferschlepperei, diese sich anbietenden Rufe der Dienstmänner und Gepäckträger, dazwischen, wie kleine Eisenbahnen, die hochbeladenen Züge der Gepäckwagen, dieses Stimmengewirr, alles übertönt vom Zischen und Fauchen unzähliger abfahrbereiter Dampflokomotiven. So viele Menschen auf einmal hatten wir noch nie gesehen. Hoch oben in den eisernen Streben des gewölbten Glasdachs der Halle, umwallt von Rauch- und Dampfschwaden, tummelten sich Tauben und unzählige Sperlinge, deren Gezeter sich in den allgemeinen Lärm mischte.

Die Abteiltür ging auf. „Kommt, setzt euch, Kinder", meinte Mutter und zog das Fenster wieder hoch. Eine Frau und ein junges Mädchen kamen herein. Letzteres trug eine BDM-Uniform. Sie besetzten die beiden freien Plätze an den Fenstern zum Gang hin, die Frau auf meiner Seite, das Mädchen gegenüber. Sicherlich waren es Mutter und Tochter. Die Mutter war etwa im Alter unserer Mutter, das Mädchen mochte so um die vierzehn herum sein. Ich konnte sie gut beobachten. Sie hatte kastanienbraune, lange Zöpfe. Mit ihren blauen Augen erinnerte sie mich an Lenchen, unser vorjähriges Mädchen. Würden wir in Berlin auch wieder Dienstmädchen haben? Ich fragte unsre Mutter danach. „Aber Ditt, wie kommst du denn gerade jetzt darauf?" „Ooch, nur so." „In Berlin werden wir wohl keine Dienstmädchen mehr haben." Zum Glück setzte sich nun auch der Zug in Bewegung, und der Schaffner kam, um die Fahrkarten der neuen Reisenden zu kontrollieren. Mutters verneinende Aussage machte mich ein bisschen traurig. Ein Leben ohne diese gutmütigen, meist heiteren Mädchen? Unvorstellbar!

Die zugestiegene Frau verwickelte unsere Mutter in ein Gespräch, der dies gar nicht recht war, man sah es ihrer abweisenden Mine an. Die Zugestiegene schien es nicht zu bemerken, sie schwadronierte munter darauf los. Sie hatte jedoch kaum drei, vier Worte gesagt, da musste ich prustend auflachen. Mutter giftete mich an: „Was gibt's denn hier zu lachen?" Ich beugte mich zu ihr hinüber und flüsterte ihr ins Ohr, dass mir die Sprache der Frau so komisch vorkäme. Mutter bemerkte die erstaunten Blicke der neuen Mitreisenden und meinte versöhnlich: „Sie müssen schon entschuldigen, mein Sohn hat noch nie Berlinerisch reden gehört. Noch findet er es komisch. Er muss sich erst dran gewöhnen." Und zu mir gewandt: „Dein Sächsisch, lieber Ditt, wird für Berliner auch komisch klingen, merk dir das!" Wie recht sie damit hatte, musste ich bald leidvoll erfahren.

Wir hörten nun, dass die Tochter BDM-Führerin und in einem Schulungslager gewesen war. Familiäre Gründe hätten sie zur vorzeitigen Heimkehr gezwungen, deshalb jetzt diese Reise. Es wäre gar nicht einfach gewesen, sie da loszueisen. „Sie wissen ja: Dienst ist Dienst!" Unsere Mutter war nicht gewillt, nun auch noch die familiären Gründe dargelegt zu bekommen und wandte sich uns zu: „Müsst ihr nicht mal?" „Doch, schon lange", musste ich gestehen. „Eberhard, du bleibst hier, beim Gepäck, ich geh' mit den Kleinen zum Abort!" Ach, tat es gut, mal aufzustehen und einige Schritte zu gehen. Als wir wieder ins Abteil zurückkamen, war der Gesprächsfaden abgerissen, und wir konnten uns wieder ungestört miteinander beschäftigen. Dies war auch wichtig, denn „ich glaube, wir sind schon in der Mark Brandenburg", meinte unsere Mutter.

„Ja", bestätigte die neu Zugestiegene. „Wir fahr'n jerade durch'n Fläming."
„Dann sind wir ja bald in Berlin." „Inner juten halben Stunde", sagte die Mitreisende.

Immer öfter verlangsamte der Zug jetzt vorübergehend seine Geschwindigkeit, und wir fuhren, immer noch sehr schnell, an Bahnsteigen mit vielen wartenden Menschen vorbei. Eberhard bemühte sich, von den Tafeln die Namen der Stationen abzulesen. Wünsdorf, Jüterbock, Brandenburg, Potsdam und Wannsee. „Kinder, jetzt sind wir in Berlin!" Der Zug wurde nun langsamer. Wir fuhren durch Schrebergartenkolonien, bald tauchten die ersten Mietskasernen auf. Sie präsentierten der Bahn ihre Rückseiten, sahen heruntergekommen und wenig einladend aus. Oft meinte man, in sie hineinzufahren. „Friedrichstraße", las Eberhard, und Mutter rief: „Jetzt müsst ihr zum Fenster rausschauen, da seht ihr bald den Anhalter Bahnhof!" Und zu der Fremden gewandt: „Darf ich mal das Fenster runterlassen, dass die Kinder besser rausgucken können, die haben das ja alles noch nie gesehen?"

Die Geschwindigkeit wurde zusehends langsamer, und immer öfter ratterten die Wagen über Weichen. Unzählige Schienen liefen nun wie ein Strom nebeneinander her. Als der Zug in einen weiten Rechtsbogen einfuhr, tauchte in der Ferne das hochgewölbte dunkle Maul der Bahnhofshalle auf.

Langsam rollte der Schnellzug im Dämmerlicht der hohen Halle aus und kam mit einem leichten Ruck zum Stehen. Die Mitreisende hatte schon längst ihr Gepäck auf den Sitzen bereitgelegt. Sie verabschiedete sich kühl und kurz von uns, schob ihre Tochter vor sich her auf den Gang und verschwand auf Nimmerwiedersehen. Sicherlich hatte ihre Mitteilungssucht an uns nicht die wunschgemäßen Opfer gefunden. Mutter ließ sich mit dem Aussteigen Zeit. „Immer mit der Ruhe, Kinder, hier ist ja Endstation. Warten wir, bis sich alles verlaufen hat!" Endlich war es soweit. Mutter nahm ihre Tasche zur Hand und griff nach dem leichten Köfferchen. Alles größere, schwerere Gepäck hatte ja der Möbelwagen am Morgen schon mitgenommen. Wir Buben setzen unsere Rucksäcke auf. Rainer hatte seinen Teddybär so darin verstaut, dass dessen Arme und Kopf herausschauten. Es sah aus, als würde er ein kleines, neugieriges Kind nach Berlin tragen. Übrigens hatte er am frühen Morgen seinen Teddy in Gefell schon auf diese Weise zum Göttengrüner Bahnhof transportiert. Dieses kleine Plüschkerlchen durfte an unserem Abschied, nun aber auch an unserer Ankunft teilhaben.

Die Waggons hatten sich schon geleert, als wir ausstiegen, aber auf dem Bahnsteig herrschte noch undurchdringliches Menschengewühl. Es war wie vor Stunden während unseres Aufenthaltes in Leipzig, nur noch hektischer und noch lauter. Wir drängten uns am Zug entlang in Richtung Sperre. „Bleibt zusammen Kinder! Rainer, Dieter, haltet euch an mir fest! Eberhard, lauf doch nicht immer voraus, ich verlier dich sonst noch!" Unsere Mutter war sehr aufgeregt. Wir Buben übrigens auch. An der Sperre sahen wir schon von weitem unseren Vater stehen. Mutter war sichtlich erleichtert, als sie ihn erkannte.

Als wir wohlbehalten und mit unserem Vater wieder vereint hinter der Sperre verschnauften, musste ich dringend etwas loswerden, was mir aufgefallen war und was mich bedrückte: „Vati, haben die Leute hier alle Angst?" „Du stellst aber komische Fragen! Warum sollen hier denn alle Angst haben?" „Nu', weil die alle so rennen, die reißen bestimmt vor 'was aus." Vater lachte hell auf. „Die reißen vor nichts aus! Das ist das Berliner Tempo. Da musst du dich ab jetzt dran gewöhnen." Andere Sprache, anderes Tempo. An was werde ich mich hier in Berlin denn noch alles gewöhnen müssen, dachte ich. Dann gingen wir alle zusammen zur Straßenbahn. Auf dem Weg dahin die üblichen Fragen: „Wie war die Fahrt?" „Das wollt ich dich grad fragen!" „Gut!" „Bei uns auch gut, gell Kinder?" „Wie ist's in Lichtenrade? Wie weit seid ihr mit dem Ausladen?" „Als ich hierherfuhr, haben sie grad mit den Schränken angefangen." „Konntest du denn da weg?" „Mutter ist doch dort. Die weiß Bescheid und passt auf!"

Auch hier, auf der Straße, herrschte das Berliner Tempo: Bei dem Hin- und Hergerenne auf dem Gehsteig wunderte mich nur, dass die Leute nicht dauernd zusammenstießen. Auf dem Fahrdamm nahm ich noch nie gesehene Autoherden, Rattern und Klingeln der Straßenbahnen, Verkehrsampeln und Schutzleute auf den Kreuzungen, die sich drehten und mit den Armen fuchtelten wie Hampelmänner, wahr. Mir wurde ganz schwindlig. „Ich will nach Gefell zurück." „Aber Dieter, das geht jetzt nicht mehr. Was denkst du dir denn?" Mir war das Weinen nahe, und ich brachte gerade noch heraus: „In Gefell ist aber nicht so viel Krach wie in Berlin." „Aber Ditt, das ist nur hier so, in Lichtenrade ist's still wie in Gefell, wirst's schon sehen." Als wir an der Haltestelle auf die Straßenbahn warteten, war ich wieder einigermaßen getröstet. Die erste Bahn kam. „Nicht einsteigen Kinder!" Bei der zweiten dasselbe. Endlich rief Vater: „Da kommt die neunundneunzig, mit der müssen wir fahren!" Die Eltern setzten sich in den Wagen und nahmen Rainer mit sich. Eberhard und ich durften vorn auf dem Perron stehen. Die Fahrt dauerte schier endlos. Kann denn eine Stadt so groß sein? Ich begriff, dass ich noch viel zu lernen hätte. Unsere Gefeller Welt war, gemessen an dieser neuen Berliner Welt, doch sehr eng und begrenzt gewesen. Der Schaffner rief die Stationen aus: „Siedlung Daheim, Tempelhof-Flughafen" – komisch klangen diese Namen. „Mariendorf, Marienfelde, Buckower Chaussee." Die Eltern kamen mit Rainer auf den Perron. „An der Übernächsten müssen wir raus." Als wir die Straßenbahn endlich verließen, befiel mich quälende, fast panische Aufregung. Unserer Mutter entging dies nicht. „Du zitterst ja wie Espenlaub, bist du etwa krank geworden?" Sie berührte mit ihrem Handrücken meine Stirn: „Fieber hast du nicht!" „Das kommt von der Reise", meinte Vater: „Vielleicht ist er auch nur aufgeregt."

Komische Namen hatten auch die Straßen hier: Halker Zeile, Fichtestraße, Raabestraße, Raabe mit zwei aa! „Die können hier nicht einmal richtig schreiben", dachte ich. Eberhard las uns die Namen von den Straßenschildern ab. Als er Fontanestraße las, blieb Vater stehen und meinte: „So, hier sind wir zu Hause." Da sahen wir auch schon in einiger Entfernung den Möbelwagen stehen.

Das Gartentor stand weit offen. Unsere Eltern berieten sich noch am Wagen mit einem der Möbelträger. Wir Buben zögerten am Tor und hatten Hemmungen, das uns noch fremde Grundstück zu betreten. Rainer fasste sich als Erster ein Herz und durchbrach mutig die magische Grenze. Auf dem Weg von Platte zu Platte tretend ging er in großen Schritten auf das Haus mit der davor liegenden Terrasse zu. Sein Teddybär schaute uns aus dem Rucksack heraus mit seinen dunklen Knopfaugen, wie es schien, vergnügt und auffordernd an. In diesem Augenblick erschien unsere Oma auf der Terrasse: „Da seid ihr ja, ihr Weltenbummler!" Da gab es für uns kein Halten mehr. Wie die wilde Jagd stürmten wir über den Weg dem Hause zu, sprangen die drei Terrassenstufen hoch und hätten in unserer Begeisterung und Wiedersehensfreude die arme Oma beinahe zu Boden gerissen. So begann unsere Berliner Zeit. Nur ein Jahr des Friedens war uns noch vergönnt. Schon am 1. September des nächsten Jahres 1939 legte Adolf Hitler den Flächenbrand, der Deutschland, Europa und die Welt erfassen und grundlegend verändern sollte.

Das neue Haus

In der ersten Nacht im neuen Haus fragten wir uns: Würde es uns zur neuen Heimat werden? Noch waren uns die Nachtgeräusche fremd und bedrohlich. Sie ließen uns dieses erste Mal kaum Schlaf finden. Wir lagen schon lange im Bett und versuchten uns an unsere schmale, schrägwandige Schlafkammer zu gewöhnen. Im Haus wurde immer noch rumort, wurden Möbel gerückt, wurde geklopft und gehämmert. Als endlich Ruhe eingekehrt war und wir unsere Eltern nebenan zu Bett gehen hörten, von uns nur durch eine leichte, tapezierte Bretterwand getrennt, lagen Rainer und ich immer noch wach in unseren Betten. Die Eltern unterhielten sich noch eine ganze Weile leise miteinander. Als sie einschlafend verstummten, kamen, wie Gespenster, die beängstigenden Geräusche dieses fremden Hauses in unsere Schlafkammer gekrochen. Da half es nichts, sich unter der Bettdecke zu verstecken oder den Teddybär als treuen Begleiter unserer Bubenjahre fest an sich zu drücken. Das beklemmende Gefühl blieb. „Dieter, schläfst du schon?" Kaum hörbar war Rainers Flüstern. „Nein. Hast du auch Angst?" „'N bisschen." Dann, nach langer Pause, wieder Rainers Flüstern: „Dieter, denkst du noch dran, mit E fängt's an?" „Ja! Der Esel! Der Esel im Gefeller Garten unterm Stachelbeerstrauch!" So erfanden wir schon in der ersten Nacht unser Heimweh heilendes Denkstenoch-dran-Spiel. Nebenan begann das elterliche Schnarchkonzert. Vater setzte als Erster ein, tief und in langen Zügen grunzend. Mutter, quasi im Kanon dazu, etwas höher und kurzatmiger, man könnte fast sagen, spielerischer. Noch nie hatten wir Kinder dieses Konzert so aus nächster Nähe gehört. Wir verschwanden beide unter unseren Bettdecken, weil wir uns das Lachen nicht verbeißen konnten. Beruhigend war dieses Schnarchen. Es umhüllte uns wie ein schützendes Gewebe. Im Gefühl wohliger Geborgenheit schliefen wir bald fest ein.

„Aufsteh'n, ihr Schlafmützen! Die Sonne scheint!" Unsere Mutter stand in ihrer ganzen Fülle und wohlgelaunt im Rahmen unserer schmalen Kammertür. „Es ist doch aber noch ganz dunkel", riefen Rainer und ich verschlafen und wie aus einem Munde. In der Tat, in unserem Zimmer herrschte einschläferndes Dämmerlicht. „Das kommt von dem kleinen Fensterchen. Hier wird's nie richtig hell", meinte unsere Mutter lachend, und die Tür freigebend rief sie: „Marsch, heraus aus den Betten und ins Bad, der Frühstückstisch wartet schon!" Das Bad lag unter der entgegengesetzten Dachschräge des Hauses. Dazwischen hatten die Eltern ihr Schlafzimmer. Blendende Helle empfing uns, als wir es betraten. Wir hatten bis weit in den Tag hinein geschlafen. Es war ja auch kein Wunder nach dieser halbdurchwachten ersten Nacht im neuen Haus. Im Bad gab es erst einmal, wie stets bei solchen Gelegenheiten, brüderliche Rangelei um den ersten Platz am Waschbecken. Wie meistens, wenn Mutter nicht dabei war, teilten wir uns nach einigem Hin und Her dieses Waschbecken zu einer schnellen Katzenwäsche. Eng war es in diesem Bad genannten Kämmerchen. Es hatte genau die Abmessungen unserer Schlafkammer und wie diese nur ein winziges Fensterchen. Unter der Dachschräge stand die Badewanne und gegenüber, an der senkrechten Wand zum Schlafzimmer hin, hatten das Waschbecken und die Toilette ihren Platz. „Iiii! Den Abort im Haus, der verstänkert doch alles!", hatte ich entsetzt gerufen, als unser Vater noch in Gefell erzählte, dass wir nun nicht mehr aus der Wohnung gehen müssten, wenn es uns menschlich drücken sollte. „Aber Ditt, dort gibt's Spülklosetts, die sind sauber wie Waschschüsseln!"

Gefrühstückt wurde in der Küche. Sie war nur mäßig groß, bot aber genügend Raum für eine gemütliche Tischrunde. Das Bemerkenswerteste für mich war in dieser Küche der große Einbauschrank. Unser Küchenschrank mit dem geschnitzten Aufsatz, hinter dem immer der Rohrstock lag, musste in den Keller verbannt werden. Für mich war das eine beruhigende Tatsache, denn über der glatten Fassade des Einbauschranks gab es keine Ablage für Schmerz verursachende Erziehungshilfen jeglicher Art und Gestalt.

Eine Glastür führte von der Küche aus über einen balkonartigen Treppenabgang in den hinteren, nördlichen Teil unseres Grundstücks. Unter diesem Abgang konnte man aus dem Waschkeller über eine Treppe herauf in diesen Gartenteil gelangen. In der Anfangszeit des Zweiten Weltkrieges, im Frühjahr und Sommer des Jahres 1940, diente uns dieser nach oben hin geschützte offene Raum als Unterstand und Beobachtungsplatz während der ersten Fliegerangriffe.

Der Frühstückstisch war schon gedeckt, als wir die Küche betraten. Allerdings fehlte unser Vater bei diesem ersten Frühstück im neuen Haus. „Wo ist denn der Vati?" „Der ist rein nach Berlin gefahren, um im Geschäft nach dem Rechten zu sehen!" „Sind wir denn hier nicht in Berlin?" Lächelnd meinte unsere Mutter, während sie Butter auf eine Brötchenhälfte strich: „Gewiss sind wir hier in Berlin, allerdings weit draußen in einem Vorort. Fährt man von hier aus in die Innenstadt, heißt es: Man fährt in die Stadt, nach Berlin. Will man aber ins Zentrum unseres Vororts, heißt's einfach: Wir geh'n ins Dorf." Etwas Gravierendes kündigte sich an diesem ersten Samstagmorgen in Lichtenrade schon an: Das Geschäft, das in Gefell durch seine Anwesenheit im Hause der Mittelpunkt unseres Familienlebens gewesen war, rückte hier an dessen Peripherie. Es wurde für uns Kinder zunehmend unwichtig. Vater fuhr früh um sieben Uhr in das Geschäft und kam erst am Abend gegen sieben Uhr wieder zurück. Kein Maschinengeratter dröhnte durchs ganze Haus, kein Kichern frühstückender Mädchen erklang am Vormittag vor dem Hause. Das Geschäft wurde für uns zum Phantom.

Nach dem Frühstück brannten wir Buben natürlich darauf, unsere neue Heimat zu erkunden. „Nix da, erst wird eingeräumt!" Aber Oma legte für uns ein gutes Wort ein: „Lass sie mal, Rosel! Sie müssen doch wissen, wo sie hingeraten sind. Außerdem ist ihr Regal im Windfang noch gar nicht fertig." Dieses Regal sollte für Rainer und mich im Windfang zwischen Diele und Küche eingebaut werden. Es wurde, nachdem es fertig und von Rainer und mir bezogen war, für unseren Vater, aber auch für mich, zur Quelle ständigen Ärgers. „Du schlumsterst deine Sachen da hinein, es ist zum krumme Haare kriegen!" So klangen Vaters ständige Nörgeleien, meine Ordnung betreffend. Für mich waren durcheinandergeworfene Bücherstapel in abenteuerlicher Neigung, Kästchen, Hefte, Zettel und während des Krieges gesammelte Bomben- und Granatsplitter ganz in Ordnung. Es war meine Ordnung! Gewiss, es konnte schon passieren, dass ein heftiger Tritt beim Durchgang durch den Windfang dies alles ins Rutschen brachte. Dann landete der ganze Segen polternd auf den Dielen. Meistens war es unser Vater, der dies auslöste. „Also, Dieter, ein für alle Mal, du hältst ab jetzt Ordnung! Ich will's nicht noch einmal erleben, dass mir der ganze Spittel[32] vor die Füße fällt!" Der Spittel ist ihm jedoch noch oft vor die Füße gefallen. Er mochte schimpfen, so viel er wollte. Für mich waren die Dielenstürze meines Eigentums alles andere als ärgerlich. Fand ich doch beim Wiedereinräumen ins Regal oft Dinge wieder, welche ich schon seit längerer Zeit für verloren hielt. Rainer hatte das Fach unter dem meinen zugewiesen bekommen. Er hielt in ihm peinliche Ordnung. Manchmal geschah es, dass der Sturz meines Eigentums auch sein Fach mit leerte, was stets heftigsten brüderlichen Streit zur Folge hatte. Die Notwendigkeit, unser Eigentum zu separieren und wieder einzuräumen, vereinte uns jedoch meistens sehr schnell wieder.

Durch Omas Fürsprache durften wir erst einmal unsere neue Heimstatt erkunden. Vorläufig sah es in den Zimmern und in der Diele allerdings noch arg nach Umzug aus. Gewiss, Schränke, Kommoden, Tische und Stühle standen schon an den dafür vorgesehenen Plätzen. Aber überall im Hause versperrten noch unzählige Kisten und Kartons den Weg. Ihr Inhalt wartete darauf, in den Schränken und Kommoden verstaut zu werden. Aus diesem Grunde zog es uns erst einmal hinaus in den Garten. Vor der Haustür gab es die schon erwähnte Terrasse. Sie lag an der Südseite des Hauses und war von einer etwa einen Meter hohen Buchsbaumhecke eingefasst. Hinter dieser Hecke konnte man, unsichtbar für Nachbarn und Straßenpassanten, im Liegestuhl herrliche Sonnenbäder nehmen. Leider musste diese Hecke schon im ersten Kriegsjahr einem Tomatenbeet weichen. Das fast mediterrane Klima an dieser geschützten Stelle vor dem Hause ließ herrlich aromatische Früchte reifen. Die Stufen von der Terrasse hinunter auf die Ebene des Gartens waren begrenzt durch zwei Betonmäuerchen. Jedes dieser Mäuerchen endete in einem angedeuteten Betonschnörkel. Wenn Rainer und ich uns wieder einmal so richtig in den Haaren gehabt hatten, saßen wir nach beendeter Auseinandersetzung oft auf diesen Schnörkeln. Rainer immer links und ich immer rechts, die Ellenbogen auf die Knie und das Kinn in die Hände gestützt. Mit finsterer Miene, gelegentlich zum brüderlichen Nachbarn schielend, brüteten wir so unseren Zorn aus. Meistens währte jedoch dieser Zustand nicht lange.

Die besondere Zierde dieses Aufgangs waren zwei kugelig geschnittene Buchsbäumchen, welche links und rechts neben dem Terrassentreppchen standen. In ihnen nistete Jahr für Jahr ein Amselpärchen. Das Schönste an dieser Südfront des Anwesens waren allerdings die beiden Rebstöcke, welche sich an der Sonnenseite des Hauses bis zur Dachtraufe hochrankten. Schwer trugen sie jetzt an der Last ihrer Trauben. Wir Buben hatten noch nie Derartiges gesehen. Vor allem die rechts von der Haustür reifenden blauen Trauben hatten es uns angetan. „Mutti, Mutti, da draußen wachsen lauter Weinbeeren!" Aufgeregt stürzten wir zurück ins Haus. „Ja, Kinder, die gehören zum Haus wie das Dach und die Wände. Heute Mittag gibt's die erste Kostprobe davon als Nachtisch. Wenn der Vati nachher heimkommt, schneidet er gleich ein paar davon ab." Mir begann das Berliner Haus allmählich zu gefallen.

„Dieter, Rainer, kommt, einkaufen!" Rainer und ich waren gerade dabei, einen handfesten Streit auszufechten, als Oma, einen Henkelkorb im Arm, uns dies von der Terrasse aus zurief. Streitereien waren zwischen Rainer und mir Alltäglichkeiten, die unserer brüderlichen Liebe keinerlei Abbruch taten. Wie zwei junge Hunde hetzten wir gerade um das Haus, als Oma uns rief. Unsere Streitereien entzündeten sich meistens an unwichtigen Kleinigkeiten, wir vergaßen sie in der Regel im Verlaufe unserer Auseinandersetzungen und stritten dann nur noch um des Streites willen. Diesmal entdeckten wir im Verlaufe unseres Streites, dass es rund um das Berliner Haus einen Weg gab, auf dem man sich herrlich jagen konnte. Der Streit endete diesmal unentschieden, denn Oma stand mittlerweile zum Gehen bereit vor der Terrasse, als wir keuchend und zeternd um die westliche Hausecke bogen, um eine neue Jagdrunde zu beginnen. Wir mussten, ob wir wollten oder nicht, an der wartenden Oma vorbeilaufen, es war der kürzeste Weg. Mit schnellem, energischem Griff packte sie Rainer und mich beim Kragen. „Könnt Ihr nicht wenigstens einen Tag mal in Frieden leben, ihr Streithammel ihr?" Natürlich hatten wir jetzt, da wir mitten im schönsten Geplänkel waren, überhaupt keine Lust, mit unserer Oma einkaufen zu gehen. Wir waren uns plötzlich wieder einig: „Ooch, immer einkaufen gehen, jetzt, wo wir gerade so schön gespielt haben!" „Das nennt ihr spielen? Ich nenn's streiten! Kommt mal schön mit. Außerdem müsst ihr ja die neue Umgebung kennenlernen." Dagegen war nun nichts zu sagen.

Unser Ziel war die Kohlen- und Gemischtwarenhandlung Bericke in der Halker Zeile. „Merkt euch den Weg, Kinder, später müsst ihr allein einkaufen gehen!" Mir kam hier in diesem Berlin vieles doch sehr merkwürdig vor. Die

Bäume in der Fontanestraße zum Beispiel. Noch nie hatte ich derartige Straßenbäume gesehen. Gegen den normal und kräftig gewachsenen Ahorn vor unserem Haus in Gefell erschienen mir diese hier mir ihren kugelig gewachsenen Kronen wie kranke Zwerge.

„Heil Hitler!" „Heilitler, juten Tach ooch! Womit kann ick Ihnen dienen?" Frau Bericke mochte zehn Jahre älter sein als unsere Mutter, also etwa Mitte fünfzig. Ihre Korpulenz hinderte sie nicht daran, mit flinker Geschäftigkeit Omas Bestellungen herbeizuschaffen und auf dem Ladentisch zu stapeln. Zwischendurch verschwand sie einmal kurz und kam mit Herrn Bericke zurück. „Jut'n Tach ooch, Heilitler!" Imposant sah er aus, der Herr Bericke. Zwar war er nicht gerade groß, aber stämmig von Gestalt, wie ein Gewichtheber. Auf dem massigen Kopf eine Ledermütze, blitzende, blaue Augen und ein blaugestreiftes Parchenthemd, dessen hochgerollte Ärmel kräftige, stark behaarte, von der Handwurzel ab tätowierte Männerarme entblößten. Das Beeindruckendste an ihm aber war die schwere, fast bodenlange Lederschürze, die sich über seinem runden Bauch spannte. Mit anderen Worten: er war ein gestandener Mann. „Sie sin' woll zu Besuch hier?" Frau Bericke konnte ihre Neugier nicht mehr zügeln. „Wir sind gestern hierhergezogen, in die Fontanestraße!" Oma war stets und gern zu einem Gespräch bereit. „Ach, da sind 'se woll ins Wildeck'sche Haus jezogen?" „Ja, in die Neun!" Herr Bericke setzte nun das Gespräch fort: „'N schönet Haus, wirklich, 'n schönet Haus und von der Wildecken, äh, von der Frau Wildeck janz alleene jeplant, die is' nämlich Architektin, müssen se wissen! Warum die da ausjezogen sin' und 'n neuet daneben jesetzt ham, is' mir'n Rätsel!"

Oma bezahlte, bevor sich Herr Bericke noch weiter auslassen konnte und schichtete ihren Einkauf in den Korb. „Det is' doch fülle ze schwer für Ihnen, wartense ma, ick komme mit und bringet Ihnen hin, et is' ja bloß um die Ecke." Oma sperrte sich zwar erst ein bisschen gegen dieses Anerbieten, aber Herr Bericke ließ nicht locker. „Da kann ick mir ja jleich wejen dem Heizmaterial anbieten." Dies überzeugte unsere Oma. „Na dann, wenn Sie so freundlich sein wollen." „'N kleen Momang noch, Frau –? Ah, also 'n Momang noch, ick muss mir bloß noch von meine Schürze trennen." So kam es, dass uns Herr Bericke, den Einkaufskorb tragend, nach Hause begleitete. Vater war gerade aus Berlin zurückgekommen und empfing uns noch in Hut und Mantel an der Gartentür. Mit „Heilitler, Bericke!" stellte sich unser Begleiter und Dienstmann vor. „Angenehm!" Man sah es, die beiden Herren waren sich auf Anhieb sympathisch. „Na dann kommen Sie mal mit." Vater wandte sich dem Hause zu, und als wir alle auf der Terrasse standen, rief er ins Haus: „Rosel, komm doch mal,

Herr Bericke ist da, du weißt doch, Wildecks haben ihn uns ans Herz gelegt." Unsere Mutter kam, so wie sie sicherlich gerade am Herd gestanden hatte, heraus auf die Terrasse, hochrot im Gesicht und sich die Hände an der Schürze abwischend. Auch jetzt freundliche Begrüßung beiderseits, Herr Bericke gefiel rundum allen. Dies war der Beginn einer Geschäftsbeziehung, welche unserer Familie in den entbehrungsreichen Kriegsjahren manche Erleichterung gebracht hat. So mancher Sack schwarz unter der Hand gelieferten Kokses fand bei Nacht und Nebel den Weg von den Bericke'schen Kokshalden in unseren Kellerverschlag. Auch sonst bereicherten heimlich unter dem Ladentisch verkaufte Lebensmittel während dieser Zeit regelmäßig unseren Speisezettel.

Am Nachmittag dieses ersten Berliner Tages schauten Wildecks, die Besitzer unseres gemieteten Hauses, wie sie betonten, nur auf einen Sprung vorbei. Dass aus dem Sprung ein halber Nachmittag wurde und unsere Mutter hinterher über die versäumte Zeit jammerte, lag daran, dass sich Wildecks und unsere Eltern auf einer Wellenlänge bewegten. Auch dies erwies sich in den folgenden Kriegsjahren durchaus als vorteilhaft.

Die Männer stiegen als Erstes hinunter in den Keller. „Ich muss Ihnen doch erst mal die Heizungsanlage erklären, Herr Möckel." „Dürfen wir da mit?" Unsere Frage kam wie aus einem Munde. „Natürlich, wenn ihr Lust habt."

Im äußeren Windfang zwischen Haus- und Dielentür ging es linker Hand hinunter in den Keller. Die Treppe führte in den Heizungskeller, so genannt nach der Ofenanlage, die in der Ecke zwischen den Türen zum Waschhaus und dem Mittelkeller stand. Im Winkel unter der Kellertreppe, dem Feuerloch des Ofens genau gegenüber, befand sich der Verschlag für den Koks. Das Waschhaus wurde von uns Kindern selten betreten, es sei denn, wir mussten beim Waschen helfen, den Schwengel der Bottichwaschmaschine hin und her zu bewegen, eine für Buben verabscheuungswürdige Tätigkeit. In Gefell hatte dies stets die Putzfrau getan. Von dem Waschhaus aus konnte man über eine Treppe hinauf in den nördlichen Gartenbereich steigen. Es war wie der Aufstieg aus einem Unterstand. Von Rainer und mir wurde dieser Treppenaufgang mit seiner betonierten Decke stets als Unterstand benützt, wenn wir wieder einmal Krieg spielten. Als es dann wirklich zum Krieg kam, verloren wir bald die Lust an solch martialischen Spielen.

Vom Heizungskeller aus kam man in anderer Richtung in den Mittelkeller. Dies war ein Abstellplatz. Hier stand die Kartoffelkiste. Gleich links neben der Tür waren in Stahlbändern gebündelte Briketts aufgestapelt, und unser Küchenschrank hatte hier auch seinen Platz gefunden. Das Oberteil stand nun ebenerdig neben dem Unterteil, denn die Deckenhöhe reichte nicht aus für dieses schaurig-prächtige Möbelstück. Der hintere Keller, in den man vom Mittelkeller aus gelangte, wurde später in Eisenbahnkeller umgetauft, denn in ihm installierte unser Vater die prächtige Eisenbahnanlage für uns Buben. Außerdem standen an den Wänden, weitab von der Kartoffelkiste, die Apfelregale, und gleich rechts neben der Tür hatte Vaters mächtiger Weinschrank seinen Platz. Gemessen an den kalten, feuchtdunklen Kellern des Gefeller Hauses waren dies hier eher wohnliche Zimmer als Kellerräume. „Kommt, Kinder, rauf geht's, sonst werdet ihr hier unten noch eingeschlossen!" Vaters Zuruf beendete unsere ersten Erkundungsgänge in der Unterwelt des Berliner Hauses.

Nachdem Wildecks endlich gegangen waren, verfielen unsere Eltern in eine ungute Betriebsamkeit. Dies bekamen als Erstes wir Buben zu spüren. „Genug rumgedahlt[33], ihr Faulpelze! Auf geht's, hoch zur Oma, einräumen helfen. Wenn ihr da fertig seid, komm ihr sofort runter, in der Garage warten viele Sachen auf euch. Alles muss hierher in die Diele geschafft werden!" Ich weiß nicht mehr, welche Pflichten und Aufgaben unsere Mutter noch für uns parat hatte. Quasi ohne Atem zu schöpfen, sprudelte sie dies alles heraus, während sie einen großen Karton aufschnürte. Da war es ratsam, schnellstens hinauf zur Oma zu gehen. Bei ihr ging es gemächlicher zu. Das Petermätzel hatte schon seinen Platz auf einem Tischchen nah am Fenster gefunden und plapperte in seiner durchaus verständlichen Wellensittichsprache vergnügt vor sich hin: „Wo ist denn das gutegute Petermätzel? Gutenmorgengutenmorgen!" Er konnte stundenlang so vor sich hin parlieren, sein Wortschatz war unerschöpflich.

Oma musste sich in Gefell vor dem Umzug von vielen liebgewordenen Erinnerungsstücken trennen. Jetzt hieß es für sie, noch einmal aussortieren. Ihr Haushalt hatte sich ja von drei Zimmern und Küche auf ein einziges Zimmer reduziert. „Wollt ihr mir helfen? Fein! Ihr habt junge Beine, da könnt ihr mir alles auf den Boden schaffen, was ich hier nicht unterkriege!" „Wo ist denn der Boden, Oma?" „Stimmt, wie konnte ich denn vergessen, dass euch hier alles noch fremd ist. Wartet mal, ich komm mit und mach' euch die Bodenklappe auf." Also trugen wir alle leichteren Bündel und Kartons, die Oma in ihrem Zimmer nicht unterbringen konnte, hinauf auf den Hausboden. Ein Jahr später, als die Hausböden luftschutzgerecht entrümpelt werden mussten, wurden alle diese Sachen hinunter in den Keller geschafft. Auf dem Boden durften dann nur noch dem Luftschutz dienende Dinge abgestellt werden: eine Feuerklatsche, eine große Sandkiste und eine Wanne voller Löschwasser.

Omas Zimmertür lag genau dem elterlichen Schlafzimmer gegenüber, wenn man die Treppe heraufkam auf der linken Seite. Alle Türen hier oben mündeten auf einen fensterlosen Gang, der sein spärliches Tageslicht nur durch die

Fenster in den Zimmertüren bekam. Ging man diesen Gang von der Treppe aus bis zu seinem Ende, stieß man linker Hand auf das Türchen zu Eberhards winzigem Kämmerchen, und von diesem dunklen Winkel aus ging es hinauf auf den Boden. Wir mussten an diesem Nachmittag noch oft auf den Boden steigen, denn Oma konnte längst nicht alles, was sie aus Gefell mitgebracht hatte, in dem einen Schrank und der einen Kommode verstauen, die in ihrem Zimmer Platz gefunden hatten. Für Rainer und mich war dies ein lustiges Spiel. Wir waren Piraten, die ein gestrandetes Schiff ausplünderten. Oma wurde bei jedem Stück, das sie uns zum Abtransport gab, ein bisschen trauriger. Ein paarmal kam uns Eberhard in die Quere. Er war gerade dabei, sein schon recht umfangreiches Eigentum in die ihm zugewiesene Kammer heraufzuschaffen.

„Eberhard, Dieter, Rainer, seid ihr oben fertig? Ihr könntet hier unten mal helfen!" Muttis Stimme riss uns aus unserem Piratenspiel. „Geht ruhig runter, das bisschen schaffe ich schon noch allein." Oma war sichtlich froh, uns unruhige Geister loszuwerden. Wie die wilde Jagd polterten wir zu dritt die hölzerne Treppe hinunter. „Müsst ihr denn immer so toben? Dieses Treppengepolter will ich nicht mehr hören! In Zukunft wird ruhig, wie sich's gehört, rauf und runter gegangen!" Unsere Mutter musste uns noch oft Derartiges sagen, weil diese Treppe als Krach- und Polterinstrument zu verführerisch war.

Spät wurde es an diesem Samstag. Die Kisten und Kästen, die Kartons und Waschkörbe voller Umzugsgut wollten und wollten in der Garage nicht abnehmen. Endlich kam als letztes Stück der Korb mit dem wohlverpackten Kaffeegeschirr an die Reihe, echt Rosenthal und handgemalt. „Das schaffen wir selbst rein, der Vati und ich!" Unsere Mutter liebte dieses edle Porzellan und traute uns bei dessen Transport die nötige Vorsicht nicht zu. Übrigens wäre der Korb für uns Kinder auch viel zu schwer gewesen. Das Abendbrot fiel an diesem Samstag sehr einfach und bescheiden aus. Aber Mutter hatte für uns alle einen Trost bereit: „Morgen gibt's zum Mittagessen grüne Klöße und Sauerbraten." „Sauerbraten?" Vater war sehr verwundert „Wann hast du denn den eingelegt?" „In Gefell. Ja, der stammt noch vom Fleischer Günther. Ein extra feines Stück! Hans, du hast die zugebundene Schüssel doch sicherlich selbst aus dem Möbelwagen hereingetragen!" „Nein, ich hab sie in Sicherheit gebracht. Ich wusste ja, dass unser Sonntagsbraten drin ist", meinte Oma lächelnd.

Am Sonntagmorgen mussten wir geweckt werden. In unserer Kammer war es noch dunkler als am Vortag. „Es regnet, Kinder, es regnet wie aus Gießkannen. Ein richtiger Auf- und Einräumtag. Euer Regal im Windfang ist auch schon fertig. Ihr könnt also gleich nach dem Frühstück loslegen. Aber nicht beide auf einmal, sonst gibt's bloß wieder Streit!" „Der Rainer darf der Erste sein!" Ich hatte gar keine Lust zum Räumen. „Gut, Ditt, dann kannst du mir beim Kartoffelreiben helfen!" Dazu hatte ich nun noch weniger Lust.

Als wir dann jedoch mittags im Wohnzimmer am festlich gedeckten Tisch saßen, der Braten duftete und die Griegenifften[34] in der Schüssel dampften, war alle Unbill vergessen. Vater hatte eine Flasche von seinem besten Roten aus dem Keller geholt, Mutter die edelsten Kristallgläser dazu aufgedeckt und Oma ihr seidenes Starmatzkleid[35] angezogen. „Eigentlich müsste der Wein nach der langen Reise ja erst noch eine Weile ruhen", meinte Vater, als er sein Glas hob. Wir Kinder hatten in unseren Gläsern roten Traubensaft und durften – „Aber bitte ganz vorsichtig" – mit anstoßen. Es klang wie das Gefeller Geläut feiner Silberglöckchen, als sich unsere Gläser berührten. Mittlerweile hatte es sich aufgeklärt, und ein schüchterner Sonnenstrahl ließ den Wein in unseren geschliffenen Gläsern rot aufleuchten. „Wie Blut", meinte Oma, „ob das ein gutes Zeichen ist?" Sie war von abergläubischer Natur. „Aber Mutter, du immer mit deinen griesgrämigen Gedanken. Natürlich ist's ein gutes Zeichen. Rot ist die Farbe der Liebe und des Lebens!" Unser Vater hatte stets passende Sprüche zur Hand, nur entsprangen sie nicht wie bei unserer Oma abergläubischen Ängsten, sondern einem soliden Allgemeinwissen.

Wie hilfreich wäre jetzt, nachdem der Hauptgang gegessen war, eine Adele, eine Christa oder eine Elli gewesen. Der Weg zur Küche war vom Wohnzimmer aus doch recht weit. Er führte über die Diele und durch den Windfang. Drei Türschwellen mussten also überwunden werden. Selbst ein Servierwagen wäre da wenig hilfreich gewesen. Das neben dem Wohnzimmer liegende Herrenzimmer war wohl ursprünglich als Essraum gedacht gewesen, denn es hatte einen direkten Zugang zum Küchenwindfang. Da es aber recht dunkel und relativ klein war, hatten die Eltern es als Standplatz für ihre Herrenzimmermöbel auserkoren. Es wurde wenig genutzt. In ihm standen der mächtige Bücherschrank und der große Ausziehtisch mit seinen dunklen, ledergepolsterten Stühlen. Deren steife, geschnitzte Rückenlehnen trugen ihren Namen zu Unrecht. Beim Anlehnen drückten die Ornamente ihre Muster unbarmherzig in die Rücken der Sitzenden. Vaters Schreibtisch und das Klavier vervollständigten die Ausstattung dieses Herrenzimmers. Die Tür in Richtung Küche hatte Vater im Windfang mit einer Garderobe zugestellt, sie war also nicht mehr passierbar. Das Wohnzimmer bot sich durch die in seiner Südwestecke angebaute halbrunde Veranda als Sitz- und Essplatz geradezu an. Leider, unsere Mutter hatte es ja auf der Herfahrt schon angekündigt, würde es hier in Berlin keine Adele, Christa oder Elli geben. „Dieter, Rainer, Eberhard, abräumen helfen und bringt bitte gleich den Nachtisch mit!" Ach, paradiesisches Gefell! Auch das Spülen

musste jetzt von uns Kindern erlernt werden. Denn meistens hieß es nach dem Mittagessen, wenn die Eltern sich zum Schläfchen niederlegten, lapidar: „Marsch in die Küche, Kinder, abwaschen! Aber keinen Streit dabei, hört ihr?"
Auch in Gefell haben wir Kinder hie und da in der kleinen Küche beim Geschirrspülen geholfen. Das waren aber stets freiwillige Hilfeleistungen, kein angeordneter Küchendienst. „Ditt, hilfste mir heute mal beim Abtrocknen?" Dazu ein freundliches, gewinnendes Lächeln, welches Bubenherz kann sich dem verschließen?

Schulanfang in Berlin

„Habt ihr eure Ranzen bereit? Morgen ist Montag, da müsst ihr in der Schule angemeldet werden!" „Ooch, morgen gleich, wir sind doch gerade erst angekommen! Hat das nicht noch 'ne Woche Zeit?" „Erstens muss es sein, zweitens gewöhnt ihr euch sonst nur die Faulenzerei an!" Mutter blieb hart.

Geschlafen habe ich in dieser Nacht sehr unruhig und musste im Traum so manches gefährliche Abenteuer bestehen. Ich hatte ja auch mächtige Angst vor diesem ersten Gang in die neue Schule. Kein Wunder also, dass meine Nachtruhe vor diesem schicksalhaften Gang nicht sehr erquickend war.

Allein schon das Gebäude der 11. Volksschule, die in den kommenden zwei Jahren mein Leben bestimmen und beeinflussen sollte, war alles andere als einladend. Wie ein Kasernenbau erschien es mir. Als Mutter und ich vor dem mächtigen säulengeschmückten Haupteingang standen, war es mir, als würde ich zur gänzlichen Bedeutungslosigkeit zusammenschrumpfen. Kläglich war mir zumute, und ich bettelte: „Können wir nicht nach Hause gehen und erst morgen die Anmelderei machen?" „Aber Ditt, das geht nicht. Und übrigens: Morgen ist es genau so schlimm wie heute." Entschlossen stieg Mutter die Stufen hinauf und öffnete das hohe Portal. Mir blieb nichts anderes übrig als ihr verängstigt in ein hohes Treppenhaus und endlose, lichtdurchflutete Flure zu folgen. Der Hausmeister führte uns zum Direktorat. Mutter klopfte und auf das „Herein" betraten wir das Allerheiligste dieser Schule. Nach dem üblichen, mehr oder weniger zackig ausgetauschten „Heil Hitler" bat der übrigens sehr nette Direktor unsere Mutter Platz zu nehmen. Meine Angst verflüchtigte sich langsam. „Gewiss sind Sie die Frau Möckel und dies", dabei zeigte er auf mich, „ist unser neuer Schüler Dieter." Ohne Mutters Antwort abzuwarten, sprach er mich nun direkt an: „Also, da wollen wir doch 'mal sehen, in welche Klasse du kommst. Alter?" „Achtdreiviertel, Herr Direktor!" „Erst achtdreiviertel Jahre bist du alt? Ich hätte dich älter geschätzt, so groß, wie du schon bist!" „Leider sehr hochgeschossen, unser Dieter!" Mutter schaltete sich in die Befragung ein. „Nicht so schlimm!" Der Direktor lächelte mich gutmütig an, „da binden wir ihm einfach einen Ziegelstein auf den Kopf, dann wird er nicht mehr so in die Höhe schießen." Meine Angst war plötzlich wie weggeblasen, und ich war froh, dass wir heute schon zur Schule gegangen waren und ich nicht noch eine Nacht voller Angstträume durchleben musste.

Nun folgten die Aufnahmeformalitäten, und ich erfuhr, dass Vater uns schon von Gefell aus in den verschiedenen Schulen angemeldet hatte. Rainer stand dieser Gang morgen erst bevor. Er, als Erstklässler, kam in die Barackenschule unseres Viertels. „Nur um fünf Hausecken 'rum, da kannste von hier aus hinspucken", hatte Herr Wildeck am Sonnabend zu Rainer gesagt, als er erfuhr, wo er eingeschult würde. Eberhard, der Gymnasiast, wurde von unserem Vater angemeldet. Die Ulrich-von-Hutten-Oberschule, deren Bänke er nun drücken musste, schloss sich an die Hinterfront der 11. Volksschule an. Nur durch die Schulhöfe waren die beiden Gebäude voneinander getrennt und von einer anderen Straße aus zu erreichen.

„Also bis morgen. Um sieben Uhr hier vor meinem Zimmer." Der Direktor und Mutter erhoben sich. „Ich bringe unseren neuen Schüler dann in die Klasse", und zu mir gewandt: „Kennst du denn den Schulweg schon?" „Nein", musste ich kleinlaut zugeben. Mutter sagte: „Wir sind ja am Freitag erst hierhergezogen, und von der Fontanestraße aus ist's schon ein ganz schöner Marsch bis hierher. Aber unser Dieter wird den Weg bald kennen. Übrigens geht unser Großer drüben in die Ulrich-von-Hutten-Schule, da haben beide ja den gleichen Schulweg." Das markige „Heil Hitler", mit dem der Direktor uns entließ, passte so gar nicht zu diesem gemütlichen Mann.

Ein geschenkter Nachmittag, dachte ich. „Merk' dir den Weg! Morgen früh geht noch mal Eberhard mit dir. Zu zweit werdet ihr eure Schulen schon finden, sie liegen ja nebeneinander. Übermorgen kann's schon sein, dass du allein geh'n musst." Mutter hatte ihren Wanderschritt drauf, als sie dies sagte. Es war auf dem Heimweg von der Schulanmeldung. Ein geschenkter Nachmittag also. Ich würde ihn gut nützen! Zum Beispiel den Garten um unser Berliner Haus durchstöbern, von der hohen Lebensbaumhecke an der Fontanestraße aus bis hin zum letzten Winkel hinter dem Küchenabgang. Dort grenzte unser Grundstück an einen großen verwilderten Garten. Ich brannte darauf, ein Schlupfloch im Zaun zu entdecken, um ihn heimlich zu erkunden. Was mochte er für Geheimnisse beherbergen? Mutters Stimme riss mich aus meinen frohen Träumereien: „Schau dir die Straßen an, durch die wir jetzt gehen. Merk' dir ihre Namen. Du kannst sie ja von den Schildern ablesen. Zu Hause schreibst du mir den ganzen Schulweg auf, Straße für Straße, verstanden?" Ach, diese Erwachsenen! Immer setzen sie einem einen Dämpfer auf. Nie darf man so richtig fröhlich sein. Meine gute Laune war wie weggeblasen, und missmutig versuchte ich mir den Schulweg einzuprägen.

Als wir nach Hause kamen, empfing uns auf der Terrasse ein gutgelaunter Vater. „Rosel, stell dir vor, das Telefon ist schon angeschlossen!" Aber die Angeredete, unsere Mutter, ließ sich von Vaters Fröhlichkeit nicht anstecken. „Du – schon hier – und wo ist Eberhard?" „In der Schule. Sie haben ihn gleich dort behalten." „Und wie soll der nach Hause finden?" Unsere Mutter war entsetzt. „Rosel, unser Eberhard ist mittlerweile zwölfeinhalb Jahre alt. Er ist kein kleines Kind mehr. Außerdem hab ich ihm dreißig Pfennige für die Straßenbahn gegeben. Er weiß, dass beide Bahnen, die Neunundneunzig und die Fünfundzwanzig recht sind. Von der Haltestelle Halker Zeile aus wird er wohl nach Hause finden." „Nein, darauf verlasse ich mich nicht, ich geh' nochmal ins Dorf zur Schule und hole ihn ab." Vater musste wie mit Engelszungen reden, um Mutter von ihrem Vorhaben abzubringen. „Alles was recht ist, Rosel, durch sowas machst du unseren Großen vor seinen neuen Klassenkameraden so richtig klein, so richtig zum Hampelmann. Das ist ja wohl das Letzte, was er jetzt brauchen kann!" Unsere Mutter blieb unruhig und lief alle Augenblicke zur Haustür, um nach dem Gartentor zu sehen. Gegen ein Uhr, Vater war mittlerweile nach Berlin ins Geschäft gefahren und wir saßen schon beim Mittagessen, schellte die Hausklingel. „Endlich, der Eberhard!" Mutter sprang auf und lief zur Haustür, um nachzuschauen. Es war tatsächlich Eberhard. Sie empfing ihn wie den verlorenen Sohn. Er wusste gar nicht, wie ihm geschah und schaute uns alle verlegen lächelnd und mit verdutzter Miene an.

Roonstraße, Bahnhofstraße in Richtung Bahnhof – „Mutti, ist die Bahnhofstraße die mit den vielen Läden?" „Ja Ditt, die Bahnhofstraße ist unser Einkaufszentrum" – Steinstraße, Rotenkruger Weg, Fontanestraße. „Ich hab den Schulweg fertig!" „Du meinst die Beschreibung des Schulwegs. Na, zeig mal her!" Unsere Mutter schwebte, seitdem Eberhard wohlbehalten aus der Schule zurückgekommen war, wie auf einer rosa Wolke. Sogar auf ihr Mittagsschläfchen hatte sie verzichtet. „Gut, Ditt, dein Gedächtnis, alle Achtung."

„Siebzig, siebenundachtzig, zweiundachtzig. Das ist unsere Telefonnummer. Die lernt ihr jetzt auf der Stelle auswendig!" Mutter saß in der Diele neben dem Telefon in einem Korbstuhl und hatte uns Buben wie eine Märchentante um sich geschart. Sie schärfte uns mit eindringlichen Worten die Wichtigkeit dieser Nummer ein „Da seid ihr in dieser großen Stadt nie verloren. Telefone und Menschen, die verlorene Kinder telefonieren lassen, gibt's überall." Wir haben uns in Berlin nie verlaufen und sind auch nie verlorengegangen.

Wie abgesprochen brachte mich Eberhard am nächsten Morgen vor das Portal der 11. Volksschule. Ich kam mir in dem großen Haus sehr verloren vor. Gern hätte ich jetzt, wenn schon nicht Mutter oder Vater, so doch wenigstens meinen Bruder bei mir gehabt. Aber er musste ja pünktlich drüben in der Ulrich-von-Hutten-Schule sein.

Mutter ist es schwergefallen, mich allein, ohne ihre Begleitung fortzuschicken. Sie hatte verräterisch feuchte Augen, als sie mich mit einem Kuss auf die Stirn verabschiedete. „Hans, kannst *du* nicht Dieter zur Schule begleiten?" „Aber Rosel, wo denkst du denn hin, ich muss heute zeitig im Geschäft sein, da geht alles drunter und drüber!" „Mutter, dann geh du mit!" Aber das wollte ich nun auch nicht, von der Oma zur Schule gebracht zu werden, ich, als fast neunjähriger Bub, unmöglich! Rainer stand schon die ganze Zeit über mit geschultertem Ranzen in der Diele: „Mutti, wann geh'n wir denn endlich?" Unsere Mutter ließ sich entnervt in den Korbsessel neben dem Telefon fallen. „Gleich, Rainer!" war das einzige, was sie noch sagen konnte.

Eberhard brachte mich also vor das Schulportal und trollte sich dann hinüber in die Ulrich-von-Hutten-Schule. „Hier is keen Eingang für Schüler!", fauchte mich der Hausmeister an, als ich den schweren Türflügel öffnete. „Hinten rum, über'n Schulhof kommste rin!" „Ich bin neu hier und muss zum Herrn Direktor, wie soll ich ihn denn da finden, von hinten aus?" „Jut, komm rin, det de dir nich verloofst, will ick heute mal fünfe jerade sein lassen!"

Da stand ich nun vor der Tür zum Direktorat und wusste nicht, sollte ich anklopfen oder warten – am liebsten wäre ich wieder nach Hause gelaufen. Zur rechten Zeit ging jedoch die Tür auf, und der Direktor kam heraus. Ich riss meinen rechten Arm hoch und rief so zackig, wie ich nur konnte „Heil Hidlor, Herr Diregdor!" „Ach da bist du ja, Heil Hitler! Na dann komm mal mit!", meinte der so Begrüßte schmunzelnd.

In der Klasse hatte ich dann einen riesigen Lacherfolg, als ich mich mit „Didor Möggl" vorstellte und mit „Heil Hidlor" grüßte. Noch oft würde ich durch meinen weichen sächsischen Singsang den Spott meiner Klassenkameraden herausfordern.

Mein Klassenlehrer war Herr Thiele, ein strammer Nazi, sehr streng und von einer hölzernen, zerbrechlichen Gerechtigkeit, auf die man sich nie verlassen konnte: Was heute noch recht war, konnte er morgen schon zum Unrecht erklären. Neben Deutsch gab er noch Sport und Zeichnen. Auch als uns im nächsten Schuljahr der Lehrer Leidenroth übernahm, blieb uns Herr Thiele im Zeichensaal erhalten. Jetzt putzte er die Klasse erst einmal gehörig herunter: „Lachen, wenn einer redet, wie ihm der Schnabel gewachsen ist, das nenn ich eine Heldentat! Was meint ihr denn, wie man in Sachsen, wo unser Neuer herkommt, über eure Berliner Schnauze lachen würde, ihr Helden!" Und in ruhigerem Tone zu mir: „Schau, dort in der dritten Bank ist noch Platz, da kannst du dich hinsetzen!"

Mein neuer Banknachbar war ein Sitzenbleiber. Er hieß Horst und war wieder ein Außenseiter wie der Bim damals im ersten Schuljahr in Gefell. Er wohnte ganz in unserer Nähe, in der Raabestraße. Er war ein kräftiger Junge und allen anderen in der Klasse körperlich überlegen. Ich fand an ihm einen treuen Beschützer. Seine schulischen Leistungen brachten unseren Klassenlehrer jedoch regelmäßig zur Verzweiflung. Deswegen vollzog jener an meinem armen Banknachbarn regelmäßig sein militärisch strenges Züchtigungsreglement. „Horst vorkommen! Wie stehst du denn wieder da? Wie ein alter Kartoffelsack! Nennst du das Haltung? Dein Diktat – unter aller Sau! Die Schrift, als wär 'ne Ente übers Heft gewatschelt und Fehler, ich hab sie gar nicht mehr gezählt! 'Ne glatte Sechs und acht Stockhiebe! Bücken!" Nun galt es, seine ganze Willenskraft zusammenzunehmen. Schmerzensäußerungen verlängerten nur die Tortur. „Aufrichten! Was erträgt ein deutscher Junge klaglos?" „Schmerz!" „Und warum erträgt ein deutscher Junge seinen Schmerz klaglos?" „Er ist zäh wie Leder, hart wie Kruppstahl und flink wie ein Windhund!" Obwohl wir noch zu jung für den Dienst im Jungvolk waren, mussten wir den Leitspruch der Hitlerjugend trotzdem jederzeit hersagen können, so verlangte es Lehrer Thiele. „Na also! Beherzige das, du Memme!" Bei der Fortsetzung der Bestrafung wurde stets wieder bei Eins mit dem Zählen angefangen. So konnte es passieren, dass man statt der verordneten acht im Endeffekt zehn oder mehr Hiebe erhielt.

Ich musste dies zum Glück nur einmal über mich ergehen lassen. Es passierte ein Jahr später im Zeichensaal. Thiele war schon nicht mehr unser Klassenlehrer, gab uns aber Zeichenunterricht. Federzeichnen war angesagt. Ohne Vorzeichnung sollte in flotten Federstrichen ein Baum entstehen. Leider war mein im Pult eingelassenes Tintenfässchen leer und Fritz, der im Zeichensaal neben mir saß, verwehrte es mir, meine Feder in sein gefülltes Fässchen zu tauchen. Also fertigte ich eine Bleistiftzeichnung an.

Als die vorgeschriebene Zeit verstrichen war, ging Thiele durch die Bankreihen und bewertete unsere Zeichnungen. Als er mein Blatt sah, fuhr er mich zornig an: „Was ist denn das?", und weil ich verdattert sitzenblieb, rief er: „Aufstehen, wenn ich mit dir rede!" Ich fuhr erschrocken von meinem Sitz hoch.

„Hab ich nicht Federzeichnen angeordnet?" Darauf konnte ich nur stottern: „Hier ist doch geine Dinde." „Hier ist doch geine Dinde", äffte er mich bösartig nach. „Du könntest dir das Sächseln auch endlich abgewöhnen!" Von dem Tage an hatte ich meinen Spitznamen weg: die Dinde. Als Thiele seinen Rundgang beendet hatte und wieder vor der Klasse stand, befahl er kurz und lakonisch: „Möckel, vorkommen! Du hast meine Anordnung nicht befolgt, du warst also?" Ich wusste nicht, was ich darauf antworten sollte und schwieg betroffen. „Ungehorsam warst du! Verstanden! Sechs Stockhiebe!" Ich hätte natürlich zu meiner Verteidigung Fritz' unkameradschaftliches Verhalten vorbringen können. Das hätte aber die Prozedur nur verlängert, und meine Hiebe hätte ich trotzdem bekommen. Also ließ ich alles ohne Wenn und Aber über mich ergehen. Thiele hat meine Zeichnung dann dennoch mit einer Zwei bewertet.

Kurz nach Beginn des Frankreichfeldzugs im Jahr 1940 wurde der Lehrer Thiele eingezogen und fiel bald danach auf dem „Felde der Ehre", wie unser Schulleiter während einer Trauerfeier in der Aula ausrief. Von uns Schülern haben ihm wenige nachgetrauert. Horst ereilte dasselbe Schicksal, allerdings erst in den letzten Kriegstagen, Anfang Mai 1945. Er fiel, gerade fünfzehn Jahre alt, als „Volkssturmmann" quasi vor seiner Haustür, nämlich in einem Vorgarten im Rotenkruger Weg, zwischen Gartenzwergen und blühenden Narzissen.

Ratten

„Eine Ratte, jetzt, am hellichten Tage!" Oma stand aufgeregt in der Tür. Es war Samstag, wir deckten gerade in der Küche den Mittagstisch, als sie die Treppe heruntergepoltert kam. „Eine ausgewachsene Ratte!" „Wo denn, um Gottes willen?" Unsere Mutter war entsetzt. „Drüben, bei den Nachbarn!" „Ach so." Sie war erleichtert und ließ sich auf den erstbesten freien Küchenstuhl fallen.

Von Omas Stubenfenster aus konnte man über die Gartenmauer und einige Haselnusssträucher hinweg in das verwilderte Grundstück unserer östlichen Nachbarn schauen. Bei einem zufälligen Blick dort hinüber hatte Oma nun diese entsetzliche Entdeckung gemacht: eine Ratte! Wir Buben hatten von Eberhards winzigem Kammerfenster aus schon am ersten Tage nach dem Einzug jene großen Mäuse entdeckt. Wie graue Schatten huschten sie im Hühnerhof zwischen den aufgeregt gackernden Hennen hin und her, knabberten hier, knabberten dort von dem ausgestreuten Futter und machten auch gelegentlich schnuppernd Männchen. Sie sahen also recht possierlich aus. Eberhard hatte gleich vermutet, dass dies Ratten seien. Uns störten sie nicht, sie waren im Gegenteil interessante Beobachtungsobjekte. Abends, wenn die Hühner schon im Stall eingesperrt waren, die Ratten aber immer noch im Hof nach Futter suchten, hatten wir ein paarmal versucht, sie mit Hilfe einer Gummizwackel[36] und passenden Kieselsteinen zu erjagen. Zwei oder dreimal konnten wir auch Treffer landen, aber die getroffenen Tiere taten nur einen erschreckten Quieckser und fuhren wie Gestochene einige Male auf dem Hof hin und her, um sich dann wieder in aller Ruhe der Futtersuche zu widmen. Man müsste mit Drahtkrampen hinüberschießen, die hätten eine ganz andere Wirkung, meinte Eberhard. Aber, so überlegte er weiter, „die Hühner sind ja so dumm, die fressen alles, sogar Drahtkrampen und sterben daran." Also haben wir die Jagd bald aufgegeben.

Mutter hatte sich wieder halbwegs beruhigt und war dabei, sich vom Stuhl zu erheben, da platzte ich heraus: „Drüben, bei den Nachbarn, da gibt's nicht nur eine Ratte, da gibt's viele!" Mutter plumpste wieder auf ihren Stuhl zurück, der in allen Fugen krachte. Rainer setzte noch einen drauf: „Die haben wir schon am ersten Tag entdeckt." Mutter war sprachlos und brachte zum Mittagessen kaum einen Bissen herunter.

Als gegen drei Uhr unser Vater aus dem Geschäft kam, frohgelaunt und hungrig wie ein Scheunendrescher, wurde er von den beiden Frauen mit einem Wortschwall übergossen wie mit einer kalten Dusche. „Hans, du musst sofort rüber zu den Nachbarn gehen! Ja, sofort, jetzt auf der Stelle!" „Warum denn das, um Gottes Willen?" „Da laufen die Ratten rum wie eine Hammelherde! Frag mal die Kinder!" „Ach so, die Ratten, da hab ich auch schon mal eine gesehen. Früh, als ich zur Straßenbahn ging, ist sie bei den Nachbarn herausgekommen und im Rinnstein langgelaufen. Direkt vor mir her!" In der Küche ging es noch eine Weile im Streit hin und her. Unser Vater wollte sich erst zu Tisch setzen, aber Mutter bestand darauf, dass er erst zu den Nachbarn ginge. Wir Buben verdrückten uns da lieber. Als Vater dann drüben bei den Nachbarn war, gab es auch dort eine bis zu uns hörbare Auseinandersetzung. Die Ratten sind aber geblieben. Erst als während des Krieges das Hühnerfutter knapp wurde, haben die Nachbarn für die Vertilgung dieser grauen illegalen Mitfresser gesorgt.

Mutter trug zu jener Zeit den Körper formende Korsetts. Sie war ja damals noch ein Schwergewicht. Später würde der allgemeine Hunger während der Kriegs- und Nachkriegszeit ihre Körperformen auf Normalmaß reduzieren und die formverbessernden Korsetts überflüssig machen. Noch war sie jedoch auf jene durch stählerne Federstäbe verstärkten „unaussprechlichen" Dessous angewiesen. Diese Korsettstäbe hatten die Form plattgewalzter Spiralfedern, etwa fünf Millimeter breit und bis zu zwanzig Zentimeter lang. Im Mittelkeller war ein Schubfach des Gefeller Küchenschranks mit derartigen Stäben gefüllt. Sie waren im Laufe der Zeit unansehnlich und unbrauchbar geworden. Für uns Buben hatten sie ihre Brauchbarkeit jedoch bewahrt. Sie besaßen eine enorme Federkraft. Man konnte sie, zum Beispiel im hinteren Garten, neben dem Küchenabgang, in die Erde stecken, mit dem Daumen zurückbiegen, einen passenden Kieselstein darauf legen und losschnellen lassen. Mit einigem Geschick war es so möglich, zwanzig bis dreißig Meter weit zielgenau zu schießen. Unsere Ziele waren meistens die rostigen Bleche, mit denen das Dach der Bruchbude unseres Nachbarn geflickt war.

Eberhard, der Erfinder jener Schussapparate, war zugleich unser Richtkanonier. Hatten wir uns erst einmal auf ein Ziel eingeschossen, prasselte mit lautem Gescheppere ein wahres Trommelfeuer auf das betreffende Dachblech nieder, begleitet vom ängstlichen Gegacker der Hühner. Wir konnten vom hinteren Garten aus leider nur das Dach über dem Hühnerhof beschießen. Hörten wir die Türglocke des Nachbarn bimmeln, verschwanden wir im geschützten Treppenabgang zum Waschkeller. Meistens kamen beide, er und sie, angelaufen, um nach der Ursache des Lärms zu sehen. Wir hörten vom sicheren Versteck aus mit Vergnügen ihrem aufgeregten Palaver zu. Sicherlich werden sie das regelmäßig wiederkehrende Dachgescheppere für ein Naturwunder gehalten haben. Sie konnten ja nicht ahnen, dass unsere Mutter Korsetts trug, deren Federstäbe sich in Schussapparate verwandeln ließen.

Berliner Schulweg

In den kommenden Tagen, Wochen und Monaten verwandelte sich all das Abenteuerliche und Aufregende unserer neuen Heimat in alltägliches Leben. Wir wurden in Berlin-Lichtenrade, in der Fontanestraße heimisch. Der schulische Übergang gestaltete sich besser als zu erwarten gewesen war. Hatte doch der Lehrer Schöler gemeint, als er mich vor der versammelten Klasse aus der Gefeller Schule entließ, dass ich mir bestimmt große Mühe geben müsse dort in der Reichshauptstadt, denn: „In den Großstadtschulen sind sie bestimmt viel weiter als wir hier auf dem Lande." Diese Prophezeiung bewahrheitete sich jedoch zum Glück nicht. In allen Hauptfächern konnte ich gut mithalten, ja, in Rechnen waren wir in Gefell sogar schon weiter gewesen.

Nach und nach gewöhnte man sich auch an meine sächsische Aussprache. Was mir in Gefell Prügel und Feindschaft der Klassenbande eingebracht hätte, fremde Sprache und fremdes Gehabe, wurde hier in Berlin toleriert. Etwas übertrieben gesagt war man hier weltoffener als im hinterwäldlerischen, landwirtschaftlich geprägten Vogtland.

Zur Schule ging ich meistens gemeinsam mit Horst. Anfangs kam mir der Schulweg sehr weit und langweilig vor. Nach und nach habe ich ihn aber regelrecht liebgewonnen. Erst ging es eine Weile durch unser Villenviertel, die Fontanestraße, den Rotenkruger Weg und dort an jenem Haus vorbei, in dessen Garten Horst im Mai 1945 von einer Kugel aus russischer Waffe getroffen wurde und starb. Noch ahnte er nichts davon und trieb mit mir all den Unsinn, den befreundete Kinder auf einem langen Schulweg miteinander treiben, um ihn abzukürzen.

Einen kleinen, dreieckigen Platz überquerten wir meistens hastig und an die Zäune der Gärten gedrückt. Hier wohnte in einem kleinen Hause Fritz. Er schloss sich uns gern an. Wir mochten ihn aber nicht und taten alles, um ihm zu entwischen. Er war uns zu wenig bubenhaft. Auf der Steinstraße endete nach fünf, sechs Grundstücken die Bebauung. Danach lag etwa ein halber Kilometer freies Land vor uns. Links und rechts des Fahrdamms zogen sich endlose Felder hin. In den damals noch strengen Wintern blies uns hier oft ein eisiger Wind ins Gesicht, und Schneestürme wehten dieses Stück Straße regelmäßig meterhoch zu.

Wurde auf den Feldern beiderseits der Straße, wie es im Sommer 1939 geschah, Kohl angebaut, entwickelten sie sich in endlose, bis zum Horizont reichende Paradiese für Kohlweißlinge. Wie sommerliches Schneegestöber flatterten Tausende und Abertausende von ihnen über die grünen Flächen mit ihren heranreifenden Kohlpflanzen. Der Fahrdamm war dann wie mit einem lebenden Teppich bedeckt. Es waren unzählige Kohlraupen, die sich auf der Suche nach Verpuppungsplätzen in beiden Richtungen über die Straße bewegten. Man konnte keinen Schritt gehen, ohne dutzende von ihnen zu zertreten. Im Spätsommer bedeckten sie, in Puppen verwandelt, Zäune und Baumstämme, ja selbst die Wände der angrenzenden Häuser.

Viele dieser Raupen waren von winzigen Schlupfwespen gestochen und mit Eiern infiziert worden. Die daraus geschlüpften Maden lebten und reiften in ihnen heran, ohne sie zu töten. Die Raupen begannen zwar, sich zu verpuppen, platzen dann aber auf, und die kleinen Maden krochen heraus, sponnen sich ein, um sich ihrerseits zu verpuppen. In kleinen Häufchen umgaben nun diese Kokons die Reste der sterbenden Wirtstiere. Es sah aus, als hätten die Raupen pelzige, gelbe Reiskörnchen ausgebrütet.

Heikle Frage

Dann kam der 10. November 1938.[37] Er begann wie jeder andere Tag auch. Es war noch dunkel, als Horst und ich uns am Morgen auf den Schulweg machten. Freundschaftlich miteinander herumtollend trabten wir über die menschenleere Steinstraße in Richtung Lichtenrader Zentrum. Als wir in die belebtere Bahnhofstraße mit ihren vielen Läden einbogen, merkten wir sofort, dass dort etwas Besonderes passiert sein musste. Viele Leute liefen in eine bestimmte Richtung, es war genau die unseres Schulwegs. Wir ließen uns voller Neugier mit ihnen treiben. Bald hörten wir aufgeregtes Stimmengewirr und sahen vor uns einen größeren Menschenauflauf. Viele Uniformierte waren darunter. Sie umlagerten das kleine Textilgeschäft auf der linken Straßenseite, zu dem man einige Stufen hinaufsteigen musste. Als wir näher kamen, sahen wir, dass dessen Scheiben eingeschlagen waren und zwei SA-Männer den demolierten Eingang bewachten. „Was wollt ihr denn hier? Macht, dass ihr in die Schule kommt! Das hier is' nüscht für Kinder!" Ein uniformierter SA-Mann schnauzte uns an. Es war auch höchste Zeit, in die Schule zu kommen, denn wir wollten uns nicht verspäten. Nach Lehrer Thieles militärischem Bestrafungsreglement standen darauf mindestens zehn Rohrstockhiebe.

Thiele kam an jenem Tage in Uniform. Wir hatten bis dahin noch gar nicht gewusst, dass er in der SA war. Sein „Heil Hitler!", mit dem er uns begrüßte, klang heute besonders markig. Genauso markig war auch seine Ansprache, die er uns dann hielt. Er sprach von Eiterbeulen am deutschen Volkskörper, die nun endlich ausgedrückt würden, und von der Befreiung der arischen Rasse vom Joch der dreckigen, stinkenden Schacherjuden. Er redete sich dabei dermaßen in Rage, dass seine Ansprache von Satz zu Satz der hitlerschen Brüllerei immer ähnlicher wurde. Mich machte dieser gebrüllte Wortschwall ängstlich, genauso, wie ich immer ängstlich wurde, wenn Hitler oder Goebbels aus dem Radio brüllten.

Mittags beim Essen stellte ich meine Frage: „Mutti, was sind eigentlich dreckige Schacherjuden?" „Wie kommst du denn auf so was? Du immer mit deinen komischen Fragen." Oma und unsere Mutter wechselten fragende und besorgte Blicke miteinander. „Der Thiele –." „Der Herr Thiele, bitte schön!" Mutter verbesserte mich. „Also, der Herr Thiele hat das gesagt. Die haben in der Bahnhofstraße doch den jüdischen Kleiderladen demoliert." „Was haben sie?" Mutter war entsetzt. „Den jüdischen Laden demoliert. Herr Thiele hat gesagt, dass das schon lange fällig war." Mutter verschlug es Appetit und Sprache. Sie stammelte einige der offiziellen Propagandaphrasen, dann stand sie auf und zog sich ins Schlafzimmer zurück. Oma wagte ich nun nicht mehr zu fragen. Außerdem verschwand auch sie kurz darauf oben in ihrem Zimmer. Auch Eberhard, der in jener Woche keinen Küchendienst hatte, beeilte sich, in seine Kammer zu kommen. So blieb ich mit Rainer, dem zu spülenden Geschirr und meiner Frage ziemlich verdattert und ratlos zurück.

Auch Vater, dem ich diese Frage am Abend stellte, als er aus dem Geschäft heimkam, drückte sich um eine konkrete Antwort herum. Dies war also eine heikle Frage, die man besser nicht stellte. Im Laufe der Zeit quälten mich immer wieder derartige Fragen. Sie prallten alle an der Mauer der Sprachlosigkeit ab, mit der sich die Eltern, aber auch unsere Oma umgaben. Was sollten sie auch tun? Sie konnten sich ja auf unsere Verschwiegenheit nicht verlassen. Ein falsches Wort, von uns Kindern zur falschen Zeit, am falschen Ort oder vor den falschen Ohren ausgeplaudert, konnte Gefängnis bedeuten, Zuchthaus, ja sogar „Konzertlager", wie man damals das KZ verharmlosend umschrieb. Sicherlich waren unsere Eltern, vor allem aber die Oma, damals noch von Hitlers Politik überzeugt. Erste Zweifel mussten ihnen durch die Judenverfolgungen seit dem 9. November 1938 gekommen sein. Vater hatte ja in den zwanziger Jahren seine jüdischen Geschäftspartner als seriös, zuverlässig und als achtenswerte Geschäftsleute kennengelernt.

Nicht lange danach, schon Anfang 1940, tauchten auf den Straßen die ersten gezeichneten Juden auf. Es waren einzelne Frauen und Männer, Kinder und Greise. Sie trugen auf ihrer Kleidung große, mit der Aufschrift JUDE versehene Sterne. Ängstlich und scheu drückten sie sich an den Wänden der Häuser entlang und wagten keinem in die Augen zu schauen. Bei uns in Lichtenrade sah man sie selten, aber drinnen in Berlin gehörten sie damals noch zum Straßenbild. Sie sahen nicht anders aus als wir. Deshalb fragte ich mich, warum jene Menschen schmutzig und stinkend sein sollten. Ich konnte dies nicht glauben. Im September 1938 war ich noch nicht zum Jungvolk einberufen worden, jener von den Nationalsozialisten gegründeten Jugendorganisation, deren Hauptzweck die Erziehung der deutschen Jugend zu strammen Nazis war. Meine Gedanken und Gefühle waren vom Elternhaus geprägt und demzufolge noch nicht auf Hitler und seine Gefolgsleute eingeschworen. Judenhass kannte ich damals noch nicht. Dies sollte sich allerdings ändern, als ich Ende 1939 zum Jungvolk kam. Bald hatte ich wie meine Altersgenossen neben Tommy- und Franzmannwitzen auch Judenwitze übelster Art auf den Lippen.

Ein Mädchen ist mir noch im Gedächtnis. Ich habe sie in der Nähe von Vaters Geschäft in der Krausestraße gesehen. Mutter, Rainer und ich hatten

Vater besucht und waren auf dem Weg zur nächsten Straßenbahnhaltestelle, da kam sie uns entgegen. Sie war unserer Gefeller Elli, einem unserer liebsten Dienstmädchen, wie aus dem Gesicht geschnitten. Hübsch sah sie aus in ihrer modischen Kleidung, wenn nicht der hässliche Judenstern auf der linken Brustseite ihrer Jacke gewesen wäre. „Mutti", wollte ich gerade sagen, „da kommt die Elli!" Im letzten Moment habe ich jedoch meinen Irrtum erkannt. Aber unserer Mutter hatte ich mich schon zugewandt, so sah ich, dass sich in ihrem Gesicht Mitleid und Bestürzung widerspiegelten, während sie diesem Mädchen im Vorübergehen einen kurzen Blick zuwarf.

Stollen backen

„Also, Hans, wir müssen endlich einen Bäcker finden, der uns die Stollen zum Weihnachtsfest herausbäckt." Unsere Mutter hatte ihr sorgenvollstes Gesicht aufgesetzt, während sie dies sagte, eine Miene, die sie sonst nur trug, wenn schwere Krankheit oder sonstige Unbill die Familie bedrohte. Wenn sie sagte: „Wir müssen oder wir sollen", so bedeutete dies, dass der mit diesen Worten von ihr Angeredete das von ihr Genannte gefälligst zu tun hatte. Das verallgemeinernde „wir" sollte den Wunsch oder Befehl nur verschleiern. Vater hätte also einen Bäcker zu suchen gehabt, er aber, gar nicht begeistert, meinte: „Aber Rosel, du hast doch schon einen Bäcker." „Wen denn, wo denn?" „Ei der, bei dem du das tägliche Brot kaufst." „Ach dieser Hutzelbäcker!"

Es war an einem Sonntagnachmittag, als dies geschah, etwa vierzehn Tage nach den dramatischen Ereignissen der sogenannten „Reichskristallnacht". Da unsere Familie davon in keiner Weise betroffen war, hatten wir schnell zu unserem täglichen Einerlei zurückgefunden. Jetzt galt es, das Stollenproblem zu lösen. Wir saßen gerade in gemütlicher Runde am Kaffeetisch in der Veranda des Wohnzimmers beieinander. Unsere Mutter hatte am Samstag zuvor in der Röhre des Küchenherds einen köstlichen Gugelhupf gebacken, eine Babe, wie man im Vogtland sagt. „Warum bäckst du die Stollen eigentlich nicht selbst? Schau, diesen Gugelhupf hätte kein Bäcker besser herausbacken können." „Meinst du, Hans?" Unsere Mutter ließ sich nach einigem Hin und Her schließlich von der Familienrunde überzeugen und buk die Stollen im Schweiße ihres Angesichts selbst. Das Weihnachtsfest war gerettet.

Es war dies nicht nur das erste Weihnachtsfest in der neuen Heimat, sondern auch die letzte Friedensweihnacht. Schon ein Jahr später brannte die Welt, von Hitler und seinen Schergen angezündet. Noch ahnte niemand die drohende

Gefahr, obwohl sowohl Hitler als auch Goebbels in ihren hassdurchtränkten Reden all ihre Pläne, auch die kriegerischen, offengelegt hatten.

Im Übrigen verlief dieses Weihnachtsfest wie alle vorherigen. Die Rituale, welche schon in Gefell gegolten hatten, blieben nun auch in Berlin gültig. Sie ließen sich mühelos in unser neues Lebensgefüge einpflanzen. Die Bescherung brachte allerdings einige Überraschungen. Auf meinem Platz lag zum Beispiel neben anderen, erwünschten Geschenken eine Geige. Ich war erstaunt: „Was ist denn das?" „Eine Geige. Das siehst du doch!" „Und was soll ich mit einer Geige?" „Lernen, Dieter, lernen. Nach den Weihnachtsferien gehst du zur Geigenstunde."

Geigenunterricht

Dies war der Beginn einer schwierigen Beziehung. Es entwickelte sich nicht gerade ein Liebesverhältnis zwischen mir und dieser Geige, man könnte eher das Gegenteil behaupten. Dies lag nicht so sehr an der Widerborstigkeit dieses unschuldigen Instruments, sondern zum großen Teil auch an der Ungeduld unseres Vaters und dem pädagogischen Ungeschick meiner Geigenlehrerin. Diese wohnte in Tempelhof, es waren also zu jeder Geigenstunde einige Stationen mit der Straßenbahn zu fahren. Damit ich mich als Zugezogener und noch Ortsunkundiger dabei nicht verfuhr, wurde mir ein Leidensgenosse zugesellt. Alfred war zwei Jahre jünger als ich und absolut unmusikalisch. Da wir keinen Gruppenunterricht bekamen, sondern von der Lehrerin nacheinander geplagt wurden, oder sie von uns, war einer von uns stets zum Warten und Zuhören verurteilt.

Es gab natürlich bei der Geigenlehrerin keinen Warteraum. Wer von uns beiden gerade nicht unterrichtet wurde, musste brav und steif nebenbei auf einem harten, unbequemen Stuhl sitzen. So konnte jeder von uns die musikalischen Höhenflüge, aber auch die Abstürze des anderen hautnah miterleben, zugleich auch die Wutausbrüche unserer Lehrerin. Vor allem Alfred bekam dies häufig zu spüren, wenn er zum Beispiel in der zehnten Wiederholung immer noch dieselben falschen Töne spielte und die einfachsten rhythmischen Verschiebungen nicht begreifen wollte. Dann hagelte es unter lauten Beschimpfungen Hiebe mit dem Geigenbogen über Kopf und Hände. Einmal, während einer katastrophalen Stunde, in welcher Alfred nichts begriff und alle Töne falsch und grässlich über die Saiten kratzte, zerschlug die Lehrerin ihren Geigenbogen auf seinem Kopf. Zu allem Unglück bekam er diesen Bogen auch noch in Rechnung gestellt. Dies war das Ende seiner Musikantenlaufbahn, denn die erbosten Eltern kündigten hoffnungslos den Geigenunterricht ihres Sprösslings auf.

Mein Unterricht lief allerdings weiter. Dies bedeutete allsonntägliches Vorspiel. Der Ort dieser musikalischen Matineen war unser Herrenzimmer. Vater, selbst ein passabler Geiger, seit 1939 als zweiter Geiger Mitglied des Berliner Ärzteorchesters, brannte natürlich darauf, meine Fortschritte auf dem steilen Pfad hinauf zu den Höhen virtuosen Geigenspiels zu verfolgen und zu prüfen. Vorläufig war es mit meiner Virtuosität allerdings noch nicht weit her. Immerhin konnte man aus meinem ungelenken Gekratze schon Melodien heraushören. Meine Violinschule barg wahre Schätze musikalischer Edelsteine: „Warum sind der Tränen so viel unterm Mond?" (Ludwig van Beethoven) oder „Wenn's Mailüfterl weht" (Joseph Kreipel[38]). Später, als ich schon ohne zu kratzen und mit annehmbarem Ton zu spielen verstand, folgten Stücke wie „Das Lied der Meermädchen" aus Carl Maria von Webers „Oberon" oder „Auf in den Kampf" aus Georges Bizets „Carmen". Vater begleitete mich stets während dieser Vorspielstunden auf seiner Geige. Er spielte dann die Lehrerstimme aus der Violinschule unverdrossen, aber voller Ungeduld bis hin zu gelegentlichen Wutausbrüchen. Der erlösende Ruf unserer Mutter aus dem Wohnzimmer „Kommt alle, das Essen steht auf dem Tisch!" beendete regelmäßig unser mühsames Zusammenspiel.

Es dauerte kein Jahr und ich konnte mit Vater bereits erste leichte Duette für zwei Violinen von Pleyel[39] spielen. Da passierte es dann schon gelegentlich, dass unsere Mutter, wenn sie nebenan im Wohnzimmer den Mittagstisch deckte, innehielt und applaudierte. Mein Verhältnis zur Geige hatte sich von einem Tag auf den anderen verbessert. Schuld daran war Veronika, eine etwa dreizehnjährige, hübsche Brünette, ein richtiger Backfisch. Sie hatte nach Alfreds Ausscheiden dessen Stelle eingenommen und bekam ihre Stunde genau vor der meinen. Sie gefiel mir außerordentlich, und ich richtete es stets so ein, dass ich die letzten zehn Minuten ihrer Geigenstunde als Wartender miterleben durfte. Sie war natürlich viel weiter als ich, bereits im dritten Band unserer Violinschule und konnte schon leichte Sonaten und Sonatinen spielen, von der Lehrerin am Flügel begleitet. Dies beeindruckte mich besonders.

Schon von Anfang an war mir dieser große, schwarze Kasten aufgefallen, der fast das ganze Unterrichtszimmer bei der Lehrerin einnahm. Ich konnte mich nicht satthören am Ton dieses Instruments. Das wollte ich auch erreichen, wie Veronika spielen zu können, vom Flügel begleitet! Das Mädchen war übrigens ihre Lieblingsschülerin. Ich profitierte von ihr und ihrer Liebenswürdigkeit, denn seitdem sie ihre Stunde vor der meinen absolvierte, fand ich stets eine gutgelaunte und milde gestimmte Lehrerin vor.

Eines Tages im Frühjahr 1939 war sie nicht mehr da. Statt ihrer kratzte ein mir völlig gleichgültiger Junge auf einer billigen Geige herum. Auf meine Frage nach dem Verbleib dieses Mädchens blieb die Lehrerin erst einmal stumm und fuhr unbeirrt in der gerade begonnenen Übung fort. Später, am Ende der Stunde, meinte sie, sehr ernst dreinblickend: „Sie ist mit ihren Eltern ausgewandert." Ich merkte sofort, dass ich wieder eine dieser Fragen gestellt hatte, die man sich damals lieber verbeißen sollte. So blieb ich mit meiner Traurigkeit allein. Ich habe von dieser Veronika nie wieder etwas gehört. Es ist anzunehmen, dass sie die Tochter einer wohlhabenden jüdischen Familie war, der noch im letzten Moment die Flucht vor Hitlers und Himmlers Mordmaschinerie ins sichere Ausland gelungen war.

Das erste Berliner Weihnachtsfest

Doch zurück zu unserem ersten Berliner Weihnachtsfest. Auch auf Rainers Gabentisch lag damals ein Musikinstrument: eine Blockflöte. Für Eberhard war Cello-Unterricht vorgesehen. Er war uns Kleinen musikalisch schon weit voraus, hatte er doch bereits in Gefell Klavierunterricht bekommen und war im „Damm", der damals gebräuchlichsten Klavierschule, schon bis zum „Ännchen von Tharau" vorgedrungen.

Für mich war dieses Weihnachtsfest der Beginn einer schleichenden Krankheit, einer Krankheit, die sich allerdings nicht in offensichtlichen Symptomen äußerte. Sie begann, sich wie ein schleichendes Gift in meiner Seele einzunisten: das Heimweh nach Gefell! An jenem Heiligen Abend, während der Wartezeit zwischen dem Mittagessen und dem Stollenanschnitt vor der Bescherung, musste ich plötzlich an die Großeltern denken, welche derweil in Gefell saßen, zu denen ich nun nicht einfach mal hinuntergehen konnte und die ich vielleicht nie wiedersehen würde. Plötzlich stiegen in mir Wehmut und Trauer auf, die sich nicht wieder verloren, sondern sich vielmehr in dieses Heimweh verwandelten. Immer wieder würde mich in der nächsten Zeit dieses Heimweh anfallartig heimsuchen.

Es begann für mich, aber auch für die Eltern eine schwere Zeit. Ich verweigerte mich dem von der Schule ausgehenden Leistungszwang. Wollte ich mich selbst, wollte ich die Eltern dadurch bestrafen, weil sie mir die geliebte, vertraute Heimat genommen hatten? In der Schule jedenfalls war ich bald als fauler Nichtsnutz verschrien. Dem Unterricht verweigerte ich mich nicht, im Gegenteil: ich war stets ein lebhafter, aufmerksamer Schüler. Einzig vor den

Hausaufgaben verstand ich es, mich zu drücken. Da halfen weder gutes Zureden noch harte Schelte von Seiten der Eltern noch regelmäßiges Durchprügeln mit dem Rohrstock von Seiten der Lehrer – ich machte meine Hausaufgaben nicht!

Heutzutage würde mich jeder halbwegs aufgeklärte Lehrer zum Schulpsychologen schicken, um meiner sich vordergründig als Faulheit darstellenden seelischen Störung auf den Grund zu gehen. Damals kannte man nur ein Hilfsmittel gegen derartig unnormales Verhalten: strengste Erziehungsmaßnahmen. Rohrstock und Arrest in der Schule halfen genausowenig wie elterlicher Liebesentzug. Gewiss, meine Mutter tat mir schon leid, wenn ich, aus der Schule kommend, sie mittags am Tisch sitzend und weinend vorfand, nachdem sie, zum wer weiß wievielten Male bei meinem Lehrer hatte vorsprechen müssen. Mein damaliger Seelenzustand erlaubte es mir jedoch nicht, uns beiden aus dieser vertrackten Lage zu helfen.

Sie schien als einzige zu ahnen, was in mir vorging, denn als ich eines Mittags heimkam und sie wieder einmal den schweren Gang zum Klassenlehrer hinter sich gebracht hatte, wartete sie traurig und verweint am Küchentisch auf mich. „Setz dich, iss!" Dann, während ich bedrückt in meinem Essen herumstocherte, sagte sie mit fast tonloser Stimme: „Du tust mir leid, Dieter, ja, sehr leid." Dann stand sie auf, strich mir übers Haar und ging hinaus. Ich hörte sie schwerfällig die Treppe hinauf ins Schlafzimmer gehen. Das Weinen stieg in mir auf, und ich nahm mir fest vor, von nun an fleißig meine Hausaufgaben zu erledigen, um meiner Mutter derartigen Kummer in Zukunft zu ersparen. Es half aber nichts. Mein Mitleid war nicht stark genug, um mich aus dem Netz zu befreien, in das ich eingesponnen war. Erst als der Klassenlehrer die Einführung eines Aufgabenheftes anregte, das mein Vater täglich unterschreiben musste, besserte sich die Situation.

Eisenbahngrundstück

Eines Sonntags im Frühling des Jahres 1939 fiel meine Vorspielstunde aus. Statt mich ins Herrenzimmer an die Geige zu rufen, rief Vater uns Buben zum Zaun des verwilderten Gartens hinter dem Küchenabgang. „So, Kinder, jetzt wollen wir mal 'nen Durchgang machen!" Bei diesen Worten griff er zur Blechschere und begann, die Maschen des Drahtzauns für einen Durchschlupf aufzuschneiden Er hatte diesen Garten kurz entschlossen gepachtet. „Wenn auch nur für kurze Zeit, denn ihr müsst wissen, dass hier demnächst Eisenbahnschienen verlegt werden." Das war ja etwas ganz und gar Aufregendes! Eine Eisenbahn, hier, so dicht an unserem Haus vorbei! Vater erklärte dann noch, dass dies eine Ringbahn für den Güterverkehr rund um Berlin werden solle. Dass dieser Bahnbau schon ein Projekt zur Kriegsvorbereitung war, ahnten wir damals noch nicht. Diese Tatsache konnte deshalb unsere Freude und Abenteuerlust nicht trüben.

Wir Kinder waren schon bald nach dem Einzug hier in Berlin im September 1938 durch ein Loch im verrotteten Maschendrahtzaun hinübergekrochen in den Urwald, wie wir diese Gartenwildnis nannten. Was gab es da nicht alles zu entdecken: einen riesigen uralten Birnbaum zum Beispiel, dessen Krone durchwuchert war von einem ebenso alten Rebstock, verwilderte Erdbeerbeete, die damals leider keine Früchte mehr trugen, und einen Schattenmorellenbaum, dessen ungeerntete Früchte an den Zweigen zu rosinenartigen Mumien vertrocknet waren. Wir haben sie gekostet. Sie hatten allen Geschmack eingebüßt.

Als wir im vergangenen Oktober nach unserem ersten, damals noch heimlichen Einbruch in dieses Kinderparadies unseren Eltern bei der Rückkehr einige köstliche Trauben von der Birnbaumrebe mitbrachten, ernteten wir statt eines kräftigen Donnerwetters nur einen sanften Verweis. „Also, Kinder, das dürft ihr nie mehr tun! Das ist ja ein Einbruch!" Mutter war gar nicht zornig, als sie uns dies vorhielt, und Vater hat sich am darauffolgenden Wochenende dann bei Wildecks nach diesem Garten erkundigt. Als er erfuhr, dass schon seit Jahren kein Besitzer mehr in ihm gesichtet worden war, bekamen wir die Erlaubnis, ihn in aller Heimlichkeit als Abenteuerspielplatz zu benützen. „Aber bitte ohne Krach und Spektakel!"

Jetzt also durften wir diese Wildnis offiziell in Besitz nehmen. Als Erstes gruben wir uns im entferntesten Eck Unterstände, tiefe Gruben, die wir mit Blechen abdeckten. Damals hatte man auf Anordnung der Behörden begonnen, Altmaterial zu sammeln. Jungvolkpimpfe, Hitlerjungen und Jungmädels wurden von ihren Führern herumgeschickt, um Metalle, Lumpen, Papier, ja selbst Knochen in den Häusern zu erbetteln, alles Dinge, die später für die Rüstungs- und Kriegswirtschaft brauchbar und wichtig wurden. Die Sammelstelle für diese Abfallgüter hatte man in unserem neu erworbenen Garten eingerichtet. Gleich links neben dem Eingang von der Halker Zeile her lag dieser Trödel nach Materialien getrennt in großen Haufen zum Abholen bereit. Dort fanden wir genügend alte Bleche, um unsere Höhlen damit zu bedachen.

Auch ich musste später, als ich zum Jungvolk eingezogen worden war, an derartigen Sammelaktionen teilnehmen. Es war nicht leicht, an die begehrten Objekte zu kommen. Die Konkurrenz war groß. Zu Dutzenden streiften an den betreffenden Sammeltagen uniformierte Jungen und Mädchen, meist zu zweit oder zu dritt einen Handwagen ziehend, durch die Straßen und Gassen unseres Viertels. Jede Gruppe wollte natürlich die beste sein und mit dem begehrten Fleißzeugnis ausgezeichnet werden.

„Lumpen, Eisen, Knochen und Papier, ausgeschlag'ne Zähne sammeln wir; Lumpen, Knochen, Eisen und Papier, ja das sammeln wir (für Hermann)", so hatte ein unbekannter Witzbold gereimt. Wir sangen dieses Liedchen gelegentlich, aber nur, wenn niemand in der Nähe war, der uns hätte verpfeifen können, denn mit dem genannten Hermann war Hermann Göring, Reichsmarschall, für die Luftwaffe zuständig und auch als Reichsjägermeister der oberste Nimrod des Großdeutschen Reiches gemeint.[40] Er war der Schirmherr der offiziellen Lumpensammelei. Göring war aber auch die Witzfigur unter den Nazigrößen. Seine Eitelkeit, sein süchtiges Verlangen nach immer neuen Orden, mit denen er seine elegante Luftwaffenuniform schmückte, und der reichverzierte, überaus wertvolle Marschallstab, ohne den er sich nie in der Öffentlichkeit zeigte, waren gefundene Angriffspunkte für den Volkswitz. Dabei durfte man seine Gefährlichkeit nicht unterschätzen!

Ich kannte damals neben einigen Goebbelswitzen eine Unmenge Göringwitze und erzählte sie, natürlich heimlich und leise, in der Schule oder wenn wir uns zum Jungvolkdienst trafen. Die Eltern hatten uns zwar streng verboten, Derartiges zu erzählen: „Ihr bringt uns sonst noch alle ins Konzertlager!" Aber in den Jungensgruppen vergaß ich regelmäßig dieses Verbot. Übrigens gab es keinen einzigen Hitler- oder Führerwitz.

Doch zurück zum Eisenbahngrundstück, wie wir den neuen Garten bald tauften. Eines brachte er uns vor allen Dingen: größere Bewegungsfreiheit. Während wir in Gefell jederzeit ungehindert hinaus auf die Straße und über die Wiesen zu den benachbarten Hohlwegen gehen konnten und durften, war uns dies in Berlin verwehrt, da das Tor des Grundstücks stets verschlossen blieb. In dem großen verwilderten Garten konnten wir uns nun nach Herzenslust austoben. Dies rief allerdings bald die Nachbarn auf den Plan. Dieses Toben ging meist mit großem Geschrei einher. Man hält es nicht für möglich, wieviel Lärm drei tobende Buben machen können, zumal sich in dem Altmaterial neben dem Tor zur Straße hin allerlei brauchbare Klangwerkzeuge fanden. Alte Töpfe zum Beispiel oder Bleche, mit deren Hilfe Eberhard durch geschicktes Schütteln laute donnerähnliche Geräusche erzeugen konnte. Durch unseren Lärm besonders in seinem Frieden gestört fühlte sich ein älteres Ehepaar. Sie bombardierten unsere Eltern mit Beschwerdebriefen, ob wir nun laut waren oder nicht. Selbst wenn wir stundenlang in unseren Höhlen saßen und beim

Licht stibitzter Kerzen Karl May lasen oder die von unseren Eltern verbotenen Rolf Torring-Hefte[41], fanden sie diese Stille beschwerdewürdig. Im Laufe des Jahres 1939 wurde dann die Trasse der Bahnlinie vermessen, und im Jahr 1940 begann der Bau. Es wurde dann auf dem Grundstück um einiges lauter als zur Zeit unserer Bubenspiele. Bis zum Sommer 1940 durften wir noch ernten, was dem Bahnbau bis dahin nicht zum Opfer gefallen war. Als aber die Gleise verlegt wurden, endete für uns die Zeit ungestörter Spiele in einer paradiesischen Wildnis.

Flugexperimente

Während Rainer und ich uns mit einem kleinen schrägwandigen Zimmer begnügen mussten, hatte Eberhard ein winziges, ebenfalls schrägwandiges, aber eigenes Zimmer zugewiesen bekommen. Hier konnte er ungestört schalten und walten. Dies tat er dann auch zur Genüge.

„Eberhard, was machst du eigentlich immer in deinem Zimmer?" Eberhard setzte erst einmal, wie meistens, wenn er so angeredet wurde, sein „Ich-versteh-euch-gar-nicht-Gesicht" auf. „Du brauchst gar nicht so zu gucken! Du weißt ganz genau, dass ich dieses Zischen und Fauchen meine. Der stinkende Qualm zieht ja durch alle Türritzen. Willst du unser Haus anzünden?" Unsere Mutter versuchte, so streng wie möglich dreinzuschauen, während sie dieses Verhör begann.

In jener Zeit hatte Eberhard seine Vorliebe für chemisch-physikalische Experimente entdeckt. Er wünschte sich einen eigenen Experimentierkasten. „Viel zu gefährlich", so Vaters Kommentar. Aber auch durch den Mangel an geeignetem Experimentiergerät und -material lässt sich der Forscherdrang eines aufgeweckten Buben nicht stoppen. Man hätte meinen können, Eberhards Traum wäre es in jener Zeit gewesen, das Schießpulver neu zu erfinden. Die Grundstoffe dazu standen ihm in reichlicher Fülle zur Verfügung: Löschpapier und Unkraut-Ex. Das Löschpapier war der brennbare, also das Treibgas erzeugende Teil des Pulvers. Das Unkraut-Ex lieferte nach der Zündung den zur explosiven Verbrennung nötigen Sauerstoff. Das Prinzip war klar: Unkraut-Ex in Wasser auflösen und das Löschpapier in dieser Lösung einweichen, das Papier herausnehmen, trocknen lassen und zerreiben, fertig war das Pulver. Die einzige Unbekannte war dabei das Lösungsverhältnis des Unkrautvernichtungsmittels. Um dies zu ergründen, bedurfte es unzähliger Anläufe, die alle in Explosionsversuchen endeten.

„Untersteh' dich, sowas nochmal im Zimmer zu machen!" Mutter klatschte, während sie dies sagte, bekräftigend mit der flachen Hand auf die Tischplatte, dass Teller und Löffel in die Höhe hüpften. Wir waren gerade mit dem Mittagessen fertig und Mutter im Begriff, hinauf zum Mittagsschlaf zu gehen. Rainer und mir blieb wie meistens der Geschirrabwasch, während Eberhard in sein Zimmer und neuen Forschertaten entgegen ging.

Er hatte bald den Dreh heraus, und nun begannen erst die richtig spannenden Experimente. Im Keller fanden sich einige leere Patronenhülsen, wahrscheinlich Karabinermunition aus dem Ersten Weltkrieg. Würden diese sich, mit dem Pulver eigener Herstellung gefüllt, in die Luft erheben wie Feuerwerksraketen? Den Gefallen taten sie uns nicht. Sie sausten uns, nachdem die ebenfalls selbst hergestellte Zündschnur sie in Brand gesetzt hatte, in wilden Kurven, gefährlich zischend und funkensprühend um die Füße. Zum Glück hatten wir diese Flugversuche im verschwiegenen Eck vor dem Garagentor an der Mauer der Hausterrasse gestartet. Frau Wildecks Aufmerksamkeit war diese erste Raketenzündung auf unserem Grundstück leider nicht entgangen. Sie erzählte unserer Mutter wahre Horrorgeschichten von feuerspeienden Geschossen, mit denen man ein ganzes Haus hätte zertrümmern können. Sie neigte stets zu Übertreibungen. Eberhard, der stolze Erfinder, wusste sofort, worin der Fehler lag: „An den Dingern fehlen Führungsflügel." Der nächste Versuch mit einer einseitig zugestopften Papphülse aus einer Garnrolle, die durch angeklebte Flügel im Flug stabilisiert wurde, klappte dann auch hervorragend. Fast einen Meter erhob sich diese mit Pulver aus Unkraut-Ex gefüllte Rakete zischend in die Luft. Diesmal hatte uns Frau Wildeck nicht beobachtet. Dies hätte sich auch zu einer Katastrophe entwickelt, denn: „Ein für alle Mal, Eberhard, von solch gefährlichen Versuchen lässt du in Zukunft die Finger! Verstanden?" Vater war mächtig wütend, als er Eberhard diese Standpauke nach dem ersten, missglückten Raketenversuch hielt.

Die Garnrolle hatten wir aus Mutters Nähkörbchen entwendet. Sie enthielt nur noch einen kleinen Rest braunen Fadens. Er wurde von uns kurzerhand abgewickelt und in der Mülltonne versteckt. Was wiegt schon solch ein Fädchen gegen den Forscher- und Experimentierdrang dreier Buben? Einige Tage später vermisste Mutter ihr braunes Garn dann doch, als sie meine Strümpfe stopfen wollte. Ihr Verdacht zielte gleich in die richtige Richtung. Von der Diele, dem Zentrum unseres Hauses aus, rief sie, als sie den Verlust entdeckt hatte: „Dieter, Rainer, Eberhard, kommt doch mal, aber ein bisschen schnell!" Worauf Eberhard aus seinem Zimmer, Rainer aus der Küche und ich aus dem Keller in die Diele gestürzt kamen. „Habt ihr den braunen Garnrest genommen, den ich mir auf so 'ne Rolle gewickelt hatte?" Allgemeines Kopfschütteln. Wir drei standen unserer Mutter schweigend wie eine alte Backsteinmauer gegenüber. Sie kannte dies und wusste, dass sie aus uns nichts herausbringen würde. So entließ sie uns süßsauer lächelnd und mit dem Finger drohend: „Ihr alten Schweden! Verschwindet, aber dalli!"

Uniformierung

Pünktlich zu „Führers Geburtstag" am 20. April 1939 wurde ich zum Jungvolk einberufen. Lange schon hatte ich diesem Termin entgegengefiebert. Schick sahen die Kinder aus, wenn sie an den Festtagen der Nazibewegung in ihren Uniformen aufmarschierten, die Jungmädel in weißen Blusen und schwarzen Röcken, das Jungvolk in braunen Hemden und schwarzen Samthosen. Fast jedes Mädchen und jeder Junge freute sich damals darauf, in die Reihen dieser uniformierten Jugend aufgenommen zu werden. Man gehörte dazu, man fühlte sich als Teil einer großen Gemeinschaft.

Nun war es endlich soweit! Ich durfte „Pimpf"[42] werden. Vor der großen Aufnahmefeier, die stets am 20. April in unserem Falle in der Aula der 11. Volksschule stattfand, musste ich natürlich erst eingekleidet werden. Vater hatte es selbst übernommen, mit mir in den „braunen Laden" zu gehen. Es waren dies Verkaufsstellen, in welchen man alles kaufen konnte, oder besser gesagt, musste, was zur Uniformierung nichtmilitärischer Parteigruppierungen gehörte. Hitlerjugend, BDM, Jungvolk und Jungmädchen, SA, SS, NSKK[43], alle Dienstgrade dieser Organisationen mussten sich in diesen Läden einkleiden.

Der Lichtenrader braune Laden lag in der Bahnhofstraße, rechter Hand, wenn man vom Bahnhof kam. Gemessen daran, dass er ein Laden der „Bewegung" war, hatte er bescheidene Abmessungen. Es ging zu ihm einige Stufen hinauf, und beim Öffnen der Glastür erklang eine gemütliche Ladenglocke. Das markige „Heil Hitler!" des Ladenbesitzers verscheuchte jedoch sofort jedes Gefühl der Gemütlichkeit. Stets trug dieser SA-Uniform. Er war an sich ein Allerweltstyp, sein Bild wäre in meinen Erinnerungen schon längst ausgelöscht, hätte nicht diese Uniform seiner Alltäglichkeit Profil verliehen.

„Na da woll'n wir mal aus dem Steppke 'nen richtjen Pimpf machen, det willste doch, oder?" „Ja", stammelte ich, auf diese Anrede nicht vorbereitet. „Hört euch det an: Jaa ... wie'n schlapper Judenbengel ... Jawoll heest det!" „Jawoll!", antwortete ich einigermaßen verdattert, trotzdem so zackig, wie ich es nur vermochte. „Hört sich schon besser an!" Der Ladenbesitzer wandte

sich nun Vater zu, und auf dem Ladentisch stapelte sich bald alles, was ein waschechter Pimpf zu seiner ordnungsgemäßen Ausstaffierung benötigte. Als erstes und wichtigstes Uniformstück kam das Braunhemd an die Reihe. „Größe, Halsweite?" Da unser Vater dies nicht auf Anhieb sagen konnte, wurde ich erst einmal rundum vermessen. Danach folgten die schwarzen knielangen Samthosen, das Koppel mit dem Koppelschloss, das Halstuch, der dazugehörige, aus einem Lederband geflochtene Knoten, das gewebte dreieckige Gebietsabzeichen, Schulterriemen, Strümpfe, Skimütze und Käppi – unglaublich, was alles zur Ausrüstung eines Jungvolkpimpfes gehörte. „So, das is' nu' alles."
„Und das Fahrtenmesser?" Der Ladenbesitzer starrte mich an, als sei ich von einem anderen Stern in sein Geschäft geraten. „Det musste dir erst verdienen! Da kannste mal inem Jahr nachfragen!" Schade, gerade auf dieses Fahrtenmesser war ich so erpicht gewesen. Ich hatte nicht im Entferntesten daran gedacht, dass einem das Recht, dieses Statussymbol zu tragen, erst nach einer gewissen Dienstzeit beim Jungvolk verliehen wurde. Eberhard trug dieses dolchartige Messer schon lange an seinem Koppel, wenn er in voller Uniform zum Dienst ging. „Eberhard, zeigste uns mal dein Fahrtenmesser?" Natürlich war er stets und gern dazu bereit. Rainer und ich betrachteten bei solchen Gelegenheiten dieses Symbol wehrhafter Männlichkeit mit sehnsüchtiger Bewunderung – und nun traf mich diese Enttäuschung des Dienstbeginns beim Jungvolk ohne dieses begehrte Fahrtenmesser.

Sommerhitze

Sommerzeit hieß Ferienzeit! Welch einen Sommer brachte das Jahr 1939! Schon Anfang Juni öffneten die Schwimmbäder ihre Pforten, und in unserem kleinen, schmalen Schlafkämmerchen mit seinen schrägen, südlichen Wänden erreichte die Temperatur bald Dachbodenhitze. Eberhard fuhr jetzt mit uns Kleinen regelmäßig ins Schwimmbad. Dieses lag schon nicht mehr in Großberlin, sondern jenseits der Stadtgrenze in dem brandenburgischen Dörfchen Mahlow. Die Fahrradtour dorthin war stets recht abenteuerlich. Ich hatte gerade mit Müh' und Not das Radfahren erlernt und war noch recht unsicher auf meinen zwei Rädern. Eberhard fuhr stets mit Rainer auf dem Gepäckträger hinter mir her, so konnte er mich beobachten und, wenn es nötig war, jederzeit zum Absteigen pfeifen. Solange die Fahrt über Straßen und Radwege durch unser Viertel führte, gelang es mir leicht, Balance und Sicherheit zu bewahren. Jenseits der Bahnhofstraße mussten wir jedoch die Saubucht passieren, ein bruchähnliches Waldstück, das seinem Namen alle Ehre machte. Der Weg wurde nun sumpfig, und die Räder holperten über unzählige Kiefern- und Eichenwurzeln, die ihre mächtigen Finger über ihn streckten. Von unserem Haus aus fuhr man bis zu diesem Schwimmbad höchstens sechs oder sieben Kilometer, und doch war man hier schon draußen in der Mark Brandenburg, wo einen die Stille einer weiten, nahezu unberührten Landschaft umfing. Das Erste, was man sah, wenn man von Lichtenrade her aus dem Walde kam, war ein undurchdringlich erscheinender Schilfwald. Nur ein schmaler Fußweg führte durch ihn hindurch. Der Grund war hier moorig und federnd. Die Schilfwände links und rechts überragten uns meterhoch. Es war ein Paradies für allerlei Wassergeflügel.

Eigentlich ist mir nur dieser Schilfgürtel in Erinnerung geblieben, vom Schwimmbad selbst kann ich mir kein Bild mehr machen. Ich weiß nur noch, dass es an einem großen Teich oder See lag und in seiner Natürlichkeit dem Erligbachbad in Gefell sehr ähnlich war. Eberhard war unser erster Schwimmlehrer. Er hatte eine sehr probate und wirkungsvolle Lehrmethode: Er schubste uns einfach vom Beckenrand aus ins Wasser des tiefen Beckens, allerdings an einer Stelle, von der er wusste, dass sie recht flach war und uns jederzeit Stand gewährt hätte. Wir, seine Schüler, wussten dies allerdings nicht und versuchten, strampelnd und prustend über Wasser zu bleiben, was uns auch stets gelang. Nach diesen mehr als abenteuerlichen ersten Lektionen lehrte er uns dann allerdings das richtige Atmen und die dazugehörigen Schwimmbewegungen, erst liegend auf der Wiese, dann, von ihm gehalten, im Wasser. Im Herbst 1939 konnte ich bereits meinen Freischwimmer machen, ohne vorher auch nur eine offizielle Schwimmstunde genossen zu haben.

In jenem Sommer des Jahres 1939 geschah es, dass das Ehepaar Guste in unser Leben trat. Unsere Mutter oder, genauer gesagt, in der Sommerhitze verdorbener Schellfisch gab dazu den Anlass. „Hans, so geht's nicht weiter! Mir verdirbt hier in der Wärme einfach alles: Fisch, Fleisch, Wurst, selbst die gekochten Kartoffeln sind nach einem Tag schon sauer! Da gibt's doch jetzt diese elektrischen Kühlschränke, wir müssen uns um solch ein Gerät kümmern." Das hieß: Vater hatte sich um solch ein Gerät zu kümmern.

Unsere Mutter hatte recht: In diesem leichtgebauten Berliner Haus mit seinen Rabitzwänden[44] gab es, die Keller eingeschlossen, keinen kühlen Raum, der sich als Speisekammer geeignet hätte. Also musste ein Kühlschrank her, in jener Zeit ein teures Luxusgut.

Vater hatte sich, als er das Berliner Stickereigeschäft „Toledo" gründete, mit einem Kompagnon zusammengetan, einem Herrn Mittmann. Jener betrieb unter dem gleichen Namen „Toledo Berlin" sein eigenes Zweigunternehmen. Unser Vater hatte für beide Betriebe, für seinen eigenen und den Mittmann'schen, lediglich die künstlerische Leitung übernommen. Dieser Herr Mittmann war kein Stickereispezialist wie unser Vater, sondern verdiente sein Geld als Industriekaufmann. Durch diese Tätigkeit hatte er Beziehungen zu Vertretern der verschiedensten Handelsbranchen. Er konnte dadurch unserem Vater bei der Beschaffung eines Kühlschranks behilflich sein. Zu seinen Bekannten gehörte Herr Guste, ein Vertreter der Firma AEG. Ihn hatten unsere Eltern bereits während der vergangenen Silvesterfeier bei Mittmanns kennengelernt. Mit ihm machte Herr Mittmann nun unseren Vater näher bekannt.

Ausflug nach Tempelhof

So kam es, dass wir, die Eltern, Eberhard, Rainer und ich eines schönen Samstagnachmittags mit der Straßenbahn nach Tempelhof fuhren. Schon am Morgen beim Frühstück hatte Mutter diesen Besuch angekündigt und bei uns Buben heftiges Gemaule ausgelöst. Außerdem war vorauszusehen, was vor diesem Besuch über uns kommen würde: Eine langweilige Benimmlektion! Den Diener beim „Guten Tag sagen" nicht vergessen, nicht vorlaut sein, nicht nach dem Kuchenteller langen, stets bitte und danke sagen – dies nicht, jenes nicht – unsere Mutter kannte eine wahre Litanei zu beherzigender Benimmregeln. So geschah es dann auch. Als wir mittags aus der Schule kamen, begann Mutter uns schon während des Mittagessens zu instruieren, dass uns Hören und Sehen verging und der Freiherr von Knigge seine wahre Freude daran gehabt hätte. Entsprechend bockig war auch unsere Laune, als wir am frühen Nachmittag in Tempelhof aus der Straßenbahn stiegen.

Jene Gustes wohnten in einem der damals neu erbauten Mietskomplexe nahe dem Tempelhofer Flughafen. Vater hatte, um uns Buben in eine etwas bessere Laune zu versetzen, diese Tatsache vorher angekündigt. Leider zeigte sich, während wir den langen Weg von der Straßenbahnhaltestelle bis zur betreffenden Haustür gingen, kein Flugzeug in der Luft. Warum sollte sich unsere Laune also bessern?

Es war ein langer Gebäudekomplex, vor dem wir nun standen, mit mehreren Haustüren. „Zweiunddreißig C, hier ist's!" Vater ging zielstrebig auf einen der Hauseingänge zu, fuhr dort mit dem Zeigefinger die Reihe der Klingelknöpfe einmal hinauf und hinunter und drückte dann beherzt auf den dritten von unten. „Bitte, wer ist da?", tönte es plötzlich knisternd und rauschend von der Haustür her, und Vater beugte sich zu einem kleinen, dicht vergitterten Fensterchen nieder: „Möckel hier!", worauf es in der Tür summte und wir diese öffnen konnten. Ich hatte bis dahin noch nie Derartiges gesehen, und meine Laune wurde etwas besser. Als wir dann jedoch oben von dem freundlich lächelnden Ehepaar Guste empfangen wurden, stieß mich erneut der Bock. Steif wie ein Zaunpfahl blieb ich stehen, als ich ihnen die Hand reichte. „Dieter, was hab ich gesagt?", zischte unsere Mutter ärgerlich. Ich tat, als hörte ich dies nicht und blieb steif stehen, ich wollte ja ungezogen sein. Als wir am Abend nach Hause kamen, meinte Mutter, immer noch ärgerlich auf mich: „Ein großer Fehler war's, den Rohrstock in Gefell zu lassen! Jetzt wär 'ne gehörige Tracht Prügel nötig, du bockiger Kerl, uns so zu blamieren!"

Ich hatte meine Widerborstigkeit zu diesem Zeitpunkt schon längst bereut, denn die Gustes entpuppten sich als recht annehmbare Leute. Das begann damit, dass Herr Guste plötzlich, kaum dass wir „Guten Tag" gesagt hatten, meinte: „Vier Uhr, Jungs, geht mal schnell auf den Balkon, gleich kommt die Münchner runter", und als wir nicht begriffen, was er meinte, ergänzte er: „Die JU 52 aus München meine ich!" Von dem Balkon aus konnte man das ganze Rollfeld des Tempelhofer Flughafens überblicken. Mehrere kleine und große Flugzeuge standen wie von einem Kind nach dem Spielen dort vergessen über das weite Feld verteilt, und allenthalben sah man ameisengleich hin- und herlaufende Menschen zwischen ihnen. Weit entfernt glänzte in seiner silbernen Mächtigkeit die Junkers G 38. Sie war damals das größte Flugzeug der Welt und so groß, dass selbst in seinen Flügeln Passagiere sitzen konnten. 1940 ist sie von Tempelhof aus über Lichtenrade geflogen, ein unvergesslicher Anblick.

Kaum hatten wir Zeit, dies alles zu erfassen, da hörten wir ein schnell anschwellendes Brummen. Ehe wir uns versahen, kam die JU 52, jenes unverwüstliche Wellblechflugzeug, knapp über die Hausdächer hereingeflogen und setzte über dem Rollfeld zur Landung an. Wir konnten diesen aufregenden Vorgang genau beobachten. Herr Guste hatte zwei Feldstecher bereitgelegt, die wir uns nun teilen mussten. Mir kam dieses Flugzeug sehr schwer vor, wie es nun mit mäßiger Geschwindigkeit knapp über das Rollfeld flog, endlich mit einem leichten Hüpfer aufsetzte und ausrollte. „Warum fällt denn das Flugzeug nicht runter?", wollte ich wissen. Ehe jemand von den Erwachsenen darauf antworten konnte, setzte Eberhard zu einem längeren Vortrag über Geschwindigkeit, Flügelquerschnitt und Luftströmungen an. Ich wusste danach zwar immer noch nicht genau, warum das Flugzeug nicht aus der Luft herunterfällt, war aber sehr beeindruckt von Eberhards Darlegungen. Herr Guste meinte bewundernd zu Eberhard: „Du bist ja ein richtiger Aerodynamiker, du solltest später Flugzeugkonstrukteur werden."

Für uns Kleine, Rainer und mich, war Eberhard zu jener Zeit allerdings schon ein Flugzeugkonstrukteur, er hatte nämlich begonnen, aus weichem Holz maßstabsgerechte Flugzeugmodelle zu bauen. An diesen kleinen Modellen stimmte jedes auch noch so kleine Detail, dabei waren sie handwerklich von so vorzüglicher Qualität, dass sie einem professionellen Modell- und Formenbauer alle Ehre gemacht hätten. Sie bevölkerten, von der Decke seines Zimmers herabhängend, den Luftraum über seinem Bett. Natürlich waren es überwiegend schnittige Jagd- und Kampfflugzeuge, welche er anfertigte: die ME 109, die FW 190, die HE 111 und die JU 87.[45] Später, während des Krieges kamen noch englische Flugzeugtypen dazu, die Spitfire zum Beispiel.[46]

Während Eberhard seinen Vortrag über Aerodynamik hielt, konnten Rainer und ich uns in aller Ruhe der zwei Feldstecher bedienen. Was gab es da nicht alles zu sehen! Erst wurde die Gangway an die „Tante JU" geschoben, dann ging oben im Rumpf die Tür auf und die Passagiere stiegen herunter, Gepäck wurde ausgeladen. Vom Balkon aus erschien dies alles wie der Blick in ein Spielzeugland. Aber auch dies, so spannend es anfangs war, wurde uns bald langweilig. Herr Guste merkte dies und versuchte uns zu beruhigen: „In zwanzig Minuten startet die Dresdner, is' aber man bloß 'ne Einmotorige." Wir wussten mittlerweile, dass er den Start eines Flugzeugs nach Dresden meinte. Später verschwand er mit unseren Eltern. „Wir geh'n mal kurz rüber ins Büro." Der Besuch hier in Tempelhof galt ja nicht der Beobachtung des Flugfeldes, sondern der Anschaffung eines Kühlschranks.

Bevor die Dresdener startete, erfrischte Frau Guste uns Buben mit köstlichem Eis. Es war nicht so zubereitet, wie wir es von Eisdielen oder Straßenbuden her kannten. „Das ist Gefrorenes aus dem eigenen Kühlschrank", meinte unsere Gastgeberin. „Kann unsere Mutti sowas jetzt auch machen, wenn wir den Kühlschrank haben?" „Natürlich!" Das Ansehen des Ehepaares Guste stieg durch diese Verheißung mächtig in meinen Augen. Als unsere Eltern mit dem Herrn des Hauses auf den Balkon zurückkamen, bestürmten wir sie mit der Frage: „Bekommen wir jetzt einen Kühlschrank?" „Natürlich, schon in der kommenden Woche!" „Au fein! Mutti, da kannst du ja jetzt Gefrorenes machen, wie Frau Guste!" Wie leicht sind doch Kinder durch Kleinigkeiten zu begeistern.

Später wurde auf dem Balkon Kaffee getrunken, und die Erwachsenen begannen ein Gespräch, welches zunehmend angeregter wurde. Wir Kinder sind von unserer Mutter, als das Gespräch begann, ins Wohnzimmer geschickt worden, und Herr Guste gab uns einen prächtigen Bildband über die Olympiade 1936, der mich wenig interessierte. Unserer Mutter wurde das Gespräch allmählich unangenehm. Sie stand plötzlich und unvermittelt auf: „Hans, wir wollten doch nicht so spät nach Hause kommen." Es dauerte dann doch noch eine ganze Weile, bis wir den Abschied fanden, denn „um viertel Acht fliegt die Münchener zurück. Den Start werden Sie doch ihren Jungs nicht vorenthalten wollen", meinte Herr Guste. Man reichte noch ein einfaches Abendessen, Wiener Würstchen zu Kartoffelsalat. Für die Herren gab es Bier – „Hans, aber nur eins!" –, für die Damen und Kinder Limonade, natürlich aus dem eigenen Kühlschrank. Bevor wir gingen, wurde noch ein gemeinsamer Besuch der Karl-May-Festspiele in Rüdersdorf verabredet, was bei uns Buben natürlich großen Jubel auslöste.

Ausflug nach Babelsberg

Der Sommer des Jahres 1939 machte seinem Namen alle Ehre. Die Mienen der Erwachsenen wollten zu dieser sonnigen Heiterkeit allerdings gar nicht passen. Immer öfter kam jetzt die Oma, den Völkischen Beobachter[47] in der Hand schwenkend, aus ihrem Zimmer herunter: „Rosel, Hans, das müsst ihr mal lesen! Diese Pollacken, was die mit den armen Volksdeutschen machen! Dass sich das der Führer gefallen lässt!" In der Tat verging in jenen Tagen keine Nachrichtensendung ohne Berichte über angebliche Gräueltaten von Polen an Deutschen.

Im September 1938 hatte die Sudetenkrise[48] schon einmal die Gemüter beunruhigt. Nachdem die Sudetendeutschen dann im Oktober allerdings „heim ins Reich" geholt worden waren und im März 1939 deutsche Truppen die böhmisch-mährischen Provinzen der Tschechoslowakei besetzt hatten, ohne dass es zu den befürchteten Verwicklungen gekommen war, hatte man sich schnell wieder beruhigt. Nun diese Polen. „Ja, es kann der Beste nicht in Frieden leben, wenn es dem bösen Nachbarn nicht gefällt! Den Kommentar müsst ihr unbedingt lesen!" Oma hielt mit der Linken den zusammengefalteten Völkischen Beobachter unserer Mutter vor die Nase und klopfte mit den Knöcheln ihrer Rechten auf eine Textstelle dieses Blattes. „Ist schon gut, Mutter, lass das Blatt mal hier liegen, wir lesen's später." Die Eltern hielten nichts von dieser Parteizeitung. Zu offensichtlich war ihnen deren Propagandaauftrag.

Im Übrigen gewöhnte man sich auch diesmal an die dunklen Wolken, welche die Goebbels'sche Propaganda an den Horizont malte. Es würde schon vorübergehen. Der Sommer war auch zu schön und zu sonnig, um Trübsal zu blasen. „Der Führer wird's schon machen, der weiß immer den richtigen Weg." Oma war fest davon überzeugt.

Im Eisenbahngrundstück hatten uns die verwilderten Erdbeerbeete wider Erwarten eine reiche Ernte beschert, und die Schattenmorelle brach fast zusammen unter der Last ihrer dunkelroten Kirschen. Es war nicht nur ein schön sonniger, sondern auch ein segensreicher Sommer in jenem Jahr 1939. An den Sonntagen standen jetzt regelmäßig Ausflüge auf dem Programm. Einer der ersten führte uns nach Babelsberg. Dort wohnte in einem alten Haus ein Onkel unseres Vaters. Er betrieb mit seinem Sohn zusammen ein Malergeschäft, und die verwinkelten Schuppen und Tennen des zum Haus gehörigen Wirtschaftshofes begeisterten mich vom ersten Augenblick an.

Dass Vater am Samstag vor diesem Ausflug ankündigte, „Morgen fahren wir nach Babelsberg", löste bei uns Buben erst einmal alles andere als Begeisterungsstürme aus. „Ooch, schon wieder zu fremden Leuten", maulte ich. „Erstens sind's keine fremden Leute, zweitens haben sie uns schon in Gefell besucht, du kennst sie also schon", meinte Vater leicht pikiert. Ich konnte mich an diesen Besuch nicht mehr erinnern. Sicherlich war ihr Mitbringsel nicht sehr begeisternd gewesen.

Vor dem Ausflug nach Babelsberg bekamen wir Buben erst einmal Lederhosen verpasst. Die Eltern hatten wohl eingesehen, dass unsere unverwüstlichen Bleyle-Anzüge schon etwas abgewetzt waren und durch etwas Neues, Schickeres ersetzt werden mussten. Dieser Einkauf gestaltete sich zu einem regelrechten Einkaufsausflug. Lederhosen gab es nicht im Dorf auf der Bahnhofstraße, sondern wir mussten, um Derartiges zu erstehen, in die Stadt hineinfahren.

Eines schönen Samstags, gleich nach dem Mittagessen ging die Fahrt los, erst zu Vater ins Geschäft, dann mit ihm gemeinsam in einen Trachtenladen in der Nähe des Kurfürstendamms. Ein vergleichbares Geschäft in München hätte nicht reichhaltiger sortiert sein können als dieser Laden. Nicht nur das Sortiment mit seinen Dirndln, Lederhosen, Jankern, Wadenstutzen und Sepplhüten vermittelte das Bild tiefsten Oberbayerns, sondern auch das Personal, vom Besitzer bis hin zum letzten Ladenmädchen. Alle waren in Trachten gewandet. Loden, Leder und Leinen trugen sie auf dem Leibe und Wolle, zu dicken, kratzigen Strümpfen und Stutzen verstrickt an den Beinen. Die Männer versteckten die untere Hälfte ihrer Gesichter hinter rauschenden Vollbärten, und die Frauen hatten ihr Haar in Zopfkränzen um die Häupter gelegt. Außer dem Besitzer waren es allerdings Berliner, welche uns bedienten. Ihr „ick" und „det" passte überhaupt nicht zu ihrer oberbayrischen Verkleidung.

Es dauerte eine Ewigkeit, bis wir trachtenmäßig eingekleidet waren. Außer den Lederhosen, den sogenannten Krachledernen, galt es ja für jeden von uns noch je einen Janker und oberbayrische Hosenträger zu kaufen. Das Schönste an diesen Hosenträgern waren die aus Hirschhorn geschnitzten Schmuckplaketten, welche ihre Brustschilder verzierten. Auf Rainers Hosenträger prangte ein röhrender Hirsch, ganz lebensecht dargestellt, auf meinem balzte ein prächtiger Auerhahn. Eberhard war bescheiden, er begnügte sich mit einem geschnitzten Edelweiß.

Während der S-Bahnfahrt nach Babelsberg entdeckte unsere Mutter etwas Fürchterliches an mir. Sie saß mir gegenüber. Als ich einmal den Kopf nach oben reckte, um eines der Reklamebilder unter dem Gepäcknetz anzuschauen, rief sie entsetzt: „Aber Dieter, wie sieht denn dein Hals aus, wann hast du dir denn den zum letzten Mal gewaschen?" Eifrig kramte sie, nachdem sie sich wieder etwas beruhigt hatte, in ihrer Handtasche herum. „Ausgerechnet heute hab ich mein Kölnisch Wasser vergessen. Muss ich's halt mit Spucke versuchen." Nachdem sie mir „Kopf hoch!", befohlen hatte, nahm sie ihr Schnupftuch zur Hand, spuckte kräftig darauf und begann, mir den Hals zu schrubben, dass mir Hören und Sehen verging. „Da, guck her, ganz schwarz, du altes Ferkel", zischte sie, nachdem sie fertig war, und hielt mir das Tuch vors Gesicht. Wirklich, es hatte sich dunkel verfärbt. „Rainer, Eberhard, Köpfe hoch!" Aber an der Reinlichkeit ihrer Hälse fand Mutter nichts auszusetzen.

In Babelsberg wurden wir schon erwartet. Als ich nun den Onkel (Vaters Cousin), seine Frau (unsere Tante) und ihre Kinder sah, kamen sie mir doch bekannt vor. Ja, ich hatte sie in Gefell schon einmal gesehen, während sie zu Besuch bei den Großeltern waren.

Es war die beste Frühschoppenzeit, als wir dort ankamen. Deshalb wurden die Erwachsenen mit einem Krug frischen kühlen Biers erwartet. „Frisch jeholt, aus der Kneipe um die Ecke!" „Mir bitte kein Bier, ich trinke, was die Kinder bekommen", wehrte unsere Mutter gleich ab. „Auch jut, bleibt uns mehr", meinte Vaters Cousin lächelnd.

Nachdem Onkel und Tante in ihrem mit allerlei verschnörkelten Möbeln und Nippes vollgestellten Wohnzimmer begrüßt worden waren, ging es erst einmal an die Besichtigung der Malerwerkstatt. Bis zum Mittagessen war ja noch über eine Stunde Zeit. Dieser Rundgang war wie der Blick in eine längst versunkene Zeit, denn Vaters Cousin wusste so manche Begebenheit aus früheren Tagen zu erzählen. Zum Beispiel berichtete er, dass bis in die Zeit nach dem Ersten Weltkrieg der Fuhrpark des Malergeschäfts mit Pferden betrieben wurde. Für Lehrlinge war es damals genauso wichtig gewesen, den Umgang mit Zaumzeug und Pferdestriegel zu erlernen, wie den Umgang mit Pinsel und Farbe. Der Pferdestall war, obwohl inzwischen in einen Abstellraum umgewidmet, immer noch als solcher zu erkennen.

Die Farben für Zimmerwände und Fassaden wurden eigenhändig angerührt. In einem Extraraum standen in zugedeckten Eimern die dazu nötigen bunten Erden, Englisch-Rot, Kassler-Braun, Umbra, Ocker und Oxyd-Grün. Die Meister des Malergeschäftes waren schon seit Generationen als Scheibenmaler bei den Schützenvereinen der Umgebung bekannt und geschätzt. Überall unter den wettergeschützten Dachtraufen des Wirtschaftshofes hingen alte, in der deftigen, naiven Art echter Volkskunst bemalte Schießscheiben, die mit Einschusslöchern übersät waren. Ich bestaunte diese bunten Bilderwände.

Der Onkel hatte sich vor vielen Jahren während eines Besuches des Radiumbades Brambach im Vogtland ein Gerät aufschwatzen lassen, mit dessen Hilfe man einfaches Leitungswasser in das damals noch als hochgradig heilsam angesehene Radiumwasser verwandeln konnte. Dieser Apparat sah aus wie ein Samowar und war mit einer winzigen Menge eines Radiumisotops bestückt. Das entsprechende Quantum Wasser wurde von oben hineingeschüttet, und nach Ablauf einiger Stunden konnte man es unten als radioaktives Getränk wieder ablassen. Der regelmäßige Genuss dieses Wassers sollte vor jeglicher Krebserkrankung schützen, so verhieß die Aussage des zum Gerät gehörigen Begleitschreibens. Dass der Onkel jämmerlich an Krebs zugrunde gegangen ist, lag, so ist wohl anzunehmen, gerade am regelmäßigen Genuss dieses Wassers.

Zum Mittagessen gab es ein für uns Buben exotisches, bis dahin noch nie gegessenes Gericht: Stallhase, oder auf gut Berlinerisch: Karnickel. Ich hatte derartige Tiere in Gefell zwar schon gesehen, dass man diese in ihren Käfigen vor sich hin mümmelnden putzigen Hausgenossen aber auch essen könnte, wäre mir jedoch im Traum nicht eingefallen. Ich zog erst einmal die Zähne hoch, als Klöße, Kraut und ein ordentliches Stück Kaninchenbraten vor mir auf dem Teller dampften. Alles schwamm natürlich in einer kräftigen Soße. Aber schon der erste Bissen belehrte mich eines Besseren. Köstlich war dieser Stallhase.

Bereits ein Jahr später mümmelte auch bei uns eine Kaninchenfamilie in einem von Vater nach allen Regeln der Kunst erbauten Stall, Villa Hase genannt, an ihrem Futter herum. Mittlerweile war der Krieg über uns gekommen, und überall in den Nachbargrundstücken standen ähnliche Kaninchenresidenzen. Entsprechend erbittert war der Kampf um das an Gartenzäunen, an Straßen- und Wegrändern wildwachsende Grünfutter. „Kinder, wir müssen noch Karnickelfutter holen." Täglich jagte uns unsere Mutter mit diesem gefürchteten

Ruf an die Henkelkörbe. Wie wir es schafften, diese stets mit frischen, saftigen Kräutern zu füllen, ist mir heute noch ein Rätsel. Löwenzahn und Wegerich, Gartenmelde und Milchdistel, ihnen wurde gnadenlos nachgestellt. Bald galten sie als seltene Pflanzen, und jeder hütete das Wissen um bis dahin noch unentdeckte Vorkommen dieser Kräuter wie ein Botaniker heutzutage das Vorkommen der wilden Frauenschuhorchidee hüten würde.

Kaninchen avancierten in jenen Hungerjahren der Kriegs- und Nachkriegszeit zu den Schweinen der kleinen Leute. In den Hinterhöfen und auf den Balkonen städtischer Mietshäuser wurden sie in primitiven Ställen gehalten. In fast jedem Garten sah man damals ihre Behausungen stehen. Millionen von ihnen mussten ihr Leben lassen und wurden in köstliche Sonntagsbraten verwandelt. In dieser veränderten Gestalt gaben sie den Sonn- und Feiertagen ihrer Wirte und Züchter kulinarischen Glanz und das Gefühl, endlich wieder einmal satt geworden zu sein.

Bollewagen

Mittlerweile war der bei Gustes bestellte Kühlschrank geliefert worden. Es war erstaunlich, dass er in der engen Küche noch einen Platz gefunden hatte. Am Samstag nach diesem denkwürdigen Ereignis brachte unsere Mutter vom Bollewagen eine Packung gefrorener Erdbeeren mit. Es war Mitte August, und vor uns lagen nur noch wenige Friedenstage. „Kinder, heute gibt's zur Feier des Tages Erdbeergefrorenes! Wer von euch schlägt die Sahne steif?" Normalerweise hätte sich von uns Buben keiner freiwillig zu dieser langweiligen Arbeit gemeldet. Aber in diesem Falle waren wir alle drei sofort zur Stelle, ja es musste sogar die Reihenfolge unseres Arbeitseinsatzes ausgelost werden. Wir standen noch ganz im Banne des niedrigen weißen Schrankes, welcher sich nach seinen eigenen Regeln mit einem vernehmlichen Klick selbst ein- und ausschaltete, gerade so, wie es um die Temperatur in seinem Inneren bestellt war.

Unserer Mutter fiel die schwere Aufgabe zu, nach derartigen Hilfsaktionen die verwendeten Töpfe genauestens zu vermessen, soweit sie in ihnen süße Schleckereien zubereitet hatte. „Mutti, dürfen wir den Topf auslecken?" Meistens ergänzte einer von uns dreien dann noch: „Haste uns auch genug dringelassen?" In der Regel hatte sie genug darin gelassen und begann nun ihre oben erwähnte schwierige Vermessungsaktion. Es galt, den Topf- oder Schüsselgrund in drei gleiche Segmente zu teilen, mit der Genauigkeit eines Mercedessterns, versteht sich. War ihr dies gelungen, musste noch die Reihenfolge bestimmt werden, in welcher jeder von uns sein Segment des betreffenden Gefäßes leerputzen durfte. Stets gab es um diese Reihenfolge Streit. „Der Eberhard war aber das letzte Mal schon der Erste!" War dieser Streitpunkt endlich ausgeräumt und der Erste dabei, sich seinen Anteil des süßen Sahnepuddings oder Kuchenteigrestes einzuverleiben, hingen die anderen beiden von uns mit ihren Köpfen luchsäugig beobachtend über dem Rand der betreffenden Schüssel oder des Topfes: „Mutti, der Eberhard, Dieter oder Rainer hat über die Grenze geleckt!" Oft drohte uns Mutter während oder nach derartigen Topfausleckereien entnervt an: „Das war das letzte Mal, ihr alten Streithammel! In Zukunft wasch' ich alles gleich auf, dann könnt ihr in den Mond gucken!" Das löste bei uns stets heftigen Protest aus und schweißte unsere brüderliche Gemeinschaft enorm zusammen. Mutter schickte sich drein und wusste, dass beim nächsten Mal alles wieder nach dem gleichen Ritual ablaufen würde.

Später, während des Krieges, hatten die Eltern, oder besser gesagt, hatte die Oma über die NS-Frauenschaft[49] einen verwundeten Soldaten zugewiesen bekommen. Er stammte von einem Bergbauernhof aus Südtirol und war Angehöriger der Waffen-SS.[50] Nun sollte er drei Wochen in unserem Hause wohnen und sich von seiner Verwundung erholen. „Ein reizender Mensch, hilfsbereit und zurückhaltend und dabei so tapfer, ja, ein richtiger Held!" Oma war begeistert und kümmerte sich um diesen Erholungsurlauber wie eine Mutter. Allerdings musste während dieser Zeit der Kühlschrank abgestellt werden. Der tapfere Krieger schreckte jedes Mal zusammen, wenn sich das Gerät ein- oder ausschaltete, er fand nachts keine Ruhe, wenn er wusste, dass dieser Teufelskasten noch lief.

Frische Milchprodukte konnte man damals noch am Bollewagen kaufen. Täglich gegen zehn Uhr am Vormittag hielt dieses Pferdefuhrwerk in der Raabestraße. Die Wirkung ihrer Handglocken verstärkten die Kutscher meistens noch durch den lauten Ruf: „Der Bolle ist da!" Zur Ferienzeit, wenn wir zu Hause waren, rief unsere Mutter auf das Klingelzeichen hin von der Diele aus: „Rainer, Dieter, Eberhard, wir brauchen Milch und Joghurt, einer von euch muss zum Bolle geh'n!" Joghurt, jenes heute allbekannte Milcherzeugnis war damals die Spezialität der Firma Bolle. Wir haben es erst in Berlin kennengelernt. Nach Kriegsbeginn konnte man es bei Bolle noch lange Zeit markenfrei kaufen. Es war Naturjoghurt, durch seine Säure im Sommer köstlich und erfrischend. Wir Buben liebten es besonders mit einem Schuss Erdbeerkonfitüre versetzt.

Karl-May-Festspiele

Zwischen dem Pfingstfest und dem Beginn der großen Ferien des Jahres 1939 bekam Rainer den Keuchhusten. Ist diese Krankheit an und für sich schon eine langwierige Angelegenheit, so hatte sie sich bei Rainer mit besonderer Hartnäckigkeit eingenistet. Er wollte und wollte nicht genesen. „Hans, den Rainer müssen wir wegschicken, irgendwohin, wo es gute Luft gibt. Hier in Berlin wird er nie gesund." Unser Vater wusste auch gleich Rat. „Rosel, fahr mit ihm nach Gefell. Die Fichtenwälder dort mit ihrem Harzduft sind das reinste Lungenbad!" Gesagt, getan, es dauerte keine Woche und wir begleiteten die beiden, Mutter und Rainer, zum Anhalter Bahnhof. Wie beneidete ich Rainer um diese Reise ins geliebte Gefell. Ja, es stellten sich bei mir in der Woche der Reisevorbereitungen Hustenanfälle ein, die alle Symptome des Keuchhustens zeigten. Leider war dieser Keuchhusten nur psychischer Natur, wie der zu Rate gezogene Arzt feststellte, und rechtfertigte keine Gefellreise. Ich musste in Berlin bleiben und durfte, zusammen mit unserem Vater, der Oma und Eberhard den beiden Davonfahrenden nur vom Bahnsteig aus nachwinken. Mein Heimweh nach Gefell bekam neue Nahrung.

Leider lag ich jetzt abends allein in der Schlafkammer. Rainer, mit dem ich unser Heimweh heilendes „Denkste-noch-dran-Spiel" hätte spielen können, war ja nun am Zielort meiner Sehnsüchte, durfte die Großeltern wiedersehen, mit unserer Mutter zum Schieferbruch wandern, sonntags auf der Juchhöh einkehren. Ich malte mir abends vor dem Einschlafen all die beglückenden Erlebnisse aus, welche, wie ich meinte, nun jeden Tag für Rainer bereitgehalten würden.

Nach einer Woche kam der erste Brief von unserer Mutter aus Gefell mit einem kurzen Anhang von Rainer. Im „Grünen Baum" wohnten sie also, jenem alten, am Marktplatz gelegenen Gasthof, der zugleich die Funktion des Gefeller Kultur- und Vergnügungszentrums erfüllte. In seinem Saal wurde Kino vorgeführt, aber auch Bälle und die Veranstaltungen der NSDAP fanden hier statt. Auf seiner Bühne führte die Theatergemeinschaft, der eine Zeitlang auch unsere Eltern angehört hatten, ihre Stücke auf, bei welcher Gelegenheit unser Vater mit zwei oder drei Gleichgesinnten als Bühnenmusiker aufgetreten war, natürlich als erster Geiger, versteht sich.

Nachdem Rainer, leidlich genesen, mit unserer Mutter aus Gefell heimgekehrt war, wurde der von Gustes angeregte gemeinsame Besuch der Karl-May-Festspiele fällig. „Kinder, morgen fahren wir nach Rüdersdorf!", sagten unsere Eltern an einem Samstagnachmittag, während wir auf der Terrasse vor dem

Haus Kaffee tranken. Mutter hatte einen leckeren Pflaumenkuchen gebacken, mit vielen knusprigen Streuseln drauf. „Ooch, schon wieder wegfahren!" Wir Buben waren nicht sehr begeistert von der Aussicht, wieder in irgendeinen entlegenen Winkel der Mark Brandenburg fahren zu müssen, von dem die Eltern meinten, dass es dort besonders schön sei. An und für sich waren wir ja begeisterte Ausflügler und Wanderer, aber in der letzten Zeit hatten sich die Ausflüge zu sehr gehäuft. Wir hätten gern wieder einmal einen Spielsonntag zu Hause verlebt. Diesmal war unser mauliges „Ooch" jedoch zu früh gekommen, denn Mutter war mit ihrem Satz noch nicht zu Ende gewesen. In unsere schlechte Laune hinein fuhr sie nämlich unbeirrt fort: „Ihr wollt also nicht zu den Karl-May-Festspielen fahren?" Sofort schlug unsere schlechte Laune in hellen Begeisterungsjubel um.

Der folgende Sonntag ließ sich prächtig an: Strahlender Sonnenschein und schon am frühen Morgen jene milde, aromatische Luft, die einen heißen Sommertag verspricht. Der Himmel war von tiefer Bläue. Gegen Mittag würden über ihn, wie Wattebäusche, die ersten strahlend weißen Wolken segeln. Märkischer Himmel, so nannte unsere Mutter dies, und sie hatte recht damit, denn nur in der Mark Brandenburg kann der Himmel so tiefblau, können die über ihn ziehenden Wölkchen so weiß und bauschig sein.

Wir frühstückten, wie stets an schönen Sommersonntagen, auch diesmal auf der Terrasse vor dem Haus. Unsere Rucksäcke standen schon fix und fertig gepackt auf der Terrassentreppe bereit, so konnte, kaum dass der letzte Bissen gegessen und der letzte Schluck Kaffee getrunken war, die Reise losgehen.

Erst ging es einmal per Straßenbahn nach Tempelhof. Gustes erwarteten uns schon. Auf Vaters Klingeln an der Haustür hin ertönte aus der Gegensprechanlage Frau Gustes helle, fröhliche Stimme: „Wir kooommen!" Kurz darauf ging die Tür auf, und sie kamen wirklich. Vornweg lief er in einem eleganten, hellen Sommeranzug, hielt ein spanisches Rohr in der Hand, mit echtem Silberknauf, wie ich später erfuhr, und hatte auf dem Kopfe einen zum Anzug passenden Panamahut. Sie kam hinterhergestöckelt. Ein helles Seidenkleid umflatterte ihre schlanken Glieder. Der Hut, den sie trug, hätte manchem Blumenladen zur Ehre gereicht, wenn die Blumen, welche ihn zierten, nicht von kunstreicher Hand aus Seide geformt gewesen wären. Das Schönste an ihr aber war der Sonnenschirm, den sie graziös in ihrer linken Hand hielt, gelegentlich spielerisch schulterte und in leichte Drehungen versetzte.

Eine Landpartie hatte man ausgemacht. Wie verschieden war dieser Begriff ausgelegt worden. Unsere Eltern hatten sich wandervogelmäßig ausstaffiert. Derbes Schuhwerk trug Vater zu seinen bewährten Knickerbockern und Mutter hatte ihren weiten Hosenrock, ein hässliches Kleidungsstück aus der unverwüstlichen Bleyle-Kollektion an. Übrigens hat sie diesen Hosenrock bereits 1937 zu der schon erwähnten legendären Radtour getragen. Gustes dagegen waren gekleidet, als ginge es zu einer biedermeierlichen Kremsertour[51] hinaus in den Tiergarten oder an die Krumme Lanke. Nachdem sich beide Familien ob ihrer verschiedenen Ausstaffierung einen Moment lang verwundert angeschaut hatten, rettete unsere Mutter mit ihrem befreienden, hellen Lachen die Situation. Man begrüßte sich sommerlich heiter und begab sich zur nächsten U-Bahn-Station – unsere Eltern wandernd, Herr Guste mit federnden Schritten und sein spanisches Rohr schwenkend und Frau Guste mühsam hinterherstöckelnd, von unserem Vater heimlich mit bewundernden Blicken bedacht. Das schien verständlich, zumal unsere Mutter nicht gerade verführerisch aussah in ihrem hässlichen Bleyle-Rock und den derben Wanderschuhen.

Von der U-Bahn mussten wir in die S-Bahn umsteigen, und auf deren Endstation hieß es nochmal umsteigen in eine der vielen Bimmelbahnen, die von Berlins Stadtrand aus in alle Richtungen der Mark Brandenburg dampften. Als wir schließlich in Rüdersdorf ankamen, war es gerade Mittagszeit. Unsere Eltern wollten die zwei Stunden bis zum Beginn der Vorstellung zu einer kleinen Wanderung mit Picknick nützen. Gustes dagegen hätten gern eines der ländlichen Gasthäuser angesteuert, die am Wege lagen. Ihre Kleidung, vor allem Frau Gustes Stöckelschuhe, setzten dem Wanderdrang ja auch enge Grenzen. Nach einigem Hin und Her einigte man sich in diesem Sinne. Ich wäre natürlich lieber bei Limonade und Schweinebraten im Gasthausgarten sitzen geblieben: „Ihr sitzt nachher noch lange genug, drei Stunden. Stellt euch das mal vor! Jetzt wird erst mal gewandert!" Unserer Mutter schien die Mittagshitze nicht das Geringste auszumachen. Wacker schritt sie dem nahen Walde zu. Gustes riefen uns noch nach: „Also, um Viertel nach zwei hier!" Ich konnte nichts anderes tun, als ihnen einen sehnsüchtigen Blick zuzuwerfen. Sie hatten es sich an einem Tisch im Schatten einer uralten Kastanie bequem gemacht, während wir schwitzend in den Wald wanderten.

Unser Picknick im Wald, auf dem Stamm einer gefällten Eiche sitzend, bei lauwarmem Himbeersaft und Leberwurstbroten, deren Belag in der Wärme unserer sonnendurchglühten Rucksäcke völlig aufgeweicht war, brachte uns keinerlei Erquickung, sondern eher das Gegenteil. Unsere Mutter wagte es, zwischen zwei Bissen zu konstatieren: „Ach, wär's jetzt schön im Wirtshausgarten." „Rosel, es war aber ausgemacht: Wanderung und Picknick vor dem Affentheater", entgegnete unser Vater, dabei war ihm jedoch anzusehen, dass auch er lieber im Schatten der alten Kastanie bei Gustes gesessen hätte, ein

Glas erfrischender, kühler Limonade vor der Nase. „Hans, halt dich bitte zurück mit deinen Äußerungen!" Mutter warf unserem Vater einen verweisenden Blick zu. Er hatte nie einen Hehl daraus gemacht, dass ihm dieser Theaterausflug nicht so recht passte, weil er überhaupt nichts von Karl May und dessen Schreiberei hielt. „Schade um die Tinte, die der verkleckst hat."

Pünktlich zur festgesetzten Zeit holten wir, ziemlich verstaubt und rechtschaffen abgekämpft, die erholten und erfrischten Gustes beim Wirtshaus ab. Der Weg von dort bis zu dem aufgelassenen Kalkbruch, welcher als Festspieltheater diente, zog sich mächtig in die Länge. Frau Guste, ihren Hut in den Nacken geschoben, in der Rechten den Sonnenschirm übers Haupt haltend und die Linke graziös abgespreizt, balancierte auf ihren Stöckelschuhen mühsam dem Ort des weiteren Geschehens entgegen. Nun waren wir es, die wandergewohnten, die frisch und voller Tatendrang dort ankamen, während Gustes alle Anzeichen tiefster Erschöpfung zeigten.

„Karli, soll ich mich etwa da drauf setzen?" Entrüstet wies Frau Guste auf die einfachen Bänke ohne Lehnen, die im Halbrund der zerklüftet aufragenden Felswand gegenüberstanden. „Aber Schnucki, du wusstest doch, dass wir aufs Land fahren und dass dies hier kein Opernhaus ist."

Sie saßen, etwas nach der rechten Seite hin versetzt, in der Bankreihe vor uns. Frau Guste hatte ihren Platz schräg vor mir. Bis dahin hatte ich noch nie einen Menschen in dieser Weise sitzen sehen, wie sie es nun tat. Sie hatte ihre Hände unterm Po verschränkt und saß sehr steif, sehr gerade auf dem Geflecht ihrer Finger. Herr Guste hielt ihr galant den Sonnenschirm übers Haupt. Dies gefiel allerdings einigen der Zuschauer in den hinteren Reihen gar nicht so recht. Sie protestierten heftig und laut dagegen. Herr Guste schaute sich daraufhin pikiert um und meinte:, „Flegel". Zum Glück flüsterte er dies nur, sodass es die Rufer nicht hören konnten. Er klappte jedoch ohne weiter zu murren den Schirm zusammen und ließ ihn sinken.

Irgendwann erschien auf der Felsnase vor uns ein Indianer, im vollen Kriegsschmuck versteht sich. Sofort verstummten alle Gespräche, das Publikum starrte erwartungsvoll zu der Lichtgestalt hinauf. Um eine solche musste es sich handeln, weil Bösewichte anders aussahen. Das Spiel begann.

Anfangs fand ich das Ganze ziemlich langweilig. Es wurde endlos hin und her geredet, nichts geschah. Endlich fiel der erste Schuss. Frau Guste stieß einen lauten Jauchzer aus, hüpfte mindestens zwanzig Zentimeter von ihrem Sitz hoch und plumpste dann auf ihre verschränkten Hände zurück. „Hoffentlich verstaucht sie sich die Hände nicht", dachte ich. Aber nichts dergleichen geschah, sondern dies wiederholte sich bei jedem Schuss. Als jene hochdramatische Stelle kam, wenn Santer mit den anderen Bösewichten Winnetou, Old Shatterhand und die Edlen dieses Stückes auf der Felsnase belagert, meinte man, die arme Frau Guste säße auf der Kutscherbank eines Bollerwagens, welcher in hohem Tempo über eine holprige Straße fährt. Wie dicht die Schüsse fielen, so dicht folgten auch ihre Hopser und angstvollen Jauchzer aufeinander. Zu allem Unglück sauste während einer Indianerschlacht dann noch ein verirrter Pfeil über das Publikum hinweg und fiel nur eine Bankreihe vor der an allen Gliedern Zitternden nieder. Das war zuviel! „Karli, ich will hier weg", stöhnte sie. In diesem Augenblick ging ein Mann durch die Reihen und läutete die Pause ein.

Um es kurz zu machen: Am Abend jenes denkwürdigen Tages entschwanden Gustes wieder aus unserem Leben. Beiden Seiten wird wohl aufgegangen sein, dass sie nicht füreinander geschaffen waren. Von dem ganzen Karl-May-Spektakel ist mir eigentlich nur Frau Gustes bibbernde Angst so richtig im Gedächtnis haften geblieben. Es war im August 1939. Bald würden wir echte Angst kennenlernen.

Jungvolk

„Aachtuung! In Dreierreihe angetreten, maarsch – marrsch! Das soll 'ne Dreierreihe sein, 'n Sauhaufen is' das! Aan den Horizont maarsch – marrsch! Hinlegen, auf, hinlegen, auf ...!" Meine Begeisterung für das Jungvolk war, bald nachdem der Dienstalltag begonnen hatte, in regelrechte Unlust umgeschlagen, obwohl ich mittlerweile voller Stolz mein Fahrtenmesser tragen durfte. Gewiss, einiges an diesem Dienst war interessant und machte Spaß, wie zum Beispiel die Bastelstunde, der Flugmodellbau oder manchmal auch die Heimabende. Aber dem stand anderes entgegen: Geländespiele, während welcher man gegen Jungen kämpfen musste, die einem nichts getan hatten, sinnlose Schleiferei, bei der man durch Dreck und Pfützen gescheucht wurde und Sport, zu dem ich absolut untauglich war. „Seht euch diese Pflaume an, hängt da wie'n Sack voll fauler Kartoffeln!" Beschämend mein kläglicher Versuch, während eines Waldlaufs an einem über den Weg ragenden Eichenast den befohlenen Klimmzug zu machen. Entsprechend beißend fiel bei derartigen Gelegenheiten der Spott des Jungzugführers aus.

Gut, dass ich an Horst, der mit mir in denselben Jungzug gekommen war, einen wackeren Freund und Helfer hatte. Er stand mir regelmäßig bei, wenn nach Dienstschluss die größten Rabauken über mich herfielen, weil ich wieder einmal für Strafexerzieren gesorgt hatte. Als körperlich größter des Jungzugs war ich in der Marschkolonne rechter Flügelmann und als solcher für die Änderungen der Marschrichtung verantwortlich. An sich war das keine schwere Aufgabe, für mich allerdings schier unlösbar, weil ich damals noch nicht zwischen rechts und links unterscheiden konnte. Brüllte zum Beispiel der Jungzugführer „Links schwenkt, marsch!", so konnte es passieren, dass ich auf der Stelle trat, um eine Rechtsschwenkung der Kolonne einzuleiten, beim entgegengesetzten Befehl verhielt ich mich oft genauso falsch. Die Folge solcher Fehlinterpretationen der Kommandos war, dass die Kolonne stets in heilloses Durcheinander geriet und der gesamte Jungzug vom Kommandierenden über den Exerzierplatz gejagt wurde. Wie gesagt, bei den sich an derartige Schleifereien anschließenden Keilereien fand ich an Horst einen treuen Helfer und Mitkämpfer, so dass nicht nur er und ich gelegentlich mit blauen Augen heimkamen, sondern auch so mancher der Angreifer. Horst war ein vorzüglicher Boxer.

Obwohl es unsere Eltern nicht gerne sahen, wenn wir mit Kindern von der Gasse auf unserem Hausgrundstück spielten, hatten sie nichts dagegen, wenn Horst sich auf dem Eisenbahngrundstück zu uns gesellte. Bei solcher Gelegenheit trainierte Eberhard mit mir Links- und Rechtsschwenkungen. Er ließ Horst und mich unter dem alten Birnbaum, dessen große, gelbe Früchte gallig und ungenießbar waren, hin- und hermarschieren. „Denk an die Warze an deinem rechten Daumen. Wo du die hast, ist rechts, wo du die nicht hast, ist links", schärfte er mir vor der Marschübung noch ein. Dann kommandierte er laut und fast so zackig wie unser Jungzugführer: „Im Gleichschritt marsch, rechts schwenkt marsch, gerade aus, links schwenkt marsch, gerade aus!" und so weiter. Ich hab es begriffen, der Warze am rechten Daumen und Eberhard sei Dank! Gegen die Behandlung dieser wichtigen Warze habe ich damals heftigen Protest eingelegt, damit sie mir als wichtige Eselsbrücke lange erhalten geblieben ist.

Beim nächsten Exerzieren auf dem Sandplatz der Saubucht klappte die Befolgung aller richtungsändernden Befehle vorzüglich. Dem Jungzugführer schien dies jedoch gar nicht recht zu sein. Sicherlich hätte er gern einen Vorwand gehabt, uns über den Platz zu jagen. Vielleicht meinte er, nur so richtige Soldaten aus uns zehnjährigen Steppkes machen zu können.

Wie gesagt, wir erlebten einen Bilderbuchsommer in jenem Jahr 1939. Unsere Eltern hatten das Strandbad am Rangsdorfer See entdeckt. Während der großen Ferien verbrachten wir jetzt oft ganze Tage dort. In der Regel machte die ganze Familie, Vater, der ja im Geschäft sein musste, natürlich ausgenommen, sich schon am frühen Morgen auf den Weg. Allerdings stieß er oft schon am frühen Nachmittag zu uns. Mit geschulterten Rucksäcken marschierten wir an den Badetagen frohgemut dem Lichtenrader Bahnhof zu. Mit der S-Bahn ging es dann hinaus in die Mark Brandenburg bis zur Endstation Rangsdorf. Dort endete die elektrische S-Bahn und man musste, falls man hätte weiterfahren wollen, in die Dampf-Vorortbahn umsteigen. Für uns war allerdings meistens in Rangsdorf das Ziel erreicht. Weit jenseits der Berliner Stadtgrenze befand man sich so richtig in des Deutschen Reiches Streusandbüchse. Kiefern, Ginster und jetzt zur Ferienzeit blühende Heide, dazu der helle, feine Sand, in dem die Füße bei jedem Schritt versinken. Hier in Rangsdorf, auf dem Weg zum Strand des Sees, zeigt sich die märkische Landschaft auch heute noch von ihrer besten Seite. Bevor der Weg allerdings aus dem Städtchen herausführte, gab es an der Straße eine Besonderheit zu sehen. Jedenfalls betrachteten wir Buben als Besonderheit, was da in einem der Vorgärten aufgebaut war. Die Erwachsenen, vor allem unser Vater, bezeichneten dies allerdings als Kitsch. Da hatte sich einer die Mühe gemacht und die Sehenswürdigkeiten Potsdams und Babelsbergs in maßstabsgerechter Verkleinerung nachgebildet.

Badeausflüge zum Rangsdorfer See waren immer Tagesausflüge. Obwohl es im Strandbad eine gemütliche Gartenwirtschaft gab, schleppte Mutter unsere Verpflegung nach alter Wandervogeltradition stets im Rucksack mit sich. Er enthielt Kartoffelsalat, kalte Buletten und Apfel im Schlafrock, das waren gekochte Apfelstücke in Vanillesauce, oder die allseits beliebte Berliner Rote Grütze, ein rot gefärbter Grießbrei, der stark nach Himbeeraroma schmeckte. Sie alle waren Leibgerichte, die uns der vom Lokal herüberwehende Schnitzelduft nicht verleiden konnte.

Nachmittags, wenn Vater gekommen war, gingen wir manchmal hinüber in den Wirtshausgarten. Meistens fragte Vater vorher: „Rosel, haste Kaffeepulver mit?", denn am Eingang des Gartens prangte ein großes Schild mit der Aufschrift: „Hier können Familien Kaffee kochen." Den Kuchen lieferte die Gaststätte, während die Frauen mit ihrem zu Hause gemahlenen Kaffee in die Küche gingen, um diesen nach ihrer Gewohnheit zuzubereiten. Eine preiswerte Art, sich am Nachmittag Kaffee und Kuchen zu genehmigen.

Dieses heitere, unbeschwerte, sommerliche Treiben fand am 1. September jenes Jahres 1939 ein jähes Ende. Gewiss, unvorbereitet traf uns dieses Ende nicht. Vorausgegangen war im August schon die Generalmobilmachung. Auch unser Vater hatte die Einberufung zum Militär bekommen. Am 26. August trat er seinen Dienst im Wehrbezirkskommando Berlin Mitte an. Sogar zum Unteroffizier hat man ihn kurz vor seiner Entlassung aus dem Militärdienst im Jahr 1940 noch befördert.

Kriegsanfang

An sich ist mir von jenem 1. September 1939 sehr wenig in Erinnerung geblieben. Auf welchen Wochentag fiel damals jenes Datum eigentlich, war noch Ferienzeit? Ich weiß es nicht mehr.[52] Ich weiß nur noch, dass es ein herrlicher, milder Spätsommertag war und wir am Nachmittag auf der Terrasse in der Sonne bei Kaffee und Butterbrot saßen. Plötzlich kam unser Vater in langen Schritten auf das Gartentor zugeeilt. Rainer sah ihn als Erster. „Da kommt der Vati!", rief er erfreut. „Jetzt schon? Und wie der aussieht, da muss was passiert sein!" Unsere Mutter, die mir gerade ein Butterbrot schmieren wollte, hielt in ihrer Bewegung inne und schaute unserem Vater angstvoll entgegen. In der Art, wie jener das Gartentor aufschloss und hinter sich zuwarf, wie er quer über den Rasen auf das Haus zueilte, war es ihm anzusehen: Es musste etwas passiert sein. Während er mit zwei großen Schritten die Terrassenstufen nahm, keuchte er atemlos: „Krieg, Rosel, es ist Krieg!" „Was, was sagst du da?" Unser Vater ließ sich auf den für ihn bereitstehenden Gartenstuhl fallen. Er muss von der Straßenbahnhaltestelle bis hierher zu unserem Grundstück fast gerannt sein, denn sein Atem ging immer noch schwer und keuchend. Unsere Mutter starrte ihn erschrocken mit offenem Munde an. „Krieg sagst du?" „Ja, Krieg, hört ihr denn gar kein Radio? Den ganzen Tag über bringen sie schon Sondermeldungen! Die Polen haben einen deutschen Sender angegriffen, in Schlesien, glaub' ich." „Deswegen die dauernde Marschmusik im Radio. Nachrichten oder Sondermeldungen hab ich aber nicht gehört", meinte Oma und dann, dabei auf die Tischplatte klopfend: „Diese Pollacken, ich wusste es doch, dass die keine Ruhe geben. Na, der Führer wird's ihnen schon zeigen. Glaubt mir, in drei Wochen ist der ganze Krieg vorüber!" „Das glaub ich auch", bekräftigte unsere Mutter. Sie war die erste in unserer Runde, welche ihre Fassung wiedergewann. Entschlossen stand sie nach einigen Augenblicken auf, ging ins Haus und kam mit einer Einkaufstasche und ihrem Portemonnaie in der Hand wieder heraus. „Eberhard, fahr doch mal schnell mit dem Rad in die Halker Zeile zum Bäcker und kauf' uns eine große Portion Kuchen. Streuselkuchen, Bienenstich, Quarkkuchen, am besten von allem etwas, so für ein, zwei Mark! Wer weiß, ob's morgen noch welchen gibt."

Es dauerte eine Ewigkeit, bis Eberhard zurückkam. „Eine Menschheit dort", berichtete er, „die hamstern vielleicht!" „Was denn um Gottes willen?" „Alles – Mehl, Brot, Semmeln." „Rosel, hast du vergessen, wie's im Ersten Weltkrieg war?", unterbrach Oma Eberhards Aufzählung. Unser Vater fiel ihr ins Wort: „Ich hab's nicht vergessen, Mutter. Ich weiß aber auch noch, dass die ganze Hamsterernte nach zwei, drei Wochen aufgegessen war und dann für alle der Hunger kam, auch für die Hamsterer." „Wir brauchen nicht hamstern zu gehen. Wir haben genug Vorräte. Bis die aufgegessen sind, ist der Krieg zu Ende." Unsere Mutter war sehr zuversichtlich. Am nächsten Vormittag sind Oma und Mutter dann doch losgezogen, um wenigstens Brot und vor allem Stollenmehl zu hamstern. „Bis Weihnachten ist der Krieg mit Sicherheit zu Ende, aber was man hat, hat man! Ein Weihnachten ohne Stollen, das wäre nicht auszudenken!"

In der darauffolgenden Nacht bin ich aufgewacht und lag lange Zeit in meinem Bett wach. Ich konnte nicht wieder einschlafen, weil ich mir einbildete, dass die Scheibe unseres Kammerfensters leicht und anhaltend klirrte und mir ein kaum spürbarer Druck in den Ohren lag. Sicherlich war dies nur Einbildung, aber Angst hat es mir doch gemacht.

Vorläufig ging das Leben nahezu unverändert weiter. Die Grundnahrungsmittel wurden zwar rationiert, und man konnte sie in den Läden nur noch gegen Vorlage entsprechender Marken kaufen. Da die Zuteilungen jedoch noch reichlich und vielfältig ausfielen, war kein Mangel zu spüren. Man konnte noch essen und trinken wie eh und je.

Luftschutz lautete jetzt die Devise. Alle Dachböden mussten leer geräumt werden. Dies wurde streng kontrolliert. Von den Behörden ernannte und geschulte Luftschutzwarte gingen von Haus zu Haus. Sie überprüften, ob die verlangten Geräte, Feuerpatschen, Feuerhacken, Sandkisten und Schaufeln auf den Dachböden bereitstanden. Stets gefüllte Wassereimer gehörten ebenfalls dorthin.

Vor einem Jahr, nach unserem Umzug aus Gefell hierher nach Berlin, hatten wir Omas überflüssigen Kram auf den Dachboden geschafft. Nun trugen wir ihn hinunter in den Keller. Dort sollte er, in Kartons verpackt, den Krieg überdauern, bis 1945 betrunkene Rotarmisten diese Kartons mit ihren Bajonetten aufschlitzten und ihren Inhalt johlend im Keller verteilten.

In der Schule gab es jetzt öfters Luftschutzübungen, dann läutete während des Unterrichts die Pausenglocke. Dies bedeutete, dass die Lehrer uns in aller Ruhe hinaus auf den Gang und im Klassenverband hinunter in den Keller führten. Von Ruhe und Ordnung konnte, jedenfalls in den ersten Kriegswochen, während dieser Übungen allerdings keine Rede sein. Vor allem wir Buben versuchten durch martialisches Geschrei und kühne Raufereien die Mädchen von unserer Heldenhaftigkeit zu überzeugen. Den entnervten Lehrern blieb in dieser Situation nichts anderes übrig, als wahllos in die Menge der Buben zu greifen und den so beim Schlafittchen Gepackten kräftig die Hosenböden zu versohlen.

Der Luftschutzraum in unserem Schulkeller war alles andere als vertrauenerweckend. Man hatte den Heizungskeller zum Schutzraum umfunktioniert, und über uns an der Decke verliefen die Heizungsrohre. Leicht hätten diese während eines Bombenangriffs durch die starken Erschütterungen platzen können. Wir wären dann von nahezu kochendem Wasser übergossen worden. Zum Glück trat für uns nie der Ernstfall ein. Als die schweren Tagesangriffe einsetzten, waren wir schon längst in der Kinderlandverschickung. Unser Schulgebäude diente dann als Lazarett. In ihm wurden kriegsverwundete Soldaten gesundgepflegt.

Der Krieg mit Polen dauerte nicht lange, nur achtzehn Tage, da hatte unsere Oma schon Recht gehabt. Aber Frieden bekamen wir nach dem Ende der Kampfhandlungen nicht. Das Gefühl, immer noch im Krieg zu sein, vermittelte vor allen Dingen die fortdauernde Verdunkelungspflicht. Gleich nach Kriegsbeginn war diese angeordnet worden. Alle Fenster in den Häusern mussten nun mit fest schließenden schwarzen Rollos abgedunkelt werden. Kein Lichtstrahl durfte nachts nach draußen dringen. Die Automobile blinzelten nur noch schlitzäugig auf die dunklen Straßen. Man hatte ihren Scheinwerfern schwarze Kappen übergezogen, in welche schmale Lichtschlitze geschnitten waren. Die Straßenlaternen blieben dunkel oder verbreiteten nur noch mattes rotes Licht. Leuchtplaketten waren jetzt die große Mode, kleine, phosphoreszierende Abzeichen, welche man am Kragen oder sonst irgendwo im Brustbereich der Kleidung trug. So erkannte man auf den stockdunklen Straßen entgegenkommende Passanten. Ja, der Krieg dauerte an, obwohl die Waffen schwiegen.

Kriegsgefangene

Auf dem Weg zur Schule konnten Horst und ich in diesen Tagen Seltsames beobachten: Dort, wo die Steinstraße über das freie Feld führte, wo noch im Sommer unzählige Kohlweißlinge über die angrenzenden Krautfelder geflattert waren, begannen plötzlich eifrige Bauarbeiten. Als Erstes wurde ein hoher, doppelter Drahtzaun gezogen, dessen stacheldrahtbewehrte Krone sich nach innen neigte. Scheinwerfer und Wachtürme wurden an allen Ecken postiert. Dann entstanden in diesem Areal Holzbaracken, eine neben der anderen. Diejenigen, die diese Stadt für sich und ihre Kameraden bauten, waren graue, hohlwangige Gestalten in alten, zerlumpten Uniformen: polnische Kriegsgefangene. Horst und ich hatten Angst vor ihnen. So schnell wir nur konnten, liefen wir an diesem Lager vorbei, wenn wir zur Schule gingen oder von ihr heimkamen. Man hatte uns beim Jungvolk während eines Schulungsabends ausdrücklich vor diesen Kreaturen gewarnt. Sie standen für uns auf gleicher Stufe mit den Juden, deren Schändlichkeit uns von Lehrern und Jungvolkführern regelmäßig vor Augen geführt wurde. Omas Völkischer Beobachter wurde nicht müde, diese Menschen in Fotos und Karikaturen zu Untermenschen herabzuwürdigen.

In der bei Oma so beliebten Samstagssendung des Großdeutschen Rundfunks „Allerlei von zwei bis drei" gehörten diffamierende Judenwitze zum Programm, waren quasi das Salz in dieser unappetitlichen Suppe. Auch ich war in jener Zeit ein eifriger Hörer dieser Sendung und fand mich samstags regelmäßig um zwei Uhr am Nachmittag bei der Oma ein. Da ich schon damals mit einem guten Gedächtnis ausgestattet war, hatte ich bald ein umfangreiches Repertoire dieser Witze auf Lager. Dadurch war es mir möglich, während der monatlichen Heimabende beim Jungvolk mit Judenwitzen meine Kameraden und Führer aufs Beste zu unterhalten. Dies verschaffte mir ein gewisses Ansehen. Ich konnte damit einen Teil meines sportlichen Unvermögens kompensieren.

Auch mein Bildgedächtnis war schon gut entwickelt. Ich hatte viele der Karikaturen, welche ich bei Oma im Völkischen Beobachter gesehen hatte, gespeichert. Zeichnerisch begabt, konnte ich den Plutokraten, den anglo-amerikanischen Juden, mit flotter Hand aufs Papier werfen: großer Kopf mit Hakennase und Backenbart, Zylinder drauf, in Frack und Weste mit dickem Bauch und dünnen krummen Beinen, natürlich immer einen schweren Geldsack in der Hand. Auf dem Zylinder prangte stets der Union Jack, die englische Nationalflagge. Bei Lehrer Thiele, dem Zeichenlehrer, fand ich mit derartigen Schmierereien stets großen Beifall. Als ich aber unserem Vater eines Tages eine derartige, wie ich meinte, besonders gelungene Zeichnung vorlegte, erntete ich statt des erwarteten Lobes zwei schallende Ohrfeigen. „So was will ich nie wieder sehen! Bleib lieber bei deinem Alten Fritzen!"

Dazu ist zu sagen, dass ich damals in glühender Verehrung für Friedrich den Großen schwärmte. Zum Schulungs- und Kinoprogramm beim Jungvolk gehörten, als dies geschah, Preußenfilme mit Otto Gebühr[53] in der Rolle des Alten Fritz. Diese Filme waren der Brunnen meiner Begeisterung. Diese Begeisterung war wiederum der Antrieb zu meinem ungewöhnlichen zeichnerischen Fleiß. Ich bemühte mich, den alten Fritz zu porträtieren. In einem kleinen Kunstladen auf der Bahnhofstraße hatte ich die Kopie eines berühmten Porträts Friedrichs gesehen. Eine Originalfederzeichnung, wohlgemerkt: der Alte Fritz im

Profil, den Dreispitz auf dem Kopf, in ziemlicher Größe und, wie ich meinte, ein überragendes Kunstwerk. So etwas wollte ich auch zustande bringen. Ich verbrauchte damals eine Unmenge an Zeichenkarton und lief dauernd mit Tuscheklecksen an den Fingern herum. Vater beobachtete diese Bemühungen mit wohlwollendem Spott und half mir gelegentlich mit Rat und Tat. Darum nun auch sein lakonischer Einwurf: „Bleib lieber beim Alten Fritzen!" Warum er sich so über meinen gezeichneten Plutokraten aufregte, den Juden, wie ihn der Völkische Beobachter sah, blieb mir damals allerdings ein Rätsel. Ich wagte auch nicht, ihn danach zu fragen. Ich hatte mittlerweile gelernt, dass man von den Erwachsenen auf Fragen dieser Art selten Antworten bekam.

Im Spätherbst des Jahres 1939 begannen die Arbeiten an der neuen Eisenbahnstrecke. Als Erstes wurde das benachbarte Wohnhaus abgerissen. Es hatte schon seit einiger Zeit niemand mehr in ihm gewohnt, als Vater das Eisenbahngrundstück in Pacht nahm und der zum Haus gehörige Garten bereits zu verwildern begann. Wir Buben wären vom Eisenbahngrundstück aus gern einmal hinübergekrochen. Nicht nur der fremde Garten mit seinen verbotenen Früchten reizte uns, sondern auch das unbewohnte Haus. Wir wähnten alle möglichen Geister und Gespenster in ihm. Leider bot der Drahtzaun, welcher beide Grundstücke voneinander trennte, keinerlei Durchschlupf.

Von diesem Zaun aus konnte ich nun in aller Ruhe die polnischen Kriegsgefangenen beobachten, welche drüben das Haus dem Erdboden gleichmachten. Sie sahen aus wie normale Menschen, wirklich. Manchmal lachten sie sogar, allerdings nur, wenn keiner der Wachsoldaten in der Nähe war. Ein alter Mann sprach mich eines Tages an und bettelte in gebrochenem Deutsch um eine der galligen Früchte, welche unter dem alten Birnbaum in unserem Grundstück lagen. „Hinlegen und weggehen", flüsterte er, sich nach den Wachsoldaten umschauend: „Wenn kein Soldat sehen!"

Ich habe einige Augenblicke lang mit mir gekämpft, ehe ich seiner Bitte nachkam, ahnte ich doch, dass der Pole mich um etwas Verbotenes gebeten hatte. Slawen gleich Sklaven, so ist es uns in der Schule und beim Jungvolk eingetrichtert worden. Slawen gleich Sklaven und: Deutschen ist jeder Kontakt zu diesen Untermenschen verboten. Ich hätte gleich davonlaufen sollen, als mich jener ansprach, stattdessen bückte ich mich, las eine der Birnen auf und legte sie für ihn erreichbar an den Zaun. Ich tröstete mich damit, dass jener voller Ekel den ersten Bissen ausspucken würde. Dessen war ich mir sicher, so gallig, wie diese Birnen schmeckten. Also würde diese schändliche, verbotene Tat mein Gewissen nicht belasten. Ich hatte mich aber getäuscht. Der Pole aß die Birne, ohne mit der Wimper zu zucken, mit Stiel und Stumpf auf. Oh, ich hatte damals noch keine Ahnung davon, dass beißender Hunger der beste Würzmeister ist.

Den Polen ging es nicht gut, das sah ich. Einer der Wachsoldaten schlug mit dem Gewehrkolben unbarmherzig auf sie ein, wenn er meinte, die Gefangenen würden nicht schnell genug arbeiten. Sechs Jahre später sollte ich selbst in die gleiche Lage kommen, in der sich jetzt die Polen befanden. Im Gegensatz zu ihnen fand ich allerdings menschlichere Bewacher.

Richtig begonnen wurde mit dem Bahnbau in unserer Gegend erst im Frühjahr des Jahres 1940. Das Planieren der Trasse, das Aufschütten des Gleisbettes, das Verlegen der Schienen, zu all diesen Arbeiten wurden Kriegsgefangene eingesetzt. Neben den Polen nun auch Franzosen, Holländer, Belgier und Engländer. Diese waren als Angehörige „arischer" Völker allerdings von den Polen streng getrennt. Jene wurden nach wie vor als Untermenschen behandelt, bekamen die schwersten Arbeiten zugeteilt, das schlechtere Essen, wurden geschlagen und während der Arbeit bis zum Umfallen angetrieben.

Die „Arier" dagegen erfuhren eine ganz andere, menschlichere Behandlung. Als Beispiel dafür soll hier das Schattenmorellenbäumchen im Eisenbahngrundstück stehen. Es hatte im Frühjahr über und über geblüht, eingehüllt in das Gesumme Tausender von Bienen und Hummeln. Jetzt, im frühen Sommer trug es schwer an der Last seiner dunkelroten Kirschen. Unbehelligt vom Getriebe des Bahnbaus durfte es seine Früchte zur Reife bringen. Der Zaun zwischen dem Eisenbahngrundstück und unserem hinteren Gartenteil war schon eingerissen worden. Er sollte um einen Meter in die Richtung unseres Hauses versetzt werden, eine Arbeit, welche französische Gefangene verrichteten. Die Behörden hatten uns gestattet, solange an der Bahn gearbeitet wurde, unsere letzte Ernte neben den entstehenden Gleisen einzuholen.

Eines Tages, wir hatten unsere Kirschernte beendet, sprach ein Franzose unsere Mutter in vorzüglichem Deutsch an. Er bat, auch im Namen seiner Kameraden, um die Erlaubnis, das Schattenmorellenbäumchen endgültig plündern zu dürfen. Natürlich hatte meine Mutter nichts dagegen. Es dauerte nicht lange, da taten sich Franzosen, Holländer und Belgier an dem immer noch überreichlichen Kirschensegen gütlich, von den deutschen Bewachern stillschweigend geduldet. Bald gesellten sich auch einige der streng gesondert gehaltenen Polen dazu. Ihnen sollte dies jedoch schlecht bekommen. Sie wurden von dem oben erwähnten Wachsoldaten in ihre Gruppe zurückgetrieben und brutal geschlagen. Hoch anzurechnen ist den bevorzugten westlichen Gefangenen, dass sie sich mit den Polen solidarisierten und sofort von dem Bäumchen abließen. Ich habe dies alles von unserem Küchenbalkon aus beobachtet. Lange hat mich vor allem die Brutalität, mit welcher die armseligen polnischen Gefangenen geschlagen wurden, beschäftigt und belastet. Ich habe mich dann aber damit getröstet, dass dies ja nur die gerechte Strafe für all die Verbrechen war, welche jene an den „Volksdeutschen" begangen haben sollten.

Bei der Oma hatte ich erst vor einigen Tagen im Völkischen Beobachter heimlich einen Artikel gelesen, in welchem von diesen Verbrechen berichtet wurde. Sogar Frauen sollen sie vergewaltigt haben, diese Polen! Was ist eigentlich vergewaltigen? Ich konnte mir nichts darunter vorstellen. Dass es etwas sehr Schlimmes sein musste, ahnte ich allerdings. Unsere Mutter, welche ich danach fragte, antwortete kurz und lakonisch: „Ein Verbrechen ist's, Dieter, ja ein Verbrechen!" Von diesem Tage an lag allerdings der Völkische Beobachter oben bei der Oma nicht mehr für uns Kinder erreichbar auf dem Lesetischchen bereit.

In allen Kinos lief damals ein Propagandafilm. Die Pimpfe, Jungmädel und Hitlerjungen mussten ihn sich anschauen, das war Pflicht und wurde während des Dienstes absolviert. Ich kann mich nur noch an den Schluss dieses erbärmlichen Streifens erinnern: In einem düsteren Keller warten „volksdeutsche" Frauen und Kinder auf ihren Tod. Er lässt auch nicht lange auf sich warten. Plötzlich geht oben unter der Kellerdecke eine Luke auf, ein frech grinsendes Polengesicht erscheint, und der Lauf eines Maschinengewehrs wird hereingeschoben. Zum Glück kommt alles ganz anders, als man denkt! Ein Junge, ein mutiger Pimpf, springt hoch und hängt sich an den Lauf des MGs. Dann folgt das Rattern der Schüsse. Angst- und Schreckensschreie, aber niemand wird verletzt, dem tapferen Jungen sei Dank. Plötzlich Stille, dann Kampflärm vor der Kellertür, sie wird aufgerissen, und die rettenden deutschen Soldaten stürmen herein. Der heldenhafte Junge gleitet vom Lauf des Maschinengewehrs ab und fällt mit verbrannten Händen ohnmächtig einer vor Glück weinenden Frau, seiner durch ihn geretteten Mutter, in die Arme. Nach dem Anschauen dieses Filmes hätte ich keinem Polen auch nur die kleinste Birne zugesteckt! Goebbels verstand es, Hass in unsere Seelen zu säen, und die Saat ging auf, je länger der Krieg dauerte.

Volksempfänger

Am frühen Abend jedes Werktags gab es im Radio von sechs bis sieben Uhr Frontberichte. Unsere Mutter war eine begeisterte Hörerin dieser Sendungen. Da pfiffen einem in der Küche, wo unser Zweitradio stand, aus einem

Volksempfänger die Kugeln um die Ohren, dröhnten die Kanonenschüsse, ballerten die Maschinengewehre, ratterten die Panzer und sausten heulend die Stukas vom Himmel herab, indem sie Schrecken und Tod unter den Feinden verbreiteten.

Während dieser Zeit bereitete Mutter stets das tägliche Abendbrot vor. Da war sie sowieso in die Küche verbannt und hatte also Muße genug, sich dem Nervenkitzel hinzugeben, der von diesen Reportagen ausging. Während sie für jeden von uns die Wurst- und Brotrationen auf die Teller legte und einen Klecks Margarine dazugab, für Vater natürlich von allem etwas mehr, wurde ihr über den Äther das Kriegsgeschehen direkt in die Küche geliefert: „Hier ist der Großdeutsche Rundfunk mit seinen täglichen Frontberichten! Wir rufen Waldemar Kuckuck[54]. Waldemar, hören Sie uns?" „Jawohl! Ich empfange Sie ausgezeichnet!" Wie zur Bestätigung dieser Aussage folgte nun stets eine kurze Einblendung des Kampflärms. Waldemar Kuckuck war übrigens Mutters Lieblingsreporter. Während seiner Berichte musste absolute Stille herrschen, da war sie ganz Ohr, da durfte ihr kein Wort entgehen. Sie hat stets um ihn gezittert, wenn zum Beispiel während einer seiner Reportagen plötzlich das herannahende Heulen einer Granate zu hören war und nach dem entsetzlichen Wumm der Explosion einige Sekunden Stille herrschte, bis sich Waldemar Kuckucks Stimme wieder vernehmen ließ: „Das war knapp!"

Im April 1940, der deutsche Überfall auf Dänemark und Norwegen war in vollem Gange, meldete er sich von Bord eines Schnellboots und kommentierte eine Attacke auf einen englischen Geleitzug. Im August desselben Jahres, während der ersten deutschen Luftangriffe auf englische Städte, kam seine Reportage aus der Kanzel einer HE 11, eines zweimotorigen Kampfflugzeugs. Zuvor, im Mai und Juli, hatte er von den verschiedenen Kriegsschauplätzen des Frankreichfeldzugs berichtet. Ab Juli 1941 war die Ostfront sein Einsatzgebiet. Ende 1943 wurde es still um ihn, man hörte nichts mehr von ihm. War er gefallen? Hatte er ein unbedachtes Wort in eine seiner Reportagen einfließen lassen und war deshalb in den Kampf geschickt worden? Hatte er sein Mikrofon gegen das Gewehr vertauschen müssen? Wir wissen es nicht. Mit dem Verstummen von Waldemar Kuckuck verlor unsere Mutter ihr Interesse an den täglichen Frontberichten. Der Krieg hatte mittlerweile ja auch die sogenannte Heimatfront erreicht. Täglich heulten die Sirenen, fielen Bomben auf deutsche Städte und verbrachten ihre Bewohner viele angstvolle Stunden in den Luftschutzkellern. Man war nicht mehr auf Frontberichte angewiesen, um sich ein Bild vom Kriegsgeschehen machen zu können. Man erfuhr es nun täglich in unmittelbarer Nähe.

Eine andere Sendung vereinte unsere gesamte Familie, jedenfalls solange wir noch alle zu Hause lebten, vor dem Radioapparat: das wöchentliche Wunschkonzert. Jeden Sonntag pünktlich um fünf Uhr am Nachmittag ertönte das Erkennungslied, dann die Stimme des Sprechers: „Hier ist der Großdeutsche Rundfunk, wir rufen unsere Väter, Söhne und Brüder, die Wache halten am Nordkap, die in der Weite Russlands kämpfen und unter der glühenden Sonne Afrikas! Euch schlägt das Herz der Heimat, euch ihr Helden, gilt unser Gruß!" So oder so ähnlich tönte es nun zwei Stunden lang aus dem Radio. Dazwischen die gängigsten Schlager dieser Zeit, aber auch klassische Wünsche wurden erfüllt. Häufig erklang die Träumerei von Robert Schumann, aber auch Wagner und Beethoven durften nicht fehlen. Dazwischen immer wieder der Sprecher: „Wir rufen!" – dann die Empfänger dieser Funksprüche: U-Boote in der Weite des Atlantiks oder Landser in den Schützengräben der Ostfront. Man konnte auf diese Weise erfahren, dass dem Obergefreiten Franz Schmidt ein Peter geboren worden war, ein Urlaubskind, wie man diese Kriegskinder schmunzelnd nannte. Auch Ferntrauungen wurden über Funk vollzogen. Dies war stets eine sehr feierliche Angelegenheit, und Oma hatte oft Tränen in den Augen, wenn das Jawort über den Äther hinweg ausgetauscht wurde. Nach derartigen Ferntrauungen erklang meistens der Wagner'sche Hochzeitsmarsch aus dem Lohengrin: Treulich geführt – und so weiter. Nach Geburtsanzeigen erfuhr man regelmäßig, dass auf dem Dach der Welt ein Storchennest steht, in dem hunderttausend kleine Babys liegen. Es war, glaube ich, Ilse Werner[55], die uns immer wieder diese erstaunliche Neuigkeit verkündete. Herzig auch das Babygeschrei, welches jeden neuen Erdenbürger ankündigte. Ja, die Nazis wussten schon, wie man Herzen rührt.

Wir tranken stets unseren Kaffee, während das Wunschkonzert erklang. Vor allem während der Advents- und Weihnachtszeit war dies sehr gemütlich und stimmungsvoll. Wir hielten dann Dämmerstunde. Auf dem Tisch drehte sich die Pyramide, von der Wärme ihrer vier Kerzen angetrieben, der Kaffee duftete, für uns Buben natürlich aus Gerstenbohnen gebraut, für die Erwachsenen immer noch aus richtigen Kaffeebohnen. Wo trieben unsere Eltern in dieser Kriegs- und Mangelzeit jene Kostbarkeit eigentlich immer noch auf?

Kriegsspiele

Obwohl unser Anwesen in Lichtenrade nur einige Kilometer Luftlinie vom Tempelhofer Flughafen entfernt lag, zeigte sich vor dem Krieg selten einmal ein Flugzeug am Himmel über uns. Der Luftverkehr war ja damals noch nicht so ausgebaut wie heutzutage. Wir kannten die Flugzeiten der einzelnen Passagiermaschinen ganz genau und wussten zum Beispiel, dass zweimal in der Woche um drei Uhr am Nachmittag eine Focke-Wulf Condor nach Tempelhof einflog, ein schnittiges, viermotoriges Flugzeug, das uns Buben regelmäßig aus dem Haus lockte. Das Motorengeräusch der einzelnen Flugzeugtypen war so unterschiedlich, dass wir sie schon daran erkennen konnten, bevor sie am Himmel zu sehen waren. Wie gesagt, vor dem Krieg waren es nur einzelne Passagiermaschinen gewesen, die über uns hinweggeflogen waren.

Dies änderte sich mit Beginn des Krieges. Passagiermaschinen sah man nun kaum mehr, dafür desto häufiger Militärflugzeuge. Wir erkannten auch sie bald an ihren Motorgeräuschen. Die schnittige ME 109, ein einsitziges, einmotoriges Jagdflugzeug, die etwas plumpere, dafür wendigere FW 190 mit ihrem bulligen Sternmotor. Auch sie einsitzig, ein Jagdflugzeug. Die HE 111 sah man selten, hörten wir sie kommen, gab es für uns Buben kein Halten im Haus, wir stürmten hinaus auf die Terrasse, um den Flug dieses eleganten zweimotorigen Kampfflugzeugs zu bewundern. Noch seltener war an unserem Himmel die legendäre JU 87 zu sehen, der Stuka[56]. Stukapilot, das war der Traum aller kriegsbegeisterten Jungen. Kriegsbegeistert waren wir fast alle, dafür sorgten die Propaganda und die Schulung beim Jungvolk.

Wenn Rainer und ich mit unseren Lanolinsoldaten spielten, gehörten Stuka-Angriffe zum unerlässlichen Repertoire unserer Zerstörungsaktionen. Als Stukas fungierten unsere Hände. Man musste eine der großen Glasmurmeln zwischen Daumen und Zeigefinger klemmen, mit den so bewaffneten, hoch über den Kopf erhobenen Stukahänden auf die feindlichen Linien zufliegen, abkippen, niederstürzen und beim Abfangen dicht über dem Ziel die Murmel loslassen. Die Wirkung solcher Angriffe war stets verheerend. Viele der Soldaten lagen dann blessiert im Grase oder auf dem Teppich herum, wenn unser Krieg im Wohnzimmer stattfand. Im Lazarett, sprich, am Küchentisch, wurden die Verwundeten später mit Uhu und Wasserfarben wieder geheilt, was uns von Mal zu Mal besser gelang.

Stuka-Angriffe gingen stets mit einer gewissen Lautstärke einher, denn die originalen Flugzeuge waren mit Sirenen bestückt, welche beim Angriff, während des Sturzflugs, ein lautes, Angst erzeugendes Geheul verbreiteten. „Ihr heult wieder mal wie die Derwische! Müsst ihr denn immer Stuka spielen? Tut lieber was Nützliches. Ab in den Garten, Unkraut jäten! Die Petersilie wartet schon lange drauf!" Meistens beendete Mutter so oder so ähnlich unsere kriegerischen Aktionen.

Vor dem Krieg waren unsere Soldaten und ihr Zubehör Spielzeug wie jedes andere auch, nichts Besonderes. Jetzt, nach Kriegsbeginn, avancierten Blechpanzer, Kanonen und Soldaten zum Lieblingsspielzeug. Leider hatten wir nur deutsche Soldaten. Gern hätten wir auch Franzosen, Amerikaner oder Engländer, also Feinde gehabt, aber unsere Eltern zeigten sich in dieser Beziehung auf beiden Ohren taub. So verübten wir genaugenommen Kameraden- oder Brudermord, wenn wir unsere Soldaten miteinander kämpfen ließen.

Ein Kriegsspielzeug war mir vom ersten Augenblick seines Besitzes an besonders lieb und teuer: mein Mörser. Bereits in Gefell hatte ich ihn zum Geburtstag im Jahre 1937 geschenkt bekommen. Es war ein Stück so recht nach meinem Bubenherzen. Man konnte ihn mit einer großkalibrigen Holzgranate laden, die einen Zündkopf aus Blei besaß. Dieser Kopf ließ sich mit Zündplättchen bestücken. Eine starke Feder schleuderte diese Granate aus dem Rohr. In hohem Bogen flog sie durch die Luft und landete stets mit dem Zünder zuerst im Ziel, wo mit lautem Peng die Zündplättchenladung explodierte. Natürlich ließ sich auch der Mörser selbst mit Zündplättchen bestücken, sodass schon der Abschuss einen mächtigen Knall verursachte. Die Munition zu Rainers schwerer Haubitze bestand aus Kupferpatronen, die kleine Gummipfropfen aus dem Kanonenrohr schossen. Das Geräusch dieses Geschützes war fast so laut wie der Schuss aus einer Schreckschusspistole.

Kindersoldaten

Eines Sonntags im Sommer 1939, zu einer Zeit, da die Bekanntschaft unserer Eltern zu Gustes noch Bestand hatte, besuchten wir mit ihnen gemeinsam eine Veranstaltung zum Tag der deutschen Wehrmacht in der Berliner Innenstadt. Zur Feier dieses für die deutsche Wehrmacht wichtigen Tages hatte es sogar schulfrei gegeben.[57] Als Höhepunkt dieser Veranstaltung landete gegen Mittag ein Fieseler Storch auf der Straße „Unter den Linden". Dieser einmotorige Hochdecker zeichnete sich durch ganz besondere Flugeigenschaften aus. Schon bei dem Erreichen einer Geschwindigkeit von fünfzig Stundenkilometern erhob er sich in die Luft. Zum Starten und Landen benötigte er demzufolge nur sehr kurze Bahnen. Er war der Hubschrauber jener Tage.

Während ich dies niederschreibe, steigen andere Erinnerungen in mir auf, drängen sich in den Vordergrund, überwuchern die bisher geschauten Bilder. Ich stehe mit Hunderten in Reih und Glied auf einem Sportplatz. Wir alle sind eingekleidet in ockerbraune Paradeuniformen: Reitstiefel, Reithosen und auf dem Kopf die Schirmmütze der SA. Kindersoldaten sind wir alle – keiner ist über sechzehn Jahre alt – als letztes Aufgebot rekrutiert in den Wehrertüchtigungslagern Böhmens. Unsere Bewaffnung besteht aus uralten Karabinern, lange unhandliche Schießprügel zum Teil noch aus der Zeit vor dem Ersten Weltkrieg.

Die SA-Standarte „Feldherrnhalle" war eine Eliteeinheit. So also sahen sie aus, Hitlers Elitesoldaten der letzten Stunde: Jungen, kaum dem Kinderdasein entwachsen, in zu großen, um die Glieder schlotternden Uniformen. Von den nahen Bergen des Böhmerwaldes sahen wir nichts, damals, auf jenem Sportplatz in Neuhaus, dem kleinen Städtchen mit der großen Kaserne. Tiefhängende Wolken schütteten mit ihrem Nieselregen auch ihr erdrückendes Grau übers Land, schluckten die Berge. Fröstelnd standen wir in Kolonnen. Nässe drang durch die Mäntel unserer Uniformen. Flüsternd ging es durch die Reihen: „Wird er heute überhaupt kommen, bei dem Wetter, bei dieser schlechten Sicht?"

Da ertönte ein leises, schnell lauter werdendes Brummen, schon schwebte der Fieseler Storch dicht über die Pappeln am Platzrand herein, setzte auf, rollte einige Meter über den Rasen und kam in der Mitte des Platzes zum Stehen. Nun kam Leben in unsere Offiziere. „Aachtung! Präsentiert das Gewehr!" Die üblichen militärischen Rituale. Eingeflogen war der Reichsführer SA Schepmann[58]. Dickbäuchig und feist tat er sich im Glanz seiner Orden schwer beim Aussteigen aus der Maschine. Er nahm uns den Eid auf Führer, Volk und Vaterland ab. Danach beeilte er sich, wieder in seinen Fieseler Storch zu klettern. Nachdem das Flugzeug in Startrichtung gedreht worden war, entschwebte er, um, wie er in einer zündenden Ansprache versichert hatte, an der Spitze seiner Standarte „Feldherrnhalle" der roten Flut entgegenzustürmen. Sein Flug führte aber in Richtung Westen, während aus dem Osten, noch kaum wahrnehmbar, der Kanonendonner der näherrückenden Front zu spüren war.

Es fällt mir schwer, diesen Erinnerungsfaden abzuschneiden, meinen Helden, also mich selbst, zurückzuversetzen ins Jahr 1939, mich schrumpfen zu lassen zu dem zehnjährigen Schuljungen, dem Pimpf, der ich damals noch war. Doch ich sehe uns, meine Eltern, meine Brüder, mich und Gustes. Wir recken die Hälse und verfolgen gespannt die militärischen Vorführungen.

Unsere Mutter bekam pünktlich um zwölf Uhr ihren Mittagessenhunger: „Ich kann nach meinem Hunger die Uhr stellen!" Es gab Erbsensuppe mit Speck aus der Gulaschkanone. „Mm, köstlich!" Unserer Mutter schmeckte es so gut, dass sie sich von Vater noch einen Pappteller voll holen ließ. Ich habe mich übrigens auch noch einmal angestellt, auch mir hat es vorzüglich geschmeckt.

Ich habe mir sogar noch den Speck geben lassen, den Rainer und Eberhard aus ihrer Suppe gelesen hatten. Gustes rümpften die Nasen, als sie in unsere Suppenteller schauten. „Schnucki, wir essen lieber woanders."

Vater war übrigens auch nicht begeistert von diesem Kasernenfraß, wie er sich ausdrückte. Er hatte während der Essenspause an einem Verkaufsstand für uns Buben Modellbögen verschiedener Militärflugzeuge erworben. Es war Samstag. Am folgenden Sonntag waren wir beschäftigt mit dem Ausschneiden, Kleben und Aneinanderpassen. Am Abend hingen die ersten Flieger fast naturgetreu an Zwirnfäden von der Dielendecke herab. Ich hatte allerdings nach kurzer Zeit keine Freude mehr an dieser langweiligen Bastelei und schenkte meine Bögen den Brüdern. Die Tiergeschichten im „Grünen Buch" des Herrmann Löns boten mir damals mehr an Unterhaltung, als Flugzeugmodelle aus bunt bedruckter Pappe herzustellen. Ich zog mich lesend auf meinen Lieblingsplatz, das Fensterbrett des Küchenfensters zurück, um von dort aus der Bastelei meiner Brüder zuzuschauen.

Blick aus dem Küchenfenster

Dieses Küchenfenster war so breit, dass ein Kind sich mit angezogenen Knien bequem auf das Fensterbrett in die Fensterhöhle setzen konnte. Dort saß ich gern und oft, vor allem im Winter. Ein Buch, dazu auf einem Tellerchen einen aufgeschnittenen Apfel und einige vorher geknackte Walnüsse, was konnte es damals für mich Schöneres geben? Von diesem Platz aus gab es viel zu beobachten. Im Winter verfolgte ich vor allem das bunte Treiben am Futterhäuschen vor dem Fenster, nach der Fertigstellung der Eisenbahn auch den Betrieb auf dieser Strecke.

Dieser Eisenbahnring um Berlin herum war eingleisig angelegt. In regelmäßigen Abständen gab es allerdings Ausweichstellen, auf denen entgegenkommende Züge aneinander vorbeifahren konnten. Eines dieser Ausweichgleise lag direkt vor unserem Haus. Oft standen wartende Züge drüben jenseits des Zauns. Für einen kriegsbegeisterten Buben wie mich war vieles interessant, was man dort zu sehen bekam. Truppentransporte zum Beispiel, endlose Wagenkolonnen, auf denen Panzer verladen waren, oder die verschiedensten Kanonen. Flakgeschütze, Haubitzen, Panzerabwehrkanonen und die leichte Vierlingsflak, eine Flugabwehrkanone mit vier Rohren.

Gelegentlich standen aber auch Züge dort, deren Wagenfenster mit Stacheldraht, hinter dem gespensterhafte, bleiche Gesichter schimmerten, vergittert

waren. Sie verschwanden sofort, wenn sich die Schritte der Wachsoldaten näherten, die ausschließlich der Waffen-SS angehörten. Nach dem Krieg hat unsere Mutter von einem grauenvollen Geschehen erzählt, das sie eines Tages zufällig von jenem Küchenfenster aus beobachtet hatte. Hier folgt ihr Bericht:
Wieder stand einer jener düsteren Menschentransporte auf dem Ausweichgleis. Es war früher Nachmittag. Ich wollte gerade mit dem Spülen des Geschirrs beginnen, als es draußen laut wurde. Männerstimmen schrien befehlend und hart. Ich trat ans Fenster, blieb hinter der Gardine stehen, spähte hinaus. Ein kleiner Junge, sieben oder acht Jahre alt, lief am Zug entlang, verfolgt von einem SS-Mann. Dieser trug als Waffe nur einen kurzen Handspaten und schlug, als er den Jungen erreicht hatte, diesem mit der Stahlkante des Spatenblatts den Schädel ein. Ich trat sofort vom Fenster zurück, als ich dies sah. Der Schreck saß mir in allen Gliedern. Ich war wie gelähmt, ließ mich auf einen der Küchenstühle fallen, von Grauen und Entsetzen geschüttelt. Nicht lange danach klingelte es am Gartentor. Davor, auf der Straße, standen zwei SS-Leute, einer davon ein Offizier. Ob sie einmal hereinkommen dürften, riefen sie, mehr befehlend als bittend.

Als sie in der Küche standen, begannen sie mich auszufragen. Ob ich in der letzten halben Stunde hier in der Küche gewesen sei und ob ich vom Fenster aus drüben am Zug etwas Besonderes beobachtet hätte. Wie es mir gelang, den beiden SS-Leuten gegenüber ruhig und unbefangen zu erscheinen, während ich beide Fragen mit nein beantwortete, ist mir heute noch ein Rätsel. Als sie nach einer mir endlos erscheinenden Viertelstunde gingen, ist mir erst einmal ein Riesenstein vom Herzen gefallen, später krochen mir das Grauen und die Angst wieder ins Gebein. Sie hatten mich davor gewarnt, aus dem Fenster zu schauen, wenn wieder einmal einer dieser Züge drüben auf dem Gleis stünde. Schweigen ist Leben, meinten sie, bevor sie sich mit „Heil Hitler" verabschiedeten.

„Wenn das der Führer wüsste", war mein erster Gedanke, als ich wieder allein war. „Der kann doch sowas nicht wollen!" Als abends der Vati aus dem Geschäft kam, hab ich ihm natürlich alles gleich erzählt. „Hans, was sind das eigentlich für Menschen, die sie dauernd in diesen Viehwaggons transportieren?" „Vielleicht sind's Verbrecher oder Juden, es heißt doch, dass die alle umgesiedelt werden!" „Aber dieses Verbrechen, dieser Mord an dem kleinen Jungen? Das kann der Führer nicht wollen, wo er so kinderlieb ist! Man sieht's doch in allen Wochenschauen! Das müsste man ihm mitteilen! Schreiben vielleicht!" „Und dafür ins Konzertlager kommen! Rosel, du glaubst doch nicht etwa, dass dies alles ohne Willen und Befehl des Führers geschieht!"

Ausflug nach Tegel

Die Aufgeregtheit der ersten Kriegswochen 1939 legte sich bald, und das tägliche Leben begann wieder in den vertrauten Bahnen zu laufen. Man genoss, nun vielleicht intensiver und bewusster als vor dem Krieg, die kleinen und großen Vergnügungen des Alltags.

„Kinder, morgen fahren wir mit der Fünfundzwanzig nach Tegel." Wir Jungs waren von dieser Ankündigung hellauf begeistert. Diese Fahrt mit der Straßenbahn von einer Endstation zur anderen, quer durch ganz Berlin, war uns schon lange versprochen worden. Nun sollte sie endlich wahr werden. Wir hatten gerade Herbstferien.

Kühl war es an jenem Morgen. Wir fröstelten, als wir uns auf den Weg machten. Es versprach aber ein sonniger, milder Herbsttag zu werden. „Kinder, legt einen Schritt zu, dass wir warm bleiben!" Unsere Mutter hatte wieder einmal ihren Wanderschritt drauf, als sie dies sagte. Wir waren auf dem Weg zum Straßenbahnhof, der Endstation beider nach Lichtenrade hinausfahrenden Linien 99 und 25. Er lag nicht weit vom S-Bahnhof entfernt. Wir hatten also fast unseren täglichen Schulweg zu gehen bis zur Bahnhofstraße, über den Daumen gepeilt etwa drei Kilometer. Auf der Steinstraße kamen wir am Polenlager vorbei. „Sieht doch ganz adrett aus", meinte Oma, die mit von der Partie war. „Fast wie'n Ferienlager. So sauber haben's die Pollacken zu Hause bestimmt nicht!" Mutter schüttelte den Kopf und setzte zu einer Entgegnung an, verbiss sich diese aber nach einem Blick auf uns Buben.

Unsere Straßenbahn war noch fast leer, als wir an der Endstation ankamen. Da hatte Mutter morgens beim Frühstück recht gehabt. „Wir müssen bis zur Endstation gehen, an der Halker Zeile bekommen wir bestimmt keinen gescheiten Sitzplatz mehr." In Mariendorf war der Wagen bereits so voll, dass wir Jungs aufstehen und erwachsenen Fahrgästen Platz machen mussten, welche im Gang standen. „Geht nach hinten, auf's Perron!", meinte Mutter. Uns war es recht, denn auf der Plattform hatten wir viel mehr Unterhaltung als im Wagen. Wir waren in Lichtenrade in den Anhänger eingestiegen und konnten nun ungehindert aus den hinteren Fenstern hinausschauen. Außerdem gab es in den Straßenbahnwagen an beiden Enden, also auf der vorderen und hinteren Plattform Führerstände. So konnten die Bahnen an den Endstationen ohne zu wenden wieder in die entgegengesetzte Richtung davonfahren. Ein interessanter Spielplatz für uns Buben, wenn auch das Wesentlichste, nämlich die Kurbel, abgenommen war, mit der die Fahrer ihre Bahnen in Bewegung setzten.

Vorteilhaft war es auch für uns, dass der Schaffner auf der Plattform öfters seine Verschnaufpause hielt. Wir konnten ihn bei dieser Gelegenheit in aller Ruhe um abgerissene, also vollkommen verbrauchte Fahrscheinblöcke anbetteln. Es waren die zu einem Block gebündelten Enden der Fahrscheine. Diese Blöcke waren unter uns Kindern sehr beliebt und begehrt. Sie ließen sich, mit einigem zeichnerischen Geschick in vorzügliche Daumenkinos verwandeln. Einige Figuren auf alle Blätter eines solchen Blocks gezeichnet, diese dabei von Seite zu Seite nur um eine Kleinigkeit verändert, genügten schon. Ließ man den Daumen an der Schmalseite des Blockes entlang gleiten, blätterte ihn also schnell auf, so erlangten diese Figuren ein wundersames Leben. Auf unsere Frage: „Herr Schaffner, ham'se bitte Blöcke für uns?", kramte jener vier Stück davon aus seiner Umhängetasche hervor. Herz, was willst du mehr!

Die Fahrt dauerte endlos. Allein bis Berlin-Mitte eine Stunde. Kann denn eine Stadt so groß sein? In Tempelhof fuhren wir über den Teltow-Kanal und am Ullstein-Verlagshaus vorbei, einem für damalige Verhältnisse riesigen Gebäudekomplex. In einiger Entfernung sah man die Lorenz'sche Radiofabrik aufragen.

An einer der belebten Kreuzungen sprang das Abnehmerrädchen aus der Oberleitung der Bahn heraus und musste vom Fahrer mittels einer isolierten Stange wieder eingesetzt werden. Das war immer eine spannende Angelegenheit, weil dies nie ohne prasselndes Funkensprühen abging.

Irgendwann, als wir durch die Innenstadt fuhren, meinte Eberhard: „Dort drüben ist das Wehrbezirkskommando, dort arbeitet der Vati." Ich war enttäuscht, sah ich doch nur ein ganz normales Haus, vor dem zwei Uniformierte Posten standen. Ich hatte mir unter Vaters Dienststelle ein bunkerartiges, mit Kanonen bestücktes Gebäude vorgestellt. Schade dass er dort drin sitzen musste, während wir nach Tegel fuhren.

Endlich erreichten wir den See. Er glitzerte hell, die sonnenbeschienenen Ufer glühten im Schmuck ihrer Herbstfarbe. Durch das gelichtete, bunte Laub der Parkbäume schimmerte das Schloss. „Endstation, alles aussteigen!" Endstation für die Straßenbahn, aber nicht so für uns. „Kommt, wir müssen schnell zur Schiffsanlegestelle gehen!" Unsere Mutter hatte uns zusätzlich zur Straßenbahnfahrt noch eine Dampferrundfahrt versprochen. Beim Kartenverkauf erfuhren wir, dass das nächste Schiff erst um zwei Uhr fahren würde. Jetzt war es elf Uhr, wir hatten also bis dahin noch drei Stunden Zeit. „Erst schauen wir uns das Schloss an, später essen wir eine Kleinigkeit, dann wird's wohl soweit sein mit der Schiffsreise!"

Das Essengehen wurde zu einem kleinen Abenteuer. Mutter hatte am Morgen in der Eile vergessen, die Lebensmittelkarten einzustecken. Es war ja schon Kriegszeit, als wir unsere Tegelfahrt unternahmen. Alle Lebensmittel waren rationiert, sodass man sie nur gegen Abgabe entsprechender Marken erhielt. Auf den Speisekarten in den Gaststätten waren jetzt hinter jedem Gericht neben dem Preis auch die Lebensmittelmarken angegeben, welche man benötigte, um in den Genuss der angepriesenen Köstlichkeiten zu gelangen. Einige Lokale führten auf ihren Speisekarten auch ein oder zwei markenfreie Gerichte. Solch ein Lokal galt es nun zu suchen. Wie war das markenfreie Essen? Unser Vater hätte gesagt: „Nun ja, der Hunger treibst's nei!"

Der Tegeler See war für mich eine Enttäuschung. Im Sommer, noch vor Kriegsbeginn, hatten wir den Müggelsee und die Müggelberge besucht. Dort konnten wir die Landung eines Wasserflugzeugs beobachten. Aufregend war es zu sehen, wie das große mehrmotorige Flugzeug dicht über die Seefläche flog, aufs Wasser aufsetzte und mit gischtender Bugwelle zum Stehen kam. So etwas hatte ich mir hier auf diesem See auch erwartet. Aber nichts dergleichen geschah. Nur einige Boote glitten mit spiegelnden Segeln über die Wasserfläche, langweilig, langsam und ohne den geringsten Motorenlärm zu verursachen.

Auf dem Schiff wurde es dann doch noch verhältnismäßig lustig. Eine Bordkapelle spielte. Da waren interessantere Instrumente zu hören und zu beobachten als meine langweilige Geige. Ein Saxophon zum Beispiel oder ein Schifferklavier. Ein Bassgeiger schrubbte auf seinem Instrument herum als wolle er es in kleine Stücke zersägen. Am meisten hat mich der Schlagzeuger beeindruckt. Ja, Schlagzeug, das wäre damals wenigstens noch mein Instrument gewesen.

Gespielt haben sie die gängigen Schlager jener Zeit, und ein Sänger hat uns mit heiserer Stimme erstaunliche Neuigkeiten verkündet, zum Beispiel: „Das Nachtgespenst, das Nachtgespenst, sei du nur froh, dass du's nicht kennst und gehe nie in dieses Schloss bei Nacht!" Getanzt wurde auch zu diesen Melodien. Was auffiel, waren die vielen Soldaten, welche das Tanzbein schwangen, Verwundete meistens, sicherlich auf Genesungsurlaub. Oma bekam glänzende Augen, als sie die Uniformen sah. „Fesch, diese jungen Helden", meinte sie. Sie hat ihr ganzes Leben lang fürs Militär geschwärmt. „Zuerst hab ich mich in die prächtige Uniform eures Opas verliebt, dann erst in seine guten Augen!"

Der Berliner Betrieb

Es war, als hätte die Natur in jenem Jahr 1939 ein Einsehen mit uns gehabt. Ein fruchtbares Jahr war es gewesen. Der Garten schenkte uns, was uns die Kriegswirtschaft mit ihren knapper werdenden Zuteilungen vorenthielt. Das Apfelregal im Eisenbahnkeller bog sich fast unter der Last der in ihm gestapelten rotbackigen Früchte. Sie verströmten ihren erfrischenden Herbstduft bis hinauf in die Diele.

Im Sommer war es das Eisenbahngrundstück gewesen, welches uns noch einmal eine reiche Ernte spendete, bevor es umgewühlt und zur Gleisanlage umgewandelt wurde. Es hatte Erdbeeren und Schattenmorellen in Hülle und Fülle gegeben! Sie versprachen, in Weckgläsern eingesperrt, winterlang süße Schlemmereien. Desgleichen die Früchte des Birnbaums, welcher vor dem Erker unseres Wohnzimmers stand und dieses mit seinen belaubten Zweigen beschattete. Vater wollte ihn aus diesem Grund gleich nach unserem Einzug fällen lassen. Aber unsere Mutter hatte heftig gegen dieses Ansinnen protestiert. Nun war es ein Segen, dass er noch stand. Seine kleinen ockergelben, sommersprossigen Früchte waren eine Delikatesse, frisch unter dem Baum aufgelesen oder im Winter als Kompott verspeist. Unvergessen ist die Freude über jene großen Pakete, welche unsere Mutter später Eberhard und mir nach Krössinsee ins KLV-Lager[59] schickte. Wohlverpackt in Holzwolle verströmten die nahrhaften Grüße unseres alten Birnbaums ihren süßen Duft im Herbst 1942 im fernen Pommernland, um uns und unseren Kameraden wenigstens vorübergehend den ständigen Hunger zu stillen.

Auch der Nussbaum im Rasenfleck zur Straße hin überschüttete uns mit dem reichen Segen seiner Früchte. Diesmal waren wir besser darauf vorbereitet als vor einem Jahr, als uns die Nüsse verschimmelten, weil wir sie nicht zu trocknen verstanden. Im Heizungskeller und auf allen Heizkörpern lagen sie nun auf flachen Kartons zum Trocknen ausgebreitet. Sie würden uns bis weit in den Sommer des kommenden Jahres hinein ein nahrhaftes, wohlschmeckendes Zubrot sein. Uns war der Umgang mit diesen Weihnachtsfrüchten etwas ganz Neues, denn in unserer Heimat im Vogtland gedieh weit und breit kein einziger dieser frostempfindlichen Bäume. Leider war dies unsere letzte Nussernte. Der Baum erfror im Winter 1939/40 und erholte sich nie wieder. Es folgten die strengen und frostreichen Kriegswinter.

Im späten Herbst jenes Jahres 1939, nachdem die Trauben an der Südseite unseres Hauses geerntet und die Ranken der Rebstöcke beschnitten waren, rodeten Vater und Eberhard die kunstvoll beschnittene Buchsbaumhecke davor.

An ihrer Stelle sollten im Frühjahr Tomatenstauden die Terrasse schmücken und abschließen. In jenen Kriegsjahren galt Nährwert mehr als Schönheit.

Mit den ersten Herbststürmen kündigte sich die dunkle Jahreszeit an, und je kürzer die Tage wurden, desto sorgenvoller wurde die Miene unserer Mutter. Der Stollenbacktag nahte. Woher sollte sie in dieser Zeit Rosinen bekommen, Korinthen und Zitronat, bittere und süße Mandeln, von Butterschmalz und der vielen Hefe ganz zu schweigen? Glücklicherweise konnte unser Berliner Hoflieferant, Herr Bericke, auf wundersame Weise all die würzigen Stollenzutaten besorgen.

Der Beginn des Krieges war auch der Beginn des schwarzen Marktes. Teils gegen Tauschobjekte, teils gegen überteuerte Preise konnte man damals „hinten herum", wie man es nannte, selbst die seltensten Waren erstehen, und dies bis zum Ende des Krieges, die allgemeine Versorgungslage mochte sich noch so schlecht gestalten.

Mutters nächste Sorge galt der Weihnachtsgans. Diese würde Herr Arno in Gefell besorgen. „Hans, mir ist's gar nicht recht, dass du den Arno um so etwas bittest. Der macht sich hinterher nur wichtig!" Unsere Mutter hegte immer noch einen gewissen Groll gegenüber dem Gefeller Kompagnon unseres Vaters.

Nun fehlte nur noch der Silvesterkarpfen, dann konnte die liebe Weihnachtszeit kommen. „Hans, wie wäre es, wenn wir dem Rudi mal schreiben?" Rudi, ein Freund aus Wandervogelzeiten, verdiente sein Brot als Fahrer der Mühle des Städtchens Lychen. Dieser Ort liegt nördlich von Berlin in der Uckermark an einem damals noch klaren See. In den zur Mühle gehörigen Teichen gediehen jene von unserer Mutter so sehr begehrten Schuppentiere prächtig. Rudi konnte helfen, am vorletzten Tag des Jahres 1939 fuhr er mit dem Lastauto der Lychener Mühle bei uns vor und lieferte zwei stattliche Karpfen bei unserer Mutter in der Küche ab, zugleich auch einen Sack „schwarzen" Mehls, mit vielen Grüßen vom ebenfalls zum wandernden Freundeskreis der Eltern gehörenden Mühlenbesitzer. Wir konnten die erste Kriegsweihnacht ohne jeden Mangel feiern.

Im Frühjahr 1940 wurde Herr Arno zum Militär eingezogen. Dies bedeutete, dass unser Vater ab sofort zwei Betriebe zu leiten hatte, den in Berlin und den in Gefell. Positiv an dieser Tatsache war, dass Vater dadurch aus dem Militärdienst entlassen wurde, negativ, dass er nun sein Leben zwischen Gefell und Berlin teilen musste. Vierzehn Tage hier, vierzehn Tage dort. Unsere Mutter avancierte dadurch zur zeitweiligen Leiterin des Berliner Betriebes. Sie stand ihm vor, so gut sie es vermochte. Täglich fuhr sie nun während Vaters

Abwesenheit morgens in die Stadt zur Arbeit. Gewiss, die technische Leitung konnte ihr die Direktrice abnehmen. Trotzdem wird Mutter so manches Mal vor schwierigen Entscheidungen gestanden haben, hatte sie ihre Lebensaufgabe bis dahin doch als Hausfrau und Mutter gesehen, eine von unserem Vater gewünschte und ihrer bürgerlichen Herkunft entsprechende Lebensweise.

Oma war nun plötzlich als Köchin, Erzieherin und Aufsichtsperson über unseren Hausaufgabenfleiß gefordert. Das war eine nicht leichte Aufgabe. Um ihr gelegentliche Verschnaufpausen zu verschaffen, durften Rainer und ich, wenn Vater in Gefell war, unsere Mutter während der Schulferien gelegentlich ins Geschäft begleiten. „Dieter, Rainer, morgen fahrt ihr gleich früh mit ins Geschäft!" Das war an sich keine frohe Botschaft, wenn nicht der zweite Teil des Satzes eine verlockende Ankündigung enthalten hätte: „Sucht euer Badezeug zusammen, ihr könnt, wenn ihr Lust habt, ins Stadtbad Mitte gehen, das ist vom Geschäft nur einen Katzensprung weg."

Um ganz ehrlich zu sein, war dieses Berliner Geschäft erst einmal eine große Enttäuschung für mich. Ich hatte eine mittlere Fabrikhalle erwartet, so wie es sie in Gefell für die Webereien und Spitzenstickereien gab. Mutter steuerte jedoch eines der Mietshäuser an, welche in der Krausenstraße beiderseits aufgereiht standen. Es waren zwar prächtige, mit Erkern und Balkons verzierte Häuser, aber eben nur Häuser und keine Fabrikgebäude.

Unser Geschäft lag in der ersten Etage eines dieser Prachtbauten. Man konnte mit einem alten rumpeligen Aufzug dort hinauffahren, doch Mutter traute diesem Gefährt nicht so recht und zog die Treppe vor. Der Betriebseingang war eine einfache Vorsaaltür, vergleichbar etwa unserer Wohnungstür in Gefell. Ein wenig an Glanz gewann dieser Betriebseingang durch das große blinkende Messingschild, das auf den linken Türflügel geschraubt war: „Stickereifabrikation A. Mittmann & Co." stand in schwarzen Buchstaben darauf. „Warum steht denn Mittmann da, wenn es unser Geschäft ist?", wollte ich wissen. Mutter vertröstete mich mit der Antwort auf später, nur so viel erläuterte sie, dabei auf das Firmenschild zeigend: „Hier, Ditt, das Co., das sind wir, das heißt so viel wie Möckel. Aber, jetzt geh'n wir erst mal 'rein!" Co. soll Möckel heißen? Das verstand ich nicht, aber Eberhard würde mir dies erklären können, dessen war ich mir sicher, der wusste ja fast alles.

Hinter der Tür erklang das von Gefell her vertraute Maschinengeratter. Mutter klingelte, und wir wurden von einer ältlichen kleinen Frau eingelassen, dem Faktotum der Firma. Offiziell fungierte diese im Betrieb als Pauserin, war aber auch am Packtisch tätig und hielt im Winter die beiden großen Berliner Kachelöfen in Gang, welche in den zur Straße hin gelegenen beiden

Prunkzimmern standen. Sie versah, wenn es nötig war, auch den Küchendienst.

Das also war unser Berliner Geschäft, untergebracht in einer hochherrschaftlichen Wohnung und in einem der besseren Viertel der Stadt gelegen. Die Zimmer waren sehr hoch, und mit ihren stuckverzierten Decken kamen sie mir vor wie die Prunksäle in jenem Schloss, welches wir vor gar nicht allzu langer Zeit besichtigt hatten.

Die Frau für alles nahm sich unserer an: „Na, da will ick den beiden Juniorchefs das Geschäft mal zeigen, Sie haben doch sicherlich nichts dagegen, Frau Möckel?" Unsere Mutter hatte nichts dagegen, und so wurden wir erst einmal von Zimmer zu Zimmer geführt. Unser anfängliches Unbehagen legte sich schnell, denn in allen Zimmern war die Berliner Herzlichkeit zu spüren.

In einem der beiden Prunkzimmer saß die Zeichnerin. Hell war es hier, still und mir seltsam vertraut. An einem der hohen Fenster stand die Stechmaschine. Sie glich jener, an der unser Vater und zuvor der Großvater damals in Gefell gearbeitet hatten, als seine Finger noch nicht verkrüppelt waren. In jenem Zimmer stand auch der Paustisch, und es hing hier derselbe feine Spiritusduft in der Luft, der die besondere Atmosphäre des Gefeller Hauses ausgemacht hatte. In dem anderen Prunkzimmer standen Vaters Schreibtisch, drei Sessel und ein dazu passendes Rauchtischchen. Besonders interessant fand ich den stählernen Geldschrank, der in einer Ecke dieses Zimmers stand. Es war ein schweres Monstrum. Seine reichen Verzierungen hatten ehemals Vergoldungen getragen. Dieses Gold war aber mittlerweile dem Fleiß unzähliger Putzfrauengenerationen zum Opfer gefallen und nur noch in den Vertiefungen der gusseisernen Schnörkel, Ranken und Rosetten rudimentär erhalten geblieben. Wurde er geöffnet, sog er mit einem schlürfenden Geräusch die Luft ein. Schloss man ihn, fuhr diese Luft wieder fauchend heraus. Mir kam er stets vor wie ein schlafendes Ungeheuer. Übrigens sah man ihm seine stählerne Gewichtigkeit auf den ersten Blick nicht an, weil kunstreiche Malerhände ihn mit einer schönen Nussbaummaserung eingekleidet hatten.

Die beiden Prunkzimmer des Geschäfts mussten durch sogenannte Berliner Kachelöfen beheizt werden. Dies waren mächtige, fast bis zur Decke reichende Ungetüme, verziert im Stil des Historismus. Sie benötigten beim Anheizen fast einen ganzen Tag, um erst sich und danach die Zimmer zu erwärmen. Einmal in Gang gekommen und mit einiger Sachkunde beheizt, speicherten sie ihre Glut und Wärme den ganzen Winter über und waren dadurch relativ pflegeleicht zu handhaben. Sie erfüllten die von ihnen beheizten Zimmer mit einer besonderen Behaglichkeit. In den übrigen Räumen sorgte eine Zentralheizung für Wärme. Später, nachdem in der Bombennacht zum 21. Juni 1944 mit dem Haus in der Krausenstraße auch unser Geschäft in Schutt und Asche gefallen war, sah man von der Straße aus oben in der zerklüfteten Ruine noch wochenlang einen der beiden Kachelöfen stehen. Er hatte, während alles um ihn herum niederbrach, seinen Platz behaupten können.

Gemessen an dem Gefeller Betrieb kam mir diese Berliner Firma klein vor. Während dort täglich fast fünfzig Frauen und Mädchen zur Arbeit erschienen, die vielen Heimarbeiter nicht mitgezählt, kam hier höchstens die Hälfte zusammen, auf die verschiedenen Zimmer der Wohnung verteilt. „Klein, aber oho", pflegte unser Vater zu sagen, wenn er auf diesen scheinbaren Abstieg angesprochen wurde. In der Tat hatte er recht damit. Die Firma Mittmann und Co. hatte damals einen guten Namen in der Berliner Modewelt. Es waren Vaters flotte, modisch sichere Entwürfe und das hohe handwerkliche Können der Stickerinnen, die das Bestehen dieses Betriebes während der Kriegsjahre sicherten. Mode und Stickerei, das waren ja nebensächliche, nicht kriegswichtige Gewerbezweige. Viele Betriebe dieser Branche wurden von den Nazis rigoros geschlossen und die Belegschaften in Rüstungsfirmen gesteckt.

„Und dies hier ist das Dienstmädchenzimmer", meinte unsere Führerin, als wir wieder im Korridor standen. Dabei zeigte sie zur Decke hinauf. In der Tat, dort oben war in der hintersten, dunkelsten Ecke des Flures ein zweiter Boden unter die Decke gehängt. Die dadurch in luftiger Höhe entstandene Höhle war so niedrig, dass man gerade noch auf allen Vieren darin herumkriechen konnte. „Das ist ja gar kein Zimmer, das ist ja nur 'ne Höhle!" „Da haste recht Dieter", bestätigte sie, aus dem Hochdeutschen in ihren Berliner Dialekt fallend: „Det is' keen Zimmer, det is' der typische Berliner Hängeboden. Den jibt et in allen herrschaftlichen Wohnungen und in allen mussten die Dienstmädchen nächtjen. Och ick hab in sonem Kabuff jewohnt, wie ick noch in Stellung war, aber det is' schon lange her, war schon vorem Weltkrieg. Heutzutage würde sich sowat keen Dienstmädchen mehr bieten lassen!" „Da haben Sie recht", bekräftigte unsere Mutter, und auf die Uhr schauend: „'S ist gleich Mittag. Würden Sie uns bitte das Süppchen warm machen, das ich in die Küche gestellt hab?"

Diese Küche hatte es mir besonders angetan. Groß war sie und dunkel. Nur ein hohes, schmales Fenster ließ gedämpftes Licht vom Hinterhof hereinfallen. Typisch für die Küchen in den Berliner Herrschaftswohnungen waren die großen, Kochmaschinen genannten, gemauerten Herde. Deren blitzende Stahlplatten boten genügend Platz für unzählige Tiegel, Töpfe und Kasserollen. Sie waren unerlässlich für die Herstellung erlesener mehrgängiger

Diners. Auch in unserer Geschäftsküche hatte sich die alte mächtige Kochmaschine erhalten, wenn sie auch nicht mehr angeheizt wurde. Auf ihrer Platte stand jetzt ein zweiflammiger Spirituskocher, auf dem unsere Suppe warmgemacht wurde. Von der Küche aus gelangte man durch eine schmucklose Tür zum Dienstbotenaufgang. Dies war der Eingang aller Domestiken und Subalternen. Sie durften den vorderen, prächtigen Aufgang ja nur betreten, um ihn zu putzen und zu wienern, jedenfalls in jener längst vergangenen Zeit, als unser Geschäft noch als Wohnung gedient hatte.

Wie durch ein Wunder hat das Haus, in dem unser Geschäft untergebracht war, jahrelang alle Luftangriffe unbeschädigt überstanden. Als es schließlich den Bomben zum Opfer fiel, war unsere Berliner Zeit so gut wie vorüber.

Der Führer kommt

Das Jahr 1940 war das Jahr der Sondermeldungen. Es ging Schlag auf Schlag. Am 9. April begann die deutsche Invasion in Dänemark und Norwegen, am 10. Mai überschritten deutsche Truppen die französische Grenze, und schließlich erfolgten ab dem 10. Juli die deutschen Angriffe auf England, die bald zu schweren Bombardements von großen Städten führten. Unser Vater hängte in dieser Zeit die große Europakarte in der Diele auf, genau zwischen der Tür zur Gästetoilette und dem Aufgang zum ersten Obergeschoss. Auf dieser Karte steckte er mit bunten Fähnchen den Frontverlauf ab. Damals tobte der Eroberungskrieg in Frankreich, Holland und Belgien. Jeden Abend, nach den Nachrichten mit ihren umfangreichen Heeresberichten, postierte Vater die Fähnchen neu, täglich versetzte er sie um mindestens einen Zentimeter in Richtung Westen. So konnten wir verfolgen, wie sich die Front, der Flammenlinie eines Flächenbrandes gleich, in die überfallenen Länder fraß. Lustig sahen sie aus, diese Fähnchen auf der großen bunten Landkarte. Nichts verrieten sie von der Zerstörung blühender Landschaften, vom Sterben und der Verstümmelung unzähliger Menschen, von Angst, Verzweiflung und Hoffnungslosigkeit. Für uns waren es nur lustige bunte Fähnchen, und wir freuten uns über jeden Zentimeter, den sie in Richtung Westen wanderten.

Oma war es nun, die uns täglich mit den neuesten Nachrichten von den Kriegsschauplätzen versorgte. Ihr Volksempfänger dudelte den ganzen Tag über. Stramme Marschmusik. Regelmäßig ertönten die aufrüttelnden Fanfarenklänge der Liszt'schen „Préludes", um die Sondermeldungen anzukündigen.[60]

Immer tiefer drangen die deutschen Truppen in Frankreich ein. Das Elsass und Lothringen wurden „heimgeholt", wie diese Annexion von der NS-Propaganda genannt wurde. Nancy fiel, ebenso Verdun und Reims. Die Engländer kamen ihren französischen Verbündeten mit einer großen Expeditionsarmee zu Hilfe, aber auch diese wurde geschlagen und musste sich fluchtartig nach Dünkirchen zurückziehen. Nur weil Hitler seine Panzerverbände aus unerfindlichen Gründen stoppte, konnten sich 340 000 Engländer mit Waffen und Gerät auf ihre Insel zurückziehen.

Die NS-Propagandisten wurden nicht müde, von Adolf Hitler als dem „größten Feldherrn aller Zeiten" zu sprechen. Der Volksmund machte bald „Gröfaz" daraus. Das Wort durfte natürlich nur in aller Heimlichkeit und hinter vorgehaltener Hand benutzt werden. Als sich Hitler etwa einen Monat nach Beginn des Frankreichfeldzuges in Paris feiern ließ und Frankreich sich am 18. Juni 1940 im Wald von Compiègne dem deutschen Friedensdiktat unterwerfen musste, geriet unsere Oma ganz aus dem Häuschen. „Ja ja, der gnädige Herr hat schon anno 1890 gesagt: Solange wir Frankreich und England nicht auf die Knie gezwungen haben, gibt's keinen Frieden in Europa! Frankreich hätten wir also geschafft", fuhr sie etwas ruhiger fort, „mit den Tommys werden wir auch noch fertig!"

Der gnädige Herr, das war der gestrenge Ehegemahl jener jungen Adligen aus dem Hause Hohenlohe-Ingelfingen, bei der Oma in fernen Tagen als blutjunge Kammerzofe Dienst getan hatte. Nach ihren Erzählungen muss dieser hochrangige Offizier ein erzkonservativer Deutschtümler gewesen sein, dabei von einer heute unverständlichen Friedensmüdigkeit besessen. Eine seiner oft geäußerten und von Oma häufig zitierten Quintessenzen war: „Dieser faule Frieden macht unser Volk nur träge und wehruntüchtig!" Über den Reichstag meinte er: „Diese Quasselbude mit ihren streitenden Waschlappen gehört mit dem eisernen Besen ausgekehrt!" Für unsere Oma, ein einfaches Mädchen aus schlichten Handwerkerkreisen, müssen diese Äußerungen ihres Brotherrn das Gewicht göttlicher Offenbarungen gehabt haben. Sie wird in jenem hochherrschaftlichen Hause für ihr Leben geprägt worden sein. Wie hätte sie sonst diese und ähnliche Maximen ihres „gnädigen Herrn" bis ins hohe Alter im Gedächtnis behalten können?[61]

„Also, am sechsten seid ihr alle um halb sechse hier, auf dem Exerzierplatz! Verstanden?" „Jawoll!", brüllten alle Pimpfe. Uns war von unserem Jungzugführer gerade angekündigt worden, dass wir die große Ehre hätten, unserem Führer und Feldherrn Adolf Hitler für seinen grandiosen Sieg über Frankreich, diesen Erzfeind aller Deutschen, zu danken. „Und in tadelloser Uniform, verstanden?" „Jawoll!", brüllten wir wieder. Wir standen in Reih und Glied auf dem Exerzierplatz in der Saubucht. Unser Jungzugführer, kaum älter als Eberhard, hatte uns antreten lassen. Er stand in strammer Haltung vor uns und schwor uns mit zündender Rede auf dieses große Ereignis ein. Zuerst schwieg er, wippte leicht auf den Zehenspitzen und musterte uns mit scharfem Blick, etwa so, wie eine Schlange ihre Beute mustert. Gefährlich leise fuhr er dann fort: „In unserem Jungzug gibt's einige Schmutzfinken, die Betreffenden wissen schon, wen ich meine", und nach kurzer Pause plötzlich losbrüllend: „Denen kann ich jetzt schon Zugkeile garantieren, wenn ich nur das kleinste Stäubchen, den kleinsten Fleck auf ihren Uniformen entdecke, am Morgen beim Appell, bevor wir nach Berlin reinfahren! Verstanden?" „Jawoll!"

Wir traten also unserem Führer Auge in Auge gegenüber. Kühl war es in der frühen Morgenstunde, während wir fröstelnd zum Appell vor dem Jungvolkheim antraten. Dieser 6. Juli 1940, ein „Meilenstein in der Geschichte unseres Volkes", wie unser Jungzugführer begeistert ausrief, als er sich vor unserer Kolonne aufgebaut hatte, dieser Tag wurde ein richtiger heißer Hochsommertag.

Der Appell verlief fast ohne Zwischenfälle. Nachdem der Jungzugführer die erste Reihe abgeschritten hatte, trat er vor die Kolonne und befahl: „Das erste Glied drei Schritte vortreten, marsch marsch!" Nun schritt er die zweite Reihe ab. Fritz erregte dort sein Missfallen. „Det soll 'n vorschriftsmäßig jebügeltes Braunhemd sein? Da haste heut' Nacht wohl mit im Bett jelegen und jepennt?"

Ein bisschen mulmig war mir dann doch zumute, als die zweite Reihe drei Schritte vortreten musste und ich als Erster der dritten Reihe von unserem Jungzugführer mit Argusaugen gemustert wurde. Ich wusste, dass er mich nicht leiden konnte und alles daran setzte, an meiner Uniform irgendeine Unregelmäßigkeit zu finden. Er stand einige Sekunden mit versteinerter Miene vor mir und ließ seine Blicke vom Kopf bis zu den Füßen über mich gleiten. Dann befahl er: „Kehrt um!", und ich legte eine Kehrtwendung nach allen Regeln der Exerzierkunst hin. Ich wusste, dass er nun wie ein hungriger Geier meine Kehrseite musterte, und meinte, seine bohrenden Blicke im Rücken zu spüren. Mich überlief eine Gänsehaut. Endlich kam das erlösende „kehrt!" Als ich mich ihm wieder zugewandt hatte, nickte er kurz und trat schweigend vor meinen Nebenmann. Ich atmete auf.

Heini, der Kleinste und Letzte meines Gliedes, erregte dann das höchste Missfallen unseres Jungzugführers. Hatte dieser „missratene Kümmerling" es doch gewagt, zur Siegesparade unseres Führers in selbstgestrickten Kniestrümpfen zu erscheinen, anstatt die vorschriftsmäßigen Strümpfe aus dem braunen Laden zu tragen. Das geifernde Donnerwetter, welches unser Zuggewaltiger über dem Ärmsten ausgoss, ließ diesen sichtlich schrumpfen. Er erschien in diesem Augenblick noch kleiner, als er an sich schon war. Im Anschluss an den nächsten Dienst am kommenden Mittwoch bezog er unweigerlich seine Zugkeile. Mir tat er leid, denn nicht er war schuld an den vorschriftswidrigen Strümpfen, sondern der kleine Geldbeutel seiner Mutter, einer Witwe, die sich mehr schlecht als recht durchs Leben schlug.

Vor dem Bahnhof versammelte sich das Fähnlein, die nächstgrößere Jungvolkeinheit. Hier lief nun wieder alles streng militärisch ab: die Aufstellung der Jungzüge, ihre Meldung an den Fähnleinführer, und der Abmarsch zum S-Bahnsteig. Dort standen dann endlose braune und schwarze Kolonnen, Jungvolk und HJ. Unsere Führer hatten alle Mühe, uns in Disziplin zu halten. Dazwischen stellten sich die kichernden Einheiten der Jungmädel und des BDM in ihren schicken weißen Blusen auf. Auch deren Führerinnen waren in heller Aufregung und schrien unaufhörlich Befehle. Endlich fuhr der S-Bahnzug ein.

„Aaachtung!", brüllte unser Jungzugführer, und als der Zug stand: „Weggetreten zum Einsteigen! Beeilt euch, dass mir keiner zurückbleibt!" Es war erstaunlich, wie schnell die Masse der uniformierten Kinder im S-Bahnzug verschwunden war. Nach dem Aussteigen an der betreffenden Station in der Innenstadt stellte sich heraus, dass aus unserem Jungzug kein einziger Pimpf abhanden gekommen war. Sogar Heini hatte den Anschluss geschafft, weshalb unser Jungzugführer in seiner Freude über unser diszipliniertes Verhalten ihm die angedrohte Zugkeile erließ.

Während des Marsches zur Straße Unter den Linden, unserem Aufstellungsplatz, schmetterten wir die Lieder der Bewegung, zum Beispiel das HJ-Lied „Vorwärts, vorwärts schmettern die hellen Fanfaren"[62] oder „Es zittern die morschen Knochen der Welt vor dem neuen Krieg"[63], aber auch das Lied vom Westerwald in der weitverbreiteten Umdichtung, welche besagt, dass sich Klemens August seinen Allerwertesten verbrannt hat und jeder diese edle Sitzfläche gern sehen möchte.[64]

Schließlich trat unser Zug am Straßenrand an. Dabei ertönten die üblichen militärischen Kommandos. „Achtung, Jungzug stillgestanden! Richt' euch! Zur Meldung an den Fähnleinführer die Augen links!" Dann erfolgte die Meldung und danach ertönte das erneute Kommando unseres Zugführers: „Augen gerade aus! Rührt euch!" Kaum hatten wir Zeit, uns nach diesem „rührt euch" die Nase zu putzen, den Kopf zu kratzen oder ähnliche unmilitärische Dinge zu tun, wurde schon wieder zur Achtung gerufen und stillgestanden befohlen, diesmal zur Meldung an den Gauführer: „Fähnlein 13 zur Siegesparade angetreten!"

Noch nie zuvor hatte ich einen derart großen Aufmarsch uniformierter Kinder miterlebt. Es war, als hätten sich die Hunderte, ja Tausende gleichgekleideter Jungen und Mädchen zu einem Massenkörper formiert, wäre ihr Fühlen und Denken zu einer Massenseele verschmolzen. Nach zwei bis drei Stunden des Wartens sank das Feuer unserer anfänglichen Begeisterung allerdings zu einem glimmenden Fünkchen zusammen. Hunger und Durst meldeten sich, aber auch der unerträgliche Druck unserer Blasen. Wo sollten wir uns inmitten tausender wartender Menschen erleichtern? Die Sonne stand mittlerweile hoch am Himmel. Hatten wir am Morgen noch gefröstelt, so litten wir jetzt unter der Hitze dieses strahlenden Sommertages. Glücklich konnte sich schätzen, wer im Schatten der Bäume seinen Standplatz hatte.

Endlich erscholl in der Ferne Jubelgeschrei. Wir entrollten die papiernen Hakenkreuzfähnchen, die am Morgen unter uns verteilt worden waren. Allmählich schwoll das Geschrei an. Männer-, Frauen- und viele Kinderstimmen jubelten „Sieg Heil" und „Es lebe der Führer!" Langsam näherte sich die Kolonne, vorneweg einige berittene Offiziere mit blankgezogenen Degen in Präsentierhaltung. In einigem Abstand folgte der offene Mercedes des Führers. Er stand mit erhobenem Arm im Wagen, die Menge mit ernstem Gesicht grüßend: ganz Staatsmann, ganz Imperator. Ich geriet aus dem Häuschen, jubelte, schrie, schwenkte wie wild mein Fähnchen und nässte mich vor Begeisterung ein. Hitlers Blick werde ich nie vergessen. Er glitt wie teilnahmslos über die Menge, und doch fühlte sich jeder Einzelne fixiert, angeschaut, geimpft. Dem hypnotischen Willen dieses Blickes zu widerstehen, war schwer, vor allem, wenn man Teil einer begeisterten Masse war.

Nach dem Führermercedes folgten in gebührender Entfernung die Paradeabteilungen der einzelnen Waffengattungen, die am Frankreichfeldzug teilgenommen hatten. Während auf der Straße unter klingendem Spiel und im preußischen Stechschritt die Marschkolonnen vorbeidefilierten, Panzer und aufgeprotzte Kanonen vorüberrollten, donnerten oben am Himmel zur Parade formierte Staffeln der Luftwaffe über unsere Köpfe hinweg. Das ganze Schauspiel war so recht nach meinem kriegsbegeisterten Bubenherzen. Ich glühte förmlich vor Kampfeslust.

Rainer war 1940 noch ein ganz und gar ziviler Schuljunge. Er trug noch nicht das braune Hemd des Führers und durfte demzufolge noch nicht an den Aufmärschen der HJ, des BDM, des Jungvolks und der Jungmädel teilnehmen. Unsere Mutter meinte aber, dass er diesen großen Moment, diese glorreiche Heimkehr des Führers nicht verpassen dürfte. Darum machte sie sich an jenem 6. Juli 1940 in aller Frühe mit ihm auf den Weg, um für sie beide einen guten

Beobachtungsplatz auf der Straße Unter den Linden zu ergattern. Sie standen in der Nähe der Reichskanzlei, hatten dem Führer zugejubelt, kamen aber erst eine geraume Weile nach mir zu Hause an, denn wo sie gestanden hatten, hatte sich aus dem Jubel der Massen jener Singsang entwickelt, der regelmäßig bei derartigen Veranstaltungen aus einer unbegreiflichen Hysterie heraus wie Schweißesdunst aufstieg: „Nach Hause, nach Hause, nach Hause geh'n wir nicht, bis dass der Führer spricht!"

Ob Hitler, der Führer, an jenem Tag noch gesprochen hat, weiß ich nicht mehr. Unsere Mutter und Rainer müssen jedenfalls noch eine ganze Weile auf eine mögliche Führerrede gewartet haben.

Erster Luftangriff

Am 26. August 1940 erfolgte der erste große Luftangriff auf Berlin. Allerdings war es nur ein harmloser Beginn des Schreckens, der im Verlauf des Krieges über Berlin und viele andere deutsche Städte kommen würde. Bisher waren nur wenige Flugzeuge bis nach Berlin vorgestoßen. Sie hatten neben einzelnen Bomben massenweise Flugblätter abgeworfen, eine leise Waffe, die von den Nazibehörden genauso gefürchtet war wie Bomben und Granaten. Es war damals verboten, derartigen „Schmutz", wie die Nazipropaganda diese Flugblätter nannte, aufzuheben, zu lesen oder weiterzugeben. Darauf stand das „Konzertlager" oder gar die Todesstrafe.

Als uns im Frühsommer 1940 die Luftschutzsirenen zum allerersten Mal aus den Betten jagten, waren wir, obwohl darauf vorbereitet, recht ratlos. Ein heißer sonniger Frühsommertag war zu Ende gegangen. In unserer Schlafkammer glühte die Luft wie in einem Backofen. Wir schliefen schlecht und unruhig in jener Nacht, darum riss uns schon der erste Sirenenton aus unserem leichten Schlaf. „Rainer, hörst du, Fliegeralarm!" Aber Rainer war auch schon hellwach. Diese Schallflut, dieses vielstimmige auf- und abschwellende Geheul war nicht zu überhören. Während wir aus den Betten sprangen, kam unsere Mutter hereingestürzt: „Aufsteh'n, Kinder, Fliegeralarm! Zieht euch schnell an!" Wir hatten diese Situation schon ein- oder zweimal geübt. Jeder von uns wusste genau, was zu tun war. Ich hatte am Abend beim Ausziehen wie immer in meiner Liederlichkeit alle Kleidungsstücke wahllos auf den Dielen vor meinem Bett verstreut und kämpfte noch mit den Lederhosen, als Rainer und Eberhard schon dabei waren, alle Fenster im Haus zu öffnen und die Rollläden hochzuziehen. Das alles geschah natürlich in völliger Finsternis, denn es herrschte ja strengste Verdunkelungspflicht. Wie sollte ich da meine Schuhe finden, meine Socken? „Du Lidrian, 'n paar hinter die Löffel hätt'ste verdient!" Unser Vater stand plötzlich in der Kammertür und war außer sich. Ich nahm mir vor, in Zukunft meine Kleidung genauso wohlgeordnet auf meinen Stuhl zu legen, wie es Rainer mir jeden Abend vormachte. Als ich endlich eilig die Treppe hinunter in den Keller stolperte, war die übrige Familie bereits vollzählig dort unten versammelt. Sogar unsere Oma saß, den zugehängten Käfig mit ihrem Petermätzel auf dem Schoß, in dem für sie bereitgestellten Sessel. Vater schaute demonstrativ auf die Uhr, während ich mir meinen Platz suchte. „Achteinhalb Minuten vom ersten Sirenenton bis jetzt! Solche Trödelei darf's in Zukunft nicht mehr geben", meinte er vorwurfsvoll und zu mir gewandt: „Ein für alle Mal, 'n paar hinter die Löffel kriegst du, wenn du weiterhin deine Kleider so herumschlumsterst! Demnächst sind die Tommys mit ihren Bomben schon da, während du noch unterm Bett herumkriechst und deine Strümpfe suchst!"

Wir hatten gleich zu Kriegsbeginn unseren Heizungskeller in einen provisorischen Luftschutzkeller umgewandelt. Kräftige Balken stützten die Decke ab, und damit wir es recht gemütlich hätten, waren von Vater und Eberhard Liegestühle, Sessel, Feldbetten und ähnliche bequeme Ruhemöbel in diesem Luftschutzkeller aufgestellt worden.

Es hatte sich im Verlauf der Monate seit diesem ersten Fliegeralarm bei uns eingebürgert, dass die beiden Frauen, unsere Mutter und Oma, im Keller blieben, während wir „Männer", Vater, Eberhard, Rainer und ich, vom hinteren Garten aus in den Himmel starrten. Bis jetzt hatten wir allerdings außer Sternschnuppen, eine davon langschweifig und weit über den Himmel fahrend, nichts Außergewöhnliches beobachten können. Allerdings begeisterte uns, wenn klares Wetter war, anfangs der prächtige Sternenhimmel, der sich während solcher Alarmnächte über uns wölbte. Es drang ja nicht der geringste störende Lichtschimmer von der verdunkelten Erde aus hinauf in den Himmel. Aber mit der Zeit verlor dieser Himmel mit seinem unendlichen Sternenmeer den Glanz des noch nie in dieser Pracht gesehenen Neuen.

So standen wir auch diesmal eher gelangweilt draußen und suchten am klaren Himmel den Nordstern. „Sechsmal die Hinterachse des großen Wagens verlängern!" Eberhard wusste genau, wie man diese Orientierungshilfe findet. Während einer Nachtwanderung bei der Hitlerjugend hatte man ihnen dieses Wissen eingetrichtert. Aus den angrenzenden Gärten hörten wir die gedämpften Stimmen der Nachbarn. Auch sie standen draußen und beobachteten das Firmament. Ein besonders heller Stern erregte unsere Aufmerksamkeit. Er stand nicht weit über dem östlichen Horizont. „Das ist bestimmt die Venus!"

„Aber Vati, die Venus sieht man nur abends oder morgens. Jetzt ist's mitten in der Nacht. Das kann nur der Saturn sein!" Eberhard war sich seiner Sache ganz sicher.

Plötzlich blitzte es in der Ferne mehrmals auf, und es war ein kurzes, grollendes Bellen zu hören. „Das ist Flakfeuer, aber noch sehr weit weg", meinte Vater. Mich überlief es fröstelnd, obwohl die Nacht uns spätsommerlich und lau umgab. Dann ertönten Flugzeuggeräusche, und Scheinwerfer flammten auf. Ihre blendenden Lichtfinger bohrten sich in die Dunkelheit des nördlichen Horizonts. Aufgeregt suchend fuhren sie hin und her und kreuzten sich in der Höhe. „Das ist weit weg, drinnen in Berlin", beruhigte uns Vater, und Eberhard rief plötzlich: „Ein Flieger!" Winzig und glitzernd sah man ihn mit bloßem Auge im Schein zweier sich kreuzender Scheinwerfer. Sofort vereinigten sich all die anderen suchenden Leuchtfinger zu einem strahlenden Lichtkegel, mitten drin dieser winzige Punkt, mal glitzernd, mal dunkel in all der gleißenden Helle. Da, Flakfeuer! Einige Sekunden lang in gespenstischer Stille! Nur das Aufleuchten der Abschüsse war zu sehen, die Perlenschnüre der Leuchtspurmunition, welche hinauf in Richtung Flugzeug glitten und oben die Blitze der detonierenden Granaten. Lustig sahen die kleinen weißen Detonationswölkchen aus, die im Lichterkegel wie aus dem Nichts erschienen, für einige Sekunden das Flugzeug umgaben, um dann wieder im Nichts zu verschwinden. Obwohl wir darauf vorbereitet waren, erschraken wir dennoch mächtig, als uns schließlich die Welle des Kampflärms erreichte. „Neun Sekunden!", rief Eberhard „also drei Kilometer Luftlinie bis dorthin!" Er hatte vom ersten Abschuss eines Flakgeschützes bis zum Eintreffen des Schalles bei uns die Sekunden gezählt. „So nah?", meinte Mutter, die gerade aus dem Waschhaus zu uns heraufgestiegen war. „Kommt Kinder, in den Keller. Und du Hans solltest auch ..." Weiter kam sie nicht, denn plötzlich rief Vater: „Der Flieger ist weg!", und auch in unserer Nähe begannen jetzt die Flakgeschütze zu bellen. Sicherlich hatte sich der Tommy durch einen Sturzflug aus dem gefährlichen Lichtdom gerettet, und die Flak legte, um ihn nicht entkommen zu lassen, Sperrfeuer. Wir stürzten die Kellertreppe hinunter und warteten im Waschhaus bei offener Tür das weitere Geschehen ab. Endlich verstummten die Geschosse, und es wurde unheimlich still. Nur ein vielstimmiges Sirren und Summen war zu hören. Es klatschte in die Bäume und auf den Erdboden, als würden große Hagelkörner niedergehen. Gelegentlich hörte man auf den Dächern das Splittern getroffener Ziegel. Wir standen lauschend im geschützten Winkel unter dem Küchenbalkon und konnten uns keinen Reim auf diese Erscheinung machen. Erst der nächste Tag brachte uns des Rätsels Lösung. Es waren die unzähligen, scharfkantigen Splitter der explodierten

Flakgranaten gewesen, die beim Niedersausen in schnelle Drehungen gerieten und dadurch zu surren begannen.

Das aufregende Kriegsgeschehen dauerte höchstens zwanzig Minuten, danach blieb es still um uns und über uns. Nur am nördlichen Horizont wetterleuchtete weit entfernter Flakbeschuss, und gelegentlich vernahm man ein kurzes, dumpfes Grollen. Unversehrt in seiner Pracht wölbte sich über uns wieder der Sternenhimmel und zog sich fast blendend in ihrer Helligkeit die Milchstraße über uns hin. Aus den Gärten hörte man wieder die Stimmen der Nachbarn. Wir tasteten uns fröstelnd durch das finstere Waschhaus zurück in unseren Luftschutzkeller.

Für uns Jungs hatten die Luftangriffe einen erfreulichen Nebeneffekt. Dauerten sie länger als eine Stunde, so fielen am folgenden Tag die ersten beiden Schulstunden aus. Erstreckten sie sich bis in die zweite Nachthälfte hinein, fiel der Unterricht dann ganz aus. Als wir am nächsten Morgen zur Schule gingen, eine Stunde später als normal, weil der Alarm länger als drei Stunden gedauert hatte, fanden Rainer und ich unseren allerersten Granatsplitter. Er lag vor unserer Haustür, mitten auf der Terrasse. Rainer entdeckte ihn als Erster. Wie beneidete ich ihn darum. Ich habe dann vor unserem Gartentor einige Minuten auf Horst gewartet. Auch er hatte schon zwei Granatsplitter in der Hosentasche, als er bei mir eintrudelte. Auf dem Schulweg, im Rotenkruger Weg, habe ich dann endlich auch meinen ersten Granatsplitter gefunden. In seinem zackig-grauen Stahlkörper war noch ein Stück des rötlich glänzenden, kupfernen Führungsrings eingelassen, der sich den geschliffenen Zügen des Geschützrohres anpasst und die Granate in Drehungen versetzt. Das Profil des Geschützlaufs hatte sich diesem Kupferrest deutlich eingeprägt.

Das war ein für uns Kinder wertvolles Stück. Hatten wir bis dahin auf unserem Schulweg nur nach leeren Zigarettenschachteln Ausschau gehalten wegen der in ihnen enthaltenen Sammelbildchen, so galt jetzt den Granatsplittern, später auch den Bombensplittern unser Interesse. Täglich wurde während der großen Pause eifrig mit ihnen getauscht. Es ging dann zu wie auf einer Sammlerbörse oder einem Pferdemarkt. Da wurden die Vorzüge des eigenen Stücks herausgestrichen und die des vom Gegenüber Angebotenen schamlos niedergemacht. Wir hatten für die einzelnen Splittertypen nach Größe, Zustand und Seltenheitsgrad eine genaue Wertskala entwickelt, die jeder von uns in allen Einzelheiten im Kopf hatte. Obenan standen als wertvollste Stücke Granatböden, aber auch Granatspitzen und Zünderteile. Danach folgten Splitter mit Resten der Führungsringe. So ging es dann abwärts bis hin zu den nahezu wertlosen einfachen Splittern aus den Granatwänden.

Ein besonders Exemplar, den Zündkopf einer Fliegerbombe, brachte eines Tages Eberhard mit nach Hause. Nahezu unversehrt hatte er die Detonation des Sprengkörpers überstanden. Dieser Zünder lief in einen leichtgängigen Aluminiumpropeller aus. Natürlich hatte Eberhard keine Ruhe, ehe er nicht dieses Fundstück aufgeschraubt und in seine Einzelteile zerlegt hatte. Mutter durfte von dieser Aktion natürlich nichts wissen. Schon beim ersten Anblick dieses Teufelsstücks, wie sie es nannte, hatte sie fast hysterisch aufgeschrien: „Raus, raus, aus dem Haus und weg damit! Wer weiß, vielleicht ist noch Pulver drin und das Ding explodiert!" Ach, wenn die Ahnungslose gewusst hätte, was noch alles auf sie zukommen sollte, als Eberhard später Luftwaffenhelfer war und sich mit Vorliebe an Stabbrandbomben versuchte, die als Blindgänger häufig zu finden waren.

In der großen Pause nach diesem ersten schweren Angriff auf Berlin gab es allerdings nicht viel zu tauschen, denn die Granatsplitter hatten damals noch Seltenheitswert. Desto eifriger wurden, vor allem unter uns Buben, Abenteuer ausgetauscht, die wir vorgaben, erlebt oder beobachtet zu haben. „Drei Tommys haben sie runtergeholt und das Krachen von den Bomben, als wenn der Blitz neben dir einschlägt und 'ne Druckwelle, mich hat's direkt umgeworfen!" Gut, dass die Pausenklingel unsere Flunkerei rechtzeitig beendete, wir hätten sonst ganze Geschwader abstürzen lassen und die Bombenteppiche späterer Angriffe vorweggenommen.

Diesem ersten schweren Luftangriff folgten in immer kürzerem Abstand weitere, stets nachts und stets bei klaren Wetter. So geschah es oft, dass Mutter, bevor wir Buben uns zu Bett legten, noch einmal auf die Terrasse hinaustrat, hinauf zum Himmel schaute und uns zurief: „Ganz klarer Himmel, da kommen die Tommys bestimmt! Behaltet lieber gleich euer Unterzeug an!" Damals, in der Anfangszeit des Luftkriegs, waren es noch kleinere Flugverbände, die die Angriffe flogen. Entsprechend vereinzelt über das ganze Stadtgebiet verteilt fielen die Bomben, wurden Häuser zerstört und erlitten Menschen den Tod. Eines Nachts traf es auch Lichtenrade. Weit von uns entfernt, ich glaube in der Buckower Chaussee, wurden zwei Häuser getroffen. Wir haben in unserem gemütlichen Luftschutzkeller nichts davon gehört und gespürt, weder das Niederheulen der Bomben noch den Krach ihrer Detonationen.

Am darauffolgenden Sonntag sind wir einschließlich unserer Oma zu diesem ersten Bombenschaden in unserer Nähe gewandert. Wir waren nicht die einzigen, die schaudernd vor den Ruinen dieser Häuser standen. Damals besaßen derartige Trümmer noch einen hohen Seltenheits- und Sensationswert. Sie wurden zum allgemeinen Ziel geruhsamer Sonntagnachmittagsausflüge.

Vater begann, während er vor diesen zerstörten Häusern stand, über den Nutzen unseres Luftschutzkellers nachzudenken. „Rosel, da unten sitzen wir wie in einer Falle, wenn mal was passiert! Das Haus stürzt ein wie ein Kartenhaus, und die Kellerdecke ist viel zu schwach für den Druck der Trümmer, da können wir Balken drunter setzen, so viel wir wollen!" „Aber Hans, wo sollen wir uns denn unterstellen, wenn's wieder Alarm gibt?"

Dieses Problem löste sich dann einige Tage nach diesem Sonntagsausflug von ganz allein, denn Wildecks planten, unter ihrer Terrasse einen Luftschutzbunker zu bauen. Angesichts der zunehmend häufiger werdenden Angriffe mit ihren nicht zu übersehenden Schäden wurde dieser Plan auch schnell in Angriff genommen. Eines Tages, kurz nach unserer Trümmerbesichtigung, erschien Herr Wildeck bei uns und bot unseren Eltern die Beteiligung an diesem Bauvorhaben an, natürlich gegen den Erwerb der für unsere Familie nötigen Plätze in diesem Bunker. Vorläufig mussten wir allerdings noch in unserem Keller Schutz suchen, wenn die Sirenen das Herannahen feindlicher Bomber verkündeten. Die Arbeiten an dem Schutzraum drüben bei Wildecks zogen sich noch fast ein halbes Jahr in die Länge. Allerdings wurde zu unserer Beruhigung noch im Laufe des Sommers ein Verbindungstürchen in den Zaun gesetzt, der unsere beiden Grundstücke voneinander trennte.

Noch empfanden wir Jungs die Luftangriffe der Engländer auf unsere Stadt eher als lästig denn als gefährlich. Sie zogen sich meistens endlos in die Länge. Eine, zwei, manchmal sogar drei Stunden dauerte das grandiose Feuerwerk, welches sie uns boten. Lichtenrade, am Rande Berlins, schon fast in der ländlichen Mark Brandenburg gelegen, gehörte damals noch nicht zu den Zielbereichen der immer noch vereinzelt anfliegenden Bomber. So konnten wir ungefährdet im hinteren Garten stehen und das Kriegsgetümmel über der Stadt beobachten. Erst das Surren der niedergehenden Granatsplitter trieb uns regelmäßig unter das schützende Dach des Küchenbalkons.

„Vati, wie spät isses denn!" „Ich kann doch jetzt die Uhr nicht erkennen, Ditt, hier draußen ist's doch viel zu dunkel, da musst du schon warten, bis wir in den Keller gehen! Warum willste denn ausgerechnet jetzt die Uhrzeit wissen?" „Och, nur so!" Natürlich hoffte ich jedes Mal, wenn es auf Mitternacht zuging, dass die Tommys noch eine Weile über unserer Stadt herumfliegen würden, des folgenden schulfreien Tages wegen.

Urlaub

Unsere Eltern hatten im Jahr 1940 für sich einen Urlaub in den Bergen geplant. Nach Mayrhofen[65] sollte die Reise gehen. Es war im März, an einem jener gemütlichen Sonntagnachmittage, als Vater dies anregte. Wir hatten gerade Kaffee getrunken, im Wohnzimmer hing noch der Duft des damals schon raren, anregenden Gebräus. Aus dem Radio tönte wie stets an den Sonntagnachmittagen um diese Zeit das Wunschkonzert. Wir wollten gerade mit einer Partie Halma beginnen, als sich Vater im Stuhl zurücklehnte, in die Runde schaute und zu einer Rede ansetzte: „Rosel, wir sollten mal wieder in Urlaub fahren. Wie wär's mit einer Reise in die Berge?" „Aber Hans, es ist doch Krieg!" „Gerade darum! Wer weiß, wie sich dieser Krieg noch entwickelt, vielleicht ist so was nächstes Jahr schon unmöglich." Unsere Mutter schüttelte zweifelnd den Kopf: „Und die Kinder? Sollen die hier allein bleiben?" Vater schaute uns der Reihe nach aufmunternd an: „Gelt, ihr seid jetzt schon große Jungs und werdet doch eurer Oma parieren!", und zu unserer Mutter gewandt: „Außerdem ist Eberhard für seine vierzehn Jahre schon sehr vernünftig. Er wird Mutter eine zuverlässige Stütze sein." Oma, die noch bei uns saß, meinte darauf, zwar nicht sehr begeistert, aber gefasst: „Fahrt ruhig, ich komme mit den Jungs schon zurecht. Wann soll's denn losgehen?" „In den Herbstferien", meinte Vater. „Ach so!" Oma war erleichtert. „Bis dahin vergeht ja noch viel Zeit."

Als die Herbstferien vor der Tür standen, entschlossen sich unsere Eltern, mich mit in den Urlaub zu nehmen. Mutter war es, die dies eines Tages während des gemeinsamen Abendessens anregte: „Hans, der Dieter ist schon wieder so nervös wie damals in Gefell. Sicherlich kommt dies durch die dauernden Luftangriffe. Kaum eine Nacht, in der man mal durchschlafen kann. Das ist ja auch Gift für die Kinder. Sollten wir nicht mal an Schneebergers in Mayrhofen schreiben, ob sie für Dieter noch ein Bett frei haben?" Diese Adresse hatte Vater schon im Frühjahr besorgt und sich dort mit unserer Mutter für Anfang September eingemietet. Für mich war noch ein Bett frei! Vater hatte sofort nach diesem Gespräch an Schneebergers geschrieben, denn Mutters „Wir sollten mal!" hatte stets das Gewicht eines dienstlichen Befehls.

Am 1. September 1940 begaben Vater, Mutter und ich uns auf die Reise in den Süden. Erst ging es mit dem D-Zug nach München, dort sollte übernachtet werden. Ich fühlte mich wie der Hahn im Korb, brauchte ich doch jetzt die Zuwendung der Eltern mit keinem meiner Brüder zu teilen. Natürlich saß ich auf einem Fensterplatz, in Fahrtrichtung versteht sich, denn die Rückwärtsfahrerei konnte ich schon damals nicht vertragen, da wäre es mir speiübel geworden.

Nachdem wir eine Weile gefahren waren, meinte Vater: „Kommt dir hier nichts bekannt vor?" Ich konnte mir keinen Reim darauf machen, was er meinte: „Was denn, was soll mir denn bekannt vorkommen?" „Draußen, die Landschaft! Ihr seid hier genau vor zwei Jahren schon mal durchgefahren, Mutti und ihr Jungs, damals jedoch in umgekehrter Richtung." Der Zug wurde jetzt zusehends langsamer, und wir fuhren in Wittenberg ein. „Jetzt weiß ich's, jetzt fällt es mir ein!", rief ich erfreut, „das war, als wir in Gefell weggezogen sind!" „Richtig!"

Pünktlich nachmittags um halb drei Uhr fuhr der Zug im Münchener Hauptbahnhof ein. „Erst geh'n wir mal zum Hotel", meinte Vater, als wir den Bahnhofsplatz betraten, und schnuppernd die Nase hebend fuhr er fort: „Hm, diese Luft, man riecht die Berge bis hierher!" „Wie riechen denn die Berge?", wollte ich wissen, und Mutter antwortete mit ihrem hellen Lachen: „Ja, der Vati, das ist mir einer! Der riecht die Berge so, wie er's Gras wachsen hört!" Vater drohte ihr mit gespielten Zorn: „Wart nur, du Frechdachs!" Die gute Laune der Eltern erfasste mich wie eine ansteckende Krankheit. Ich ahnte, dass ich nur Schönes und Heiteres mit ihnen erleben würde, dass dieser Urlaub in den Bergen mir zu einem unverlierbaren Geschenk werden würde.

Vater war, wie stets in solchen Fällen, aufs Beste vorbereitet. Er zog seinen Münchener Stadtplan aus dem Rucksack, putzte sich die Brille, schaute kurz in den Plan und marschierte fröhlich drauflos. „Die paar Schritte zum Hotel gehen wir zu Fuß, wir haben ja nur unsere Rucksäcke dabei", meinte er im Gehen. Die schweren Koffer hatte bereits vorgestern ein Spediteur abgeholt, um sie nach Mayrhofen aufzugeben. „Hoffentlich kommen die auch gut an", hatte unsere Mutter gebärmelt[66], als der Spediteur die Gepäckstücke in seinem Wagen verstaute. Nun waren wir froh, dass wir diese Ungetüme von Koffern nicht zum Hotel schleppen mussten.

Das Hotel lag in einer stillen Seitenstraße nicht weit vom Bahnhof entfernt. Es war klein und familiär, so recht unserem Wanderhabitus angemessen. An der Rezeption wurden wir schon erwartet. Der bei unserem Eintritt ausgetauschte Deutsche Gruß, dieses „Heil Hitler", klang hier in Bayern viel lässiger als bei uns in Berlin. Nachdem Vater sich mit Möckel vorgestellt hatte, meinte der Mann hinter dem Tresen: „Ah, die Herrschaften aus Berlin! Grüß Gott, habe die Ehre!" Dieses Bayerisch gefiel mir auf Anhieb.

Nun galt es erst einmal, die unerlässlichen Formalitäten zu erledigen: Ausweise vorlegen und Anmeldungen ausfüllen. Als dies zu aller Zufriedenheit erledigt war, drückte der Portier einen Klingelknopf vor sich auf dem Tresen, und herbei kam mit „Heil Hitler" und „Servus" der Hausknecht. „Xaver, die Herrschaften kommen auf 21, vergiss aber nicht, ihnen vorher den Weg in den Luftschutzkeller zu weisen!" „Ja gibt's denn hier auch Alarm?" Mutter war überrascht und ein bisschen beunruhigt. „Ja wo denken's denn hin, Gnä' Frau! Meinen's, die Tommys machen um München an Bogen herum, wann's bei uns umenand fliang?" „Hans, gut dass wir nur eine Nacht hier in München bleiben, mir graut davor, in einen wildfremden Luftschutzkeller zu stolpern!", meinte Mutter, als wir uns häuslich in unserem Hotelzimmer einrichteten. Für mich hatte man ein zusätzliches Feldbett aufgestellt. Wie würde diese Nacht werden? Ich hatte noch nie mit den Eltern in einem Zimmer geschlafen und genierte mich ein bisschen vor der ungewohnten Nähe. Vorerst drängte Vater allerdings zum Aufbruch. Er wollte etwas von München sehen.

Die paar Stunden, die uns an jenem Nachmittag zur Besichtigung einiger Sehenswürdigkeiten in München verblieben, haben auf mich einen unauslöschlichen Eindruck gemacht. Zu Abend wurde im Bürgerbräukeller gegessen, davon ist Vater nicht abzubringen gewesen. Hier waren es vor allem die gestandenen Mannsbilder, von denen ich meinen Blick nicht lösen konnte. Merkwürdig, dass die meisten ihre gamsbartgeschmückten Hüte auf dem Kopf behielten, während sie zu Tische saßen und tranken oder aßen. Einer hatte es mir besonders angetan. Behäbig saß er seitlich von mir, leider musste ich deswegen den Kopf leicht drehen, wenn ich ihn beobachten wollte. Seine Nase war schon etwas knollig und die Wangen, soweit sie aus dem Vollbart hervorlugten, hatten einen Anflug von violett. Wie er den Schaum des Biers mit dem Zeigefinger der rechten Hand aus seinem Schnurrbart strich und mit Schwung auf den Fußboden schleuderte, das war eine Geste voll höchster männlicher Grazie. Ich war beeindruckt. Gewiss, Vater trug damals auch ein kleines Schnurrbärtchen unter der Nase, ein sogenanntes Adolf-Hitler-Bärtchen, aber wenn er, was selten vorkam, einmal ein kleines Gläschen Bier trank, hatte er es nie nötig, Schaum aus diesem kleinen Nasenvorgärtchen zu streichen.

In der Nacht gab es Fliegeralarm. Mutter hatte uns am Abend, als wir aus dem Bürgerbräukeller heimkamen, geraten: „Zieht lieber bloß die Obersachen aus, falls Alarm kommt!" Wie gut sie daran getan hatte! Dadurch waren wir schnell mit dem Anziehen fertig und stolperten als Erste hinunter in den Keller. So konnten wir unter den besten und bequemsten Plätzen auswählen. Vaters leichter Schwips, den er aus dem Bräukeller mitgebracht hatte, war wie weggeblasen, allerdings nickte er, kaum dass er saß, fest ein und begann zu schnarchen. Mutter war dies äußerst peinlich, denn der Keller hatte sich mittlerweile bis auf den letzten Platz gefüllt, und die Leute schauten Vater lächelnd zu. Mutter stieß ihn zwar regelmäßig verstohlen in die Seite, aber es half nichts, die Folgen des ungewohnten Biergenusses waren stärker als der Wille, eine gute Figur zu machen.

Am Morgen war Vaters Schwips dann verflogen. Voller Schwung gab er Mutter einen herzhaften Gutenmorgenkuss und einen liebevollen Klaps auf den Allerwertesten. „Aber Hans", flüsterte sie vorwurfsvoll mit einem verstohlenen Blick zu mir herüber. Er aber pfiff, während sein elektrischer Rasierapparat schnurrte, die Weise: „Auf in den Kampf, die Schwiegermutter naht ...!" Was ihm ein erneutes „Aber Hans!" von Seiten Mutters einbrachte. Mittendrin musste er allerdings abbrechen, als er den Mund nach links verzog, um der rechten Wange die für den Rasiervorgang nötige Spannung zu geben. Beim Frühstück erfuhren wir dann vom Kellner, dass weit draußen in Richtung Perlach einige Bomben gefallen wären, zum Glück ins Feld, ohne größeren Schaden anzurichten.

Endlich ging es weiter in Richtung Alpen. Es war ein richtiger Spätsommermorgen, als wir uns gegen sieben Uhr auf den Weg zum Bahnhof machten. Der Himmel über uns war tiefblau. Im Süden bedeckten ihn einige schleierhaft zerrissene Wolken, die im zarten Morgenrot leuchteten: Föhnhimmel. Der Kellner hatte uns beim Servieren des Frühstücks auf dieses Klimaphänomen aufmerksam gemacht.

Wir hatten zum Glück Fensterplätze ergattert, als wir in München den Bummelzug nach Rosenheim bestiegen. Ich spähte natürlich eifrig zum Fenster hinaus, während der Zug durch das sanft gewellte Voralpenland fuhr, denn ich brannte darauf, einen ersten Blick auf die Alpenkette zu werfen.

Mutter ging es nicht gut, sie litt unter Kopfschmerzen und starkem Herzklopfen. „Hans, ich erkenne mich gar nicht wieder, jetzt am frühen Morgen Kopfschmerzen, wo ich doch so gut geschlafen habe!" Während sie sich die Schläfen mit duftendem Kölnisch Wasser betupfte, wurde sie von einer Mitreisenden angesprochen, die in München neben ihr Platz genommen hatte: „Sie, das ist der Föhn!" Die Mitreisende bemühte sich, hochdeutsch zu sprechen, was ihr allerdings nicht recht gelang. Ihre Sprache blieb mit unzähligen bayerischen Dialektausdrücken durchsetzt. Sie erklärte nun unserer Mutter lang und breit, welche Leiden der Föhn über die Menschen bringt. Ich hörte ihr mit Interesse zu und war dadurch einen Moment lang abgelenkt. Als ich wieder zum Fenster hinausschaute, war sie plötzlich da, die Alpenkette. Oder hatte sich jenes in der Ferne tief am Horizont hinziehende, schmale, zackige Wolkenband, das schon seit einiger Zeit zu sehen war, plötzlich in die Alpenkette verwandelt? „Da, die Alpen!", rief ich erfreut, und die Mitreisende meinte bestätigend: „Ja, heut san's gut zu seh'n, die Alpen, wegen dem Föhn."

In Rosenheim hieß es: „Umsteigen in die Inntalbahn!" Nun ging es richtig hinein in die Bergwelt. So viele, so hohe Berge, bis zu den Wolken hinauf und oben bedeckt mit blendend weißem Schnee, so hatte ich mir die Alpen nicht vorgestellt! Ich kam aus dem Staunen nicht heraus. Die Eltern beobachteten vergnügt meine Begeisterung. Mutters Zustände waren wie weggeblasen, denn plötzlich meinte sie erleichtert, während sie eine Miene machte, als würde sie in sich hineinhorchen: „Hans, ich glaube, meine Kopfschmerzen sind weg."

Der Zug dampfte zischend und fauchend, an jedem Wegekreuz pfeifend und bimmelnd durch das liebliche Inntal bis hin zum Städtchen Jenbach. „Jetzt wird's erst richtig gemütlich", meinte Vater, als wir dort ausstiegen. „Jetzt geht's mit dem Zillertalbähnle weiter." Vorerst waren wir allerdings genötigt, zwei Stunden Aufenthalt zu überbrücken. „Halb eins, die richtige Zeit zum Mittagessen." Mutters Mittagshunger hatte sich wie immer pünktlich eingestellt.

In der Nähe des Bahnhofs gab es ein gemütliches Lokal mit einem einladenden Wirtshausgarten. Der richtige Ort für drei hungrige, durstige und müde, aber trotzdem begeisterte Reisende. Vater bestellte als Erstes für Mutter und mich je ein Kracherl, eine Limonade, für sich aber ein Bier. „Hoffentlich gewöhnst du dir hier das Biertrinken nicht an!" Mutter saß sehr steif und pikiert auf ihrem Stuhl, als sie dies sagte. Als aber dann der duftende Schweinebraten vor ihr auf dem Tisch stand, hellte sich ihre Miene zusehends auf. Sie aß ja so gern und stets mir sichtlichen Vergnügen.

Dieser Wirtshausgarten war wirklich ein paradiesischer Ort. Beschattet von alten Kastanienbäumen, belebt von einem Volk gackernder Hühner, welche um ihren Hahn herum zwischen den Tischen und Stühlen scharrten, umgeben von Bergen, die, so schien es mir, bis in den Himmel aufragten.

Plötzlich fiel es Vater ein, dass er noch einen Film kaufen müsse. „Wer weiß, ob es in Mayrhofen so was gibt!" „Aber Hans, in einer Viertelstunde geht der Zug!" „Bis dahin bin ich längst zurück", sprach er und eilte davon. Mutter und ich blieben im Wirtshausgarten zurück. Sie war sichtlich nervös, schaute andauernd auf ihre Uhr, nestelte an ihrer Handtasche, sprang auf, reckte Ausschau haltend den Hals, setzte sich wieder, schlug die Beine mal rechts, mal links übereinander. Endlich hielt sie es nicht mehr aus: „Komm Dieter, wir gehen hinüber zum Bahnhof. In vier Minuten geht ja schon der Zug!"

Als Vater endlich mit Riesenschritten auf den Bahnhof zulief, war es wirklich höchste Eisenbahn. Der Fahrdienstleiter hatte schon seine Kelle gehoben, es fehlte nur noch der Abfahrtspfiff. Als er Vater kommen sah, ließ er zum Glück die Kelle wieder sinken. Mutter und ich waren schon eingestiegen und standen auf dem offenen Perron des letzten Wagens. Ich winkte und rief dabei aus vollem Halse: „Hierher Vati, hierher!" „Puh, das war knapp!", japste Vater, als er den Zug erreicht hatte und neben uns auf dem Perron stand. In diesem Moment setzte sich die Bahn in Bewegung. Wir gingen hinein in den Wagen. Vaters erste Frage war: „Hast du die Zeche bezahlt, Rosel?" „Um Himmels willen, das hab ich in der Aufregung vergessen! Hast du wenigstens einen Film bekommen?" „Nein, es war alles geschlossen. Mittagspause", antwortete Vater achselzuckend.

Vater und ich gingen wieder hinaus auf den Perron. Wir fuhren im letzten Wagen des Zuges, so konnten wir ungehindert in den rückwärtigen Teil des Tales schauen. Vater hatte nicht zuviel versprochen. Die Fahrt mit dieser Schmalspurbahn war wirklich gemütlich. Nur dreißig Kilometer Fahrtstrecke lagen vor uns, und die Fahrt dauerte über zwei Stunden. An jedem noch so kleinen Dorf wurde angehalten, manchmal sogar auf freier Strecke, wenn irgendwo jenseits der Bahn ein einsamer Hof lag. Es waren dann meist Bauern, die ausstiegen und sich ihren Weg durch die sattgrünen Wiesen mit ihren blühenden Herbstblumen bahnten.

Wir fuhren das Zillertal hinauf. Es zeigte sich von seiner schönsten Seite. Der Himmel war blankgeputzt, mit Wolken genauso weiß wie die verschneiten Berge. Über allem lag spätsommerlicher Sonnenschein, der den Firn der Gipfel und die Klüfte der Felsen beschien. Schweigend standen Vater und ich nebeneinander und betrachteten diese Wunderwelt. Er hatte seinen rechten Arm um meine Schultern gelegt. Gelegentlich war er genötigt, sich die Augenwinkel mit dem Zeigefinger seiner linken Hand auszuwischen. Dies konnte unmöglich am rußigen Rauch liegen, den die Lok weit vorn am Anfang des Zuges regelmäßig ausspie. Als ich einmal zu ihm aufschaute, sah ich, dass ihm die Tränen in den Augen standen. Er neigte dazu, seinen Gefühlen freien Lauf zu lassen.

Auf dem Bahnhof in Mayrhofen wurden wir schon erwartet. Eine junge Frau stand mit ihrem Handwagen bereit. Es waren nicht viele Fahrgäste, die bis hier herauf zur Endstation gefahren waren. Der Zug bestand ja auch zum großen Teil aus Güterwaggons, nur ganz an den Schluss hatte man drei Personenwagen angehängt. Vor diesen standen wir nun, während sich die anderen Mitreisenden verliefen. „Grüaz Gott! I bin d' Juli vom Schneebergerhof! Sie san g'wiss die Herrschaften aus Berlin." Ihr Lächeln war gewinnend, ihr Äußeres auch. Ich fühlte sofort, dass es uns hier gut gehen würde.

Mayrhofen war damals noch ein idyllisches Bergbauerndorf. Gewiss, der Schneebergerhof hatte schon sein Gesicht verändert und war erweitert worden, aber rings um ihn standen noch die alten Tirolerhöfe gruppiert um den Dorfplatz mit seiner Viehtränke. Am Abend, wenn die Kühe von ihren Tagesweiden hereingetrieben wurden, stillten sie an dieser Tränke erst ihren Durst, ehe sie den heimatlichen Ställen zustrebten. Lange bevor sie ins Dorf hereingezogen kamen, hörte man schon ihr melodisches Glockengeläut. Es waren jene Kühe, deren Milch den täglichen Bedarf im Dorf deckte. Das übrige Weidevieh stand noch oben im Gebirge auf den sommerlichen Hochalmen. Bald würden sie herabgetrieben.

Nachmittagsstille lag über dem Dorf, als wir mit Juli, der Tochter unserer Wirtsfamilie, vor dem Schneebergerhof anlangten. Sie hatte schnell Vertrauen zu uns gefasst und in ihrer unbefangenen Art während des Weges vom Bahnhof bis hierher bereits alles Wesentliche über sich und ihre Familie erzählt. Wir wussten nun, dass Ferdl, der Hoferbe, im Felde in Frankreich stand, dass neben dem Vater der Loisel, der Kleinknecht, die einzige männliche Arbeitskraft auf dem Hof war. Das Tonele, der Hütebub, sei ja wohl noch kein rechter Mann! Großmutter, Mutter, die beiden Mägde und sie hätten alle Hände voll zu tun, um mit der täglichen Arbeit fertig zu werden.

Wir fühlten uns wie zum Besuch angereiste, nahe Verwandte der Familie. Im Zimmer warteten bereits die in Berlin aufgegebenen Koffer auf uns. Unserer Mutter fiel ein Stein vom Herzen. Sie trat auf den Balkon: „Hans, Ditt, das müsst ihr euch mal anschauen!" Wir gingen zu ihr hinaus. In der Tat war dieses Bild tiefsten Friedens sehens- und erlebenswert, dieser Blick über das steinbeschwerte Schindeldach eines alten Schuppens hinweg zu den schneebedeckten Zacken des Grünbergs. „Nicht vorstellbar, dass anderswo jetzt Krieg sein soll!" Mutter seufzte. Als sie sich zu uns umkehrte, sah man ihre Tränen.

Der Wasserfall am Ende des Tales würde ab jetzt sein Rauschen Nacht für Nacht in unsere Träume gießen. „Hoffentlich stört eane der Wasserfall nit mit sei'm ewing Gerausche", hatte Frau Schneeberger gemeint, als sie ebenfalls auf den Balkon trat. Sie war selbst mit herauf in die erste Etage gestiegen, um uns das Zimmer zu zeigen. Er hat uns während dieser beiden Ferienwochen in keiner Nacht gestört, dieser Wasserfall. Unser Wanderprogramm war so ausgiebig, dass wir jeden Abend todmüde ins Bett gesunken sind.

Waren wir hier unversehens in ein Schlaraffenland geraten? So kam es uns jedenfalls vor. Ein Land, in dem damals, trotz des Krieges mit seinen kargen Rationen, noch Milch und Honig flossen. Wie hatte doch die Juli gesagt, als sie mir zur Begrüßung am Bahnhof die Hand reichte, mich dabei vom Kopf bis zu den Füßen musternd: „Mei, bist du aufg'schossn und dabei so dünn, a richtige Sprott'n. Da wierst ba'uns gscheit ausg'füttert wern müess'n!" So geschah es dann schon am ersten Abend beim Abendbrot. Auf unserem Tisch präsentierte sich eine schier unerschöpfliche Platte. Auf ihr lagen in Scheiben geschnitten und wohlgestapelt Schinken, Tiroler Speck, Käse und Hausmacherwurst, daneben standen ein Tellerchen voller Butterflocken und ein Krug köstlicher frischer Milch. Wir saßen an einem Extratischchen in der Küche.

An der Tafel unserer Wirtsleute ging es etwas einfacher zu als bei uns, den zahlenden Gästen. Eine große Schüssel voller Pellkartoffeln wurde mitten auf den Tisch gestellt, daneben ein Napf mit Dickmilch, das war alles. Jeder pellte sich seine Kartoffeln, spießte sie auf seine Gabel und fuhr mit ihr durch die Dickmilchschüssel, gab eine Prise Salz darauf, Pfeffer vielleicht auch noch und ab damit in den hungrigen Schnabel. Ich kam mir vor, als sei ich auf einen fremden Stern geraten, als ich die Essgepflogenheiten dieser doch recht wohlhabenden Bauersleute beobachtete. Auch die Tatsache, dass jeder sein Besteck unter der Tischplatte hervorzog und dieses einfach am Schürzenzipfel oder am Hosenbein abwischte, bevor nach dem Tischgebet das Essen begann, befremdete mich sehr.

Das gemeinsame Schlafen in einem Zimmer, diese ungewohnte Nähe zu den Eltern, gestaltete sich besser als ich dachte. Natürlich geboten es die Regeln des Anstandes, dass ich mich in meinem Bett zur Wand hin drehte, während Mutter sich wusch und auszog: „So, Ditt, jetzt kannst du dich wieder rumdrehen!" Wenn ich mich nach dieser Aufforderung wieder dem Zimmer zukehrte, war Mutter am Morgen stets mit dem Anziehen fertig und am Abend lag sie schon im Bett.

Unser Zimmer war für damalige Verhältnisse komfortabel eingerichtet. Einen Komfort gab es damals allerdings noch nicht: fließendes Wasser im Zimmer. Gewiss, die Waschkommode gleich links neben der Eingangstür war ein prächtiges Möbelstück mit ihrer weißen Marmorplatte, dem aufragenden, geschliffenen Spiegel und der Marmorauflage für die verschiedenen Toilettenutensilien. Waschen musste man sich in einer mäßig großen Porzellanschüssel, die auf dieser Kommode stand. Das Wasser wurde in einem großen Krug aus der Küche heraufgeschafft und landete, nachdem es seine reinigende Pflicht getan hatte, in einem bereitstehenden Abwassereimer. Ländlich einfach ging es in dieser Ferienwelt zu. Was schadete es, dass man nicht auf eine Spültoilette gehen durfte, sondern aufs „Heis'l" musste, wenn es einen menschlich drückte und dass es für die Familie Schneeberger und die Hausgäste nur eine Badewanne gab? Dafür hatte unser Zimmer die natürlichste Aircondition der Welt, nämlich blumigen Heuduft, der aus dem angrenzenden Stadel herüberzog.

Allzuschnell vergingen diese Ferientage. Ehe wir es uns versahen, mussten schon wieder die Koffer gepackt und aufgegeben werden. Wir hatten längst nicht alle geplanten Bergtouren geschafft. Es musste zwischendrin immer mal wieder ein Ruhetag eingelegt werden, was niemand von uns bei den Planungen bedacht hatte. Diese Ruhetage gaben Gelegenheit, am Nachmittag hinüber nach Finkenberg zu laufen und beim Neuwirt auf der Terrasse zu rasten. Es ist schwer zu sagen, was uns dort mehr beeindruckte, der Blick ins Zillertal mit seinen schneebedeckten Bergen oder der frischgebackene Streuselkuchen mit dem Gebirge aus frischgeschlagener Sahne, alles ohne Marken. Mutter würde fast alle Reisemarken, die sie für diese Fahrt auf der Kartenstelle in Lichtenrade extra eingetauscht hatte, wieder mit nach Hause bringen.

Es hatte in der Nacht auf den 14. September 1940 weit heruntergeschneit. An unserem letzten Ferientag in Mayrhofen waren wir noch einmal herüber nach Finkenberg gekommen und saßen beim Neuwirt auf der Terrasse. Klar und weitsichtig war heute die Luft, nachdem es gestern unten im Tal den ganzen Tag geregnet hatte. Mutter liefen plötzlich Tränen über die Wangen. Vater griff nach ihrer Hand: „Rosel, was hast du denn?" „Ach Hans, ich bin plötzlich so traurig. Der Krieg, hier könnte man ihn glatt vergessen, hier haben wir doch wie auf einer friedlichen Insel gelebt. Was wird uns zu Hause erwarten?" „Die Kinder und Mutter, was meinst du, wie die sich auf uns freuen, Rosel! Übrigens, schau dich doch mal um, die Berge, der Schnee oben auf den Gipfeln, die Sonne über allem, ein Geschenk ist das, haben wir nicht allen Grund, uns darüber zu freuen und dankbar zu sein?" Im rechten Moment brachte die Zenzi, die Dirn vom Neuwirt, Kuchen, Sahne und Kaffee hinaus auf die Terrasse. Mutters Melancholie verflüchtigte sich im gleichen Maße wie der Kuchenberg abnahm. Sie gewann ihre angeborene Heiterkeit wieder.

Die Zenzi kam heraus: „Derf i den Herrschaften noch was bringen?" Aber Vater zückte sein Portemonnaie und zahlte. Mit „Pfüet'enk!" und einem artigen Knicks verabschiedete sich die Dirn von uns. Mit „Pfüet'enk!" verabschiedeten uns am nächsten Morgen auch Schneebergers, und mit dem Wunsch „Keman's bald amol wieder!" Leider ist dieser Wunsch nicht in Erfüllung gegangen. Wir kamen nie wieder nach Mayrhofen.

In Jenbach führte unser erster Weg in die Gaststätte am Bahnhof. Diesmal blieben wir nicht im Biergarten sitzen, sondern gingen schnurstracks ins Gastzimmer. Der Wirt stand höchstpersönlich hinter dem Tresen. Er starrte uns an, als seien wir Marsmenschen. Als Vater seinen Geldbeutel zückte, hellte sich seine Miene allerdings auf. „Sie, dös giebt mir den Glaub'n an d' Menschheit wieder! I hob scho denkt: So seriöse Leit und d' Zech prell'n, dös gieht net z'samm!" Nachdem Vater die Umstände und Gründe unserer Zechprellerei dargelegt hatte, fuhr er fort: „Warum san's denn net emol ze mir eini kemmen, b'mir hätten's en aa kriagt, ihne ihrn Film!"

Die Übernachtung in München verlief diesmal ohne Fliegeralarm, und zu Hause fanden wir alles in bester Ordnung vor. Allerdings waren während unseres Urlaubs drei amtliche Schreiben eingetroffen, deren Inhalt unser weiteres Leben grundlegend verändern sollte. Es war die Einberufung Eberhards in das KLV-Lager der Ulrich-von-Hutten-Schule nach Krössinsee in Hinterpommern und die Aufforderung an die Eltern, Rainer nach Linz und mich nach Palmnicken in Ostpreußen auf die Reise zu schicken. Für uns „Kleine" hatten die Eltern im Zuge der Kinderlandverschickung dort private Gasteltern gefunden. Unsere Schulen, die elfte Volksschule und die Ulrich-von-Hutten-Schule, wurden zu diesem Zeitpunkt geschlossen und in Lazarette umgewandelt.

4

Kinderlandverschickung

1940–1945

KLV

KLV scheinen drei harmlose Buchstaben zu sein. Sie stehen jedoch für einen Moloch, der die wichtigste Zeit unserer Kindheit verschlungen hat, nämlich die Jahre der Reife und der Pubertät. KLV bedeutete den Verlust der familiären Geborgenheit und ein Leben in einer von militärischem Drill geprägten Lagerwelt. Die Kinderlandverschickung betraf nur die städtische Jugend. Als ab 1942/43 die Bombenangriffe auf die deutschen Großstädte immer mehr zunahmen, wurden fast alle Schulen geschlossen und die Schüler mit ihren Lehrern in Lager geschickt. Oft lagen diese in weit entfernten Landstrichen des Reiches. Pommern, die Insel Rügen, aber auch das Protektorat Böhmen und Mähren waren bevorzugte Standorte der Berliner Lager. Die seltenen Besuche der Eltern in diesen Lagern organisierten die Schulverwaltungen, gelegentlich wurden die Kinder auch auf Heimaturlaub geschickt. Das Leben in den Lagern war streng reglementiert. Schulische Bildung und militärischer Drill im Rahmen des Jungvolk- und HJ-Dienstes waren die beiden Säulen der Erziehung.

Zwar war die Kinderlandverschickung offiziell freiwillig, doch in Wirklichkeit war es fast unmöglich, sich auszuschließen, wenn die gesamte Schule dichtgemacht und ins KLV-Lager geschickt wurde. Für mich mussten die Eltern zum Beispiel ein ärztliches Attest einreichen, aus dem hervorging, dass ich gesundheitlich nicht lagerfähig war. Auf Grund dieses Attestes erteilten die Schulleitung und die Gebietsverwaltung der HJ die Genehmigung zu meiner privaten Verschickung nach Palmnicken in Ostpreußen. Dies geschah im November 1940. Da waren Eberhard und Rainer schon auf KLV, Eberhard im Lager der Ulrich-von-Hutten-Schule auf der NS-Ordensburg „Die Falkenburg" am Krössinsee in Hinterpommern und Rainer, der mit seinen neun Jahren noch nicht lagerpflichtig war, bei Pflegeeltern in Linz. Er war mit einem Sammeltransport vom Anhalter Bahnhof aus „verschickt" worden.

Abschiede

Einige Tage nach unserer Heimkehr aus Mayrhofen bat mich Oma zu sich in ihr Zimmer: „Komm doch mal, Ditt!" Ihr Tonfall war fast feierlich, als sie mich rief. Rainer und ich spielten gerade unten in der Diele mit unseren Elastolinsoldaten, sie stand oben an der Treppe: „Rainer, du kannst ruhig auch mitkommen, wenn du willst!" Dies ließen wir uns nicht zweimal sagen, denn oben bei der Oma, das war für uns immer noch ein märchenhaftes Reich. Also polterten wir die Treppe hinauf und drängten uns an der verdutzten Oma vorbei in ihr Zimmer. Sie hatte mit solch stürmischer Begeisterung gar nicht gerechnet und konnte uns gerade noch nachrufen: „Vorsicht, das Petermätzel!" Natürlich flog dieser verwöhnte Vogel, wie Vater sich stets ausdrückte, wieder einmal frei im Zimmer herum, weshalb alle Möbel – Schrank, Tisch, Vertiko, Stühle und Sessel – mit Seiten des Völkischen Beobachters abgedeckt waren. Während unserer stürmischen Invasion seines Reiches rettete sich das Peterle ärgerlich kretschend[67] auf die Gardinenstange. Oma, die kurz nach uns das Zimmer betrat, meinte vorwurfsvoll: „Müsst ihr denn immer so wild sein?", und ihrer Stimme einen lockenden, gutturalen Klang gebend, „Gutes, gutes Petermätzel, komm, komm, komm!" Aber der Vogel tat, als wäre er taub, drehte uns balancierend und graziös mit den Flügeln schlagend seine Kehrseite zu und ließ erst einmal einen großen Klacks fallen. Omas geduldigem Locken konnte er auf die Dauer jedoch nicht widerstehen. Er flatterte herunter, setzte sich ihr auf die linke Schulter, pickte nach ihrem Ohrläppchen, und schwupp war er in seinem Käfig verschwunden.

Erleichtert schloss Oma das Gittertürchen und hob die Zeitungsseiten von ihrem Lesetischchen ab. Darunter lag ein geöffnetes Fotoalbum. Die aufgeschlagene Seite zeigte zwei Fotos, einen Mann, etwa so alt wie Vater und eine gleichaltrige Frau. „Wer is'n das?" Oma hatte meine Frage erwartet. Sie lächelte vielsagend und meinte: „Kommt, ihr beiden, stellt euch links und rechts neben mich, dann erzähle ich euch alles!" Sie hatte mittlerweile in ihrem Sessel am Tischchen Platz genommen. „Tja, Ditt, das sind der Onkel Max und die Tante Anna." „Kenn ich nich." „Das glaub ich dir, du wirst sie aber bald kennenlernen, schon in ein paar Wochen, wenn ihr nach Palmnicken fahrt, Mutti und du." Das war es also, Palmnicken. Immer häufiger kam in der letzten Zeit während unserer gemeinsamen Tischrunden das Gespräch auf diesen Ort im fernen Ostpreußen. Auf die nächste Seite des Albums waren die Fotos dreier Kinder geklebt. Zwei Buben und ein Mädchen schauten uns sonntäglich aufgeputzt und fröhlich lächelnd an. „Das ist der Horst, der Jüngste, das der Otto, fast so alt wie Eberhard, und das Mädel, die Meta, dürfte jetzt schon siebzehn Jahre alt sein. Als ich dort war, hat sie gerade ihren vierzehnten Geburtstag gefeiert." Oma schwelgte in den Erinnerungen an ihre KDF-Reise nach Palmnicken im Sommer 1937. Hübsch sah sie aus, diese Meta. Mit ihr würde ich mich bestimmt gut vertragen, das fühlte ich jetzt schon. Der Horst, nun ja, mit ihm würde es hie und da Streit geben, halt so, wie zwischen Rainer und mir. Er war ja auch fast in Rainers Alter. Der Otto, ob der an Eberhards Stelle treten könnte? Ich war mir dessen nicht so ganz sicher. Man würde ja sehen. Oma war nun nicht mehr zu bremsen, schlug eine Seite des Albums nach der anderen auf, und aus ihren Erzählungen und Beschreibungen der Fotos erwuchs ein lebendiges Bild meiner zukünftigen Pflegeeltern und ihrer Welt.

Die Reise nach Palmnicken sollte schon bald losgehen. Gleich nachdem die ersten Gerüchte über die Pläne zur Kinderlandverschickung bekannt geworden waren, taten die Eltern alles, um mir wenigstens vorerst das Lagerleben zu ersparen. Um dies zu erreichen, galt es als Erstes, einen passenden Pflege- und Pensionsplatz für mich zu besorgen. Oma wusste auch gleich Rat: „Da gibt's nur eins, Palmnicken und Kowallskis! So nette Leute und das Familienleben vorbildlich! Die Kinder wohlerzogen. Da hat's der Dieter gut!" Gesagt getan, Oma schrieb gleich am nächsten Tag einen langen Brief nach Palmnicken. Es waren noch keine zwei Wochen vergangen, da trudelte bei uns schon die Zusage ein. Zwar gingen noch einige Briefe zwischen Mutter und Frau Kowallski hin und her, bis alle geschäftlichen Einzelheiten im rechten Lot waren, aber nun war es sicher: Ich würde für ein Jahr nach Palmnicken auf KLV gehen.

Zuerst war aber Eberhard an der Reihe. Sein Zug fuhr bereits einige Wochen nach unserer Heimkehr aus Mayrhofen in Richtung Pommern ab. „Der Schüler hat sich am Abreisetag in tadelloser Uniform um sechs Uhr dreißig in der Schule einzufinden. Es wird erwartet, dass an der feierlichen Verabschiedung in der Aula unserer Schule auch die Eltern unserer Schüler teilnehmen." So oder so ähnlich mag der „Einberufungsbefehl" gelautet haben, der Eberhard in die Kinderlandverschickung rief. Im weiteren Verlauf dieses Schreibens wurde dann noch aufgezählt und angeordnet, was alles im Hinblick auf das Lagerleben vorzubereiten und zu berücksichtigen sei. Es war erstaunlich, welche Betriebsamkeit solch ein Schreiben in der Empfängerfamilie auszulösen vermochte. Unsere Mutter überschlug sich in den kommenden Wochen fast vor Aufregung. Es galt ja nicht nur Eberhard, sondern auch Rainer und mich für einen längeren Aufenthalt in der Fremde auszustaffieren. Auch wir Buben wurden von ihr in diese Vorbereitungen einbezogen.

So rief sie Eberhard, Rainer und mich eines Tages in die Küche. Dort lagen auf dem Tisch mehrere Rollen schmalen Wäschebandes und ein Fläschchen waschechter Stempelfarbe bereit. „Rainerli, Ditt, holt doch mal eure Stempelkästen!", befahl sie, als wir uns in der Küche versammelt hatten. O je, da war nun guter Rat teuer. Den Kasten hatte ich zwar noch, er lag in meinem Fach, draußen im Windfangregal, aber was den Inhalt anbetraf, war für ihn der Name Stempelkasten schon längst nicht mehr gerechtfertigt. Um es genau zu sagen, er war leer. Unsere Mutter schaute entgeistert und verständnislos auf die zerbeulte Pappschachtel, als ich sie ihr nach kurzer Sucherei auf dem

Küchentisch präsentierte und den Deckel hob: „Und wo ist das Stempelzeug?" „Ich weiß nich, vielleicht verschlumstert."[68] Peng, die Backpfeife saß! Mutter hatte stets eine flotte Hand. „Du Liedrian, liederlicher", stöhnte sie, stand auf und schmiss den Inhalt meines Regalfachs draußen im Windfang auf die Dielen. „So, jetzt räumst du alles fein säuberlich wieder ein und suchst dabei deinen Stempelkram!" Aber es fand sich beim besten Willen außer einigen Gummibuchstaben nichts mehr. Ich hatte meine Stempelausrüstung in alle Winde, oder besser gesagt, in alle Winkel unseres Hauses verstreut. Wenn mich der Verlust meiner Stempelsachen wenigsten vor der nun folgenden langweiligen Arbeit bewahrt hätte, dem Stempeln unserer Wäscheetiketten. Doch so gnädig war das Schicksal nicht mit mir, denn Rainer hatte seinen Stempelkasten in bester Ordnung bewahrt. „Von mir kannste die Buchstaben und auch'n Stempel haben", meinte er. Unsere Mutter hatte genau ausgerechnet, wie viele Etiketten jeder von uns zu stempeln hatte. „Achtzig Stück und keins weniger!" Ein mühsames Geschäft. Das Band war schmal und die Namenszüge mussten genau in dessen Mitte verlaufen. Die Kinderlandverschickung fing ja schon gut an.

Eberhards Abreise fiel in jene vierzehn Tage, während denen Vater allmonatlich den Gefeller Betrieb zu leiten hatte. So machte sich Mutter mit ihrem Großen allein auf den Weg zu dessen Abschiedsfeier. Eberhard, in HJ-Uniform, den Tornister vorschriftsmäßig gepackt auf dem Rücken, am Koppel das Fahrtenmesser, die Feldflasche und den Brotbeutel, zeigte sich forsch an jenem Morgen. Verlegen und unwillig nahm er Omas Wangenkuss und Umarmung entgegen. Wir erlebten zum ersten Mal, was es hieß, Abschied zu nehmen und wussten nicht, wann wir uns wiedersehen würden. Die Stimmung der Erwachsenen blieb nach Eberhards Abreise gedrückt. Rainer und ich fanden nach Kinderart jedoch bald unsere Fröhlichkeit wieder.

Als nächster sollte Rainer die weite Fahrt nach Linz antreten. „Ganz allein! Der arme Junge! Erst neun Jahre alt und schon zu wildfremden Leuten!" Oma und Mutter hatten jetzt oft feuchte Augen, während sie alles für Rainers Reise vorbereiteten. Der drohende Abschied hatte Rainer und mich friedlich werden lassen. Wir konnten jetzt sogar mit unseren Soldaten spielen, ohne in Streit zu geraten. „Ihr seid ja die reinsten Friedensengel geworden", stellte Mutter eines Tages fest, nachdem sie eine Weile lächelnd unseren friedlichen Kriegsspielen zugeschaut hatte.

Dann war es soweit, Rainer kam in die KLV. Das Wetter war an diesem Tag unserer Stimmung angemessen. Der Himmel war grau, und zäher Dunst hing in den Gärten. Es regnete nieselnd. Mit einem freundschaftlichen Knuff verabschiedeten Rainer und ich uns voneinander: „Mach's jut!" „Mach's du auch jut!" Oma und ich schauten unserer Mutter und Rainer vom Gartentor aus solange nach, bis sie in den Rotenkruger Weg einbogen und wir sie aus den Augen verloren. Oma weinte still und ohne eine Miene zu verziehen. Ihr liefen die hellen Tränen über die Wangen, aber sie schien es nicht zu bemerken. Einen Moment lang blieb sie noch unschlüssig am Gartentor stehen und schaute in Richtung Rotenkruger Weg. Ich trollte mich derweil ins Haus. Mich fröstelte. Es war ja auch früh am Morgen, und es regnete immer noch.

Als ich mittags aus der Schule heimkam, war Mutter noch nicht zurück, aber als Oma und ich beim Essen saßen, ging endlich die Haustür. „Ich bin's!", rief Mutter von der Diele aus, und nachdem sie noch „Ich komme gleich!" gerufen hatte, hörten wir sie die Treppe hinaufsteigen. Später bei Tisch blieb sie erst einmal eine Weile reglos und stumm sitzen. „Iss doch was, Rosel!" Oma war sichtlich besorgt. „Gleich, Mutter, lass mich nur erstmal zur Ruhe kommen." Nach einer Weile konnte Oma ihre Neugier nicht mehr zügeln: „Wie war's denn? Erzähl doch endlich!" „Ach, das Rainerli – sie sind mit ihren neun Jahren doch noch recht klein und kindlich. Wie er so zwischen den anderen Kindern stand, dort in der großen Halle, du kennst ja den Anhalter Bahnhof, da wirkte er sehr verlassen. Alle mit ihren umgehängten Pappschildern auf der Brust!" „Pappschilder?", warf Oma erstaunt ein. „Ja, sie haben Pappschilder umgehängt bekommen, auf denen alles steht, Name, Berliner Anschrift, Zielbahnhof und die Adresse der Gasteltern in Linz. Rainers Leute haben sogar Telefon. Ich hab mir die Nummer aufgeschrieben, da können wir morgen gleich anrufen und fragen, ob unser Kleiner gut angekommen ist." Oma schüttelte während dieser Erzählung mehrmals den Kopf, und ihre Tränen begannen wieder zu fließen. „Die armen Kinder, was denen heutzutage alles zugemutet wird!" Mutter hatte sich mittlerweile beruhigt. „Jetzt merk ich erst, wie hungrig ich bin", meinte sie und lud sich eine ordentliche Portion auf den Teller. Es gab ja auch eines ihrer Leibgerichte, Schellfisch in Senfsauce mit Salzkartoffeln und Rotkraut. Früher, in Friedenszeiten, war dies bei uns oft auf den Tisch gekommen. Jetzt, im Krieg, da unser Leben von Bezugsscheinen, Zuteilungen und Lebensmittelkarten bestimmt wurde, konnte Mutter ihr Leibgericht nicht mehr so oft kochen. Mir war dies recht, denn ich verabscheute diesen Stinkfisch, wie ich den Schellfisch heimlich nannte. „Übrigens war ich noch bei Hans im Geschäft, der wollte ja auch wissen, wie Rainer den Abschied gemeistert hat." Mutter schob den Teller zurück und drückte sich beide Hände vors Gesicht, so wie sie es stets tat, wenn sie müde und abgespannt war. Oma erhob sich und legte ihrer Tochter die Hand auf die Schulter. „Komm, Rosel, geh rauf, leg dich ein bissel. Du siehst ja ganz windig aus. Ich mach derweil mit unserem Ditt den Aufwasch."

Unsere abendliche Tischrunde war sehr zusammengeschrumpft. Vor ein paar Wochen waren wir noch eine richtige Familie gewesen, drei Brüder, zwei Eltern und eine Oma. Heute saßen nur noch eine Oma, zwei Eltern und ein einsamer trauriger Junge am Tisch. Immer wieder kam das Gespräch auf Rainer, während wir an unseren Wurst- oder Margarinebroten kauten. Wird er schon angekommen sein? Irgendwann, wir saßen noch beim Abendbrot, klingelte das Telefon. Wie auf Kommando sprangen Vater und Mutter auf: „Das ist's Rainerli!" Beide liefen hinaus in die Diele, aber Mutter kam gleich wieder herein. „Herr Mittmann, was Geschäftliches."

Ich konnte lange nicht einschlafen an jenem ersten Abend meines kurzen Daseins als Einzelkind. Plötzlich erschien mir die Schlafkammer sehr groß und sehr leer. Ich lag im Bett und weinte. Gut, dass ich meinen Teddybär noch hatte, den ich an mich drücken konnte und der mir Trost gab. „Ein elfjähriger Junge und noch'n Teddy mit im Bett!" Vater wollte schon seit längerem, dass der Teddybär aus meiner Kinderwelt verschwand. Nun war ich froh, dass ich diesen geliebten Freund standhaft verteidigt hatte. Ja, ich kroch noch einmal aus meinem Bett heraus und holte mir Rainers Teddy dazu, der mitten auf dessen verwaister Zudecke thronte. Er hatte ihn dagelassen. „Den wirst du doch nicht mitnehmen, so'n großer Junge!" Rainer hätte ihn sowieso nicht mitgenommen, da hätte es Mutters Ermahnung nicht bedurft. Wer weiß, vielleicht würde man sich vor den anderen Kindern des Transports lächerlich machen, als Neunjähriger mit solch einem Schmusetier.

In der Nacht gab es wie üblich Fliegeralarm. Wir hatten uns mittlerweile daran gewöhnt. Fliegeralarm gehörte zum Leben wie das Zubettgehen, wie die Nachtruhe, aus der uns die Sirenen jetzt oft weckten. Noch wurden wir zum Glück hier draußen in Lichtenrade fast nur von Flugblattbombern heimgesucht. Deren Last, aus der Höhe niederflatternde Propagandaschriften, war nicht direkt gefährlich. Sie explodierten nicht, setzten keine Häuser in Brand, gefährlich wurden sie erst, wenn man sie aufhob.

Die Gewohnheit hatte mittlerweile unsere Angst besiegt. Wir rannten nicht mehr wie zu Anfang des Luftkriegs, kaum dass der letzte Sirenenton verklungen war, in panischer Aufregung im Haus hin und her, treppauf, treppab, um alle Türen und Fenster zu öffnen, sondern verrichteten diese Notwendigkeiten nun in aller Ruhe. „In den Keller kommen wir noch früh genug!" Es war auch gut, dass wir diese Ruhe gefunden hatten. Da Rainer und Eberhard auf KLV waren, fehlten ja vier helfende Hände.

Auch dieser Alarm unterschied sich nicht von all den anderen, welche wir bis jetzt erlebt hatten. Allerdings empfand ich die Kellerhockerei nun, weil Eberhards und Rainers Plätze leer blieben, als sehr langweilig. Wir hatten es uns im Keller kaum bequem gemacht, als Mutter meinte: „Hat jemand von euch Eberhards Fenster geöffnet?" Diese Aufgabe hatte, nachdem Eberhard abgereist war, Rainer übernommen. „Ich nicht", meinte Vater. „Ich auch nicht", musste ich eingestehen. „Ich kann mich um sowas nicht kümmern. Ich hab genug damit zu tun, mein Petermätzel zu beruhigen!", entrüstete sich Oma. „Von dir war doch gar keine Rede", meinte Mutter, und Vater konstatierte: „Da ist also das Fenster noch zu." Und sich erhebend: „Ich geh schnell rauf und mach's auf." „Untersteh dich wegen dieses kleinen Fensterchens die Gefahr so leichtsinnig herauszufordern!" „Aber Rosel, du hörst's doch, noch ist alles ruhig, und wenn die Tommys da sind, werfen sie höchstens Flugblätter ab, das weißt du doch." „Verlass dich lieber nicht darauf! Damals, in der Buckower Chaussee, sind statt der Flugblätter Bomben gefallen!" Die Eltern stritten noch eine Weile hin und her, während Oma versuchte, ihr Petermätzel zu beruhigen, das in seinem zugehängten Käfig verschlafen vor sich hin plapperte. Vater blieb dann doch bei uns im Keller sitzen, zumal jetzt die Flak zu schießen begann. Es hörte sich an, als würden über uns in der Diele schwere Kegelkugeln hin und her gerollt.

Es war drei viertel eins, als der langgezogene Entwarnungston der Sirenen uns erlöste. Morgen würden also wieder einmal die ersten beiden Stunden ausfallen. Nach diesem Alarm lag ich noch lange wach in meinem Bett. Auch die Eltern, die mit einem freudig erlösten „Husch husch" unter die Bettdecken gekrochen waren, wälzten sich noch eine ganze Weile in ihren Betten herum, ehe sie mit ihrem allnächtlichen Schnarchkonzert begannen, und leise, durch drei Türen gedämpft, hörte ich Oma, die beruhigend auf ihren Wellensittich einredete.

Man hatte mich am Morgen nicht geweckt, trotzdem war ich noch recht verschlafen, als ich gegen halb neun Uhr die Küche betrat. Mutter und Oma saßen noch beim Frühstück. Ihr „Guten Morgen, du Langschläfer" sollte sicherlich forsch und fröhlich klingen, aber ihre Schauspielkunst war nicht so weit entwickelt, als dass ihnen dies gelungen wäre. Schweigend saßen wir dann zu dritt an dem viel zu großen, für sechs Personen berechneten Tisch. Oma löffelte ihr geliebtes Eingebrocktes, alte Brotkanten in süßen Milchkaffee eingeweicht, Mutter aß, wie häufig im Sommer, Tomatenbrot mit viel Zwiebeln darauf, die Tomaten auf der Terrasse geerntet und von südlicher Süße. Vor mir stand dampfend der ungeliebte Haferbrei wie an jedem Morgen.

Mutter war aufgeregt, man merkte es ihr an. Dauernd schaute sie zur Uhr. Plötzlich sprang sie auf: „Gleich Neune, da kann ich bestimmt schon das Gespräch nach Linz anmelden!" Damals mussten alle Ferngespräche noch beim Amt angemeldet werden. Nach einer gewissen Zeit, die manchmal viele Stunden dauern konnte, stellte das Fernamt dann die Verbindung her, allerdings nur, wenn alle Leitungen frei waren. Diesmal ging es relativ schnell. Es war noch nicht zehn Uhr, als das Telefon klingelte. Oma und ich waren in der Küche mit dem Geschirrspülen beschäftigt, und Mutter schüttelte oben im Schlafzimmer die Betten auf. Wir hörten, wie sie die Treppe heruntergepoltert kam, in den Korbsessel sank und den Hörer abnahm. Nachdem wir sie eine Weile in der Diele erregt in den Apparat sprechen gehört hatten, kam sie aufgeregt in die Küche gestürzt: „Stellt euch mal vor, der Rainer ist bei den Leuten in Linz nicht angekommen! Ein anderer Junge ist jetzt dort! Ich muss gleich den Vati anrufen!"

Es folgte ein aufregender Tag. Niemand konnte Auskunft über Rainers Verbleib geben. Endlich kam die erste Post aus Linz, ein ausführlicher Brief, von einer gewissen Frau Pocher geschrieben, beiliegend eine Postkarte von Rainer. Die Sache stellte sich nun ganz simpel dar: Rainer und der andere Junge waren bei der Ankunft und Verteilung auf dem Linzer Bahnhof vertauscht worden. Für Rainer war dieser Tausch ein Glücksfall gewesen, denn die Familie Pocher, bei welcher er nun über ein Jahr lang leben würde, versuchte alles, um ihm den Verlust der eigenen Familie zu ersetzen. Dem anderen Jungen, der auf Rainers ursprünglicher Pflegestelle gelandet war, erging es nicht so gut. „Ja, das Rainerli ist halt ein Sonntagskind", strahlte Oma, als sie nach einem Besuch bei Pochers aus Linz zurückkam und über Rainers nähere Lebensumstände in jener fremden Stadt berichtete. Aber dies kenne ich nur aus späteren Erzählungen. Zu der Zeit, als Oma aus Linz heimkehrte, war auch ich schon auf KLV in Palmnicken.

Der Vater kommt aus Gefell

Am Samstagabend kam Vater aus Gefell zurück. Wieder einmal waren seine allmonatlichen vierzehn Tage dort vorüber. Eigentlich hätte ich um drei Uhr nachmittags zum Jungvolkdienst gemusst, aber da ich in drei Tagen schon mit Mutter nach Palmnicken auf KLV reisen sollte, war ich von den Eltern bereits abgemeldet worden. Mir stand also ein dienstfreier Nachmittag bevor, und ich konnte unsere Mutter in die Stadt begleiten. Schon beim Frühstück hatte sie dies angekündigt: „Komm heute schnell aus der Schule heim, dann kannst du mit in die Stadt fahren, den Vati abholen!" Das war ein verlockendes Angebot. „Geh'n wir da ins Kino oder ins Hallenbad?" „Vielleicht, wenn du schnell aus der Schule heimkommst."

Unsere Mutter hatte Rainer und mich schon ein paarmal mit in die Stadt genommen, wenn sie Vater samstags vom Anhalter Bahnhof abgeholt hatte. Da die Mittwoch- und Samstagnachmittage dem Jungvolk gehörten, musste ich mich dafür jedes Mal vom Dienst abmelden, was meinem Ansehen bei unserem Jungzugführer alles andere als dienlich war. Oft geschah es, dass ich von ihm vor dem angetretenen Jungzug heruntergeputzt wurde: „Möckel, vortreten!" Wenn ich mich vor der Kolonne aufgebaut hatte, schüttete er seinen ganzen Geifer über mich aus: „Kiekt euch det Muttersöhnchen an! Muss mit der lieben Mami nach Berlin rinfahren", allgemeines Gelächter erklang, „den Pappi abholen!" Die gesteigerte Heiterkeit des Jungzugs entlud sich und kippte schließlich in höhnisches Gejohle um: „Zieh dir doch gleich 'n Weiberrock an, du Arschgeige!" Ich geriet nach derartigen Erlebnissen jedes Mal in einen höllischen Zwiespalt, wenn Mutter mich zur samstäglichen Fahrt nach Berlin einlud. Meistens täuschte ich dann, um sie durch meine Absage nicht zu kränken, einen enorm wichtigen Dienst vor. „Da kann ich unmöglich fehlen, das wäre ja fast wie 'ne Fahnenflucht!" Mutter lobte bei solcher Gelegenheit in der Regel meinen Diensteifer, sie wusste ja nicht, in welches Fegefeuer ich regelmäßig durch meine Bitten um Dienstbefreiung geriet. Diesmal durfte ich die Fahrt in die Stadt unbeschwert genießen.

Dieser Samstag war mein letzter Schultag in Lichtenrade, denn ich war schon in der 11. Volksschule abgemeldet. Für die kommende Woche war die Reise nach Palmnicken geplant. Horst konnte sich über meine Eile nicht genug wundern, als wir mittags aus der Schule heimgingen. „Mensch, du hast ja heute 'n Tempo druff wie 'n Marathonläufer. Wat willste denn so früh daheme? Bist ja doch alleene." „Ich fahr heute mit meiner Mutter in die Stadt!", rief ich ihm zu, während wir auf der Steinstraße an dem Polenlager vorbeiliefen und er voller Häme unseren Jungzugführer nachäffte: „Ach so, mit Mami den Pappi abholen!" Das hatte mir gerade noch gefehlt. Es war unser letzter gemeinsamer Schulweg. Musste er mir da dies noch antun? Also runter mit den Ranzen, und schon lagen wir miteinander ringend im Gras des Straßenrandes. Aber wie es meistens bei mir geschah, verflog mein Zorn so schnell, wie er in mir aufgestiegen war. Horst hatte sich sowieso nur verteidigt, er war viel zu gutmütig, als dass er seinem besten Freund mit der ganzen Kraft seiner Sportlernatur begegnet wäre. Mir vielleicht sogar wehzutun, das wäre ihm im Traum nicht eingefallen. Plötzlich kam, unerklärlich für uns beide, ein befreiendes

Lachen über uns. Wir lösten uns voneinander, nahmen unsere Ranzen wieder auf und trabten über den Rotenkruger Weg weiter bis zu unserem Gartentor. Ich verabschiedete ihn, wie ich Rainer vor einiger Zeit verabschiedet hatte, mit einem kräftigen Schlag auf den Rücken und einem freundschaftlichen Knuff in die Seite: „Mach's jut, Horst!" „Mach's jut, Dinde!" Ich habe ihm noch nachgeschaut, bis er in die Halker Zeile eingebogen war. Dass ich ihn nie wiedersehen sollte, konnte ich damals noch nicht ahnen.

Der Tisch war gedeckt, und das Mittagessen war fertig, als ich mit einem kurzen „Juten Tach!" meinen Ranzen im Windfang unter das Regal warf. Mutter, die mit Oma schon am Küchentisch saß, warf mir einen missbilligenden Blick zu. „Du lernst's nie, mit deinen Sachen ordentlich und pfleglich umzugehen. Übrigens heißt das: Guden Dag, nicht Juten Tach, gewöhn dir bloß das Berlinern nicht an!"

Ich hatte einen Heißhunger. Es gab Erbswurstsuppe mit einem einzigen eingeschnittenen Wiener Würstchen für uns alle drei darin. Natürlich trieb mich der Hunger sofort an den Tisch. Bevor ich mich niedersetzen konnte, hatte Mutter schon wieder etwas an mir herumzumeckern: „Hände waschen! Muss man dir das denn jedes Mal sagen? So 'n großer Esel, wie du bist!" Plötzlich hatte ich gar keine Lust mehr, mit ihr hinein nach Berlin zu fahren. Als ich aber leidlich gesättigt den Löffel weglegte und Mutter zur Eile mahnte, „denn um drei geht schon das Kino los", da war meine ganze Unlust verflogen, und ich beeilte mich, meine Sonntagshosen anzuziehen.

Mutter führte mich in eines der eleganten Filmtheater nahe dem Anhalter Bahnhof. Wir saßen im ansteigend bestuhlten Parterre, natürlich auf den besseren, mittleren Plätzen. Dunkelroten Plüsch sah man, soweit das Auge reichte. Im Gegensatz zu den Stuhlreihen wie im Lichtenrader Kino, saß man hier wie in einem Clubsessel. Gedämpftes Licht, gedämpfte Musik und gedämpfte Stimmen des platznehmenden Publikums machten die Atmosphäre des Kinos aus. Mutter flüsterte mir zu: „Hier ist's wie in einem richtigen Theater. Sogar Logen gibt's hier." Ich hätte gar zu gern gewusst, was Logen sind, aber die erwartungsvolle Feierlichkeit, welche diesen Raum erfüllte, hatte sich wie ein Schloss auf meine Lippen gelegt. Ich wagte es nicht, sie danach zu fragen.

Wie um das Maß des Glücks vollzumachen, zog Mutter ein halbes Täfelchen der von mir so heißgeliebten Nussschokolade aus ihrer Handtasche hervor, brach sich ein Stückchen davon ab und reichte mir den Rest. „Da, Ditt, das darfst du ganz allein aufessen." Ein fürstliches Geschenk, zumal derartige Schokolade jetzt, im zweiten Kriegsjahr, schon zu den fast unerreichbaren Raritäten gehörte. Dass sie in Mutters Handtasche einen leichten

Kölnischwasser-Geschmack angenommen hatte, konnte mir den Genuss nicht verderben. Seit Eberhard und Rainer auf KLV waren, hatte eine merkwürdig weiche Stimmung von unserer Mutter Besitz ergriffen. Sie verzieh jetzt vieles, was ihr vordem hätte die Hand ausrutschen lassen, und so manche der strengen Erziehungsprinzipien wurden nun von ihr ignoriert.

Endlich dämmerte das matte Licht, der Vorhang hob sich wie von Geisterhand, die Leinwand erschien, die Musik wurde lauter, und vor uns leuchtete die erste Reklame auf: „Aus gutem Grund ist JUNO rund!" verkündete eines der Bilder, ein anderes versuchte zu suggerieren, dass gerade der ovale Querschnitt die „Overstolz" zur besten Zigarette machte.[69] Aber auch anderes wurde gezeigt, zum Beispiel „Pssst! – Feind hört mit!" oder das verschlagene, runde Seehundsgesicht des Kohlenklaus mahnte, mit Licht und Wärme sparsam umzugehen.

Dann kam der erste wirkliche Film. Es war nur eine kurze Episode, aber, wie ich damals fand, sehr lustig. Die Figuren waren ganz im Sinn der NS-Propaganda inszeniert: Auf einem Treppenabsatz begegnen sich die Miese und die Liese. Die Miese ist dunkelhaarig, war auch sonst fast wie ein „Judenweib" anzusehen und bis obenhin angefüllt mit Feindpropaganda, weil sie jeden Abend heimlich BBC hört. Die Liese dagegen ist blond, war von heiterer Zuversicht und bis in den „letzten Winkel ihres Herzens dem Führer zugetan" oder mit anderen Worten, eine „rechte Volksgenossin". Die beiden geraten sofort in einen erregten Wortwechsel. Die Miese spuckt Gift und Galle. Nichts ist ihr recht. Die Liese versteht es jedoch, dieser Miesen all den „angloplutokratischen Schmutz ins dreckige Maul zurückzustopfen", rein verbal natürlich, so dass jene erst einmal kräftig schlucken muss und sich, o Wunder, in eine zweite Liese verwandelt. Natürlich nur vorübergehend, wie der Zuschauer ahnte, denn die Miese und die Liese waren schon seit Kriegsbeginn fester Bestandteil der Sendung „Allerlei von zwei bis drei" des Großdeutschen Rundfunks, die jeden Samstagnachmittag ausgestrahlt wurde. So konnte man von Woche zu Woche verfolgen, wie die Miese immer wieder auf die Feindpropaganda hereinfiel und stets aufs Neue bekehrt werden musste.

Die auf diesem kurzen Film folgende Wochenschau enttäuschte mich. Da gerade kein Feldzug stattfand, fehlten in diesem Streifen so faszinierende Bilder, wie ich sie liebte: in Richtung Feind brausende, aus allen Rohren feuernde Panzer, heulende Stukas, tapfere deutsche Soldaten im Sturmangriff und getroffen zu Boden sinkende Feinde. An den Hauptfilm dieser Nachmittagsvorstellung kann ich mich beim besten Willen nicht mehr erinnern. Er hatte mich wohl total gelangweilt.

Der Rückweg vom Kino zum Anhalter Bahnhof war nicht weit. Viel zu früh kamen wir nach dem Ende der Vorstellung dort an. „Ditt, ich hab Hunger, du auch?" „Ja, ein bisschen", musste ich gestehen. Also steuerten wir den Wartesaal zweiter Klasse an. Dort gab es Gemüsewürstchen mit Kartoffelsalat ganz ohne Marken. Sie schmeckten köstlich, diese Würstchen, gar nicht wie irgendein Ersatz, sondern fast wie echte Wiener.

Dann war es soweit! Wir standen in der hohen, zugigen Bahnhofshalle, der Zug fuhr ein, die Reisenden strömten zur Sperre. Weit hinten tauchte Vaters hohe Gestalt auf. Ich erkannte ihn sofort an dem dunklen, breitkrempigen Velourshut, den er stets trug, wenn er auf Reisen ging. Nachdem er die Sperre passiert hatte, kam er in langen Schritten auf uns zugeeilt und setzte, als er vor uns stand, Koffer und Reisetasche ab. Wortlos sanken sich Vater und Mutter in die Arme. Ich fand das ganze Getue und besonders, dass beide Eltern Tränen in den Augen hatten, als sich Vater endlich mir zuwandte, ziemlich peinlich. In der Regel tauschten unsere Eltern kaum Zärtlichkeiten vor uns Kindern aus.

Als wir heimkamen, hatte Oma schon den Abendbrottisch gedeckt. Nun wurde erst einmal tüchtig zu Abend gegessen. Vater hatte aus Gefell vom Fleischer Aufkochwurst mitgebracht, „hintenrum" ohne Marken ergattert. Ein ganzer Ring präsentierte sich dampfend, prall und duftend auf einem großen Teller inmitten des Tisches. Er bot einen mittlerweile fast vergessenen Anblick! Mutter hätte natürlich am liebsten die Hälfte dieses Schatzes als Vorrat in den Kühlschrank wandern lassen, aber Vater protestierte aufs Heftigste dagegen: „Rosel, lass uns heute mal richtig zuschlagen, wer weiß, ob wir morgen noch leben!" „Aber Hans, sowas sagt man nicht!" Mutters Gesicht nahm einen strengen Zug an, und sie schaute zu Vater hinüber, als sei er ein ungezogener Junge. Der aber lachte und stieß seine Gabel in die Wurst, dass diese spritzend platzte. Mutters Miene hellte sich schnell wieder auf, und liebevoll lächelnd beobachtete sie, wie Vater die Wurst zu teilen begann. „Mir bitte nur ein ganz kleines Stückchen", meinte Oma, und Vater kommentierte: „Auch gut, bleibt uns mehr." „Aber Hans!" Mutter schüttelte zwar den Kopf, schien Vater aber nicht sonderlich böse zu sein. „Lass man, Rosel, ich bin von deinem Mann ja nichts anderes gewöhnt." Unsere Mutter konnte nur noch tief einatmen und mit einem verstohlenen Blick zu mir missbilligend „Mutter!" stöhnen.

Vaters wichtigste Frage lautete, während wir genussvoll die heiße Wurst verspeisten: „Wie war's eigentlich mit den Tommys, sind sie oft gekommen, als ich weg war?" „Drei oder vier Mal", meinte Mutter, „hier draußen bei uns war aber nichts los." Das Thema Fliegeralarm und Tommys war in jenem Herbst 1940 zu einem ins tägliche Leben eingreifenden Faktor geworden. Man versuchte nun, spätesten zwei Stunden nach Einbruch der Dunkelheit zuhause zu sein. Viele Kinos und Theater begannen ihre Vorstellungen entsprechend früher.

Den Abwasch besorgte am Abend jenes Tages Oma, und ich ging ihr beim Abtrocknen zur Hand. Die Eltern verzogen sich in ihre Leseecke im Herrenzimmer. Sie befanden sich heute in einer Stimmung, die ich an ihnen noch gar nicht kannte. Vater hatte vor dem Essen eine Flasche Weißen aus dem Keller geholt, „vom Besten", wie er Mutter augenzwinkernd zuraunte.

Obwohl sich die Eltern einen langen Abend bereitet hatten und spät zu Bett gingen, lag ich noch wach, als sie gemeinsam, wie ich verwundert feststellte, heraufkamen. Vater schaute noch einmal zu mir herein. Ich tat, als läge ich in tiefem Schlaf. „Er schläft ganz fest", flüsterte er zur Mutter hinaus. Sacht und fast geräuschlos zog er die Kammertür zu, als er wieder zurück ins elterliche Schlafzimmer ging.

Ich erwartete nun das allnächtliche elterliche Schnarchkonzert. Vorerst wurde ich jedoch durch andere Geräusche aufgeschreckt. Es hörte sich an, als würde dort draußen in den Betten herumgerankert[70], eine uns Kindern streng verbotene Sportart. Für Vater schien dieser Sport anstrengend zu sein, das konnte ich deutlich hören. Noch nie war mir bisher Derartiges aufgefallen, obwohl ich öfters noch wachlag, wenn sich die Eltern schlafen legten. Normalerweise wurde Mutter viel früher müde als Vater. Stets schlief sie schon tief und fest, wenn er endlich heraufkam. Dass sie heute zusammen schlafen gingen, war eine große Ausnahme. Ich nahm mir fest vor, sie morgen nach ihrem seltsamen Tun zu fragen, aber eine unerklärliche Scheu hielt mich davon ab, diese Frage zu stellen.

Reisetag

In den Tagen vor der Abreise nach Palmnicken hatte Mutter mich ermahnt, mir doch einige liebe Spielsachen herauszusuchen, um sie mit auf diese lange Reise zu nehmen. Nun hatte ich dies endlich getan. „Ja, sag mal, was soll denn das bedeuten?" Mutter stand am Küchentisch und starrte entgeistert auf den Krimskrams, den ich darauf ausgebreitet hatte. „Willst du diesen Spittel etwa mit nach Palmnicken nehmen?"

Wie konnte ich ahnen, dass Mutter diese Dinge als Spittel bezeichnen würde? Es waren doch immerhin so wichtige Sachen darunter wie meine beiden Lieblingsgranatsplitter, das verrostete Taschenmesser, das ich im Grunewald gefunden hatte und das trotz strengsten väterlichen Verbotes in mein Regalfach gewandert war, ganz zu schweigen von dem Schlachtschiff „Scharnhorst", natürlich nur das in Zinn gegossene Wikingmodell[71] dieses prächtigen Kriegsschiffs, in allen Teilen naturgetreu und mit drehbaren Geschütztürmen. Wie gesagt, alles wichtige Dinge. Aber Mutter blieb unerbittlich: „Das Zeug lass mal schnellstens wieder in deinem Regal verschwinden. Was sollen denn die Pflegeeltern von uns denken, wenn du mit solchem Kram ankommst?"

Ziemlich verschlafen stieg ich am Reisetag aus dem Bett. Vier Uhr war es erst, als Mutter mich aus meinen Träumen aufschreckte. Natürlich hatten uns die Tommys auch in dieser Nacht nicht ruhen lassen. Diesmal waren die südlichen Randbezirke Berlins ihr Zielgebiet gewesen. Neben den vertrauten Geräuschen des Flakbeschusses hörten wir nun erstmals auch das Niederheulen und die Erschütterungen der Bomben. Mutter stürmte in ihrer Funktion als Luftschutzobmännin, gefolgt von Vater, als es draußen etwas ruhiger wurde, die Treppe hinauf ins Haus. Nach einigen Augenblicken kamen sie erleichtert wieder herunter. „Bei uns ist alles in Ordnung", meinte Vater, „es scheint Marienfelde erwischt zu haben. In dieser Richtung ist alles brandrot, und dort hängen auch noch Christbäume am Himmel!" Christbäume nannte der Volksmund damals jene an Fallschirmen zur Erde schwebenden Leuchtzeichen, mit denen vorausfliegende Aufklärer, Moskitos genannt, die Zielgebiete für nachfolgende Bomberverbände markierten. Auf die erste Angriffswelle folgten in jener Nacht noch zwei weitere. Dreißig Minuten hat dieser ganze Angriff insgesamt gedauert, dreißig Minuten nur, die mir aber wie eine Ewigkeit vorkamen. Nach der Entwarnung standen wir noch eine ganze Weile auf dem Küchenbalkon und schauten schweigend in Richtung Marienfelde, wo der Himmel glühte.

Kein Wunder, dass ich nach dieser Nacht die ersten Stunden der Reise verschlief. Wir waren schon im Warthegau[72] bei Landsberg, als ich endlich erwachte. „Mahlzeit, du Langschläfer", meinte Mutter, während ich mich aufatmend räkelte. In der Tat glänzte die draußen vorbeiflitzende Landschaft im hellen Mittagssonnenschein, und ich verspürte einen Bärenhunger. Als wir uns in Berlin von Vater verabschiedet hatten, in den Zug gestiegen und abgefahren waren, war es noch dunkel gewesen. „Wie spät ist's eigentlich, wie lange hab ich denn geschlafen?", wollte ich wissen. „Halb zwölf, stell' dir das mal vor, da hast du fünfeinhalb Stunden geschlafen wie ein Murmeltier!" Ich schaute mich um. Das Abteil war vollbesetzt. Mir gegenüber saß ein dicker, älterer Herr, der fest schlief. Sein auf die Brust gesunkener Kopf wippte im Rhythmus der Schienenstöße auf und nieder. Ich konnte meinen Blick nicht von ihm lassen, denn es sah recht gefährlich aus, und ich meinte, der Schläfer müsse jeden Moment seinen Kopf verlieren. Aber nichts dergleichen geschah, und als Mutter mir eine gut geschmierte Leberwurststulle reichte, erlosch mein Interesse an jenem schlafenden, kopfnickenden Gegenüber.

Auf derselben Bank saßen noch zwei piekfeine Damen, eine sehr junge, sehr hübsche, eine ältere, weniger hübsche, und ein verwundeter Soldat, wie ich unschwer an seinem eingebundenen rechten Arm sehen konnte. Außerdem trug er auf seiner Uniform das Verwundetenabzeichen. Die auf meiner Bank sitzenden Mitreisenden interessierten mich nicht sonderlich, ich konnte sie ja nur beobachten, wenn ich mich weit vorbeugte und meinen Kopf nach rechts verdrehte. Zwischen den beiden Damen und Mutter muss sich, während ich schlief, ein Gespräch entwickelt haben. Sie wussten schon alles über mich, dass ich nach Ostpreußen auf die KLV führe, dass ich ein ganzes Jahr lang bei wildfremden Leuten leben würde und dass es in Berlin mit den Tommys mittlerweile sehr schlimm wäre. Ich konnte mich über unsere Mutter nur wundern. Normalerweise war sie eher zurückhaltend und selten gesprächsbereit. Als mich die junge Hübsche dann auch noch anredete und teilnahmsvoll meinte: „Ach du Ärmster, noch so jung und schon in die Fremde", stieg in mir Ärger hoch, und ich hatte schon eine patzige Antwort auf der Zunge, aber sie lächelte mich so gewinnend an, dass ich mir diese Antwort verbiss. Außerdem zog sie eine Tafel Schokolade aus ihrer Handtasche, packte sie aus, brach einen Riegel davon ab und reichte ihn mir, während sie mit Blick auf Mutter meinte: „Ich darf doch?" Sie sprach zwar Hochdeutsch, dies aber mit dem breiten, rollenden Singsang der Ostpreußen. In einem Jahr würde ich selbst so sprechen. Im Augenblick ließ ich mir allerdings erst einmal die Schokolade, dieses überaus kostbare Geschenk, schmecken.

Der mitreisende Soldat enttäuschte mich. Ich hatte von ihm Erzählungen kriegerischer Heldentaten erwartet, er lehnte jedoch teilnahmslos in seiner Ecke am Fenster zum Gang hinaus. Nur als die Tür aufgeschoben wurde und zwei Feldgendarmen hereintraten, kam Leben in ihn. „Heil Hitler, Ihre Papiere bitte!" Er zog diese Dokumente mühsam mit seiner gesunden Linken aus der rechten Brusttasche des Uniformrocks hervor und reichte sie ihnen. Nach eingehender Prüfung bekam er sie zurück, und die beiden Hüter militärischer Ordnung wünschten ihm einen guten Urlaub und baldige Genesung. Mit einem markigen „Heil Hitler" verschwanden sie. Der verwundete Soldat versank wieder in seiner Teilnahmslosigkeit. Mir hatten die beiden Feldgendarmen gefallen. Ihre auf der Brust baumelnden goldenen Messingschilder sahen aber auch zu prächtig aus, und die Stahlhelme, die ihre Häupter zierten, gaben ihnen ein imponierendes, kriegerisches Aussehen.

Im Übrigen wollte die Fahrt kein Ende nehmen. Als wir durch das Ermland fuhren, dämmerte es schon, und hinter Elbing, am Frischen Haff entlang, war es bereits stockdunkel.

Königsberg

Endlich kamen wir in Königsberg an. Diese fern im Osten liegende Stadt war längst nicht so abgedunkelt wie Berlin. Fliegeralarm und Luftangriffe kannte man hier noch nicht. Es schien, als wären wir auf einen anderen, friedlichen Kontinent geraten. Es war herrlich, sich mit der Gewissheit ins Bett legen zu dürfen, dass nichts die Nachtruhe stören würde. Dies hatten wir zum letzten Mal während unserer Sommerfrische vor zwei Monaten in Mayrhofen erlebt. Nun gewährte uns Königsberg diese Wohltat.

Ein Zimmer mit Frühstück hatten wir in einer kleinen Pension gefunden. Weil die beiden älteren Damen, zwei Schwestern, welche diese Unterkunft betrieben, merkten, wie sehr uns die lange Reise zugesetzt hatte und dass wir kaum noch in der Lage waren, uns ein Gasthaus zur Einkehr und Stärkung zu suchen, teilten sie ihr Abendbrot mit uns. Es gab gebratene Strömlinge[73] und Pellkartoffeln, dazu eigenartig zubereitete rote Rüben. Als ich längst in Ostpreußen heimisch war, erfuhr ich, dass ich damals Beetenbatsch[74] gegessen hatte, eine Spezialität der Armeleuteküche dieses Landes. Übrigens gewährte mir dieses Abendessen auch die erste Bekanntschaft mit dem Strömling, dem kleinen, äußerst wohlschmeckenden Ostseehering. Wir saßen bei den beiden liebenswürdigen Damen am Küchentisch, sättigten uns und erzählten vom Leben in der Reichshauptstadt mit seinen nächtlichen Angriffen. Sie wiederum berichteten vom Polenfeldzug und wie aufregend die ersten Tage gewesen waren, wie groß die Angst, bis man Gewissheit erlangt hatte, dass es mit den Polen ganz schnell zu Ende ging und der Frieden und die Sicherheit Ostpreußens nicht in Gefahr geraten würden.

Ich schlief schlecht und unruhig in jener Nacht. Mich hatte plötzlich eine tiefe Verzagtheit ergriffen. Als ich schon weit nach Mitternacht einmal erwachte, bemerkte ich, dass Mutter neben mir ebenfalls wach in ihrem Bett lag. Auf meine völlig unnötige Frage hin: „Bist du wach, Mutti?", flüsterte sie nur: „Ach Ditt, Junge!" Dabei langte sie zu mir herüber und legte mir ihre Hand auf die Stirn. Ich lag rücklings und starrte in die Dunkelheit. Mutters zärtliche Geste beruhigte mich und gab mir meine Zuversicht zurück. Schnell schlief ich ein und erwachte erst wieder am Morgen, erfrischt und erquickt.

Nach dem Frühstück führte unser erster Weg zum Bahnhof. Mutter gab hier unsere Koffer zur Aufbewahrung auf, denn wir hatten noch drei Stunden Zeit bis zur Abfahrt unseres Zuges. „Schauen Sie sich unsere schöne Stadt an, bevor Sie weiterfahren", hatte uns eine der Damen in ihrem breiten Königsberger Dialekt mit auf den Weg gegeben, als wir uns verabschiedeten.

Nun schlenderten wir durch die Altstadt, standen am Pregel[75], bestaunten die Backsteinpracht des Domes, der mir wie ein hohes Schiff vorkam, und bummelten durch die engen Gassen. Mutter blieb vor dem Schaufenster eines Bernsteinladens stehen und betrachtete sehnsüchtig die ausgelegten Ketten, Armbänder und Anhänger. Dennoch waren wir viel zu früh wieder am Bahnhof. Ich fieberte der Abfahrt des Zuges entgegen. Die Ungewissheit darüber, was Palmnicken für mich bereithalten würde, bedrückte mich und versetzte mich gleichzeitig in einen Zustand erwartungsvoller Spannung.

Endlich war es soweit. Wir stiegen in den Samlandexpress, der uns über Fischhausen nach Palmnicken brachte. Ich blieb gleich beim Eingang stehen, weil reger Andrang herrschte. Mutter bekam nur noch mit Mühe und Not einen Sitzplatz. Als der Zug abfuhr, war der Wagen bis auf den letzten Platz besetzt. Mit mir hielten zwei stämmige Frauen mittleren Alters den Eingangsbereich besetzt. Sie hatten ihre Tragkörbe abgestellt und ineinander gestapelt. Ihrer regen Unterhaltung, in einem mir schier unverständlichen Platt geführt, konnte ich immerhin entnehmen, dass sie Fischerfrauen waren, welche am frühen Morgen mit dem ersten Zug einen Teil des nächtlichen Fangs zum Markt gebracht hatten und nun zurück an die Küste fuhren. Auch wenn ich kein Wort ihrer Unterhaltung verstanden hätte, wäre mir ihr Metier nicht verborgen geblieben, denn sie oder ihre Körbe verbreiteten einen aufdringlichen Fischgeruch.

In Fischhausen leerte sich der Zug. Auch die beiden Fischerfrauen stiegen aus, und ich nahm im Waggon neben Mutter Platz. Eine ältere Frau, die ihr gegenüber saß, meinte zu mir, kaum dass ich mich gesetzt hatte, indem sie auf die gegenüberliegende Wagenseite zeigte: „Dort drieben musste dich hinsetzen, Jungchen, da werschte jleich dat Meer ze sehen kreijen!" Sicherlich hatte Mutter mit ihr ein Gespräch geführt, während ich draußen auf dem Perron gestanden hatte, und dabei erzählt, dass wir beide noch nie im Leben die See gesehen hatten. Da saß ich nun, während der Zug langsam aus dem Bahnhof hinausfuhr, auf meinem Platz und starrte gespannt zum Fenster hinaus. Aber das Meer wollte und wollte sich nicht zeigen.

Der Zug dampfte durch Wiesen und Felder, hielt an Stationen mit fremdartigen Namen: Gaffken, Godnicken, dann, in Germau, war plötzlich das Meer zu sehen, blau schimmernd, bis hin zum Horizont und geschmückt mit einzelnen weißen Schaumkronen. Weit draußen, fast schon auf der Linie zwischen Himmel und Wasser, fuhr ein großer Dampfer. Von der hohen Küste aus, auf welcher wir jetzt dahinfuhren, war er anzuschauen wie ein winziges Spielzeug. Über allem lag das weiße Mittagslicht des späten Herbstes.

Ich konnte mein Erstaunen und meine Begeisterung nicht zügeln: „Mutti, das Meer, guck mal, da gibt's ja gar kein anderes Ufer!" Auch Mutter, die sich neben mich gesetzt hatte, schaute voller Begeisterung zum Fenster hinaus. Die ältere Frau wandte sich mir nun zu: „Ja, Jungchen, dat is dat Meer, de Ostsee, da kannste keen anderet Ufer nich ausmachen, dat is tu weijt wech. In Sweden drüben jibet eerscht widder Land, oaber dat is weijt hinnem Horizont." Die Sprache der Leute hier in Ostpreußen hatte einen gemütlichen Klang. Sie gefiel mir auf Anhieb. Die See gefiel mir auch, und ich brannte darauf, sie näher kennenzulernen. Hier würde es mir gefallen, das ahnte ich.

Die Ankunft

„Palmnicken, Palmnicken!" Der Zug rollte auf dem Bahnhof aus. Wir nahmen unsere Koffer und gingen zur Wagentür. Die freundliche Frau war schon eine Station vorher in Sorgenau ausgestiegen. „De Nächste es Palmnicken, da müssen Sie utsteijen", hatte sie uns vorher noch gesagt, und zu mir gewandt: „Na, Jungchen, viel Jlick und ene jute Tid be ons ine Soamland!"

Tante Anna und Horst erwarteten uns mit ihrem Handwagen am Bahnhofsgebäude. Ich hatte sie beim Aussteigen sofort erkannt. Sie sahen genauso aus wie auf den Fotos in Omas Album. Auch Mutter hatte die beiden gleich entdeckt und steuerte freudestrahlend auf sie zu. Die Begrüßung der Frauen war freundlich und herzlich. Horst und ich begrüßten uns eher zurückhaltend. Wir wussten ja noch nicht, wie sich unsere Beziehung entwickeln würde. Es war wie die Begegnung zweier Kater, wir belauerten uns erst einmal.

Eine gute Gelegenheit, das Eis zwischen uns etwas abzuschmelzen, bot sich auf dem Weg vom Bahnhof hinaus nach dem Ortsteil Kraxtepellen, unserem Ziel. Gemeinsam zogen Horst und ich den kofferbeladenen Handwagen. Nachdem wir eine ganze Weile nebeneinanderher getrottet waren, jeder seinen Teil des Deichselgriffs haltend, meinte Horst plötzlich: „Nechste Woche es bi ons Schloachtfest! Beste bi sowat schomal dabeij jewesen?" „Nö", musste ich gestehen. „Mensch, da beste ja jerade em richtijen Moment jekomen!" Horst freute sich sichtlich, dass er mir etwas Erfreuliches, Abenteuerliches ankündigen konnte, und das gleich zum Empfang. „Was wird denn da geschlachtet, 'n Karnickel?", wollte ich wissen. Horst schaute mich mitleidig an „'N Karnickel, dat moakt de Vadder allene dot, do brockt he keen Schloachtmeester nich dato, nee, et Oljachen weert jeschloacht, dat es nu jrot un fett! Do werd et Tied, dat et em oane Kroaren jeit!" Mich schauderte: „Wer is'n das, euer Olgachen?" Horst blieb auf der Stelle stehen und starrte mich entgeistert an: „Man, ju Döskopp, dat es ons Schwin!" „Ach so!" Ich war erleichtert.

Es war erstaunlich, wie gut ich von Anfang an Horsts Platt verstand. Ich nahm mir fest vor, diese Sprache schnell und gründlich zu lernen. Horst hat mir später gestanden, dass er damals absichtlich dieses Fischerplatt mit mir gesprochen hätte, um meine Brauchbarkeit als Freund und Kamerad zu testen. Im Umgang mit Fremden sprach man sonst im Allgemeinen ein plattdeutsch eingefärbtes Hochdeutsch. Nur im Umgang miteinander gebrauchten die einheimischen Palmnicker ihr unverfälschtes samländisches Platt.

Die beiden Frauen waren auf dem Weg weit zurückgeblieben. Sie hatten, munter miteinander redend, einen gemächlicheren Schritt eingelegt als Horst und ich. Nun waren sie im Begriff, uns einzuholen, und wir beeilten uns, ihnen wieder vorauszutraben. Dieser Horst, der da so munter neben mir herlief, begann mir zu gefallen. Er schien meine Gefühle und Gedanken erraten zu haben und Gleiches zu empfinden, denn plötzlich blieb er wieder stehen und schlug mir kräftig und freundschaftlich auf die Schultern: „Wenn de ok en Döskopp bist, isset doch jut, dat de do bist! Willst, dat wi Friende wean, ju end ek?" „Na klar Horst!" Ein kräftiger Handschlag und weiter ging es in Richtung Kraxtepellen, „Wo de Hunde met'm Zoabel (Schwanz) bellen!" Diesen Spruch hatte mir Horst beigebracht, als wir die Kraxte, den Grenzfluss zwischen Palmnicken und Kraxtepellen überquerten. Da hatte ich nun, ehe ich mich versah, einen treuen und zuverlässigen Freund gefunden. Meine KLV-Zeit in Palmnicken schien sich wirklich gut anzulassen.

Palmnicken war ein schönes Städtchen. Die Hauptstraße, über die wir den ratternden Handwagen zogen, wurde beschattet von alten Linden. Sie machte ihrem Namen Lindenallee also alle Ehre. Linkerhand schimmerte zwischen Gärten und Häusern immer wieder einmal die See hindurch. In der Mitte des Ortes teilte sich die Fahrbahn. Sie verlief nun in zwei Ebenen an der Küste entlang: Oben säumten ein Andenkenkiosk, ein Krug[76], aber auch ein Metzgerladen neben anderen Häusern einseitig die Straße, unten waren nach der See hin Gärten und Häuser, einige sogar villenartig, die Begrenzung. Wo die Kraxte sich unter der Straße hindurchzwängte und hinunter zu ihrer Mündung ins Meer strebte, erweiterte sich die untere Fahrbahn zum Erich-Koch-Platz.[77] Hier stand das Bernsteinhäuschen, ein Verkaufskiosk für allerlei Kunstvolles und Kitschiges aus Bernstein. Von hier aus führten in der Mündungsschlucht ein Weg und eine Treppe hinunter an den Strand. Im Winter wurde der Weg zu einer herrlichen Rodelbahn. Oft verwandelten Wassergüsse diese Rodelbahn in eine spiegelnde Eispiste. Dann konnte man in wilder Schussfahrt hinunter an den Strand und dort über die sanften, verschneiten Dünen bis an das Wasser der Ostsee rodeln.

Horst und ich wählten die obere Trasse der Straße. Mir war das gar nicht recht, ich wäre lieber den unteren Weg gegangen, denn oben, vor dem Metzgerladen, lag ein riesiger Bernhardinerhund, für mich ein furchtgebietendes Ungeheuer. Übrigens lag er tagaus, tagein dort und war ein gutmütiges, allen Kindern zugetanes Tier. Das wusste ich damals allerdings noch nicht.

Nachdem die geteilte Fahrbahn sich wieder zu einer normalen Straße vereinigt hatte, ging es noch um eine leichte Rechtskurve herum und wir waren in Kraxtepellen. Das Haus, in dem Kowallskis wohnten, lag von der Straße aus etwa dreißig Meter in Richtung Steilküste hin zurückversetzt. Es war ein einfacher, verputzter Ziegelbau, so um 1900 herum errichtet. Die Fassade bekam einen gewissen Schmuck durch unverputzte rohe Backsteinpartien. Das Schönste an dem ganzen Haus war allerdings der angrenzende Hof mit seinen alten, alles überragenden Lindenbäumen. Als wir in diesen Hof eingebogen waren und den Handwagen vor der rückseitigen Haustür abgestellt hatten, brannte Horst natürlich darauf, mir diesen Hof und den zur Steilküste hin angrenzenden Garten zu zeigen, ich brannte jedoch vor allem darauf, das Olgachen zu sehen, dessen Grunzen nicht zu überhören war. In diesem Moment ging aber die Haustür auf, und die Meta trat zu uns heraus. Sie glich nicht mehr jenem Backfisch auf dem Bild in Omas Album, obwohl ich sie nach diesem Bild gleich erkannte. Diese Meta, die mir jetzt freundlich lächelnd die Hand entgegenstreckte, war ja fast schon eine Tante und mindestens zwanzig Jahre alt. Mit ihrem Lächeln gewann sie sofort mein Herz. „Na, do es ja onser Berliner Jast. Herzlich wellkommen!" Ihr Händedruck war herzhaft und kräftig.

Nun bogen auch Tante Anna und Mutter um die Hausecke. Wir hatten ihr angeregtes Plaudern schon von der Straße her gehört, bevor wir sie zu sehen bekamen. Meta wandte sich den Ankommenden zu, und Mutters pflichtgemäßes „Heil Hitler!" wurde von ihr in gleicher Weise beantwortet. Was nun weiter geschah, war für mich absolut unbegreiflich. Meine sonst zurückhaltende Mutter legte dem Mädchen ihren Arm in einer Geste spontaner Vertrautheit um die Schultern und meinte: „Da hab ich eine Marjell[78] erwartet, und nun steht eine junge Dame vor mir! Guten Tag, Fräulein Meta." Mir war das Ganze peinlich, vor allem Mutters Anbiederei, welche so gar nicht ihrer Art entsprach. Die Angeredete schien dies aber nicht so zu empfinden, denn sie blickte Mutter mit ihrem freundlichsten Lächeln an: „Nee, Frau Meckel, ene Dame bin ek noch nich, und dat Freilein können Se man jetrost wechlassen." Mir fiel ein Stein vom Herzen.

Kowallskis bewohnten eine Hälfte der ersten Etage des Hauses. Im Herrenzimmer der Wohnung, dem sogenannten blauen Salon, war für uns der Kaffeetisch gedeckt. An jenem ersten Nachmittag im blauen Salon bei Kowallskis lernte ich eine Köstlichkeit kennen, die es nur am Kaffeetisch dieser Familie zu genießen gab: Tante Annas Gitterkuchen! Ich verkneife es mir, diese Paradiesspeise zu beschreiben. Nur so viel: Zu bedauern ist jeder, der sein Leben fristen musste, ohne auch nur einmal davon gekostet zu haben.

Nicht lange, nachdem wir uns zu Tisch gesetzt hatten, ging die Tür auf, und herein trat Onkel Max, der Hausherr oder das Familienoberhaupt. Er war mittelgroß, stämmig, hatte militärisch kurz geschnittenes schwarzes Haar, lebhafte blaue Augen, und auf dem Revers seiner Jacke trug er das Parteiabzeichen der NSDAP. Entsprechend zackig war auch sein Deutscher Gruß: „Heil Hitler!"

Dann wurde es richtig lustig. Onkel Max verstand es, witzig zu snacken, halb hochdeutsch, halb plattdeutsch. Mutter begriff natürlich nur einen Bruchteil all der Witze und Anekdoten, mit denen Onkel Max versuchte, ihr zu imponieren. Ihre Nachfragen stießen stets in die verkehrte Richtung. Allgemeine Heiterkeit war dann die Folge. Ich konnte mich wieder nur wundern. Mutter ließ sich dies gefallen, ja, sie verfiel sogar in eine heitere, gelöste Stimmung. Zu Hause wäre sie schon längst beleidigt vom Tisch aufgestanden.

Endlich erhob sich Mutter dann doch, aber nicht, weil sie beleidigt war: „Ich würde jetzt gern an den Strand gehen, ich hab ja das Meer noch nie gesehen", meinte sie, und zu mir gewandt: „Du brennst doch bestimmt auch darauf?" Natürlich rief ich begeistert „Ja!" und sprang auf. Horst schien auf diesen Moment gewartet zu haben, denn er sprang ebenfalls auf: „Do je ek ok met!" Auch Meta schloss sich uns an. „Wenn Sie nüscht dajejen haben", meinte sie, Mutter dabei freundlich anlächelnd.

Dem Wohnhaus gegenüber stand ein gemauertes Stallgebäude. In ihm waren die Waschküche, die Plumpstoiletten und auf der Rückseite die Stallungen untergebracht. Hierhin führte nun unser erster Weg, denn ich brannte darauf, das Olgachen zu sehen. Es entpuppte sich als eine ausgewachsene Vierzentnersau. Zufrieden grunzend lag sie auf der Strohschütte des Kobens. Daneben erhob sich bei unserem Eintritt in einem anderen Koben ein kleineres, jüngeres

Schwein vom Stroh und begann ungeduldig zu quieken, was Olgachen bewog, sich nun ihrerseits schwerfällig zu erheben und lauthals in das Quiekkonzert einzufallen. Da war es schon besser, auf den Hof zu gehen und die beiden hungrigen Schreihälse alleinzulassen. Draußen klärte uns Meta dann auf, dass die kleinere Sau das Ilonachen wäre und dass es jener erst im nächsten Frühjahr an den Kragen ginge. „Dei muss eascht noch viel freten, dat se jenüjend Speck onsetzen dutt."

Im Schweinestall liefen außerdem noch einige Kaninchen frei herum, ernährten sich mit vom Schweinefutter und mümmelten an allerlei Grünzeug herum, das ihnen hingeworfen wurde. In einer Ecke hatten außerdem die Hühner ihre Stange. Ich fand die ganze Menagerie äußerst merkwürdig und wunderte mich, dass der Schweinestall überhaupt nicht stank. Meta, die ich darum befragte, meinte: „Ja, Jungchen, nur en Schwin dat em Modder un Mest steit stinkt!"

Die etwa fünfzehn Meter hohe Steilküste war mit dichtem, urwaldähnlichem Gestrüpp bewachsen. Es führte ein schmaler, teilweise treppenförmig ausgetretener Fußpfad hinunter an den Strand. Dieser bot Horst und mir eine gute Gelegenheit, unsere Geschicklichkeit unter Beweis zu stellen. Wie die wilde Jagd preschten wir hüpfend, springend und laufend über diesen Stolpersteig hinunter an den Strand. Als Mutter und Meta endlich ihre ersten Schritte auf das Dünenfeld dieses Strandes setzten, hatte ich mir im vor- und zurückflutenden Wasser der See bereits pitschnasse Füße geholt. Allerdings hatte ich auch schon mein erstes Bernsteinstückchen gefunden, ein etwa haselnussgroßes, braunes und rauschaliges Klümpchen. Ich wusste sofort, dass dies nur Bernstein sein konnte, denn ich kannte diesen Rohbernstein aus Omas Knopfschachtel. Sie hatte einige größere und kleinere Stücke 1937 von ihrer KDF-Fahrt aus Palmnicken mitgebracht und in ihrem Raritätenkästchen deponiert. Stets hatten mich jene weichen Brocken mit ihren scharfkantigen, honigglänzenden Bruchstellen begeistert und interessiert, wenn sie mir beim spielerischen Sortieren all der großen und kleinen, farbigen, gewölbten, flachen, alten und neuen Knöpfe dieser Schachtel in die Hände fielen. „Oma, gell, das ist Bernstein?" „Ja, Kind." In der Regel erzählte Oma dann zum wer weiß wievielten Mal, wie sie in Palmnicken anno 37 diese Schätze am Strand gefunden hatte und wie man dieses edle, versteinerte Harz von einfachem Glas oder Feuerstein zu unterscheiden vermochte.

Hatte ich durch meine unerschrockene Galoppade herunter ans Meer schon Horsts Hochachtung erworben, so stieg diese Hochachtung nun noch, als ich felsenfest und sicher behaupten konnte: „Das ist Bernstein und kein Glas oder

Feuerstein". Ich kannte bereits den entscheidenden Test: ein leichter Biss auf den entsprechenden Brocken. Ist dieser Biss klirrend, dann beißt man auf Glas oder Stein, ist er aber wie der Biss auf einen Hartgummikamm oder einen ähnlichen Gegenstand, so hat man unter Garantie Bernstein zwischen den Zähnen. „Man, dat du dat allet schon weßt!" Ich sonnte mich in Horsts Bewunderung. Ja, die KLV in Palmnicken schien sich wirklich gut anzulassen. Allerdings versetzte Mutter meiner Hochstimmung postwendend einen Dämpfer, als sie mit Meta herankam und meine quatschnassen Schuhe sah: „Also Dieter, du lernst's nie! Guck dir mal deine Schuhe an, pitschnass! Merkst du's denn gar nicht, wenn du im Wasser stehst? Wenn die kaputt sind, kannst du barfuß laufen. Neue gibt's sobald nicht, denn die nächsten Schuhbezugsscheine für dich sind erst wieder im neuen Jahr fällig. Merk dir das!" Ich warf einen schnellen Blick hinüber zu Horst, der diese Standpauke verlegen grinsend beobachtete. „Hach", dachte ich, „immer diese Mutti mit ihren Vorwürfen, wenn sie doch recht bald wieder fortfahren würde!" Als es dann wirklich soweit war und ich ihr auf dem Bahnhof nachwinkte, hatte ich es schwer, meine Tränen niederzukämpfen. Ein echter Mann, dazu noch ein echter deutscher Mann, weint ja nicht!

Als wir von unserem ersten Ausflug an den Strand wieder nach oben kamen, musste ich in der Küche sofort meine Schuhe ausziehen, und sie wurden mit Seiten des „Schwarzen Korps" fest ausgestopft, jener SS-Zeitung, die sich Onkel Max zur täglichen Bildung und Erbauung leistete.[79] Mittlerweile hatte sich auch Otto eingefunden. Er stand bereits im ersten Lehrjahr und war etwas Besonderes, was er allein schon durch seine Sprache kundtat. Er sprach nämlich nur Hochdeutsch, natürlich mit starker samländischer Einfärbung. Sein besonderer Status hing mit seiner Lehrstelle zusammen. Er arbeitete als Verwaltungsadjunkt[80] auf der hiesigen Bürgermeisterei, was ihm später den Spitznamen Vizebürgermeister einbrachte.

Während im blauen Salon der Tisch von Meta für den Abend neu gedeckt wurde, führte uns Tante Anna ins eheliche Schlafzimmer. Hier warteten die frisch bezogenen Betten mit ihren schwellenden Plumeaus auf unsere müden Häupter. „Aber das wäre doch nicht nötig gewesen, Frau Kowallski, dass Sie Ihr Schlafzimmer – na ja, wir hätten auch mit einer Bodenkammer oder etwas ähnlichem vorliebgenommen." Mutter gab sich sehr bescheiden, aber Tante Anna winkte nur verlegen ab: „Jastfriendschaft is doch Ehrensache."

Zum Abendessen aufgetischt worden war, was von der Frühjahrssau, dem verblichenen Jolantchen, noch übrig war: Blut und Leberwurst aus Einmachgläsern und Schmalz aus einem braunen Steintopf. „Et is nu dat Letzte vom

Letzten, schon zweemal utjelaten", entschuldigte sich Tante Anna, als sie es Mutter und mir anbot. Uns schmeckte dieses Schmalz, das Letzte vom Letzten, vorzüglich, auch wenn es schon zweimal ausgelassen worden war, sicherlich, um zu verhindern, dass es ranzig wurde. Als alle satt waren, rief Onkel Max über den Tisch hinweg, die allgemeine Unterhaltung übertönend: „Otto, breng doch mal dat Kümmelfläschjen one paar Gläserchen dato!" Während Otto das Gewünschte herbeischaffte, wurde ich von Onkel Max angesprochen: „Na, Dieter, du Berliner Landratte, wat seggste nu to onse Ostsee?" Was sollte ich sagen, ich hatte ja erst höchstens zehn Minuten an deren Ufer gestanden. „Ganz schön, ja", stammelte ich verlegen, „aber 'n bisschen langweilig, ich hatte gedacht, dass die Ostsee mehr Wellen hätte." Onkel Max brach in schallendes Gelächter aus: „Langweilig, keine Wellen, dat lat ma den ollen Neptun nich hören! Wenn he opwacht, denn blast he di den Sand ens Jesicht, wie Stecknadels un de Welle trekke hushoch one Strand!"

In diesem Moment brachte Otto Schnaps und Gläschen herein. Onkel Max besaß sein eigenes Glas, einen Doppeldecker, ringsum schön geschliffen. Es war ein Erbstück von seinem Vater. Die übrigen Gläser machten gegenüber diesem Prunkstück den Eindruck von Pygmäen, wie sie so miteinander vor Onkel Max auf dem Tisch standen. Er schenkte ein. Tante Anna, Meta, ja selbst Otto mit seinen siebzehn Jahren, bekamen gefüllte Gläschen vorgesetzt. Zuletzt kam Mutter dran. Für sie wurde aus dem Vertiko ein besonders edles Gläschen herausgenommen, das Gästeglas. „Bitte nur ein ganz kleines bisschen", aber ehe Mutter dies einwenden konnte, war das Glas schon bis oben hin eingeschenkt. Onkel Max prostete uns allen zu und hieß uns Berliner Gäste herzlich willkommen. In einem Zug stürzte er den Inhalt seines Doppeldeckers hinunter, und alle anderen taten es ihm nach, bis auf Mutter, die nur ganz leicht an ihrem Gläschen nippte und sich dabei fürchterlich verschluckte. Im Laufe des Abends hat sie dann doch noch einen oder zwei Lippenfeuchter von ihrem Gläschen genippt, mehr nicht. „Wie man an sowas Gefallen finden kann, prrrr!" Sie schüttelte sich heftig bei jedem Schlückchen, das sie nahm, was jedes Mal mit Heiterkeit und einem sinnigen Spruch von Onkel Max quittiert wurde.

Sie hatte erst höchstens ein Viertel ihres Gläschens geleert, als sie sich gegen neun Uhr etwas schwankend erhob und sich verabschiedete. Ich wäre gern noch ein bisschen sitzen geblieben. Tante Anna legte ein gutes Wort für mich ein. „Zehn Minuten, ja, in zehn Minuten schicken Sie ihn bitte rüber!" „Ehrensache", meinte Onkel Max. Als Mutter gegangen war, setzte sich Horst neben mich, und heimlich haben wir den Kümmelrest aus Mutters Glas ausgetrunken. Zum Glück schlief sie schon tief und fest, sicherlich vom ungewohnten

Schnapsgenuss übermannt, als ich pünktlich zehn Minuten nach ihr ins Schlafzimmer kam. Hätte sie meine Schnapstrinkerei gerochen, wer weiß, vielleicht wäre sie am nächsten Tag mit mir voller Entsetzen wieder nach Berlin zurückgefahren, und ich hätte die schöne Palmnickener Zeit nicht erleben dürfen.

Olgachens Tod

Nach ein paar Tagen ist Mutter beruhigt wieder nach Berlin abgereist. Sie wusste mich in besten Händen. Vorher hatte sie mich noch in der Schule angemeldet und auf dem Bürgermeisteramt gemeinsam mit Tante Anna für mich die wichtigen Lebensmittel- und sonstigen Bezugskarten beantragt. Auch beim Jungvolk wollte sie mich gleich mit anmelden, aber dagegen hat Otto heftigen Protest eingelegt: „Nee, Frau Möckel, wenn Sie mit dem Dieter beim Jungvolk erscheinen, isser gleich als Muttersöhnchen verschrien. Dat lassen Se man lieber mich machen, zumal ick den Fähnleinführer jut kenne und mit dem infrage kommenden Jungzugführer so jut wie befreundet bin!" So geschah es dann auch, und es war gut so, denn ich hatte bei den beiden Jungvolkoberen von Anfang an einen besonders großen Stein im Brett. Dass ich im Jungzug bei meinen Kameraden von Anfang an einen guten Stand hatte, verdankte ich meinen beiden Lieblingsgranatsplittern, welche ich gegen das Verbot unserer Mutter in den Hosentaschen versteckt mitgebracht hatte.

Als ich dem Jungzug während eines Heimabends als Neuer vorgestellt wurde, hieß es von Seiten des Jungzugführers gleich: „Nu erzähl mal, wie et in der Reichshauptstadt mit den Tommys so is." Ich habe natürlich geflunkert und ein bisschen dick aufgetragen, aber wirklich nur ein bisschen, so dass alles, was ich erzählt habe, gerade noch glaubhaft war. Als ich dann, wie zur Bestätigung dessen, die beiden Granatsplitter aus der Tasche zog, sie dem Jungzugführer zeigte und dieser sie von Hand zu Hand gehen ließ, war meine Stellung im Jungzug ein für alle Mal gesichert. Im Übrigen verlief der Jungvolkdienst während meiner Palmnickener Zeit für mich so reibungslos, dass ich keinerlei Erinnerungen mehr daran habe, weder im Positiven noch im Negativen.

Nachdem meine Mutter abgereist war, wurde für mich ein Bett im blauen Salon aufgeschlagen. Tante Anna und Onkel Max hatten ihr eheliches Schlafzimmer wieder bezogen, und das Leben ging in der Familie Kowallski seinen gewohnten Gang. Das Schlachtfest stand vor der Tür. Tante Anna wurde von Tag zu Tag trauriger, je näher der Schlachttag rückte. Die Henkersmahlzeit am Donnerstag, dem Vortag des großen Ereignisses, konnte sie dem Olgachen schon nicht mehr bringen: „Nee, dat kann ek nich, da tät ek nuscht wie heulen!"

Am Freitag, dem Schlachttag, hatten Horst und ich zum Glück nur vier Stunden Schule. Wie vom Teufel gejagt flitzten wir nach Hause, kaum dass die letzte Stunde vorüber war. Wir wollten ja vom ersten Moment an dabei sein, wenn es dem Olgachen an den Kragen ging. Als wir völlig außer Atem um die Hausecke auf den Hof einbogen, stellten wir erleichtert fest, dass sich noch gar nichts getan hatte. Noch nicht einmal der Metzger war gekommen. Onkel Max, der sich für diesen Tag extra freigenommen hatte, war sehr aufgeregt und ärgerlich.

Tante Anna und Meta hatten in der Waschküche den großen Kessel angeheizt, in dem das siedende Wasser summte. Wir schauten nur kurz zu den beiden Frauen hinein und verzogen uns sofort nach oben in die Küche. „Op de Head steit ene Pann met Broadkertofelles!" Das ließen wir uns nicht zweimal sagen.

Der Küchentisch hatte seinen Platz an der Wand zwischen den beiden Fenstern, so konnten wir, während wir unsere knusprigen Bratkartoffeln aßen, gut beobachten, was unten auf dem Hof geschah. Wir hatten kaum die letzten Bröckchen aus der Pfanne gekratzt, als der Metzger kam, Onkel Max, Tante Anna und Meta begrüßte, seine Messer wetzte und auf einem bereitgestellten Tisch ausbreitete. Das war nun der Moment, in dem Tante Anna die Flucht ergriff. Eilends kam sie die Treppe heraufgelaufen und verschwand im blauen Salon. Dort galt es, den schweren Esstisch auszuziehen und die Platte mit Wachstuch abzudecken, denn auf ihm sollten am Abend die Überreste von Olgachen bis zur Weiterverarbeitung abgelegt werden. Während Horst und ich die Treppe hinuntereilten, hörten wir Tante Anna im blauen Salon rumoren. Bis auf dem Hof tönte ihr lauter Gesang „Schwarzbraun ist die Haselnuss", und immer wieder: „Schwarzbraun ist die Haselnuss!" „Dat moagd he immer so, wenn Schwienschloachten is, he mog dat Quieken von dat Schwien nich hören", klärte mich Horst auf.

Endlich war es soweit, Olgachen betrat die Bühne, oder besser gesagt, sie wurde von Onkel Max und dem Metzger zum Platz ihrer Hinrichtung geschoben. Friedlich grunzend, hie und da noch einen Happen aufschmatzend, näherte sie sich ahnungslos dem Endpunkt ihres irdischen Lebensweges. Mit ihrem linken Hinterbein zog sie ein dort fest verknotetes Seil hinter sich her, welches Onkel Max plötzlich ergriff. In diesem Moment nahm der Metzger eine große, schwere Axt zur Hand. Olgachen musste nicht lange leiden, schon der erste Hieb auf die Stirn fällte sie zu Boden. Sie kam nur dazu, einen kurzen schreckhaften Quiekser auszustoßen. Ich hatte das Ganze aufgeregt und voller

Spannung beobachtet. Als jetzt das Olgachen aber zuckend dort auf dem Hof lag und der Metzger das Messer zückte, noch einmal kurz wetzte und ihr an die Kehle setzte, musste ich ganz schnell auf das Plumpsklosett laufen, weil die köstlichen Bratkartoffeln in der verkehrten Richtung wieder herauskamen.

Als ich zurückkam, rührte Meta schon das aufgefangene Blut. Doch von oben her, aus dem blauen Salon, tönte immer noch Tante Annas Gesang. Onkel Max rief nun Horst zu: „Lop ma ganz schnell rop un seg dem Muttchen, et is jut, dat Oljachen is dot, dat Singen is nu nich meh nötich! Un dat kannste he ok noch seggen, de Kornbuddel soll he mitbrengen on Gläserchen dato, dat we dem toten Schwien de jebührende Ehr antun onn et können hoch leve loassen!" Onkel Max fand bei jeder Gelegenheit den passenden Grund, um ein oder zwei Gläschen zu heben. Als Tante Anna nach einiger Zeit mit dem Gewünschten auf dem Hof erschien, war sie wie umgewandelt. Die Traurigkeit der letzten Tage war wie weggeblasen. Nun, da das Olgachen tot war, hatte es sich für sie in zwölf Blut- und Leberwurstgläser verwandelt, in lange Ketten ebensolcher Würste, in Speck- und Schinkenseiten, mit anderen Worten, Olgachen war zu Fleisch geworden, das es zu verarbeiten galt. Was nun folgte, waren die üblichen Arbeitsgänge einer Hausschlächterei: Brühen, Scheren, Aufziehen des geschlachteten Körpers mittels eines altertümlichen Flaschenzugs und Ausweiden. Da hing nun, was vom Olgachen noch übrig war, kopfüber zum Auskühlen im Tor der Waschküche, geteilt vom Schwanz bis zum Kopf, der aber schon abgeschnitten war, alles mit den amtlichen Stempeln des Fleischbeschauers versehen. Was sie in sich gehabt hatte, wurde im Laufe des Nachmittags gewaschen und gereinigt, und am Abend ging das Zerteilen des ausgekühlten Körpers los. Bis ich im blauen Salon unter die Decke meines Bettes kriechen konnte, war das ganze Olgachen schon auf dem schweren, in der nächsten Nachbarschaft meines Bettes stehenden Tisch aufgeschichtet worden, fein säuberlich wie ein Kunstwerk, bekrönt von den augenlosen beiden Kopfhälften.

Ich habe schlecht geschlafen in jener Nacht, denn der Fleisch- und Blutgeruch, den diese übergroße Schlachtplatte verbreitete, quälte mich. Zu allem Unglück war auch noch Vollmond. Als ich dann dringend auf den Topf musste, so gegen Mitternacht, hat es mich große Überwindung gekostet, aufzustehen und unter dem Bett nach dem Nachtgeschirr zu tasten. Es war grauslich, wie Olgachens augenlose Kopfhälften mich im Mondlicht schimmernd anblickten. Als mich Tante Anna am nächsten Morgen wecken kam und sah, in welcher Nachbarschaft ich meine Nachtruhe verbracht hatte, wurde sie sehr betreten: „Jungchen, dat hev ick nich bedacht, dat is ja wie in dem Märchen von einem, der uttoch, dat Jruseln to leernen!"

Nichtsdestotrotz, dieser erlittene „Kulturschock" konnte mir den Appetit auf all die Köstlichkeiten nicht rauben, die uns Olgachens Tod beschert hatte. Ich habe damals tüchtig mitgeholfen, sie zu vertilgen. Schon am Samstag, dem Hauptschlachttag, ging es los. Es gab Wellfleisch, so manche geplatzte Wurst und mit Horst gemeinsam ein heimlich stibitztes Schnäpschen. Nur Olgachens Hirn, den gebratenen Brägen[81], mochte ich nicht kosten. Den zu vertilgen war ja auch Onkel Maxens Vorrecht, welches er gern in Anspruch nahm, hinuntergespült mittels einer halben Flasche hochprozentigen Kümmels. „Na denn Prost, Olgachen!"

Es war erstaunlich, wie schnell ich in dieser fremden, aber rundum friedlichen Welt heimisch wurde. Bald fühlte ich mich im Kreis der kowallskischen Familie wie zu Hause, und auch von ihnen wurde ich als einer der ihren angesehen. Für Meta, Otto und Horst war ich wie ein Bruder, und Tante Anna und Onkel Max hielten mich wie einen dazugewonnenen Sohn. Eng ging es zu, wenn sich die Familie zu den täglichen, gemeinsamen Verrichtungen traf, aber diese Enge war stets gepaart mit menschlicher Nähe und Wärme.

Natürlich führte diese Enge auch zu einem freien, wenig prüden Umgang miteinander. So konnte es geschehen, dass ich eines Morgens in der Küche, dem einzigen Waschraum der Wohnung, Meta bei der Morgentoilette überraschte, als ich verschlafen aus dem blauen Salon kam, um mich ebenfalls über die Waschschüssel zu beugen. Sie war oben herum völlig nackt, und ich muss wohl sehr direkt und wenig galant auf die frühlingshaften Früchte ihres Mädchenbusens gestarrt haben, welche sie mir darbot. Sie griff jedenfalls ohne weiteres nach dem nassen Handtuch, das sie gerade abgelegt hatte und schleuderte es mir ins Gesicht: „Wat jibtet denn da zu glubschen, verschwinde, ju Lorbas!"[82] Ihre Augen waren die einer wütenden Katze, während sie mir dies zurief, und ich zog es vor, ihrem Befehl schleunigst nachzukommen.

Was ich gesehen hatte, beunruhigte mich sehr. Würden auch bei mir, wenn ich erwachsen werde, auf der Brust diese beiden runden Erhebungen wachsen, deren Anblick mich so gerührt und erregt hatte? Da Meta mich trotz dieses Vorfalls weiterhin mit schwesterlicher Fürsorge umgab, fasste ich mir eines Tages den Mut, sie danach zu fragen. „Meta, krieg ich auch sowas, wie du da hast, wenn ich groß bin?" Dabei tippte ich ihr leicht auf den Busen, welcher ihre Küchenschürze wölbte.

Diese Frage und diese Geste waren wie der Stich in ein Wespennest. Sie sprang von ihrem Sitz am Küchentisch auf, starrte mich ein oder zwei Sekunden lang wie abwesend an, und pitsch, patsch landeten ihre Hände klatschend auf meinen Wangen. Laut schimpfend stürzte sie hinaus ins Wohnzimmer, wo

Tante Anna gerade am Tisch stand und Wäsche bügelte. Nun hatte ich allen Grund, fassungslos zu sein, denn ich wusste beim besten Willen nicht, was ich Schlimmes angerichtet haben sollte. Ich warf mich im blauen Salon aufs Bett und begann bitterlich zu weinen. Ganz trostlos war mir zumute. Nach einer Weile kam Tante Anna herein, setzte sich zu mir auf die Bettkante und begann mich auszufragen. Sehr schnell wurde ihr klar, dass ich nicht der geile Lorbas war, für den mich Meta gehalten hatte, sondern ein absolut unaufgeklärter Junge, der noch immer der Meinung war, dass sich Frauen und Männer, Jungen und Mädchen nur durch ihre Kleidung voneinander unterscheiden.

Eine Weile später, nachdem Tante Anna gegangen war, kam Meta zu mir herein. Sie war sehr freundlich und entschuldigte sich bei mir für die Backpfeifen. Bevor sie ging, meinte sie, und dabei wurde sie rot im Gesicht bis unter die Haarwurzeln, dass, was ich an ihr gesehen hätte, nur Mädchen bekämen, wenn sie erwachsen würden. Auch sonst gäbe es noch Unterschiede zwischen Jungen und Mädchen, aber das könne sie mir beim besten Willen nicht erklären. Ehe ich auch nur ein Wort sagen konnte, war sie zur Türe hinausgeschlüpft. Was Meta mir damals in ihrer jungfräulichen Verschämtheit verschwieg, offenbarte mir später Bertchen Lohr, ein frühreifer Backfisch, nur anderthalb Jahre älter als ich, aber schon ein richtiges Früchtchen!

Eins ist mir bereits in den ersten Tagen meines Palmnickener Aufenthalts aufgefallen: die unterschiedliche Stellung des Vaters, des Familienoberhauptes. Während bei uns der Vater das Familienschiffchen nahezu absolutistisch lenkte und Mutter, wollte sie eigene Wünsche durchsetzen, zu allerlei weiblichen Listen greifen musste, war es bei Kowallskis genau umgekehrt. Gewiss, Onkel Max war der Verdiener des täglichen Brotes, was ihm das Recht gab, gelegentlich mit der Faust auf den Tisch zu klopfen, allerdings mit gemäßigter Wucht und Lautstärke. Tante Anna ließ sich durch derartige Kraftäußerungen sowieso nicht erschrecken, denn es war in der Regel nur Theaterdonner, welchen Onkel Max verursachte. Sie behielt stets den Marschallstab in der Hand. Dabei hatte sie ein großes, mütterliches Herz. Onkel Max ist es sicherlich nie schwergefallen, sich ihrer Führung anzuvertrauen. Nach außen hin durfte er die Rolle des Familienfürsten sowieso uneingeschränkt spielen.

Bernstein

Dem Bernstein hatte ich es zu verdanken, dass Tante Anna nun die Mutterstelle an mir vertreten konnte. Sie war nach dem Ersten Weltkrieg als junges

Mädchen aus dem Baltischen herunter nach Palmnicken gekommen und hatte im hiesigen Bernsteinwerk Arbeit gefunden. Sie war damals ein hübsches junges Mädchen gewesen, wie eine Fotografie bewies, welche auf Onkel Maxens Schreibtisch stand. Zu der Zeit, als ich nach Palmnicken kam, war allerdings von dieser Schönheit nichts mehr zu ahnen. Sieben Schwangerschaften und Geburten hatten das junge Mädchen zu einer frühzeitig verblühten Matrone werden lassen. Tante Anna trauerte allerdings ihrer verlorenen Schönheit nicht nach, denn sie hatte ja, quasi als Trostpflaster, dafür vom Führer das Mutterkreuz verliehen bekommen. Voller Stolz trug sie es auf dem Revers ihres Sonntagskleides. Außerdem war ihr Onkel Max in ziemlicher Treue zugetan. Gelegentlich schaute er zwar anderen Frauen nach, aber mehr gestattete er sich nicht.

Im Bernsteinwerk war die junge Anna durch besondere Geschicklichkeit aufgefallen. Sie verstand es, seltene und wertvolle Stücke mittels feiner Feilen und Messerchen von ihrer rauen Kruste zu befreien, ohne den edlen Kern auch nur im Geringsten zu beschädigen. Onkel Max war zu jener Zeit im Bernsteinwerk schon zum Vorarbeiter aufgestiegen. So blieb ihm diese geschickte Arbeiterin, die dazu noch hübsch und reizvoll war, nicht verborgen. Kurz und gut, er nahm sie bald zur Frau.

Tante Anna war schon in jenen Tagen eine glühende Verehrerin Hitlers, Onkel Max sang dagegen noch voller Begeisterung die Internationale, er war mit Leib und Seele Kommunist. Dies änderte sich allerdings sehr schnell, als Hitler an die Macht kam. Nun mutierte er zum glühenden Anhänger des Nationalsozialismus, und über seinem Schreibtisch hing, als ich nach Palmnicken kam, ein großes Führerbild, übrigens genau an der Stelle, von der früher Karl Liebknecht[83] heruntergeschaut hatte, wie Otto mir eines Tages vielsagend lächelnd zusteckte.

Da Onkel Max so preußische Eigenschaften wie Fleiß, Pflichterfüllung und Pünktlichkeit zu seinen Haupttugenden erhoben hatte, war er im Werk schnell aufgestiegen. Werkmeister oder gar Bürovorstand mag er gewesen sein, als ich nach Palmnicken kam. Er galt damals etwas im Bernsteinwerk und bei vielen Leuten im Ort ebenfalls.

Im Bernsteinwerk verdienten sich viele Familienväter ihren Lebensunterhalt. Auf dem Weg vom Bahnhof her zogen die hallenartigen Werksgebäude den Blick auf sich. Ein kurzer, mächtiger Schlot, der inmitten der Anlage stand, schickte regelmäßig einen eigenartigen, aromatischen Geruch übers Land. Es waren die Abgase, die entstanden, wenn aus den Bernsteinresten Lack gekocht wurde. Palmnickener Bernsteinlack hatte damals einen guten Namen und war unter Fachleuten begehrt.

Nun darf man nicht etwa denken, dass der Bernstein, den dieses Werk verarbeitete, immer noch wie vor Jahrhunderten aus der Brandung gefischt oder nach Stürmen am Strand aufgelesen wurde, wie es die drei Fischer Palmnickens zu meiner Zeit noch gelegentlich taten, oder dass ihn die Bernsteinstecher im Tauchgang vom Meeresgrund heraufholten. Man förderte ihn jetzt vielmehr auf bergmännische Weise zutage. Seit Mitte des 19. Jahrhunderts geschah dies in Stollen, die man von der Steilküste aus bis in die Schichten der blauen Erde vorantrieb, in der dieses edle Harz reichlich und zum Teil in kopfgroßen, reinen Brocken vorkommt. So entwickelte sich in Palmnicken ein reiches bergmännisches Leben mit all den Traditionen, die man sonst nur aus den Bergbauregionen des Erzgebirges, des Harzes oder des Saarlandes kennt. Die Palmnickener Bergmannskapelle war in den umliegenden Ostseebädern beliebt und gern gehört. Mit ihren malerischen Bergmannstrachten gereichten ihre Blechbläser jedem Kurkonzert zur Zierde. Als ich in die Palmnickener Schule kam, war eines der ersten Lieder, das ich in der Singstunde hörte und lernen musste, das alte Bergmannslied „Glück auf! Der Steiger kommt!" Ich kannte dieses Lied schon vom Jungvolk her. Wir sangen es gern bei Aufmärschen, aber auch zu Heimabenden. Nur war der Text, den wir in Berlin gesungen hatten, etwas anders, er lautete nämlich: „Deutsch ist die Saar, deutsch immerdar."[84]

Ende des neunzehnten Jahrhunderts kam es in Palmnicken zu einem schweren Grubenunglück. Einer der Stollen brach ein und verschüttete eine Anzahl der gerade eingefahrenen Bergleute. Nicht alle konnten geborgen werden. Dies veranlasste den damaligen Grubeneigner, die alten Stollen aufzugeben und fortan im Tagebau zu fördern. Zwei dieser Stollen, zur Annengrube gehörig, waren zu meiner Zeit noch auf einer Länge von etwa zehn Metern begehbar, wenn man auch sehr darauf achtgeben musste, sich den Kopf nicht an Balken zu stoßen. Auch Reste der Schienen, auf denen ehemals die „Hunde" – flache, schwere Loren – geschoben wurden, lagen noch im Höhlengrund. Das Betreten der Stollen war nicht ungefährlich und uns Kindern streng verboten, aber gerade deswegen haben wir uns vor allem an heißen Sommertagen gern in ihre Dunkelheit verkrochen. Wir waren dann die Bande des Seeräubers Störtebeker und der Stollen unsere Schatzhöhle.

Der Eingang eines dieser Stollen, jenseits des Motts[85] in Richtung Kreislacken gelegen, war vom Strand her nicht ebenerdig zu erreichen, sondern man musste fast zwei Meter die Steilküste hinaufklettern, um zu ihm zu gelangen. Er lag sehr versteckt hinter dichtem Dorngestrüpp und war nur wenigen bekannt. Ein mächtiger, alter Holunder, der vor der finsteren Höhlung stand, diente uns als bequeme Leiter, zugleich verbarg er diesen Einstieg auch vor allzu neugierigen, vor allem weiblichen Blicken. Denn „Weiber" waren in unserer Jungenbande verpönt. Mit diesen langhaarigen Petzen wollten wir nichts zu tun haben. Ihre Welt waren Ringelspiele, und mit ihren Puppen taten sie Albernes. Wir als Männer dagegen waren zu Ernsthafterem verpflichtet, zum Beispiel geklaute Zigaretten zu rauchen, was mir jedes Mal den Magen umdrehte, oder im Mott Bernstein zu sammeln, was streng verboten war. Dieses Mott zog sich von der Steilküste aus als moderiger, etwa zehn Meter breiter Sumpf quer über den Strand bis hin zum Wasser. Wenn man dieses Sumpfband überqueren wollte, musste man schnell und leichtfüßig sein, denn jedes Zögern ließ einen unweigerlich bis zu den Knien in zähen blauen Lehmbrei versinken.

An jener Stelle wusch man oberhalb der Steilküste den Bernstein aus der geförderten blauen Erde. Über eine Kaskade von Rüttelsieben, deren Maschen sich von Mal zu Mal verengten, wurde mittels scharfer Wasserstrahlen die blaue Erde vom darin enthaltenen Bernstein getrennt. Den ausgewaschenen Schlamm sammelte man in einem mächtigen Bassin. War dieses voll, ertönte eine warnende Sirene, die Schleusen wurden geöffnet, und eine alles mit sich reißende Schlammflut ergoss sich über den Strand hin bis in die brandende See. Hatte sich diese Flut verlaufen, blieb das Mott zurück. An seinem Rand konnte man herrliche Bernsteinstücke finden, die beim Waschen aus den Sieben gefallen und nun mit der Schlammflut an den Strand gespült worden waren. Nicht lange nach Mutters Abreise fand ich am Mott einen wunderschönen Bernsteintropfen. Er ist in seiner Versteinerung genauso erhalten geblieben, wie er sich vor Jahrmillionen am Stamm eines Baumes gebildet hatte. Natürlich wollten mir einige der Bandenmitglieder diesen Fund streitig machen. Die einen behaupteten: „Dat es jo goar keen Bernstein!" Die anderen versuchten, ihn mir mit Gewalt abzunehmen, aber Horst stand mir als treuer Kämpfer bei.

Zu Hause galt es, den Fund des raren Stücks vor Onkel Max geheimzuhalten, denn er war als höherer Beamter des Bernsteinwerks dazu verpflichtet, derartige Fundstücke einzusammeln und im Werk abzugeben. Am Mott angespülter Bernstein galt sowieso als Eigentum des Werkes, ich hatte also einen Diebstahl begangen. Tante Anna nahm mir den Bernsteintropfen zur Sicherheit erst einmal ab und befreite ihn eines Tages, als Onkel Max im Dienst war, nach allen Regeln der Kunst von seiner rauen Rinde. Mit Schlemmkreide und Spiritus poliert, wanderte das gute Stück im folgenden Jahr per Post als Muttertagsgeschenk nach Hause.

Übrigens hat damals unsere Störtebekerbande ein schmähliches Ende gefunden. Natürlich war es unmöglich, unsere Räubertreffen vor den von unseren Spielen ausgeschlossenen neugierigen Mädchen geheimzuhalten. Eines

Tages hockten wir wieder einmal alle in der Höhle, pafften blaue Wolken in die feuchte Grubenluft, erzählten uns schaurige Räubererlebnisse und logen dabei das Blaue vom Himmel herunter. Plötzlich tauchte ein Mädchen draußen im Holunder auf: „Ätsch, ju Lorbasse, ju Zigarettchenqualmer, dat wereck dem Gandhi seggen, morjen in de School!" Wir liefen alle zum Höhlenmund, um der frechen Göre, die gerade dabei war, wie ein Eichhörnchen herabzuturnen, böse Schmährufe nachzuschicken. Das war aber ein großer Fehler, denn nun hatte sie Zeit, sich unsere ganze Bande in Ruhe anzuschauen und einzuprägen.

Gandhi wurde der Turnlehrer wegen seiner dürren Drahtigkeit genannt. Er liebte es, hart durchzugreifen und galt an der Schule als eine Art Stockmeister. Das Mädchen hatte Wort gehalten und Gandhi übernahm es, uns durchzuprügeln. Der Rohrstock verwandelte uns wilde Seeräuber in verzagte Schuljungen, denen Schmerz und ohnmächtige Wut Tränen in die Augen trieben. Die Petze durfte sich danach eine ganze Weile nicht mehr am Kraxtepellener Strand sehenlassen.

Das Brummtopflaufen

Der alte Stollen verlor nach dieser Begebenheit erst einmal seinen Reiz für uns. Einmal von einem Mädchen dort aufgestöbert, hätten wir nie mehr in Ruhe unseren Seeräuberspielen mit ihren verbotenen Ritualen frönen können. Außerdem galt es nun, das Brummtopflaufen vorzubereiten. Der Herbst war mittlerweile dabei, vor dem Winter das Feld zu räumen. Im Kachelofen des Wohnzimmers heulten die Stürme wie gefangene Hunde, und das donnernde Brüllen der wütenden See schluckte alle anderen Geräusche. Selbst das Bellen der Flakbatterien, die von der Brüsterorter Steilküste aus ihre Übungsschüsse über das Meer schickten, ging darin unter. Jetzt konnte ich am eigenen Leib erfahren, was mir damals, am ersten Nachmittag im blauen Salon, Onkel Max prophezeit hatte. Während dieser Sturmtage war es nicht ratsam, an den Strand zu gehen. Der aufgepeitschte Sand fuhr einem wie tausend Stecknadeln ins Gesicht. Die Wellen wälzten sich allerdings nicht haushoch an den Strand, wie mir damals Onkel Max vorgeflunkert hatte, weil sich weit draußen über den Sandbänken die Gewalt der tobenden See in einer hoch aufgischtenden Brandungskette brach. In langen Ketten schäumender Wellenbänder rollten die Fluten heran und den Strand hinauf bis in die Dünen. Ich wurde nicht müde, an derartigen Sturmtagen von der hohen Steilküste aus dieses Naturschauspiel zu beobachten.

Mittlerweile hatten wir Anfang Dezember, und quasi über Nacht war es Winter geworden. Als Erstes kam der Schnee, dann brachte uns ein eisiger Nordoststurm den Frost. Zwar schien wieder die Sonne, aber sie vermochte gegen die klirrende Macht der Winterkälte nichts auszurichten. Auf der Ostsee begannen sich in flachen Uferregionen erste Eisflächen zu bilden. Bald würde die Zeit des Brummtopflaufens beginnen.

Schon am Schlachttag hatte Onkel Max zum Metzger gesagt: „Fritz, de Bloase kennst jleich mit torecht moake vern Brummtopp!" Damals konnte ich nicht ahnen, was es mit der Schweinsblase auf sich hatte, die seitdem gewaschen, gesäubert und getrocknet am Türpfosten der Speisekammer hing. Nun war es soweit. Am Vormittag des ersten Adventssonntags brachte Onkel Max einen Tontopf aus der Bodenkammer herunter. Er fasste etwa zwei Liter, war braun glasiert, henkellos und mit einem mittlerweile gerissenen Trommelfell zugebunden. Der Strang eines Pferdeschweifs schlängelte sich wie eine schwarze Natter aus dem Riss des Trommelfells hervor. Das also war der Brummtopf.

„Et Roßhoar is noch jout", meinte Onkel Max, als er die Wurstkordel löste, mit der die alte, gerissene Schweinsblase am Topfrand festgeschnürt war. Olgachens Blase war über Nacht eingeweicht worden und konnte nun nach der Größe des Topfrandes zurechtgeschnitten werden. Sie wurde zum neuen Trommelfell. Bevor Onkel Max dieses über den Topfrand spannte und festschnürte, bohrte er ein kleines Loch hinein und zog den Rossschweif hindurch. Von beiden Seiten fest verknotet, dienten diese Rosshaare später als Tonerzeuger. Es entstanden natürlich nur gute, saubere Brummtöne, wenn der Rossschweif genau im Mittelpunkt des Trommelfells befestigt war.

Onkel Max kam richtig ins Schwitzen, als er die vorbereitete Schweinsblase über den Topf legte, die Wurstkordel fest um dessen Rand wickelte und sicher verknotete. Zweimal musste er alles von vorn beginnen, weil ihm der Schweinsblasenrand im letzten Moment aus der Verschnürung gerutscht war. Endlich hatte er es geschafft. Nachdem er sich einen Kümmel genehmigt hatte, meinte er zufrieden: „So, wenn nu noch de Bloase jetrocknet is, denn kann et losjehn mit dem Brummtoplofen."

Der Brauch des Brummtopflaufens hatte sich an der Bernsteinküste in Palmnicken und einigen benachbarten Orten erhalten. An sich war er nur die ostpreußische Form des weitverbreiteten Dreikönigs- oder Kurrendesingens.[86] Die Besonderheit der Palmnickener Überlieferung war der Gebrauch des Brummtopfs, des Rummelpotts, wie ihn die Holländer nennen, oder der Reibetrommel, welchen Namen die Musikwissenschaft diesem uralten, vor nahezu zweihundert Jahren ausgestorbenen Rhythmusinstrument gegeben hatte.

Beim Brummtopflaufen brauchte man nur mit nassen Fingern am Rossschweif gleitend zu ziehen, schon geriet die gespannte Schweinsblase in Schwingungen. Die dadurch entstehenden rhythmischen Folgen brummender Töne ergaben die bordunhafte[87] Begleitung zu den Liedern, die wir mehr oder weniger gekonnt in die eisige Luft der Advents- und Weihnachtsabende brüllten. „Wir treten herein, ohn' allen Spott / Einen schön'n guten Abend, den geb' euch Gott", oder ein anderes weihnachtliches Lied, auch mit hochdeutschem Text: „Wir wünschen den Herrn einen goldenen Tisch / An allen vier Enden gebratenen Fisch!" Gern sangen wir aber auch das in diese stille Zeit nicht ganz passende Fastnachtslied: „Wir komm'n hereijn jetreten / Loop anne Linge / Met Singe on met Beten, / Loop ane Linge, / De Danneposchkes springe, / De Brommtopkinner singe!" Lange Zeit ist mir dieser Text rätselhaft geblieben, bis mir Tante Anna dessen dunklen Sinn in unsere normale Sprache übersetzt hat. Da war dann mit Loop anne Linge das Laub an der Linde gemeint und die Danneposchkes waren die Zapfen am Tannengrün, das früher beim Brummtopflaufen zur Fastnachtszeit die Sänger in der Hand hielten. Übrigens sangen wir das letztgenannte Lied besonders gern.

Da ich die Lieder anfangs noch nicht so recht beherrschte, übernahm ich in unserer Gruppe das Spielen des Brummtopfs. Natürlich war dies bei minus zwanzig Grad nicht gerade ein Traumjob. Dauernd musste ich in den Schnee greifen, um meine Finger gehörig zu befeuchten. Entsprechend rissig und aufgefroren war nach einiger Zeit die Haut meiner Hände. Zugute kam mir, dass ich mich eine Zeitlang mit der ungeliebten Geige abgeplagt hatte. Ich wusste mir dadurch Rat. Eines Tages verfasste ich, der notorische Ansichtskartenschreiber, einen langen, mindestens halbseitigen Brief an die Eltern. In ihm schilderte ich meine missliche Lage als Brummtopfspieler und bat um ein Stückchen Kolophonium aus Vaters Geigenkasten. Vater schickte mir postwendend das Gewünschte. Ein Körnchen Kolophonium, zwischen Daumen und Zeigefinger beider Hände zerrieben, tat Wunder. Ich entwickelte mich mit meinen nunmehr trockenen und warmen Händen zu einem rechten Virtuosen auf dem Brummtopf. Es gelang mir, sogar kompliziertere Rhythmen zu brummeln, was mir die ungeteilte Bewunderung in der Palmnickener Brummtopfszene einbrachte. Es waren viele Sängergruppen, übrigens nur Jungs, die an den Abenden im Advent, aber auch in der Zeit bis zum Dreikönigstag in Palmnicken und Kraxtepellen von Haus zu Haus zogen, ihre Brummtopflieder darboten und dafür mit Plätzchen, Lebkuchen und Marzipanstückchen aus eigener Herstellung belohnt wurden. An stillen, frostklaren Abenden hörte man aus allen Himmelsrichtungen im Städtchen mal lauter, mal leiser die Brummtöpfe tönen und dazu die hellen Jungenstimmen: „Loop anne Linge, die Brommtopkinner singe!"

Een Boot is noch buten!

In der Schule hatte ich mich schnell und gut eingelebt. Nach den trüben Erfahrungen, die ich während meiner Einschulung in die Lichtenrader Volksschule machen musste, war ich in Palmnicken auf Ähnliches gefasst gewesen. Desto größer war mein Erstaunen über die gute Aufnahme, die man mir in dieser für mich so fremden Welt bereitete. Zum Teil hatte ich den guten Einstieg in die hiesige Schule einem Gedicht zu verdanken, einer Ballade von Arno Holz: „Een Boot is noch buten." Gleich an dessen Anfang führen vier plattdeutsche Zeilen in das Geschehen dieser Ballade ein:
„Ahoi! Klaas Nielsen und Petere Jehann!
Kiekt nah, ob wi noch nich to Mus sind!
Ji hevt doch jesehn dem Klabautermann!
Gottlob, dat wi wedder to Hus sind!"[88]
Auch im weiteren Verlauf der vier Strophen des Gedichts kommen immer wieder plattdeutsche Zeilen vor, bis endlich feststeht, dass ein Boot nie mehr den rettenden Strand erreichen wird. Gedichte zu lernen war mir stets ein müheloses Vergnügen gewesen. Ich behielt diese paar Strophen nach mehrmaligem Lesen unverrückbar im Gedächtnis. Als in der Schule dann die Stunde des Abfragens kam, war ich mir meiner Sache absolut sicher und meldete mich mit der Vehemenz eines Schülers, der von seinem Können felsenfest überzeugt ist. Natürlich kam ich dadurch als einer der Ersten dran und musste, vor der Klasse stehend, meinen Vortrag mit jenen vier plattdeutschen Eingangszeilen beginnen.
Ich muss, ehe ich den Faden dieser Episode weiterspinnen kann, nun allerdings etwas zurückgreifen. Schon einmal hatten wir ein Meer- und Sturmgedicht lernen müssen: Nis Randers. Diese Ballade aus der Feder eines gewissen Otto Ernst[89] beschreibt in mächtigen Bildern das Wüten der orkangepeitschten See, während auf der Sandbank ein Schiff strandet:
„Und brennt der Himmel, so sieht man's gut,
ein Wrack auf der Sandbank! Noch wiegt es die Flut,
gleich holt sich's der Abgrund!"
Dass ein Mann im Mastkorb hängt, zeigt der unter flammenden Blitzen aufleuchtende Himmel genau. Der Mann wäre verloren, wenn nicht Nis Randers

mit seinen Mannen hinausruderte, taub für das Jammern der Mutter: Ihr Mann und ihr ältester Sohn sind schon vom blanken Hans geholt worden. Ihr Jüngster, der Uwe, ist seit drei Jahre vermisst! Nis Randers aber weist zum Wrack: „Und seine Mutter?" Weiter geht es im Text in wütend dramatischen Bildern:
„Boot oben, Boot unten, ein Höllentanz!
Nun muss es zerschmettern ...! Nein, es blieb ganz ...!
Wie lange, wie lange?"
Endlich die letzten beiden erlösenden Strophen:
„Drei Wetter zusammen! Nun brennt die Welt!
Was da? Ein Boot, das landwärts hält?
Sie sind es! Sie kommen! - -
Und Auge und Ohr ins Dunkel gespannt ...
Still – ruft da nicht einer? Er schreit's durch die Hand:
Sagt Mutter, 's ist Uwe!"

Am ersten Sturmtag, den ich in Palmnicken erlebte, lernte ich diese Ballade. Ich saß oben an der Steilküste auf einem Rasenfleck, ließ meine Beine über die Kante des Abbruchs baumeln und blickte erschauernd und innerlich aufgewühlt hinunter auf das tobende Meer. Zweimal hätte mir der Sturm beinahe das Buch aus der Hand gerissen, und bis hier herauf spürte ich die Nadelstiche des aufgewirbelten Sandes im Gesicht. Das tosende Meer vor Augen, fiel es mir leicht, mich in die Stimmung dieser Ballade zu versetzen. Entsprechend mitreißend muss mein Vortrag am nächsten Tag vor der Klasse gewesen sein. Ich hatte mich so in den Fluss dieses Gedichts versetzt, dass mir bei den letzten Worten: „Sagt Mutter, 's ist Uwe!" die Stimme zu versagen drohte. Auf der Seite, wo die Mädchenbänke standen, war man allgemein gerührt über meinen Vortrag. Die Jungen fanden meine Gedichtaufsagerei allerdings eher affig.

Nun stand ich also wieder vor der Klasse und setzte voller Inbrunst mit den ersten plattdeutschen Zeilen der Ballade ein. Ich gab mir alle Mühe, ein perfektes Plattdeutsch hinzulegen, aber leider wurde es nicht mehr als eine sächsisch-berlinerisch gefärbte Karikatur dieser Sprache. Entsprechend groß war auch der Erfolg, welchen ich damit erzielte – der Lacherfolg. Selbst die Lehrerin tat sich schwer, ihr Lächeln zu verbergen. Ich erlebte damals meinen ersten großen Absturz als Unterhalter, aber auch die Geborgenheit in einer Gruppe. Während der Pause, die auf diese Stunde folgte, klopfte mir so mancher der Lorbasse, die vorher über mich so herzhaft gelacht hatten, auf die Schulter: „Mann, Berliner, dat Platt, dat brengen wi di bi! Ehrensache!"

Nach meinem missglückten Vortrag hatte ich mich vor der versammelten Klasse verpflichtet, dieses Gedicht in fehlerfreiem Plattdeutsch vorzutragen.

„Dazu brauch ich nicht mal zwei Wochen", tönte ich damals in leichter Selbstüberschätzung. Es ist mir gelungen, ich habe diese Ballade in einer der nächsten Deutschstunden bravourös und in nahezu perfektem Platt vorgetragen. Die Lehrerin hatte zwar skeptisch den Kopf gewiegt, als ich mich gleich zu Beginn dieser Stunde meldete und nach ihrem Aufruf stolz verkündete, dass ich nun „Een Boot is noch buten" hersagen könne. Sicherlich wollte sie mir einen neuerlichen Absturz ersparen, ließ mich nach kurzem Überlegen dann doch gewähren. Ich legte voller Elan los, und sie war sichtlich erstaunt über meine sprachlichen Leistungen. Es hatten aber auch alle mitgeholfen, mir den rechten Zungenschlag beizubringen, von Onkel Max angefangen über Tante Anna, Meta, Horst bis hin zu den Lorbassen aus der Klasse. Nur Otto beteiligte sich nicht an den Sprachlektionen, er war ja etwas Besseres und könne dieses Fischerdeutsch gar nicht mehr richtig sprechen. Es war aber auch zum Zungenzerbrechen, dieses samländische Platt. Allein schon das helle, weit vorn gesprochene E und das Ei, welches nicht aus dem A heraus gefärbt, sondern wirklich als E-i gesprochen wird, machten mir große Schwierigkeiten. Als schier unlernbar empfand ich das locker rollende Zungen-R dieser wohllautenden Sprache, von der etwas anderen Satzstellung ganz zu schweigen.

Was ich seit der Gefeller Zeit nie mehr erlebt hatte, wurde mir hier in Palmnicken zuteil: die Freude am Unterricht und am Lernen. Ich ging jetzt wieder gern in die Schule. Es war wohl das freie Leben ohne Zaun und verschlossenes Gartentor, das ich hier in vollen Zügen genießen durfte, ja, es war wohl jene Freiheit, aus der kindliche Lebenslust sprießt, die mir den Gang zur Schule hier viel leichter werden ließ als im fernen Berlin. Dieses Leben in Kraxtepellen, in Palmnicken, am Strand, in den verschwiegenen Klüften und Winkeln der Steilküste, hinter dem dichten Gestrüpp uralter Dornen, auf Pfaden, die nur uns Kindern bekannt waren – so etwas hatte es für mich bisher nur im geliebten Gefell gegeben, selbst dort allerdings nur in sehr beschränktem Umfang. Oft bin ich während meiner Palmnickener Zeit von mitleidigen Tanten gefragt worden, ob ich nicht Heimweh hätte und Sehnsucht nach Mutter und Vater. Ich konnte stets ohne zu lügen sagen: „Nein, nie!" Einmal, in der Weihnachtszeit, hat mir Tante Anna dieselbe Frage gestellt, und ich habe ihr geantwortet: „Nee, warum denn, eck hab doch dich!" Da hat sie feuchte Augen bekommen.

Beetenbatsch, Sperkles und Sauerampfersuppe

Die Liebe geht bekanntlich durch den Magen, so behauptet es wenigstens der Volksmund. Was ich in Palmnicken zu essen bekam, war für mich anfangs allerdings beschwerliche Kost. Es bedurfte schon eines langen Gewöhnungsprozesses, ehe die Speisen und ihre Zubereitungsart in mir die Liebe zur ostpreußischen beziehungsweise zur samländischen Küche wecken konnten.

In erster Linie drehte sich Tante Annas Kochkunst um alles, was die Schweine, die sie mit viel Geduld und Liebe bis zur Schlachtreife heranzog, der Küche lieferten. Im Keller stand das große Pökelfass, darin reiften Rippchen, Eisbein, Füßchen und nicht zu vergessen das jeweilige Ringelschwänzchen ihrem Verzehr entgegen. In der Speisekammer, die von der Küche aus durch ein schmales Türchen erreichbar war, hingen von der Decke lange Speckseiten und die wuchtigen Schinken herab, alles wohlgeräuchert, von langen Reihen duftender Würste umgeben wie von schmückenden Girlanden. Auf stabilen Regalen standen in Reih' und Glied die Weckgläser mit Sülze, Braten und der köstlichen Leberwurst. Diese bereitete Tante Anna nach einem Rezept ihrer Mutter selbst zu, da durfte kein Metzger zuschauen, wenn sie am Holztrog stand und die Wurstmasse mengte und würzte. Diese Wurst aus dem Einweckglas war mir während meiner Palmnickener Zeit eine der Lieblingsspeisen, und Tante Anna hat mir, als es wieder heimwärts ging, ein großes Glas davon mit auf die Reise gegeben.

In der Speisekammer standen auch die grauen, blau bemalten Schmalztöpfe aus hartem Steingut. Ihr Inhalt schlug mir anfangs sehr auf den Magen, denn an Schmalz sparte Tante Anna nie. Die Bratkartoffeln schwammen stets im Fett und wurden in der Regel mit einem Löffel aus der Pfanne geschöpft. Wenn es dazu noch Sperkles gab, in Schmalz knusprig gebratene, handtellergroße, dick geschnittene Scheiben von fettem Speck, geräuchert oder in den ersten Tagen nach dem Schlachtfest roh in die Pfanne gelegt, dann konnte nur noch ein Schnäpschen helfen. Selbst Horst und ich bekamen von Onkel Max bei solchen Gelegenheiten einige Tropfen des Magentrösterchens zugestanden, wie er diese scharfen Wässerchen nannte, aber wirklich nur einige Tropfen. Meistens wurde ein derartiges Mittagessen noch durch Beetenbatsch abgerundet, natürlich mit viel Sahne verfeinert, eine recht wohlschmeckende Beispeise aus roten Rüben, die für sich allein schon schwer im Magen lag. Als ich nach nahezu einem Jahr wieder zu Hause Mutters Bratkartoffeln vorgesetzt bekam, meinte ich, an diesem trockenen Fraß ersticken zu müssen. Voller Sehnsucht dachte ich dann an Tante Annas Schmalztöpfe.

Die Speisekammer beherbergte auch das Sauerkrautfass und einen großen Steintopf, der die eingesalzenen Pfifferlinge enthielt. Im August zur besten Pfifferlingszeit war ein Sonntag nur diesen würzigen Pilzen gewidmet. Schon in aller Herrgottsfrühe ging es hinaus in den Wald. Tante Anna und Onkel Max hatten ihre speziellen Fundplätze, die sie möglichst geheimzuhalten versuchten. Nach dem Sammelvergnügen im Wald und auch an der Steilküste, wo Gebüsch und Heideflächen bis an den Abbruch reichten, kam zu Hause der langweilige Teil der Pfifferlingsaktion, das Putzen. Nur die besten jungen Pilze waren gut genug für das Salzfass. Es gehörte schon eine grenzenlose, von Kindern fast nicht aufzubringende Geduld dazu, den ganzen goldgelben, duftenden, mit Tannennadeln behangenen, sandigen Segen Stück für Stück mit peinlicher Genauigkeit zu reinigen. Kurz überbrüht, wurden die Pilze dann, wie die Heringe, in Salz geschichtet und dem Steintopf zur Reife übergeben. Ein passender Teller wurde obenauf in den Topf gegeben und mit einem großen Stein beschwert. Schon nach ein, zwei Tagen hatte sich das Salz mit dem Saft der Pilze zu einer konservierenden Brühe verbunden. Die Pfifferlinge bewahrten so ihren Sommerduft, wurden aber leicht säuerlich. Im Winter, wenn selbst in der überheizten Küche die Eisblumen an den Fenstern bis oben hin wuchsen, waren die eingesalzenen Pilze eine Köstlichkeit.

Zu den ostpreußischen Spezialitäten gehörte auch Mus, eine süße Mehlklunkersuppe.[90] Gewöhnlich wurde mit ihr das Abendbrot eingeleitet. Die Kunst bei der Zubereitung dieser Suppe war, dass sich die Milch, in der die Mehlklunker gekocht wurden, kein bisschen andicken durfte. Ich habe oft versucht, dieses ostpreußische Mus nachzukochen, es ist mir aber nie gelungen.

Freitags war bei Kowallskis Suppentag, da gab es keine Ausnahme. Im Frühjahr, sobald draußen auf den Wiesen der Sauerampfer sprießte, ging Tante Anna am Donnerstagnachmittag mit Horst und mir oft hinaus an die Feld- und Wiesenraine, um von diesem Kraut einen großen Handkorb voll einzusammeln und heimzutragen. Dann konnten wir uns auf Tante Annas Sauerampfersuppe freuen, eine für normale Mitteleuropäer recht fremdartige Speise. Onkel Max liebte besonders die Fischversion dieser grünen Suppe. Alles was an Fisch dazu nötig war, besorgte sich Tante Anna am Freitagmorgen in Sorgenau, dem benachbarten Fischerdörfchen. Meistens war sie zur Frühstückszeit schon auf dem Weg dorthin. Ich begleitete sie in den Ferien gern auf diesem Weg, und wenn sie zu mir am Donnerstagabend meinte: „Wenn ju morjen met to Sorgenau willst jehn, denn mut ik ju betiden wecken!" „Jern, Tante Anna, ick je jern met ju met!" Meta, Otto und Horst waren froh über meine Wanderbegeisterung. Vor allem Horst ging, wenn überhaupt, dann nur unter Protest und den ganzen Weg über maulend mit seiner Mutter nach Sorgenau. „Dat is ja Mord, so frieh am Morjen ut dem Bette rutjesmeten to werden!"

Mir bereitete das frühe Aufstehen nicht die geringsten Schwierigkeiten. Besonders eingeprägt hat sich mir einer dieser Gänge an einem schönen, ruhigen Sommermorgen kurz vor Hitlers Überfall auf die Sowjetunion.[91] Am Tag vorher hatte ein leichter Sturm die See aufgewühlt, und noch weit nach Mitternacht, als ich kurz wach lag, war das Brüllen der Brandung bis herein ins Schlafzimmer zu hören gewesen.

Barfuß stapften wir an jenem Morgen bis zur Kraxtemündung auf dem nassen, festen Sand der Wassergrenze am Strand entlang. Das Meer hatte sich beruhigt, nur eine langgezogene Dünung ließ diese Wassergrenze zehn, fünfzehn Meter weit vor- und zurücklaufen. Schon jenseits der Sandbänke kräuselten sanfte Brisen die weite Fläche der See. Es war, als überliefe sie ein leichtes Frösteln. An den angeschwemmten sterbenden Quallen und dem lang hingezogenen Rand des braunen Blasentangs sahen wir, wie hoch über Nacht das Wasser aufgelaufen war. In den Blasentang eingefilzt konnte man nach Sturmtagen die schönsten Bernsteinstücke finden. Heute hatten wir allerdings keine Zeit, danach zu suchen.

Die Fischer kamen einer nach dem anderen mit ihren Booten herein, vertäuten sie und löschten ihren Fang. Ihre Rufe und Befehle, dazu das Schreien der futtergierigen Möwen, die sich streitend über den Kuttern tummelten, hörten wir schon, ehe wir an Ort und Stelle waren. Es roch nach Tang, Öl und Fisch, nach dem typischen Hafengeruch also, obwohl sie drüben in Sorgenau keinen Hafen hatten. In großen Körben wurden Heringe, Strömlinge, Stinte, die platten Flundern, Dorsche und sogar der seltene Ostseelachs von den Kuttern gehoben. Ich konnte mich nicht sattsehen an dem Gewimmel der glänzenden Fischleiber. Tante Anna war bekannt unter den Fischern und ging auf jedes ihrer Scherzworte ein. Es war ein schnelles Hin- und Hergerufe, und ich verstand nur einen Bruchteil dessen, was da von Mund zu Mund flog, obwohl ich damals Platt schon fast wie ein samländischer Fischer sprach.

Die Fischerfrauen standen verkaufsbereit an ihren schnell aufgebauten Tischen. Tante Anna nahm sich den großen Tragkorb vom Rücken und huckte ihn mir auf, nachdem sie einige Emailleschüsseln herausgenommen hatte. So gingen wir von Tisch zu Tisch. Überall war man dabei, einige der größeren Fische auszunehmen und zu filetieren. Drei Fischköpfe, Dorschleber, Rogen und Milch, davon eine ganze Schüssel voll, einen Aal und zum Schluss noch einen kleineren Kabeljau, alles bekam ich in den Korb geladen, der merklich an Gewicht gewann. Es war erstaunlich, wie viele Hausfrauen sich schon so früh am Morgen auf diesem Fischmarkt drängelten, sich Morgengrüße zuriefen und mit den Fischern und ihren Frauen feilschten. In Berlin konnte man frischen Seefisch schon damals nur noch in begrenzten Zuteilungen auf Marken kaufen. Hier lebte man noch im Überfluss.

Onkel Max, Meta und Otto waren schon zur Arbeit aufgebrochen, als wir zu Hause eintrafen, nur Horst saß noch missmutig vor seiner Kaffeetasse. Er wurde stets von einer leichten Eifersucht geplagt, wenn Tante Anna und ich einträchtig plaudernd aus Sorgenau zurückkamen. Aber meine Versicherung, dass er den ganzen Vormittag lang mit der Scharnhorst spielen dürfe, jenem naturgetreuen Wikingmodell dieses Schlachtschiffs, besänftigte ihn in der Regel wieder.

Für die Sauerampfersuppe galt es, zuerst die Sauerampferblätter von den Stängeln zu zupfen, sie zu brühen und kleinzuwiegen. In der Zwischenzeit brodelte auf dem Herd ein duftender Wurzelsud. In diesen wurden die Fischköpfe gelegt, und ein angenehmer Fischduft begann nun durch die Küche zu ziehen. Kochen durfte die Suppe ab jetzt nicht mehr, denn die Fischköpfe sollten ja schön und ganz bleiben. Sie waren Onkel Max vorbehalten. Nur kurze Zeit durften sie im Sud verweilen, gerade solange, bis sie gar waren. Tante Anna stand stets mit hochrotem Kopf und sich regelmäßig die Stirn mit einem Tuch abwischend am heißen Herd, während sie für Onkel Max dessen Leibgericht zubereitete. Besonders jetzt, da sie mit unermüdlicher Geduld den brodelnden Grießbrandteig rührte, Grundlage für die Fischklößchen, die später als nahrhaftes Beiwerk auf der fertigen Suppe schwimmen sollten. Dieser Teufelsteig wollte und wollte sich manchmal einfach nicht vom Topfgrund lösen, obwohl es schon auf elf Uhr zuging und anderthalb Stunden später Onkel Max vor seinem Teller sitzen und pro Minute mindestens zweimal zur Uhr schauen würde, solange er ungeduldig auf das Erscheinen des dampfenden Suppentopfs wartete.

Die Fischklößchen, die unbedingt zu dieser Suppe gehörten, hatten es fürwahr in sich! Um ihrer Masse die nötige Bindekraft zu verleihen, wurde nicht an Eiern gespart. Acht oder neun von ihnen wurden in den erkalteten Grieß geschlagen, dann in je ein Drittel der Grießmasse der Rogen, die geschabte Leber und die Kabeljaumilch eingerührt, dann alles mit Salz, Safran und Petersilie abgeschmeckt, löffelweise in die siedende Suppe getan, dazu der Stoßseufzer: „Hoffentlich tun se och jut binander blive, de Kleßchen!"

Natürlich hatte der vorher in das Ganze gerührte Sauerampfer der Suppe bereits die grüne Farbe und den erfrischenden sauren Geschmack gegeben. Nun durfte wirklich nichts mehr brodeln und kochen, der Klößchen zuliebe, aber auch der Aalstücke und Kabeljaustreifen wegen, die nun noch hineingelegt wurden und garen mussten. Ach ja, die Butterflocken hätte ich beinahe vergessen, die in reicher Anzahl wie eine große Armada auf der Suppe schwammen, wenn diese auf den Tisch kam. Saure Sahne gehörte natürlich auch noch dazu, sie wurde in einer nicht zu kleinen Schüssel zu der Suppe auf den Tisch gestellt. Waren alle Teller gefüllt, ging diese Schüssel von Platz zu Platz, und jeder Esser rührte sich davon nach eigenem Augenmaß unter die dampfende Köstlichkeit.

Anfangs hatte ich allerdings große Schwierigkeiten, die Sauerampfersuppe als Köstlichkeit zu erleben, zumal Onkel Max sich, während wir sie löffelten, mit den Fischköpfen beschäftigte, die ihm Tante Anna auf einem Teller gestapelt, mit Petersilie bestreut und mit zerlassener Butter begossen hatte. Er zerlegte sie geschickt in alle Einzelteile und zutschte mit sichtlichen Wohlbehagen jedes Knöchelchen ab. Mir drehte sich allerdings der Magen um, wenn ich ihm dabei zusah.

Die Sauerampfersuppe steht in keinem samländischen Kochbuch. Es ist Tante Annas Rezept gewesen. Sie hat es aus ihrer baltischen Heimat mitgebracht. Es wurde auch eines meiner Lieblingsgerichte. Nach meiner Abreise aus Ostpreußen ist mir nur die Erinnerung an sie geblieben und die Sehnsucht danach, sie noch einmal vorgesetzt zu bekommen. Aber würde sie mir dann so munden, wie damals in Kraxtepellen am Küchentisch bei Kowallskis? Würde mir nicht die Tischrunde fehlen, der schmatzend genießende Onkel Max, Tante Anna, immer noch mit hochrotem Kopf und Schweißperlen auf der Stirn, Meta, die mit leichtem Missfallen ihren Fischkopf essenden Vater beobachtet, Otto, der mit eleganter Fingerfertigkeit die Mittelgräte aus seinem Aalstück löst und danach Messer und Gabel graziös auf die Fischplatte zurücklegt, und schließlich Horst, der ungeniert im Suppentopf nach den Leberklößchen fischt und von Tante Anna den größten Teil seines Fangs wieder vom Teller genommen bekommt? Sie weilen schon lange nicht mehr unter den Lebenden, jene, die damals mit mir zu Tisch saßen, aber in meinen Gedanken und Erinnerungen sind sie noch quicklebendig, unverändert, nicht gealtert, gelegentlich ein wundersames Eigenleben führend – oh, Onkel Max bringt gerade die Kümmelflasche herein. „Dat Magentrösterchen hev wi nu verdeent! Et woar ja ok jenoch Bodder bei de Fische!"

Das Palmnickener Weihnachtsfest

Weihnachten stand vor der Tür, es war die zweite Kriegsweihnacht. In Palmnicken spürte man vom Krieg allerdings sehr wenig. Noch nie hatte eine Luftschutzsirene den Schlaf der Bewohner dieser weitabgelegenen Provinz gestört. Küche und Keller boten weit mehr an Gaumenfreuden, als die normalen Markenzuteilungen gewähren konnten. Es wäre ein Leben fast wie im Frieden gewesen, wenn nicht plötzlich eine Reiterabteilung der Wehrmacht im Städtchen einquartiert worden wäre und sofort mit äußerst martialischen Manövern begonnen hätte. Natürlich gab es auch hier keine Familie, in der man nicht um Väter, Brüder, Ehemänner und Verlobte gebangt hätte, die draußen „im Felde" standen.

Täglich wartete Tante Anna sehnsüchtig auf den Briefträger. Würde er endlich den ersehnten Brief von Ewald bringen? Dieser war der Zweitälteste und Tante Annas Lieblingssohn. Den Polenfeldzug hatte er vom ersten Tag an mitgemacht, hatte Frankreich besiegen helfen und stand nun irgendwo im Südosten, in der Slowakei oder gar in Griechenland. „Eck weet ja joarnich, wo eck dem Ewald sin Weihnachtspaket soll hinschicken", jammerte Tante Anna regelmäßig, wenn der Briefträger wieder vorbeigegangen war. „Aber Muttchen, ju hev doch sin Feldpostnummer, dat is de Adress!" Tante Anna ließ sich von Onkel Max jedoch nicht so leicht beruhigen: „Dat is schon recht! Oaber de Nummer seggt mi nich, in wat fer en Land he dut stecken!"

Bei Kowallskis hatte es in dieser Zeit einige Veränderungen gegeben, in deren Folge ich aus dem blauen Salon ausquartiert wurde. Begonnen hatte dies mit einer gespensterhaften Begebenheit, die Tante Anna und mich am Vormittag des 12. Dezember 1940 um viertel nach zehn Uhr erschreckte. Ich hatte mir eine unangenehme Mandelentzündung eingefangen und war dadurch ans Haus gefesselt. Als es mir schon wieder etwas besser ging, vertrieb ich mir die Zeit damit, Tante Anna in der Küche beim Kochen zur Hand zu gehen. Es sollte zum Mittagessen Grützwurst mit Kartoffeln und Beetenbatsch geben. Schon am frühen Morgen hatte Tante Anna das dazu nötige Schweineblut in dem großen emaillierten Henkelkrug beim Metzger geholt. Ich schälte gerade die Zwiebeln, die sie geschickt und maschinenflink würfelte. Dabei erzählte sie mir Geschichten aus ihrer Kindheit. Wie sie mit dem Vater nach Tilsit gefahren war und von Wölfen, die in frostklirrenden Winternächten um das Dorf geheult hätten, vom Hunger aus den Weiten Russlands herangetrieben. Ich liebte diese Geschichten und hätte ihnen stundenlang lauschen können. In der Küche war es mäuschenstill. Nur Tante Annas baltisch breiter Redefluss war zu hören und das Klappern ihres Zwiebelmessers. Plötzlich rasselten in diese Stille hinein im Küchenschrank alle Teller. Tante Anna saß für ein, zwei Sekunden wie versteinert da, dann warf sie sich über den Küchentisch und begann laut zu weinen. Immer wieder schrie sie dabei dieselben Worte: „Ewald, Ewald, wat hevent met ju jemakt, worum beste mich am Rufen!" Ihr Jammern war so ansteckend, dass auch mir bald die Tränen über die Wagen liefen. Ich hatte ebenfalls das Scheppern im Küchenschrank gehört, laut und deutlich. Mir war es in diesem Moment gewesen, als wehte mir ein kalter Hauch ins Gesicht.

Tante Anna weinte noch eine ganze Weile, und ich wusste nicht, was ich tun sollte. Das einzig Richtige schien mir in dieser Situation zu sein, meine Arbeit weiterzumachen. Unverdrossen schälte ich Zwiebeln. Als Tante Anna endlich den Kopf hob und das Resultat meines Eifers sah, meinte sie erschrocken, sich dabei die Tränen aus den Augen wischend: „Halt, Jungchen, et is jenoch, wat solleck met so viel Zwivels!" Wie so oft, half ihr auch diesmal der Zwang zur Pflichterfüllung über den ersten Schrecken hinweg. Das Essen musste ja zu Mittag pünktlich auf dem Tisch stehen.

Zwischen zwölf und viertel eins trudelte einer nach dem anderen ein und setzte sich zu Tisch. Als Erster kam Horst, dann Meta, Otto und Onkel Max betraten als Letzte gemeinsam die Küche. Tante Anna wurde nicht müde, immer aufs Neue das schreckliche Erlebnis dieses Vormittags zu erzählen. Die einzelnen Familienmitglieder waren in der Bewertung dieses Tellergerassels unterschiedlicher Meinung. Horst hatte gar keine, er verwies nur darauf, dass jetzt doch Essenszeit sei und er einen Riesenkohldampf hätte. Meta warf ihm einen vernichtenden Blick zu: „Wie kannste jetzt wat vom Eten seggen, wo de Ewald ons hed jerope?" Otto schaute nur überlegen lächelnd und schweigend von einem zum anderen. Onkel Max tauchte entschlossen den Schöpflöffel in die Grützwurstpfanne: „Dat es nu wedder son Weijberkram! Hinter allet muss en tieferer Jrund leijen. Under Jarantie es blot en dicker Karren vorbi en rut ent Werk jefoahren! Da wird dat Jeklapper woll von jekommen sin!", meinte er, sich dabei vielsagend in der Runde umschauend. Tante Anna gab sich allerdings nicht geschlagen: „Sowat kann ok nuen Mann seggen! En Fru, ene Modder, de fielt de telegroafischen Kräfte, de von eam eijen Fliesch un Bluot utjehn!" Sie meinte sicherlich die telepathischen Kräfte, aber auch wenn sie den richtigen Ausdruck gewählt hätte, wäre mir der tiefere Sinn ihres Ausspruchs verborgen geblieben.

Dass ich damals Zeuge eines unbegreiflichen Ereignisses gewesen bin, bestätigte sich drei Tage später. Da brachte nämlich der Postbote ein Telegramm, in dem kurz und bündig mitgeteilt wurde, dass der Panzergrenadier Ewald

Kowallski am 12. Dezember 1940 um zehn Uhr fünfzehn schwer verwundet worden war, gezeichnet Malke, Oberleutnant. Mittags dann, als alle um den Tisch versammelt waren, zog Tante Anna das Telegramm aus ihrer Schürzentasche hervor und reichte es Onkel Max: „Da, lies!" Obwohl ihr dabei die Tränen über die Wangen liefen, hatte ihre Stimme doch einen triumphierenden Klang, als sie dies sagte.

Eine Woche später kamen gleich zwei Briefe an einem Tag an, was sehr ungewöhnlich war. Fritz, ein Leidens- und Zimmergenosse Ewalds, beschrieb dessen augenblicklichen Zustand und wie es zu der Verwundung gekommen war. Der Verwundete sei noch nicht fähig, selbst zu schreiben, teilte er entschuldigend mit. Tante Anna las den Brief am Mittagstisch vor. Alle waren erleichtert, dass der Schuss nur Ewalds rechten Oberschenkel zerfleischt hatte, der Knochen und weitere edle Körperteile nicht beschädigt waren. „En Heijmatschuss"[92], stellte Onkel Max erleichtert fest.

Während eines Partisanenangriffs sei dies passiert, schrieb Fritz. „Was sind denn Partisanen?", wollte ich wissen. Als Antwort knallte Onkel Max erst einmal seinen Löffel auf den Tisch, schnäuzte sich vernehmlich in sein großes, rotgemustertes Taschentuch und schimpfte dann los, knurrend, wie ein wütender Hund: „Banditen sin dat, ja, Banditen, schießen friedliche Soldaten hinterrücks dot, an de Wand jestellt jehören se alle!"

Der zweite Brief kam von Klärchen, Ewalds Frau. Sie kündigte darin kurz und bündig ihren Besuch an, natürlich mit Peterchen, dem allseits geliebten Enkelsöhnchen. Sie könne jetzt, nach dem Unglück, welches ihren Ewald betroffen hätte, unmöglich ohne familiären Beistand leben. „O Jottchen, o Jottchen, we hev ja joarkeen Platz nich tom sloape fer die beiden", jammerte Tante Anna. Dies führte dazu, dass ich aus dem blauen Salon ausquartiert wurde und auf das Kanapee im Wohnzimmer umziehen musste. In den blauen Salon zogen nach ihrer Ankunft Klärchen und das ewig schreiende Peterchen ein.

Natürlich waren Tante Anna, Horst und ich am Tag, als die beiden ankamen, viel zu früh am Bahnhof. Um zwei Uhr standen wir schon auf dem zugigen Bahnsteig, obwohl erst um halb drei der erste Nachmittagszug einfahren sollte. Es war bitter kalt, der Wind wehte uns feinen Schnee ins Gesicht, und die Zeiger der Bahnsteiguhr schienen auf der Stelle zu stehen. Endlich fuhr der Zug zischend und prustend ein, rollte langsam aus und kam mit einem Ruck zum Stehen. Die Türen der Abteile gingen auf, und ganz am Ende der Wagenreihe wurde ein Kinderwagen vorsichtig herunter auf den Bahnsteig gehoben. „Dat sin se!", rief Tante Anna. Forschen Schrittes lief sie dem Zugende entgegen. Auch Horst und ich setzten uns in Bewegung. Zwei große Koffer hatten hilfsbereite Reisende mittlerweile auf dem Bahnsteig neben den Kinderwagen gestellt, als wir dort ankamen. Oben, in der Abteiltür tauchte eine winterlich vermummte junge Frau auf, Klärchen.

Tante Anna und Klärchen fielen sich, wie es bei Frauen so üblich ist, erst einmal in die Arme und weinten ein bisschen. Dem Peterchen im Kinderwagen schien dies im höchsten Maße zu missfallen. Er begann laut und vernehmlich zu schreien. Sofort ließen die beiden Frauen voneinander ab und fuhren mit ihren Köpfen nieder, um unter dem hochgeklappten Verdeck des Kinderwagens nach dem Rechten zu schauen. Prompt stießen sie dabei heftig mit ihren Köpfen zusammen, was sie veranlasste, geradewegs wieder hochzufahren und sich entgeistert anzustarren. Dem Peterchen schien dies gefallen zu haben, denn er verstummte augenblicklich, und die beiden Frauen brachen in ein befreiendes Lachen aus.

Peinlich war für Horst und mich, dass wir Peterchen im Kinderwagen nach Hause fahren mussten, während Tante Anna und Klärchen den Schlitten mit dem aufgeschnürten Gepäck heimwärts zogen. Kein Mensch fuhr damals im Winter mit einem Kinderwagen draußen herum, wo doch alle Wege verschneit, teilweise sogar verweht waren. Außerdem war es unserer Jungenehre höchst abträglich, überhaupt einen Kinderwagen herumzuschieben. Prompt kam uns dann auch mein Jungzugführer entgegen. Zu allem Unglück fing in diesem Moment das Peterchen wieder an zu schreien. Der höhnische, abschätzige Blick, mit dem mich der Oberpimpf bedachte, sprach Bände. Oh, ich hätte das Peterchen erwürgen können!

Klärchen entpuppte sich, nachdem sie sich zu Hause all ihrer dicken Winterhüllen entledigt hatte, als nette Person. Das Peterchen schien nur drei lebenswichtige Tätigkeiten zu kennen: schlafen, trinken, schreien! Trotzdem schaffte es dieses kleine Wesen, unser gewohntes Familienleben total umzukrempeln. Besonders hart traf dies Onkel Max. Er musste nun auf seine geliebte mittägliche Verdauungszigarette verzichten. „Du willt doch nich etwa dat Jungchen verjiften mit dinem Qualm", meinte Tante Anna streng, als er sich eines Mittags nach dem Essen im Stuhl zurücklehnte und eine Zigarette aus dem Etui zog. Klärchen, die ihrem Schwiegervater sehr zugetan war, meinte zwar, dass das eine Zigarettchen ihrem Peterchen sicherlich nicht schaden würde, aber Onkel Max schob mit einer resignierenden Gebärde die Zigarette zurück ins Etui.

Das Peterchen wurde noch einmal am Tag gestillt. Die übrigen Mahlzeiten kamen aus dem „Nestlebusen" und waren in Pappschachteln verpackt. Ein köstlicher Puddingduft durchzog jedes Mal die Küche, wenn Klärchen

Peterchens Flaschennahrung zubereitete. Zum Stillen zog sie sich anfangs immer in den blauen Salon zurück, der jetzt stets wohnlich beheizt war. Später, als sie mit uns allen vertrauter geworden war, konnte es schon passieren, dass sie bei uns sitzenblieb, während sich das Peterchen genüsslich schmatzend an ihrem Milchbrunnen bediente. Meta warf mir einen bedeutsamen Blick zu, als wir alle eines Tages im Wohnzimmer beisammensaßen und dieses Wunder des Lebens bestaunten. Sie wollte mir damit wohl sagen: „Siehst du, darum bekommen nur Mädchen 'nen Busen, weil sie mal Mütter werden!" Wie war ich jetzt froh, dass sie mich in dieser Beziehung vor einigen Wochen schon aufgeklärt hatte.

In diese vorweihnachtliche Zeit fiel Tante Annas Marzipanbäckerei. Dies war eine heikle Angelegenheit. Es wurde von ihr ja nicht irgendeine fabrikmäßig hergestellte Marzipanmasse verarbeitet, sondern sie stellte diese edle Leckerei nach dem kowallskischen Familienrezept von Grund auf selbst her. Was sie da an edlen Ingredienzen in einer großen Schüssel mengte und knetete, blieb ihr streng gehütetes Geheimnis. Eine Zutat konnte sie jedoch beim besten Willen nicht verheimlichen, denn diese verriet sich schon durch ihren Duft: das Rosenwasser. Diese kostbare Flüssigkeit durfte an dem echten samländischen Marzipan nicht fehlen. Als Tante Anna das Fläschchen entkorkte und dessen Inhalt der Marzipanmasse beimengte, durchzog ein frühlingshafter Rosenduft die Küche. Er wollte so gar nicht zu den Eisblumen an den Fenstern passen.

Das Marzipan wurde, so war es im Samland und auch im übrigen Ostpreußen Sitte, mittels kunstvoll geschnitzter Holzmodeln zu verzierten Plätzchen geformt, etwa im Stile des allseits bekannten Spekulatius. Nun galt es, das Marzipan so zu backen, dass sich nur die erhabenen Stege der aufmodellierten Muster bräunten, die Plätzchen selbst jedoch hell blieben. Nur so wurden die Blumen und Ranken der Verzierungen plastisch sichtbar. Leicht konnte es geschehen, dass bei dieser Prozedur das Marzipan verbrannte, weshalb Tante Anna stets vor Aufregung und äußerster Konzentration glühte wie ein Hochofenarbeiter, wenn sie das Marzipan buk. Im Herd prasselte ein höllisches Feuer, weil die Bräunung in Sekunden vollzogen sein musste. Horst und ich lungerten in der Nähe der Küche herum, wir gaben die Hoffnung nicht auf, dass wenigstens einige der Plätzchen verbrannt aus dem Backrohr zurückkämen und uns zum sofortigen Verzehr übereignet würden, aber Tante Annas Koch- und Backkünste waren so unübertroffen, dass dies leider nie geschah. Diese Marzipanplätzchen waren in Ostpreußen ein unverzichtbarer Bestandteil des Christbaumschmucks. So mischte sich in den herben Geruch des frischen Tannengrüns der milde Rosenduft, den sie verströmten, als ich am Weihnachtsabend 1940 im fernen Ostpreußen vor den Christbaum trat.

Aus Lichtenrade war schon vor Tagen ein Paket von den Eltern angekommen. Es hatte eine verheißungsvolle Größe, und ich brannte darauf, es auspacken zu dürfen. Aber auch bei Kowallskis verlief der Heilige Abend nach ähnlich strengen Ritualen wie bei uns zu Hause. Da hieß es, sich in Geduld zu fassen. Am frühen Nachmittag des 24. Dezember ging Tante Anna mit Horst und mir erst einmal ins Bernsteinwerk. Nur die allervornehmsten Häuser im Ort besaßen damals eigene Bäder, so war es Usus, an Samstagen und vor Feiertagen die öffentlichen Wannenbäder des Werkes aufzusuchen. Ein eisiger Wind kam die Brüsterorter Straße heruntergefegt und pfiff uns schneidend ins Gesicht, als wir dick eingemummelt vom Bad heimwärts gingen. Obwohl gerade erst drei Uhr vorüber war, krochen schon die Schatten der Dämmerung unter den vereisten Sträuchern und Hecken beiderseits der Straße hervor. Von der See war trotz des Windes kein Laut zu hören, denn der Eispanzer, der sie bedeckte, war vom Ufer her schon bis hinaus über die Brandungszone hinweggewachsen. Feiner Schnee stiebte von allen Dächern, sodass trotz des klaren, wolkenlosen Himmels kniehohe Wehen quer über die Straße und um alle Hausecken wuchsen. Das war ein Weihnachtswetter wie aus dem Bilderbuch.

Zu Hause erwarteten uns Onkel Max, Meta und Otto, die nicht mit im Bad gewesen waren, weil ihre Arbeitszeit erst um vier Uhr geendet hatte. Damals wurde am Heiligen Abend, aber auch an Silvester und an allen Samstagen noch bis in die Nachmittagsstunden hinein gearbeitet. Klärchen war mit ihrem Peterchen sowieso zu Hause geblieben und hatte in der Küche den Kaffeetisch bereitet. So empfing uns, als wir diese betraten, ein belebender Malzkaffeeduft. Viel Zeit für eine gemütliche Kaffeestunde blieb allerdings nicht an jenem Heiligen Abend. Es galt noch einiges zu erledigen. Vor allem mussten die gekochten Futterkartoffeln gestampft und mit Kleie zu einem wohlschmeckenden Schweinefraß verarbeitet werden. Ilonachen hatte Hunger. Man hörte sie aus ihrem Koben im Stall bis herauf in die Küche quieken. Die Karnickel brauchten auch noch Futter, außerdem musste im Stall nach den heute gelegten Eiern der Hühner gesucht werden. „Se lejen ja doch so jut wie nüscht mehr", meinte Tante Anna, als sie mich zu dieser Aufgabe abordnete.

Endlich war es soweit. Die Tür zum Wohnzimmer ging auf, und wir gruppierten uns alle vor dem Weihnachtsbaum. Für mich war dieses Bäumchen ein bisschen enttäuschend. Von zu Hause her war ich einen richtigen Baum gewöhnt, der stets vom Fußboden bis hinauf zur Decke reichte. Dieser hier stand auf Onkel Maxens Schreibtisch, direkt unter dem Führerbild und war eher die

Puppenstubenausführung eines Weihnachtsbaumes. Trotzdem verbreitete dieses kleine Fichtenbäumchen mit seinem Kerzenglanz, dem glitzernden Engelhaar und den duftenden Marzipanplätzchen an seinen Zweigen mindestens genauso viel Weihnachtsstimmung wie die hochaufragenden Tannenbäume, die bisher der Glanz- und Höhepunkt jedes Weihnachtsabends waren, den ich zu Hause im Kreise meiner Familie verleben durfte.

Hier in Palmnicken feierte man Weihnachten ganz anders als ich es gewöhnt war – ohne Klaviergeklimper und Geigenklang. Hand in Hand standen wir im Halbkreis vor dem Bäumchen und sangen die vertrauten Lieder. Nun überkamen mich doch Traurigkeit und Heimweh, die Tränen flossen mir über. Aber auch die Frauen, Tante Anna, Klärchen und Meta, weinten ein bisschen. Sie dachten wohl an Ewald und Franz, die beide des Führers grauen Rock trugen. Onkel Max schnäuzte sich geräuschvoll in sein rotgemustertes Taschentuch. Dies tat er immer, wenn er sehr aufgeregt war. Danach kam Tante Annas Lieblingslied an die Reihe: „Hohe Nacht der klaren Sterne", das meistgesungene Weihnachtslied der Nazizeit. Tante Anna und Meta sangen es zweistimmig, Letztere hatte die zweite Stimme beim BDM gelernt und während unzähliger Weihnachtsfeiern des Winterhilfswerks[93] im Mädelchor gesungen. Sie war eine sichere Sängerin, und ihre klare Mädchenstimme klang zu Tante Annas mütterlichem Alt wie Weihnachtsglockengeläut. Peterchen auf Klärchens Arm, der die ganze Zeit über schweigend und staunend das Wunder des Weihnachtsbaums betrachtet hatte, begann in diesen Gesang hinein fröhlich zu krähen. Verflogen war alle Traurigkeit. Tante Anna legte mir kurz ihre Hand aufs Haar, als sie mir „Frohe Weihnachten!" wünschte. Eine mütterliche Geste, die mir wohltat.

Mir fielen die Eltern ein. Sie würden jetzt sicherlich auch Weihnachten feiern, Mutter im Weihnachtskleid am Klavier, Vater hinter ihr stehend, die Geige am Kinn, Oma im Starmatzkleid am Tisch sitzend, die brennenden Kerzen des Christbaums im Auge behaltend. „Hoffentlich lassen die Tommys sie heute Nacht in Ruhe", dachte ich, und meine Gedanken schweiften weiter zu Rainer bei Pochers in Linz. Wie ging es ihm dort und Eberhard im KLV-Lager auf der Ordensburg Krössinsee? Bisher hatten wir noch jedes Weihnachtsfest gemeinsam mit den Eltern gefeiert. Und waren die Eltern nicht traurig, so ganz allein ohne Eberhard, Rainer und mich?

„Mensch, du glubschst ja in de Gejend, als tetste Jespenster sehn!" Horst riss mich mit einem freundschaftlichen Puff in die Seite aus meinen Gedanken. Jeder suchte sich nun sein Geschenk, und ich durfte endlich mein großes Paket auspacken. Ich meinte natürlich, es müsse eine Unmenge Geschenke für mich enthalten, so groß und schwer, wie es war. Leider hielt es dieses Versprechen nicht, denn sein Hauptinhalt war ein ansehnlicher, in Holzwolle wohlverpackter Weihnachtsstollen. „Mit den besten Weihnachtswünschen an die liebe Familie Kowallski!" Mutters Glückwünsche lösten bei allen Freude und Rührung aus, und der Stollen bekam einen Ehrenplatz unter dem Christbaum. Er sah aber auch wie gemalt aus! Morgen zum Frühstück würde er angeschnitten werden.

Von den Geschenken, die das Paket sonst noch enthielt, ist mir nur das Wikingmodell eines Kreuzers im Gedächtnis geblieben. Diesen hatte ich mir schon lange gewünscht. Nun könnte ich endlich mit Horst richtige Seeschlachten spielen. Natürlich müsste ich als Schlachtschiffkapitän immer der Gewinner sein, das war doch klar!

Wie es sich für eine richtige ostpreußische Weihnacht gehörte, bog sich an jenem Abend die Tafel. Nicht nur das Beste aus Olgachens Hinterlassenschaft wurde gesotten, gebraten und in Form deftiger Würste zu Sauerkraut aufgetischt. Auch zwei Gänse, in der Röhre knusprig gebräunt, zierten „als Krönung von dat Janze" die Tafel, wie Onkel Max befriedigt feststellte. „Et Beste vom janzen Weijnachtsmenü is doch et Schwartsuer", meinte er zu Beginn der Tafelei und ließ sich von Tante Anna den Teller mit dem deftigen, aus dem Blut und den Innereien der Gänse gekochten essigsauren Eintopf vollschöpfen. Unvorstellbar, was so eine Festgesellschaft wegputzen konnte! Onkel Max wurde nicht müde, immer wieder seine Magentrösterchen auszuteilen, heute natürlich nur vom Allerbesten, aus seinem Geheimvorrat in den Tiefen des Kleiderschranks hervorgezaubert. Obwohl sich mein Magen mittlerweile an die deftige, fettreiche Küche Ostpreußens gewöhnt hatte, war diese weihnachtliche Tafelei dann doch zu viel für ihn. Er begann unversehens zu streiken. Meta bemerkte dies als Erste: „Ditt. Du best janz jrün em Jesichte!" Onkel Max hatte dagegen auch gleich die richtige Medizin parat. Ehe ich mich versah, setzte er mir ein Gläschen Magentrösterchen an den Mund: „Na denn Prost!" Dass ich danach recht lustig wurde, versteht sich von selbst. Aus dem Radio tönte derweil die weihnachtliche Ringschaltung. Da wurden sie alle gerufen, die Kämpfer an den Fronten in Nord, Süd und West. Die ganze Veranstaltung mündete in einem über Europa hinweg gemeinsam durch den Äther gesungenen „O du Fröhliche". Auch bei dieser Gelegenheit flossen wieder reichlich Tränen. Tante Anna war die erste, die damit anfing. Natürlich konnten sich die beiden anderen Frauen, Meta und Klärchen, nun nicht länger beherrschen. Als dann auch noch Goebbels mit seiner Weihnachtsrede begann, fanden Horst und ich, dass es jetzt Zeit sei, sich eine Spielecke zu suchen.

Das Weihnachtsfest hielt noch eine Überraschung für uns parat. Am ersten Feiertagvormittag, zur schicklichsten Stunde, machte uns Metas Verehrer, geschniegelt und im besten Anzug, seine Aufwartung. Meta kam ganz und gar aus dem Häuschen, als er auftauchte, wurde erst rot bis unter die Haarwurzeln, dann bleich wie ein unreifer Käse und verschwand mit Klärchen und dem Peterchen kurzerhand im blauen Salon. Tante Anna und Onkel Max müssen diesen Besuch schon erwartet haben, denn beide hatten nach dem Frühstück ihre besten Gewänder angelegt, und auf der Anrichte des Küchenschranks standen die guten buntbemalten Schnapsgläschen bereit, frisch gespült und poliert.

Ich hätte zu gerne erfahren, was der Besucher, Onkel Max und Tante Anna im Wohnzimmer für Heimlichkeiten zu bereden hatten. Aber Otto, Horst und ich waren, nachdem der Gast freundlich und in ausgesuchter Höflichkeit begrüßt worden war, in die Küche verbannt worden. Otto schien zu wissen, was das Ganze zu bedeuten hatte. Er schmunzelte unverschämt und machte ziemlich anzügliche Bemerkungen. Nach einer Weile gesellte sich Meta zu uns, die dann von Tante Anna auch bald gerufen wurde. Endlich wurden wir ins Wohnzimmer gebeten. Dort fanden wir die ganze Gesellschaft wie zu einem lebenden Bild gruppiert. Auf dem Sofa saßen nebeneinander Onkel Max und Tante Anna. Letztere hatte gerade mit Weinen aufgehört, man sah es ihren verdächtig glänzenden Augen an. Meta, die von dem jungen Mann umschlungen am Christbaum stand, strahlte wie der Weihnachtsstern persönlich, und Onkel Max rief, kaum dass wir die Stube betreten hatten, nach den Schnapsgläsern. „So 'ne Verlobung muss ja woll bejossen werden! Also denn zum Wohl!" Er hatte vom Wacholder eingeschenkt. Horst und mir war gar nicht wohl bei der ganzen Schnapstrinkerei. Wir hatten auch allen Grund dazu. Onkel Max meinte erstaunt, kaum dass er das erste Gläschen hinuntergeschüttet hatte: „De Schnaps is' och nich meh', wat he mol woar, et reinste Water!" Aber der frischgebackene Schwiegersohn fand nichts Außergewöhnliches an dem Wässerchen.

Wie Recht Onkel Max doch mit der Titulierung „Wässerchen" für den Schnaps hatte. Horst und ich fanden es jetzt an der Zeit, uns zu verdrücken. Wir wussten nämlich über den Ursprung der Wassersucht Bescheid, welche den Schnaps befallen hatte. Hier und da ein kleines Schlückchen aus der Kümmel- oder Wacholderflasche genippt, das Fehlende dann mit Wasser wieder aufgefüllt – diesmal hatten wir sicherlich des Guten zu viel getan! Die Sache hatte für Horst und mich zum Glück keine weiteren unangenehmen Folgen. Onkel Max hat sich nichts anmerken lassen, ob er je einen Verdacht schöpfte. Die beiden Schnapsflaschen standen von jenem Tage an allerdings nicht mehr für uns griffbereit auf ihren angestammten Plätzen: die Kümmelflasche links, auf dem Fußboden, zwischen Schreibtisch und Zimmerwand, die Wacholderflasche auf der anderen Seite, zwischen Schreibtisch und Kanapee.

Wintervergnügen

Der Winter bot in Palmnicken eine Vielfalt an Vergnügungen. Schon erwähnt habe ich den Rodelberg, der vom Erich-Koch-Platz aus bis hinunter an den Strand führte. Die eigentliche Rennbahn ging aber am Bretterzaun des Baumgartens entlang. Im Sommer war dies ein beliebter Fußpfad hinunter in die Dünen des Strandes. Jetzt, da Dünen und Strand unter tiefen Schneeverwehungen begraben lagen, benützte niemand diesen Pfad. Hier traf sich nun die rodelbegeisterte Jugend Palmnickens. Nachmittags, wenn selbst die kleinsten Knirpse ihre Babyrennen fuhren, war hier das Gedrängel schier unerträglich, aber abends, wenn die Bahn den Größeren gehörte, hatte man freie Fahrt. Dann preschten die Schlitten auf der vereisten Strecke klirrend bis hinunter zum Strand und über ihn hinweg bis an die See. Jetzt, da diese von einem dicken Eispanzer bedeckt war, manchmal sogar einige Meter hinaus auf die riesige Fläche des Eises. Weit kam man dort allerdings nicht. Dieser Eispanzer hatte sich aus unzähligen, großen und kleinen Schollen gebildet, entsprechend höckerig und rau war seine Oberfläche.

Klare, bitterkalte und stockdunkle Abende waren das damals. Temperaturen unter 25 Grad waren keine Seltenheit. Das schwache Sternenlicht und der Schimmer der Milchstraße, die sich wie ein leuchtendes Band über den Himmel hinzog, genügten uns. Wenn dann zu allem Überfluss der Vollmond rot und groß über der Steilküste aufging, war das Glück vollkommen.

Die Eltern hätten mir zu Hause nie derartige Wintervergnügen gestattet. Nach dem Abendessen bei stockfinsterer Nacht noch einmal auf die Rodelbahn gehen zu dürfen – wir hätten es nie gewagt, um so etwas zu bitten. Hier war dies selbstverständlich. Otto, der sich mit seinen Altersgenossen auch dort vergnügte, konnte ja ein Auge auf uns werfen. Gelegentlich war sogar Meta mit ihrem Schatz dort. Uns konnte also gar nichts passieren. Um halb zehn Uhr hatte der Spaß allerdings ein Ende, da mussten wir zu Hause sein. In diesem Punkt waren Onkel Max und Tante Anna unerbittlich.

Zu meinem elften Geburtstag am 2. Dezember 1940 kamen in einem großen Paket aus Lichtenrade Eberhards Schlittschuhe an. Sie waren ihm mittlerweile zu klein geworden und passten mir nun wie angegossen. Diese Gleiter wurden an die Sohlen der Schuhe geschraubt und waren rechte Absatzkiller, denn ihre Halterungen, vier Eisenbacken, die man sich seitlich an die Schuhsohlen klemmte, zogen und rissen beim Laufen mächtig an den Absätzen der Schuhe.

Nach dem Mott zu, wo sich an der Brackwassergrenze eines kleinen, mir heute nicht mehr bekannten Flüsschens Schilf und Kalmus[94] angesiedelt hatten, hatte sich schon Mitte Dezember eine trügerische Eisschicht gebildet. Zwar trug sie bereits, aber es gab morsche Stellen im Eis. Sie zu erkennen und zu umfahren, war wichtig. Meistens verbargen sich unter diesen brüchigen Plätzen Vertiefungen im flachen Ufersand. Brach man in ihnen ein, konnte es schon passieren, dass man bis zum Bauch in das eiskalte Wasser platschte. Gerade diese Gefahr machte Horst, mir und den anderen der Jungenbande diese entlegene Eisbahn im Mündungsbereich zum Lieblingstummelplatz – bis etwas mit einem Mädchen passierte.

Während wir Jungen sonst lieber unter uns blieben, wenn wir unseren Freizeitbeschäftigungen nachgingen, hatten wir es ganz gern, wenn sich beim Rodeln oder Schlittschuhlaufen Mädchen zu uns gesellten. Man konnte ihnen dann durch riskante und mutige Aktionen seinen Schneid beweisen. Ein ermunternder und bewundernder Blick genügte schon, uns zu Höchstleistungen anzuspornen. So war es auch eines Nachmittags im Dezember. Am Strand beim Mott erschienen plötzlich drei Mädchen. Die mit Riemen zusammengebundenen Schlittschuhe lässig über die Schultern gehängt, einer vorn auf der Brust baumelnd, der andere auf dem Rücken, die Vierkantschlüssel am Bande graziös um die Zeigefinger wirbelnd, standen sie am Rand des Eises und beobachteten uns keck. An und für sich wäre es nun Kavaliersgefühl gewesen, ihnen beim Anschrauben der Schlittschuhe behilflich zu sein. Wir ignorierten sie aber, wobei unser Eishockeyspiel unversehens um einige Nuancen härter wurde. Wir kämpften nun derart verbissen um die leere Schuhcremedose, unseren Puck, dass wir die Mädchen darüber ganz und gar vergaßen. Plötzlich waren sie unter uns, und wir mussten erstaunt und mit einem gewissen Entsetzen feststellen, dass sie fast ebenbürtige Spielerinnen waren, wenn sie auch statt der wirksamen Schlägerknüppel, welche wir führten, nur am Strande aufgelesene Stecken zur Hand hatten. Leider kannten sie die Tücken des Eises nicht so wie wir Jungen, die wir schon seit Tagen diese Fläche befuhren. So kam es, wie es kommen musste, plötzlich knackte und platschte es, und eines der armen Dinger lag im eiskalten Wasser.

Normalerweise wäre dies eine harmlose Angelegenheit gewesen, denn das Wasser war an dieser Stelle relativ flach. Nur bis zu den Hüften war die Marjell eingesunken, aber der Schreck schien sie um den Verstand gebracht zu haben. Sie strampelte, schrie und schlug wie wild um sich. Es war kaum an sie heranzukommen. Erst die herzhafte Ohrfeige unseres Spielführers Karl brachte sie soweit zur Besinnung, dass wir sie mit vereinten Kräften aus ihrem Wasserloch aufs Eis ziehen konnten. Es war aber auch höchste Zeit gewesen, denn durch ihre Unvernunft hatte sie länger als nötig im Wasser verbracht. Als sie zähneklappernd und an allen Gliedern zitternd auf dem Trockenen stand, gefroren in der eisigen Luft ihre nassen Kleider sofort zu Eis und wurden steif wie Bretter. Zum Glück hatten Horst und ich den Schlitten benutzt, als wir am frühen Nachmittag hierhergekommen waren.

Es gab von Kraxtepellen aus entlang der Steilküste einen Fahrweg herunter zu den Gebäuden der ehemaligen Annengrube. Man hatte nach deren Stilllegung diese Häuser einfach stehenlassen. Ein Teil derselben diente der Flieger-HJ als Diensträume und Werkstätten. Hier bauten und reparierten sie ihre Segelflugzeuge. Der Fahrweg verwandelte sich im Winter in eine Rodelbahn, die Horst und ich gern benutzten, um schnell herunter an den Strand zu kommen. So waren wir auch dieses Mal mit dem Schlitten herabgefahren. Bei der Gelegenheit hatten wir gesehen, dass in den Werkstätten der Flieger-HJ eifrig gebaut und gewerkelt wurde. Dies war nun unser Glück, denn die Häuser standen von der Unglücksstelle nicht weit entfernt. Wir verfrachteten die bibbernde und frierende Marjell auf unseren Schlitten und zogen sie im wilden Galopp dort hinüber. Am glühenden Kanonenofen in der Werkstatt taute dann dieser weibliche Unglücksrabe langsam auf, tropfend und in einer großen Pfütze stehend, die sich unter ihr auf den Dielen bildete. Während sich die werkelnden Hitlerjungs von uns berichten ließen, wie es zu dem Unglück gekommen war, auch nicht an Vorwürfen über unseren Leichtsinn sparten, machten sich zwei von uns auf den Weg, um der Mutter des Mädchens Bescheid zu sagen, die auch bald mit Kleidern, Wolldecken, einem Lehnenschlitten und einer belfernden Schimpfkanonade auf den Lippen angerauscht kam. „Dat seggick heute noch dem Lehrer Albrecht, der wird euch schon die Hosenböden stramm ziehn, morjen in de School, ju Lorbasse!" So der nicht gerade verheißungsvolle Schluss ihrer Tirade. Eigentlich hatten wir ein Lob für unsere Rettungsaktion erwartet.

Die wütende Mutter hielt natürlich Wort. Am nächsten Tag stand sowieso Turnen auf dem Stundenplan, das war für den Gandhi eine gute Gelegenheit, sein Strafgericht an uns zu vollziehen. Kaum hatte sich die Klasse in der Turnhalle sportmäßig umgezogen und aufgestellt, wurden wir denunzierte Sünder von ihm vor die Riege gerufen: „Natürlich, der Berliner muss auch wieder dabei sein, bist wohl gar der Anführer jewesen, du Lümmel?" Für ihn war und blieb ich der Berliner, welchen Namen er stets leicht abschätzig gebrauchte. Es war ein stinkendes und feuchtes Donnerwetter, welches nun auf uns niederprasselte. Der Gandhi hatte nicht nur einen schlechten Mundgeruch, sondern auch eine ziemlich feuchte Aussprache. Ich wagte, als er fertig war, einzuwenden, dass die Mädchen freiwillig, ja sogar gegen unseren Willen das Eis betreten hätten, aber damit kam ich bei ihm schlecht an. Er schalt mich einen frechen Rotzlümmel und dass ich gefälligst das Maul halten solle! Unsere Strafe bekamen wir von ihm mit dem knotigen Ende des Kletterseils aufgezählt, welches von der Decke herabhing und sich auf dem Hallenboden wie eine Schlange ringelte. Auf diese Weise bestrafte er zur Winterszeit, wenn wir in der Halle turnten, auch Feigheit vor dem Feind. So nannte er unser instinktives Zögern vor zu hoch eingestellten Turngeräten, dem Bock und dem Pferd zum Beispiel.

Das Mädchen musste nach dem unfreiwilligen Eisbad eine ganze Weile schwerkrank das Bett hüten. Sie hatte eine Lungenentzündung. Sie tat uns leid. So hielt sich unser Zorn auf sie wegen der erlittenen schmerzhaften Bestrafung durch den Gandhi in Grenzen, und als sie endlich wieder mit uns die Schulbank drücken konnte, wäre es niemandem von uns eingefallen, ihr diese Unbill heimzuzahlen.

Schollchenfahren

Die betreffende Eisfläche verlor danach für uns ihre Anziehungskraft. Vor allem, weil Tante Anna, als sie von dem Unglück hörte, Horst und mich ernsthaft und streng ins Gebet nahm. „Dat mog eck joar nich utdenken, wat eck jur Modder soll schreijben, wenn ju en Unglick tet betreffen! Nee, nee, nich ut to denken sowat!" Während sie diese mehr zu sich selbst als zu uns gesprochenen Worte ihren Ermahnungen anhängte, schaute sie so ernsthaft und traurig drein, dass wir uns fest vornahmen, die gefährliche Eisfläche nicht mehr zu betreten. Es kündigten sich ja auch schon neue Winterfreuden an. Täglich führte jetzt unser erster Weg nach der Schule hinunter an den Strand. Überall im Flachwasser bildeten sich nämlich Eisschollen. Als Erstes überzogen sich an der Kraxte die aus dem Wasser ragenden flachen Findlinge mit Eis. Dieses ähnelte einer pelzigen Schwarte, so dass der Seehundsstein, welcher wegen seiner seehundartigen Gestalt so genannt wurde, jetzt wirklich einem jener Tiere im Winterpelz glich.

Mit Freude und Spannung verfolgten Horst und ich, wie die Eisschollen nun allnächtlich wuchsen und an Dicke gewannen. Bald würden sie uns tragen. Es begann die Zeit des Schollchenfahrens! Wie alles, was Abenteuer verhieß, war das Schollchenfahren natürlich streng verboten, obwohl es seit jeher von jeder Kindergeneration mit Eifer und Ausdauer betrieben wurde, sobald sich auf der Ostsee die ersten tragfähigen Eisschollen gebildet hatten. Dieses Wintervergnügen war gefährlich, jeder von uns wusste das. Man konnte unversehens in Strömungen geraten, die einen hinaustrieben, dasselbe war auch möglich, wenn plötzlich Landwind aufkam. Es konnte aber auch eine der Bohnenstangen brechen, mit denen wir auf unseren Schollen am Ufer entlangstakten, wodurch der Unglückliche auf seinem eisigen Schiffchen manövrierunfähig wurde. Leider war die Zeit des Schollchenfahrens meistens recht kurz bemessen. Sie währte nur solange, bis sich aus den einzelnen Schollen Packeis gebildet hatte und dieses wiederum zu einem dicken Eispanzer zusammenfror.

Wie gesagt, war das Schollchenfahren streng verboten. Sogar in der Schule wurde von den Lehrern ausdrücklich darauf hingewiesen und strengste Bestrafung für jede Übertretung dieses Verbots in Aussicht gestellt. Aus diesem Grunde war es geraten, sich zur Ausübung dieses Vergnügens Uferzonen auszusuchen, die möglichst weit vom nächsten bewohnten Ort entfernt lagen. Wir Kraxtepellener Kinder verzogen uns dazu in der Regel an die einsamen Strände jenseits des Motts. Im Sommer verirrte sich kaum einmal ein Erwachsener hierher, geschweige denn im Winter. Außerdem gab es hier die Steilküste herunter weder Weg noch Steg, sodass jeder, der uns bei unserem verbotenen Tun überraschen wollte, sich am Ufer nähern musste, und von uns frühzeitig entdeckt werden konnte.

Endlich war es soweit, es hatten sich in Ufernähe genügend tragfähige Eisschollen gebildet. Das Wetter war günstig. Kein Lüftchen rührte sich, und die See lag still wie ein Spiegel. Nur eine sanfte, langgezogene Dünung trieb die Wassergrenze schwappend zwei, drei Meter den Strand hinauf und sog die Flut geräuschlos wieder ein, bis der nächste Atemzug des Meeres die Bewegung der Wassergrenze strudelnd umkehrte. Weiß und winterlich tief stand die Sonne über dem Meer. Es war ein Tag, so recht zum Schollchenfahren! Darum gab es heute für Horst und mich kein Halten. Gleich nach dem Mittagessen verdrückten wir uns in Richtung Strand. Für passende Bohnenstangen hatten wir schon am Abend vorher gesorgt. Es war ein ungeschriebenes Gesetz unter uns Jungen und wurde von Generation zu Generation weitergegeben, dass diese Stangen aus fremden Gärten geklaut sein mussten. Ein Feigling, wer sie aus dem eigenen Garten nahm. Unsere stammten aus dem Pfarrgarten. Schon tagelang vorher hatten wir diesen Coup ausbaldowert. Es waren gute, brauchbare Stangen, kräftig, gerade und von einer enormen Länge. Wir hatten sie nahe unserem Platz im Gestrüpp der Steilküste versteckt und waren überglücklich, sie noch wohlbehalten vorzufinden. Es gab immer wieder Jungen, die sich an den versteckten Bohnenstangen anderer vergriffen, anstatt selbst auf Diebestour zu gehen, eine ehrenrührige Tat! Ehrensache war es auch, dass jeder seine Stangen, wenn er sie nicht mehr brauchte, dem Eigentümer in den Garten zurückstellte.

Als Horst und ich an unserem Strandplatz ankamen, hatte sich dort schon die ganze Jungenbande Kraxtepellens versammelt. Auch einige Mädchen hatte die Neugier hergetrieben, wir würden aber keine von ihnen auf einer unserer Schollen mitnehmen, das war ausgemachte Sache. Keine der Seeräuberbräute hatte es der Mühe wert gefunden, sich heimlich einer Bohnenstange zu bemächtigen.

Da wir uns eine Seeschlacht liefern wollten, wurden als Erstes zwei Mannschaften aufgestellt. Dann hieß es, möglichst trockenen Fußes auf die Eisschollen zu gelangen. Vom Ufer aus in gewagten Sprüngen von einer zur andern setzend, oft nicht ganz tragfähige kurzfristig als Brücke benützend, erreichte endlich jeder von uns sein eigenes schwimmendes Territorium. Aber ehe die dann folgende Seeschlacht richtig begonnen hatte, war sie schon wieder zu Ende. Ich hatte noch nie auf einer Eisscholle gestanden, geschweige denn solch ein schwankendes Gefährt übers Wasser gestakt. So war es nicht verwunderlich, dass meine Fahrt schon nach einigen Metern ihr Ende fand: Ich plumpste ins eisige Wasser. Plötzlich vereinten sich Freund und Feind zu einer grandiosen Rettungsaktion, denn ich hatte mir für meinen Reinfall eine der tiefen Stellen ausgesucht, die sich stets vor den Sandbänken bilden, über denen an Sturmtagen die Brandung wütet.

Ich musste mich nur Sekunden schwimmend über Wasser halten, da waren die anderen schon herangestakt, und ich wurde wie ein glitschender Seehund auf eine der Eisschollen gehievt. Am Strand nahe der Steilküste brannte in einem versteckten Winkel bereits ein Feuer, als ich wieder festen Boden unter die Füße bekam. Wer hatte es entfacht, das dürre Dornengestrüpp zusammengesucht und zu einem Haufen aufgeschichtet? Waren es die am Ufer wartenden Mädchen gewesen, hatte einer der unseren ihnen dies von seiner Eisscholle aus zugerufen? Das waren im Augenblick unnötige Fragen. Das Feuer war entfacht und wohltuend in seiner Wärme. Ich entledigte mich, ehe sie gefrieren konnten, meiner pitschnassen Kleider, nur Schuhe und Strümpfe behielt ich an. Natürlich schämte ich mich mächtig vor den Mädchen, vor allem, als ich die langen selbstgestrickten Wollstrümpfe von den Strapsen löste und mein Leibchen auszog, an dem dies alles befestigt war. Ein durchaus unmännliches Kleidungsstück, obwohl es damals im Winter noch von allen Jungen getragen werden musste. Die Mädchen beobachteten mich anfangs zwar eine Weile kichernd und feixend, ließen dann aber recht bald von mir ab. Sicherlich konnten sie an mir, dem Berliner, nichts anderes entdecken als sie von ihren Brüdern her schon kannten.

Die Winterkälte griff mit eisigen Fingern nach mir, ließ mir das nasse Haar auf dem Kopf gefrieren und zwang mich zu einem rasenden Tanz. Wild schlug ich mir die Arme um Brust und Rücken, dass es auf der nackten Haut nur so klatschte, hüpfte und drehte mich, um die Wärme des Feuers rundum zu erhaschen. Meine Kleider wurden derweil von den anderen an Stecken und Stangen ans Feuer gehalten, damit sie wenigstens etwas trocknen würden. Wäre jetzt ein Fremder hier vorbeigegangen, er hätte das Ganze für das Feueropfer eines Stammes unbekannter Wilder halten müssen.

Als das Feuer niedergebrannt war und ich meine Kleider wieder anzog, was mich einige Mühe und Verrenkungen kostete, waren diese immer noch feucht, jedoch von einer belebenden Wärme durchtränkt, die zwar nicht lange anhielt, mir aber einen unbeschwerten Weg nach Hause ermöglichte. Gewiss, meine Winterjoppe und die Hosen begannen in der frostigen Luft steif zu werden, als Horst und ich uns dem Hause näherten. Unser erstes Ziel war hier die Waschküche. Es war mittlerweile später Nachmittag geworden, da wussten wir, dass Meta dort war. Sie kochte und stampfte dann die Futterkartoffeln für das ewig hungrige Ilonachen, das wie immer um diese Zeit im Koben fordernd grunzte und quiekte.

Diese Futterkocherei gehörte zu Metas täglichen Pflichten, darum führte ihr Weg, wenn sie von der Arbeit heimkehrte, stets in die Waschküche, die um diese Zeit durch das unter dem Kessel knisternde Reisigfeuer und den in ihm brodelnden Kartoffelsud die Atmosphäre einer finnischen Sauna hatte. Horst war auf den letzten Metern vorweggelaufen und hatte seiner Schwester bereits alles über mein Missgeschick berichtet, als ich zähneklappernd und an allen Gliedern zitternd in die wohlige Wärme dieses Raumes eintauchte. Meta, welche im matten Schein der nackten Glühbirne hantierte, in Schwaden warmen Dampfs gehüllt, erschien mir in diesem Augenblick wie ein helfender Engel, obwohl sie in ihrer alten Kittelschürze, dem ums Haar geknoteten verwaschenen Kopftuch und den Holzpantinen an den Füßen nicht gerade von engelhafter Anmut war.

„Na, denn treck man janz schnell dine Kledasch ut, ju Döskopp!", war das Erste, was ich von ihr zu hören bekam. Ja, sie war mir eine gute, liebenswürdige, fast zärtliche Schwester, die bräutlich gestimmte Meta. Gern bin ich dieser Aufforderung gefolgt. Oh, wie war ich froh, die nassen, kalten Kleider vom

Leib zu bekommen! Während Meta diese über Büttenböcke und Schemel zum Trocknen aufhängte und mich aufforderte, vor dem offenen Feuerloch des Kessels niederzukauern, überlief mich die Hitze wie ein heilender Schauer, der Schweiß tropfte an mir herab und rann den Rücken hinunter in kleinen Bächen. In diesem Moment ging die Türe auf, und Tante Anna kam herein, besser gesagt, sie wollte hereinkommen, denn sie blieb auf der Schwelle wie angewurzelt stehen: „Hev icks doch jeahnt, dat hier wat nich in Ordnung is!" Kopfschüttelnd ließ sie ihren Blick über die theaterreife Szene schweifen: Ich kauerte wie ein nacktes Teufelchen vor dem Ofenloch, von der Glut des Feuers angestrahlt, meine Kleider über Böcken und Schemeln hängend um den Waschkessel gestellt. Meta, Horst und ich starrten mit schuldbewussten Mienen ihre Erscheinung an. Noch nie war sie um diese Zeit in die Waschküche gekommen. Wir hatten also gemeint, dass ich nach einer Weile meine leidlich trockenen Sachen hätte wieder anziehen können, um zum Abendbrot zu erscheinen als wäre nichts geschehen.

Es hat an jenem Abend, nachdem Tante Anna die Umstände meines ersten Ostseebades erfahren hatte, zwei Donnerwetter gegeben. Das erste, ein leichtes Frühlingsgewitter, kam von ihr, das andere, ein mächtiger Gewittersturm hochsommerlichen Ausmaßes, von Onkel Max. Für ihn war nicht die Tatsache verwerflich, dass wir zum verbotenen Schollchenfahren gegangen sind, denn dieses war ein unter den Jungen an der Küste selbstverständlicher Sport, kein echter Junge, der da nicht mitgemacht hätte. Für ihn war nur verwerflich, dass ich so leichtsinnig gewesen war, mich in tiefere Gewässer zu wagen, ohne vorher zu üben. „Do hätt ju glattwech kennen versoapen, ju Lorbas!"

Die Seeschlacht fand zu einem späteren Termin dann doch noch statt. Da hatte ich es aber schon zu einem sicheren Schollchenfahrer gebracht. Es war Mitte Dezember an einem jener milden Tage, in deren Verlauf zur Mittagszeit die Lawinen von allen Dächern rauschen und der Schnee sich zu schusssicheren Bällen formen lässt. Die rechte Munition für unsere Schlacht. Darum war, ehe es richtig losging, die erste Handlung jedes Schollchenkapitäns das Schneeballformen. Fünfzig davon sollte jeder auf seiner Eisscholle schon deponiert haben. Ich erspare mir die genaue Beschreibung der Schlacht. Es wird sich wohl jeder Leser selbst ein Bild davon machen können, wie wir wild umeinanderstakten, die Schneebälle hin und her pfeifen ließen, uns rammten und schreiend und kreischend wie kämpfende Möwen ans Ufer trieben. Ins Wasser ist während dieses wilden Spiels niemand gefallen. Unser Lazarett, wie wir den vorsorglich aufgeschichteten Reisighaufen im versteckten Küsteneck nannten, haben wir trotzdem in Brand gesteckt, uns an ihm gewärmt und die mit Pfefferminztee gefüllte Friedenspfeife geraucht. Sie hatte Karlchen im Kramkasten seines verstorbenen Großvaters gefunden und in seiner Hosentasche verschwinden lassen. Später haben Horst und ich sie ihm abgekauft, für fünfzig Pfennige, ein Vermögen!

Im Übrigen hat mir das unfreiwillige Bad in der winterlichen Ostsee nicht geschadet. Außer einem Schnupfen habe ich nichts davongetragen – die einzige Unbill entstand mir in der Schule von Gandhis Rohrstock, aber der gehörte ja damals zum Bubenalltag.

Die Grönlandexpedition

Der Winter 1940/41 war der erste jener ungewöhnlich strengen Kriegswinter. Die ältesten Leute, ja selbst die Großeltern der ältesten Leute hätten „von sowat noch nie nüscht berichtet. Dat dat Eijs op de Ostsee em Dezember schon so weit rut tut wachsen, dat hat et noch nie nich jejewen", meinte Tante Anna kopfschüttelnd am Silvesterabend des Jahres 1940, kurz vor der Jahreswende. Wir hatten den Abend bei Tante Annas nächsten Verwandten verbracht, sie wohnten im Krankenhaus, hatten eine komfortablere Wohnung als Kowallskis und wurden im Allgemeinen als etwas Besseres angesehen. Von der bunten, samtigen Decke, die stets auf dem Wohnzimmertisch lag, meinte Tante Anna, dass es ein masurischer Teppich sei, ein altes Erbstück.

Die Festtafel war mit feinem Leinen gedeckt, wir hatten von echtem Porzellan gegessen und aus geschliffenen Gläsern getrunken. Onkel Max hatte von seinem besten Kroatzbeerwein spendiert, für uns Kinder gab es Beerensaft. Es war ein Altjahrsabend wie aus einem Roman abgeschrieben. Beim Bleigießen nach dem Abendessen formte sich mir aus dem zischend und brodelnd ins Wasser tropfenden flüssigen Metall ein Herz, worauf mir unter allgemeinen Gelächter eine baldige Hochzeit prophezeit wurde: „Da musste dich aber beeilen mit dem Wachsen!", meinte Onkel Max lachend. Metas zerfaserter Bleiguss entpuppte sich, nachdem sie ihn aus der Wasserschüssel gefischt hatte, als Storch. Sie lief, als sie dies erkannte, hochrot an wie ein Krebs im kochenden Wasser, denn sie musste sich daraufhin viele Anzüglichkeiten anhören. Der prophezeite Kindersegen hat sich bei ihr allerdings nicht eingestellt, sondern sie ist, soweit ich weiß, nach 1990 kinderlos gestorben. Tante Anna befragte für den verwundeten Ewald das Schicksal. „En Boom, en Levensboom!" Erfreut legte sie das deutlich erkennbare Symbol zu den anderen Figuren auf das Löschblatt.

Pfänderspiele, ein Wettbewerb im Erzählen von Spukgeschichten und Ähnliches verkürzten diesen vergnüglichen Abend. Kurz vor Mitternacht standen wir oben an der Steilküste und erwarteten das neue Jahr. In ungewohnter Stille ruhte die Ostsee unter ihrem Eispanzer. Ihr vertrautes plätscherndes Rauschen hatte der klirrende Frost nun zum Schweigen gebracht. „Nee, nee", meinte Tante Anna, „sowat von Eijs, et möcht schon Februar sin, sowat von Eijs!" Sie konnte sich gar nicht wieder einkriegen vor Verwunderung.

Es war Anfang März, als ein heftiger Sturm den Eispanzer brach und die gischtenden Wogen mächtige Eisschollen am Strand zu haushohen Gebirgen auftürmten. Der Eisgang hatte am späten Abend begonnen. Sein Tosen und Krachen trieb uns alle hinaus zur Steilküste. Nun standen wir oben an der Abbruchkante, stemmten uns gegen den Sturm und spähten hinaus in das nachtdunkle Toben des sich befreienden Meeres. Der Orkan hielt zwei Tage an, danach glich der Strand einem Eisgebirge, das für uns Kinder ein gefährlicher Abenteuerspielplatz wurde. Oft geschah es, dass die aufgetürmten tonnenschweren Schollen mit Getöse und Gepolter in sich zusammenstürzten wie Kartenhäuser.

Eines Tages entdeckten Horst und ich eine blauschimmernde Höhle, die sich in diesem Eisgeschiebe gebildet hatte. Sie war besonders schön wie ein richtiges Eiszelt. Wir hatten es uns in ihr gerade bequem gemacht, Karlchens Friedenpfeife hervorgezogen und waren dabei, blaue Pfefferminzwölkchen in die lichte Luft unserer Höhle zu paffen, als es in den Schollen zu knistern begann. Wir erschraken zu Tode, schossen wie zwei verfolgte Kaninchen aus unserem Bau und dies keine Sekunde zu früh. Kaum hatten wir das Freie gewonnen und waren wenige Meter davongeeilt, als hinter uns die Höhle polternd zusammenstürzte. „Mann, dat hett uns platt jedrückt, wie twee Flundern!", meinte Horst an allen Gliedern zitternd und mit schreckensbleicher Nasenspitze. Der einzige Schaden, den uns dieser Einsturz zugefügt hatte, war der Verlust der Friedenspfeife. Ich hatte sie in meiner Panik einfach fallenlassen. Nun lag sie tief unter dem Eis begraben. Wir würden uns eine neue besorgen müssen.

Dieser Winter wollte und wollte kein Ende nehmen. Selbst Anfang März, nach dem schweren eisaufbrechenden Orkan, fror die Ostsee wieder zu, bildeten sich zwischen den aufgetürmten Schollen diesseits der Sandbänke spiegelnde Eisflächen, ideale Schlittschuhbahnen. Grönlandexpedition war jetzt unser liebstes Spiel und unser Ziel, hinauszufahren bis an die Eisgrenze, bis ans offene Wasser. Ein riskantes Unterfangen! Alfred Wegener, der große Grönlandfahrer[95], war unser Vorbild.

Wir Kraxtepellener Jungen waren eine eingeschworene Gemeinschaft. Unter uns konnte sich jeder auf jeden verlassen. Angeführt wurden wir von Alfred, der uns mit der Begeisterung für seinen Namensvetter Alfred Wegener angesteckt hatte. Alfred war älter als Horst und ich, er ging schon in die vorletzte Klasse. Er besaß ausgeprägte Führertalente. Im Jungvolk hatte er es trotzdem nicht zu einer Führungsposition geschafft. Nicht einmal zum Hordenführer war er aufgestiegen. Warum dies so war, entzieht sich meiner Kenntnis. Das Zeug zum Führer hätte er gehabt, Jungzugführer wäre der ihm angemessene Dienstgrad gewesen. Da ihm dies verwehrt war, tobte er seine Führertalente an uns, den sieben oder acht Kraxtepellener Jungen aus. Er sprach mit uns, wenn er uns anführte, stets ein stark eingefärbtes Hochdeutsch. Nur wenn einmal etwas schiefging, er also Grund zur Aufregung hatte, verfiel er in das übliche Plattdeutsch.

„Also Jungs", rief er uns eines Mittwochs nach der letzten Stunde zu, als wir uns um ihn auf dem Schulhof versammelt hatten, „am Sonnabend den 8. März 1940 sind alle pünktlich um zwei Uhr am Strand beim Mott. Dann steigt die grote Grönlandfahrt! Für Proviant und de nötige Ausrüstung hat jeder selbst zu sorjen. Verstanden!"

Am Samstag war es dann soweit, die erste Kraxtepellener Grönlandexpedition begann. Natürlich hatten Horst und ich uns mit der nötigen Verpflegung eingedeckt. Zwei der köstlichen Blutwürste, welche uns Olgachen nach ihrem Tod hinterlassen hatte, steckten in unseren Jackentaschen. Auf Brot hatten wir verzichtet. „Dat brouchen wi nech, wo wi doch nu so jude Worscht kenn eten!" Es war gar nicht so einfach gewesen, die Lücken, die unsere stibitzten Würste in der Speisekammer hinterlassen hatten, zu schließen. Aber durch geschicktes Verteilen des verbliebenen Restbestandes auf den Wurststangen schien uns dies gut gelungen zu sein, davon waren wir jedenfalls fest überzeugt.

Endlich ging es los! Alfred zückte seinen Kompass und legte die Marschrichtung fest. „Immer Nord-Nordwest! Da liegt Grönland, dat is doch kloar wie Worschtsopp!" Er betrat als Erster das Eis, und wir anderen folgten ihm im Gänsemarsch. Wir fühlten uns wirklich wie im Packeis vor Grönland. Anfangs, in Strandnähe, mussten wir uns den Weg durch die aufgetürmten Eisschollen bahnen. Es war, als würden wir uns zwischen Eisbergen bewegen. Noch glitten wir auf unseren Schlittschuhen mühelos über die spiegelnd gefrorenen Flächen zwischen ihnen dahin, immer in Richtung Nord-Nordwest. Über uns wölbte sich ein wolkenloser Winterhimmel. Die bleiche Sonne warf lange Schatten, und auf den glatten Flächen um uns hatte der Frost handtellergroße, kristallisch glitzernde Eisblumen wachsen lassen. Weiter draußen, in Richtung offener See änderte sich allmählich die Landschaft der durch Frost und Sturm geschaffenen Eiswüste. Die Schollen lagen nun dicht bei dicht, nicht mehr aufgetürmt, sondern flach aneinander und übereinander geschoben.

„Alles halt!", befahl nun Alfred, und „Schlittschuhe abschnallen!" Die Steilküste hinter uns war mittlerweile bedenklich niedrig geworden, wir befanden uns weit draußen, sicherlich schon jenseits der Sandbänke über dem tiefen Wasser. Der Weg würde nun zur mühsamen Kletterpartie. Manchmal war es uns sogar, als würden die knisternden, knackenden Eisschollen unter uns schwanken, wenn wir über sie trabten. Mir wurde allmählich beklommen zumute. Auch Horst schien Ähnliches zu empfinden, denn er zupfte mich plötzlich am Ärmel und meinte flüsternd: „Mann, dat jefällt me nich mehr, komm, lat ons trück jehn." Alfred entging nichts. Er hatte sofort unser zaghaftes Zögern bemerkt und rief uns nun gallig und giftig zu, dass wir Memmen doch getrost umkehren könnten, er könne nur Helden gebrauchen. Aber unter uns gab es kaum Helden, denn plötzlich wollten fast alle Grönlandfahrer umkehren. Während Alfred versuchte, uns wieder auf seinen Expeditionskurs einzuschwören, hörten wir hinter uns von der Küste her fernes Rufen. Nun sahen wir auch die Person, die im Eiltempo auf uns zuhielt und zusehends von der Winzigkeit eines Flohs zur erschreckenden Größe unseres Turnlehrers Gandhi heranwuchs, von den Kufen seiner Schlittschuhe mit Windeseile übers Eis getragen. Als er uns erreicht hatte, ließ er ein Donnerwetter auf uns niederprasseln, als sei er Zeus, Jupiter und Donar in einer Person. Ein Donnerwetter, welches in der Drohung gipfelte: „Morjen, nach der letzten Stunde, seid ihr alle in der Turnhalle, da könnt ihr was erleben, ihr Lorbasse!" Was er uns sonst noch alles androhen wollte, verschluckte seine Atemlosigkeit. Dann trieb er uns wie eine Herde verängstigter Hammel vor sich her in Richtung Kraxtepellener Küste.

Am nächsten Tag erwartete er uns nach der sechsten Stunde schon in der Turnhalle. Als auch der Letzte endlich eingetrudelt war, hielt er uns noch einmal eine geharnischte Standpauke, in der er uns vor Augen führte, welches Leid über unsere Familien gekommen wäre, wenn wir alle abgesoffen wären, was sicher passiert wäre, wenn er nicht im rechten Moment zur Stelle gewesen wäre. Es war eine Meisterleistung rhetorischer Kunst. Dann jagte er uns eine Stunde lang über all jene Turngeräte, die fast jeder von uns verabscheute, als da sind: Barren, Reck, Ringe, Bock und Pferd. Als wir endlich schwitzend und außer Atem zum Schlussappell angetreten waren, verkündete er uns die eigentliche Strafe: zehn Stockhiebe für jeden. Nun zeigte es sich, dass Alfred, der eiserne Alfred, von uns allen die größte Memme war. Kaum hatte er sich über den ledernen Bock gelegt und die ersten Hiebe erhalten, fing er an zu schreien und zu strampeln, sodass ihn zwei von uns festhalten mussten. Zugegeben, diese zehn Stockhiebe waren kein Zuckerschlecken, denn wir trugen ja nur unsere leichten Turnhosen. „Dat woar wie met glühendem Pepper op de nackten Oarsch jeschossen", meinte Horst, als alles vorüber war. Trotzdem haben wir anderen unsere Strafe viel männlicher und gefasster ertragen als Alfred. Seine Rolle als Anführer der Kraxtepellener Jungen verlor er natürlich von jenem Tage an.

Da es damals durchaus noch zum schulischen Alltag gehörte, vor der Klasse durchgeprügelt zu werden, hatten wir Jungens uns ein Spiel erfunden: Wir waren Indianer, das Klassenzimmer der Kriegspfad, die Bank, über die wir gelegt wurden, der Marterpfahl, und die Rohrstockhiebe die zur Marter gehörenden Pfeilschüsse. So gelang es uns, derart erniedrigende Prozeduren in Würde zu überstehen.

Nachzutragen ist noch, dass es auch bei uns zu Hause Hiebe setzte, allerdings mit dem Ausklopfer. Sie waren kaum schmerzhaft und hatten eher symbolischen Charakter. Kowallskis besaßen keinen Rohrstock, „weil derartige Quälereijen nich to onse Erziehungsmethoden jeheren tun!" Das hatte Tante Anna unserer Mutter gesagt, als diese, bevor sie nach Berlin zurückfuhr, ihr das Züchtigungsrecht über mich einräumte. Der guten Tante Anna liefen die hellen Tränen über das Gesicht, als sie erst Horst und dann mich verwamste. Sie muss einen mächtigen Schreck bekommen haben, als sie erfuhr, dass wir beide mit Alfred weit draußen auf dem Eis unterwegs gewesen waren.

Der Tucker, wie wir den Fischer Spitz nannten, hatte uns, als wir zu unserer Expedition aufbrachen, von seinem Eisloch aus beobachtet, an dem er gerade beschäftigt war. Er hatte sofort gehandelt, indem er seinen Burschen zum Lehrer, unserem Gandhi geschickt hatte, der ja auch sofort das Richtige tat. Nicht auszudenken, was passiert wäre, wenn wir weiter auf die tückische Eisfläche hinausgewandert wären.

Feuerzauber

Der Frühling ließ lange auf sich warten in jenem Jahr 1941. Als oben in den Gärten schon die ersten Schneeglöckchen ihre Knospen durch die tauende schmutzigweiße Winterkruste trieben, wurde unten am Meer die Landschaft des Strandes noch von den schmelzenden Eisschollen beherrscht. Die milder werdende Luft und die täglich höher steigende Sonne verwandelten sie in poröse, tropfende Gebilde wie bizarre Skulpturen des vergangenen Winters. An mehreren Stellen hatte die während der Frühjahrsstürme hoch auflaufende See einige Schollen unter schweren Sandschichten begraben. Erst die sengende Sonne des Hochsommers wird sie in ihren kühlen Höhlen schmelzen lassen. Leicht bekleidete Badegäste werden dann knietief in sie einbrechen und sich erschreckt fragen, warum sie plötzlich mit beiden Füßen in mürbem, matschigem Eis stehen, da sie ja die Herkunft dieser Eishöhlen nicht kennen.

In den Märztagen 1941 wurde plötzlich die berittene Abteilung aus Palmnicken abgezogen. In den Tagen davor hatte sie am Strand noch eifrig mit ihren leichten Maschinengewehren herumgeknattert und nach Scheiben geschossen, die weit draußen auf dem Meer schwammen. Das waren aufregende Tage für uns Jungen. Natürlich lungerten wir, soweit es uns erlaubt wurde, um die MG-Nester herum, beobachteten jeden ihrer Handgriffe, folgten mit den Augen den Ketten ihrer Leuchtspurmunition hinaus aufs Meer. Es war, als würde das Wasser um die Scheiben herum unter dem Hagel der Geschosse schäumend aufkochen, wenn ihre leuchtenden Ketten im Meer verschwanden.

Als sie abzogen, gab es für uns Pimpfe drei Tage schulfrei, weil wir zu Hilfsdiensten auf den Bahnhof abkommandiert waren. Pünktlich um sieben Uhr in der Frühe begann der Dienst, natürlich, wie es damals auch beim Jungvolk üblich war, mit militärischem Zeremoniell. Da wurde angetreten, ausgerichtet, stramm gestanden, dem Kommandeur der Wehrmachtseinheit Meldung erstattet und ich weiß nicht wie oft „Heil Hitler!" gebrüllt. Meistens begann, wenn dies alles endlich vorüber war, der Tag zu dämmern. Natürlich froren wir während dieser Herumsteherei in unseren Winteruniformen, aber die Überzeugung, kriegswichtige, den Endsieg sichernde Taten zu tun, ließ uns Frost und Kälte vergessen. Am ersten Tag waren die von uns geforderten Arbeiten allerdings nicht sehr spektakulär, es galt nur, Strohballen in die bereitstehenden Viehwaggons zu laden und dort auf dem Boden zu verteilen. Am zweiten Tag wurden Waffen, Pferde und Gerät verladen. Das fesselte uns schon eher, wenn ich auch alles tat, nicht zu den Pferdeführern eingeteilt zu werden. Die Tiere bevölkerten wie eine Herde den ganzen Bahnhofsplatz. Schnaubend ihre Köpfe werfend, wiehernd, mit ihren Schweifen schlagend flößten sie mir Angst ein. Die Pferde spürten den Aufbruch und waren aufgeregt.

Ich wurde zum Glück den MG-Schützen zugeteilt und durfte Munitionskisten schleppen. Mittags aßen wir mit den Soldaten gemeinsam aus der Feldküche. Die BDM-Mädchen hatten ihren großen Auftritt. Sie sangen zur Klampfe Volks- und Soldatenlieder drei Tage später, als der Zug, beladen mit Tross,

Waffen, Munition, Pferden und Soldaten, zischend, fauchend und dampfend den Bahnhof in Richtung Fischhausen verließ.

Nun gab es für Horst und mich nur noch ein Spiel: MG-Schütze. Wir hatten uns aus einem alten Besenstiel, zwei Leisten und einem Brett, das man mit einiger Fantasie für einen Gewehrkolben hätte halten können, ein MG-ähnliches Gebilde zusammengenagelt. Wir lagen in den ehemaligen MG-Nestern und feuerten mit laut gekrächztem „tack tack tack" unsere imaginären Leuchtspurketten hinaus auf das Meer. Bei dieser Gelegenheit bekam ich eines Tages etwas Glattes, Hartes in die Hand, und als ich dieses Etwas aus dem Sand holte, entpuppte es sich als scharfe MG-Patrone. „Man, de is ja noch goarnech afjeschossen!", stellte Horst erschrocken, aber zugleich auch begeistert fest. Während er dieses gefährliche Spielzeug noch in der Hand wog, war ich schon dabei, im Sand nach weiteren Patronen zu grapschen. Zwei Stück konnten wir noch bergen. Sie verschwanden kurzerhand in unseren Hosentaschen, natürlich jeweils nur eine pro Tasche und sorgfältig in dürren Strandhafer eingepolstert. So viel Vorsicht ließen wir schon walten. Am nächsten Tag untersuchten wir die uns bekannten MG-Nester am Strand, und siehe da, auch dort wurden wir fündig. Nach und nach sammelten sich in unserem Versteck, einer in die Wand der Steilküste gegrabenen kleinen Höhle, sechzehn scharfe MG-Patronen an.

Ursprünglich hatten wir vor, von ihnen die Geschosse abzuziehen und das Pulver zu sammeln. Man würde schon sehen, was damit anzustellen sei. Aber schon der erste Versuch, dies zu bewerkstelligen, erwies sich als äußerst mühsam. Als wir endlich mit der Beißzange unter Rütteln und Drehen das Geschoss abgezogen hatten und die offene Patrone aus dem Schraubstock nahmen, in den wir sie im kleinen Werkstattraum neben dem Schweinestall eingespannt hatten, da zitterten uns die Knie, und wir mussten uns eingestehen, mächtige Angst gehabt zu haben. Das Pulver verwahrten wir einstweilen in einer der leeren Aluminiumhülsen, die ehemals der Aufbewahrung von Spalttabletten gedient hatten und im Küchenschrank im Besteckfach zwischen Messern, Gabeln und Löffeln zu finden waren.

Als wir das unscheinbare grüngraue, körnige Häufchen später am Strand im Schutze einer Düne abbrannten, überraschte uns die lodernde Kraft, mit der es in Flammen aufging. „Uff!", konnte ich nur stöhnen. Ich hatte gegen Horsts Widerstand aus Onkel Maxens linkem Schreibtischkasten aus dem dort aufbewahrten Fotokram eine Blitzlichtzündschnur stibitzt. Hätte ich das Pulverhäufchen einfach so, mittels eines Streichholzes angezündet, es wäre bestimmt nicht ohne Verbrennungen an den Händen abgegangen.

Schlagartig wurde uns bewusst, wie gefährlich dieses Kriegsspielzeug ist. Darum beschlossen wir, das Teufelszeug möglichst schnell loszuwerden. Horst wusste auch schon, wie: „Dat is doch einfach!" Dann erläutere er mir, dass man nur ein richtiges Feuer anzünden und die Dinger hineinwerfen müsse, „denn jehn die hoch wie Knallerbsen".

Ich war gleich Feuer und Flamme. Natürlich weihten wir einige unserer vertrautesten Kumpane in den Plan mit ein. So schlich sich eines Nachmittags ein Zug schweigender Jungens immer im Schutze der Dünen und nahe der Steilküste entlang in Richtung Mott und von dort aus weiter bis zu dem einsamen Strandbereich, der sich zwischen den Orten Hubnicken und Kreislacken erstreckte. Ich trug in einem alten Marmeladeneimer vorsichtig die MG-Munition. Horst hatte für die nötige Menge an Streichhölzern gesorgt. Schnell war ein passender Platz gefunden, eine Mulde, umgeben von schützenden Dünen. Bald knisterte das Reisigfeuer, und ich stellte den Eimer mitsamt seinem brisanten Inhalt mitten in die Glut. Im Schutze einer Düne liegend warteten dann fünf Jungen gespannt darauf, was nun geschehen würde. Erst einmal rührte sich nichts. Wir hörten in unserer Deckung zwar das Feuer knistern, sonst blieb aber alles still. „Ick kieck mal nach", meinte nach einigen Minuten Karlchen, der Kleinste, aber Gewitzteste von uns allen. Er kam jedoch gar nicht mehr dazu, die sichere Deckung zu verlassen, denn plötzlich begann es vor uns zu knattern und zu fauchen. Über uns pfiff und sirrte es hinweg, so dass wir unwillkürlich unsere Köpfe tiefer in den schützenden Sand der Düne drückten. Dies waren lange Sekunden, aber so plötzlich, wie es begonnen hatte, verstummte das Höllenspektakel wieder.

Nach einigen Minuten des Wartens verließen wir unser Versteck, aber kaum, dass wir uns erhoben hatten, knallte es in dem durchlöcherten Eimer noch einmal, und Karlchen führte, sich die linke Wange haltend, einen wahren Veitstanz auf. Ein winziger Splitter hatte ihn dort getroffen. Es war keine schlimme Verletzung, aber wie leicht hätte dies ins Auge gehen können. Nicht nur, dass Karlchen mit einem Heftpflaster auf der linken Wange glimpflich davonkam, sondern auch dass die Flakbatterien in Brüsterort an jenem Nachmittag ein wahres Trommelfeuer in die Höhe schickten, gereichte uns zum Glück. Die explodierenden Granaten spuckten laut knallend ihre Detonationswölkchen in den Himmel über der See und übertönten bei weitem das Geknatter unseres Feuerzaubers. Den Leuten oben in den Dörfern, in Hubnicken und in Kreislacken, blieb dadurch unser gefährliches Tun verborgen. Nicht auszudenken, was uns oder unseren Eltern passiert wäre, wenn uns jemand dabei erwischt hätte. Wir haben ja immerhin kriegswichtiges Gut vernichtet.

Das Feuer war bald niedergebrannt und wir begannen, unsere Spuren zu beseitigen. An der Art, wie der Eimer durchlöchert und deformiert war, konnten wir ermessen, mit welcher Sprengkraft die Patronen explodiert waren. Horst und ich bekamen bei dessen Anblick nachträglich noch bleiche Nasen. Wir schworen uns: „Ehrenwort, sowat machen we nich noch eijnmal!"

Auf dem Heuboden

Oma hatte in einem langen Brief an Tante Anna angekündigt, dass sie nach Palmnicken kommen würde. Irgendwann, so um Pfingsten herum, würde sie eintrudeln, auf alle Fälle zu Metas Hochzeit. Diese Ankündigung löste bei Tante Anna erst einmal Betroffenheit aus. „Nee, nee, wo soll he dann sloape, de Fru Oma?" „Oaber Muttchen, dat is doch eijnfach: We trecken in die Bodenkammer, dann kennse beijde, de Fru Oma un de Ditt, in onsen Ehebetten sloapen."

Ich war mir nicht so recht sicher, ob ich mich über Omas Besuch freuen oder ihn eher mit Bangen erwarten sollte. Ich hegte den treffenden Verdacht, dass es dann vorbei mit meinem freien Lausbubenleben sein könnte. Aber zum Glück waren es noch viele Wochen Zeit bis dahin. Das Frühjahr mit all seinen Freuden stand erst einmal vor der Tür.

Mit dem Frühjahr erfolgte eine neue Einquartierung in Palmnicken, die Soldaten überschwemmten den Ort regelrecht. Diesmal war es eine motorisierte Infanterieeinheit. Nicht nur in Palmnicken tauchten jetzt Soldaten auf, sondern in der ganzen Umgebung wimmelte es mittlerweile von ihnen. Es war, als lägen sie in einem Dauermanöver. Das Knattern der Karabiner und Maschinengewehre, dazu das Rasseln der Panzerketten und das ferne Wummern der Artillerie tönten nun Tag für Tag, manchmal zerfurchte es auch unsere Träume, wenn sie Nachtübungen abhielten. Es war, als würde sich das Samland in einen großen Truppenübungsplatz verwandeln. „Wat die Soldaten bi ons wollen, eck wet nich, da möcht wat stinken. Vielleicht goar mit die Ruskis? Oaber de Führer hed ene fine Näs, he rieckt dem Jestank! Eck weet nich!" Onkel Max zog jetzt des Öfteren die Stirn in Falten.

Tante Anna hatte jedoch allen Grund zur Freude. Zugleich mit Omas Brief hatte der Postbote eine Karte von Ewald gebracht. Er würde also auch kommen, schon in vierzehn Tagen und bis zu Metas Hochzeit bleiben. „Hevicks nich jesacht, en Heijmatschuss, en richtjer Heijmatschuss woar dat jewesen!" Natürlich versäumte es Onkel Max nicht, auf diese erfreuliche Feststellung hin erst einmal zwei Korn zu kippen.

Bevor Ewald kam, wurden unsere Schlafplätze alle erst einmal umgeschichtet. Vor allem wurde ich aus dem Wohnzimmer ausquartiert. Mir war dies sehr recht, denn es fiel mir immer schwerer, abends einzuschlafen, während die Erwachsenen am Wohnzimmertisch saßen und sich unterhielten. Direkt quälend war mir dabei der beißende Rauch, den Onkel Maxens Feierabendzigarre verbreitete. Er hing wie die Schwaden eines Zimmergewitters unter der Schirmlampe, die blinzelnd von der Decke herab über dem Tisch baumelte, und zwang mich regelmäßig, hustend einzuschlafen.

Über dem Stallgebäude im Hof gab es auf dem Heuboden ein Kämmerchen. Man konnte diesen Boden von außen über eine Stiege erreichen. Dieses Kämmerchen war mit einem Bett und einem wackligen Tisch möbliert. Zwei nicht minder wacklige Stühle standen an der Wand unter dem winzigen Fensterchen, das diesem Raum spärliches Licht gab. Da das ganze Anwesen, Wohnhaus, Hof und Stallgebäude, Eigentum des Bernsteinwerks war, ist anzunehmen, dass diese Kammer ehemals die Unterkunft eines Pferdeknechts oder einer Person ähnlich niederen Standes gewesen war. Hier zogen Otto und ich also ein, nachdem die Wände des Zimmerchens getüncht und das Ganze herausgeputzt worden war. Dies war nun eine Bleibe, so recht nach meinem Herzen! Dass ich mir das Bett mit Otto teilen musste, störte mich kaum, ich war ja immer noch schmal wie eine Sprotte. Dass Otto abends vor dem Einschlafen stets noch eine Zigarette rauchte, kümmerte mich ebensowenig. Es war direkt genussvoll, diesen Rauch einzuatmen, gemessen an dem stinkenden, beißenden Zigarrenqualm von Onkel Max.

Diese Bleibe schien aber auch so recht nach Ottos Herzen gewesen zu sein, denn dieser hatte sich mittlerweile ein Mädchen angelacht, natürlich in aller Heimlichkeit. So passierte es eines Abends, dass ich kurzerhand aus dem gemeinsamen Bett ausquartiert wurde und mir ein Lager draußen auf dem Boden im Heu suchen musste. Dieses Mädchen kam nämlich leise wie ein Kätzchen angeschlichen und nahm, wenigstens ein, zwei Stündchen lang, meinen Platz im Bett ein. Ja, sie schlief sogar unter meiner Bettdecke, wie ich einmal feststellte, als ich Otto schnarchen hörte und dies mir den Mut gab, ins Zimmer zu schleichen, um mir den Nachttopf unter dem Bett hervorzuangeln.

Wenn die Marjell dann gegangen war und ich frierend unter mein Federbett schlüpfte, nistete noch die Wärme ihres Körpers darin und ihr feiner Duft. Ich fieberte, während ich draußen im Heu fror, diesem Moment des Eintauchens in ihre Wärme stets entgegen. Eine nie zuvor gekannte Erregung überflutete mich dann. Es war ein Zustand, der mich beglückte, zugleich aber auch erschreckte. Wie konnte ich damals ahnen, dass es ein Hauch Aphrodithens war, der mich in diesen Momenten streifte!

Wer nun dieses Mädchen war, entzieht sich gänzlich meiner Kenntnis. Nie habe ich ihr Gesicht gesehen noch ihren Namen nennen gehört. Sie kam stets erst, wenn die Nacht alles in ihre gleichmachende Dunkelheit hüllte und war längst wieder verschwunden, wenn der Morgen graute. Natürlich tat Otto alles, sich meiner Verschwiegenheit zu versichern. Sicherlich hoffte er, mein Schweigen erkaufen zu können, denn nach jeder dieser Liebesnächte drückte er mir am Morgen stillschweigend einen Fünfziger in die Hand. Ich nahm diese glänzenden Nickelmünzen gern, obwohl ich Otto auch ohne diese Bezahlung nie verraten hätte. Ich war damals von einer regelrechten Geldgier besessen. Dies hatte seinen besonderen Grund: In der Auslage des Bernsteinhäuschens hatte ich noch im November, bevor dieses geschlossen und winterfest gemacht wurde, eine Kaminuhr mit quadratischen Zifferblatt in einem Bernsteingehäuse entdeckt. Diese wollte ich unserer Mutter zum Geburtstag schenken. Ich war mir sicher, dass sie ihre helle Freude an dieser Uhr haben würde. Allerdings stellten die fünfundzwanzig Mark, die sie kosten sollte, ein enormes Vermögen für mich dar. Da galt es, eisern zu sparen und jede Geldquelle auszuschöpfen. Ottos Liebesverhältnis hat mir immerhin fast zehn Mark in die Sparbüchse gebracht.

Aus diesem Grunde hatte ich auch von Horst einen Teil der Zeitungsausträgerei übernommen, die er jeden Tag gleich nach der Schule voller Unlust und maulend erledigen musste. Mir machte diese neue Pflicht von Anfang an einen mächtigen Spaß. Der Erlös floss ja auch in meine eigene Tasche, während Horst seinen Verdienst dem Wirtschaftsgeld beisteuern musste. Abgesehen vom finanziellen Aspekt machte es mir auch Freude, in die entlegenen Winkel unseres Viertels zu kommen. Unvergessen ist mir der Duft nach Kalmus, wenn ich am Samstagsnachmittag in den roten Häusern am Seeberg meine Zeitungen ablieferte. Es war dies eine Reihe kleiner, zum Bernsteinwerk gehöriger Häuschen. In ihnen wohnten zum Teil Familien, die noch den alten Brauch pflegten, samstags ihren Flur und die Dielen der guten Stube nach dem Scheuern mit feinem Meersand und gehacktem Kalmus zu bestreuen, ehemals ein sicheres Mittel gegen die Flohplage.

Auf einem der Bauernhöfe hielt man einen mächtigen Puter, der frei herumlief und beim Anblick meiner roten Zeitungstasche in helle Wut geriet. Mit violett angelaufenem Kopfgehänge und laut kollernd fuhr er stets angriffslustig auf mich zu, sobald ich diesen Hof betrat. Er war ein wahres Ungeheuer, denn er reichte mir immerhin bis an die Schultern. Ihn mit einem kräftigen

Knüttel abwehrend, bestand ich täglich eine wahre Heldentat, bis ich in die Lage kam, dort meine Zeitung auf die Haustreppe zu legen.

Im Winter mussten wir uns mit dem Schlitten, auf dem wir die Zeitungen transportierten, durch meterhohe Schneeverwehungen kämpfen. Wir spielten dann Amundsen auf dem Weg zum Nordpol.[96]

Beim Wirt

Eine andere Pflicht, in die ich damals unversehens hineingewachsen bin, habe ich ebenfalls stets gern erfüllt, nämlich Onkel Max freitags zum Abendessen heimzuholen. Er liebte es, in geselliger Runde mit Maßen sein Gläschen zu heben. Besonders gern tat er dies am Freitag, dem Lohntag, nach Feierabend in der Wirtsstube am Stammtisch.

Tante Anna wiederum hielt auf geregelte Mahlzeiten bei vollzählig versammelter Familienrunde. Da konnte allen der Magen noch so sehr knurren, es wurde erst mit dem Essen begonnen, wenn der Letzte zu Tische saß. An den Freitagabenden hieß dies warten, warten und noch einmal warten, solange, bis wir Onkel Max die Treppe heraufkommen hörten, er im Vorsaal seine Mütze auf der Garderobe ablegte, in aufgeräumter Stimmung die Küche betrat und sich in unsere Tischrunde einreihte. Währte diese Warterei bei gedeckter Tafel gar zu lange, wurde Horst geschickt, um das Familienoberhaupt vom Stammtisch loszueisen. Horst tat dies gar nicht gern, denn Onkel Max quittierte die Aufforderung heimzukommen in der Regel mit Brummen und einer oder zwei Kopfnüssen. Eines Freitags meinte darum Horst, dass ich doch auch einmal gehen könnte, um den Vater zu holen. Ich ließ mir dies nicht zweimal sagen, denn ich fand die Wirtsstube mit ihrer altväterlichen Einrichtung interessant und geheimnisvoll. Hier holten Horst und ich an den Wochenenden in der großen Milchkanne für Onkel Max das Bier. Würzig duftend und schäumend sprudelte es aus dem Zapfhahn in die emaillierte Henkelkanne. Natürlich hoben wir auf dem Heimweg mindestens dreimal den Deckel ab und zogen unsere Zeigefinger wie zwei Naschkatzen durch den cremigen Schaum. Dass diese Zeigefinger oft nicht ganz sauber waren, versteht sich von selbst.

So machte ich mich also eines Freitags am Abend frohgemut auf in Richtung Dorfkrug. Sicherheitshalber benützte ich dort die Hintertüre von der Küche und den Toiletten her, um ins Gastzimmer zu gelangen. Sie lag direkt neben der Theke, so war der Erste, dem ich in die Arme lief, der Wirt. Er kannte mich schon und empfing mich freundlich: „Na Jungchen, best ju ok mal dran, mit dem Vadder to Hus to holen?" Und zum Stammtisch gewandt, rief er: „He, Max, de Berliner Jung is do!" „Wat well he denn?" „Dich to Hus holen!" „Dat mog he mi selber seggen!" Also ging ich ein bisschen beklommen zum Stammtisch hinüber und sagte mein Sprüchlein auf. Aber statt der von Horst angekündigten Kopfnüsse erwartete mich ein aufgeräumter Onkel Max. Er stellte mich in der Runde vor: „Dat is onser Ziehsohn ut Berlin, he is den Tommys metsamt ihren Bomben utjebüxt!" Und zum Wirt rief er hinüber: „He, Fritz, für dat Jungchen ene Limonade, bittschön!" Wenn ich auch der wartenden Tante Anna gegenüber ein schlechtes Gewissen hatte, nahm ich doch voller Stolz in der Stammtischrunde Platz. Onkel Max kippte sich, während ich meine Limonade schlürfte, noch schnell einen Lütten aus der Kümmelflasche hinter die Binde, zahlte, und schon strebten wir eiligen Schrittes dem Hause zu, dort von der Tischrunde sehnlichst erwartet.

Nun geschah es immer öfter, dass ich Onkel Max heimholen musste, wenn er sich wieder einmal verspätete. Ich glaube, er ließ es jetzt direkt darauf ankommen, von mir abgeholt zu werden. Ich freute mich freitags schon den ganzen Tag über darauf und war recht enttäuscht, wenn pünktlich zur Abendessenszeit die Türe aufging und Onkel Max bei Tische erschien.

Dieses Abholen vollzog sich stets nach dem gleichen Ritual, ich erschien durch die Hintertür, der Wirt kündigte mich bei Onkel Max an, und ich durfte einige Minuten mit am Stammtisch sitzen. Im Winter, der ja in Ostpreußen sehr kalt und frostig ist, kam noch eine Erweiterung dazu: Onkel Max trug dann über seinen Stiefeln dicke Filzpantoffeln. Er litt an Frostbeulen und musste also seine Füße stets warmhalten. Wenn ich in diesen rauen Zeiten im Krug erschienen war und mich der Wirt angekündigt hatte, wandte sich Onkel Max in der Regel wortlos nach mir um, zog sich erst einen der Pantoffeln vom Fuß, schleuderte ihn in meine Richtung, sodass er laut polternd gegen die Tür prallte, dann den andern, mit welchem er genauso verfuhr. Hatte er seine Munition verschossen, meinte er meistens freundlich, aber polternd wie ein gutmütiger Bär: „Na, Jungchen, nu hock dir man her!" Da ich jetzt im Winter bei dieser Eiseskälte keine Limonade trinken mochte, drückte er mir oft einen Groschen oder gar fünfzehn Pfennige in die Hand, den Betrag, den eine Limonade gekostet hätte. Er wusste ja, dass ich auf jeden Pfennig versessen war wegen der Bernsteinuhr. Besonders imponierte ihm, dass ich sie unserer Mutter schenken wollte, die ihn, das war offensichtlich, damals bei unserer Ankunft in Palmnicken mächtig beeindruckt hatte. Leider erübrigten sich für mich diese Gänge in die Wirtschaft von dem Moment an, als unsere Oma nach Palmnicken kam. Natürlich hätte mir Oma nie erlaubt, die Lasterhöhle beim Wirt auch nur einmal zu betreten! Onkel Max hat von dem Moment an sowieso auf seinen Freitagabendumtrunk verzichtet. Es wäre doch dieser feinen alten Dame gegenüber unschicklich gewesen, als angeheiterter Bierfahnenträger bei Tisch zu erscheinen.

Eines Freitags, noch bevor Ewald auf Urlaub gekommen war, machte sich Tante Anna selbst auf den Weg zum Wirt: „Nu will eck doch mal selber noa kiken, wart he so driewen dut", meinte sie, Onkel Max betreffend, als sie vom Tisch aufstand, sich eine Jacke anzog und ging.

Der Tisch war gedeckt, alle saßen wir hungrig und erwartungsvoll auf unseren Plätzen, nur Tante Anna und Onkel Max ließen sich nicht blicken. Es wurde neun Uhr, sie kamen nicht, es wurde zehn Uhr, immer noch nichts. Wir hatten schon längst gegessen, unter Metas Anleitung den Tisch abgeräumt und das Geschirr gespült, als wir sie kommen hörten: erst auf der Straße, dann unten auf dem Hof, dann wie sie die Treppe laut lallend heraufkamen. Tante Anna begann immer wieder ihr Lieblingslied „Schwarzbraun ist die Haselnuss". Polternd betraten sie den Vorsaal. Nur Horst, Meta und ich hatten solange in der Küche ausgeharrt. Klärchen war schon zu Bett gegangen, und Otto wandelte auf Liebespfaden. Sie waren sternhagelblau, und Meta bekam alle Hände voll zu tun, erst ihren Vater hinüber ins Schlafzimmer zu bugsieren, dann Tante Anna auf einen Stuhl zu setzen und ihr einen Eimer vor die Füße zu stellen. Horst bekam, als er seine Eltern so besoffen hereinkommen sah, einen Lachanfall, was ihm eine Salve schallender Ohrfeigen einbrachte. Ja, Meta war nicht nur eine zärtliche Schwester, sie hatte auch eine flotte Hand.

Mir war in diesem Moment gar nicht zum Lachen zumute, denn Tante Anna jammerte, während sie in den Eimer reiherte, herzerweichend: „Eck mut sterve, eck mut sterve!" Dann warf sie sich plötzlich zurück und rief: „Nee, eck will nich sterve, eck will nich sterve, nee nee!" Ich hatte noch nie volltrunkene Menschen erlebt und meinte wirklich, dass Tante Anna nun sterben müsse. Entsprechend groß war meine Angst. Horst hatte sich ganz schnell verdrückt, nachdem er seine Schellen bekommen hatte. So war nun Meta auf meine Hilfe angewiesen, als plötzlich Onkel Max wieder in der Küchentür stand. „Immer feste aufn Rücken klopfen, wenn se sich verslucken tut, un dat he nich neben dem Eimer kotzt!", rief sie mir zu, während sie ihren Vater hinausführte. Zweimal kam er noch, zweimal musste Meta ihn wieder zurück ins Schlafzimmer bringen. Endlich, als Tante Anna sich beruhigt hatte, hörten wir ihn von dort her laut schnarchen. Als ich endlich todmüde hinüber in unser Schlafkämmerchen stolperte, fand ich meine Betthälfte von Ottos Liebchen besetzt. Also musste ich mir wieder einmal einen Schlafplatz im Heu suchen.

Ich habe in jener Nacht sehr schlecht geschlafen und schwere Träume gehabt. Onkel Max ist danach eine Weile nicht mehr zum Stammtisch gegangen, und dem Wirt ist er lange böse gewesen, man hatte ihnen nämlich heimlich Schnaps in das Bier gemischt an jenem Freitagabend. „Dat is keen Spaß nich, nee, dat isset werklich nich, dat is kriminell!"

Übrigens, an den fünfundzwanzig Mark für die Bernsteinuhr fehlten noch neun Mark und fünfzig Pfennige, als am ersten April das Bernsteinhäuschen wieder geöffnet wurde. Onkel Max hat sie mir in großzügiger Weise vorgeschossen. So konnte das kostbare Stück in viel Holzwolle verpackt per Post pünktlich auf die Reise gehen. Ich hätte zu gerne das Gesicht unserer Mutter gesehen, als sie ihrem 42. Geburtstag das seltene Stück auspacken durfte.

Schlachtfest und Heimkehr

Ilonachens Schlachttag, dessen Genehmigung Onkel Max auf dem Bürgermeisteramt schon eingeholt hatte, und Ewalds Ankunft, alles fiel auf einen Tag! „Eck weet nich, en meijnem Koppe surmst et wie inem Bienenstock!" Tante Anna war sichtlich nervös. Wie sollte sie auch ihre Wiedersehensfreude und die aufregenden Pflichten des Schweineschlachtens in sich vereinen? Es war Samstagvormittag und typisches Aprilwetter. Gerade war noch ein Hagelschauer über den Hof gejagt, nun schien die Sonne wieder, und in den alten Linden lärmten die Spatzen. Onkel Max hatte keinen Urlaub bekommen, weil zu viele Mitarbeiter von der Grippe befallen waren. So durften Horst und ich ganz offiziell die Schule schwänzen, um beim Schlachten zur Hand zu gehen. Am folgenden Montag schrieb Tante Anna uns dann eine passende Entschuldigung.

Für einen Moment lang schien die Sonne, als Ilonachen zum Schlachtplatz geführt wurde. Sie sollte einen leichteren Tod haben als alle ihre Vorgängerinnen, die noch mit der Axt betäubt wurden. Der Metzger hatte sich nämlich mittlerweile einen der modernen Schussapparate angeschafft, weshalb Horst unbedingt vorn bei dem Meister zur Hand gehen wollte. „Dat will eck sehen, wie dat is met dem Schießen!" Also blieb mir die Pflicht, nach dem Seil zu greifen, das an Ilonachens linkes Hinterbein geknüpft worden war, um das arme Schlachtopfer auf dem Platz seiner Hinrichtung festzuhalten. Im entscheidenden Moment jedoch, als der Metzger gerade im Begriff war, den Schussapparat auf Ilonachens Stirn zu setzen, zuckte diese zusammen, ich erschrak, ließ das Seil fahren, und die entsetzte Sau suchte galoppierend das Weite, indem sie den Metzger einfach überrannte. Schimpfend rappelte sich dieser vom nassen Boden des Hofes auf, und alle liefen wir der Flüchtenden nach. Ihr Fluchtweg führte schnurstracks hinein in die Stadt. Zu unserem Glück wählte sie drinnen im Ort den oberen Weg. Vor dem Metzgerladen döste wie immer der mächtige Bernhardiner, der sich schwanzwedelnd erhob, als die flüchtende Ilona auf seinen Ruheplatz zulief. Sicherlich glaubte er, sie käme als Spielgefährtin. Sie jedoch war mit ihrem Latein am Ende, als plötzlich der große Hund vor ihr stand, und sie gab sich quiekend und grunzend geschlagen. Es war nur eine kurze Galgenfrist, die sie sich durch ihr Ausreißen erwirkt hatte. Rasch war sie wieder hinaus nach Kraxtepellen getrieben und ihrer endlichen Bestimmung zugeführt worden. Die Palmnickener hatten ihren Spaß an der ganzen Sache: „De Berliner Jung hefft dem Kowallski sin Schwin laten utbüxen! Nee, sowat ock!" Ich bekam noch eine ganze Weile ihren Spott zu spüren.

Übrigens war Tante Anna mit der modernen, humanen Methode des Schweineschlachtens gar nicht zufrieden: „Nuscht wie Knochensplitters innem Brägen, den kann eck nu jeradewechs wechwerfen!" Da Onkel Max jedoch auf seinem gebratenen Brägen bestand, bekamen Horst und ich das ganze Schweinehirn erst einmal vorgesetzt und mussten in mühevoller Handarbeit die durch den Schussbolzen entstandenen Knochensplitter herauspräparieren. Ich habe mir damals voller Ekel vorgenommen, nie im Leben Hirn zu essen, ganz gleich, in welcher Form es zubereitet sein würde.

Am selben Tag kam mit dem Nachmittagszug dann Ewald an. Natürlich bildete die auf dem Bahnhof vollzählig versammelte Familie Kowallski ein würdiges Empfangskomitee. Auch ich war mit von der Partie. Schick sah er aus in seiner Uniform, mit dem Band des EK II[97] im Knopfloch und dem Verwundetenabzeichen auf der Brust. Zum Feldwebel war er auch befördert worden, das hatte Onkel Max sofort festgestellt, als Ewald aus dem Zug geklettert war und nun, sein linkes Bein etwas nachziehend, auf uns zukam. Klärchen stand erst einmal einige Sekunden wie versteinert da, und die hellen Tränen liefen ihr über die Wangen. Dann nahm sie das Peterchen auf und lief ihrem heimkehrenden Mann entgegen, sie flog regelrecht auf ihn zu und fiel ihm schluchzend um den Hals. Peterchen schien seinem Vater gegenüber erst einmal sehr misstrauisch zu sein. Er drehte laut schreiend sein Köpfchen zur Seite, als jener ihn liebkosen wollte. Dieses Misstrauen legte er erst einige Tage vor Ewalds Urlaubsende ab.

Das war eine Begrüßung, das war ein Fest! Alle hatten Tränen in den Augen. Sogar Onkel Max musste sich verstohlen die Augenwinkel auswischen, und am Abend gab es von Ilonachen einen Braten mit Kraut und einem riesigen Berg

Salzkartoffeln. Klärchen und Ewald verschwanden zum allgemeinen Leidwesen an diesem ersten Abend dann sehr schnell im blauen Salon. Das Ehebett rief. Tante Anna hatte zwar einige Zweifel wegen des Bettes: „Twee Personen in ejnem Bette, mecht dat nich en bissjen to eng werden mit dem Platz?" Aber die beiden Angeredeten lachten nur verschmitzt und drückten sich zum wer weiß wievielten Mal einen Kuss auf die Lippen.

Ewalds offene, immer zum Scherzen aufgelegte Art gefiel mir vom ersten Tag an. Er nannte mich seinen lütten Berliner, was mir allerdings nicht so sehr gefiel. Gar so klein kam ich mir mit meinen elf Jahren nicht mehr vor, aber ihm nahm ich dies nicht übel. Er war ja ein Held! Leider durfte ich ihn nicht nach seinen Heldentaten, nach seinen Fronterlebnissen fragen, dann wurde sein Gesicht ganz finster und seine Lippen eng. „Ach, min lütter Berliner, dat is nix für Kinder." Dies war nun mehr ein Seufzer als eine Antwort auf meine Fragen.

Am nächsten Morgen, dem Sonntag, erschien Ewald dann in ganz normaler Zivilkleidung zum Morgenkaffee. Ich war erst einmal darüber enttäuscht, denn er hatte plötzlich seine ganze Heldenhaftigkeit verloren und sah nun aus wie jeder andere Mann seines Alters auch. Er und Klärchen pflegten immer noch den verliebten Umgang miteinander, der mich schon am Abend zuvor gestört hatte. Ich fand dieses ganze Geschmuse und diese Händchenhalterei überhaupt nicht zur feldgrauen Uniform passend und eines EK II-Trägers absolut unwürdig.

Nach dem Frühstück breitete Ewald sein Handwerkszeug auf dem Küchentisch aus, prüfte die Schärfe seiner Scheren, seiner Rasiermesser, den Gang der Schermaschinen und begann, Onkel Max zu rasieren. Er war nämlich gelernter Barbier, wenn er auch nach dem Krieg diesen Beruf mit dem langen Stehen aufgrund seiner Verwundung bestimmt nicht mehr ausüben könne, wie Onkel Max prophezeiend darlegte.

Jeder meinte damals noch, dass der Frieden schon im kommenden Jahr 1942 wieder erreicht sein würde. Niemand konnte ja ahnen, dass der Führer für das deutsche Volk und seine Armeen noch heroische Pläne hegte. Davon war allerdings noch nichts zu spüren. Man hätte vielleicht eine Vorahnung haben können in Anbetracht der vielen kriegsmäßig ausgerüsteten Soldaten, die nach und nach unsere östliche Grenzprovinz besetzten.

Im Moment stand bei uns privates Glück im Mittelpunkt des Interesses. In der Futterküche dampfte der Wurstkessel, es duftete dort nach Majoran und Wellfleisch. Alle waren wir beschäftigt, Schwarten, Speck und Fleisch zu schneiden, durch den Wolf zu drehen, zu würzen, in Gläser und Därme zu füllen. Ewald, Otto, Horst und ich, ja selbst der Verlobte Metas konnten da nicht abseits stehen. „Dat Janze bin eck ja nue für eure Hochtid am veranstalten", wurde Onkel Max nicht müde, den beiden, Meta und Fritz, zu erklären. Er stand etwas abseits des Arbeitsprozesses, weil er gleich am Morgen für sich den Posten des Oberaufsehers reklamiert hatte. Er ging von einem zum anderen, schaute nach, dass die Schwarten und der Speck weder zu groß, noch zu klein geschnitten wurden, dass vom Fleisch nur das Minderwertige zum Verwursten kam, und teilte aus seiner Kümmelflasche an die Erwachsenen die zur Wurstherstellung unerlässlichen Lütten aus, sich selbst dabei natürlich nicht vergessend, weshalb er zu Mittag schon in recht heiterer Stimmung war.

Das Osterfest hatten wir, wie es sich für eine dem Führer ergebene Familie gehörte, ohne kirchliches Gepränge, als familiäre Frühlingsfeier, bei gutem Essen und kleinen Geschenken würdig begangen. Während des Festmahls am ersten Feiertag ist Ewald nach dem Genuss einiger Schnäpschen soweit aufgetaut, dass er Geschichten aus seinem Frontleben zum Besten gab. Leider berichtete er nichts über Heldentaten, vom mutigen Stürmen in feindliches MG-Feuer hinein, sondern nur vom täglichen Allerlei des Soldatenlebens: von eifrigen Läusejagden in den Uniformnähten, vom Krieg gegen Flöhe und Wanzen in den Unterständen, von Hitze, Schmutz, Staub und Kälte. Für mich waren das alles uninteressante Erzählungen.

Meine Hauptsorge war damals, dass der Krieg so lange dauern möchte, bis ich alt genug wäre, selbst Soldat zu werden. Ich würde mich dann nicht so zieren wie Ewald und zu Hause meine Heldentaten ausführlich meinen Kameraden berichten. Zum Glück kam es nicht soweit, und vorerst war Metas Hochzeit sowieso wichtiger als alles Weltgeschehen. Da das Ilonachen schon geschlachtet war, war für das leibliche Wohl der Hochzeitsgäste auf das Beste gesorgt, was damals im zweiten Kriegsjahr keine Selbstverständlichkeit war. Eine Wohnung hatten die jungen Brautleute auch schon, drüben in den roten Häusern. Der Fritz war jetzt öfter bei uns, und ich meinte manchmal, die beiden jungen Paare würden einen Wettkampf im Schmusen und Verliebttun ausfechten. Es war oftmals nicht auszuhalten. So affig benimmst du dich später nie, wenn du mal groß bist! Dies habe ich mir damals fest vorgenommen.

Es war aber auch eine Zeit wie geschaffen für Verliebte. Dem Winter war nun endlich die Kraft ausgegangen. Den ganzen langen April über hatte er uns immer wieder seinen kalten Nordostwind und Stürme geschickt, die das Meer in eine brüllende, gischtende Wasserwüste verwandelten und tiefhängende Wolken herantrieben. Jetzt wehte der Wind immer öfter aus westlicher Richtung. Mild war sein Atem und unten am Strand geschwängert mit dem Duft der Sanddornblüte. Im alten, nunmehr zu einer Dornenwildnis verwucherten Garten oberhalb der Annengrube ließ sich jetzt in den Nächten sogar schon ein Sprosser hören, die Nachtigall des Nordens.

In diese Zeit des Aufatmens und des Blühens fiel die Ankunft meiner Oma. Ihre Erzählungen vom Leben in der Reichshauptstadt, von Alarmnächten und Luftschutzdienst waren wie der Einbruch des Krieges in unsere friedliche Welt, ließen uns die Zerbrechlichkeit dieses scheinbaren Friedens ahnen. Fremd war sie mir geworden, die doch eine der Vertrautesten meiner Kindheit war. Sechs Monate des ungebundenen Lebens hier in Palmnicken hatten genügt, mich meiner bisherigen Welt zu entfremden. Später, nach meiner Heimkehr, fragte Mutter während eines Gespräches mit Oma, das ich zufällig belauschte: „Sag mal, was sind denn diese Kowallskis eigentlich für Leute? Unser Dieter ist ja total verwildert!"

Ich war schon zwei Tage vor Omas Ankunft aus dem kleinen Kämmerchen über den Ställen in das Schlafzimmer umgezogen und hatte die beiden Nächte in Onkel Maxens Bett so tief und fest geschlafen, wie schon seit Wochen nicht mehr. Kein Wunder, denn seit langer Zeit lag ich nun wieder ganz allein in einem eigenen Bett.

Oma wurde wie eine alte Bekannte empfangen. „Nee, immer noch de Alte un keen bissjen älter jeworden", meinte Onkel Max in seiner galanten, liebenswürdigen Art, als er ihr die Hand reichte. Natürlich war er gleich mit den Gläschen zur Hand. Aber Oma, die ihn schon vom Jahr siebenunddreißig her kannte, winkte gleich ab. Onkel Max meinte darauf mit gespielter Enttäuschung: „Nuscht fer ungut, oaber eck hev extra fer Ihnen Ihren Empfang en Kroatzbeer onjesetzt, en süßet Likörchen, wär dat nuscht nach de lange Reijse?" Natürlich ließ sich Oma da nicht lumpen, und als sie ihre Mitbringsel austeilte, konnte sie sich nicht genug wundern über die Kinder, die nun zum Teil gar keine Kinder mehr waren. „Na so was, der Horst, schon so ein großer Junge und der Otto schon ein junger Mann, hast wohl gar schon eine Freundin, und die Meta, ich seh' dich noch, damals mit deinen fünfzehn Jahren und heute eine Braut!" Ewald und Klärchen kannte sie noch nicht, aber für beide hatte sie natürlich auch eine Kleinigkeit im Koffer parat.

Metas Hochzeit stand vor der Tür, da war es nicht ratsam, zu Hause zu sein. Die Frauen, allen voran Tante Anna, aber auch Klärchen, Meta und nicht zuletzt unsere Oma, die in der Küche standen und buken, brieten, kochten und schmorten, sodass die duftenden Schwaden durch alle Zimmer zogen, fanden stets unangenehme Arbeiten für Horst und mich. Welcher Junge sitzt schon gern stundenlang am Tisch und schneidet Speck oder hackt Nüsse?

Wenn Oma nicht gekommen wäre, hätte ich mich mit Horst jederzeit verdrücken können, aber es war eingetreten, was ich geahnt und befürchtet hatte: Oma begann sofort nach ihrer Ankunft den Wildwuchs meiner Freiheiten zu beschneiden. Dagegen fanden Horst und ich ganz schnell geeignete Mittel. Plötzlich dauerte unsere tägliche Tour als Zeitungsausträger mindestens eine Stunde länger als normalerweise, und das täglich herbeizuschaffende Grünfutter für die Hühner und Kaninchen war im näheren Umkreis so gut wie abgegrast. Da bedurfte es schon längerer Sucherei, um genügend Bärenklau und Kälberkraut, Löwenzahn und Milchdisteln zu finden. Zum Glück erlahmte Omas Interesse an meinen Freizeitunternehmungen recht bald wieder, und der Wildwuchs meiner Freiheiten begann erneut zu sprießen. Nach einiger Zeit lag Oma, die notorische Frühschläferin, meist schon schnarchend im Bett, wenn ich ins Schlafzimmer geschlichen kam und mich unter meine Zudecke kuschelte.

Meine Erinnerungen an Metas Hochzeitsfest sind sehr spärlich. Ich weiß weder, ob es eine kirchliche Trauung gegeben noch wo die anschließende Feier stattgefunden hat. Nur dass Meta in ihrem weißen Kleid mit Kranz und Schleier wie alle Bräute von hinreißender Schönheit war, habe ich als elfjähriger Junge schon empfunden. Am Tag vor der Hochzeit, dem Polterabend, hielt Tante Anna einen besonderen Auftrag für uns Jungs bereit. „Eck brock Meijglöckchen morjen fer de Festtafel to schmücken", meinte sie beim Frühstück und schickte Otto, Horst und mich zum Hausenberg, um dort von den lieblich duftenden Liliengewächsen einzusammeln, „so vel, wie ju mogt fenden".

Für mich war das ein abenteuerlicher Spaziergang. Bisher war ich noch nie von der Küste weggekommen. Nun ging der Weg einige Kilometer ins Hinterland, am Gut Dorbnicken vorbei durch lichte Birkenwäldchen, über moorige Wiesen, auf denen dutzende von Störchen umherstolzierten und mit schnellen Schnabelhieben nach Fröschen oder Mäusen jagten. Über uns leuchtete der tiefblaue morgendliche Himmel. Ganz klein kam ich mir vor unter diesem Himmel in dieser weiten Landschaft. Vor uns lag der Hausenberg. Mit seinen sechzig Höhenmetern in dieser Ebene war er ein rechter Berg, der doch in anderer, gebirgiger Gegend nur ein unscheinbarer Zwerg gewesen wäre. In weiter Ferne, fast schon am Horizont, war das dunkle Band des Warnicker Forsts zu sehen. War unser Gang anfangs eher eine ausgelassene Tollerei denn eine zielstrebige Wanderung gewesen, so wurden wir nun von einer feierlichen Stimmung ergriffen und wagten nicht, die Stille, die über dem Land lag, auch nur durch ein Wort, einen Ruf zu zerschneiden. Hoch über uns tummelten sich zwei Bussarde im Balzflug und erfüllten die Weite mit ihrem Katzengeschrei.

Dicht neben unserem Weg fuhr plötzlich ein Hase aus seiner Sasse auf und suchte hakenschlagend das Weite. Horst und Otto kannten sich hier bestens aus, denn der Gang zum Maiglöckchenwunder am Hausenberg und am nahegelegenen Fuchsberg, gehörten zum jährlichen Wanderprogramm der Bewohner dieser Gegend. So etwas wie diese Maiglöckchenblüte hatte ich noch nie erlebt. Der Boden des lichten Laubwaldes verwandelte sich während dieser Maitage in einen duftenden Blütenteppich. Soweit das Auge reichte standen Maiglöckchen, nichts als blühende Maiglöckchen. Man konnte diese Herrlichkeit mit allen Sinnen genießen, mit den Augen und Ohren. Die Luft war erfüllt vom Gesumme tausender und abertausender Bienen, die hier ihren Honig eintrugen. Mit der Nase aber war dieses Wunder vor allem zu erleben, weil ein betäubender Duft über diesem Blütenmeer hing. Der Duft war so stark, dass die Leute sich erzählten, man dürfe nicht zu weit in diesen Wald hineingehen, wenn die Maiglöckchen blühen, da einem sonst die Sinne benebelt würden und man nie wieder herausfände. Wir haben jedenfalls wieder herausgefunden. Unsere Handkörbe waren bis obenhin gefüllt mit dem herrlichsten Blütenschmuck. Metas Hochzeit stand also nichts mehr im Wege.

Wieder Krieg!

Klärchen war traurig, denn vierzehn Tage vor dem Ende seines Urlaubs wurde Ewald zum Dienst gerufen. Sie saß jetzt oft mit Tante Anna und Meta, wenn diese mal zu Besuch kam, am Küchentisch. Dann weinten sie, als ob das den Ewald zurückbrächte. Einige Tage nach der Hochzeit ist Meta mit ihrem Fritz in die roten Häuser gezogen. Auch dabei hatte es Tränen gegeben. Gewiss, mir fehlte sie auch, die freundliche große Schwester, aber darum gleich weinen? Sie war nun ebenfalls traurig und voller Angst. Ihr Fritz hatte den Bereitstellungsbefehl bekommen. Dieser besagte, dass er sich bis zu seiner Einberufung nicht aus Palmnicken entfernen dürfe. Das war ein banges Warten, damals, Anfang Juni 1941.

Die Soldaten, die uns mit ihren Manövern nunmehr seit drei Monaten in Atem gehalten hatten, waren abgezogen. Dies war in aller Heimlichkeit geschehen, und kein Mensch wusste, wohin die Einheiten verlegt worden waren. Horst und ich hatten entgegen unserem Versprechen doch wieder Munition gesammelt, diesmal aber nur Manövermunition, die mit roten, vorn abgerundeten Holzpfropfen bestückt war. Diese hohlen Holzgeschosse ließen sich mit der Beißzange leicht von den Patronenhülsen abziehen, und wir hatten schon eine kleine Marmeladendose voller Schießpulver in unserer Höhle versteckt. Die roten Holzsplitter der Manövergeschosse konnte man jetzt in Wald und Feld, aber auch am Strand finden, denn überall hatten die Soldaten ihre Kriegsspiele gespielt, bevor sie rumpelnd und ratternd in einer langen Fahrzeugkolonne in Richtung Germau davongefahren waren.

Die Soldaten waren also weg, dafür kamen die ersten Sommerfrischler. Es begann die Zeit der grauen Nächte. Man näherte sich der Sommersonnenwende. Wann immer es möglich war, lebte man nun am Strand. Es waren ja auch vom Haus aus bis hinunter ans Wasser nur einige Minuten zu gehen. In den Dünen gab es geschützte Fleckchen, hier verbrachte man die Zeit besonders an den Sonntagen von früh bis in die späten Nachtstunden hinein. Mittags brachte uns Tante Anna das einfache Essen herunter, Kartoffelsalat mit Würstchen, oft aber auch mit gebratenen Strömlingen, gelegentlich gab es Sperkles dazu, jene in Schmalz knusprig gebratenen Speckscheiben.

Die arme Tante Anna stand jeden Vormittag schwitzend in der Küche und sorgte für unser leibliches Wohl, während wir uns in den Dünen sonnten. Brauchte sie mittags Hilfe zum Tragen, dann schickte sie einfach einen Pfiff aus der Trillerpfeife zum offenen Küchenfenster hinaus und hinunter an den Strand. Waren die täglich wehende Brise und das Rauschen der Brandung nicht gar zu stark, ließ sich dieser Pfiff unten in den Dünen gut vernehmen. Dann hieß es für Horst oder mich, als Essenträger hinauf zu ihr zu gehen. Wir kamen dieser Pflicht gern nach. Oft erwarteten wir schon sehnsüchtig dieses Signal. Die frische Luft und das immer noch recht kalte Wasser der Ostsee machten hungrig und ließen unsere Mägen mittags mächtig knurren.

Für uns beide hielt auch das Strandleben Pflichten bereit. Eine der liebsten und von uns stets gern erledigt war das Sammeln von trockenem Treibholz für das abendliche Lagerfeuer. Dieses zu entfachen und zu unterhalten hatte sich Onkel Max zur Pflicht gemacht. Seine Stellung im Bernsteinwerk gab ihm, allerdings inoffiziell, die Autorität eines Strandvogts. Jedenfalls fühlte er sich für alles verantwortlich, was am Kraxtepellener Strand geschah.

Meistens versammelte sich nicht nur unsere Familie um dieses Feuer, sondern auch Sommerfrischler, Nachbarn und, solange sie noch in Palmnicken stationiert waren, Soldaten. Onkel Max war ein hervorragender Mundharmonikaspieler, und so dauerte es meistens nicht lange, bis die ersten Lieder erklangen. Es waren unvergessliche, geheimnisvolle Nächte, in denen es nicht dunkel wurde, denn noch ehe es im Westen über dem Horizont des Meeres richtig schwarz wurde, dämmerte im Osten über der Steilküste schon wieder

der nächste Tag herauf, und über uns spannte sich in seiner prächtigen Weite der verblassende Sternenhimmel.

„Es dunkelt schon in der Heide, nach Hause lasst uns geh'n". Dieses alte ostpreußische Lied wurde zwar gern und regelmäßig am Lagerfeuer gesungen, seiner Aufforderung mochte aber in jenen Mittsommernächten niemand nachkommen. Wenigstens an den Samstagen feierten wir meistens bis weit in den Sonntag hinein. Der tagsüber durch die Sonne aufgeheizte Sand ließ die Luft in den Dünen während dieser kurzen Nächte nicht zu kühl werden.

Der Fischer Spitz, auch Tucker genannt, hatte nun seine große Zeit. In jeder Nacht hörte man jetzt draußen auf dem nächtlichen Meer das Tuck-Tuck seines Kutters, dem er seinen Spitznamen verdankte. Vor dem Beginn des Russlandfeldzugs sah man zudem noch seine starke Lampe von weit draußen herüberblinzeln, mit welcher er die Fische in seine Netze lockte. Dies verbot ihm dann allerdings die angeordnete strikte Verdunkelungspflicht.

Auf halben Weg vom Erich-Koch-Platz hinunter an den Strand betrieb Tucker eine Räucherei, in der er die bei den Sommerfrischlern so beliebten Strömlinge räucherte. Nachmittags, bevor er wieder hinaus aufs Meer fuhr, verkaufte er die an langen Gestellen hängenden, von Fett triefenden goldgelben Fische. Stand der Wind günstig, konnte man den Duft, der von seinem primitiven Räucherofen ausging, selbst am Kraxtepellener Strand noch erschnuppern. Strömlinge, warm aus dem Rauch, für ein paar Groschen das Dutzend, dazu kerniges, dunkles Butterbrot, das Ganze am Strand nach Fischerart aus der Hand verzehrt – konnte es damals ein köstlicheres Abendbrot geben? So oft wir nach heißen Sommertagen die erfrischende Kühle des Strandes den stickigen Räumen des Hauses vorzogen, genossen wir dieses Geschenk des Meeres und wurden seiner nicht überdrüssig, auch wenn es Tag für Tag unser einziges Abendbrot war. So lebten wir in Heiterkeit einen vergnüglichen Sommer.

Doch dann kam der Vormittag des 22. Juni 1941, wir waren alle am Strand geblieben, nach der Feier dieser Nacht, der Mittsommernacht und Sommersonnenwende. Wir lagen in den Dünen, genossen die zunehmend wärmer werdende Sonne, als Klärchen herunter an den Strand gelaufen kam, tränenüberströmt, ihr Peterchen auf dem Arm. Sie brachte nur ein Wort heraus, als sie vor uns stand: „KRIEG!", und nach einer Weile: „Schon wieder KRIEG!", und wiederum nach einer Weile, weinend, mit gebrochener Stimme: „Russland!" Wir saßen im Kreis um den Rest des Feuers herum, starrten ihr schweigend ins Gesicht, und in unser Schweigen hinein begann in Brüsterort die Flakbatterie bellend und knatternd mit ihrer täglichen Übungskanonade.

Wie jedes Mal, wenn wieder ein Feldzug begonnen hatte, legten sich die allgemeine Angst und das Entsetzen recht bald. Diese Stimmungen schlugen von einem Tag zum anderen um in nationale Begeisterung und Siegeszuversicht. Dieser Russlandfeldzug ließ sich aber auch prächtig an. Eine Sondermeldung jagte die andere. Der Radioapparat im Wohnzimmer lief jetzt jeden Tag von früh bis spät, und Onkel Max brachte über seinem Schreibtisch unter dem Führerbild eine große Russlandkarte an. Nun konnten wir anhand der Fähnchen, welche er nach jeder Sondermeldung, jedem Frontbericht in Richtung Osten versetzte, verfolgen, wie atemberaubend schnell sich unsere Armeen in dieses weite Land hineinfraßen. „Hevicks nich jleijch jesachd, dat met die Russen wat stinken dut?", meinte Onkel Max zufrieden. Er hatte wieder einmal die richtige Ahnung gehabt. Tante Anna und Klärchen bangten um ihren Ewald, der schon lange nicht mehr geschrieben hatte. Sie wussten nur, dass er bei einer Reserveeinheit gelandet war. „Nu isser 'n Etappenhengst, dat is nich weiter jefährlich", tröstete Onkel Max. Eines Tages kam Meta weinend nach Hause gelaufen, ihr Fritz hatte nun auch seinen Stellungsbefehl bekommen. Bald musste er, einer unter Millionen, helfen, den mächtigen russischen Bären zur Strecke zu bringen.

Da der Feldzug solch einen guten Verlauf nahm, kamen die Sommergäste bald wieder, die in den ersten Kriegstagen die Samlandküste fluchtartig verlassen hatten. Mit dem Beginn der großen Ferien füllte sich der Strand zusehends mit sonnenhungrigen Städtern aus Königsberg, Posen, selbst aus Berlin waren einige Gäste angereist. Der Frontverlauf bewegte sich weit drinnen im Land der Kulaken, der Bolschewisten, man scherte sich hier wenig um ihn. Jetzt galt es erst einmal, den ausnehmend schönen Sommer zu genießen.

In diesen Tagen kamen die Libellen über uns. Anfangs waren es nur einzelne, die wie aus dem Himmel geboren im flimmernden Mittagslicht über Straßen und Wegen hin- und herflitzten. Blaugrau, mit großen Köpfen und flachen, breiten Hinterleibern, gehörten sie nicht zu den Schönsten ihrer Gattung. Tante Anna graulte sich von Anfang an vor ihnen. „Nee, dat sin Düvelsvöjel, dej bringen nuscht wie Unjlick", meinte sie, als die ersten von ihnen eines Mittags im grellen Sonnenlicht erschöpft an der Hauswand saßen. Nur einen Tag später erfüllten dann tausende und abertausende von ihnen die Luft mit ihren flirrenden Flügeln. Kein Mensch wusste, woher sie gekommen waren noch wohin ihr Weg führte. Von der Steilküste aus sah man sie wie eine Wolke hinaus aufs Meer treiben. Tante Anna hatte jetzt ihren starren Blick und war nicht ansprechbar. Horst klärte mich über den Zustand seiner Mutter auf. Wir saßen an der Steilküste und schauten hinaus aufs Meer. Auf meine Frage hin, was sie denn jetzt plötzlich hätte, meinte Horst: „He is ene Spökenkiekerin! He hevd dat zweijte Jesicht!"

Bertchen Lohr oder: verbotene Spiele

Auch Oma und ich verbrachten jetzt die meiste Zeit unten am Strand. Klärchen leistete uns manchmal mit ihrem Peterchen Gesellschaft. Gelegentlich, wenn sie Zeit hatte, kam auch Tante Anna zu uns herunter. Horst ging, seit Oma da war, eigene Wege und war nur noch selten bereit, mit mir draußen auf den Sandbänken herumzutollen. Klärchen und ich hatten nahe dem Wasser eine große Sandburg gebaut, die Platz für alle bot. So war denn alles im Lot und wir konnten uns dem Badebetrieb wie richtige Sommerfrischler in vollen Zügen hingeben.

Während sich am Palmnickener Strand Sandburg an Sandburg reihte und die Badenden zu dutzenden in der Brandung herumhüpften, blieb es bei uns am Kraxtepellener Strand ruhig. Nur Vereinzelte, meist Einheimische kamen herunter, um sich zu sonnen und im Meer zu schwimmen. Fremde mussten da auffallen. So auch jene, die sich eines Tages neben uns häuslich einrichteten. Eine feine, vornehme Dame war sie, das sah man auf den ersten Blick. Ihr Strandkleid war aus reiner Seide und nach der neuesten Mode geschnitten, wie Oma flüsternd kundtat, „aber viel zu jugendlich!" Ein Mädchen hatte sie auch bei sich, nicht mehr Kind und noch nicht Backfisch. Zwei, drei Tage lang räkelten sich die beiden schon in der Sandburg unter dem Sonnenschirm und schienen von ihrer Umgebung keinerlei Notiz zu nehmen. Oma, die immer einen Hang zum Vornehmen hatte, nahm dagegen desto mehr Notiz von der Fremden. Leider boten sich zur Nachbarsandburg hinüber keinerlei Anknüpfungspunkte.

Das änderte sich, als eine jener kurzen heftigen Windböen, die gelegentlich an heißen Sommertagen aufkommen, plötzlich den Sonnenschirm unserer Nachbarin packte, mit sich hinaus aufs Meer trug und draußen fallenließ, dicht bei mir, der ich mich gerade auf einer der Sandbänke tummelte. Mit einem Griff hatte ich den Ausreißer eingefangen. Zwischen Sandbank und Strand gab es eine tiefe Stelle, über die ich den Sonnenschirm, den ich vorher draußen im flachen Wasser zusammengeklappt hatte, wie ein Rettungsschwimmer hinwegbugsierte. Am Strand hatten sich natürlich einige Leute versammelt, die mit Interesse meine Rettungsaktion beobachteten, auch das Mädchen der vornehmen Nachbarin war darunter. Sie alle spendeten mir freudigen Applaus, als ich glücklich das Land erreichte. Als wohlerzogener Enkelsohn einer aufs

Vornehme bedachten Oma zeigte ich mich als Kavalier und übergab der Fremden mit einem artigen Diener den tropfenden Sonnenschirm. Dies zeigte Wirkung. Als ich kurz darauf zum Wasser zurückschlenderte und an der betreffenden Sandburg vorüberkam, wurde ich angerufen, und die vornehme Dame ließ Oma durch mich ausrichten, dass es ihr ein Vergnügen wäre, wenn sie uns beide bei sich in der Sandburg empfangen dürfe.

Da war nun guter Rat teuer, und Oma geriet ganz aus dem Häuschen: „Wie soll ich denn das machen, ich habe ja nicht einmal ein Strandkleid dabei, und zu einer Einladung, da gehört sich's doch, dass man was mitbringt!" Oma war ganz aufs Sportliche eingestellt. Sie kam herunter an den Strand, um zu schwimmen und sich zu sonnen. Sonst hatte sie nichts weiter im Sinn. Übrigens war das Schwimmen in der freien Ostsee für eine Dame von 71 Jahren damals fast eine Unschicklichkeit.

Ich bereute bereits den Griff nach dem Sonnenschirm. Sicherlich lief es nun darauf hinaus, dass ich den lieben langen Nachmittag in der fremden Sandburg sitzen musste, vielleicht sogar noch neben dem Gänschen, dem doofen Mädchen, um mir das langweilige Geschwafel der beiden Omas anzuhören!

Als wir dann den Besuch antraten, hatte Oma sich ihr Straßenkleid, in dem sie heruntergekommen war, über den Badeanzug geworfen. Nach der Begrüßung kokettierten die beiden Damen erst einmal mit ihrem Alter. Die Frau spielte als Erste ihren Trumpf aus, dabei auf das Mädchen deutend: „Ja ja, das Alter bringt schon Beschwerden mit sich. Mit fünfundsechzig noch solch einen Wildfang hüten zu müssen." Oma hatte jedoch die besseren Karten: „Fünfundsechzig, ein ganz schönes Alter, in der Tat, aber was meinen Sie denn, wie alt ich bin?" Oma verstand es, seitdem sie siebzig Jahre alt war, jede Gesprächsrunde, in der man sie nicht kannte, mit wenigen Worten in Richtung Lebensalter hinzulenken. Der Höhepunkt des Gesprächs war es dann für sie, wenn sie die oben genannte Frage stellen konnte. Meistens wurde sie viel jünger geschätzt, als ihr tatsächliches Lebensalter betrug. So erging es jetzt auch Frau Lohr. „Siebenundsechzig haben Sie bestimmt schon auf dem Buckel, wenn ich mich so vulgär ausdrücken darf." Dies quittierte Oma allerdings mit einem überlegenen Lächeln und meinte etwas von oben herab: „Da müssen Sie aber noch fünf Jahre drauflegen, meine Liebe!"

Frau Lohr gab sich noch nicht geschlagen und wartete mit einem anderen vermeintlichen Trumpf auf: „Wenn ich die heutigen Zeiten so betrachte und mit früher vergleiche, Sie müssen wissen, dass ich vor dem Weltkrieg Hauslehrerin auf dem Gute des Barons von W. war, kein niederer Adel, beileibe nicht, ihre Beziehungen reichten bis in die höchsten Kreise." Oma konnte auch diesmal kontern und meinte versonnen lächelnd: „Ja ja, herrliche Zeiten damals, vor dem großen Krieg! Gewiss, ich durfte nicht Ihre hohe Stellung bekleiden, meine Liebe, ich war nur Kammerzofe der Fürstin Hohenlohe-Ingelfingen, aber als engste Vertraute dieser hohen Dame ist mir so manche beglückende Begegnung zuteil geworden. Sie war immerhin Hofdame der sächsischen Königin. Anlässlich eines Hofballs auf Schloss Moritzburg hatte ich die Ehre, sogar dem unglücklichen Neunundneunzig-Tage-Kaiser zu begegnen.[98] Stellen Sie sich das mal vor! Übrigens ein herrlicher Mann, ein schöner Mann, ein Mann zum Verlieben! Ein Unglück für die Welt, dass er so früh dahinscheiden musste!"

Hier hatten sich nun zwei verwandte Seelen getroffen. Sie konnten stundenlang in ihren Erinnerungen wühlen, die eine ließ das Leben auf einem junkerlich-preußischen Rittergut erstehen, die andere gab allerlei Anekdoten des Lebens am sächsischen Königshof zum Besten, konnte über Intrigen berichten und gab so manche Indiskretion preis, welche sie beim Ondulieren, Frisieren und Schnüren ihrer Gnädigen erfahren hatte.

Wir Kinder hörten den Wechselmonologen der beiden alten Damen eine Weile mit mäßigem Interesse zu. Das Mädchen hieß Bertha und wurde allgemein Bertchen genannt. Sie saß mir schräg gegenüber, und während ich sie verstohlen beobachtete, musste ich mir eingestehen, dass sie alles andere als ein doofes Gänschen war. Fesch sah sie aus mit ihrem kastanienbraunen Bubikopf, den rehbraunen, keck in die Welt schauenden Augen und den neckischen Grübchen in den Wangen.

„Dürfen wir bitte eine Weile ans Wasser gehen, Bernstein suchen?" Ihr war es langweilig geworden, und während sie diese Frage äußerte, erhob sie sich und zog mich mit sich. Die beiden Damen schauten mit einem Blick zu uns auf, als hätten wir sie aus einem fernen Paradies ins Diesseits geholt. „Ja ja, geht nur", meinte Oma zerstreut, und Frau Lohr bekräftigte diese Erlaubnis verhalten nickend.

In der vergangenen Nacht war trotz windstillen Wetters eine kräftige Dünung aufgekommen, ein Phänomen, das man gerade im Sommer oft erlebt. Onkel Max meinte am Morgen: „Do hed et wejjt buten, op de See jewittert!" Diese Dünung hatte ein breites Band braunen Tangs an den Strand geworfen, in dem sich stets eine Menge des versteinerten Harzes fand. Wie Früchte nisteten kleine und große, minderwertige und prächtige Stücke Bernsteins in diesen blasigen, braunen Pflanzen.

Wir schlenderten, den Tang absuchend, bis zur Kraxtemündung, fanden aber kein einziges sammelnswertes Stück. Während wir noch unschlüssig an dem Flüsschen standen, sah ich vom Erich-Koch-Platz her die Kraxtepellener

Jungs, allen voran Horst, über die Holztreppe herunterkommen. Einige hatten Spaten, Hacken und Schaufeln dabei. Sie wollten versuchen, den verlassenen Bernsteinstollen bei der alten Annengrube einige Meter weiter aufzugraben. An sich wäre ich dabei auch gern mit von der Partie gewesen, aber die Strandwanderung an der Seite dieses Mädchens erschien mir aufregender, wenn sie auch nicht so gefährlich war wie die Höhlengraberei.

„Hier hat schon jemand gesucht", meinte ich und schaute den Jungs nach, die in Richtung Annengrube davonzogen. „Lass uns in Richtung Mott gehen, da kommen selten Leute hin, dort finden wir bestimmt was." Wir gingen nebeneinander her, sie dem Wasser zugewandt, auf dem nassen, festen Sand leichtfüßig ausschreitend, ich auf der trockenen Seite, mühsam mit den Füßen im Sande mahlend; sie ganz in ihr Sammeln vertieft, ich ihr verstohlene Blicke zuwerfend. Noch war ihre Gestalt eckig, doch das Oberteil ihres Strandanzugs zeigte vorn schon zwei leichte sanfte Wölbungen wie bei Meta, nur sehr klein und flach. In diesem Moment traf mich zum allerersten Mal und wie aus heiterem Himmel ein Pfeil des ungezogenen Venussohnes[99], einer jener Pfeilschüsse, die so beglückend, aber auch so schmerzhaft sein können. Mich elfeinhalbjährigen Jungen versetzte dieser Pfeilschuss allerdings in eine unangenehme Verlegenheit. Ich wäre am liebsten auf der Stelle davon und zu den anderen Jungs in Richtung Annengrube gerannt. Das konnte ich natürlich Bertchen nicht antun.

Auch in Richtung Mott fand sich nichts Wesentliches, nur einige kleinere Stückchen, vielleicht so groß wie ein Markstück. Wir suchten uns die Schönsten davon aus und setzten uns, um sie zu begutachten und zu sortieren, in die Mulde einer Düne. „Dat nächste Mal jeh'n wir übers Mott, da drüben findeste immer wat", meinte ich, nachdem ich lange überlegt hatte, was ich tun könnte, um das nun einsetzende peinliche Schweigen zu brechen. „Da musste mir aber rübertragen, mir jruselts nämlich vor dem blauen Modder." „Na klar, Ehrensache", antwortete ich und hellhörig geworden: „Mensch, bist du etwa aus Berlin?" „Mann, hört man det denn nich?" „Det is jut, det is knorke, Mann, det is ...!" Mir fiel in meiner Freude keine weitere Steigerung von jut ein. Das Eis war gebrochen, vor allem, nachdem ich mich ihr ebenfalls als Berliner vorgestellt hatte. Nun sprudelte es nur so aus ihr heraus, ihr Mundwerk wollte einfach nicht stillstehen.

Als wir nach einer geraumen Weile wieder bei unseren Omas eintrudelten, die immer noch dabei waren, sich Erlebnisse aus fernen Vergangenheiten zu erzählen, wusste ich fast alles über dieses Mädchen: Dass sie mit ihrer Mutter zusammen in Dahlem wohnte, aber seit einem Jahr bei der Oma auf KLV in

Königsberg wäre, dass ihr Vater an der Front sei und sie ihn seit zwei Jahren nicht mehr gesehen hätte, dass aber zur Mamutsch, ihrer Mutter, häufig Onkel Emil käme, ein Freund, sehr nett, auch zu ihr, dass Mamutsch und er immer ganz schnell im Schlafzimmer verschwänden und die Tür hinter sich zuschlössen, dass Onkel Emil jetzt aber auch an der Front sei – mir summte der Kopf von all diesem Geschwafel!

Unsere beiden Omas hatten Gefallen aneinander gefunden. Stundenlang saßen sie nun zusammen, meistens in unserer großen Sandburg, und spannen ihre alten Geschichten. Bertchen und ich genossen dadurch eine kostbare Freiheit. Wir waren meistens uns selbst überlassen. Vierzehn Tage währte dieser Zustand schon. Bertchen war mir mittlerweile so vertraut und lieb geworden, dass sie jetzt abends vor dem Einschlafen so manches Mal sogar durch meine Gedanken spukte. Die Jungs, mit denen ich nun aus verständlichem Zeitmangel nicht mehr herumtoben konnte, verspotteten mich zum einen Teil als Weiberheld, zum anderen Teil beneideten sie mich aber auch um die Nähe zu diesem Bertchen. Sie wussten jedenfalls nicht, was sie davon halten sollten und ließen uns in Ruhe.

Bertchen war eine gewandte Schwimmerin. So tummelten wir uns oft ausgelassen auf den Sandbänken, tauchten im tieferen Wasser nach Bernsteinbrocken und versuchten in flacheren Regionen, dicht über dem gewellten Meeresboden schwimmend die Brut der Flundern zu jagen. Nur die Augen der kleinen platten Fischlein waren zu sehen, wie winzige schwarze, über den Meeresboden verstreute Perlen. Fiel unser Schatten über sie, dann schossen die putzigen Geschöpfe aus ihren Sandbetten hervor und segelten mit schwappenden Bewegungen einige Meter dicht über den Boden dahin, um sich augenblicklich wieder im Sand zu vergraben. Nach heftigen Stürmen, die durchaus auch zu diesem Sommer gehörten, bildete die auflaufende See nach dem Abflauen des Sturmes und dem Abfließen des Hochwassers auf dem Strand flache Tümpel, die langsam versickerten. Stets fand sich in ihnen eine Menge unserer kleinen platten Lieblinge, und wir wurden nicht müde, sie aus dem Wasser der Lagunen zu schöpfen und ins rettende Meer zu setzen.

Beim Tauchen im Flachwasser, dicht über dem gewellten Meeresboden mit seinen flimmernden Sonnenspielen, konnte man übrigens sehen, wie hoch der Bernsteinanteil des Sands war. Bei ruhigem Wasser sammelte sich in den feinen Rillen des gewellten Bodens der goldene, ausgewaschene Bernsteinsand.

Eines Tages standen wir am Mott und wollten hinüber, weil drüben auf der anderen Seite vom letzten Sturm her noch eine Menge braunen Tangs lag. Darin würden wir bestimmt herrliche Bernsteinstücke finden! „Da musste mir aber Huckepack nehmen", bettelte Bertchen. „Haick nich vajessen, det de dir vor dem Modder jraulst!" Bei Gesprächen mit ihr verfiel ich jetzt automatisch in die vertraute Berliner Mundart.

Sie huckepack da hinüberzutragen war wohl ein voreiliges Versprechen gewesen, denn plötzlich bekam ich Angst vor meiner eigenen Courage. Noch nie war mir ein Mädchen körperlich so nahegekommen. Sie ließ mir jedoch gar keine Zeit, irgendwelchen ängstlichen Beklemmungen nachzugeben, sondern sprang mir plötzlich beherzt auf den Rücken, legte mir ihre Arme um den Hals und schlang ihre Beine um meine Taille. Mir blieb gar nichts anderes übrig, als meine Hände rücklings unter ihrem Hosenboden zu verschränken und mit ihr im Galopp über das Mott zu setzen. Als wir drüben waren und sie sich von meinem bloßen Rücken herabgleiten ließ, streifte sie mir dabei zu allem Überfluss auch noch die Turnhosen ab. Eine äußerst peinliche Sache! Sie schien davon jedoch kaum Notiz zu nehmen, und ich beeilte mich, die vermaledeiten Dinger wieder hochzuziehen und mir im flachen Wasser des Strandes den blauen Modder von den Beinen abzuspülen. „Mann, du bist ja janz rot im Jesichte! Keene Angst, ick hab dir schon nischt abjekieckt", meinte sie freundlich und versöhnlich lächelnd, als ich mich wieder bedeckt hatte und wir unsere Bernsteinsucherei begannen.

Auf der anderen Seite des Motts lag die endlose Girlande des braunen Tangs noch so unversehrt entlang der Wassergrenze, wie die anrollenden Wogen der Brandung diese blasigen Pflanzen angeschwemmt hatten. Da begann nun ein fröhliches Bernsteinsuchen. Eigentlich war es nur erlaubt, kleine wertlose Bernsteinsplitter einzusammeln. Größere Stücke wurden entweder von den drei Palmnickener Fischern oder Beauftragten des Bernsteinwerks eingesammelt, weil das Bernsteinwerk für unser Küstengebiet das Strandrecht besaß. Natürlich hielt sich niemand daran. Bei jedem größeren, gut erhaltenen Stück hoffte man natürlich, den Fund seines Lebens gemacht zu haben. Hatte nicht neulich erst ein Badegast einen Brocken gefunden, so groß wie ein Handteller, mit einer wunderschönen eingeschlossenen Wasserjungfer drin, „stell dir det mal vor, 'ne Millionen von Jahren alte Wasserjungfer!" Bertchens Augen glänzten vor Begeisterung und Begehrlichkeit, als sie mir dies erzählte. Regelmäßig kursierten derartige Gerüchte unter den Badegästen.

Wir waren fast bis zur Kreislackener Schlucht am Strand entlanggewandert und hatten größere, kleinere, milchige und klare Bernsteinstücke aus dem Blasentang geklaubt. Nun saßen wir nebeneinander in den Dünen und sortierten unseren Fund. Das meiste wanderte wieder zurück in den Sand, aber einige der Brocken hatten fast Schmuckqualität.

Das Stückchen Strand zwischen Mott und Kreislackener Schlucht war wirklich einsam und hatte sich in seiner durch Stürme und hochauflaufendes Wasser gestalteten Ursprünglichkeit erhalten. Der Sand zwischen den Dünen wurde noch vom Wind geformt und nicht von den Füßen unzähliger Badegäste zerstampft. Hier konnten die Büschel des harten Strandhafers im Spiel dieses Windes mit ihren Spitzen noch Kreise in das feine Geriesel zeichnen, die erst der nächste Sturm wieder verwehen würde. Hier wuchs und blühte auch die seltene Stranddistel, und im Schatten der Steilküste reckten Orchideen ihre insektenhaften, bleichen Blüten dem Lichte zu.

Als wir uns auf den Heimweg machten, sahen wir wieder jene drei schweren dickmastigen Kähne. Sie lagen unbeweglich gar nicht soweit draußen, gleich jenseits der Sandbänke. Schon seit Tagen ankerten sie vor der Küste. „Kieck mal! Die Äppelkähne da draußen, sind det Kriegsschiffe?" Ich konnte Bertchen beruhigen. Unsere Lehrerin Frau Möll hatte uns noch vor den großen Ferien im Heimatkundeunterricht über diese seltsamen Schiffe aufgeklärt. „Det sin Steinerjachten", dozierte ich nun meinerseits, und Bertchen war ganz bewundernde Zuhörerin. „Weil et hier, an die Küste so jut wie keene Steine jiebt, müssen die alle vom Meeresboden hochjeholt werden. Da jehn Taucher runter, tun die in Netze rin, die werden denn mitsamst die Klamotten hochjehievt und an Bord jenommen. Später werden Häuser draus jebaut, oder Hafenmolen."

In dieser Zeit geschah es immer häufiger, dass ich abends nicht einschlafen konnte. Während Oma neben mir in Tante Annas Bett schon längst laut schnarchend Morpheus, dem Gott der Träume, ihr Opfer brachte, spukte Bertchen nun durch meine Gedanken, hüpfte wie ein unberechenbarer Kobold in die entlegensten Winkel meiner Seele und verscheuchte mir Schlaf und Träume. Vor allem, seit wir das Mäuschenspiel gespielt hatten. Dieses Spiel näher zu beschreiben verbietet mir allerdings des Sängers Höflichkeit, nur so viel sei verraten, dass ich, nachdem wir es erstmals gespielt hatten, den kleinen Unterschied kannte, der Mädchen und Jungen, Frauen und Männer voneinander trennt. Treibend und kenntnisreich war in dieser Beziehung Bertchen. Onkel Emil hätte dieses Spiel einmal mit ihr gespielt, als er gekommen wäre, die Mamutsch zu besuchen, diese jedoch mit hohem Fieber krank zu Bett hätte liegen müssen. Mit mir hier in den Dünen sei es allerdings viel lustiger, so was zu spielen als damals mit Onkel Emil im Wohnzimmer auf dem Teppich. Außerdem seien ja Onkel Emils Hände eher Ratten als Mäuschen gewesen, und was sie bei ihm –". Hier verstummte sie, und die helle Röte stieg ihr ins Gesicht.

Noch befanden wir uns im Zustand kindlicher Unbefangenheit, waren aber gerade dabei, einen ersten zögernden Schritt über die Grenze unseres

Kinderparadieses zu wagen. Bald würde es vorbei sein mit dieser Unbefangenheit, natürlich auch mit diesen Erkundungsspielen, für die wir eigentlich ja auch schon zu alt waren. Ehrlich gesagt, verlor ich damals auch bald alles Interesse an derartigen Neckereien, obwohl mir Bertchens Mäusespiele angenehme, noch nicht gekannte Gefühle schenkten. Meine Verliebtheit war halt nur ein Strohfeuer gewesen. Immer nur mit diesem Bertchen am Strand hin- und herzulaufen oder in den Dünen zu sitzen, während die anderen Jungs Räuber und Gendarm oder ähnliche spannende Spiele spielten, wurde mir nun doch zu langweilig.

Das Mäuschenspiel übrigens auch. Wenn sie mir wenigstens einen einzigen Blick auf die geheimnisumwitterte Mitte ihres Körpers gegönnt hätte! Jetzt, da mir durch das Mäuschenspiel die Unterschiedlichkeit zwischen ihr und mir bewusst geworden war, kannte meine Neugier keine Grenzen mehr. Aber soweit mochte sie nun doch nicht gehen. „Du spinnst wohl, ick entblöße mir doch nich vor dir!", entrüstete sie sich altklug, als ich sie eines Tages darum anbettelte. Krebsrot ist sie im Gesicht angelaufen, und ihre Augen sprühten Blitze: „Hau ab!" So endete ganz schnell mein erstes erotisches Abenteuer. Wir haben uns dann zwar wieder versöhnt, aber etwas Rechtes ist es nicht mehr geworden.

Aus diesem Grunde war ich heilfroh, als Horst eines Tages bei uns an der Sandburg wieder auftauchte. Er hatte einige andere aus der Jungenbande mitgebracht. „Reijterkampf mogd we spelen", meinte er, und ob ich Lust hätte mitzuspielen. Natürlich hatte ich Lust dazu! „Oaber nur, wenn dat Bertchen kann metspelen!" Reiterkämpfe, draußen auf den Sandbänken ausgefochten, das waren für uns Jungen während der Badesaison die liebsten Spiele. Mädchen waren davon natürlich normalerweise ausgeschlossen. Mit diesen Heulbojen wollte ein Junge und rechter Reiterkämpfer natürlich nichts zu tun haben. In Bertchens Fall wurde mir zuliebe allerdings eine Ausnahme gemacht. Sie zierte sich zwar erst ein bisschen und meinte, dass dabei ja doch bloß rumgeboxt würde und sie vielleicht k.o. geschlagen ins Wasser fiele, wie leicht könne man dabei ertrinken! Meine Zusicherung, dass ich sie gewiss vor allem Unheil bewahren würde, ließ sie zögernd zustimmen. Als wir draußen auf einer der Sandbänke eine Stelle mit knietiefem Wasser gefunden hatten, wurde aufgesessen. Ich konnte mich nur wundern, wie gewandt Bertchen mir auf die Schultern kletterte, meine auf dem Rücken verschränkten Hände als Tritt benutzend. Von wegen Heulboje! Sie verstand es, sich ihrer Haut zu wehren. Wenn wir am Ende dann doch der Länge lang im Wasser landeten, so war es nur die Übermacht, die uns zu Fall gebracht hatte. Von diesem Tag an war Bertchen in unserer Bande als Räuberbraut wohlgelitten.

Ich war nun wieder Teil unserer Jungengruppe, und Bertchen hatte, wenn sie nicht mit uns herumzog, an Peterchen einen Puppenersatz gefunden, den sie mit aller Fürsorge bemutterte, ganz zur Freude Klärchens, die nun wenigstens zeitweise einen Teil ihrer Mutterpflichten abgeben konnte. Immer noch spielten sich täglich viele Stunden des Tages am Strand ab, aber die Zeit der grauen Nächte war längst vorüber, und seit dem Beginn des Russlandfeldzugs war es wegen des Luftschutzes verboten, am Strand Lagerfeuer zu entzünden. Die beiden Omas hatten sich nun nicht mehr so viel zu erzählen wie zu Beginn ihrer Begegnung. So fiel es beiden nicht schwer, Abschied voneinander zu nehmen, als Frau Lohr eines Tages das Zimmer im Gast- und Logierhaus Spindler räumte und mit ihrer Enkeltochter zurück nach Königsberg reiste. Auch mir fiel der Abschied von Bertchen nicht sehr schwer. Schon lange hüpfte sie nur noch selten in meinen abendlichen Einschlafträumen herum. Das Andenken an sie wäre in mir sicherlich erloschen, wenn wir nicht ein paarmal das Mäuschenspiel gespielt hätten und sie mir an einem der letzten Tage nicht ihr ganz persönliches Geschenk gemacht hätte: „Trägste mir heute Nachmittag noch mal über et Mott?" „Na klar, Ehrensache!" Ich hatte zwar für den Nachmittag schon etwas anderes vor, aber aus alter Anhänglichkeit heraus sagte ich ihr zu.

Sie trug an jenem Nachmittag jenes leichte kurze Sommerkleidchen, von dem sie wusste, dass ich es an ihr besonders gern sah, und als ich sie am Mott huckepack nahm und die Hände unter ihrem Po verschränkte, spürte ich durch den glatten Stoff die Rundungen ihres Körpers wie in Seide verpackt. Trug sie gar kein Höschen darunter? Nachdem ich mir den blauen Schlamm von Füßen und Waden im Meer abgespült hatte, saßen wir eine Weile in unserer versteckten Lieblingsmulde zwischen den hohen Dünen jenseits des Motts. Wir schwiegen und schauten über den Rand der uns einschließenden Sandwogen hinaus zur anrollenden Brandung der Ostsee. Sie saß mir mit angezogenen Beinen gegenüber, die Arme um die Knie verschränkt. Auf ihrem Gesicht lagen tiefer Ernst und eine Entschlossenheit, die ich nicht deuten konnte. Was hatte sie vor? Während ich darüber noch rätselte, meinte sie: „Nu halt dir mal die Augen zu und dreh dir rum! Aber nich herkieken, eh ick's nich sage! Ehrenwort!" Ehrensache, dass ich mich strikt an dieses Ehrenwort hielt. Erst als sie meinte, „jetzt darfste wieder herkiecken", wandte ich mich ihr zu und nahm die Hände von den Augen. Sie lag nun rücklings ausgestreckt, und ich durfte für die Spanne von höchstens zwei Sekunden auf ihr entblößtes, zwischen den zusammengepressten Schenkeln ruhendes „Mäuschennest" schauen. In ihrem Gesicht stand Schamesröte. Ehe ich recht begriffen hatte, welches Geschenk sie mir in diesem Augenblick darbot, streifte sie ihr Röckchen wieder hinunter bis zu den Knien, setzte sich auf und zog die Beine an. Wir saßen noch eine Weile schweigend beieinander in der Dünenmulde und überließen unsere Hände dem Spiel im warmen, bernsteinglitzernden Sand. Ihr Gesicht war nun entspannt, und sie schenkte mir ein nixenhaftes Lächeln. Das Mäuschenspiel, um das ich sie noch einmal bat, verwehrte sie mir nun, und ich begriff, dass ihr heutiges Geschenk das unwiederbringliche Ende der verbotenen Spiele war.

Abschied von Palmnicken

Der Russlandfeldzug war nun schon über einen Monat alt. Das Leben ging hier in Ostpreußen allerdings weiter, als befänden wir uns noch im Zustand tiefsten Friedens. Nur in den Zeitungen konnte man jetzt ganze Seiten voller Todesanzeigen finden. Die Texte waren sich alle ähnlich: „Starb den Heldentod für Führer, Volk und Vaterland." Meistens zierten Eichenlaub und Eiserne Kreuze diese Anzeigen. Tante Anna schlug als Erstes stets jene Seiten auf, wenn sie die Zeitung zur Hand nahm „O Jottchen, so vel junget Leven, dahin jemäht oppem Felde der Ehre! O Jottchen nee!" Entdeckte sie die Namen von Bekannten, bekam sie regelmäßig hysterische Weinkrämpfe.

Mitte August wurden die Tage kürzer. Der Strand leerte sich, die Badegäste reisten nach und nach ab und auch unser Leben verlagerte sich wieder hinauf in Haus und Wohnung. Oma und ich hatten jetzt viel Arbeit damit, unsere Abreise vorzubereiten. Am ersten September sollte ich in Berlin die Aufnahmeprüfung für die Ulrich-von-Hutten-Oberschule ablegen. Falls ich diese bestehen würde, würde ich nach Krössinsee, ins KLV-Lager dieser Schule, einrücken. Es war unglaublich, wieviel persönlicher Kram sich bei mir in den Monaten meiner Palmnickener Zeit angesammelt hatte. Da musste so manches Paket gepackt und zur Post geschafft werden. Horst bekam von mir den Wikingkreuzer geschenkt. Das dazugehörige Schlachtschiff Scharnhorst behielt ich selbst, schenkte ihm dafür jedoch einen meiner Lieblingsgranatsplitter.

Horst und ich hatten uns in diesen letzten Wochen meines Palmnickener Aufenthalts wieder enger zusammengeschlossen, nachdem Bertchen Lohr und ihre Spiele für mich vergessen und abgetan waren. Eine der dringlichsten Aufgaben war nun die Beseitigung der von uns gesammelten und entschärften Manöverpatronen samt dem dazugehörigen Schießpulver. Alles lagerte seit Wochen in unserem Höhlenversteck und hatte sich, wie wir erst neulich anlässlich einer Visitation feststellen konnten, trocken und unversehrt erhalten.

Die Patronen enthielten alle noch ihre Zündhütchen, mussten also quasi noch einmal entschärft werden. Mittlerweile hatten wir ja Erfahrung im Vernichten scharfer Munition gesammelt, so erschien uns diese Aufgabe nicht sonderlich schwer oder gar gefährlich. Eine der leeren Patronen war von Horst und mir schon einmal versuchsweise gezündet worden. Wir hatten die Hülse in dem kleinen Werkraum neben den Schweineställen einfach auf den Amboss gelegt und mit einem schweren Hammer darauf geschlagen. Es hatte geknallt, wie der Schuss aus einer Schreckschusspistole, und das kupferne Zündhütchen ist wie ein Geschoss davongepfiffen. Es war eine ganz und gar ungefährliche Angelegenheit, wenn man nicht gerade in der Zielrichtung des davonsausenden Zündhütchens stand.

Ich war für diese Art der Entschärfung unserer Patronenhülsen. Horst meinte aber, am Strand im Feuer wäre die Knallerei viel wirkungsvoller. Wir könnten dabei gleich das Schießpulver mit abbrennen. Das leuchtete mir ein. Gesagt, getan, schon am nächsten Nachmittag wurde zwischen Mott und Kreislackener Schlucht in den Dünen, genau an derselben Stelle, wo wir schon unsere erste Munition vernichtet hatten, erneut ein Reisighaufen zusammengetragen, die Blechbüchsen mit dem Pulver und den Patronenhülsen hineingestellt und das Feuer entzündet. Gespannt hockten wir in respektvoller Entfernung hinter einer Düne, reckten unsere Hälse, um über deren Kamm hinwegzuspähen und harrten der Dinge, die da kommen sollten. Das Feuer brannte im Nu lichterloh, und plötzlich fuhr mit einem Wuff die Stichflamme des verpuffenden Schießpulvers in die Höhe, über sich einen kleinen Rauchpilz bildend. Im selben Moment begannen die Zündhütchen der Patronenhülsen zu knattern. Es war wie ein kurzes Feuergefecht mit Zündplättchenpistolen.

Als alles vorüber war und wir noch dabei waren, die Feuerstelle mit Sand zu bedecken, kam aus Richtung Kreislacken ein Mann am Strand entlanggelaufen, vielleicht ein Bernsteinsammler, der das Geknatter gehört hatte und nun nach dem Rechten sehen wollte. Wir duckten uns natürlich sofort in eine Dünenmulde, als wir ihn kommen sahen. Da sich nichts mehr rührte, auch kein Rauch mehr aufstieg, blieb er plötzlich stehen, spähte kurz umher und schlenderte wieder davon. „Do hätt we Jlück jehabt, dat he is stehen jebliewen! Wenn he ons hätt opjejabelt! Nich ut to denken dat", meinte Horst, als wir uns auf den Heimweg machten, dabei sicherlich an Gandhis Rohrstock denkend.

Auch sonst gab es in diesen letzten Wochen noch einiges zu erledigen. Da war zum Beispiel mein neuer Anzug beim Schneidermeister Grimm in Sorgenau abzuholen. Im Grunde genommen war dies ja gar kein neuer Anzug, es war nur ein gewendeter, mir angepasster Anzug Eberhards, den Mutter im März geschickt hatte. Jener Nadelkünstler, der übrigens seinen Namen zu Unrecht trug, weil er ein lustiges, pfiffiges Männchen war, hatte aus dem alten abgetragenen Stück einen eleganten Knabenanzug nach der neuesten Mode gemacht. Nur die Hose war etwas zu lang geraten und reichte mir bis über die Knie fast bis zu den Waden und musste noch einmal geändert werden. Nun war das gute Stück endlich fertig geworden. Für Tante Anna, Oma, Horst und mich bot das einen Anlass zu einem vergnüglichen Ausflug. Wir gingen bis zur Kraxteschlucht am Strand hin, dort über die Treppe hinauf zum Erich-Koch-Platz, am prächtigen Schlosshotel vorbei, dann wieder hinunter an den Strand zum Seehundsstein und unten an der See weiter bis nach Sorgenau. Der Meister saß mit seinem alten Gesellen nach Schneiderart auf dem Tisch, als wir das kleine Häuschen und die Werkstatt betraten. Der Anzug passte wirklich wie angegossen, und ich drehte und wendete mich voller Stolz vor dem großen Werkstattspiegel. Horst bekam einen Lachanfall, als er mich so sah. Ich sähe ja aus wie ein lackierter Affe, meinte er prustend. Das genügte, mir diesen Anzug für immer zu verleiden.

Auf dem Heimweg schauten wir im Bernsteinwerk vorbei. Onkel Max hatte versprochen, uns durch das Museum zu führen. Zwar hatte uns Frau Möll im Rahmen des Heimatkundeunterrichts schon einmal durch dieses Museum geführt, aber wie das bei solchen Gelegenheiten so geht, waren wir Jungen eher daran interessiert, den Mädchen durch ungezogenes prahlerisches Gehabe zu imponieren, als den wirklich sehr engagierten Ausführungen unserer Lehrerin zu folgen. Gewiss, Onkel Max konnte bei weitem nicht aus einem vergleichbar reichen Wissensschatz schöpfen wie Frau Möll, aber er verstand es trotzdem, durch allerlei Schnacken und Anekdoten unser Interesse zu wecken. Was gab es da nicht alles zu sehen und zu bewundern! Bernsteinklumpen in Kinderkopfgröße, klar, wie honigfarbiges Glas, mit eingeschlossenen Tieren in sich, Bienen, Wespen, Fliegen, vor Millionen von Jahren in das von den Bäumen abtropfende Harz geraten. Diese Insekten glichen schon jenen, welche heute noch um die Blüten in unseren Gärten summen.

Mich hat damals vor allem ein Exponat begeistert und interessiert, nämlich das große, aus verschiedenfarbigem Bernstein zusammengesetzte Modell einer Hansekogge. Das war so recht etwas für mein Bubenherz! Da stimmte jedes auch noch so kleine Detail. Der gewölbte Rumpf mit den reich geschnitzten Heckaufbauten, Masten, Takelage, die hauchdünnen Segel, Reling, Anker und die Reihen der ausgefahrenen Kanonen, die ihre dunkel glänzenden Rohre zu den geöffneten Luken herausstreckten, alles war aus Bernstein hergestellt, geschnitzt, gedrechselt, geglättet, poliert und in den Farben dem jeweiligen dargestellten Gegenstand angepasst. Was waren dagegen schon aus Bernstein gedrechselte und geschnitzte Pokale oder ähnliche uninteressante Sachen, mochten sie auch noch so alt und ehrwürdig sein, wie Onkel Max dozierend beteuerte.

Nachdem die Sache mit dem Anzug erledigt war, galt es, bei Fischer Spitz den Lachs zu bestellen. Ja, so etwas gab es jetzt im zweiten Kriegsjahr hier in Ostpreußen noch. Man konnte einfach zum Fischer gehen und sich einen ganzen Lachs bestellen, geräuchert und gesalzen. Eine alte Gardine hatte Oma für diese Köstlichkeit extra aus Berlin mitgebracht, als sie vor vielen Wochen hier in Palmnicken eingetroffen war. Man hatte hier an der Samlandküste nämlich die Sitte, die gesalzenen Lachse vor dem Räuchern in den grobmaschigen Tüll alter Baumwollgardinen einzunähen. Aus welchem Grunde dies geschah, entzieht sich leider meiner Kenntnis.

Kaum hatten wir dies in die Wege geleitet, waren die Strömlinge einzusalzen, die wir nach Berlin schicken wollten. Schon vor Wochen hatte Onkel Max zu diesem Zweck von einem Küfer in Fischhausen ein kleines Holzfässchen herstellen lassen. Eines Tages fanden Tante Anna, Oma und ich uns bereits vor Morgengrauen am Strand beim Landungsplatz des Fischers ein, der gerade mit seinem Boot vom nächtlichen Fang hereinkam. Tante Anna griff sich eigenhändig Fisch für Fisch aus dem silbrig glitschenden Heer der Strömlinge heraus, die zum Teil noch mit den Schwänzen schlagend, Kiemen und Maul wie nach Luft schnappend bewegend, in großen Kiepen von Deck gehievt wurden. Stück für Stück befühlte Tante Anna sie. Es sollten ja in gleicher Menge Milchner und Rogener eingesalzen werden, also männliche und weibliche Tiere.

Mit unserem Meeressegen zu Hause angekommen, musste nun alles Weitere schnell geschehen, denn Tante Anna meinte, dass die Strömlinge, wenn sie im Sommer die Mittagssonne sähen, bevor sie ins Fass kämen, im Salz faulen würden. Das hätte schon ihre Mutter gewusst. Darum bettete sie die gewaschenen, mittlerweile verendeten und ausgekehlten Fische noch vor dem Frühstück im Wechsel mit reinem Salz Schicht auf Schicht in das Fässchen bis zum oberen Rand hin. Das Salz würde nun den Fischen einen Teil des Wassers entziehen und sich in eine konservierende Lauge verwandeln. Gut verschlossen schickten wir am nächsten Tag das Heringsfass per Bahnexpress auf die Reise nach Lichtenrade. Zu Weihnachten würden die Fische dann reif und eine willkommene Bereicherung der festlichen Tafel sein.

Es existierte in Palmnicken eine besonders aktive Abteilung der Flieger-HJ. In den alten Fabrikgebäuden des stillgelegten Bergwerks der Annengrube bauten und reparierten sie ihre Flieger, und vom davor gelegenen Strandbereich aus starteten sie mittels einer Seilwinde zu ihren lautlosen Flügen. Bei guter Thermik konnten diese hoch hinauf in den blauen Himmel und weit an der Küste entlangführen, allerdings nur, wenn in Brüsterort die Flakgeschütze schwiegen. Gelegentlich durften wir Jungvolkpimpfe ihren Schulgleitern, wir nannten sie Dünenhüpfer, mittels eines starken elastischen Seilzugs Starthilfe zu ihren kurzen segelnden Hopsern geben, meistens von einer flachen Stelle der Steilküste aus. Die Schulgleiter waren Fluggeräte einfachster Bauart: Hochdecker mit stoffbespannten Flügeln und aus kräftigen Latten gezimmerten Rümpfen. Man saß im offenen Bug des Flugzeugs wie auf einem hölzernen Rodelschlitten, festgeschnallt auf einem einfachen Sitz.

Auch der Rücktransport der Flieger hinauf zum Startpunkt oblag uns. Dies waren stets Höhepunkte im Einerlei unseres Jungvolkdienstes. Wir konnten uns dessen erfreuen, weil unser Jungzugführer mit dem Fluglehrer der Flieger-HJ verwandt oder befreundet war. In Anerkennung dieser Dienste bot nun jener Fluglehrer zum Beginn der großen Ferien einigen Mutigen unter uns Pimpfen Flugstunden auf dem Schulgleiter an. Außerdem durften wir bei der Reparatur eines dieser Dünenhüpfer helfen, der bei einer Bruchlandung Schaden genommen hatte. Es versteht sich von selbst, dass ich dabei nicht fehlte. Zu meiner Schande muss ich allerdings gestehen, dass mein Mut und meine Begeisterung viel größer waren als mein fliegerisches Talent. Ich bin nie soweit gekommen, dass ich den kurzen, etwa zwanzig Meter weiten Gleitflug von der Steilküste aus über die Dünen hinweg zum Strand hätte steuern dürfen. Nur ein armseliger Sechs-Meter-Hopser am Strand entlang wurde mir und einigen der anderen Nieten zugestanden, für mich war es trotzdem ein Abenteuer.

Dies war mein erster Flug und würde auch auf Jahrzehnte hin mein einziger bleiben. Ich erinnere mich nur noch an das Pfeifen des Fahrtwindes in den Verstrebungen der Flügel und an den leichten Schwindel, der mich in den Sekunden befiel, als sich der Flieger vom Boden erhob und am Strand entlangschwebte. Sicher und ruhig flog er seine sechs oder sieben Meter und landete sanft ohne mein Zutun. Den Applaus meiner Kameraden bekam ich trotzdem. Damals beschloss ich, wenn ich alt genug wäre, der Flieger-HJ beizutreten.

Zwei Tage blieben mir nach diesem ersten und einzigen Segelflug meines Lebens noch in Palmnicken. Einerseits freute ich mich darauf, nach so langer Zeit die Eltern wiedersehen zu dürfen, andererseits erfüllte mich der Abschied von Palmnicken und von all den Menschen, die mich hier mit ihrer Liebe und Fürsorge umgeben hatten, mit Traurigkeit.

Wir Kraxtepellener Jungen trafen uns noch einmal im alten Bernsteinstollen, taten mächtig erwachsen und rauchten eine Friedenspfeife. Woher wir diese nach dem Verlust der alten in den Eisschollen nahmen, weiß ich nicht mehr. Sie war jedenfalls zur Feier meines Abschieds statt mit Pfefferminztee mit echtem Tabak gefüllt. Alle beneideten mich darum, nach Berlin fahren zu dürfen, wo das Leben doch so spannend wäre, wo man während der Luftangriffe seinen Mut zeigen und danach Bomben und Granatsplitter suchen könne!

Schließlich war der letzte Tag gekommen. Vormittags hatte der Fischer Spitz termingemäß den frisch geräucherten Lachs gebracht, so konnten wir diesen unserem Reisegepäck in aller Ruhe einverleiben. In Ölpapier und alte Tücher eingewickelt, nahm er fast den halben Raum in Omas Koffer ein. Es war wirklich ein mächtiger Lachs, den der Spitz uns da geliefert hatte. Da der Fisch einen großen Teil von Omas Reiseutensilien aus dem Koffer verdrängt hatte, mussten am letzten Tag noch einmal zwei große Pakete gepackt und zur Post geschafft werden. Omas Koffer verbreitete dann auf der Reise einen köstlichen Räucherduft.

Zum Mittagessen brachte uns Tante Anna noch einmal mein Lieblingsgericht auf den Tisch, nämlich die Sommerversion ihrer Sauerampfersuppe. Da es jetzt auf den Wiesen keinen zarten, frisch sprießenden Sauerampfer mehr gab, ersetzte sie diesen einfach durch Spinat. Natürlich hatte sie weder an Fisch noch Butter gespart, und die Grießklößchen mit ihrer Dorschleberfüllung schmeckten einfach paradiesisch! Onkel Max bekam wie immer seine Fischköpfe zum Zerlegen und Ablutschen.

Eigentlich hätten wir alle zufrieden und fröhlich sein können, denn die ganze Familie Kowallski hatte sich zu meinem letzten Mittagessen in ihrem Kreise um den Tisch versammelt. Selbst Ewald und Fritz, die Kämpfer für Führer, Volk und Vaterland, weilten gedanklich unter uns, denn am Vormittag hatte der Postbote von beiden Feldpostkarten gebracht. Fritz lag irgendwo an der mittleren Ostfront Aug' in Aug' dem Bolschewik gegenüber, und Ewald tat Dienst als Stabsmelder im ruhigen, satten Frankreich, wie Onkel Max die Feldpostgrüße seines Sohnes und Schwiegersohnes kommentierte.

Wir hätten heiter und zufrieden sein können, aber wie ein unsichtbarer Schleier hing die Melancholie über unserer Tischrunde. Onkel Max half sich darüber hinweg, indem er blaue Wolken in den Zimmerhimmel paffte und sich ein Gläschen des geliebten Korns einschenkte und gleich noch eins drauf! Tante Anna meditierte vor sich hin und ließ ihre Suppe unberührt: „Eck kann hied nich eten, eck hev keen Hunger nich, nee, bim besten Willen nich." Selbst Peterchen, der neben Klärchen auf seinem hohen Stühlchen saß, schien von dieser Stimmung ergriffen worden zu sein, denn er quengelte in einer Tour vor sich hin, wollte nicht essen und verlangte plötzlich nach mir, um auf meinen Knien herumzutollen, was ich ihm übrigens stets gern gewährte. Meta brachte es dann auf den Punkt: „Ach Ditt, fehlen werschte ons, jo, dat werschte ons!"

Der Nachmittag verging mit letzten Packereien und ausgiebigen Tollereien mit Horst und den anderen der Kraxtepellener Jungen im immer noch recht warmen Wasser der Ostsee. Nach dem Abendessen gingen wir noch einmal zur Steilküste und dort hinauf zu jenem hohen Punkt, auf dem der Mast stand, an dem während der Badesaison die Wetterzeichen hochgezogen wurden: ein Ballon bei schönem Badewetter, ein Kegel bei starker Brise und zwei Kegel bei Sturm, dann war es nicht mehr ratsam, ins Wasser zu gehen. Am Palmnickener offiziellen Strand achteten die Bademeister genau auf die Einhaltung dieses Gebots. Horst und ich verzogen uns an solchen Sturmtagen meistens in Richtung Mott, um dort ungestört von den schrillen Trillerpfeifen der Bademeister mit den anrollenden Brandungswellen zu kämpfen. Wir haben dabei so manches Mal bis zum Erbrechen Wasser geschluckt und sind von der wütenden Brandung wie Steine auf den Strand gerollt worden, aber dass dieses Spiel uns hätte gefährlich werden können, auf die Idee wären wir nie gekommen.

Onkel Max hatte nach dem Abendessen Oma und mir den Vorschlag gemacht, hier herauf zu gehen, um den Sonnenuntergang ein letztes Mal zu genießen. Tante Anna, Meta, Horst und selbst Klärchen mit dem Peterchen auf dem Arm hatten sich uns angeschlossen. Ein sonniger Spätsommertag ging zu Ende. Abendstille lag über dem Strand. Verklungen waren die juchzenden Schreie der badenden Kinder und das unvermeidliche Quäken der Koffergrammophone letzter sonnenhungriger Badegäste. Eine leichte kühle Brise kam auf, als die Sonne nur noch zwei Handbreit über dem Horizont als riesiger glühender Ball in den Dunstschleier sank, der über dem Meer lag. In diesem Geflimmer flüssigen Goldes zog lautlos ein Geleitzug in Richtung Nordost, in Richtung Front dahin. Schiff hinter Schiff, ein winziges Schattenspiel auf jener fernen Linie zwischen Himmel und Wasser. In spätestens einer Stunde würden ihre Bugwellen über den Sandbänken brandend aufrauschen.

Wie oft hatte ich diese Sonnenuntergänge beobachtet, im Herbst, wenn nach verregneten Sturmtagen die Sonne plötzlich durch einen Wolkenriss dicht über dem Horizont einen letzten glühenden Abendgruß herüberschickte und für Sekunden das tobende Meer vergoldete. Oder im Winter, wenn der glühende Ball über der glitzernden Wüste des Eises im Abenddunst verlosch. Frühling, Sommer, Herbst, Winter, jede Jahreszeit hat ihre besonderen Sonnenuntergänge, ich hatte sie bisher nie als etwas Beachtenswertes erlebt. Für mich waren sie stets nur der normale Abschluss des Tages gewesen. Erst heute, an diesem letzten Abend wurde mir bewusst, wie schön, wie erhaben sich dieses Verglühen der Tage gestalten kann.

Lange lag ich wach in dieser Nacht. Es war, als schickte mir die Seele noch einmal Bild auf Bild dieser reichen, nun zu Ende gehenden Zeit aus der Erinnerung herauf ins Bewusstsein. Oma lag schon längst tief schlafend und in langen Zügen schnarchend neben mir in Tante Annas Bett, da spukten mir die Erlebnisse dieser vergangenen zehn Monate immer noch im Kopf herum. Dass diese Zeit mir in der Erinnerung nie verblassen würde, ahnte ich damals nicht. Ebenfalls konnte ich nicht ahnen, als welch reiches, kostbares Geschenk sich mir diese Zeit im Laufe des Lebens erweisen würde. Wie hatte doch Onkel Max beim Mittagessen gesagt: „Übersch Joah, enne grote Ferien, do kemmst wedda, do beste herzlich injeloade!" Dass ich weder ihn noch einen anderen dieser mir so liebgewordenen Menschen, Tante Anna, Meta, Otto, Horst, Klärchen und das kleine Peterchen, je wiedersehen würde, konnte ich damals erst recht nicht ahnen.

Ausblick: Kriegsende in Ostpreußen

Bis weit ins Jahr 1944 hinein durfte man sich in Ostpreußen weitab vom Kriegsgeschehen wähnen. Gewiss, auch Königsberg wurde im Verlaufe des Russlandfeldzugs bombardiert, aber das weite Land lag in friedlicher Ruhe wie unter einem schützenden Schirm. Noch das Weihnachtsfest 1944 feierte man in diesem Zustand geborgten Friedens. Zu gern glaubte man den Beteuerungen des Gauleiters Erich Koch, der nicht müde wurde, zu verkünden, dass kein Bolschewik je seinen Fuß auf ostpreußische Erde setzen würde. Man wollte ihm glauben, obwohl in den stillen, frostklaren Nächten die Klänge der Front und des Grauens schon wahrnehmbar waren. Zwei Monate später brach dann die Feuerwalze des Krieges desto grausamer in dieses Land ein. In Ostpreußen fielen den Rotarmisten die ersten Deutschen in die Hände. Sie mussten einen hohen Preis für die unsäglichen Verbrechen bezahlen, die deutsche Einsatzkommandos in Russland begangen hatten.

Hatte nicht Erich Koch, der Gauleiter, alles dafür getan, dass die Bevölkerung Ostpreußens den sowjetischen Soldaten ungeschützt und unvorbereitet in die Hände fallen musste? Noch im Januar 1945 ließ er verkünden, dass jeder Zivilist, Mann oder Frau, Alter oder Junger, der Ostpreußen verließe, wie ein Deserteur behandelt und folgerichtig mit dem Tode bestraft würde. Als endlich der Befehl zur Evakuierung gegeben wurde, war es zu spät.

Der Bernsteinküste zwischen Kurischem und Frischem Haff war noch eine kurze Galgenfrist vergönnt. Während sich die sowjetischen Armeen westwärts in Richtung Berlin durchkämpften, ließen sie jenes Küstendreieck zwischen Crantz und Fischhausen unbehelligt liegen. In den allerletzten Kriegstagen trieben SS-Einheiten noch einen Elendszug nach Palmnicken hinein und dort hinunter an den Strand, der sonst Sommer für Sommer erfüllt war vom Lachen und vom Jauchzen unzähliger Badegäste. Jetzt erfüllten Angst und Todesschreie und das Bellen mörderischer MG-Salven diesen Strand. Es waren KZ-Häftlinge, von irgendwoher aus dem Baltikum herangetrieben, die in diesen letzten Tagen hier noch niedergemetzelt wurden. „Es war schrecklich, stundenlang dieses Schreien, dieses Knattern, und als es endlich still wurde, wagte sich niemand aus dem Haus, alle hatten Angst und als wir dann, nachdem die SS weg war, zur Steilküste liefen, lag der ganze Strand voller Leichen. Viele waren ins Wasser gelaufen und dort getroffen worden, wir weinten alle, aber was hätten wir machen können, die SS hatte die Waffen, aber wir hatten nur unsere Angst. Als dann am 15. April die Russen kamen, mussten wir, die Palmnickener, für die Greueltat der SS bitter büßen." So der Bericht einer Augenzeugin jenes Verbrechens.

Bis zum Jahr 1948 lebten die Einwohner Palmnickens noch in ihrem Städtchen, mehr oder weniger schikaniert von den sowjetischen Behörden. Nach und nach trafen russische Umsiedler aus dem Inneren der Sowjetunion an der Samlandküste ein und vertrieben die Deutschen aus ihren Häusern. Im Jahr 1947 gab die sowjetische Verwaltung den Deutschen die Gelegenheit, russische Staatsbürger zu werden. Da aber von diesem Angebot kaum Gebrauch gemacht wurde, begannen Anfang 1948 die Deportationen in die damalige sowjetische Besatzungszone in Deutschland.

Von der Familie Kowallski haben alle Angehörigen den Krieg überlebt. Onkel Max und Tante Anna landeten in Leipzig. Dort entdeckte Onkel Max sofort seine kommunistischen Wurzeln wieder, schloss sich der KPD an und stieg nach deren Vereinigung mit der SPD zur SED in die mittlere Führungsebene dieser Partei auf. Meta, deren erster Mann gefallen war, verschlug es mit ihrem zweiten Mann in die Pfalz. Nahe Kaiserslautern lebte sie bis 1990 kinderlos und zuletzt als Witwe in einem prächtigen Haus. Nach der Wende wurde sie von einem jungen Mann, sicherlich einem Sohn Ottos, in die neuen Bundesländer geholt. Über Otto konnte ich nur erfahren, dass er nach der Aussiedlung mit Frau und Kindern in Sachsen lebte. Horst, der in Mecklenburg-Vorpommern eine zweite Heimat gefunden hatte, ist dort sehr früh gestorben. Von den aufgezählten Personen lebt mittlerweile niemand mehr. Über Ewalds, Klärchens und Peterchens Verbleib konnte mir niemand mehr Auskunft geben.

Nach der sogenannten Wende 1990 hat sich ein reger Heimwehtourismus nach Palmnicken entwickelt. Ich konnte im Frühjahr 2002, während des Kölner Treffens der wenigen noch lebenden älteren Sorgenauer und Palmnickener, an dem ich teilgenommen hatte, bei allen meinen Gesprächspartnern keinerlei revanchistische Ambitionen feststellen. Im Gegenteil, es wurde viel darüber gesprochen, wie durch Hilfsmaßnahmen das Leben der jetzt dort ansässigen Russen erleichtert und der Ort erhalten und verschönert werden könne. Zum Beispiel ist die 1899 geweihte Kirche mittlerweile mit Mitteln und durch die Initiative einiger vertriebener Palmnickener restauriert worden, und in ihr feiert die orthodoxe Gemeinde nun ihre Gottesdienste. Diese Kirche hat den Krieg und die Zeit des sowjetischen Regimes nahezu unversehrt überstanden. Übrigens soll auch das Haus, in dem ich meine schöne, erlebnisreiche Palmnickener Zeit verbracht habe, noch stehen. Nur der Strand mit seiner Dünenlandschaft ist dem Bernsteintagebau zum Opfer gefallen, nachdem die alten Lagerstätten der blauen Erde ausgebeutet waren. Der ehemalige Tagebau zwischen Kraxtepellen und Klein-Hubnicken ist zu einem Badesee geworden. Hier vergnügt man sich jetzt an heißen Sommertagen, weil das Wasser der Ostsee im Palmnickener Bereich durch den an ihrem Strand betriebenen Bernsteintagebau blauschlammig geworden ist und dadurch nicht mehr zum Baden einlädt.

Das Lager Krössinsee

„Da seid ihr ja!" Das war eindeutig Vaters Stimme. Wir waren gerade ausgestiegen, hatten unser Gepäck auf dem Bahnsteig abgestellt und wollten warten, bis sich die Mitreisenden etwas verlaufen hätten. Nun stand Vater in seiner ganzen Größe und Leibhaftigkeit plötzlich vor uns. Er hatte eine Bahnsteigkarte gelöst und sich zufälligerweise genau dort postiert, wo unser Waggon zum Stehen gekommen war. Seine Augen glänzten verräterisch feucht, als er mir die Hand drückte: „Unser Ditt, Junge, siehst du gesund aus und groß bist du geworden!" „Ja, Vati, der Herr Grimm musste mir auch dauernd die Hosenbeine verlängern." „Der Herr Grimm?" „Na ja, der Schneider in Sorgenau." „Ach so. Und du, Mutter, ging's gut mit unserem Ditt?"

Mittlerweile waren wir im Strom der Reisenden zum Hindernis geworden, deshalb nahm Vater unsere Koffer auf, und wir drängten dem Ausgang zu. Schon von weitem sah ich Mutter hinter der Sperre stehen, schemenhaft nur in dem matten Verdunkelungslicht. Auch sie hatte uns entdeckt und wedelte mit einem Taschentuch, mit dem sie sich öfters die Augen auswischte. Und dann folgte diese Abküsserei! War es mir gestern in Palmnicken schon schwergefallen, Tante Annas, Metas und Klärchens Abschiedsküsse zu ertragen, so waren mir jetzt die mütterlichen Begrüßungsküsse genauso unangenehm.

Nach zehn Monaten war ich nun also wieder in Berlin. Die Fahrt hatte sich recht abenteuerlich gestaltet. Ein paarmal musste unser D-Zug auf kleineren Bahnhöfen anhalten, um Truppentransporten und Güterzügen Platz zu machen, die beladen mit militärischen Fahrzeugen und ähnlichen Rüstungsgütern in Richtung Osten dampften. Drei Stunden hatten die Eltern hier auf dem Stettiner Bahnhof gewartet, denn um so viel hatte sich unser Zug verspätet. Aber nun waren wir endlich da. Vater hatte es eilig, nach Hause zu kommen. „Schon acht Uhr durch, da können jeden Moment die Sirenen heulen. Fliegeralarm, das wäre das Letzte, was ich hier, in der Innenstadt, erleben möchte!"

Endlich war auch das letzte Stückchen Wegs geschafft. Die Koffer, Taschen und mein Rucksack wurden schwer und schwerer, während wir von der Straßenbahnhaltestelle Halker Zeile aus zur Fontanestraße marschierten. Mutter hatte prüfend zum Himmel geschaut, als wir aus der Straßenbahn stiegen: „Guck mal, ganz klarer Himmel, da kommen die Tommys bestimmt!" Sie hatte sich nicht getäuscht, denn gerade, als wir uns zu Tisch setzen wollten und Vater schon dabei war, sich vom geräucherten Lachs den Kopf abzusäbeln, heulten die Sirenen los. Also ließen wir den gedeckten Abendbrottisch stehen, sicherten das Haus und gingen hinüber zu Wildecks, deren Luftschutzbunker mittlerweile fertig war.

„Hallo, da ist ja unser Ostlandfahrer!", wurde ich von ihnen begrüßt. In ihrem Bunker war es längst nicht so gemütlich wie drüben bei uns im Hauskeller. Statt sich dort auf Liegestühlen zu aalen, musste man hier auf harten unbequemen Stühlen sitzen, und eng war es, wie bei Kowallskis im Hühnerstall. Zum Glück dauerte der Alarm nicht lange. Ich hatte gerade Zeit genug, Wildecks das Wichtigste aus Palmnicken zu erzählen, da ertönte schon wieder der langgezogene Sirenenton der Entwarnung.

„Hm, ein Genuss, Mutter, das ist das Beste, was ihr aus Palmnicken mitbringen konntet", meinte Vater, als wir wieder am Tisch saßen. Dabei zerlegte er den Lachskopf und zutzelte die Teile ab, genauso genussvoll, wie es Onkel Max stets getan hatte, wenn Tante Anna ihre Sauerampfersuppe servierte.

Mir fielen über dem Essen die Augen zu, und ich durfte ausnahmsweise einmal ins Bett gehen, ohne mich zu waschen. „Aber die Zähne werden geputzt!", meinte Mutter streng. Auch Oma war schon in ihrem Zimmer verschwunden, und ich hörte, während ich einschlief, wie sie unentwegt mit ihrem Petermätzel schwatzte. Sicherlich hatten sich die beiden in den vergangenen Wochen, während Oma in Palmnicken war, sehr vermisst und mussten sich nun viel erzählen.

Wie konnte es geschehen, dass zehn Monate genügten, um mir dieses Lichtenrader Haus fremd werden zu lassen? Selbst der Teddy, vordem mein allabendlicher Tröster, Vertrauter meines Kummers und meiner Freuden, war mir nun fremd geworden, ich verbannte ihn kurzerhand aus meinem Bett. Er thronte nun auf dem Stuhl als Bekrönung des Stapels meiner Kleider und schaute mich recht traurig und verlassen an, so schien es mir jedenfalls. Bald würde sich bei mir, wie damals nach dem Umzug aus Gefell, Heimweh einstellen, diesmal allerdings Heimweh nach Palmnicken! Mit der Zeit milderte sich dieses Heimweh und wurde zur Sehnsucht, die mich ein Leben lang begleitet hat.

Die kommenden Tage waren vollgepackt mit Behördengängen, Einkäufen und Vorbereitungen auf die Aufnahmeprüfung für die Ulrich-von-Hutten-Schule. Außerdem mussten bei der Meldestelle für mich Lebensmittelkarten beantragt werden, wichtig war auch die Rückmeldung beim Jungvolk. Zur Geigenstunde brauchte ich nicht mehr zu gehen, die Lehrerin war mittlerweile ausgebombt worden. „Stell dir mal vor, alles hat sie verloren, sogar ihren wertvollen Konzertflügel!" Mutter war voller Mitgefühl. Bei mir hielt sich das Mitgefühl allerdings in Grenzen, größer war meine Freude darüber, dass ich nun nicht mehr in die Geigenstunde gehen musste. Es hätte sich sowieso nicht mehr gelohnt, damit wieder anzufangen, denn ich bestand die Aufnahmeprüfung. Nachdem ich kaum zwei Wochen zu Hause gewesen war, wurde unsere ganze Klasse ins KLV-Lager verschickt, und zwar nach Hinterpommern auf die NS-Ordensburg „Die Falkenburg" am Krössinsee.

Unsere Schule war mittlerweile nach Mariendorf ausquartiert worden. Dort waren wir Gäste in einem anderen Schulgebäude. Die Lichtenrader Schulen dienten jetzt als Lazarette. Der Unterricht fand in Schichten statt, eine Woche vormittags, eine Woche nachmittags. Dass diese Regelung alles andere als angenehm war, kann sich wohl jeder vorstellen. Das Schlimmste an diesem Schichtunterricht war, dass wir während der Nachmittagsschichten nie Stundenausfälle hatten, wenn nachts die Tommys gekommen waren. Selbst nach länger anhaltenden Angriffen mussten wir nachmittags stets die volle Stundenzahl in der Schule absitzen. Zum Glück dauerte diese Zeit nur zwei Wochen und sollte sicherlich dazu dienen, dass wir Neulinge miteinander und mit unseren Lehrern vertraut würden, bevor wir ins KLV-Lager einrückten.

Während der kurzen Zeit der Wiedersehensfreude lebte ich in einem Zustand des Hochgefühls, vergleichbar etwa dem Zustand Jungvermählter, die sich und ihr Umfeld ja auch vorübergehend durch eine rosarote Brille sehen.

Nur währte dieser Zustand nicht sehr lange. Spätestens von dem Moment an, als ich die letzte Palmnickener Geschichte erzählt hatte, stellte sich bei mir das ernüchternde Alltagsgefühl wieder ein. Ich wurde bockig und sehnte mich nach Palmnicken zurück. Dieses Lichtenrader Zuhause war doch recht eng umzäunt, nicht nur durch abgrenzenden Maschendraht, sondern auch durch allerlei Verbote und Pflichten, denen ich in Palmnicken entwachsen war. Verwildert sei ich zurückgekommen, vielleicht hatte Mutter sogar recht mit dieser Feststellung.

Schließlich war es soweit, das Lager rief. Herr Warnicke, unser Klassenlehrer, gab uns noch letzte Anweisungen für den Transport: „Alle kommen in Uniform! Verstanden?" „Jawoll!" „Sollten euch Väter oder Mütter begleiten wollen, so fahren diese in Extraabteilen! Verstanden?" „Jawoll!" „Und kein großes Gepäck, nicht mehr, als ihr tragen könnt! Verstanden?" „Jawoll!" Ich weiß nicht mehr, wie oft wir noch „Jawoll" brüllen mussten, bis er uns alles eingetrichtert hatte, was im Hinblick auf den Transport zu berücksichtigen war. Unsere Mutter ließ es sich nicht nehmen, mit nach Krössinsee zu fahren. Eberhard war ja schon seit über einem Jahr dort, aber sie hatte ihn Anfang April 1941 während eines Besuches nur ganz kurz zu Gesicht bekommen.

Natürlich tat ich auf dem Stettiner Bahnhof, dem Treffpunkt unseres Transports, alles, um sie möglichst schnell abzuwimmeln. Es wäre mir unerträglich gewesen, wenn ich gleich am ersten Tag meines Lagerdaseins zum Muttersöhnchen abgestempelt worden wäre. Uns allen war ein bisschen beklommen zumute während der Reise. Wir wussten ja nicht, was uns in Krössinsee erwarten würde. Desto forscher gebärdeten wir uns. Auf dem Bahnsteig des Stettiner Bahnhofs wurden bereits erste Kämpfe um die Rangordnung ausgetragen. Ich mit meinem geringen Aggressionspotential geriet dabei von Anfang an in das hintere Mittelfeld. Mir war es recht so. Das hatte ich schon beim Jungvolk gelernt: nur nicht auffallen, weder im positiven noch im negativen Sinn. In der Herde lebte es sich am bequemsten. Diese Erfahrung hat mir den Weg durch alle KLV-Lager und später auch durch das Gefangenenlager geebnet.

Im Lager wurden wir Neuankömmlinge vor der versammelten Mannschaft von den beiden wichtigsten Personen begrüßt, nämlich dem Lagerleiter, der die Funktion des Schuldirektors innehatte, und dem Lagermannschaftsführer, der etwa im Rang eines Fähnleinführers der Hitlerjugend stand. Wir Neuankömmlinge standen der in Reih' und Glied versammelten Lagermannschaft unangetreten und als rechter Sauhaufen gegenüber, was der Lagermannschaftsführer in seiner kurz gebellten Begrüßungsansprache auch gebührend rügte. Er würde schon dafür sorgen, dass wir in Kürze den rechten Schliff bekämen! Die Begrüßung durch den Lagerleiter, Herrn Schneft, fiel da schon moderater aus. Er drohte uns nicht mit Drill und Disziplinierung, sondern legte uns gute Kameradschaft ans Herz.

Wir hatten uns auf dem sogenannten Appellplatz vor den Torgebäuden der Burg versammelt. Hier ragte der hohe Mast auf, an dem allmorgendlich beim Appell die Fahne gehisst wurde. Nun sah ich auch Eberhard wieder. Er war der Größte seines Lagerzugs und fiel dadurch sofort auf. Am liebsten wäre ich gleich zu ihm hingelaufen, aber das ging natürlich nicht. Er stand ja in Reih' und Glied. So konnten wir uns nur zunicken.

Bevor ich meinen Übertritt vom zivilen Bubendasein ins Leben eines KLV-Lagerinsassen beschreibe, sage ich einige Worte zur NS-Ordensburg „Die Falkenburg!", unserem Lagerdomizil.[100] Die Bezeichnung Ordensburg für unser jetziges KLV-Lager war an sich unzutreffend, weil die Anlage eher einem weiträumigen Barackenlager glich. Einer Burg ähnlich war nur der Torbereich mit seinen repräsentativen Gemeinschaftshäusern und den beiden Zwillingstürmen, zwischen denen regelmäßig im Tiefflug vom Krössinsee aus die Maschinen der nahegelegenen Jagdfliegerschule mit heulenden Motoren so niedrig hindurchpreschten, dass man meinte, ihren Fahrtwind zu spüren, wenn sie dicht über einen hinwegfegten.

Für uns, die Pimpfe aus Berlin, hatte man einige der gemauerten Mannschaftsbaracken bereitgestellt, in denen die Ordensjunker hausten, die hier auf ihren Dienst als Wehrbauern und Herrenmenschen vorbereitet wurden. Sie sollten nach Kriegsende die Weiten Russlands vom Schwarzen Meer bis hin zum Ural in deutschen Burgendörfern und Wehrstädten besiedeln. Der slawischen Bevölkerung war in diesem Kolonialsystem nur die Rolle von Arbeitssklaven zugedacht.

Die Baracken standen in langen Reihen nebeneinander, immer zu dreien durch einen Glasgang verbunden. Ihre Einrichtung war äußerst spartanisch. Links und rechts neben einem Mittelgang stand je eine Reihe mannshoher Schränke, welche zugleich die Vorderwände der Viermannkojen bildeten. Jede Koje hatte ein Fenster, darunter waren ein Tisch und zwei Stühle, links und rechts an die schrankhohen Trennwände zwei Etagenbetten gestellt, das war die ganze Einrichtung. Die Schranktüren gingen nach dem Gang hin auf. Die zwischen den Schränken klaffenden Eingänge zu den Kojen waren ohne Tür oder Vorhang. Hier galt es sich nun einzurichten.

In den verbindenden Glasgängen befanden sich die zu den Baracken gehörigen Tagesräume. Sie dienten uns als Klassenzimmer und waren gleichzeitig unser Freizeitbereich. Unter den Baracken, quasi als Kellerbereich, lagen die Waschräume.

Noch auf dem Appellplatz wurden wir in Lagerschaften und Lagerzüge eingeteilt, und unsere vorher schon aus den älteren Lagerzügen rekrutierten und beförderten Unterführer begannen, ihre ersten Kommandos zu brüllen: „In Dreierreihen angetreten, links um, im Gleichschritt marsch!"

In der Baracke gab es dann erst einmal ein heilloses Durcheinander. Allein die Einteilung in Kojenbesatzungen, also in Vierergruppen, war nicht ohne Schwierigkeiten und Hin- und Hergeschubse zu lösen. Einige hatten sich schon in Berlin miteinander befreundet und wollten nun hier auch zusammen wohnen. Andere wollten wieder nach Hause, ja, es gab sogar einige, die geweint haben. Mir war alles egal. In diesem Aufruhr stand plötzlich Eberhard hinter mir und schlug mir brüderlich auf die Schulter. Als ich mich ihm zuwandte und voller Freude die Hand reichte, drückte er mir diese so fest, dass die Knöchel knackten. Er war, wie ich daran erkannte, ganz der Alte geblieben. Nun konnte mir nichts mehr passieren, er würde in Zukunft seine schützende Hand über mich halten! So sahen wir uns nach über einem Jahr wieder, abgesehen vom ersten Erkennen auf dem Appellplatz. „Mensch, Dieter, groß biste geworden!" „Und du erst, Eberhard!" Sofort war zwischen uns die alte Vertrautheit wieder da. Zu mehr als diesen paar Worten sind wir in den ersten Minuten unseres Wiedersehens allerdings nicht gekommen, denn nun galt es, den Spind einzuräumen und die Betten zu bauen.

Alles musste seine vorgeschriebene Ordnung haben. Die Wäsche, Hemden und Unterhemden, Handtücher, Nachthemden, Unterhosen und Turnzeug waren nach Vorschrift zusammenzulegen und sauber zu stapeln. Selbst Dinge, die hinter diesen Wäschestapeln ihren Platz fanden, Strümpfe und Mützen zum Beispiel, mussten dort in peinlicher Ordnung sortiert werden. Genauso streng wie die Spindordnung wurde auch die Bettenordnung gehandhabt. Da musste die Bettdecke genau nach dem vorgeschriebenen Maß zusammengelegt sein, und die kleinste Falte in Laken, Kopfkissen oder Bettbezug genügte schon, um bei den häufigen Appellen den ganzen Inhalt des Bettes auf den Gang geworfen zu bekommen. Eberhard wurde nicht müde, mir dies in den ersten Minuten meines Lagerlebens immer und immer wieder einzurichtern. Ordnung und Disziplin! Zum Glück wusste ich damals noch nicht, dass es mir fast unmöglich sein würde, diese Grundprinzipien des Lagerlebens zu erlernen und zu beherzigen.

Mit mir in der Koje schliefen noch Fritz, Olaf und Gunnar. Letzterer kam aus Tilsit im Baltikum. Da hatte ich nun jemanden, mit dem ich Erinnerungen austauschen konnte. Doch dazu hatten wir im Augenblick leider keine Zeit. Kaum waren die Betten gebaut, die Spinde eingeräumt und die Großen abgezogen, die man zu unserer Hilfe abkommandiert hatte, kam der Befehl: „Raustreten zum Abendessen!"

Das würde also ab sofort unser Leben bestimmen: alles raustreten, alles antreten, alles wegtreten und immer marsch marsch! Befehle über Befehle! Die Trillerpfeife des UVD, des Unterführers vom Dienst, hielt uns in Zukunft auf Trab! Jetzt galt es allerdings erst einmal zum Speisesaal zu marschieren. Dort wurden wir abermals eingeteilt. Die Klassen, also die Lagerzüge, saßen jeweils an langen Tischen zusammen, an deren Kopfenden die Klassenlehrer ihre Plätze hatten. Lehrer Warnicke wartete bereits auf uns, und dass er mich schon von Berlin her besonders auf dem Kieker hatte, merkte ich sofort, denn kaum hatten wir unseren Tisch gefunden, wurde unser Stimmengewirr von seinem schnarrenden Befehl übertönt: „Möckel, hierher zu mir, aber dalli!" Das verhieß nichts Gutes.

Natürlich geschah auch hier im Speisesaal alles auf Befehl. Da durfte sich nicht jeder einfach hinsetzen, man musste hinter seinem Stuhl stehenbleiben und warten, bis allgemeine Ruhe eingekehrt war. Erst dann kam vom diensthabenden Lagerzugführer der erlösende Befehl: „Hinsetzen!" Waren alle diesem Befehl nachgekommen, galt es, in sitzender Habachtstellung zu verharren, denn nun war Kultur angesagt. Es gab eine ganze Reihe sinniger Tischsprüche, die vor jeder Mahlzeit möglichst schneidig hergesagt werden mussten. Täglich wurde ein anderer zu diesem Dienst verpflichtet. „Es isst der Mensch, es frisst das Pferd, doch manchmal ist es umgekehrt, haut ...", oder „Wir essen, bis die Schwarte kracht und die Küche pleite macht, haut ...", und alle einfallend: „rein!" In diesem hochpoetischen Stil waren alle Tischsprüche abgefasst. Und das nach dem „Haut!" von der Allgemeinheit gebrüllte „Rein!" gehörte stets dazu.

Nach dem Abendessen ging es wieder zurück in die Baracke. Es folgte ein erster Spindappell. Es war kurz vor Zapfenstreich, das allgemeine Waschen war vorüber, und viele lagen bereits im Bett, als uns die Trillerpfeife des UVD aus der Feierabendstimmung riss: „Alles vor den Spinden angetreten, marsch marsch!" Ach, diese Appelle! Nie war man vor ihnen sicher, nicht bei Tag und nicht bei Nacht. Selbst wenn man nach der Schule oder dem Jungvolkdienst in die Baracke zurückkam, konnte es sein, dass der Inhalt aus Schränken und Betten herausgerissen war und in einem wüsten Durcheinander den Mittelgang bedeckte. Für die Betroffenen war die karg bemessene Freizeit dann ausgefüllt mit Bettenbauen oder Schrankeinräumen. Ganz zu schweigen vom folgenden Sonderappell.

Die Oberen des Jungvolks hatten eine Menge der verschiedensten Appelle erfunden: Spindappelle, Bettenappelle, Schuhappelle, Kleiderappelle, Uniformappelle. Sie fanden genügend Gründe, um uns selbst während der Nachtruhe aus den Betten und in unsere Kleider oder Uniformen zu scheuchen. Maskenbälle nannten wir diese Veranstaltungen. Waren es in Berlin die Luftschutzsirenen gewesen, die uns nachts aus den Betten holten, so waren es nun die Trillerpfeifen der Lagerführer.

Dieses Mal ließ Heini, unser Zugführer, Milde walten. Kein Spind wurde ausgeräumt, obwohl in kaum einem die von ihm geforderte Ordnung herrschte. „Das nächste Mal fliegt alles raus auf 'n Gang, verstanden?" „Jawoll!", brüllten wir wie aus einem Munde

Es dauerte eine Ewigkeit, bis wir an jenem ersten Lagerabend zur Ruhe kamen. Zu viel Neues und Beängstigendes war auf uns eingestürzt. Ungewöhnlich war auch die Situation unseres Nachtlagers. Da die einzelnen Kojen nur bis zur Schrankhöhe voneinander getrennt waren und es darüber bis zur Decke mindestens noch anderthalb Meter Luftraum gab, herrschte in der Baracke die Atmosphäre eines großen Schlafsaals. Von einem Ende bis zum anderen waren alle Schlafgeräusche zu hören. Schnarchen, Schnaufen, Schniefen, Husten, Traumgelall, wie sollte man da Schlaf finden!

Am nächsten Morgen ertönte dann pünktlich um halb sieben Uhr die Trillerpfeife des UVD: „Alles aufsteh'n!" Und kurz danach: „Alles raustreten zum Frühsport!" Anziehen, antreten zum Fahnenappell, wegtreten zum Frühstück, es war wie auf dem Kasernenhof.

Am Vormittag kamen dann alle mitgereisten Eltern gemeinsam im Omnibus. Sie hatten in dem nahegelegenen Städtchen Falkenburg übernachtet. Es war Sonntag und dienstfrei. Meine ganze Angst war, dass Mutter sich bei der Begrüßung zu Zärtlichkeiten hinreißen lassen könnte, die meinem Ansehen unter den Kameraden abträglich wären. Zum Glück gab sie sich sehr zurückhaltend. Andere Mütter waren nicht so klug und schmatzten ihre Jungs in aller Öffentlichkeit ab, vor allem beim Abschied. Die Ärmsten wurden dadurch von Anfang an zu Muttersöhnchen abgestempelt. Sie hatten es schwer, sich unsere Achtung wieder zu verdienen.

Es wurde ein schöner Sonntag, zumal die Sonne ihr spätsommerliches Gold über das Land goss. Bis zum Mittagessen führte uns Eberhard in der Ordensburg herum. Hinunter ging es zum Krössinsee, an dessen Ufer das strohgedeckte Bootshaus stand, und hinauf zum Feldherrnhügel. Mutter konnte sich nicht sattsehen am Blick über den glitzernden See hinüber zum Dörfchen Winkel, das seinem Namen alle Ehre machte, weil es im nördlichsten Winkel des Krössinsees lag. Zum Mittagessen war für die Eltern im Speisesaal eine Extratafel gedeckt worden. Ihnen wurde Lagerkost aufgetischt, und sie konnten sich dadurch von der Qualität unserer Ernährung überzeugen, wenn auch Eberhard meinte, dass das Essen sonst nicht so reichhaltig wäre.

Für die Sonntagnachmittage stand in der Regel Ausgang in Gruppen auf dem Dienstplan. So auch heute. Normalerweise galten erst vier Mann als Gruppe. Bei uns Möckels machte die Lagerleitung von Anfang an eine Ausnahme und gestattete Eberhard und mir den Ausgang als Zweiergruppe. Später, als Eberhard das Lager verlassen musste, um als Luftwaffenhelfer Dienst zu tun und Rainer dafür kam, blieb es bei dieser Regelung.

Diesmal führte unser Ausflug in Gruppen nach Winkel. Mutter hatte sich aus Berlin wohlweislich Wanderschuhe mitgebracht und hielt nun trotz ihrer offenen Beine tapfer mit. Eberhard fungierte als Pfadfinder. Immer am Ufer des Krössinsees ging es entlang, teils in lichtem Kiefernwald auf geebneten Wegen, teils auf federnden Trampelpfaden durch hohes Röhricht, teils über einen Wiesensteig, an dessen Ende die Dächer des Dörfchens grüßten. Bevor wir dies allerdings erreichten, schob sich das Ufer des großen Wahntsees so dicht an den Krössinsee heran, dass wir meinten, zwischen beiden Seen auf einem breiten Damm zu laufen. „So was gibt's hier oft, dass die Seen fast aneinanderstoßen", meinte Eberhard, denn nicht umsonst hieße dieses Land die hinterpommersche Seenplatte.

Er erwies sich übrigens als vorzüglicher Pfadfinder, denn pünktlich zur Verabschiedung der Eltern um fünf Uhr trudelten wir auf der Ordensburg wieder ein. Mutter war auch diesmal wieder wohltuend zurückhaltend. Ein kräftiger Händedruck und ein kameradschaftlicher Schlag auf die Schultern war alles. „Mach's gut Ditt, halt die Ohren steif!" Und zu Eberhard gewandt: „Und du, Großer, mach's auch gut und pass auf unseren Ditt auf!"

Bei anderen spielten sich peinliche Szenen ab. Manche haben sogar geweint, als sie ihren Mamas und Papas auf Wiedersehen sagen mussten. Deutsche Jungs und weinen, wenn das der Führer sehen würde oder Baldur von Schirach, dachte ich und kämpfte doch selbst mit den Tränen. Aber diese Blöße wollte ich mir nicht geben. Es war ja auch nur eine ganz kurze Gefühlsaufwallung, der ich erfolgreich widerstand. Endlich waren die besorgten Eltern alle eingestiegen, und der Bus fuhr davon. Wir zurückgebliebenen Pimpfe und Hitlerjungen des KLV-Lagers versammelten uns im Speisesaal zum Abendessen. Morgen würde der Lageralltag richtig losgehen.

Warnicke, der Päderast

Das Lagerleben bot mehr Freiheiten und Nischen, in die man sich zurückziehen konnte, als ich geahnt hatte. Gewiss, alle Tage wurden vom Wecken bis zum Zapfenstreich, Stunde für Stunde, durch Dienstpläne geregelt. Allwöchentlich heftete sie der UVD montags an die Barackentür. Neben täglich wiederkehrenden unverrückbaren Pflichten, den Unterrichtsstunden zum Beispiel, aber auch der Arbeitsstunde, die den Hausaufgaben gewidmet war, unterbrach eine Stunde Freizeit das tägliche Diensteinerlei. Es war eine kostbare Stunde! Einmal wöchentlich stand Basteln auf dem Dienstplan, dies war auch eher der Freizeit zuzurechnen. Alle zwei Wochen am Donnerstag nach dem Abendbrot hieß es: Schreibstunde! Für mich waren diese angeordneten Schreibstunden eine rechte Quälerei, galt es doch während dieser Zeit den Eltern verordnete Heimatbriefe zu schreiben. Mich befällt heute noch Unbehagen, wenn ich daran denke, wie ich, am Federhalter kauend, mir Wort für Wort aus den Fingern saugen musste, wenn im Unterrichtsraum unter der Aufsicht Warnickes Schreibstunde auf dem Dienstplan stand. An die Eltern und das Zuhause verschwendete ich kaum Gedanken. Hier war ich jetzt zu Hause, auf KLV, in Krössinsee! Was sollte ich mich mit Gedanken an das Elternhaus, an Lichtenrade belasten, jenes Lichtenrade, das sowieso nie zu meinem Kinderparadies geworden war?

Alle Post, die wir nach Hause schickten, ging durch Warnickes Hände und wurde von ihm kontrolliert. Mit meinen literarischen Ergüssen war er nie zufrieden. Liederlich, dazu noch denk- und schreibfaul sei ich, so sein regelmäßiger Kommentar, wenn er uns am Morgen nach der Schreibstunde die kontrollierte Post zum Zukleben und Frankieren zurückgab. Warnicke war sowieso ein unangenehmer Zeitgenosse, dazu ein rücksichtsloser Egoist. Marmeladenentzug, Butterentzug, Wurstentzug, Nachtischentzug, Fleischentzug, das waren Strafen, die er für kleinere Vergehen verhängte. Oft waren diese Vergehen von ihm nur konstruiert, um ihm die Möglichkeit der Bestrafung zu geben. Die so von ihm Belangten bekamen beim Essen Plätze an seinem Tischende zugewiesen und mussten die entzogenen Nahrungsmittel an ihn abliefern. Er aß diese dann vor ihren Augen mit sichtlichem Behagen auf. Ich litt oft unter derartigen Schikanen, denn ich war Linkshänder, und er davon besessen, mir dies auszutreiben. Da genügte es, nur versehentlich mit der falschen Hand nach Messer, Gabel oder Löffel zu greifen, schon hieß es: „Möckel, drei Tage Marmeladenentzug!" Oder: „Nächsten Sonntag Fleischentzug!" Übrigens habe ich während der Phase dieser erzwungenen Umgewöhnung vorübergehend zu stottern begonnen.

Das Unangenehmste an Warnicke war jedoch seine sadistisch geprägte Vorliebe für Jungen. Bereits in den ersten Wochen unseres Lagerdaseins fing er an, diese Vorliebe an uns auszuleben. Es begann damit, dass er sich in den Biologiestunden beim Fach Menschenkunde längere Zeit mit unseren Hinterteilen beschäftigte. Er legte uns dar, dass der Mensch, abgesehen von einigen minderwertigen Rassen, Juden zum Beispiel oder Schwarzen, dass der rassisch wertvolle Mensch die Krönung der gesamten Natur sei, was schon an seinem aufrechten Gang zu erkennen sei. Als aufrecht gehendes Wesen sei der Mensch zugleich auch ein sitzendes Wesen, weshalb ihn die Natur dafür besonders ausgestattet habe. Die hässlichen Sitzschwielen einiger Affenarten, Mandrill und Pavian zum Beispiel, hätten sich beim Menschen zum Gesäß entwickelt, wohlgeformt und gepolstert.

Wir konnten uns anfangs keinerlei Reim darauf machen, wohin diese Belehrungen führen sollten, bis Warnicke seinen Sermon folgendermaßen zum Ende brachte: „Das, was ihr in eurer Rotzjungensprache Arsch nennt, dient nicht nur zum darauf Sitzen, sondern ist, wie allbekannt, auch der geeignete Platz, eurer Erziehung durch gelinden Schmerz den nötigen Nachdruck zu verleihen!" Leider sei ihm, so fuhr er fort, der Gebrauch dieses wirkungsvollen Erziehungsmittels als Lehrer nicht mehr gestattet, da wir ja jetzt Oberschüler wären, aber als unser Klassenlehrer und quasi Ersatzvater fühle er sich dazu verpflichtet, uns mit dem Stock gelegentlich den rechten Weg zu weisen. Zugleich diente er sich uns auch als Ersatzmutter an. Natürlich verstünde es sich da von selbst, dass er, wie eine Mutter, unsere körperliche Sauberkeit kontrollieren müsse. Schuhappell, Strumpfappell, Fußappell, Unterhosenappell, Hinternappell – auch vorneherum kontrollierte er bei dieser Gelegenheit unsere Sauberkeit gleich mit –, er hatte sich viele Gelegenheiten ausgedacht, um an uns herumfingern zu können. Schläge setzte es oft auf den bloßen Hintern mit einem Metallstöckchen, wie es zum Befestigen von Scheibengardinen benützt wird. Diese sogenannten Appelle fanden stets während des Unterrichts statt. Warnicke gab Biologie, Deutsch und Zeichnen. Er war übrigens ein begabter Maler und Zeichner. Seine Aquarelle zierten unseren Klassenraum. Einige hingen auch im Speisesaal.

Erstaunlich war, dass er es über ein Jahr lang mit uns so treiben konnte. Niemand fand den Mut, sich zu beschweren. Keiner von uns konnte ja auch nur im Entferntesten ahnen, was ihn zu solchem Tun trieb. Als unser Lehrer, wenn auch als nicht sehr beliebter, genoss er unseren Respekt. Zum Glück wollte er von mir selten etwas, er ging bei den Appellen meistens an mir vorbei. Entweder war ich nicht sein Typ oder er befürchtete, dass ich mich Eberhard anvertrauen könnte, wenn er es zu arg mit mir getrieben hätte. Dafür verleibte er sich immer öfters meine Butter- und Marmeladerationen ein.

An zweien aus unserer Klasse muss er sich auch weitergehend vergangen haben. Eines Tages im Sommer 1942 ging während einer Zeichenstunde plötzlich die Tür auf, und der Lagerleiter Schneft kam herein, gefolgt von zwei uns unbekannten Männern. Sie postierten sich links und rechts neben den Türpfosten, während Schneft zwei Schritte ins Klassenzimmer trat und Warnicke sehr ernst aufforderte: „Herr Warnicke, packen Sie Ihre Sachen zusammen und kommen Sie bitte mit!" Warnicke wurde kreidebleich und meinte stotternd, dass das doch nicht ginge so mitten im Unterricht. Schneft schnitt ihm jedoch kurzerhand das Wort ab: „Machen Sie bitte keine Umstände und kommen Sie!"

Als Warnicke mit den beiden Männern verschwunden war, meinte Schneft: „Also Jungs, Herr Warnicke ist ab sofort nicht mehr euer Klassenlehrer. Seine Stelle übernimmt Herr Peter." Als er ging, drehte er sich an der Tür noch einmal nach uns um und meinte in strengem Ton: „Ich bitte mir für den Rest der Stunde absolute Ruhe und Disziplin aus! Ihr könnt ja eure angefangenen Zeichnungen fertigstellen." Natürlich gerieten wir, als er weg war, in hellen Aufruhr und waren alles andere als ruhig und diszipliniert, sodass nach einer Weile der Lagermannschaftsführer hereinkam und das Kommando übernahm. Er scheuchte uns bis zur Pause über den Appellplatz.

Es kursierten danach noch eine ganze Weile die abenteuerlichsten Gerüchte im Lager. Genährt wurden sie durch die Tatsache, dass die beiden fremden Männer, immer im Beisein Schnefts, die Jungen aus Warnickes Klasse in den folgenden Tagen verhörten. Was Warnicke außer den Appellen und den Stockschlägen noch mit uns gemacht hätte, wollten sie wissen. Wir verstanden ihre Fragen nicht. Wie konnten wir ahnen, was Warnicke noch mit uns hätte tun können? Wie schon gesagt, an zweien von uns muss er sich vergangen haben. Sie wurden von ihren Eltern aus der Schule und dem Lager genommen. Über alles breitete man, wenigstens offiziell, die Decke des Schweigens. Wer aus unserer Klasse dem Druck und der Seelenqual nicht mehr gewachsen war und Warnicke endlich verpfiffen hat, ist nie herausgekommen.

Warnicke, so berichteten es nach einiger Zeit die im Lager umlaufenden Gerüchte, sei zum Bewährungsdienst in einer Strafkompanie an der Ostfront verurteilt worden. In unserem Klassenraum hing noch bis zur Verlegung des Lagers nach Lohme auf Rügen ein Aquarell Warnickes an der Wand, das den Dratzigsee bei Sturm darstellte. Es muss wohl eine gute Arbeit gewesen sein, sonst hätte Schneft dieses Bild nicht an seinem Platz gelassen, als er alle Zeugen tilgte, die an diesen unwürdigen Lehrer erinnerten.

Das Leben im Lager

Schon wenige Wochen nach unserer Ankunft auf der Ordensburg im September 1941 waren wir zu richtigen Lagerratten geworden. Nichts konnte uns mehr erschüttern. Wir hatten mittlerweile gelernt, die Nischen im Regime zu entdecken und uns in ihnen einzunisten. Mein Vergnügen war das Lesen. Ich verschlang damals alles, was mir an Gedrucktem in die Hand kam: Karl May, Peter Rosegger, von Bernt Berg die rührende Tiergeschichte „Mein Freund der Regenpfeifer" und die vielen Groschenhefte, meistens spannende Frontgeschichten. Da genügten schon zehn Minuten freier Zeit zwischen den Diensten, und ich saß lesend in der Kojenecke, stahl mich aus dem Lageralltag fort in Fantasiewelten.

Viel freie Zeit verbrachte ich auch in der Nachbarbaracke bei Eberhard. Dort bei den Großen ging es viel ruhiger und kameradschaftlicher zu als bei uns, den kleinen Pimpfen. Eins war ausgemacht zwischen Eberhard und mir: Er würde mir nie bei Streitigkeiten mit meinen Klassenkameraden handgreiflich zur Seite stehen. Das musste ich schon allein ausfechten. Aber Mut gab er mir, baute mich stets wieder moralisch auf, wenn ich ganz unten war.

Unsere beiden Baracken waren die letzten beiden des Komplexes nach dem Krössinsee zu. Nun hatte es das Schicksal so gewollt, dass sich die Fenster unserer Kojen genau gegenüberlagen. Als in unserem Lagerzug nach Weihnachten Scharlach ausgebrochen war und wir in unserer Baracke zur Quarantäne interniert wurden, konnte ich mich mit Eberhard von Fenster zu Fenster unterhalten. Für mich war das ein wichtiges Heilmittel gegen den Barackenkoller, der unseren Lagerzug im Laufe der Quarantäne ergriff.

Das Schönste waren die gemeinsamen Ausgänge in Gruppen an den Sonntagnachmittagen, die ich sehr oft mit Eberhard verbrachte. Gelegentlich gesellte sich Maxe zu uns. Anfang September waren in den Wäldern überall die Blaubeeren reif. Auch Himbeeren gab es noch und Brombeeren. Es war ein willkommenes Zubrot, vor allem, wenn ich wieder einmal Marmeladenentzug hatte und in mir die Gier nach Süßem nagte.

Ich liebte diese pommersche Landschaft mit ihren unzähligen Seen, ihren Moränenhügeln, ihren Mooren und Heideflächen. Etwas großspurig wurde dieses Ländchen auch hinterpommersche Schweiz genannt. Gern gingen wir zum Dratzigsee, dem größten der Seen in dieser Gegend. An Sturmtagen war seine Wasserfläche aufgewühlt und von Schaumkronen bedeckt. An seinen Ufern zog sich dann ein richtiger Brandungssaum entlang, fast wie am Meer. Eberhard schrieb damals nach Lichtenrade auf einer Postkarte, deren Bild den aufgewühlten See zeigt: „Auf der Fotografie seht ihr einen Seegang, den wir auf der Kahnfahrt nach Alt-Draheim hatten, wobei der Kanadier beinahe vollschlug." Leider hat Schneft danach derartig gefährliche Kanufahrten verboten. Zu gern hätte ich das auch einmal erlebt, bei Sturm mit dem Kanadier über den Dratzigsee zu fahren!

In diesen Septembertagen begannen unsere Baracken zu stinken. Große Teile des Lagers wurden plötzlich vom Pilzfieber ergriffen. Massenweise wurden sie von uns aus dem Wald hereingeschleppt, Steinpilze, Maronenpilze, die lustigen Rotkappen, Birkenpilze und Pfifferlinge. Auf allen Schränken lagen sie dann, in feine Scheiben geschnitten und auf Zeitungspapier ausgebreitet. Sie erfüllten die Luft mit den unangenehm riechenden Dünsten, die von trocknenden Pilzen aufsteigen. Lagerleiter Schneft rümpfte stets die Nase, wenn er in jener Zeit seine Inspektionsgänge durchs Lager machte: „Bei euch stinkt's ja wie in Affenställen!" Da er aber selbst ein großer Pilzkenner und -liebhaber war, unterstützte er unsere Bemühungen um die Volksernährung nach Kräften. Das Ende der Saison war ja auch abzusehen. Spätestens Ende November würden die letzten Pilze getrocknet sein und die Küchenzettel der heimatlichen Familien bereichern.

In dieser Zeit konnte ich mir, wenn auch nur vorübergehend, ein gewisses Ansehen bei den Kameraden und bei meinen Vorgesetzten erwerben. Zwei von uns hatten statt köstlicher Steinpilze giftige Satanspilze hereingebracht, die es in jener Gegend sehr häufig gab. Als guter Pilzkenner, der ich damals schon war, sind mir diese scharlachstieligen Ungeheuer sofort aufgefallen. Natürlich wollten mir die beiden glücklichen Jäger nicht glauben, dass die vielen prächtigen Pilze, die sie auf den Sandplaggen nahe dem Völskowsee im Heidekraut gefunden hatten, gefährliche Giftpilze wären. Es gab mächtigen, sogar handgreiflichen Streit zwischen mir und ihnen, den erst Schneft schlichten konnte. Die Mannschaftsbaracken liefen nach dem Hauptweg zu in ein Atrium aus, unter dem wir in der wärmeren Jahreszeit gern unsere Freizeit verbrachten. Hier trafen wir uns jetzt an den Sonntagnachmittagen nach unseren Ausflügen regelmäßig zum Pilzeputzen. Schneft ließ es sich nicht nehmen, während dieser Zeit von Baracke zu Baracke zu gehen, um sich unsere Ausbeute zeigen zu lassen. Wir lagen noch ringend auf dem Boden, der Malke und ich, als Schneft zu uns ins Atrium trat. „Was geht denn hier vor?", meinte er eher verwundert als ärgerlich. Wir fuhren auseinander, und ehe ich etwas sagen konnte, rief schon der andere Giftpilzsammler, der Kienast: „Der Möckel will uns unsere Steinpilze madig machen! Das sind Teufelspilze, sagt er, die wären giftig!" „Satanspilze!", konnte ich nur schnell dazwischen rufen, da hatte der Schneft den giftigen Segen schon entdeckt. „Seid ihr von Sinnen!", fuhr er den Malke und den Kienast an. „Der Möckel hat ganz recht. Das sind Satanspilze, die langen, um eure ganzen Familien krank zu machen!" Von dem Moment an kamen die Kameraden aus unserer Baracke mit ihren Pilzen im Zweifelsfall stets zu mir. „Muschel, kieck ma, sin det nu Steinpilze oder wieder solche Teufelsdinger?" Muschel war im Lager der Spitzname für uns Möckelbrüder.

Das Lagerleben hätte mir schon gefallen, wenn ich nicht immer und immer wieder aufgefallen wäre. Kein Bettenappell, bei dem nicht mein Bettzeug auf den Gang geflogen wäre, kein Schrankappell, bei dem nicht mein Schrankinhalt im hohen Bogen hinterhergeschickt wurde. Uniform- und Kleiderappell, stets fand der UVD Flecken auf Hosen und Jacken oder gar ungeflickte Löcher, von Schuhappellen ganz zu schweigen. Besonderes Augenmerk legten die Oberpimpfe bei diesen Appellen auf den Steg, das ist der Bereich zwischen Sohle und Absatz der Schuhe. Dieser Steg musste stets glänzen, als sei er nie mit Erde oder Schlamm in Berührung gekommen. Bei mir hat er nie geglänzt. Allerlei Sonderdienste waren die Folge solcher Liederlichkeit. Eberhard hatte es damals mit mir bestimmt nicht leicht. Unsere Unterführer waren sein Jahrgang und stammten aus seiner Klasse. Natürlich werden sie ihn mit seinem undisziplinierten schlappen Bruder aufgezogen haben.

Das von den Jungvolkoberen uns abgeforderte zackige Benehmen konnte ich mir nie angewöhnen. Vor allem fiel es mir schwer, beim Vorbeigehen an Vorgesetzten den Deutschen Gruß[101] in der vorgeschriebenen militärischen Exaktheit auszuführen: drei Schritte vorher den rechten Arm hochreißen, die gestreckte Hand in Augenhöhe; zwei Schritte vorher den Kopf links herum oder rechts herum, je nachdem auf welcher Seite der Oberpimpf stand; zwei Schritte danach die Augen geradeaus; drei Schritte danach den rechten Arm wieder herunter; während der Prozedur den linken Arm in Habachthaltung zu Boden gestreckt halten; das Ganze im korrekten Marschschritt.

Die geforderte automatenhafte Genauigkeit dieses Deutschen Grußes habe ich nie begriffen noch erlernt, zumal ich als Linkshänder niemals so recht wusste, welcher Arm hochzureißen war. Da ich damals zudem noch sehr über den Onkel latschte[102], sind mir beim Marschschritt gelegentlich auch noch die Beine durcheinandergeraten. So manche kostbare nachmittägliche Freizeitstunde musste ich damit verbringen, an unserem Unterführer Heini grüßend vorbeizumarschieren. Mal hin und mal her, mal Deutscher Gruß nach rechts, mal Deutscher Gruß nach links, und das Ganze noch einmal und noch einmal, bis zur Erschöpfung. Der Waldheini, wie wir unseren Oberpimpf heimlich nannten, ließ es sich währenddessen gutgehen. Bequem vor dem Atrium unserer Baracke sitzend und in einem Buch oder Heftchen lesend, nahm er meine Paraden ab. Natürlich ließ sich diese Vorführung kaum einer aus unserem Lagerzug entgehen. Sie lungerten vor unserer Baracke herum und grölten mir den Marsch zu meiner Strafexerziererei: „Parademarsch, Parademarsch, der Muschel hat ein Loch im Arsch!" Und dasselbe von vorn und noch einmal von vorn, bis zur Erschöpfung. Eine andere Version: „Die Muschelkuh, die Muschelkuh, die macht ihr Arschloch auf und zu!"

Wenn ich Glück hatte, fühlte sich Lagerleiter Schneft durch das Gegröle in seiner Nachmittagsruhe gestört und kam aus seiner Unterkunft herbei, um dem Spuk ein Ende zu bereiten. Er besaß auch die Autorität und den Mut, sich gegen die HJ-Führung des Lagers durchzusetzen, ein schwieriges Unterfangen. Die Position der Lagermannschaftsführer wurde ausnahmslos mit fanatischen Nazis besetzt. Für sie waren unsere Lehrer, allen voran der Lagerleiter, nur schlappe Zivilisten. Besonders schwer hatte es Schneft gegen Ende des Krieges, als Morschmitt unser Lagermannschaftsführer wurde. Dieser war ein rabiater Angehöriger der Waffen-SS, der durch einen „Heimatschuss" frontuntauglich geworden war.

Schneft, der den Rang eines Studiendirektors bekleidete, verstand es, die Position der Lehrer gegen die Machtansprüche der HJ-Führer zu stärken, sodass wir während der gesamten Lagerzeit einen vorzüglichen Unterricht genossen, wenn auch die Lagermannschaftsführung der HJ dies als zweitrangig ansah. Die meisten Lehrer hatte man zu Beginn des Krieges aus ihrer verdienten Pension geholt. Die Jüngeren wurden dafür eingezogen und mussten zum Militär einrücken. Als Ersten traf es Dr. Bahr, unseren Naturwissenschaftler und kurzzeitigen Klassenlehrer, dann Dr. Peter, den Germanisten und Lateiner. Dafür stießen Dr. Ruloff zu uns und Tossing, den wir bald Pulchra nannten, weil er jede Unterrichtsstunde mit der Anrede begann: „Pulchra, ihr Knaben!"[103] Er hatte die Angewohnheit, leise brabbelnd zu sich selbst zu sprechen, wenn er sich unbeobachtet glaubte. Diese Selbstgespräche hätten ihn um Kopf und Kragen bringen können, wenn sich unter der Lagerbelegschaft auch nur ein Denunziant gefunden hätte. „Es hat ja keinen Zweck, der Krieg ist ja verloren! So ein Elend, nein, so ein Elend." Oft gingen diese Brabbeleien auch unvermittelt in Latein über. Er war der Typ eines barocken Klosterbruders, groß und schwammig. Bei aller Sanftheit neigte er zu Wutausbrüchen. Unter normalen Verhältnissen hätten seine Verschrobenheiten jede Klasse zu Spott, Hohn und allerlei Streichen gereizt. Das enge Zusammenleben im Lager offenbarte uns jedoch Tossings guten Kern, sodass niemand auf die Idee gekommen wäre, diesem putzigen, vertrotteleten alten Bären einen ernsthaften Streich zu spielen. Selbst die HJ-Oberen ließen ihn ungeschoren.

Auch Dr. Ruloff war uns alles andere als ein Vorbild. Stets hatte er Flecken auf den Hosen und Jacken seiner schwarzen Lehreruniform. Jeder seiner Schlipse war mit Resten weichgekochten Eigelbs verziert. Löcher und Risse in der Kleidung flickte er durch von innen auf den Stoff geklebte Heftpflaster, und wenn er vor einem herlief, konnte man große Strumpflöcher aus seinen stets ungeputzten Halbschuhen aufblitzen sehen. Ich konnte mich ihm gegenüber als adretter, rundum gepflegter Musterpimpf fühlen.

Unsere Jungvolkführer wechselten bald. Sie wurden nun zum Teil aus den Klassen der Vierzehn- und Fünfzehnjährigen rekrutiert, da die älteren Jahrgänge nach Berlin zurückgerufen wurden. Die Primaner kamen zum Militär, nachdem sie ihr Notabitur abgelegt hatten, die Jüngeren rief man zum Dienst als Luftwaffenhelfer. So bekamen wir Otto vor die Nase gesetzt, ein Glücksfall! Er durfte die weißgrüne Kordel des Lagerzugführers tragen. Wir nannten die geflochtenen Rangabzeichen, die vom zweiten Knopf des Braunhemds zur linken Achselklappe führten, Affenschaukeln. Otto trug nun also die Affenschaukel des Lagerzugführers. Er entsprach so gar nicht dem Idealbild eines Oberpimpfs. Er neigte etwas zur Fülle, war dabei allerdings recht sportlich, musisch begabt und interessiert – er spielte vorzüglich die Klampfe. Dazu war er gutmütig und von unbestechlichem Gerechtigkeitssinn. Sein blondes Haar und die blauen Augen, gepaart mit einer stämmigen Gestalt, wiesen ihn angeblich als Angehörigen der fälischen Rasse aus.[104] Warnicke wurde nicht müde, uns während des Biologieunterrichts in die nationalsozialistische Rassenkunde einzuführen. So fiel es uns nicht schwer, die Rassezugehörigkeit jedes Menschen sofort zu erkennen. Auch seinen rassischen Wert zu taxieren, war für uns nun eine Leichtigkeit. Otto war also Angehöriger der fälischen, der nächst der nordischen wertvollsten Menschenrasse. Ich mit meinem Rundschädel kam bei dieser Taxierung weniger gut weg. „Typischer Dinarier!", meinte Warnicke während einer Biologiestunde, als er unsere Schädelformen vermaß. Ich konnte mich zum Glück noch als Angehöriger einer der etwas gehobeneren Menschenrassen fühlen. Der Kienast jedoch zeigte leider einige Merkmale der nicht so hochwertigen ostischen Rasse. Er bekam von uns darum auch gleich den passenden Spitznamen zugedacht: Kuharsch! Auch seinem älteren Bruder, der etwas später zu uns stieß, wurde dieser Name sofort zudiktiert. Sie behielten ihn beide, solange unser Lager existierte.

Herbst- und Winterfreuden

Im beginnenden Herbst 1941 genossen wir noch alle Freuden des späten Sommers. Wir paddelten in schwankenden Kanadiern, kniend wie echte Indianer, über die Seen, die gelegentlich durch verschilfte Fließe[105] miteinander verbunden waren. Oft hoben wir die leichten Boote auch aus dem Wasser und trugen sie auf unseren Schultern hinüber zu den nächstliegenden Ufern. Mit Otto an der Spitze machte der Jungvolkdienst jetzt richtigen Spaß. Er kannte die verschwiegensten, sandigsten Badebuchten an den umliegenden Seen, lehrte uns die fröhlichsten Wanderlieder und opferte so manchen seiner freien Sonntagnachmittage, um mit uns übers Wasser zu paddeln. Statt uns zu schleifen, wie es die anderen Führer mit ihren Lagerzügen taten, ging er lieber mit uns schwimmen, am liebsten zu einer Bucht auf der größten Insel des Dratzigsees. Vom Bootshaus aus ging die Fahrt durch einen schmalen Kanal in den Völskowsee und dann von dessen östlichster Bucht aus ebenfalls durch ein Fließ hinüber nach Heinrichsdorf in den Dratzigsee.

Otto besaß das volle Vertrauen unseres Lagerleiters. Schneft gab ihm gern den Schlüssel des Bootshauses. Wenn wir dann in vier Achterkanadiern, Bug an Heck, singend übers Wasser paddelten, vergaß ich alles Bedrückende, den nächsten Spindappell, den Krieg, Warnickes unzüchtige Leibesvisitationen, ja selbst den von ihm über mich verhängten Marmeladenentzug. Drüben dann, auf der Insel, nach den Schwimm- und Reiterkämpfen im Wasser, saßen wir oft unter einer alten Eiche am hohen Ufer und sangen ganz unkämpferische Wanderlieder, die ich von zu Hause her schon kannte: „Im Frühtau zu Berge" oder Ottos Lieblingslied „Wenn die bunten Fahnen wehen", im Refrain stets zweistimmig. Vor allem die letzte Strophe sang ich gern, weil mich ihr Text an den Alpenzauber Mayrhofens erinnerte: „Schneefelder blinken, schimmern von Ferne her / Lande versinken im Wolkenmeer". Nach dem Ende dieser letzten Strophe schickte uns das Echo unseren Gesang stets klar und deutlich über die weite Seefläche zurück.

Wir genossen diese Sommerfreuden noch, obwohl sich der Herbst schon unübersehbar ankündigte. Jetzt zeigte das Land erst sein wahres, bezauberndes Gesicht. An den Seeufern, wo sie sich den Sommer über zwischen dunklen Kiefern und Eichen versteckt hatten, taten sich nun die unscheinbaren Birken hervor. Von einem Tag zum anderen verwandelten sie das Lichtgrün ihrer Kleider in leuchtendes Gold. Erlen, Buchen und Ahorn folgten ihnen, und als Letzte begannen die ernsten Eichen sich mit dem brennenden Braun ihres welkenden Laubs zu umgeben. Dann, nach Wochen der Pracht, fegten die ersten

Herbststürme diesen ganzen Farbenzauber in die aufgepeitschten, schäumenden Flächen der Seen. Nebeltage folgten, und als die Luft wieder klar wurde, war es, als seien nun alle Erinnerungen an den vergangenen Sommer getilgt.

Eines Tages kamen dann die Gänse. Wir hörten ihre Schreie schon lange bevor sie als keilförmige Punktketten über dem nördlichen Horizont zu entdecken waren. Sie bevölkerten wochenlang die Uferwiesen des Krössinsees nach dem Dörfchen Winkel zu. Lagerleiter Schneft kam in unsere Klasse, als sie einflogen. Er gab uns „gänsefrei". Vom Feldherrnhügel aus beobachteten wir dann mit ihm gemeinsam dieses alljährlich wiederkehrende, von uns jedoch noch nie gesehene Schauspiel. Vogelkette auf Vogelkette kam herangeflogen und löste sich im Niedergehen auf. Mit lautem aufgeregtem Geschnatter begrüßten die schon gelandeten Gänseherden ihre ankommenden Artgenossen.

Die Gänse waren dienstags gekommen. Am darauffolgenden Mittwoch standen für den Nachmittag Geländeübungen auf dem Dienstplan. Otto ließ uns auf dem Feldherrnhügel antreten. Von hier oben aus konnten wir in der Ferne die ganze Gänseweide übersehen. „Also Jungs, die Gänse, das is 'n feindlicher Indianerstamm, verstanden?" „Jawoll!" „Wir schleichen uns ran bis zu den Wacholderbüschen dort drüben rechts, verstanden?" „Jawoll!" „Und absolute Ruhe bitte ich mir aus, verstanden?" „Jawoll!" „Rechts um, ohne Tritt marsch!" Dieses gemeinsam gebrüllte „Jawoll!" war wie ein Schweißmittel. Es machte aus einem Haufen undisziplinierter Jungen eine wie aus einem Guss geformte Einheit. Das wussten nicht nur unsere Oberpimpfe, sondern alle, denen in jenen Jahren Befehlsgewalt gegeben war. Auch später, während meiner kurzen Militärzeit, wurde uns immer wieder dieses „Jawoll!" abverlangt.

Otto fand stets einen Weg, um uns den Jungvolkdienst schmackhaft und interessant zu machen. Natürlich war es viel spannender, sich wie ein Indianer auf dem Kriegspfad durch den Wald an die weidenden Gänse heranzupirschen als versteckte Kameraden zu beschleichen und sich dann mit ihnen herumzubalgen, wie es sonst bei den Geländeübungen üblich war. Vom Waldrand aus schickte er uns nacheinander als Spähtrupps über den mit Wacholder bestandenen Weidehang zu den Gänsen vor. Sie waren sehr wachsam, jedoch längst nicht so scheu, wie wir gemeint hatten. Nach und nach hatte sich der gesamte Lagerzug bis auf fünfzig Meter an die weidenden Scharen herangepirscht. Als der Rindsfüßer, dieser Trottel, sich dann unversehens zu seiner vollen Größe erhob und die Hacken zusammenschlagend zu Otto gewandt laut heraustrompetete: „Bitte austreten zu dürfen!", flogen die Gänse auf. Laut schnatternd rauschten sie davon, bis zur Mitte des Krössinsees hinaus, wo sie auf dem Wasser niedergingen.

Als wir uns auf dem Rückmarsch vom Feldherrnhügel aus noch einmal nach ihnen umschauten, hatten sich die meisten von ihnen schon wieder auf ihrer Weide versammelt. Es ging auf den Abend zu. Bald würden sie zur Mitte des Sees zurückfliegen, um die Nacht auf dem Wasser schwimmend in Sicherheit zu verbringen.

Als die Seen begannen, sich mit einer ersten dünnen Eisdecke zu überziehen, flogen die Graugänse weiter in südlichere Gefilde. Nach ihnen kamen Kraniche. Sie gingen jedoch nicht auf unseren Weiden nieder. Laut trompetend zogen sie unaufhaltsam über uns hinweg. Auch sie flogen in keilförmig gestaffelten Wellen, einer Armada gleich. Drei Jahre später, als unser Lager Bistritz in die nördlichen Berge Mährens verlegt worden war, erlebte ich Ähnliches wieder. Nur waren es jetzt keine Kraniche, sondern amerikanische Bomber, die in ähnlichen Formationen, aus dem Südosten kommend, über uns hinwegflogen, Welle auf Welle, wie eine Armada. Statt der drängenden, zugseligen Trompetenrufe der Kraniche erfüllte dort ein alles durchdringendes drohendes Dröhnen die Atmosphäre.

Doch zurück ins Jahr 1941. Im Dezember kam der Winter. Alle Seen froren nun zu und bildeten verlockende, blinkende, tückische Eisflächen. Noch war es streng verboten, sie zu betreten. So mussten wir tatenlos dem Todeskampf eines Rehs zusehen, das sich auf das Eis des Krössinsees gewagt hatte und etwa fünfzig Meter vom Ufer entfernt gestrauchelt war. Es konnte nicht wieder auf die Beine kommen, so viel es sich auch mühte. Die Glätte des Eises machte alle Versuche des verängstigten Tieres zunichte, sich zu erheben. Erst der Schuss eines herbeigerufenen Jägers beendete diese Quälerei. Wie er es geschafft hat, das in jener Kriegszeit so kostbare Wildbret vom brüchigen Eis zu holen, ist mir heute noch ein Rätsel. Eins weiß ich jedenfalls noch: Er stiftete es der Küche, sodass wir am folgenden Sonntag Rehgulasch zu essen bekamen. Allerdings befand sich auf unseren Tellern sehr viel Soße und sehr wenig Fleisch. Ein Reh auf über hundert Personen, da kann man sich das Teilungsverhältnis gut vorstellen.

Klirrender Frost machte das Eis endlich tragfähig. Noch war kein Schnee gefallen, und winterliche Windstille verwandelte die weiten Flächen der Seen in spiegelglatte Schlittschuhbahnen. Nachts sank die Temperatur jetzt regelmäßig unter zwanzig Grad. Oft weckte uns in diesen Nächten die gewaltige Stimme des Eises, wenn sein mächtiger Panzer auf den Seen mit peitschendem Donnern brach. Wie Wintergewitter hallte es durch die Nächte. Selbst von den entfernteren Seeflächen grollte es her.

Nun war es ein Katzensprung, auf Schlittschuhen vom Lager aus über die spiegelnde Fläche des Krössinsees hin zum entfernten Dörfchen Winkel zu gleiten. Als tückisch erwiesen sich bei diesen schnellen Fahrten die etwa handbreiten Spalten, welche nachts der Frost ins Eis brach. Sie zogen sich kilometerweit über die Eisflächen hin. Natürlich war es wieder der Rindsfüßer, der sich beim Sturz über eine der Spalten das Bein brach. Den bekamen Fritz, der Olaf und ich zu allem Überfluss auch noch als Kojengenossen zugeteilt. Gunnar hatte unser Lager verlassen, weil er zur Napola einberufen worden war.[106]

Die schneefreien, frostigen Wintertage nutzte die Marine-HJ des nahen Städtchens Falkenburg, um mit ihren Eisseglern auf dem Krössinsee zu trainieren. Die dreikufigen Segler waren schnittigen Auslegerbooten vergleichbar, nur dass bei ihnen an den Enden der Ausleger keine Schwimmkörper montiert waren, sondern Stahlkufen. Die dritte, lenkbare Kufe saß unter dem Bug, eine Bauweise, wie sie heute bei derartigen Sportgeräten noch üblich ist. Bis zu achtzig Stundenkilometer konnten diese Flitzer bei gutem Segelwetter erreichen. Wenn sie sich unter einer steifen Brise segelnd schräglegten, sodass die nach Luv zeigende Kufe sich leicht über das Eis hob und die Piloten sich ebenfalls nach Luv hin über Bord legten, hielten wir Zuschauer oft den Atem an. Die ersten Schneefälle machten diesem aufregenden Schauspiel leider ein Ende.

Mufti, der Tapfere

In jener Zeit erlitt ich eine Verletzung, die mich in der Achtung meiner Kameraden, aber auch der Jungvolkoberen mächtig steigen ließ. Über Nacht war Schnee gefallen, unendlich viel Schnee, so viel Schnee, dass selbst die Zwergbirken in den Rasenflächen zwischen unseren Baracken in ihm versunken waren. Nichts ging mehr auf der Burg, alle Wege waren über Nacht unpassierbar geworden. Mit Mühe und Not hatten wir uns zum Speisesaal durchgekämpft, und nun verkündete Schneft während des Frühstücks, dass heute der Unterricht ausfallen müsste und Schneeschippen auf dem Programm stünde. Unser Lagerzug hatte den Appellplatz zugewiesen bekommen, und nun standen wir wie die Schnitter auf einem Kornfeld gestaffelt nebeneinander und schaufelten die Schneemassen beiseite. Wieder war es der Rindsfüßer, der mir, ich weiß nicht wie, seine Schaufel mit Schwung mitten ins Gesicht stieß. Es war ein dumpfer Schlag, und Schädeldröhnen war zunächst das einzige, was ich verspürte. Etwas abseits stand Schneft mit dem Lagermannschaftsführer. Sie unterhielten sich sehr lebhaft, sicherlich fochten sie wieder einmal Meinungsverschiedenheiten aus. Während ich, ganz deutscher Pimpf, mit geschulterter

Schaufel auf die beiden zumarschierte, zuckte mir über dem rechten Auge der Schmerz auf, und heiß lief es mir über die rechte Wange. Die beiden, Schneft und der Oberpimpf, waren so in ihr Streitgespräch vertieft, dass sie mein Kommen gar nicht bemerkten und erst auf mich aufmerksam wurden, als ich mich vor ihnen aufbaute, die Hacken zusammenschlug und so markig, wie es mein Zustand erlaubte, rief: „Melde gehorsamst, bin soeben verwundet worden!" Der Oberpimpf wurde käsebleich im Gesicht und musste sich wegdrehen, und Schneft rief sofort: „Zwei kräftige Mann hierher, aber schnell!" Sie trugen mich dann im Laufschritt zum Krankenrevier, ich zwischen ihnen auf ihren verschränkten Händen sitzend, die Arme um ihre Schultern gelegt.

Zum Glück war gerade Visitezeit, als sie mich brachten. So konnte ich nach allen Regeln der Kunst verarztet werden. Der Rindsfüßer hatte mir eine klaffende Wunde über die rechte Augenbraue gezogen. Olaf hat mir hinterher mein Aussehen beschrieben: „Mann, du hast vielleicht ausjesehen, det janze Jesichte voller Blut und vom Kinn isset abjetropft, allet in 'n Schnee rin, det der janz rot jeworden is!" Die Wunde wurde mit Jodtinktur ausgewaschen und genäht, alles schmerzhafte Prozeduren. Der Lagerarzt, der übrigens auch für die Ordensjunker zuständig war, meinte, nachdem er mich verarztet hatte: „Alle Achtung Junge, das hätte so mancher gestandene Mann nicht so tapfer ertragen! So sollten alle Pimpfe sein, hast fast 'nen Orden verdient!" Natürlich bekam ich einen dicken Verband um die Stirn gewickelt. Als das alles erledigt war, saßen die anderen schon beim Mittagessen. Es gab ein allgemeines Gelächter, als ich so verkleidet den Speisesaal betrat und mir meinen Platz suchte. Mufti war von diesem Tag an mein zweiter Spitzname. Der Arzt hat sich später bei Schneft und dem Lagermannschaftsführer sehr lobend über meine Standhaftigkeit geäußert, was mir deren Achtung eingebracht hat.

Julfest und Weihnachten 1941

Wieder stand Weihnachten vor der Tür, die dritte Kriegsweihnacht, die zweite fern des Elternhauses und die erste Lagerweihnacht. Schneft hatte sich für das Julfest, den 21. Dezember[107], etwas ganz Besonderes ausgedacht. Schon Tage vorher schleppten wir aus den umliegenden Wäldern trockenes Holz und Reisig zur Mitte der weiten Uferwiese am Krössinsee, auf der im Herbst die durchziehenden Graugänse gerastet hatten. Ein riesiger Holzschober entstand als Mittelpunkt der Julfeier. Schneft hätte das Feuer lieber weithin sichtbar auf der Mitte des Krössinsees abgebrannt, aber die Fischer, die er deshalb befragte, rieten ihm von diesem Vorhaben ab, denn es wäre nicht vorauszusehen, wie das Eis auf die Hitze eines derartig großen Feuers reagieren würde.

Diese Feier stand ganz im Zeichen germanischen Sonnenwendbrauchtums, so wie Schneft dies verstand. Die vier Lagerzüge sollten durch die schweigende, tiefverschneite Winterlandschaft aus den vier Himmelsrichtungen auf den Holzschober zumarschieren, und zwar so, dass sie auf die Minute genau zur gleichen Zeit dort ankämen. Wir hatten dies tagelang während der Jungvolk- und HJ-Dienste trainiert. Die Startpunkte unseres Sternmarsches waren festgelegt, desgleichen das Marschtempo. Einen Unsicherheitsfaktor gab es allerdings in Schnefts Planung: die Nacht. Bisher hatten wir nur tagsüber trainiert. Nach Schnefts Vorstellungen sollten sich die Lagerzüge aber genau um Mitternacht am Holzschober treffen. Wir mussten uns also bei stockfinsterer Nacht den Weg durch knietiefen Schnee bahnen. Diejenigen, die aus dem Westen kamen, führte der Weg über den tief unter Eis und Schnee ruhenden Krössinsee. Groß war der Druck, der auf uns lastete. Wir durften uns nicht blamieren, denn Schneft hatte eine Abordnung der Ordensjunker zu dieser Feier eingeladen.

Ansonsten kamen wir mit den Ordensjunkern kaum in Berührung. Sie lebten ihr streng reglementiertes Leben in einem anderen Teil der Ordensburg. Sie waren härtestem Drill ausgesetzt. Für sie, die künftige Elite des Großdeutschen Reiches, waren wir nur kleine Pimpfe, heranwachsendes Kanonenfutter, kaum beachtenswert. Nun sollten wir ihnen also eine urgermanische Julfeier vorführen. Wochenlang hatten wir schon die bei derartigen Feiern üblichen Lieder eingeübt, mehrstimmig gesungen, verteilt auf die einzelnen Lagerzüge: „Heilig Vaterland in Gefahren", „Erde schafft das neue, Erde nimmt das alte", „Nichts kann uns rauben Liebe und Glauben zu unserm Land!" oder „Deutschland, heiliges Wort, du voll Unendlichkeit, über die Zeiten fort seist du gebenedeit!" Ich liebte diese Lieder, weil sie so schön traurige Melodien hatten. Auch jahreszeitliche Sprüche aus der Edda, jener mittelalterlichen Spruch- und Sagensammlung, mussten ausgewählte Schüler unter uns auswendig lernen, im althochdeutschen Urtext, versteht sich. Eine komische, unverständliche und umständliche Sprache! So sollen die germanischen Helden gesprochen haben, Hermann, der Cherusker, oder Theoderich, der alte Gote?[108]

Aus meinem Lagerzug hatte Schneft mich als Sprecher ausgewählt, weil ich so gut Gedichte aufsagen konnte. Jedem Lagerzug war eine der vier Jahreszeiten zugeteilt. Meine Verse verherrlichten den Frühling. Jeder der Sprecher sollte gleichzeitig als Fackelträger fungieren. Schneft selbst übernahm es, uns die Sprüche zu lehren und immer und immer wieder abzufragen.

Endlich war es soweit. Der kürzeste Tag des Jahres ging zu Ende, die längste Nacht stand bevor. Zum Abendessen gab es Elefantenwurst.[109] Ich hatte von Warnicke gerade wieder einmal Wurstentzug aufgebrummt bekommen. An jenem Abend durfte ich allerdings die Wurst selbst essen. Warnicke mochte diesen Büchsenfraß, der stark nach Katzenfutter schmeckte, nicht. Eigentlich mochte ich diese fingerdick geschnittenen, mausgrauen und körnigen Wurstscheiben auch nicht gern, aber da ich auf KLV selten satt wurde, verzehrte ich die Elefantenwurst trotzdem, desgleichen die widerlichen grünen, süßsauer eingelegten Tomaten, die es neben Pellkartoffeln noch dazu gab.

Für die Zeit nach dem Abendessen war Bettruhe bis neun Uhr angeordnet. Als wir gerade eingeschlafen waren, jagte uns die Trillerpfeife des UVD wieder aus den Betten. „Alles aufsteh'n, in zehn Minuten hat jeder fertig zu sein!" Fröstelnd und verschlafen formierten wir uns vor unserer Baracke. Auch die anderen Lagerzüge waren bereits angetreten. Nun musste erst einmal, wie stets bei derartigen Gelegenheiten, Meldung an den Lagermannschaftsführer gemacht werden. Dann folgte der gemeinsame Abmarsch zum Feldherrnhügel. Dazu ertönte zackiger Gesang: „Wir sind des Geyers schwarzer Haufen, hajo toho". Der Schnee knirschte unter unseren Füßen, die Nacht war frostklar und sternenhell. Auf dem Feldherrnhügel dann Uhrenvergleich der Zugführer, Verteilung der Fackeln und Aufbruch zu den Startpunkten des Sternmarsches.

Unser Weg führte vom Westen her über die weite Eis- und Schneefläche des Krössinsees auf den Holzschober zu. In Zweierreihen stapften wir schweigend durch die Nacht. Ich trug als rechter Flügelmann und Spruchkundiger die brennende Fackel. Es war still. Unsere im Schnee knirschenden Schritte waren sicherlich weithin zu hören. Plötzlich erklang von links entfernter Marschgesang: „Lasst den verlor'nen Haufen vor uns zum Sturme laufen, wir folgen dicht gepaart!" Das war der dritte Lagerzug, der sich vom Norden, von Winkel her, dem Holzstoß näherte. Nun sahen wir auch wie einen Wanderstern ihre Fackel über der weiten Schneefläche blinken. Von rechts, vom Feldherrnhügel herunter kam der zweite Lagerzug marschiert. Auch sie sangen, auch ihre Fackel flimmerte. Plötzlich erscholl der Befehl Ottos: „Ein Lied!" Nun war es meine Aufgabe als rechter Flügelmann, ein Lied vorzuschlagen und anzustimmen. „Vom Barette schwankt die Feder, weht und wiegt im Winde sich! Unser Wams aus Büffelleder ist zerfetzt von Hieb und Stich!" Ich liebte diese Landsknechtslieder. Unsere hellen Knabenstimmen hallten über die weite Fläche des Krössinsees. Sicherlich würden es im fernen Dörfchen Winkel die Fischer in ihren Schlafkammern hören und verwundert nach den Uhren leuchten. Wer singt denn da jetzt, zwanzig Minuten vor Mitternacht?

Die letzten Minuten stapften wir dann wieder schweigend durch den Schnee. Mich fröstelte, es war aber nicht die klirrende Kälte, welche mich frösteln ließ, sondern die Macht des schier endlosen Sternenhimmels über uns. Wir erklommen das Ufer. Nun sahen wir auch den vierten Lagerzug. Er kam uns aus dem Osten entgegen. Mühsam bahnte er sich seinen Weg über die tiefverschneite Wacholderheide. Das Sternenlicht flimmerte hell über dem Schnee. Schneft konnte mit uns zufrieden sein. Pünktlich mit dem leise aus Heinrichsdorf herübergewehten vollen Stundenschlag formierten sich die vier Lagerzüge aus den vier Himmelsrichtungen kommend um den Holzstoß. Nun traten wir Fackelträger vor, deklamierten die althochdeutschen Verse und steckten mit unseren Fackeln den Holzstoß in Brand. Der daraufhin gemeinsam gesungene Kanon „Flamme empor" fiel leider etwas kläglich aus. Sicherlich hätten wir ihn noch ein- oder zweimal üben müssen. Im Übrigen war dies auch einerlei, denn die Abordnung der Ordensjunker war leider nicht zu unserer urgermanischen Julfeier erschienen. Wir blamierten uns also nur vor uns selbst.

Dass von den Ordensjunkern keiner zu unserem Julfeuer gekommen war, konnte unsere gute Stimmung in jener Nacht nicht dämpfen, im Gegenteil. Schneft hatte natürlich allen Grund, enttäuscht und gekränkt zu sein. Hatten sie ihm durch ihr Fernbleiben doch wieder einmal gezeigt, wie weit sie über dem KLV-Lager standen, jene schwarz uniformierten Herrenmenschen! Schneft ließ sich seine Enttäuschung jedoch nicht anmerken. Er leitete und gestaltete diese Feier wie ein germanischer Hohepriester. In seiner kurzen Rede sprach er vom Licht, das nun wiedererstehen und die Dunkelheit besiegen würde. Dann sangen wir all die feierlichen Lieder, mehrstimmig, die wir geübt hatten. Sie klappten leidlich und klangen etwas schief, was bei den komplizierten Melodien kein Wunder war. Außerdem schnatterten wir vor Frost und Kälte. Ich kämpfte mit den Tränen, wie immer, wenn ich diese molltönigen Weisen sang. Ganz feierlich wurde mir zumute. Den Kameraden, die im Kreis um den lodernden Holzstoß standen, sicherlich auch. Alle schwiegen zwischen den Liedern. Es war aber auch zu großartig, zu erhaben, dieser Sternenhimmel, diese weite Schneelandschaft, klar erkennbar im Sternenlicht, der Kreis der Feiernden, beleuchtet, angestrahlt vom niederbrennenden Julfeuer! Die Großen sprangen dann, zwei zu zwei, über die immer noch züngelnde Glut. Leider durften wir, die Kleinsten, dabei noch nicht mitmachen. Wo wir doch schon zwölf Jahre alt waren! Aber Schneft blieb unerbittlich. „Nächstes Jahr, dann seid ihr dreizehn!"

Nach der aufregenden Sonnwendfeier musste uns das Weihnachtsfest blass erscheinen. Den Weihnachtsbaum Christbaum zu nennen war verpönt.

Wir durften ihn im Forst am Langensee eigenhändig schlagen, jeder Lagerzug seinen eigenen. Die Großen fällten, von einem Waldarbeiter fachmännisch angeleitet, den hohen Baum für die Bühne des Saales. Der Förster hatte uns hinausgeführt in den verschneiten Wald und die entsprechenden randständigen Fichten bezeichnet. Warnicke hatte uns, als wir im Kunstunterricht Weihnachtsschmuck bastelten, ausdrücklich erklärt, dass das Christfest eigentlich aus dem Judentum käme und mit germanischem Geist und Glauben nichts zu tun hätte. Um Letzteren zur Geltung zu bringen, wurden wir angehalten, den Weihnachtsbaum mit „germanischem" Schmuck zu dekorieren: Strohsterne und Winterhilfswerk-Abzeichen. Letztere stammten aus dem Erzgebirge und waren kleine buntlackierte Laubsäge- oder Drechselarbeiten. Es fehlte all der liebenswürdige glitzernde Glaskitsch, den wir Kinder doch alle so liebten. Einige rote und silberne Glaskugeln, dazu Lametta, wurden uns von Warnicke gestattet, als wir unter seiner Aufsicht am Vormittag des Heiligen Abends unseren Baum im Tagesraum schmückten. Auch das vertraute Liedgut hatte man entkitscht, wie Warnicke sagte. Sogar das allseits so geliebte „Stille Nacht, Heilige Nacht" durfte in seiner Gegenwart nicht gesungen werden.

Das Abendessen am Heiligen Abend 1941 war ganz weihnachtlich, jedenfalls an den damals schon recht kargen Verhältnissen gemessen. Es gab Wiener Würstchen mit Kartoffelsalat. Da lag nicht etwa nur ein armseliges Würstchen auf dem Teller, sondern gleich zwei, ein ganzes Paar! Und Kartoffelsalat gab es, so viel man wollte. Ich hatte zum Glück gerade keinen Wurstentzug, würde also wieder einmal richtig satt werden. Nach dem Essen mussten wir uns, noch an der langen Tafel sitzend, gemeinsam die Weihnachtsansprache des Führers anhören. Ich war so wohlig satt, dass ich dabei kurz eingenickt bin. Wenn das der Warnicke gesehen hätte oder unser Oberpimpf, der Waldheini, nicht auszudenken!

Am späten Nachmittag hatte die Weihnachtsfeier im großen Saal stattgefunden. Zwar hatte Schneft keine Rede gehalten, aber dafür hatte der Lagerchor unter seiner Leitung von der geschmückten Bühne herunter vierstimmig weihnachtliche Lieder gesungen. Glockenhell, aber teilweise der Zeit entsprechend etwas markig hatten das vertraute „Leise rieselt der Schnee" von Hans Baumann, das ebenfalls vertraute „Hohe Nacht der klaren Sterne" und das weniger bekannte „Der Fröhlichkeit die Türen auf" geklungen. Besonders gefallen hat mir ein weihnachtliches Wanderlied. Sie sangen es zweistimmig, und unser Zugführer Otto spielte dazu die Klampfe. Wir waren richtig stolz auf ihn. „Es ist für uns eine Zeit angekommen, sie bringt uns eine große Freud." Das war ein richtiges Winterlied, in dem vom See unter dem Eis gesprochen wird und vom Wandern durch die weite weiße Welt. Das alte „Es ist ein Ros entsprungen" sangen sie auch, mit einem neuen, ganz zeitgemäßen Text: „Uns ist ein Licht erstanden in dunkler Winternacht. So ist in deutschen Landen der Glaube hell entfacht: Es kommt der Sonne Schein! Nach vielen harten Tagen muss wieder Frieden sein! Den Müttern an der Wiege, den Kindlein sei beschert, durch unsre Kraft im Kriege, ein Leben glückbeschwert!" Und so weiter. Schade um die schöne Melodie!

Zum Schluss sangen sie dann doch das allseits beliebte, von Warnicke aber gehasste „Stille Nacht, Heilige Nacht". Der Weidner aus der Nachbarkoje hat doch tatsächlich zu weinen angefangen, als sie dieses Lied sangen. Natürlich wurden auch Gedichte aufgesagt: Es waren Lichtersprüche, diesmal nicht aus der Edda, sondern von einem gewissen Thilo Scheller verfasst.[110] Eine Ähnlichkeit mit der Julfeier stellte sich dabei nun doch ein. Jeder, der einen der Lichtersprüche aufgesagt hatte, steckte seine brennende Kerze auf einen vorher bezeichneten Zweig des Weihnachtsbaums. Dieser stand in seiner ganzen Herrlichkeit links auf der Bühne und strahlte danach im Glanz seiner nun vollen Kerzenzahl.

Einer nach dem anderen traten sie an die Rampe der Bühne, ernst und gefasst wie Schauspieler: „Ich bringe mein Licht den Müttern dar, die für uns sorgen das ganze Jahr!" „Ich bringe ein Licht für alle Soldaten, die tapfer die Pflicht für Deutschland taten!" „Mein Licht, das sei dem Führer geschenkt, der immer an uns und an Deutschland denkt!" Zum Schluss, beim gemeinsamen Gesang „Nichts kann uns rauben Liebe und Glauben zu unserm Land" stiegen mir, wie immer beim Singen derartig trauriger Melodien, dann doch die Tränen auf. War ich nun auch eine Memme?

Nach dem Abendessen folgten die Weihnachtsfeiern der Lagerzüge in den jeweiligen Aufenthaltsräumen. Nun durften wir endlich unsere Pakete auspacken. Ich hatte zwei zu öffnen, ein kleines Päckchen und ein großes Paket. Das erste war von Tante Hannah, meiner Patentante. Sie war als Wanderfreundin den Eltern noch aus fernen Jugendtagen her eng verbunden, eine ältliche Jungfer sehr frommen Gemüts. Entsprechend war auch der Inhalt des kleinen Päckchens: „Erbauliche Geschichten für Knaben". Ich habe dieses Büchlein sofort verschwinden lassen. Nicht auszudenken, welches Gelächter dieses fromme Buch ausgelöst hätte, wenn es in die Hände irgendeines meiner Kumpane gefallen wäre, allein schon wegen der Heiligenbildchen darin.

Das elterliche Paket enthielt den üblichen Weihnachtsstollen. Vor einem Jahr, in Palmnicken bei Kowallskis, war ich noch enttäuscht darüber gewesen, dass dieses weihnachtliche Backwerk fast den einzigen Inhalt des großen

Pakets ausgemacht hatte. Damals war ich ja noch rundum so ausgefüttert, dass das Essen einen Stellenwert weit hinten in der Beliebtheitsskala einnahm. Jetzt im Lager Krössinsee hatte sich dies umgekehrt. Nun rangierte Essen an erster Stelle, nun war mir der Stollen hochwillkommen. Coopers „Lederstrumpf"[111] aus meinem Paket war allerdings auch nicht zu verachten.

Zum Glück mochte außer Olaf keiner meiner Kojenkameraden vom Stollen etwas abhaben. Er sei zu trocken, meinten sie. Aber Mutters Buttergebäck nahmen sie alle gern. Es war natürlich Ehrensache, dass wir unsere Weihnachtsnaschereien miteinander teilten, jedenfalls innerhalb der Kojenmannschaft. Das kam vor allem Olaf zugute, dessen Weihnachtspäckchen sehr mageren Inhalts gewesen war.

Im Laufe des Abends schaute Eberhard bei uns kleinen Pimpfen herein. Nur ganz kurz, wie er sagte, um mir frohe Weihnachten zu wünschen. Morgen, am ersten Feiertag, wird dienstfrei sein, den ganzen Tag lang, die gemeinsamen Mahlzeiten ausgenommen, da wolle er mit mir nachmittags rund um den Krössinsee wandern. Ein pfundiger Gedanke von ihm. Gleich nach dem Mittagessen, um ein Uhr, wollten wir losziehen.

Ganz haben wir den Rundweg dann doch nicht geschafft. Von Winkel aus, das Westufer entlang, mussten wir uns durch dichtes Röhricht und über den gefrorenen Moorboden eines Auenwaldes kämpfen, alles knietief verschneit. Da war dann die abgekürzte letzte Etappe des Wegs über das ebene Eis des Krössinsees hinweg eine richtige Erholung.

Die Schwarze Kuh

Die beiden Unterführer unseres Lagerzuges, der Waldheini und einer der beiden Brüder Stefan, bewohnten die letzte Koje der Baracke, linker Hand vom Haupteingang her gesehen. Gegenüber hatte Otto, der Lagerzugführer, seine eigene Koje. Von dort aus gelangte man in den Glasgang, der die Baracken verband. In ihm waren die Tagesräume untergebracht, außerdem die Abgänge hinunter in die Wasch- und Duschräume. Wäre ich bei der Einteilung linker Hand einquartiert worden, hätte sich mein Lageralltag viel leichter gestaltet. Dann wäre der lange Stefan mein Unterführer geworden. Er war einer jener Vorgesetzten, die keine Schikanen benötigten, um sich Autorität zu verschaffen. Sie war ihm angeboren.

Bei ihm hatte ich einen Stein im Brett, sozusagen von Künstler zu Künstler. Er war ein hervorragender Zeichner und förderte mein zeichnerisches Talent, so gut er konnte. Er war es auch, der mich zu einem Zeichenwettbewerb anmeldete, der an sich den älteren Jahrgängen vorbehalten war: „Unsere Wehrmacht". Mir fiel auf Anhieb jede Menge zu diesem Thema ein: auf einen feindlichen Geleitzug zurauschende Schnellboote, die mit ihrer Bordflak feindliche Spitfires abwehren, oder ein feuernder Panzer, schräg von vorn gezeichnet, alles Motive, die ich bequem aus der Berliner Illustrierten hätte abzeichnen können. Ich hatte schon eine ganze Mappe voll derartig heroischer Bilder aus besagter Zeitschrift ausgeschnitten und gesammelt. Der lange Stefan verbot mir aber solche Bequemlichkeiten. „Abkupfern, det kann jeder", meinte er, „da brauchste keen besonderet Talent zu." Ich habe dann etwas Einfaches gezeichnet, ein Schnellboot in voller Fahrt, ohne Spitfires und ohne Geleitzug am Horizont.

„Unsere Wehrmacht", genauso wie das Motto dieses Wettbewerbs, lautete auch der Titel des Quartetts, das ich dann vor dem versammelten Lagerzug von Otto überreicht bekommen habe. Es war nur ein Trostpreis, doch für mein Ansehen im Lagerzug so wertvoll wie ein Orden. Vielleicht hatte ich es dieser offiziellen Anerkennung meines Talents zu verdanken, dass ich nie von der Schwarzen Kuh heimgesucht worden bin, vielleicht hat aber auch der lange Stefan seine Hand über mich gehalten.

Die Schwarze Kuh gehörte vom ersten Tag an zum Lagerleben. Die Älteren drohten uns Kleinen gelegentlich mit ihr, wenn sie meinten, dass wir ihnen nicht die gebührende Achtung entgegenbrächten. „Macht nur weiter so, dann holt euch eines Nachts die Schwarze Kuh!" Das war eine Drohung, unter der wir uns nichts vorstellen konnten. Noch hatte keinen von uns die Schwarze Kuh geholt. Das änderte sich jedoch, denn eines Nachts kam sie nämlich wirklich, kaum dass wir ein Vierteljahr im Lager waren. Ausgerechnet der Höfer wurde von ihr aus dem Bett gerissen und hinunter in den Waschraum geführt. Wir gönnten es ihm alle. Er war ein unkameradschaftlicher Schläger, bei einigen der Oberpimpfe allerdings hochangesehen, weil er dem Ideal des zackigen, allzeit kampfbereiten deutschen Jungen entsprach. Aber auch das konnte ihn nicht vor der nächtlichen Heimsuchung bewahren. Sein unkameradschaftliches Verhalten wog schwerer. Wir sind natürlich alle aufgewacht, als sie den Höfer holten, obwohl alles schnell und fast lautlos vor sich ging. Sie verstanden ihr Handwerk, die Vier von der Schwarzen Kuh. Stets kamen sie um Mitternacht angeschlichen, vermummt vom Kopf bis zu den Füßen. Hatten sie sich vor dem Bett des Opfers versammelt, verlief alles wie am Schnürchen, egal, ob der Betreffende im Etagenbett oben oder unten schlief. Die Bettdecke flog weg, einige Befehle, denen sich niemand zu widersetzen wagte, wurden geflüstert, und schon ging es hinunter in die Abgeschiedenheit des Waschraums. Dort unten wurde dann die immer gleiche Strafe vollzogen: Hiebe mit dem Schulterriemen auf den bloßen Hintern, danach das beschämende Einschmieren dieses rückwärtigen Körperteils mit schwarzer Schuhcreme. Der dann auf die schwarzglänzende Sitzfläche gepinselte Spannlack diente nicht nur der Farbfixierung, sondern sorgte bei den Delinquenten tagelang für eine unangenehme Hautspannung der rückwärtigen Körperpartien.

Wer jene nächtlichen Foltergeister waren, weiß ich bis heute nicht. Sie vermummten sich nicht nur wie Angehörige des Ku-Klux-Klans, sondern sie hielten sich auch im Verborgenen wie die Mitglieder jenes rassistischen amerikanischen Geheimbundes. Sicher ist nur, dass sie sich aus der Lagermannschaft rekrutierten. Natürlich war das Treiben der Schwarzen Kuh illegal, wurde aber von Lehrern und HJ-Führern stillschweigend geduldet. Oder sind sie gar von der Lagermannschaftsführung zu solchem geheimbündlerischen Tun beordert worden, die Mitglieder der Schwarzen Kuh, als Teil des Unterdrückungssystems?

Bannturnfest

Irgendwann geht auch der längste Winter zu Ende. Mittlerweile war es März geworden. Die Sonne stand mittags schon recht hoch am Himmel, und in den jungen, immer noch winterlich kahlen Birken zwischen unseren Baracken sangen die Blaumeisen. Die Seen ruhten noch unter ihren Winterpanzern, aber auf den weiten Eisflächen blinkten bereits knöcheltiefe Tauwasserlachen. Noch war das Eis sicher, aber unsere Schlittschuhkufen furchten kleine Bugwellen in die Senken auf den Seen, und jeder Stolperer führte zum Sturz in aufspritzendes eiskaltes Wasser. Nur die Verwegensten wagten sich noch auf die Seeflächen. In diesen Tagen wurde dann auch das Betreten des Eises verboten. Schneft selbst verkündete dies eines Tages während des Frühstücks. Vom Feldherrnhügel aus konnte man nun beobachten, wie der Krössinsee sich aus seinem Eispanzer befreite. Als nur noch einzelne, täglich kleiner werdende Schollen auf seiner weiten Wasserfläche trieben, kamen die Zugvögel zurück: die Graugänse und Kraniche in ihren keilförmigen Ketten vernahmen wir schon von Weitem. Von uns wurden sie wie alte Bekannte begrüßt: „Kieckt mal, da sin se ja wieder!"

Es hieß, wir würden Osterurlaub bekommen. Natürlich nur diejenigen, die im Lageralltag wie am Schnürchen funktionierten. Dies drohte uns jedenfalls der Lagermannschaftsführer während eines Appells an. Ich tat jetzt alles, um ein Musterpimpf zu werden. Nur noch ganz selten flog der Inhalt meines Spindes oder meines Bettes bei den Appellen auf den Fußboden heraus, und den Deutschen Gruß beherrschte ich mittlerweile fast perfekt. Nur bei den Fahnenappellen hatte ich große Schwierigkeiten, während der Hymne den rechten Arm gestreckt und regungslos in Augenhöhe zu halten. Es waren immerhin zwei Liedstrophen zu singen, die erste des Deutschlandlieds und gleich im Anschluss daran die erste des Horst-Wessel-Lieds: „Die Fahne hoch, die Reihen fest geschlossen, SA marschiert mit ruhig festem Schritt!" Mir ist damals schon aufgefallen, dass die Melodie bei den Worten „Die Fahne hoch" stufenweise in den Keller marschierte, anstatt symbolträchtig hinaufzusteigen. Wie gesagt, zwei lange Strophen hintereinander, da wurde einem das Singen lang und der Arm schwer, vor allem so einem unsportlichen Arschgeiger wie mir. Der Waldheini wurde nicht müde, mich immer wieder vor der versammelten Mannschaft so zu beschimpfen. Damals lernte ich, Wut und Empörung zu schlucken, ohne daran zu ersticken.

Leider ist aus dem Heimaturlaub dann doch nichts geworden. „Räder müssen rollen für den Sieg!" Schneft benützte den damals schon verbreiteten Propagandaspruch, um uns die Urlaubssperre schmackhaft zu machen. Zu Weihnachten würde es dann aber bestimmt Heimaturlaub geben. Die Klügeren unter uns wagten nicht, an diese Verheißung zu glauben. Würde sie trotz aller Zweifel doch wahr werden, desto besser.

Es trat ein, was die Gerüchteküche schon seit einiger Zeit ausgekocht hatte. Eberhards Lagerzug, die Großen, erreichte der Ruf des Vaterlandes, sie wurden zurück nach Berlin beordert, um zu Flakhelfern ausgebildet zu werden. Dies hatte für mich zwei Seiten, eine gute und eine schlechte. Die gute war, dass ich Waldheini, den schikanierenden UVD loswurde, der lange Stefan musste ab sofort auch unsere Seite mit übernehmen. Die schlechte Seite war, dass ich nun von Eberhard Abschied nehmen musste. Ganz verlassen kam ich mir vor, als wir die Großen im Rahmen eines Appells verabschiedet hatten.

Wer würde nun seine Hand über mich halten, wer mit mir an den Sonntagnachmittagen zum Dratzigsee wandern, wie wir es am zweiten Pfingstfeiertag getan hatten? Zum Abschied hatte Eberhard mir eines jener kleinen hölzernen Flugzeugmodelle geschenkt, die er schon seit längerer Zeit bastelte. Alles war absolut naturgetreu und maßstabsgerecht, dabei schön geschliffen und poliert, mein Lieblingsflugzeug, eine ME 109! Von da an hing sie an einem Zwirnfaden über meinem Bett von der Barackendecke herab.

Dem Fritz und mir, als den Längsten der Koje, waren vom Waldheini bei unserer Ankunft im Lager die beiden oberen Betten zugeteilt worden. Wir waren beide froh darüber. Unter mir lag jetzt, nachdem Gunnar auf der Napola war, der Rindsfüßer. Er war nun auch noch Kojenältester. Gegenüber auf der anderen Kojenseite lag unter dem Fritz der Rautenstrauch. Um die ME 109 wurde ich übrigens allgemein beneidet.

Meine Stellung im Lagerzug war in jener Zeit wieder um einiges besser geworden. Ich verdankte dies einem Malauftrag und dem Bannturnfest, das vor den großen Ferien im Stadion der Ordensburg stattfinden sollte. Das lag aber noch in weiter Ferne. Erst galt es den Pinsel zu führen. Schneft hatte die Idee gehabt, in den Tagesräumen der Lagerzüge an die rückwärtigen Wände große Bilder malen zu lassen: die vier Jahreszeiten. In unserem Tagesraum sollte das Frühjahr verewigt werden. Puttchen war von Schneft ausersehen worden, das Kunstwerk unter meiner Mithilfe an die Wand zu pinseln. Jener Puttchen zeigte schon damals große zeichnerische Talente. Er war für den Entwurf verantwortlich und für die Gestaltung des Hauptmotivs, eines Bauern, der hinter dem von zwei stämmigen Pferden gezogenen Pflug hergeht. Ich hatte die weniger wichtigen Details im Hintergrund, ein fernes Dorf mit roten Ziegeldächern und spitzem Kirchturm sowie einen Weg, der sich durch Wiesen und frisch beackerte braune Felder zu jenem Dorf hinzog, zu gestalten. Als Erstes zeichnete Puttchen die Frühlingsidylle, so wie er sie sich vorstellte, mit grober Kohle und in flotten Strichen auf die Wand. Warnicke rieb sich erfreut die Hände, als er Puttchens Werk sah. „Das ist ja jroßartich! Schade drum, das Janze nu übermalen zu müssen!"

Nun begannen für mich paradiesische Wochen. Die anderen rückten zu den üblichen Nachmittagsdiensten aus, Sport, Stoppelhopsen, wie wir die Exerzierübungen nannten, Geländespiele und ähnliche von mir verabscheute Plackereien. Ich stand währenddessen mit Puttchen vor der großen Frühlingslandschaft, die allmählich Gestalt annahm. „Möckel, großart'ches Talent, im Auge behalten, nicht vernachläss'chen!" Auch mir gegenüber sparte Warnicke nicht mit Lob. Es ist unbegreiflich, dass dies derselbe Warnicke war, der uns mit seinen widerlichen Appellen so quälte.

In dieser Zeit kam es zu großen, aufregenden Veränderungen im Lager. In die leerstehende Baracke neben der unseren, in der bis zu ihrer Einberufung die Großen gewohnt hatten, zogen für eine Woche BDM-Mädchen ein. Sie waren Sportlerinnen eines Mädchenlagers, KLV aus Krefeld, etwas älter als wir. Das Turnfest nahte, und wir machten mit den Mädchen gemeinsam Frühsport: Rumpfbeugen, vorwärts, rückwärts, seitwärts links, seitwärts rechts, hüpfen grätschen, hüpfen schließen, mal von Otto, mal von der BDM-Führerin geleitet.

Gelegentlich warfen wir einen verstohlenen Blick hinüber zur Mädchenriege, „rassische Weiber darunter", meinte der Fritz. Wippende Brüste unter leichten Turnhemdchen, wirklich beunruhigend das Ganze! Eine hatte es mir besonders angetan: Edith, schwarzzöpfig, rotwangig, volllippig und mit munteren braunen Augen hinter dicken Brillengläsern. Für die anderen war sie nur eine doofe Brillenschlange. Mir gefiel sie aber, weil sie mich gleich beim ersten gemeinsamen Appell so freundlich angelächelt hatte.

Ja, es war schon sehr aufregend, eine ganze Baracke voller Mädchen in nächster Nachbarschaft zu wissen. Leider hängten sie abends ihre Fenster immer mit Wolldecken zu. Kein Blick war zu erhaschen, und hinüber zum benachbarten Waschraum zu schleichen, war streng verboten, da lag eine magische Grenze dazwischen, die niemand zu überschreiten wagte. Ihr Gequieke und Gekreische gellte bis zu uns herüber, abends, wenn auch wir uns unten im Waschraum mit Wasser bespritzten.

Beim Sportfest sollte eine Auswahlmannschaft unseres Lagerzugs gegen eine Auswahlmannschaft der BDM-Mädchen spielen. Erst gab es Protest. „Die sind ja viel älter als wir, schon richt'ge Schicksen!" „Dafür seid ihr Männer!" Der Otto und die BDM-Führerin hatten sich das Ganze ausgedacht. Sie hingen überhaupt viel zusammen, die beiden. Hildegund hieß sie, blond, blauäugig, die langen Zöpfe zu einem Nest aufgesteckt und schon richtig was unter der Bluse! „Offiziersmatratze", meinte abfällig der Fritz.

Die Arbeit an dem Frühlingsgemälde ruhte in dieser Woche der Vorbereitung auf das Turnfest. Training war nun angesagt. Wir Pimpfe spielten den Völkerball natürlich mit dem schweren Medizinball. Dagegen hatten die Mädels dies und jenes einzuwenden. „Die ham ja bloß Angst, det ihnen die Molkereien platt jedrückt werden", meinte abermals herablassend der Fritz. Nun galt es, sich an den wendigen Handball zu gewöhnen. Es war schwer zu fangen, dieses leichte, hüpfende und abprallende Leder.

Endlich begann das Bannturnfest. Um sechs Uhr wurden wir von Fanfarenstößen und dem dumpfen Gedröhne der Landsknechtstrommeln geweckt. Danach folgten gemeinsamer Frühsport, Frühstück und dann der Aufmarsch im Stadion. Kaum zu überblicken waren die Kolonnen der sportlich gekleideten Pimpfe und Jungmädel, Hitlerjungen und BDM-Mädels, der Wald flatternder Wimpel, Fähnlein und Fahnen. Fanfarengeschmetter, Trommelgedröhn und Marschgesänge erklangen: „Nur der Freiheit gehört unser Leben!" Begeisternd bis in die letzte Seelenfaser war das Ganze!

Es war ein Tag wie extra für dieses Turnfest gemacht: sonnig, aber nicht zu warm, da der Himmel voller weißplustriger Wolken hing. Vielleicht würde es am Nachmittag ein Gewitter geben, aber bis dahin war ja noch viel Zeit. Wir, die nicht offiziell Mitwirkenden, bevölkerten die Bänke der Stadiontribüne, die Sportler und Sportlerinnen lagerten oder saßen wartend im weiten Rasenrund des Sportfeldes. Links neben uns auf der Tribüne saß Hitlerjugend aus Tempelburg, rechts neben uns BDM aus Stargard. Ich hatte gehofft, Edith irgendwo zu sehen, vielleicht ein erstes Wort mit ihr wechseln zu dürfen, aber die Krefelder Mädchen waren wie vom Erdboden verschluckt. Mittags sollte unser Völkerballspiel steigen, dann mussten sie ja wieder auftauchen.

Plötzlich kam Leben in die Stargarder Mädchen neben uns. Unten auf der Aschenbahn formierten sich Sportlerinnen zu einem Staffellauf. Sicherlich war ihre Mannschaft auch dabei. Es war schrecklich, diese Quiekerei, diese gellenden Anfeuerungsrufe nach dem Startschuss: „Loottiie schneller!" Und als sich das Feld nach einer Runde dem Start- und Zielpunkt näherte: „Mizie ziiiehh!" Sie gebärdeten sich wie Verrückte. Wir Pimpfe hätten nie so schreien können, denn unsere Stimmen begannen bereits, sich vom hellen Knabensopran zum Alt hin zu senken. Einige, Kienast zum Beispiel, hatten schon überschnappende Tenorstimmen.

Vor dem Mittagessen fand dann das Völkerballspiel statt. Das Feld war auf dem Aschenplatz zwischen Reck, Barren und Sprunggrube mit Sägemehl markiert. Die Mädchen standen schon wartend in Reih' und Glied, als wir im Dauerlauf dort ankamen: „Links zwei drei vier, links zwei drei vier, ganze Abteilung halt!" Dann folgten die Aufstellung der Mannschaften und das Auslosen des Anspiels. Edith war auch unter den Spielerinnen, ohne Brille, mit eigenartig verdrehtem Blick.

Eigentlich war es unter unserer Würde, als Pimpfe gegen solch einen Hühnerhaufen zu spielen, so was hat es ja wohl noch nie gegeben! Da waren wir alle einer Meinung und äußerten dies durch betont lässiges Gehabe. Die würden wir wegputzen wie einen Haufen Kehricht! Es kam jedoch ganz anders. Die Mädchen scheuchten uns mit abgezirkelten Schüssen auf dem Feld herum, und ihre gedrehten Zwirbelwürfe ließen sich kaum fangen. Selbst ich hatte da meine Schwierigkeiten, konnte mich aber mindestens fünf Minuten auf dem Spielfeld halten. Ausgerechnet die schwarzzöpfige Edith schoss mich dann ab trotz ihres verqueren Blicks. Ihr freundliches Lächeln, mit dem sie mich dabei bedachte, mochte ich überhaupt nicht erwidern. Trotzdem gefiel sie mir immer noch.

Nach dem Seitenwechsel lief es für uns besser. Diese Runde gewannen wir. Nach dem Spiel stand Edith plötzlich vor mir, nun wieder mit ihrer starken Brille auf der Nase. Was ich mir in den letzten Tagen so oft erträumt hatte, sie einmal nahe bei mir zu haben, schnürte mir nun die Kehle zu. Ich brachte kein Wort heraus und war froh, als der Befehl zum Antreten kam.

Am Montag nach dem Frühstück zogen die BDM-Mädels mit ihrem Speerwimpel singend und von einer Blockflötengruppe angeführt davon, während Hildegund im Gleichschritt neben der Kolonne hermarschierte.

Letzte Tage in Krössin

Nach dem Turnfest und dem Abmarsch der Mädchenriege aus unserer Nachbarbaracke fanden wir schnell zum normalen Alltag zurück. All die Aufgeregtheiten, welche diese Nachbarschaft mit sich gebracht hatte, legten sich wieder. Die schwarzzöpfige Edith spukte nur noch ganz selten in meinen abendlichen Träumereien herum. Wochenschaureife Heldenfantasien geleiteten mich jetzt wieder in den Schlaf.

Zur Ruhe kamen wir trotzdem nicht, denn eines Morgens nach dem Fahnenappell verkündete Schneft, dass unser Lager nach Lohme auf Rügen verlegt würde. „Interessante Gegend dort, hohe Steilküste und Kreidefelsen, bis ins Meer hinunter, hundert Meter hoch oder tief, wie man's nimmt", meinte er.

Das Frühlingsgemälde im Tagesraum würde nun nicht mehr fertig werden. Unser Maleifer war durch Schnefts Ankündigung mächtig gedämpft worden. Der Vordergrund war fertig. Puttchen hatte den pflügenden Bauern lebendig und naturgetreu hingekriegt, die Pferde auch, stämmige Gäule mit dicken Haarbüscheln an allen Hufen und mächtigen Hinterteilen. Das Dorf und der Weg dahin waren mir leidlich gelungen, nur der Himmel mit den Wolken widersetzte sich meinen Gestaltungsversuchen.

Es ist nicht zu glauben, wieviel Krempel sich in einem Dreivierteljahr ansammelt. Wie sollte ich dies alles nach Lohme transportieren? Mit der Post vorausschicken, oder wenigstens einen Teil des Krams nach Lichtenrade senden? Kartons, wo sollte man die herbekommen? Wohin mit den Schundheftchen? Rolf Torring, der unerbittliche Rächer, acht Hefte zu zehn Pfennigen, verpönt und verboten, nur unter der Bettdecke mit einer Taschenlampe zu lesen! Die könnte ich vielleicht dem Kienast andrehen, der wollte sie mir schon seit längerer Zeit abtauschen. Nur hatte er nichts dagegenzusetzen. Probleme über Probleme!

Bald würden auch Lehrerinnen in unser Lager kommen. „Der Führer braucht jetzt jede wehrfähige Hand", meinte Warnicke, als er uns diese Neuigkeit ankündigte, „da werden bald nur noch Pensionäre vor den Klassen stehen und

Frauen." Bisher war das KLV-Lager Krössinsee eine reine Männergesellschaft gewesen, aber nun kamen Lehrerinnen. Wie sollte das gehen, würden die auch schwarze Uniformen tragen wie die Lehrer, mit der großen rotweißen Hakenkreuzbinde auf dem linken Arm? Warnicke hielt gar nichts von weiblichen Lehrkräften im Lager. Würde so eine Klassenlehrerin Arschappelle abhalten oder Unterhosenappelle? Niemals! Dass wir dann verdrecken und von Läusen aufgefressen würden, das könne er uns jetzt schon garantieren, meinte er.

Auch der Höfer, immerhin schon Jungvolkführeranwärter, war ganz außer sich. „Lehrerinnen, Schreckschrauben, die ken'n Mann abjekricht haben, mit dürren Beenen ohne Waden und selbstjestrickten Wasserwellenstrümpfen! Am Ende latscht so 'ne Zicke als Aufsicht abends noch in unsere Bude rin, wenn wir uns jerade auszieh'n und mit nacktem Arsch rumturnen, zum Kotzen!"

Als sie dann wirklich später in Lohme zu uns stießen, war die allgemeine Überraschung groß. Von wegen Schreckschrauben. Zwei rundum ansehnliche, sympathische junge Frauen wurden uns von Schneft als die neuen Lehrerinnen vorgestellt: Fräulein Hase und Fräulein Harre.

Dr. Peter, Papa Peter, wie wir ihn nannten, wurde unser neuer Klassenlehrer und kümmerte sich nach Warnickes Verschwinden väterlich um uns. So manchen Sonntagnachmittag ging er mit uns auf Tour. Meistens waren es Angelausflüge. In der Regel paddelten wir in drei oder vier Kanadiern in Richtung Dratzigsee. Am Ufer eines der Verbindungskanäle wurde zum Fischen angelegt. Dass wir dabei selbstgebastelte Angeln verwendeten, war Ehrensache. Das Suchen und Schneiden der passenden Ruten, das Anknüpfen der Schnüre und Haken, die Papa Peter uns stellte, all das gehörte zum Zeremoniell dieser Ausflüge. Auch das Sammeln trockenen Holzes für das Feuer und das Graben feuchten Lehms gehörten dazu. Meistens legten wir an der verwilderten Lehmgrube am Ufer des Fließes an. Hier wuchsen in den Weiden die passenden Angelruten, uralte Holundersträucher lieferten dürres Holz für das Lagerfeuer, und Lehm fand sich auch. Mit ihm umhüllten wir die gefangenen Fische, bevor sie in die Glut des niedergebrannten Feuers kamen. Weißfische waren es meistens, hie und da auch eine Plötze. Grätenreich waren sie alle, sie schmeckten aber, im Lehmmantel gegart, hervorragend. In dieser Lehmgrube am Fließ nach Heinrichsdorf lernte ich das Schuppen der Fische, das Aufschneiden ihrer prallen Bäuche, ohne die bittere Galle zu verletzen, und das Ausnehmen. An der Angelei fand ich keinen Gefallen, zu langweilig war es mir, am Ufer herumzusitzen. Ein paarmal hatte ich es versucht, aber es war, als würden die Fische um mich und meine Angel einen riesigen Bogen machen. Keiner wollte anbeißen. Ich beschäftigte mich lieber mit den gefangenen Fischen, schuppte sie, nahm sie aus, würzte sie mit dem wilden Thymian, der in violetten Blütenpolstern an allen Wegrändern blühte und mantelte sie in den weichgekneteten Lehm ein. Hart und rissig wurde dieser Lehmmantel in der Glut und ließ sich dann leicht aufschlagen. Unverständlich blieb mir, dass viele der eifrigen Angler keinen Bissen ihrer köstlich duftenden, im eigenen Saft gegarten Jagdopfer kosten mochten. In dieser recht kargen Zeit war dies doch ein wichtiges Zubrot.

Dann war es endlich soweit. Unsere Kojen hatten sich geleert. Das letzte Paket war abgeschickt, Baracken und Waschräume gefegt, geschrubbt und von allem befreit, was an unsere Anwesenheit noch hätte erinnern können. Morgen in aller Frühe würde das Lager die Ordensburg am Krössinsee verlassen. Schneft und der Lagermannschaftsführer hatten uns zu einem letzten Appell auf den Platz beim Fahnenmast kommandiert. Wie um uns ein Lebewohl zuzurufen, donnerten in diesem Moment zwei ME 109 mit heulenden Motoren dicht über unsere Köpfe hinweg und fegten zwischen den beiden Tortürmen der Burg hindurch. Am nächsten Abend würden wir also schon in Lohme sein.

Fahrt nach Lohme

Endlos schien unsere Fahrt aus dem fernen Hinterpommern nach Lohme auf der zerfledderten Insel Rügen. Um halb vier Uhr in der Frühe hatten schon die Trillerpfeifen der UVDs geschrillt. „Alles aufsteh'n!" Viele von uns, so auch ich, lagen schon wach, ehe noch der erste Pfiff ertönte. Nach dem offiziellen Wecken machte sich in den Baracken die Geschäftigkeit eines Ameisenhaufens breit. Im Affengalopp ging es hinunter zum Waschraum, heute war Katzenwäsche angesagt. Schnell ein prüfender Blick zur Tür, ob dort nicht etwa ein beobachtender Oberpimpf steht. Niemand da, also hui und pfui und wieder hinauf mit kaum benetztem Gesicht. Vor den Toiletten gab es lange Schlangen, jeder wollte noch schnell sein Angstei legen. „Mensch, kannste nich 'n bissjen schneller scheißen, du Arschloch?" Der übliche Umgangston im Lager.

Die Betten mussten abgezogen, die Bezüge und Laken zusammengelegt werden, natürlich glatt und ohne Knitterfalten, es könnte ja noch einen Appell geben. Dann waren das Waschzeug und das Nachthemd in den Tornister zu packen, Letzteres ebenfalls in bügelhafter Glätte, denn es war nicht auszuschließen, dass man uns noch einmal zum Tornisterappell rufen würde. Nachdem Kojen und Baracken ein letztes Mal ausgefegt worden waren, kam der Befehl des UVD: „Revierdienst raustreten!" Damit waren der Fritz und ich gemeint. Revierdienst, das bedeutete für die Betreffenden vor dem Frühstück, während die anderen zum Fahnenappell marschierten, die Umgebung der Baracken von Unrat zu säubern. Gedacht war dieser Revierdienst als demütigende Strafe für Disziplinarvergehen, etwa mangelnde Spindordnung und lässiger Diensteifer. Ich empfand diesen Strafdienst nicht als Demütigung, sondern eher als sanktionierte Drückebergerei. Während die anderen sich „zack zack" um den Fahnenmast gruppieren mussten, lagerzugweise im Karree und in parademäßig ausgerichteten Viererreihen, durfte der Revierdienst in aller Ruhe von Wegen, Beeten und Rasenflächen um unsere Unterkünfte Papierschnipsel und andere weggeworfene Kleinigkeiten aufsammeln. Dass man dabei immer das Geschehen am Fahnenmast im Ohr behielt, versteht sich von selbst. Natürlich war es ratsam, erst wieder zum allgemeinen Haufen zu stoßen, wenn von dorther der erlösende Befehl ertönte: „Wegtreten zum Frühstücken!"

Am letzten Morgen im Lager Krössinsee fiel der Morgenappell aus, darum war Eile angesagt, wollten wir Revierdienstler nicht zu spät zum Frühstück kommen. Wie die Wiesel flitzten Fritz und ich um die Baracke herum und sammelten in unseren Eimern alles auf, was gestern noch weggeworfen worden war. Völlig durchgeschwitzt kamen wir gerade in dem Moment im Speisesaal an, als dort der obligatorische Tischspruch aufgesagt wurde, diesmal ein besonders sinniger: „Jesus sprach zu seinen Jüngern, wer keine Gabel hat, der esse mit den Fingern! Haut rein!" Die Reiseverpflegung lag auch schon für jeden auf dem Frühstücksplatz bereit: ein Ranken Brot, etwa drei Finger dick, und ein fingerlanges Stück harte Blutwurst, dazu eine saure Gurke. Für die Feldflasche gab es kalten Pfefferminztee. Beim Umsteigen in Pasewalk würden wir ein Kochgeschirr voll heißer Suppe bekommen. Zum Glück saß auf dem Platz unseres Klassenlehrers nun Papa Peter und nicht mehr Warnicke. Jener hätte mir bestimmt Wurstentzug aufgebrummt. So was tat Papa Peter seinen Schutzbefohlenen natürlich nicht an. Ich war also während der Fahrt nicht auf trockenes Brot angewiesen.

Dann begann der Abmarsch nach Falkenburg. Singend und in wohlformierten Marschkolonnen schlängelte sich die gesamte Lagermannschaft wie ein richtiger Heerwurm. Im Dörfchen Büddow rissen sie die Fenster auf, als wir hindurchmarschierten. Noch lag frühmorgendliche Stille über dem sommerlichen Land, desto schallender war unser Gesang: „Als die rote Morgensonne sandte ihren goldenen Schein, zog das Regiment von Hitler in die weite Welt hinein!" In der ersten Strophe dieses Liedes sandte die goldene Abendsonne ihren letzten Schein, als das Regiment ins Städtchen einzog. In der zweiten Strophe klangen ihre Lieder dann so traurig durch die Straßen des Städtchens, weil sie einen treuen Kamerad zu Grabe trugen. In der dritten Strophe zog das

Regiment dann in die weite Welt hinein, sicherlich bis alles in Scherben fiel. Wir sangen dies Lied gern beim Marschieren. Es war so anheimelnd, und die zweite Stimme ging am Schluss der Strophe bei „Hitler" jubelnd in die Höhe. Die folgende Fahrt erschien uns endlos. Erst ging es im Bummelzug von Falkenburg aus über Dramburg nach Stargard, ratternd, fauchend und dampfend durch die hinterpommersche Moränenlandschaft mit ihren Hügeln und Seen, ihren Mooren und Birkenwäldern, ihrem weitgespannten Himmel. In Stargard stiegen wir um in den D-Zug. Zwei ganze Wagen waren für unser Lager reserviert worden. Sie standen auf einem Abstellgleis bereit. Gut, dass der Bummelzug fast eine Stunde vor der Einfahrt des D-Zuges aus Posen in Stargard angekommen war, so konnte uns Schneft noch einmal appellmäßig antreten lassen, ehe wir über die Rangiergleise hinaus zu unseren Waggons stolperten, natürlich in strenger Marschformation: Links zwei drei vier, links zwei drei vier.

Noch klangen uns Schnefts Worte im Ohr, die er uns soeben vor der versammelten Mannschaft stehend zugerufen hatte: während der Fahrt nicht zum Fenster hinauslehnen, nicht auf dem Gang hin- und herlaufen, nicht an den Türgriffen herumspielen, nicht an der Notbremse ziehen! Beim Einsteigen, natürlich lagerzugweise, entstand dann großes Durcheinander. Der Lagermannschaftsführer hätte uns deswegen gern noch einmal über Schotter und Schienen gejagt, das konnte Schneft jedoch zum Glück verhindern. Wenigstens ein gewaltiges Donnerwetter ließ er auf uns niederprasseln, der Oberpimpf: Ein Sauhaufen seien wir, eine Schar gackernder Hühner, unwürdig des Führers Uniform zu tragen!

Schließlich hatte jeder seinen Platz gefunden, und die Fahrt begann. Zunächst führte eine kurze Strecke durch flaches Schwemmland. Dörfer und Städtchen rauschten vorbei. Dann ging es über die mächtige Oderbrücke hinweg nach Stettin. In Pasewalk wurde erneut rangiert, weil unsere Waggons an einen anderen Zug angekoppelt werden mussten. Das gab uns Zeit genug, um in der Rotkreuzstation des Bahnhofs unsere Mittagssuppe zu fassen, ein ganzes Kochgeschirr voll: dicke Erbsensuppe mit Speck, die Standardsuppe aller Rotkreuzstationen auf allen Bahnhöfen des Großdeutschen Reiches während des Krieges bis hin zu dessen bitterem Ende.

Vom Bahnhof in Pasewalk aus sah man jenes Lazarett, unter dessen Dach der Lebensweg des Führers eine ganz neue Richtung genommen hatte. Als gut geschulte Pimpfe konnten wir den Lebenslauf Adolf Hitlers herunterbeten wie ein Konfirmand die Kapitel des Katechismus. Also dort drüben, in jenem mächtigen grauen Gebäude, dessen Dächer mit großen weißgrundigen roten

Kreuzen gekennzeichnet waren, lag er damals, anno 1918, der Führer, verwundet, siech und blind, gezeichnet vom Gaskrieg.[112]
Wir standen stramm in unserem Abteil, hatten den Blick zum Fenster gekehrt und den Arm zum Deutschen Gruß erhoben. Irgendein Oberpimpf, ich glaube, es war der Lagermannschaftsführer persönlich, hatte plötzlich unsere Abteiltür aufgerissen und „Achtung!" gebrüllt. Nun standen wir also stramm und grüßten das Lazarett, während Fritz die entsprechenden Passagen aus dem Lebenslauf des Führers rezitierte: dass jener hier 1918 blind im Lazarettbett gelegen und sich um Deutschland gegrämt hätte, dass ihm beim Gedanken an Deutschlands Schande die Tränen gekommen seien. „Diese Tränen, dieses Weinen um Deutschland schenkte unserem Führer das Augenlicht wieder. Da beschloss er, Politiker zu werden!" Markig stieß Fritz, übrigens unser Lagerzugkleinster, diese letzten Worte heraus. Nach einem dreifachen „Sieg Heil!" kam dann von der Tür her der Befehl: „Rührt euch, setzen!" Just in diesem Moment ertönten draußen auf dem Bahnsteig die Rufe des Fahrdienstleiters: „Alles zurücktreten, die Türen schließen!" Nach dem Pfiff kamen die ersten drei schwerfälligen Fauchstöße der beiden vorgekoppelten Lokomotiven, dann das übliche Durchdrehen ihrer Räder, ehe sich der Zug langsam in Bewegung setzte.
Nun dampften wir in nördlicher Richtung: Anklam, Greifswald, Stralsund und wieder das Meer. Ich begrüßte die Ostsee wie eine vertraute Freundin. In langsamer Fahrt ging es im Bummelzug über den Rügendamm, vorbei an Bergen nach Sagard. Hier war unsere Fahrt zu Ende, der Zug fuhr jedoch weiter nach Sassnitz. Auch wir waren noch nicht ganz am Ziel. Die Reise endete, wie sie begonnen hatte, mit einem Fußmarsch. „Links zwei drei vier, ein Lied!" „Als die gold'ne Abendsonne sandte ihren letzten Schein ...!"

Das Chemnitzer Jugendheim

„Chemnitzer Jugendheim" stand in großen Lettern an dem schulähnlichen Gebäude, auf das wir zumarschierten, nachdem wir das Ortsschild von Lohme passiert hatten. Wir wurden schon von unseren Lehrern erwartet, die in Sagard ein Bus abgeholt hatte. Nur Lagerleiter Schneft hatte es sich nicht nehmen lassen, den Heerwurm der Lagermannschaft während des Fußmarschs anzuführen.
„Abteilung – halt!" Wir waren am Ziel. Nach einer kurzen Begrüßung durch Schneft wurde uns das Hauspersonal vorgestellt, alles blutjunge Mädchen, nur die Köchin war reiferen Alters. Aber die anderen waren bildhübsch! Mir gefiel

auf Anhieb die kleinste, ein munteres Ding, zierlich und flink wie ein Mäuschen. Diesen Namen bekam sie auch bald von der Lagermannschaft verliehen. Leider stellte es sich bald heraus, dass ich nicht ihr einziger Verehrer war, fast die gesamte Lagermannschaft schwärmte von ihr. Sie verstand es jedoch trotz ihrer Jugend jedem ihr Lächeln zu schenken und sich doch alle vom Leib zu halten.

Da bereits in Krössinsee die Stubenbesatzungen zusammengestellt worden waren, verlief unser Einrücken ins Haus wie am Schnürchen. Der Lagermannschaftsführer trat vor die Kolonne: „Stuben eins, zwei, drei, vier vortreten!" Dann wurden die Namen verlesen. Von den Hausmädchen wurden die jeweiligen Belegschaften zu ihren Stuben geführt. Waren wir in einem Hotel gelandet? Es dauerte keine zwanzig Minuten, bis auch der Letzte sein neues Zuhause gefunden hatte. Wir waren zusammengeblieben, der Fritz, der Rindsfüßer, der Rutenstrauch und ich. Fritz war Stubenältester.

Ein neues Lager, aber der alte Trott, soweit es den Lageralltag und den täglichen Dienstplan betraf, erwarteten uns. Sonst war nun doch einiges anders hier als in Krössinsee. Wir schliefen in abgeschlossenen Stuben. Diese boten Raum für einen großen Tisch und genügend Stühle. Die Spinde standen auch im Zimmer, links und rechts neben der Tür. Ein großer Teil unserer Freizeit spielte sich nun in diesen Stuben ab. Den Hausputz mit sintflutartiger Wasserpanscherei, wie er in Krössinsee regelmäßig auf unserem Dienstplan stand, verrichteten hier die Hausmädchen, dafür gab es im Jugendheim einen zusätzlichen Strafdienst: Küchenhilfe! Das hieß Kartoffeln schälen, Gemüse putzen, Teller waschen.

Grundsätzlich anders als in Krössinsee war hier auch die Verpflegung. Dort in Hinterpommern hatte es viele Speisen gegeben, die mich an die ostpreußische, aber auch an die Berliner Küche erinnerten. Süßsaure Bechamelkartoffeln zum Beispiel, mit Kapern und kleingehackten sauren Gurken darin, Mixed Pickles, widerlich saure, bunte Gemüseschnitzel, die schon erwähnten süßsauren grünen Tomaten und Fische der pommerschen Seen, meistens in einer pampigen weißen Mehlsoße schwimmend. Aal grün, sonst in den teuersten Rubriken der Speisekarten stehend, hatte es in Krössin an so manchem Freitag zum Mittagessen gegeben. Für mich waren es stets Festtage, wenn Aal aufgetischt wurde, denn viele mochten diesen „Schlangengulasch" nicht, so konnte ich mich daran stets rundum sattessen.

Hier im Chemnitzer Jugendheim wurde sächsisch gekocht. Mochten an den Sonn- und Feiertagen die Fleischportionen auch noch so klein gewesen sein, die Köchin verstand es, stets eine herrlich duftende kräftige Soße dazu zu zaubern.

Wickelklöße mit Buttersoße und Rotkraut, Quarkkeulchen mit Heidelbeeren, heißer Kartoffelkuchen – es war wie im sächsischen Schlaraffenland.

Ich fühlte mich gleich zu Hause hier. Schuld daran war nicht nur die vertraute sächsische Küche, sondern auch die Stimme der Ostsee, an Sturmtagen das Wüten ihrer Brandung. Fünfzig Meter fällt die Steilküste hier ab, trotzdem war an solchen Tagen das Donnern der gischtenden Wogen bis herauf in den Ort zu hören. Für mich waren dies vertraute Geräusche, die ich seit meiner Abreise aus Palmnicken nicht mehr gehört hatte.

Noch war Ferienzeit, aber mit Beginn des neuen Schuljahres sollten die Neuen, die Kleinen kommen. Rainer würde darunter sein. Jetzt waren wir die Großen, die alten Lagerratten, mit allen Wassern gewaschen! Wie lange hatte ich eigentlich Rainer nicht mehr gesehen? Ein Jahr? Nein, zwei Jahre. An unserer Jugend gemessen war das eine endlos lange Zeit. Nun stand er als einer der Neuen vor mir. „Juten Tach Rainer!" „Juten Tach Dieter!" „Jets dir jut?" „Prima! Und dir?" „Auch prima!" Die alte Vertrautheit stellte sich zwischen uns sofort wieder ein. Bald nannte man uns im Lager Castor und Pollux, die Unzertrennlichen. Schneft hatte dies höchstpersönlich aufgebracht.

Es gab außer uns noch ein anderes Brüderpaar im Lager, zwei Streithähne, die sich gelegentlich die Augen blau schlugen. Ihnen brachte man kaum Sympathien entgegen. Unsere brüderliche Anhänglichkeit wurde dagegen von Lehrern, Führern und den anderen Lagerinsassen mit Wohlwollen bedacht. Natürlich war es da klar, dass Rainer und ich wieder den Status einer Gruppe zugestanden bekamen, wenn es am Sonntagnachmittag hieß: Ausgang in Gruppen. Die anderen mussten sich zu viert, besser noch zu sechst zusammenschließen, wenn ihnen Ausgang in Gruppen gewährt werden sollte. Da begann nun ein fröhliches Herumstromern, sonntags am Nachmittag von zwei bis sechs Uhr. Manchmal zeigten wir uns großzügig und nahmen diesen oder jenen in gönnerhafter Weise mit auf unsere Expeditionen durch das Jasmunder Naturschutzgebiet. Es war aufregend, was es da im Wald und auf den Heideflächen alles zu entdecken gab. Natürlich führte unser erster Ausflug zum Pfenniggrab.[113] Was mögen das für Riesen gewesen sein, die jene mächtigen Findlinge vor vielen tausend Jahren zu diesem Totenhaus aufgetürmt haben?

Eines Sonntags standen wir plötzlich vor der Herthaeiche. Natürlich wussten wir, dass sie und die gleichaltrige Herthabuche nahe dem Herthasee in einem zum Wald verwilderten Hain die Jahrhunderte überdauert hatten, aber gefunden hatten wir sie noch nicht. Über tausend Jahre sollten diese beiden Baumreste schon alt sein, und immer noch trieben sie in jedem Frühjahr ihr frisches Grün. Wie lange noch? Denn alles, was von diesen einstmals stolzen

Baumriesen überdauert hatte, waren kammergroße Rindenringe, nicht höher als zwei oder drei Meter, wie hölzerne Ringmauern, den ehemaligen Umfang der sterbenden Bäume andeutend, aus deren oberen Rändern immer noch dünne, belaubte Reiser aufschossen. Unbändig war dieser Lebenswille. Man konnte diese Baumzimmer betreten, sich durch breite Risse in den Wänden zwängen oder durch große ebenerdige Löcher in sie hineinkriechen. Im Sommer waren das heimliche Verstecke. Hier habe ich so manchen Karl-May-Band verschlungen.

Ein andermal stießen wir im dichten Unterholz auf einen bemoosten Findling. „Mann, det is ja 'n Opferstein!", stellten Rainer und ich fast gleichzeitig fest, als wir auf seinen Rücken gekraxelt waren. Deutlich sah man noch die Blutrinnen, die von einer ausgemeißelten Opferschale zum Rand des mächtigen Findlings führten. „Wat meinste, ob die hier auch Menschen geopfert haben?" „Na klar! Wat denkste denn sonst? Etwa Karnickel?"

Lehrer Tossing, dem wir am Abend von unserer Entdeckung berichteten, geriet darüber ganz aus dem Häuschen. Er wäre am liebsten mit uns noch einmal zu jenem Stein geeilt. „Heut isses ja schon zu spät, aber morjen, da zeigt ihr mir euren angeblichen Opferstein", kündigte er uns in seiner brabbelnden, feuchten Sprechweise an. Am nächsten Morgen stand für den Nachmittag eigentlich Stoppelhopsen auf dem Dienstplan. Prima, das würde dann für uns ausfallen, wenn Pulchra uns bei unseren Lagerzugführern loseisen könnte. Pulchra, der Lateiner unter den Lehrern, interessierte sich für alles, was mit dem längst versunkenen Herthaheiligtum zusammenhing. Er wurde nicht müde, einheimische Bauern und Fischer nach den mündlichen Überlieferungen dieser Gegend zu befragen. Er musste dies in aller Heimlichkeit tun. Denn zum größten Teil waren jene von ihm in Hefte und Kladden gekritzelten Sagen und Legenden slawischen Ursprungs. Den Nazis mit ihrem Germanenwahn passte Tossings Sammelei also gar nicht ins Konzept.

Am nächsten Nachmittag stand er mit uns ergriffen vor dem altersgrauen Ungetüm: „In der Tat ein Opferstein! Gut gemacht, ihr beiden." Leider musste er meine wild wuchernden Fantasien mächtig stutzen: „Nee, Dieter, Menschen sind hier nicht jeopfert worden! Stiere vielleicht oder heilige Hengste." Schade, denn ich hatte mir, um diesen Stein gerankt, eine blutrünstige Geschichte ausgedacht. Natürlich spielte der Vollmond darin eine wichtige Rolle, desgleichen eine bildschöne Jungfrau. Was ist das eigentlich, eine Jungfrau? Ich hatte mir bisher nie Gedanken darüber gemacht, wenn ich in Märchen oder Sagen von schönen Jungfrauen gelesen hatte. Meistens entpuppten diese sich als verkannte Prinzessinnen oder Königstöchter. Was versteht man also unter einer

Jungfrau? Unter Garantie eine junge Frau, das sagt ja schon die Bezeichnung. In Plauen beim Vogelschießen hatte ich vor Jahren Festjungfrauen gesehen, junge Mädchen in weißen Kleidern mit rosa Schärpen und Blumenkränzen auf dem Haar. Aber sind alle jungen Frauen automatisch Jungfrauen? Fräulein Hase etwa auch, die neue Englischlehrerin? Probleme über Probleme und keiner, den man hätte befragen können. Fritz vielleicht, der kannte sich mächtig mit Weibern aus, war ja auch schon fast vierzehn und hatte zwei große Schwestern.

„Mensch, du stellst vielleicht Fragen! Biste nu so doof oder tuste nur so? Wat 'ne Jungfrau is, mannomann, det is 'n Miecken, bei der de Büchse noch zu is, verstehste?" Dieser Fritz mit seinen Sprüchen, da blieb einem ja regelrecht die Spucke weg! Übrigens vollzog sich so oder so ähnlich unsere ganze Aufklärung: handfest, auf recht niedrigem Niveau und im abfälligsten Jargon. Allerdings ist mir der genaue Sinn der Ausführungen von Fritz damals noch dunkel geblieben. Erst ein Jahr später, als ich in Falkenstein mit dem Betzers Karli zusammen im Doktorbuch seiner Eltern „Die Frau als Arzt im Hause" das Kapitel „Vom Mädchen zur Frau" gelesen hatte, ist mir ein Licht aufgegangen. Doch davon zu seiner Zeit.

In meiner Fantasie über den Opferstein waren neben der bildschönen Jungfrau noch ein finsterer Priester und ein noch finsterer König mit von der Partie, und natürlich ich, der gefürchtete schwarze Ritter, der Retter aus Todesnot. Wirklich schade, dass ich diese Geschichte nun nicht würde aufschreiben können. Wen interessieren schon geopferte Stiere oder Gäule?

Im neuen Lager kam es mir so vor, als sei der tägliche Drill milder geworden. Es ging hier im Jugendheim ziviler zu als auf der Ordensburg im fernen Hinterpommern. Gewiss, der Dienstplan hatte sich nicht geändert, unsere Führer auch nicht. Sie zeigten sich jetzt jedoch längst nicht mehr so militärisch streng wie in Krössinsee. Sicherlich fehlte ihnen das Vorbild der harten Ausbildung, der dort die Junker ausgesetzt waren. Wir haben es oft gehört, wenn jene zukünftigen Herrenmenschen von ihren Führern nachts, bei Wind und Wetter und im klirrenden Frost aus ihren Baracken gejagt, angeschnauzt und heruntergeputzt wurden wie Sträflinge. Hart gegen sich selbst sollten sie werden und unerbittlich gegen alles Fremde, Unwürdige, eben richtige Herrenmenschen!

Auf ihre geliebten Appelle wollten unsere Oberpimpfe jedoch nicht verzichten, und auf die sich daran anschließenden Maskenbälle auch nicht. Meistens kamen sie kurz nach dem Zapfenstreich und jagten uns aus den Betten. Spindappell, Kleiderappell, wehe die abgelegten Tageskleider lagen bei einem von uns nicht in der vorschriftsmäßigen Ordnung gestapelt auf ihrem Platz, dann begann der Maskenball, die ganze Zimmerbesatzung wurde dann herumgescheucht, getreu nach dem Motto: Einer für alle, alle für einen. „Achtung! In Turnzeug angetreten, marsch marsch! Auf die Spinde, marsch marsch! In Uniformen angetreten, marsch marsch! Unter die Betten, marsch marsch! Ein Lied", und schließlich: „Zum Uniformappell angetreten, marsch marsch!"

War es schon eine Leistung, zu dritt auf je einen Schrank zu klettern, in affenartiger Geschwindigkeit natürlich, so war es erst recht eine Leistung, dort oben unter der niedrigen Decke mit eingezogenem Kopf nebeneinander hockend Platz zu finden. Den Gipfel des Ungemachs bildete dann das Singen eines kernigen Marschliedes, je zu zweit unter die Enge eines Bettes gequetscht. Der Befehl: „Zum Uniformappell angetreten, marsch marsch!" zwang uns, unter den Betten hervorzukriechen, natürlich ebenfalls affenartig schnell, und uns in Größenordnung vor dem Oberpimpf aufzubauen. „Stube dreizehn zum Uniformappell angetreten!", lautete die Meldung durch den Stubenältesten, dann folgte der Appell. Meist fanden sich bei solchen Gelegenheiten Staubflocken an den Uniformen, aufgewischt unter den Betten oder auf den Spinden. „Stubendienst vortreten!" Diesmal hatte es den Rutenstrauch und mich erwischt. Arschgeiger seien wir, Dreckschweine und Wanzenzüchter. „Morgen um zwei Uhr Meldung zum Sonderdienst!" Da war also morgen die Freizeit für uns beide futsch. Meistens verging während dieser Abendbelustigungen eine ganze Stunde.

Immerhin hatte hier in Lohme die Häufigkeit solcher Schikanen nachgelassen. Andere ungeliebte Dienste waren aber geblieben und wurden streng eingehalten. Die Schreibstunde zum Beispiel oder die Putz- und Flickstunde. Beide liebte ich überhaupt nicht. Mir fiel es immer noch schwer, Stoff für Heimatbriefe zu finden. Ich benutzte schon seit längerer Zeit einen stereotypen Text, den ich nach Bedarf variierte: „Liebe Eltern, mir geht es gut, was ich auch von euch hoffe. Hoffentlich treiben es die Tommys nicht so schlimm! Was macht die Oma und das Petermätzel und dein Bein, Mutti? Eben wird zum Raustreten gepfiffen, darum muss ich schließen. Es grüßt euch mit Heil Hitler euer Dieter." Rainers Briefe waren da schon ergiebiger. Aber auch bei ihm wurde gelegentlich zum Raustreten gepfiffen.

Die Putz- und Flickstunde fand ich blöd, weil man da Sachen tun musste, die eigentlich Weiberkram waren: Strümpfe stopfen, Flicken einsetzen und Ähnliches. Gern hätte ich es dem Lehrer Ruloff nachgemacht und einfach Heftpflaster unter alle Schadstellen in der Kleidung geklebt, da wäre ich aber bei Schneft und den Jungvolkführern schlecht angekommen. So etwas konnte sich nur ein Lehrer leisten. Der Höfer, dieser Musterpimpf, hatte sich beim Mäuschen eingekratzt, sie stopfte ihm in ihrer Freizeit heimlich die Strümpfe, setzte ihm gelegentlich einen Flicken in den Hosenboden und vernähte den größten Triangel so gekonnt, dass er fast unsichtbar wurde. Regelmäßig bekam der Höfer bei den entsprechenden Appellen von den Vorgesetzten hohes Lob für diese Meisterleistungen ausgesprochen. Wir hassten ihn um dieser Bevorzugung willen, verpetzt hat ihn aber niemand.

Ach, das Mäuschen! Dass der Lageralltag hier im Jugendheim um einiges lustiger wurde, als er es in Krössinsee gewesen war, verdankten wir unter anderem auch ihr und ihren vier Kameradinnen, alles BDM-Mädels, denen die schmucke Uniform hervorragend zu Gesicht stand, wenn sie nicht gerade im Haus beschäftigt waren und ihre schmucklose graue Arbeitstracht trugen. Herta, Berta, Dora, Hilde und das Mäuschen. Nur von ihr hat sich der Name aus meinem Gedächtnis geschlichen. Sie war und blieb von Anfang an das Mäuschen. Wurde sie von uns irgendwo im Hause gesichtet, Putzeimer und Schrubber in der Hand, das Kopftuch ums Haar geschlungen, so genügte der Ruf „'ne Maus!", dann ließ sie sofort alles fallen, stürzte ins nächstbeste Zimmer und erklomm flink wie ein Eichhörnchen dort den Arbeitstisch. An allen Gliedern zitternd, leicht gebückt, mit zusammengepressten Knien, sich den Rock fest um die Waden raffend, wurde sie so zum lebenden Denkmal höchster Panik. Erst der erlösende Ruf: „Alles jut, Mäuschen, die Maus is weg!" verwandelte sie wieder in das, was sie vorher gewesen war, ein fröhliches Mädchen. Lautete der erlösende Ruf allerdings „Falscher Alarm", so konnte sie zur Furie werden, dann begann eine fröhliche Jagd über Flure und Treppen bis hinaus in den Hof. Sie rannte schimpfend hinter uns her, wir lachend und feixend vorneweg. Gelang es ihr, einen von uns einzuholen, dann bekam auch der längste Lackel ihre kleinen Fäuste zu spüren. Natürlich hätte sich jeder von uns diese zierliche Person leicht vom Halse halten können, außer Fritz vielleicht, unser Kleinster, aber ein deutscher Pimpf vergreift sich doch nicht an einem Miecken! Außerdem empfanden wir diese Rangeleien mit einem Mädchen als durchaus aufregend, denn für uns, die Dreizehnjährigen, begann jetzt jene Phase, welche von allen Eltern gefürchtet wird, die Pubertät. Und das Mäuschen? Es fiel immer wieder auf uns herein! „Ihr seid mir vielleicht Gavaliere!" Zu schön war ihr breites Sächsisch! Wurden wir bei derartigen Neckereien von Schneft, einem der Lehrer oder gar einem Lagerführer überrascht, dann setzte es Strafdienste, aber das trugen wir mit Fassung und stoischer Ruhe. Bei nächster Gelegenheit würden wir wieder rufen: „Mäuschen, 'ne Maus!"

Unser Lagerzug verwandelte sich damals vorübergehend in eine Herde aufgeblasener Gockel, jeder versuchte jeden mit seiner brüchigen, überschnappenden Stimme zu überkrähen, und ständig waren irgendwelche Raufereien im Gange. Unser Geschichtslehrer Dr. Kaiser, ein Neuling im Lager und erst in Lohme zu uns gestoßen, tat sich schwer mit dieser neuen Situation: „Ein Benehmen wie die Paviane im Zoo und dauernd mit den Händen beim Billardspielen in den Hosentaschen, ihr Schweine! Hände raus!" Als Kind hatte er sich beim Kauen an frischen Grashalmen eine Strahlenpilzinfektion zugezogen. Der Pilz hatte ihm die linke Hälfte des Unterkiefers zerstört, was seinem Gesicht das Aussehen einer Teufelsfratze gab. Wir mochten ihn nicht und streuten seine diesbezüglichen Ermahnungen in den Wind: „Ihr Lümmel, immer Gras kauen, seht mich an! Wollt ihr auch 'mal so aussehen wie ich, was?" Es war, als hätte der Pilz nicht nur seinen halben Unterkiefer zerstört, sondern auch einen Teil seines Gemüts, denn er war alles andere als liebenswürdig, und wenn er, was häufig vorkam, herumschnauzte und schimpfte, streute er kleine Tröpfchen seines nach Zigarrensaft stinkenden Speichels umher: „Dick, dumm, faul und gefräßig und wampig seid ihr, wie die Ochsen von Thessalien!" Ach ja, Latein gab er übrigens auch. Tossing, der Pulchra, mochte ihn aus diesem Grunde auch nicht leiden, das konnte jeder Taube sehen und jeder Blinde hören, wenn er wieder einmal vor sich hin brabbelte: „Dieser Kaiser will 'n Lateiner sein, soll lieber bei seiner Jeschichte bleiben!"

Krach unter den Lehrern war ein Dauerzustand im Lager. Es waren ja auch, gelinde gesagt, ausgeprägte Charaktere, und das Lagerleben mit seiner Enge ließ ihnen wenig Raum, einander aus dem Weg zu gehen. Sie konnten ihre Streitereien vor uns, den Lagerasseln, auch kaum verbergen, was vor allem an Tossings lautstarken Wutanfällen lag. Kam der einmal so richtig in Fahrt, dann hallte das ganze Haus, das gesamte Lager von seinem Gebrüll wider.

In Lohme kam der Herbst mit seiner Farbenpracht. Es war, als wollte der Buchenwald des Jasmunder Naturschutzgebiets in diesen letzten Oktobertagen all das Sonnengold noch einmal zur Schau stellen, das jedes Blatt seiner Bäume einen Sommer lang getrunken hatte. Selbst die düsteren Wasser des Herthasees schimmerten jetzt im Spiegel dieses Goldes. Es umrahmte auch die weißen, hochaufragenden Kreideklippen der Steilküste, den kleinen und großen Königsstuhl, den Wissower Klinken. Jetzt verstanden wir, was das Lied sagen will, das wir zur Herbstzeit regelmäßig zu Heimabenden sangen: „Bunt sind schon die Wälder, gelb die Stoppelfelder, und der Herbst beginnt!" Wir hatten bisher ja nur das ewig gleichbleibende Dunkelgrün der Nadelwälder erlebt, und lernten nun diese Pracht kennen. „Mann, det is ja 'n Ding!" Selbst Kienast schien dieses Naturschauspiel zu ergreifen.

Stille sonnige Tage schenkte uns dieser Herbst. Es war unbegreiflich, dass draußen, jenseits unserer Lagerwelt, der Krieg weitertobte. Gelegentlich wurden auch wir jetzt nachts durch die Luftschutzsirenen in den Keller geschickt. Zum ersten Mal hörten wir hier das markerschütternde, den ganzen Himmel umspannende vielstimmige Dröhnen der herannahenden Bomberverbände. Noch galt dieses Dröhnen nicht uns, wir lagen nur zufälligerweise unter ihrer Flugroute. Würde es Berlin treffen? Aber Berlin, das schrieben unsere Eltern, war damals zum Glück noch nicht zum Zielobjekt der Massenbombardements geworden. Schneft hatte uns ja für Weihnachten Heimaturlaub versprochen. Der würde bestimmt gestrichen, wenn Berlin so schweren Angriffen ausgesetzt wäre wie Hamburg oder Lübeck. Auch das Rheinland, vor allem Köln, soll schon schwer bombardiert worden sein. Rutenstrauchs Mutter stammte von dort und hatte es ihm geschrieben.

Unser Lagerleben ging seinen gewohnten Gang weiter. Dazu gehörte vor allem der monatliche Friseurtag. Zwar gab es in Lohme einen Haarkünstler, einen älteren Mann, der seinen altertümlichen Salon allein betrieb. Er war es aber nur gewöhnt, alte Fischerköpfe zu frisieren und den wettergegerbten Wangen dieser Seebären die Wochenrasur zu verpassen. Uns Pimpfen die vorschriftsmäßige Frisur zu schneiden, Streichholzlänge und zwei Zentimeter Ohrabstand, dies wollte ihm nicht recht gelingen. Als sich die ersten seiner Opfer nach dem vom Lagerzugführer befohlenen Haarschnitt zurückmeldeten, bekam dieser einen Lachanfall: „Mann, der hat euch vielleicht zujerichtet! Eure Nischel[114] seh'n ja aus wie verlauste Judenköppe!" Das war eine Beleidigung, das wussten wir, denn wir hatten schon tausendmal von unseren Lehrern, soweit sie stramme Nazis waren, und von unseren Jungvolkführern eingetrichtert bekommen: Die Juden sind feige, hinterhältig und an Deutschlands Schande schuld. Wir glaubten daran.

Nach den schlechten Erfahrungen mit dem Figaro in Lohme musste ein anderer Friseur gefunden werden. Er fand sich in Sagard, dem nächstgrößeren Städtchen, etwa acht Kilometer Fußmarsch entfernt. Dieser Betrieb hatte einen modernen Salon mit sechs Sesseln. Beim ersten Mal marschierten wir im Stundenabstand lagerzugweise nach Sagard. Dies bedeutete allerdings endlose Warterei, bis auch der Letzte seinen pimpfgemäßen Stiftekopf verpasst bekommen hatte. Diese erste Haarschneideaktion unseres Lagers sorgte in Sagard natürlich für einiges Aufsehen. Wann hat es so etwas schon gegeben, dass plötzlich eines Morgens pünktlich um acht Uhr eine ganze Formation uniformierter Pimpfe vor dem Friseursalon aufmarschiert? „Links zwei drei vier, Abteilung halt! Rechts um, rührt euch! Die ersten sechs weggetreten zum

Haarschneiden!" Zum Glück war an jenem Tag strahlendes Spätsommerwetter. Obwohl drinnen im Friseursalon in schnellstem Akkord gearbeitet wurde, dauerte es doch eine ganze Stunde, bis der Letzte abgefertigt war. Solange musste der gesamte Lagerzug in Formation vor dem Salon stehend ausharren. Nicht auszudenken, wenn es da geregnet hätte. Es musste also eine bessere Lösung gefunden werden. Ausgerechnet Tossing hatte die zündende Idee, so jedenfalls berichteten es die im Lager umlaufenden Gerüchte. „Lasst sie doch sechserweise im Zehnminutentakt hier abmarschieren. Von Klasse zu Klasse durchs ganze Lager. Da kann der Unterricht provisorisch weitergehen, und doch hat am Abend der Letzte seinen Haarschnitt verpasst bekommen!" Den Lehrern oblag es nun an den betreffenden Tagen, im Zehnminutenabstand je sechs Mann auf den Weg zu schicken, bei den Jüngsten angefangen, durch alle Klassen bis hinauf zu den Ältesten. Anderthalb Stunde hin, zehn Minuten auf dem Friseursessel, „die Nächsten bitte, aber 'n bissgen dalli", anderthalb Stunde zurück.

An Friseurtagen war der Weg von Lohme nach Sagard dann in beiden Richtungen bevölkert wie eine Ameisenstraße. Immerhin bewegten sich an jenen Tagen auf der ganzen Wegstrecke in jeder Richtung, solange die Friseuraktion im Gange war, vierundfünfzig Pimpfe, zusammen also hundertundacht. Natürlich verwischte sich im Laufe der acht Kilometer der Zehnminutenabstand. Es gab Langsame und Schnelle, Bummler und Überholer, auch so mancher Ringkampf wurde am Straßenrand ausgefochten, wenn sich gerade zwei Streithähne begegneten. Dann konnte es schon sein, dass in Sagard der Friseur auf den Anschluss warten musste, weil sich natürlich um die Ringkämpfer stets eine Gruppe Anfeuerer sammelte, die Pflicht und Zeit vergaßen.

Friseurtage, das waren alles andere als Ferientage, besonders jetzt im späten Herbst, wenn Stürme über die Insel fegten und uns auf der Landstraße peitschender Regen ins Gesicht klatschte. Oder im Winter, wenn sich die ersten bereits um halb sieben Uhr in der Frühe über die hochverwehte Straße nach Sagard durchkämpfen mussten. Wie hieß doch der Spruch, den wir alle im Herzen tragen sollten, so hatte es uns jedenfalls der Lagermannschaftsführer anempfohlen: „Hart wie Kruppstahl, zäh wie Leder und flink wie ein Windhund soll ein deutscher Junge sein!" Hier, auf dem Weg nach Sagard, während der Friseurtage konnten wir dies trainieren.

In dieser Zeit erreichte das Lager der Befehl, seinen Beitrag zur Sicherung der Volksernährung zu leisten. Ein neuer Dienst wurde angesetzt: das Bucheckernsammeln. Es war, als hätte die Natur in jenem Jahr 1942 ein Einsehen mit der armen, kriegsgebeutelten Bevölkerung gehabt, denn fruchtbar war der

Sommer gewesen und reichlich die herbstliche Ernte ausgefallen. Selbst die Buchen des Jasmunder Waldes trugen überreich Frucht. Alle Wege waren jetzt bedeckt mit den kleinen dreikantigen Nüsschen und ihren stacheligen Hüllen. Bei jedem Schritt, den man auf diesen Wegen tat, knackte und knirschte es unter den Schuhsohlen als würde man Käfer zertreten. Jetzt galt es, die winzigen Buchennüsschen zu sammeln, pro Nachmittag ein Kochgeschirr voll.

Uns hatte schon zweimal ein Befehl aus der Gebietsverwaltung der HJ zu solchem Sammeleifer aufgerufen, im Sommer, nach der Getreideernte zum Ährenlesen und im frühen Herbst zum Sammeln heilkräftiger Teeblätter: Brombeere, Himbeere, Erdbeere. Damals, im Sommer und Frühherbst, galten jene Sammelaktionen noch als Geländedienst und wurden von uns gern abgeleistet, „immerhin besser als Stoppelhopsen", lautete die verbreitete Meinung.

Das angeordnete Bucheckernsammeln war uns jedoch zutiefst verhasst. „Det is ja wie Läusepolken!"[115] Kienast traf mit seiner Meinung den Nagel wieder einmal so richtig auf den Kopf. Besonders ärgerlich war, dass wir, soweit es das Wetter zuließ, an jedem Nachmittag hinaus in den Wald marschieren mussten und dadurch unsere knapp bemessene Freizeit diesem Dienst geopfert wurde. „Denkt dran, Jungs, jede jesammelte Buchecker is so jut wie 'ne Kugel auf'n Bolschewicken abjeschossen", so der Lagermannschaftsführer. Er versuchte, uns diese Sträflingsarbeit als kriegswichtigen Dienst zu verkaufen. Einige besonders eifrige Pimpfe konnte er damit begeistern, mich jedoch nicht. Ich versuchte, sooft es ging, mich davor zu drücken.

In diese Zeit fiel ein aufregendes Ereignis. Es begann damit, dass eines Morgens der örtliche Gendarm bei uns im Lager erschien. Im Hafen war einer der Fischkutter, die dort an der Mole vertäut lagen, als abgängig gemeldet worden: ein Sabotageakt! Der oder die Verbrecher hatten die Haltetaue des Bootes gekappt. Zum Glück wurde der Äppelkahn noch am selben Tage wieder gefunden, er war nicht weit vor der Küste über einer Sandbank auf Grund gelaufen. Natürlich fiel der Verdacht sofort auf die Berliner Lagerpimpfe aus dem Chemnitzer Jugendheim. Uns traute man jede Schandtat zu, wir waren nicht beliebt in Lohme. Aber weder die Standpauke Schnefts noch die Verhöre durch die Polizei, ja nicht einmal die kräftezehrenden Schleifereien durch unsere Oberpimpfe brachten das Geringste an den Tag. Aus unserem Lager schien der Saboteur nicht gekommen zu sein. Nach und nach wuchs Gras über die ganze Sache, und sie wäre zu den Akten gelegt worden, wenn nicht einige Wochen später auf der Aussichtsplattform des Königsstuhls eine piekfeine Dame in Ohnmacht gefallen wäre.

Dies geschah an einem Sonntagnachmittag. Auf dem Königsstuhl hatten sich trotz des sonnigen Herbstwetters nur wenige Wanderer versammelt. Die Aussichtsplattform war damals noch gegen den Abgrund hin nur durch ein einfaches Holzgeländer abgesichert, etwa anderthalb bis zwei Meter von der Abbruchkante entfernt. An diesem Geländer stand man nun und genoss die Aussicht auf das Meer, sein vom Türkis in Ufernähe bis zum Bleigrau am Horizont hin abgestuftes Farbenspiel. Tossing hatte sich der Gruppe zugesellt. Mit von der Partie war ein halbwüchsiges Mädchen, noch etwas eckig in Gestalt und Bewegung, aber sonst leidlich hübsch. Leider konnte man dies von dem schlaksigen, pickeligen jungen Mann nicht behaupten, der dieses Mädchen begleitete. Die beiden waren Tossings Nichte und Neffe. Sie waren auf Wochenendbesuch aus Berlin.

So stand man also und freute sich an dem Anblick des mit Schaumkronen bedeckten Meeres. Plötzlich tauchten wie aus dem Nichts vier Kinderhände vor den Besuchern auf, krallten sich haltsuchend in die Grasnarbe, und zwei hochrote Bubenköpfe folgten ihnen. Dies war zuviel für die zarten Nerven besagter piekfeiner Dame. Während die beiden tollkühnen Kraxler versuchten, die Plattform zu erreichen, geruhte sie in Ohnmacht zu fallen, rechtzeitig aufgefangen von einem ebenfalls piekfeinen Herrn, sicherlich ihrem Begleiter. Tossing war da beherzterer Natur. Er fiel, als er die beiden Jungen um sicheren Boden kämpfen sah, auf die Knie, streckte sich ihnen entgegen und zog sie mit sicherem Griff aufs Plateau. Die Maulschellen, die er ihnen verpasste, kaum dass sie festen Boden unter den Füßen hatten, waren nicht von schlechten Eltern.

Woher ich solch genaue Kenntnisse des Geschehens an jenem Nachmittag auf der Aussichtsplattform des Königsstuhls habe? Nun, Tossings Nichte wurde nicht müde, diese Vorkommnisse am Abend jenes Tages im Speisesaal während des Essens wieder und wieder zu berichten: „Stellt euch mal vor, die beiden zappelnd und keuchend überm Abjrund, wenn da mein Onkel nich zujejriffen hätte, wär'n die bestimmt wieder abjerutscht und runter jestürzt, hundert Meter tief, nich auszudenken sowat!"

Für uns Lagerasseln waren und blieben die beiden Kletterer Helden. Die Lagerleitung war da anderer Meinung. Schneft stellte sie noch am Abend vor die versammelte Lagermannschaft und ließ ein noch nie erlebtes Donnerwetter auf sie niederprasseln. Da hatten die beiden also zu allem Überfluss auch noch die Haltetaue des abgedrifteten Kutters gekappt. Zum Bergsteigen braucht man Seile, das muss doch jeder verstehen! Leider erwiesen sich diese Taue zum Klettern als unbrauchbar. Sie waren zu steif und zu schwer. Schneft hatte kein Verständnis für die beiden kühnen Klettermaxen. Sie flogen im hohen Bogen aus dem Lager und von der Schule. Ob sie sonst noch belangt worden sind, entzieht sich meiner Kenntnis.

Natürlich wurde nach diesem Ereignis die Steilküste mit ihren Kreideklippen und Geröllhalden für uns zur Verbotszone erklärt. Schneft ging selbst von Klasse zu Klasse, um uns dies zu verkünden. Morsch und brüchig sei die Kreide, und die beiden leichtsinnigen Kletterer hätten großes Glück gehabt, dass sie ihren Aufstieg über die Abbruchwand des Königsstuhls unversehrt bewältigt hätten. Sicherlich sei dies nur dem Umstand zu verdanken, dass sie als Kinder noch Leichtgewichte wären.

Uns konnten jedoch weder diese Ermahnungen noch das strikte Verbot davon abhalten, in aller Heimlichkeit und mit der gebotenen Vorsicht in der Steilküste herumzuklettern. Mein Lieblingsplatz war eine mäßig hohe Klippe, die versteckt und von hohen Buchen umsäumt drei oder vier Meter vor der eigentlichen Kreidewand aufragte. Oben bot sie eine von dichtem Strauchwerk bewachsene, nach der See hin leicht abfallende Plattform, etwa zwei mal zwei Meter messend. Sogar eine Birke hatte es auf diesem kargen Platz zu einem wenn auch krummwüchsigen Bäumchen gebracht. Über einen etwa drei Meter langen Grat konnte man hinüber auf dieses luftige Inselchen gelangen. Allerdings ließ sich dieser Grad nur reitend überwinden. Da ich sehr anfällig für Schwindel war, kostete es mich stets große Überwindung, diesen Ritt hinter mich zu bringen, denn links und rechts fielen die Flanken des Grats mindestens vier Meter tief ab, ehe sie in die Geröllhalden der stetig bröckelnden Kreidefelsen mündeten. Auch musste ich schnell hinüberkommen, weil mich ja niemand während meines Ritts sehen durfte. Wenn ich dann drüben im Buschwerk versteckt am Stamm der Birke lehnte, war ich ein König im eigenen Reich. Hier konnte ich tun und lassen, was ich wollte. Leider hat mir der Herbst mit seiner entlaubenden Kraft dieses Königreich bald wieder abgenommen. Wo hätte ich mich jetzt verstecken sollen? Solange jedoch der Sommer währte, verbrachte ich viel Freizeit auf jenem luftigen Eiland.

Die drei Bände Winnetou habe ich dort verschlungen, den Schatz im Silbersee und Coopers Lederstrumpf. Hier konnte ich auch in aller Ruhe dem Drängen der beginnenden Pubertät nachgeben. Bertchen Lohr, die längst vergessen Geglaubte, kehrte in solch beglückenden Augenblicken regelmäßig in meine Tagträume zurück. Quicklebendig, in ihrem sonnengelben, mit roten Mohnblüten bedruckten Strandanzug sah ich sie vor mir. Unvergesslich waren mir unsere verbotenen Spiele.

Gleich hinter dem Chemnitzer Jugendheim, wo die alte Buche stand, deren Krone ich, ein Buch hinter den Gürtel geklemmt, so gern erstieg, begann ein versteckter Trampelpfad. Er führte am oberen Rand der Geröllhalden entlang nach Stubbenkammer. Links senkten sich diese Trümmerfelder dreißig, vierzig Meter weit hinunter an den Strand, bedeckt von schütterem, kümmerlichem Birkenanflug. Rechts nach oben hin ragte die Wand der Kreideklippen, zum Teil ebenfalls dreißig, vierzig und mehr Meter hoch. Kaum fußbreit folgte der Steig den Auskragungen und Einbuchtungen der Klippenwand.

War der Pfad schon vorhanden gewesen, als wir das Jugendheim bezogen, oder haben wir, die Berliner Lagerpimpfe, ihn uns erst ertrampelt? Ich weiß es nicht mehr. Der Lagerleitung ist er jedenfalls lange Zeit unbekannt geblieben, sonst wäre er längst mit besonderen Verboten bedacht worden. Wir sind gern über diesen Jägersteig nach Stubbenkammer gekraxelt, sonntags während des Ausgangs in Gruppen, denn von ihm aus konnte man an einigen Stellen bequem hinunter an den Strand klettern. Es war jedes Mal ein rechter Balanceakt, das Wandern auf diesem Steig. Denn die Kreide konnte, wenn sie feucht war, unangenehm rutschig sein. Außerdem musste man ja Fuß vor Fuß setzen, so schmal war der Pfad. Aber was gab es da nicht alles zu entdecken! Große und kleine Versteinerungen, die aus den Kreidewänden ausgewittert waren. Seeigel, Muscheln, Seegurken und Donnerkeile, so nannten wir die verkieselten Skelettteile tertiärer Tintenfische. Die Kreidefelsen gaben während ihrer Verwitterung außerdem große Feuersteinknollen frei, teilweise bis zu einem Meter mächtig. Gefährlich drohend steckten sie in den Wänden der Klippen. Man konnte sie, so sie erreichbar waren, mit dem Fahrtenmesser soweit aus ihrem Kreidebett befreien, dass sie, von der Schwerkraft gezogen, aus der Wand fielen und hinunter an den Strand kugelten. Das war eine nicht ungefährliche Freizeitbeschäftigung.

Dreien dieser riesigen Feuersteinkartoffeln hatten wir es zu verdanken, dass der Trampelpfad nach Stubbenkammer eines Tages doch noch mit besonderen Verboten bedacht wurde. Der Auslöser dafür war ein Wandertag, an dem das ganze Lager unterwegs war. Unsere Klasse wurde von Schneft persönlich angeführt. Er war ein richtiger Wandervogel. Schon in Krössinsee wusste er allerlei Geschichten über Land und Leute zu erzählen, über die Geschichte und Kultur dieser gottverlassenen Gegend, über die Blumen am Wege und die flatternden Schmetterlinge über den Wiesen. Oft kam er im Sommer sonntags schon von seinen Frühwanderungen zurück, wenn bei uns erst zum Aufstehen gepfiffen wurde. Wandertage unter Schnefts Leitung waren stets interessant. Dieses Mal war der Königsstuhl auf Stubbenkammer unser erstes Ziel. Tossing hatte sich uns mit seiner Klasse bis dorthin angeschlossen. Er wollte dann weiter zum Pfenniggrab wandern. Unser nächstes Ziel war der Herthasee.

Jetzt standen wir erst einmal am Geländer des Königsstuhls und lauschten Schneft, der gerade die Sage jener Königstochter erzählte, die von hier oben aus mit ihrem Pferd im hohen Bogen hinunter in die See gesprungen sei. Leider erfuhren wir an jenem Tage nicht mehr, warum die Königstochter sich zu solcher sportlichen Höchstleistung aufgerafft hatte, weil unsere Aufmerksamkeit plötzlich durch ein eigenartiges Gepolter in Richtung Küste gelenkt wurde. Wie auf Kommando fuhren unsere Köpfe herum, und da sahen wir auch schon einen jener großen Feuersteine hinter einer Kreideklippe hervorschießen. In weiten Bögen donnerte er über die Geröllhalden hinunter zum Meer und zerschellte wie eine explodierende Bombe auf einem der Findlinge, mit denen der Strand bedeckt war. Toll fanden wir dieses Naturschauspiel! Als aber kurz darauf ein zweiter, noch größerer Feuerstein den Weg hinunter zum Meer nahm und schließlich noch ein dritter, wurden unsere Lehrer unruhig. Tossing rief zu Schneft hinüber: „Da stimmt was nicht, ich guck mal nach!" Schon eilte er auf dem Weg, den wir gekommen waren, in Richtung des verdächtigen Steinabgangs davon. Kurz darauf tönte aus der Ferne sein Wutgebrüll zu uns herüber, und er kam mit zweien aus seiner Klasse im Schlepptau zurück. Au Backe, was müssen die für Maulschellen bezogen haben, denn auf ihren Wangen prangten die Spuren von Tossings mächtigen Pratzen!

Richtige Blödmänner waren die beiden, heute an diesem Tage quasi unter den Augen unserer Obrigkeit solch Verbotenes zu tun. Dass sie dabei Tossing auf den geheimen Trampelpfad gelockt hatten, war die allergrößte Dummheit! Natürlich wurde jetzt die ganze Küste von der Strandregion bis hinauf zu den Kreidefelsen endgültig zur verbotenen Zone erklärt, und Schneft unternahm es persönlich, dies zu kontrollieren. Regelmäßig patrouillierte er an den Sonntagnachmittagen am Strand zwischen Lohme und Stubbenkammer hin und her, wobei er die Steilküste mit dem Feldstecher beobachtete. Zum Glück legte sich sein Eifer recht bald wieder.

Mit dem Herbst kamen häufige Stürme, die über die Insel fegten und das Meer in Aufruhr brachten. Schon längst hatten ihnen die Buchen ihr goldbraunes Laub geopfert. Wie dunkelgraue Mauern säumten die einst so herbstbunten Wälder jetzt Felder und Wiesen. Unweit des Jugendheims, etwa fünf Minuten, wenn man schnell ging, den abenteuerlichen Abstieg über die Steilküste hinunter mit eingerechnet, hatte ich am Fuße der Kreideklippen eine flache Höhle entdeckt, gerade so groß und tief, dass ich darin geschützt und vor neugierigen Blicken verborgen sitzen konnte. Sicherlich war hier vor geraumer Weile ein riesiger Feuersteinbrocken aus der Wand gefallen, vielleicht gar der nicht weit davon in der See liegende Schwanenstein. An ruhigen Tagen war dies ein Rast- und Aussichtsplatz für die stets gegenwärtigen Möwen. Wo hätten sie jetzt allerdings rasten sollen inmitten der tosenden, den Stein mit haushohen Gischtfontänen umreitenden Brandung?

Jene kleine Höhlung war das richtige Versteck für mich, um an Sturmtagen dem Toben der brüllenden See zuzuschauen. Hier konnte ich während meiner Freizeit in aller Einsamkeit und vor Sturm und Regen geschützt meinen Träumen nachhängen, während keine dreißig Meter vor mir die Brandungswellen hoch aufgischtend zwischen die Findlinge fuhren, mit denen auch dieser Teil des Strandes bedeckt war. So mancher große Brecher stürmte bis an die Geröllhalde heran, die sich von meiner Höhle aus hinunter an den Strand erstreckte. Unwillkürlich zog ich dann meine Beine an, aber soweit reichte die Kraft der Brecher nie, stets blieben meine Füße und Kleider trocken, mochte die See auch noch so sehr toben.

Heldenträume waren es meistens, die ich dann träumte, genährt durch die grausame Bilderwelt des Krieges, die wir Gott sei Dank bisher nur aus den Wochenschauen kannten. Ich als großer Sieger steuerte einen Panzerwagen, ratterte dem Feind entgegen, war umtost vom Feuer der feindlichen Artillerie oder raste als Stukapilot aus hohem Himmel heulend der Erde entgegen, während ich aus allen Rohren feuernd, wumm, die Bombe mitten ins Ziel warf! Bewundert wurde ich von allen Kameraden und natürlich auch von jenen Mädchen, die ich damals schon ins Herz geschlossen hatte! Wie oft habe ich mich als ihr Retter erträumt, während vor mir die Brandung toste und um mich der Sturm vieltönig in den Kreideklippen heulte. Bertchen, das Mäuschen, die schwarzzöpfige Edith, aus den Flammen brennender, zerbombter Häuser habe ich sie so manches Mal auf meinen Armen getragen. Beglückende Träume waren dies, höchst erregende Träume, voller aufkeimender Erotik, aber auch beängstigend.

Zu den Höhepunkten im Lagerleben gehörten Kinobesuche. Da in Lohme kein Lichtspieltheater existierte, mussten wir dafür nach Sagard marschieren. Ein ganzer Nachmittag ging an Kinotagen stets drauf. Meistens war die gesamte Lagermannschaft mit allen Lehrern und Führern unterwegs. An den Kinotagen war das gesamte Lichtspieltheater für unser Lager reserviert. Unglaublich, welchen Lärm über hundert Jungen machen können! Natürlich war es üblich, sich lautstark um die besten Plätze im Kino zu streiten. Da hatten Lehrer und Führer alle Hände voll zu tun, uns lärmende Pimpfe einigermaßen in Disziplin zu halten. Wenn endlich das Licht langsam ausging und die ersten Reklamebilder auf der Leinwand erschienen, herrschten Stille und erquickende Ruhe. Dann ertönte die ersehnte Fanfare zur Ankündigung der Wochenschau.

Von mir aus hätte man auf die meisten der nach den Wochenschauen gezeigten Spielfilme verzichten können. Ich fand diese Schinken langweilig, vor allem jene, in denen die NS-Wasserleiche Kristina Söderbaum[116] in den Hauptrollen zu sehen war. An einen davon kann ich mich noch gut erinnern, „Jugend" hieß er. Die Handlung selbst ist mir allerdings entfallen, nur die Schlussszenen haben sich mir im Gedächtnis erhalten: Morgenstimmung, Nebel wabert über dem See. Die Söderbaum steht an dessen Ufer, streift sich die Pumps von den Füßen und beginnt, ins Wasser zu gehen. Immer tiefer sinkt sie ein. Ist denn niemand da, der sie aufhalten könnte? Nein, niemand! Endlich lässt sie sich in die Fluten sinken. Man sieht sie dann leblos im Wasser treiben, das Blondhaar aufgelöst ihr Haupt umwallend. Der schuldige Bösewicht, übrigens ein schmieriger dunkler Typ, kommt natürlich um Minuten zu spät, um seine verschmähte Liebe zu retten. Mir kam das Ganze sehr unecht vor. Hatte die Söderbaum in ihrer Kindheit denn nie den Freischwimmer gemacht?

Es wurden aber auch interessante Filme gezeigt, denen ich gespannt und begeistert folgte. „Hitlerjunge Quex" war so einer und jene beiden über Horst Wessel und Albert Leo Schlageter. Quex und Wessel starben im Kampf mit den roten Banden als Märtyrer der Bewegung, und Schlageter, der Befreier des Rheinlandes, fiel 1933 im Kugelhagel eines französischen Erschießungskommandos. Wie hasste ich sie nach dem Anschauen jener Filme, die Franzmänner, Kommunisten und Sozis! Den perfidesten dieser Hetzstreifen, „Jud Süß", bekam ich erst zwei Jahre später als Angehöriger eines Wehrertüchtigungslagers zu sehen. Da konnte ich, der Fünfzehnjährige, allerdings schon nicht mehr hassen.[117]

Berlinurlaub

Über Nacht war es Winter geworden. Zwei Tage lang hatte der Sturm die See aufgewühlt, zwei Nächte lang raubte uns das Brüllen der Brandung den Schlaf. Am zweiten Nachmittag mischten sich in den peitschenden Regen vereinzelt erste große Schneeflocken, der Sturm ließ nach, und es begann in den Abend hinein heftig zu schneien. Am nächsten Morgen hatte sich über Wälder, Felder und die Häuser des Städtchens eine dicke Schneedecke gebreitet. Kalt war es über Nacht geworden, so kalt, dass auf den Fensterscheiben der Flure und Treppenhäuser des Jugendheims die ersten Eisblumen gewachsen waren.

In diese Zeit fiel die Ankündigung Schnefts, dass es über Weihnachten Heimaturlaub gäbe. Allerdings gelte diese Urlaubsregelung nur für die älteren, schon über ein Jahr ununterbrochen im Lager lebenden Klassen. Die jüngeren, erst im Herbst eingerückten beiden Lagerzüge müssten in Lohme bleiben. So groß meine Freude über diese Urlaubsverheißung war, so bitter war der Wermutstropfen, den ich schlucken musste. Rainer würde also nicht mit nach Berlin fahren dürfen. Er schien dies besser zu verkraften als ich, oder schickte er sich nur tapfer in das Unvermeidliche?

Vierzehn Tage vor dem Urlaubstermin geschah dann das Unfassbare. Schneft ließ Rainer und mich zu sich ins Direktionszimmer rufen. „Also Jungs, Rainer bekommt Sonderurlaub. Ich konnte mich der Bitte eures Vaters nicht verschließen. Eberhard ist ja nun auch in Lichtenrade bei den Luftwaffenhelfern stationiert und wird bestimmt nach Hause dürfen, wenn die Luft rein ist über Großdeutschland, da könnt ihr also wieder einmal eine richtige Familienweihnacht feiern! Wann wart ihr eigentlich das letzte Mal zu Weihnachten alle zusammen?" „Neunzehnhundertneununddreißig!" Unsere gemeinsame Antwort kam wie aus der Pistole geschossen. „Also vor drei Jahren, da wird es aber höchste Zeit, dass ihr wieder einmal alle beisammen seid!"

Eine Woche lag noch vor unserem Urlaubsantritt, die sich endlos in die Länge zog. Es war eine Woche voller Ungewissheit. Würde es diesmal mit dem Urlaub klappen? Viele im Lager taten ihre Zweifel bei jeder Gelegenheit kund. Das war kein Wunder, nachdem uns damals in Krössinsee der Osterurlaub in letzter Minute gestrichen worden war.

Der Lagermannschaftsführer hielt sowieso nichts von diesem Heimaturlaub. Mindestens ein Jahr hätte er gebraucht, hielt er uns vor, um aus uns Memmen und Hosenscheißern kernige Jungs und richtige Pimpfe zu machen. Er hatte die älteren, die Urlauberjahrgänge, vor dem Heim antreten lassen. Wir standen in Reih' und Glied und froren wie die Schneider, als er uns solchermaßen ins Gebet nahm. „Und nun", fuhr er um einiges lauter werdend fort, „werden vierzehn Tage an den Schürzenzipfeln eurer Mamis genügen, um aus euch wieder Hosenscheißer und Memmen zu machen! Aber verlasst euch drauf, ich werd' euch schleifen, wenn ihr nur erst wieder hier seid, bis euch im Arsch die Scheiße kocht, verstanden!" „Jawoll!", brüllten wir pflichtgemäß. Ja, sie befleißigten sich einer gepflegten Ausdrucksweise, unsere Oberpimpfe.

Aber nun sollten wir ja erst einmal für vierzehn Tage aus dem Lagerdrill entlassen werden. Vorher gab es allerdings noch einige wichtige Dinge zu erledigen. Vor allem mussten Weihnachtsgeschenke besorgt werden. Für Vater hatte ich einen sehr gut erhaltenen versteinerten Seeigel parat. Ich hatte ihn im Sommer vom Trampelpfad nach Stubbenkammer aus in der Wand stecken sehen, mit der schön gegliederten Oberseite schaute er aus dem Kreidebett hervor. Es war allerdings eine etwas waghalsige Klettertour nötig, um an ihn heranzukommen. Aber was für ein Stück hielt ich in der Hand, als ich ihn endlich mit dem Taschenmesser aus der Kreide gepolkt hatte! Er sah aus wie einer jener Zierkürbisse, die Vater jedes Jahr von Onkel Siegeris aus Babelsberg geschickt bekam. Vor ewigen Zeiten mag dieser Seeigel im Kreidemeer gestorben, am Grund im Schlamm versunken und zu Feuerstein geworden sein. Er war ein brauchbarer, seltener Briefbeschwerer für Vaters Schreibtisch. Was ich Mutti und Oma geschenkt habe, weiß ich nicht mehr. Es werden wohl die üblichen kindlichen Bastelarbeiten gewesen sein.

Als wir in Berlin einfuhren, sahen wir schon vom Stadtrand her in den verdunkelten Vororten die Veränderungen, welche die Reichshauptstadt während unserer Abwesenheit erfahren hatte. Die Todesspuren der englischen Bomber zogen sich wie klaffende Wunden über das Gesicht dieser Stadt. Wo vor zwei Jahren noch prächtige Häuser standen, türmten sich nun Ruinen.

Auf dem Bahnhof herrschte wie immer reges Treiben. Soldaten, wohin man schaute, darunter viele Verwundete, Einarmige, auf Krücken Humpelnde, ein leeres Hosenbein seitlich bis unter den Uniformrock hochgeschlagen, Blinde, schwarze Brillen vor den Augen, von Krankenschwestern geführt, aber auch glückliche Paare, die Frauen unter Tränen lächelnd an den Armen der uniformierten Männer hängend.

„Rainerli, Ditt!" Beide Eltern waren gekommen, um uns abzuholen. Während der Straßenbahnfahrt hinaus nach Lichtenrade leisteten sie uns auf dem hinteren Perron des letzten Wagens Gesellschaft. Wir als uniformierte Pimpfe durften uns natürlich nicht auf den Sitzen im Wagen herumlümmeln wie schlappe Judenbengel, wir deutsche Pimpfe, hart wie Kruppstahl!

Es war erst sechs Uhr abends, aber schon war tiefe Finsternis über die Stadt gebreitet. Hier und da leuchteten schwach blaue Verdunklungslampen, und über den Schneeflächen in den Vorgärten lag ein matter Sternenschimmer. Als wir an der Haltesteller Halker Zeile die Bahn verließen, ging Mutters erster Blick hinauf zum Himmel: „Schaut mal, es ist sternenklar, da kommen die Tommys bestimmt!" Genau dasselbe hatte sie schon einmal gesagt, als wir vor einem Jahr aus Palmnicken zurückgekommen waren.

Dann standen wir vor unserem Gartentor. Die gemauerten Säulen links und rechts trugen dicke Schneehauben. Vater zückte seinen Schlüssel und öffnete das Tor. Oma muss uns schon erwartet haben. Sicherlich hatte sie hinter der Haustür gelauscht, bis sie uns kommen hörte, denn plötzlich ging diese auf, und das Licht der Dielenlampe ergoss sich blendend über die verschneite Terrasse. „Mutter, Licht aus oder Tür zu!" Vater war außer sich, weil Verdunklungssündern hohe Geldstrafen drohten.

Als wir in der Küche am Tisch saßen, begann das große Erzählen. Oma hatte sich durch Vaters barsche Zurechtweisung bei unserer Ankunft nicht vertreiben lassen, auch sie lauschte interessiert unseren Berichten. Die wohlige Wärme und der vertraute Hausgeruch ließen uns innerlich und äußerlich auftauen. Schon in diesen ersten Minuten am heimatlichen Küchentisch verwandelten wir zackige Lagerpimpfe uns zurück in ganz normale, zivile Jungs, einer elf und einer dreizehn Jahre alt.

Den Tisch hatte Oma schon gedeckt, nun trug Mutter die Speisen auf. Vom Einbauschrank aus ging sie erst zur Speisekammertür, dann zum Kühlschrank und setzte uns schließlich Wurst und Käse vor. Sogar einen Bückling hatte sie ergattert, einen Rogener, eines meiner Lieblingsgerichte. Schade nur, dass sie ihn schon ausgenommen und filetiert hatte. Seit meiner Palmnickener Zeit gehörte diese Arbeit für mich untrennbar zum Genuss des Bücklingsessens. Mutter wusste dies und tröstete mich, als sie die Platte mit dem Fisch auf den Tisch stellte: „Sei nicht traurig, Ditt, im Kühlschrank ist noch einer für den Heiligen Abend. Den darfst du dann ausnehmen."

Zunächst kamen Rainer und ich allerdings kaum zum Essen. Wie aus einem angestauten Weiher sprudelte es aus uns heraus. „Kinder, nicht beide auf einmal, man versteht ja kein Wort, wenn ihr so durcheinanderredet!" Es gab aber auch viel zu erzählen: vom Mäuschen, das immer auf den Tisch sprang, wenn man rief: „Mäuschen, 'ne Maus!"; von der Erstbesteigung des Königsstuhls durch zwei Lagerpimpfe, ach, wo sollte man beginnen, wo aufhören! Und dann erst die Fahrt! Angefangen beim Fußmarsch in stockfinsterer Dunkelheit über die schneeverwehte Straße nach Sagard, „und dann hätten wir beim Halt in Pasewalk doch beinahe den Kuharsch verloren!" „Was hättet ihr beinahe verloren, den Kuhpopo?" Oma schaute mich pikiert an. Ihr Ditt nahm solche Worte in den Mund? „Ja, den Kuharsch, na ja, den Kienast, wir nennen ihn halt Kuharsch." Oma konnte nur noch mit dem Kopf schütteln. „Nein, diese Jugend heutzutage! Bei unseren Jungs hätte es so was nicht gegeben, die hätten solche Worte nicht in den Mund genommen!"

Übrigens sollte unsere Mutter nicht Recht behalten. Die Tommys haben uns ungestört durchschlafen lassen in dieser ersten Nacht im eigenen Bett. Rechtschaffen müde waren wir, als wir nach diesem langen Tag hinauf in unsere winzige Bubenkammer stiegen. Auf unseren schwellenden Federbetten thronten die Teddys wie auf den Gipfeln zweier Schneehügel. Sie flogen kurzerhand auf den Fußboden, als wir zu Bett gingen. Wir brauchten sie nicht mehr, waren ihren Tröstungen entwachsen. Die Wärmflasche am Fußende unter der Bettdecke war jedoch eine Wohltat. Wenn das der Lagermannschaftsführer wüsste, musste ich denken, als ich unter das angewärmte Federbett schlüpfte, wie der mich wohl schleifen würde. Ein deutscher Pimpf mit der Wärmflasche im Bett. Mein nächster Gedanke war jedoch wie eine Erlösung: Der kann mich mal! Jetzt bin ich erst einmal zu Hause! Unser „Denkste-noch-dran-Spiel" hatte mittlerweile auch ausgedient. Wir haben versucht, es noch einmal zu spielen, als wir an diesem ersten Urlaubsabend im Bett lagen: „Rainer, denkste noch dran, mit E fängt's an?" Das Spiel wollte jedoch nicht so recht in Gang kommen. Zu viel hatte sich mittlerweile vor das Heimweh nach Gefell geschoben, Palmnicken bei mir, die Linzer Zeit bei Rainer, Krössinsee, Lohme, der Lagerdrill – was würde noch auf uns zukommen?

„Aufsteh'n, ihr Langschläfer!" Mutter stand in unserer Kammertür. Wir waren allerdings schon vor geraumer Weile aufgewacht. „Von wegen Langschläfer!" Unser Protest kam wie aus einem Munde. „Was treibt ihr denn da?", meinte Mutter erstaunt, nachdem sie eine Weile unserem Spiel zugeschaut hatte: „Teddywerfen, das siehst du doch!" „Ihr habt nix wie Blödsinn im Kopf! Die armen Teddys!"

Nun hatten Rainer und ich schon im Jahr 1938 bei unserem Einzug im Lichtenrader Haus neben dem „Denkste-noch-dran-Spiel" das Teddywerfen erfunden. Zack zack, hin und her, möglichst affenartig schnell unsere Teddywechsel. Dreißigmal war stets das Limit. Wer vorher einen Fehlwurf tat oder einen der Teddys fallenließ, hatte verloren. Just in dieses Spiel war Mutter mit ihrem Weckruf hineingeraten. Es war doch klar, dass wir unser Teddywerfen nicht unterbrechen konnten, so kurz vor der Entscheidung, nur weil Mutter zum Aufstehen rief! Als sie dann aber wie beiläufig meinte: „Unten am Küchentisch sitzt jemand, der sehr auf euch wartet", sprangen wir aus den Betten, als wären diese voller Taranteln. „Juhu, der Eberhard!" Mit geschürzten Nachthemden stürmten wir an unserer Mutter vorbei auf den Gang hinaus, an Omas Zimmertür vorüber und polterten die Treppe hinunter. Eberhard kam uns aus der Küche heraus entgegengelaufen. Schick sah er aus in seiner blaugrauen Uniform, unser Luftwaffenhelfer. Die Begrüßung fiel recht tumultartig aus, aber Mutter, die in diesem Moment die Treppe herunterkam, machte dem ein jähes Ende. „Auf ihr beiden, marsch ins Bad und ganz schnell angezogen! Das Frühstück wartet, und Eberhard muss um zehn schon wieder in der Stellung sein." Oma erschien nun auch oben an der Treppe und machte ein griesgrämiges Gesicht: „Müsst ihr denn immer so poltern und toben? Hört euch mal das Petermätzel an, ganz verängstigt ist er! Ich glaube, das KLV-Lager bekommt euch gar nicht." In der Tat, bis herunter in die Diele tönte Peterchens ängstliches Gezeter, jetzt hörten wir es auch.

Eberhard tat damals Dienst in einer Scheinwerferstellung. Sie lag etwa fünfzehn Radminuten von unserem Haus entfernt nahe der Rieselfelder zwischen Lichtenrade und Mahlow. Um uns begrüßen zu können, hatte er Sonderurlaub eingereicht und auch bekommen. Leider musste er schon um zehn Uhr wieder in seiner Stellung zum Dienst erscheinen. Eberhard verabschiedete sich bei Rainer und mir kurz nach dem Frühstück mit einem brüderlichen Schlag auf die Schulter: „Macht's jut ihr beiden!" Wir begleiteten ihn noch bis zum Gartentor und sahen ihn, in die Pedale seines Rades tretend, in den Rotenkruger Weg einbiegen. Erst übermorgen, am Heiligen Abend, würden wir ihn wiedersehen.

Luftwaffenhelfer waren zwar noch Schüler, doch sie taten den Dienst vollausgebildeter Soldaten. Sie waren in Baracken nahe den Stellungen kaserniert und doch ihrem häuslichen Umfeld nicht ganz entrissen. Tagsüber drückten sie die Schulbänke, nachts standen sie während der Luftangriffe ihren Mann im Verteidigungsgürtel der Flak. Gelegentlich kam Eberhard nach besonders schweren Angriffen mit dem Fahrrad schnell nach Hause gefahren, nur um zu sagen: „Ich lebe noch!" Nach einem Schluck heißen Tees, im Stehen in der Küche getrunken, verschwand er wieder mit seinem Fahrrad im Dunkel der Nacht.

Zu Hause, wieder mal zu Hause, endlich wieder mal zu Hause zu sein, war großartig! Ich hätte ununterbrochen jubeln mögen. Schon das Erwachen heute Morgen, ohne Trillerpfeife und gebrüllte Befehle, dass es so etwas überhaupt noch gab, war unglaublich. Wie leicht ging einem der Atem doch, wenn man vom Lagerdrill befreit war. Dann kam das große Erinnern an die Zeit vor der Kinderlandverschickung. Unser erster Weg führte Rainer und mich in den Geräteschuppen zu den Kaninchen. Friedlich mümmelnd saßen sie hinter ihren Maschendrahttüren in der Villa Hase, die hier einen geschützten Platz gefunden hatte. Sie ahnten nicht, dass eines von ihnen zu Neujahr als Braten in der Pfanne enden würde. Später standen wir vor unserem Regal im Küchenwindfang und feierten das Wiedersehen mit fast vergessenen Spielutensilien: den Elastolinsoldaten mit den dazugehörigen Panzern und Geschützen, den Baukästen, den in Blei gegossenen Modellkriegsschiffen, den Granat- und Bombensplittern, der Schachtel voller Bernsteinbrocken, die ich gemeinsam mit Bertchen am Palmnickener Strand gesammelt hatte. Da war sie wieder, Bertchen Lohr, koboldhaft in meinen Gedanken nistend, nicht zu vertreiben, wenn sie einmal begonnen hatte, in meinen Fantasien ihr Wesen zu treiben. Ob sie ihren Bernsteinschatz nach über einem Jahr noch genauso hütete wie ich den meinen?

Zum Spielen fanden wir keine Zeit an diesem ersten Urlaubstag, zu viel war noch für das Weihnachtsfest vorzubereiten. In Lohme hatten wir neben den Urlaubspapieren für die vierzehn Ferientage auch Lebensmittelmarken bekommen, ein Schatz, den es sofort zu heben galt. „Kinder, das ist ein Segen", meinte Mutter, als sie die Marken in Fleisch-, Brot-, Nährmittel-, Butter-, Wurst- und Molkereiabschnitte sortierte. „Oma, geh doch bitte mit den Jungs schnell mal einkaufen! Bei Berickes versucht ihr Butter oder Margarine auf die Marken zu bekommen. Vielleicht haben sie auch Haferflocken, hier sind die Nährmittelmarken, die du dafür brauchst. Ach ja, Mehl brauch ich auch, ein Kilo, hier sind die dazu nötigen Brotmarken. Heute Nachmittag werden Plätzchen gebacken!"

Bei Berickes löste unser Auftauchen ein großes Hallo aus. „Na da sind ja unsre beeden Urlauber, und jroß jeworden sin se, die Herren Pimpfe." Überaus lästig fand ich das Ganze, doch es war wichtig, hier zu allem gute Miene zu machen. Lieber einen Diener zu viel als zu wenig, denn Berickes hielten so manche rare, nahrhafte Delikatesse unter dem Ladentisch bereit, schwarze Ware, die nur darauf wartete, gegen ein überhöhtes Entgelt erstanden zu werden. Natürlich bekam Oma auf unsere Marken anstandslos alles, was ihr Mutter aufgetragen hatte. Als wir zu Hause den ganzen Segen aus der Einkaufstasche auf dem Küchentisch ausbreiteten, fand sich ein in Zeitungspapier eingewickeltes Geschenkpaket darunter. Darin war ein großer Zipfel Leberwurst enthalten, Leberwurst von der fettreichen Sorte, wie wir sie damals so gern aßen.

Während wir mittags beim Essen saßen, brachte der Bote ein großes Feldpostpaket als Eilsendung. So etwas gab es damals noch. Später, als der Krieg auch von der sogenannten Heimatfront größere Opfer verlangte, wäre so etwas nicht mehr möglich gewesen. „Zahlmeister Arno" stand als Absender auf dem Paket und eine Feldpostnummer. Es war ein fester Karton, sicher in kräftigen Bindfaden eingeschnürt und mit zwei Kontrollstempeln versehen. Mutter zeigte sich von dieser Sendung nicht gerade begeistert. Sie hielt das Paket unschlüssig in beiden Händen, drehte es in alle Richtungen, schüttelte es ein paarmal: „Schwer", meinte sie, „was mag da bloß drin sein, was hat uns der Arno zu schicken?" Sie war Arno, Vaters Gefeller Kompagnon, immer noch nicht gewogen.

Arno tat damals Dienst als Zahlmeister in Russland, irgendwo hinter den Linien in den nördlichen Frontabschnitten. „Etappenhengst" nannte ihn Mutter deswegen verächtlich, sobald das Gespräch auf ihn kam. Vorerst legte sie das Paket beiseite, setzte sich zu uns an den Mittagstisch und widmete sich wieder mit sichtlichem Behagen dem Essen. Später, während Rainer und ich den Abwasch erledigten, konnte sie ihre Neugier dann doch nicht mehr zügeln und

begann das Paket aufzuschnüren. „Mensch, der Arno ist verrückt, 'ne Gans, 'ne ausgewachsene Gans! Bisschen mager, der Vogel, aber riechen tut er noch ganz gut. Lange scheint das Paket nicht unterwegs gewesen zu sein."
Die Gans kam gerade noch im richtigen Moment vor Heiligabend. Alle Bezugsquellen schienen in jenem Jahr versiegt zu sein. Weder in Gefell konnte Vater einen derartigen Weihnachtsvogel auftreiben, noch in Lychen bei Langs, den dortigen Mühlenbesitzern. Kein Bauer in der Umgebung Lichtenrades, in Mahlow oder Großbeeren schien je einen derartigen Braten im Stall gehabt zu haben. „'Ne Jans, nee, mit sowat könn'n wa nich dienen!" Da kam dieser russische Weihnachtsbraten wie gerufen. Leider wurde Mutter nicht fündig, als sie dem Vogel von hinten her mit ihrer rechten Hand hoffnungsfreudig und suchend in die Bauchhöhle fuhr. Kein Magen fand sich darin, keine Leber, kein Herz, nur den mageren Hals förderte sie zu Tage. Das würde am zweiten Feiertag ein armseliges Gänsekleinessen geben.

Als Mutter die Gans am Nachmittag vorkochte, verbreitete sie einen eigenartigen Geruch. Gar nicht ganstypisch duftete sie, sie stank eher, etwa so wie gepökeltes, überständiges Eisbein stinkt, wenn es gekocht wird. Der Geruch passte gar nicht zu unserer Plätzchenbackerei, zu dem Duft der Backaromen, welche Mutter aus winzigen Fläschchen tropfenweise den verschiedenen Teigarten zusetzte. „Die wird doch nicht verdorben sein, die Gans! Da müsste Vater ja heut' Abend noch ein Karnickel schlachten, als Braten für den ersten Feiertag." „Aber Rosel, die Gans ist gepökelt, riechst du denn das nicht?" Oma, die gerade in diesem Moment die Küche betreten und Mutters Stoßseufzer gehört hatte, konnte diese beruhigen. Ja, die Gans war gepökelt, sonst hätte sie die weite Reise im Postpaket aus dem nördlichen Russland hierher nach Berlin bestimmt nicht unverdorben überstanden, da hatte Oma recht.

Beim Abendessen in der Küche, nachdem Vater das Wichtigste des Tages aus dem Geschäft berichtet hatte, brachte Mutter sofort das Gespräch auf die russische Weihnachtsgans: „Hans, der Arno hat uns 'ne Gans geschickt! Hast du etwa darum gebettelt?" „Ich? Nein. Aber seiner Frau hab ich bei meinem vorletzten Gefellaufenthalt erzählt, dass es bei uns dieses Jahr sicherlich keinen Gänsebraten zu Weihnachten geben wird, wegen der Beschaffungsschwierigkeiten. Sie wird dies halt dem Arno nach Russland geschrieben haben." „Hans, das gefällt mir gar nicht, und gepökelt ist sie auch noch, die Gans. So was schmeckt doch nicht!" Sie hat dann aber doch recht gut geschmeckt, die gepökelte russische Weihnachtsgans. Sie ist auch allen sehr gut bekommen. Nur Mutter hat Bauchschmerzen gekriegt. Kein Wunder, denn der Braten kam ja von Arno, ihrem Intimfeind.

Am 24. Dezember 1942 durfte sich unsere gesamte Familie – Vater, Mutter, wir drei Brüder und Oma – seit 1939 zum ersten Mal wieder gemeinsam um den Tannenbaum versammeln. Erst 1947 würde uns dies erneut vergönnt sein. In den vergangenen beiden Nächten hatten uns schon vor Mitternacht die Luftschutzsirenen aus den Betten gejagt. Die Angriffe waren mittlerweile heftiger geworden. Wir fühlten uns aber im Bunker bei Wildecks recht sicher. Nach den neuesten Erkenntnissen und den Vorschriften des Luftschutzes in Beton gegossen, bot er nahezu unbegrenzten Schutz. „Nur 'n Volltreffer kann den knacken", wurde Herr Wildeck nicht müde uns zu versichern, wenn es während eines Angriffs draußen wieder einmal wummerte und krachte, wenn das Heulen der niedergehenden Bomben uns die Köpfe einziehen ließ.

Nicht nur die Luftangriffe waren in der Zeit unserer Abwesenheit heftiger geworden, auch sonst hatte sich in Berlin viel geändert. Auf der neuen Eisenbahnlinie, nur wenige Meter von der Rückfront unseres Hauses mit ihrem Küchenbalkon entfernt, rollten nun Tag und Nacht die Güterzüge vorbei. Es waren meistens Truppentransporte, die Waggons waren beladen mit Panzern, Geschützen und Lastwagen. Dazwischen gab es jedoch auch jene Transporte, bei denen aus den Waggons gespensterhafte Gesichter durch die mit Stacheldraht bespannten Lüftungsluken starrten.

Unsere Oma hatte sich in der Zwischenzeit dienstverpflichtet. „Man kann den Führer jetzt doch nicht im Stich lassen!" Über die NS-Frauenschaft, deren Mitglied sie schon seit Mitte der dreißiger Jahre war, hatte sie die Aufgabe einer Vorarbeiterin in der Schokoladenfabrik Trumpf bekommen. Es war nicht gerade eine kriegswichtige Arbeit, „immerhin aber auch nicht kriegsunwichtig! Alles für unsere tapferen Helden an der Front, was wir da einpacken, das dürft ihr nicht vergessen!" Als Vorarbeiterin hatte sie eine Gruppe „Ostmädchen" unter sich, so nannte der Volksmund damals die aus Polen und Russland zwangsverpflichteten jungen Frauen. „Reizende Mädchen darunter, wirklich sehr reizend, wenn man nicht wüsste, wo die herkommen!", so Oma über ihre Untergebenen. Man sah sie jetzt öfters in Lichtenrade, jene jungen, oft gerade der Kindheit entwachsenen Frauen und Männer mit dem großen O für Ost auf der Kleidung.

Das Barackenlager der Ostmädchen lag in Richtung S-Bahnlinie. Sie durften sich während ihrer Freizeit in der Umgebung des Lagers frei bewegen, es war allerdings uns „Ariern" streng verboten, zu diesen „Untermenschen" in näheren Kontakt zu treten. Später, als während eines Luftangriffs das Barackenlager wie eine Riesenfackel niederbrannte, war es Oma, die für die ihrer armseligen Habe beraubten Mädchen bei der NS-Frauenschaft eine Kleidersammlung anregte. Das war ein volksschädigender Vorschlag! Oma bekam für ihre Gutmütigkeit eine strenge Rüge verpasst. Es blieb bei der Rüge, weil sie ja bei der Partei als altgediente Genossin beliebt war und dadurch einigen Schutz genoss. Der Heiligabend verlief nach den altvertrauten Familienritualen. Eberhard kam am Vormittag gegen neun Uhr aus der Stellung. Er hatte für die Tagesstunden des Heiligabends Urlaub bekommen. Erst in der Dunkelheit der Nacht würden im Verbund mit den Flakbatterien die Scheinwerfer wieder zur Abwehr bei Luftangriffen gebraucht. Wäre er an ein Flakgeschütz kommandiert worden, hätte er schwerlich Weihnachtsurlaub bekommen.

Auch in diesem Jahr durfte er Vater beim Schmücken des Christbaums helfen. Wir Kleinen, wie uns Mutter immer noch nannte, obwohl wir doch schon große Pimpfe waren, mussten ihr währenddessen zur Hand gehen und niedere Küchendienste verrichten, Karnickelfutter zubereiten und den Mümmelmännern die Futterschalen damit füllen. Mutters Fantasie war schier unerschöpflich, wenn es galt, für uns Arbeiten zu finden.

Gegen Mittag kam Vater aus der Stadt heim. Das Geschäft würde nun wie jedes Jahr bis zum zweiten Januar geschlossen bleiben. Das Mittagessen war, wie stets am Heiligabend, sehr einfach, dann folgte die obligatorische Mittagsruhe. Rainer und ich hatten uns die Elastolinsoldaten herausgesucht und spielten mit ihnen in der Diele Krieg ohne das übliche Kampfgeschrei und ohne uns dabei zu streiten. Von oben her, aus den Schlafzimmern, klang indessen das dreifache Schnarchen unserer Eltern und der Oma herunter.

Dann kam der Stollenanschnitt. Diesmal durften wir mit dieser Zeremonie allerdings nicht bis zum frühen Abend warten, denn Eberhard musste pünktlich um siebzehn Uhr in der Schweinwerferstellung zum Dienst erscheinen. Die Bescherung fand deshalb noch bei Tageslicht im abgedunkelten Zimmer statt. Zuvor sangen wir um das Klavier gruppiert die üblichen Lieder zu Mutters Geklimper und Vaters Geigenspiel. Dann ging es zum Gabentisch, der nicht üppig war, aber auch nicht armselig. Noch zeugten die Geschenke nicht vom Mangel des Krieges. Ein gefülltes Portemonnaie konnte damals noch so manche Schatztruhe aufschließen.

Der zweite Teil der Bescherung fand dann im Keller statt. Vater war, wie stets, schon während der Bescherung verschwunden. Als wir nach Mutters „Auf Jungs, jetzt ist's Zeit in den Keller zu gehen" hinunterstürmten, wartete Vater schon im hinteren Raum, dem Eisenbahnkeller, auf uns. Da stand noch unsere Eisenbahnanlage, die fast den ganzen Keller einnahm. Unversehrt hatte sie die Jahre seit 1939 überstanden. An jenem denkwürdigen ersten Kriegsweihnachtsfest hatten wir zum letzten Mal hier unten mit ihr gespielt. Vater hatte auf der Schrankkommode, die gleich rechts neben der Tür im Eisenbahnkeller stand und seinen Weinvorrat enthielt, kleine, zur Eisenbahn gehörende Geschenke aufgebaut. Ich habe damals zwei offene Güterwagen von Märklin bekommen.

Unvergleichlich und unvergessen ist der Duft dieses Kellers. Weitab von der Kartoffelkiste im Vorkeller lagerten hier in einem langen Lattenregal die stets abgezählten Vorratsäpfel, die frühen Goldparmänen, die mittleren Gravensteiner, die späten Hasenköpfe und Boskop. Da durfte man sich nicht einfach einen nehmen und aufessen, nein, man bekam nur zugeteilt, was einem zustand. Ganz gerecht wurde dieser Schatz geteilt. Bei uns Urlaubern, Rainer und mir, wurde da allerdings schon einmal eine Ausnahme gemacht.

Am Heiligen Abend hörten wir nach der Bescherung im Radio den alle Fronten umspannenden Rundruf: „Ich rufe Narvik, Narvik, hört ihr mich?" Dann schwächer, leicht gestört die Antwort: „Hier ist Narvik, hier ist Narvik, ja, wir hören euch!" Der Rückruf war trotz des Rauschens und Knisterns im Lautsprecher klar zu verstehen. Vom Nordkap bis nach Tunis, von den Eiswüsten des winterlichen nördlichen Russlands bis an die sonnigen Küsten des Schwarzen Meeres, ja selbst zu den in der Weite der Ozeane operierenden Flottenverbänden reichte das alles umspannende Funknetz dieses Abends. Irgendwann im Laufe der Sendung kam dann die Frage: „Ich rufe die Helden in der eingeschlossenen Festung Stalingrad! Stalingrad, hört ihr mich?" Nach einigen bangen Sekunden kam endlich die Antwort, schwach und knisternd, aber deutlich zu verstehen: „Hier ist Stalingrad, hier ist Stalingrad. Ja, wir hören euch und wünschen allen, vor allem aber unserem glorreichen Führer frohe Weihnachten."

Wir saßen am runden Tisch im Erker des Wohnzimmers, als wir diese Sendung hörten. Vor uns auf dem Tisch drehte sich die Pyramide, von der Wärme ihrer Kerzen angetrieben, im Zimmer hing noch der Duft des echten Bohnenkaffees, einer Weihnachtssonderzuteilung. Vater hatte gerade die Kerzen am prächtigen, hochaufragenden Weihnachtsbaum gelöscht. Stalingrad, noch ahnte niemand, dass das Geschehen um diese Stadt an der fernen Wolga die erste große Niederlage jenes so siegreich begonnenen Krieges einläutete. Am Schluss der Sendung wurde vom Heimatstudio aus das Lied „O du Fröhliche" angestimmt, und nach und nach schalteten sich alle angerufenen Stationen in den Gesang ein. Die Eltern und Oma konnten ihre Rührung nicht mehr zurückhalten, ihnen liefen die Tränen über die Wangen. Ich fand dies etwas peinlich, aber so ganz konnte ich mich der Wirkung dieser Sendung auch nicht entziehen. Während des Abendessens hörten wir dann die Führerrede. Sie war hasstriefend, packend, siegesgewiss, mitreißend und abstoßend zugleich! Oma legte schon nach den ersten Worten Messer und Gabel beiseite und lauschte verzückt den Tiraden ihres Idols.

Die Engländer verschonten uns in der Weihnachtsnacht, so wie sie auch in den vorangegangenen Weihnachtsnächten seit 1940 keine Angriffe geflogen hatten. Es sollte aber das letzte Mal sein, dass sie solche Rücksicht übten.

Am ersten Feiertag saßen wir in trauter Familienrunde im Wohnzimmer zu Tisch. Vater hatte aus seinem schier unerschöpflichen Weinvorrat eine Flasche Weißen heraufgeholt, natürlich vom Besten, was der Rhein zu bieten hat, wie er Mutter versicherte. Eberhard bekam auch sein Gläschen vom edlen Weißen. Er war ja nun mit seinen sechzehn Jahren schon fast erwachsen und wie Oma bei jeder Gelegenheit betonte, ein tapferer Vaterlandsverteidiger. „Aber nur eins, Eberhard, teil's dir ein, du musst ja nachher noch zum Dienst!", meinte Mutter besorgt.

Am zweiten Feiertag entdeckte ich hinter der Eisenbahnanlage im Keller einen großen festen Pappkarton, den ich natürlich sofort öffnete. „He, Rainer, Eberhard, guckt mal, was hier drin ist! Hüte, ein ganzer Karton voll Hüte!" Und was für Prachtexemplare! Es war ein breitkrempiger Florentiner darunter, aufgeputzt mit bunten Bändern und einem üppigen Gesteck künstlicher Seidenblumen, dazu mehrere haubenähnliche Gebilde aus Samt und Seide, dunkelfarbig, mit gesichtsverdeckenden Tüllschleiern. Zwei schwarzglänzende Strohhüte fanden sich auch, extra in Seidenpapier verpackt, einer davon mit prächtigen Straußenfedern garniert. Auf dem anderen tummelten sich zwei buntschillernde ausgestopfte Kolibris. In seinen hauchdünnen Gesichtsschleier war eine Vielzahl kleiner Knötchen wie Perlen eingewirkt. Natürlich musste jeder von uns dreien jeden der Hüte sofort aufprobieren! Eberhard war auch dabei, er hatte gerade dienstfrei. Es war zu komisch, als er über seiner feldgrauen Uniform auf dem Kopf das elegante Modeaccessoire aus einer längst vergangenen Zeit trug. Wir mussten uns schier ausschütten vor Lachen und trampelten die Kellertreppe hinauf in die Diele, um uns mit dem Kopfschmuck den Eltern vorzustellen.

Vaters Reaktion auf diesen Mummenschanz war jedoch ganz anders, als wir es erwartet hatten. Mit zornigem Gesicht forderte er uns auf: „Geht ganz schnell wieder runter und packt die Hüte ein! Lasst es euch nicht einfallen, noch einmal solch ein Theater aufzuführen!" Später erzählte er uns beim Kaffeetrinken, nun nicht mehr zornig, dass die Gefeller Großeltern im Sommer kurz hintereinander gestorben seien und diese Hüte der ganze Stolz seiner Mutter gewesen seien. „Da werden wir sie also nie mehr wiedersehen, den Großvater und die Großmutter?" „Ja, Ditt, nie mehr." An jenem Abend habe ich seit langem wieder einmal geweint, als ich im Bett lag, und den Hutkarton haben wir nie mehr geöffnet.

Am zweiten Feiertag herrschte kurz nach der Mittagszeit – es hatte Gänseklein und dazu die von Oma in bewährter Kunstfertigkeit, aber mit weniger Eiern als üblich gemachten Nudeln gegeben – noch eine ganz und gar unfeiertägliche Aufregung. Wie alle Luftwaffenhelfer war Eberhard gehalten, die einfachen Stabbrandbomben zu entschärfen, welche jetzt häufig als Blindgänger im Gelände herumlagen. Am zweiten Feiertag brachte er solch ein sechskantiges Fundstück in seiner Aktentasche mit nach Hause, als er zum Mittagessen kam. Nachdem wir Jungs den Abwasch erledigt hatten, schlichen wir uns hinaus in den Garten. Neben der Terrassenwand im geschützten Eck vor der Garage demonstrierte uns Eberhard dann die Entschärfung dieser Stabbrandbombe: den Kopf abschrauben, Zünder und Zündkapsel herausnehmen, dann die grauen, silbrig glitzernden Termittabletten, den eigentlichen Brandsatz, herausschütten, fertig! So einfach war das. Ein Teil dieser Bomben war allerdings mit Sprengsätzen versehen, die mit der Heftigkeit einer Handgranate explodierten, wenn sie nicht sachgemäß behandelt wurden. Diese Bomben zu entschärfen, war den Luftwaffenhelfern allerdings verboten. Zum Glück unterschieden sich diese Teufelsdinger durch einen rotlackierten Kopf von den harmloseren Exemplaren der Brandfackeln.

Natürlich gingen die Teile der entschärften Bombe von Hand zu Hand, ehe sie Eberhard wieder in seiner Aktentasche verstaute, und wir wären keine echten Buben gewesen, wenn wir nicht sofort überlegt hätten, was man damit anfangen könnte. Was würde eigentlich passieren, wenn man zwei oder drei dieser Termittabletten in den Heizungsofen wirft? Gesagt, getan! Harmlos sahen sie aus, jene Tabletten. Sie hatten etwa die Größe eines Fünfmarkstücks, waren einen Zentimeter dick und wogen leicht in der Hand. Ihre Wirkung war allerdings alles andere als harmlos. Sie entfachten im Ofen eine Höllenglut, und die Wassertemperatur im Heizsystem stieg, ehe wir uns versahen, fast bis zum Siedepunkt. Schon war in den Rohren der Heizung jenes Klopfen zu hören, das ein untrügliches Zeichen ihrer Überhitzung war. Zum Glück brannten die Teufelstabletten in Sekundenschnelle nieder, und als Vater aufgeregt in den Heizkeller gestürmt kam, fand er im Ofen keinerlei Besonderheit mehr vor. Ruhig züngelten die normalen blauen Flämmchen über dem glühenden Koks im Feuerloch. Eberhard, Rainer und ich spielten da schon wieder mit unserer Eisenbahn als sei gar nichts gewesen. Auf Vaters Frage: „Habt ihr was mit der Heizung gemacht?", stellten wir absolute Unwissenheit und Harmlosigkeit zur Schau. „Wir? Nein, wir haben nur Eisenbahn gespielt." Vater warf uns zwar einen zweifelnden und forschenden Blick zu, ließ es aber dabei bewenden. Von derartigen Experimenten hatten wir danach die Nase jedoch gründlich voll.

Es wurde Silvester, und die uns noch verbleibenden Urlaubstage ließen sich schon an einer Hand abzählen. In diesen letzten Nächten zu Hause im eigenen Bett stiegen mir aus unergründlichen Tiefen Albträume auf. Ich stand zum Beispiel in verdreckter Uniform beim Appell in Reih' und Glied. Der Lagerzugführer kam immer näher, jetzt stand er vor meinem Nebenmann, da erlöste mich jähes Erwachen aus meiner Angst. Einmal während eines derartigen Traumes muss ich sogar geschrien haben. Als ich erwachte, stand Mutter vor meinem Bett: „Junge, was hast du bloß geträumt?" „Ich, ach nichts weiter." Danach lag ich lange wach. Als ich endlich eingeschlafen war, zerrissen die Luftschutzsirenen meine Träume.

Die nächtlichen Luftangriffe waren am Ende des dritten Kriegsjahres fast zur Normalität geworden. Allerdings gab es seit neuestem ein Frühwarnsystem, den Drahtfunk. Für den Raum Groß-Berlin existierte schon vor dem Krieg ein Drahtfunknetz. Vom Sender Königswusterhausen aus versorgte es die ihm angeschlossenen Hörer mit dem täglichen Rundfunkprogramm. Während des Krieges erfüllte dieser Drahtfunk dann zusätzlich noch eine besondere Aufgabe. Wegen dieser wichtigen Sonderfunktion lief bei uns in der Küche jetzt ununterbrochen das Radio. Selbst wenn wir zu Tische saßen und uns unterhielten, lief im Hintergrund leise das Drahtfunkprogramm. So lange dieser Funk mit dem normalen Programm zu hören war, durfte man in aller Seelenruhe seinen täglichen Verrichtungen nachgehen. Man konnte sicher sein, dass der Luftraum über dem Großdeutschen Reich feindfrei war. Erlosch dieses Programm allerdings und wurde durch ein Weckerticken ersetzt, so folgte das bange Warten auf die erste Ansage: „Hier ist der Drahtfunk des Großdeutschen Rundfunks! Achtung, Achtung, es folgt eine wichtige Durchsage: Starke feindliche Bomberverbände sind in den Luftraum des Großdeutschen Reiches eingedrungen und befinden sich im Anflug auf den Großraum Hamburg!" „Gott sei Dank, zum Glück fliegen sie woanders hin, nicht zu uns nach Berlin!" Man dachte zwar voller Mitleid an die Ärmsten, denen es dieses Mal an den Kragen ging, zugleich war man jedoch erleichtert darüber, dass es nicht einen selbst betraf. Über den Drahtfunk ließ sich dann der weitere Verlauf des Anflugs der Feindbomber verfolgen. Regelmäßig folgten ergänzende Durchsagen: „Der Bomberverband hat den Großraum Hamburg verlassen und schwenkt auf den Großraum Lübeck ein." Erst wenn die Bomber ihr Zielgebiet erreicht hatten, wurde der für den betreffenden Bereich geltende Drahtfunk abgeschaltet.

Kino, Theater und Konzerte waren in jener Zeit nur möglich, weil es diesen

Drahtfunk gab. Die englischen Fernbomber erreichten nur geringe Höchstgeschwindigkeiten von 400 bis 500 Stundenkilometern. So dauerte es für den Großraum Berlin nach der ersten Drahtfunkmeldung oft noch dreißig bis vierzig Minuten, ehe die Angriffswellen ihr Ziel erreichten. Das war genug Zeit für die Veranstalter, um ihre Lokalitäten zu räumen.

Am Silvesterabend 1942 wurde das Festprogramm des Deutschlandsenders nicht durch jenes gefürchtete Weckerticken gestört. Es gab keinerlei Feindeinflüge in den Großdeutschen Luftraum. So konnten wir in aller Ruhe die Goebbelsrede und die Übertragung der neunten Sinfonie von Beethoven hören. Den Karpfen, natürlich mit Rotkraut und grünen Klößen, hatten wir schon am frühen Abend verzehrt, weil Eberhard ja um sechs Uhr pünktlich seinen Dienst in der Scheinwerferstellung antreten musste.

Eigentlich hätte Vater an diesem Silvesterabend auch Dienst gehabt. Er war damals Mitglied des Berliner Ärzteorchesters. Zu diesem interessanten Freizeitvergnügen war er nur durch den Krieg gekommen. Die Reihen der musizierenden Mediziner lichteten sich damals zusehends, weil die Jüngeren unter ihnen „für Führer, Volk und Vaterland" zum Dienst an die Waffen gerufen wurden. Um dem Personalmangel abzuhelfen, annoncierte das Ärzteorchester regelmäßig in den Berliner Tageszeitungen, und Vater hatte sich auf eine dieser Annoncen hin zum Aushilfsdienst bei den musizierenden Ärzten beworben. Eines Tages war dann der Stuhl in der zweiten Reihe der zweiten Geige des Ärzteorchesters leergeblieben, und Vater durfte ihn besetzen, natürlich erst nach einer Prüfung vor dem Konzertmeister, einem altgedienten Orchestermusiker. Allerdings durfte er diesen Stuhl in der zweiten Reihe der zweiten Geige nicht alleine besetzen, sondern er teilte sich ihn mit einem älteren Mediziner, einem Chirurgen aus der Charité. Eigentlich hätte Vater an diesem Silvesterabend Orchesterdienst gehabt, aber in Anbetracht unseres Urlaubs hatte er vorsorglich mit seinem älteren Kollegen den Dienst getauscht. So kam es, dass er die Neunte vor dem Radio sitzend erlebte, anstatt im Orchester seinen bescheidenen Beitrag zum Gelingen dieses alljährlich zu Silvester gespielten Werkes zu leisten. In jenen Kriegstagen durfte das Berliner Ärzteorchester bei Monumentalaufführungen sogar die Berliner Philharmoniker verstärken. Dadurch kam es, dass Vater während seiner Liebhabertätigkeit als Orchestermusiker einige Male unter durchaus berühmten Dirigenten spielen durfte, wenn auch nur in der zweiten Reihe der zweiten Geige.

Am 1. Januar 1943 hörten wir von der Diele her Mutters Stimme: „Ich tu jetzt die Klöße in den Topf. Eberhard, Dieter, Rainer, kommt Tischdecken!" Vorhin, gegen zehn Uhr, als Eberhard aus der Stellung kam, hatten wir uns ganz schnell in den Eisenbahnkeller verzogen. Grüne Klöße aßen wir zwar alle gern, aber das vor diesen Genuss gesetzte Kartoffelreiben hassten wir und drückten uns so gut es ging davor. Es war immer gut, an Sonn- und Feiertagen unserer Mutter vormittags nicht unter die Augen zu geraten. Am besten war es, sich zu dieser Zeit in die hinterste Ecke des Grundstücks zu verziehen. Jetzt war also die gefährliche Stunde vorüber. Mutter hatte, sicherlich mit Oma gemeinsam, den Eimer voller Kartoffeln selbst geschält und gerieben. Vater kam herunter, als wir gerade die Eisenbahnanlage ausschalteten, schloss die Weinkommode auf und suchte einen zum Karnickelbraten passenden Spätburgunder aus. Er hatte den Vormittag genutzt, um einige schwere Passagen der zweiten Geige eines sinfonischen Werkes zu üben. Wir hatten sein Geigenspiel aus dem Herrenzimmer über uns durch die Kellerdecke leise herunterklingen hören. Seit er im Orchester aushalf, übte er regelmäßig. Meistens war es recht lustig, ihm dabei zuzuhören. Nach schier endlosen, einfachen Begleitpassagen, oft nur gezupft – ping tüng tüng, ping tüng tüng, jubelte seine Geige plötzlich auf, quälte ihre Stimme hinauf bis in die höchsten Lagen, um so plötzlich wie sie aufgejubelt hatte wieder in ihre schlichte Begleitmusik zurückzusinken. Eben typisch zweite Geige. Während Eberhard, Rainer und ich im Herrenzimmer den Mittagstisch festlich deckten, packte Vater Geige und Noten ein. Seine Aufgabe war es jetzt, den Braten zu tranchieren.

Ein Prachtkerl war dieses Karnickel, von Mutter eigenhändig im vergangenen Sommer und Herbst zu diesem Neujahrsbraten herangefüttert. Demzufolge wurde sie auch nicht müde, diesen Kuhhasen über den grünen Klee zu loben. Wie lieb das Tierchen gewesen wäre und dass sie extra zu Berickes einkaufen gegangen sei, bevor Vater ihm den Todesschlag versetzte. Aber als der Hase dann abgezogen und ausgenommen auf dem Küchentisch lag, war alle Traurigkeit vergessen. „Ein Prachtkerl, dieser Mümmel, und fett wie ein Spanferkel!" Mutter fütterte in diesen Kriegszeiten alle ihre Kaninchen zu überfetten Sonntagsbraten heraus. Schwarze Kleielieferungen aus der Lychener Mühle beförderten den Fettansatz bei den Bewohnern der Villa Hase. Mit chirurgischer Geschicklichkeit verstand sie es, die Braten innen und außen von allem Fett zu befreien, so dass sie später, wenn sie in die Pfanne kamen, wie magere ausgezehrte Feldhasen aussahen. Den Talg ließ sie dann aus. In der Speisekammer stand stets eine große Schüssel voller Hasenschmalz bereit. Bratkartoffeln in diesem Schmalz gebacken waren eine Köstlichkeit, jedenfalls für damalige Begriffe.

Leider konnten Rainer und ich die Köstlichkeiten aus Mutters Küche nur noch eine Woche lang genießen. Das Urlaubsende nahte. Oma ging jetzt wieder jeden Morgen um sieben Uhr aus dem Haus und in die Halker Zeile zum Bus der Sarotti-Werke.[118] Erst um fünf Uhr am Nachmittag kam sie zurück, etwas früher als Vater, für den der Arbeitsalltag wieder begonnen hatte. Auch Eberhard sahen wir jetzt kaum mehr. Die Feiertage waren vorüber, da wurden die Dienstpläne für Luftwaffenhelfer wieder enger gezurrt. Die Tommys hatten ihre Feiertagsruhe beendet und suchten uns nun Nacht für Nacht heim. Noch waren es nur Nadelstiche, die sie der Reichshauptstadt versetzten. Für die Betroffenen waren diese Nadelstiche, wenn nicht immer tödlich, so doch stets heim- und existenzvernichtend. Eines Abends kam Vater sehr aufgeregt von der Arbeit nach Hause: „Stellt euch mal vor, heute Nacht hat es die Krausenstraße erwischt. Am unteren Ende drei Häuser. Wenn der Flieger nur ein bisschen vom Kurs abgekommen wäre, hätten wir jetzt kein Geschäft mehr!"

Die Eltern waren während des Abendessens sehr nachdenklich und bedrückt. Kaum einen Bissen brachten sie herunter. Der Krieg hatte unversehens an die imaginäre Mauer unserer familiären Sicherheit geklopft. „Hat es da Tote gegeben, sind die Häuser ganz kaputt, durch Luftminen oder nur durch Brandbomben?" Ich hatte viele Fragen und war sehr aufgeregt. Natürlich brannte ich darauf, diesen Bombenschaden zu sehen. Aber die Eltern hielten gar nichts davon und mochten meine Sensationslust nicht unterstützen. Außerdem lagen nur noch zwei Urlaubstage vor uns. „Da gibt es Wichtigeres zu tun, als drinnen in Berlin herumzulungern und Ruinen anzuschauen!" „Was denn zum Beispiel?", wollte ich wissen. „Zum Beispiel eure Wäscheetiketten drucken. Da könnt ihr euch morgen den ganzen Vormittag damit beschäftigen, Rainer und du", meinte Mutter verärgert über meine patzige Frage. Auch das noch! Ich hasste diese Namendruckerei! Ruinen habe ich am Abreisetag dann genug zu sehen bekommen, als wir in der Morgendämmerung mit der Straßenbahn zu unserem Sammelpunkt am Stettiner Bahnhof fuhren.

Zurück ins Lager

Nun hatte uns also das Lager wieder. Es war erstaunlich, wie schnell und reibungslos wir Urlauber uns in den Lageralltag einfädelten. Ich empfand es direkt als Erlösung, wieder im Lager zu sein. Die letzten Urlaubstage waren für mich alles andere als ein Vergnügen gewesen. Es war die Angst vor ebendiesem Lagerleben, die mir jene letzten Tage in Lichtenrade so vergällt hatte, über die ich jetzt nur noch lächeln konnte. Wie einfach war doch das Leben hier im Lager mit seinen durch den Dienstplan vorgegebenen Zeitabläufen, den klar geregelten Pflichten und Rechten. Es galt, sich anzupassen, sich sooft es ging zu drücken und sich Nischen zu schaffen, in die man sich zurückziehen konnte, wenn einem der Lagerbetrieb zu sehr auf die Nerven ging, vor allem aber: sich nicht hervorzutun! Dies alles zu beherzigen garantierte ein ruhiges, fast angenehmes Leben im Lager. Ich war drauf und dran, darin ein Meister zu werden.

Dann kam die Sache mit Rainer. Es war Mitte Januar, als sie ihn abholten und ins Krankenhaus brachten. Nicht einmal auf Wiedersehen durfte ich ihm sagen. Nur aus der Ferne konnte ich ihm noch einen Gruß zuwinken, bevor sich die Türen des klapprigen, holzgasbetriebenen Krankenwagens hinter ihm schlossen. Er hatte Scharlach, und es bestand Ansteckungsgefahr. Das bedeutete für unser Lager Quarantäne und für alle, die zu Rainer in engerem Kontakt gestanden hatten, die Einquartierung in ein abgesondertes Zimmer des Krankenreviers. Zu neunt lagen wir dort eingepfercht. Anfangs empfanden wir unser Interniertendasein als ein Geschenk. Früh, wenn die Trillerpfeife des UVD das gesamte Lager aus den Betten jagte, konnten wir getrost noch ein bisschen verschnaufen, bis die „Wittelsbacke", unsere Krankenschwester, zur täglichen Leichenbeschau kam, wie wir ihre Visite nannten. Unterricht, Geländedienst, Schreib-, Putz- und Flickstunde, Uniformappell, Spindappell, Bettenappell – von all diesen Plackereien des Lagerlebens blieben wir jetzt verschont. Unser Hochgefühl wich jedoch bald einer allgemeinen schlechten Laune. Immer häufiger kam es jetzt zu Streitigkeiten. Als sich aus einer der täglichen kleineren Streitereien eine Massenschlägerei entwickelte, wurden wir kurzerhand aus der Quarantäne entlassen. Nun mussten wir wieder früh beim ersten UVD-Pfiff aus den Betten springen, zum Unterricht gehen, nachmittags im Gelände herumhopsen und in Eis und Schnee bei Appellen zittern. Bald begannen wir, uns zurück in die Gemütlichkeit des Quarantänezimmers zu sehnen.

Von Rainer kam keinerlei Post, er blieb wie verschollen. Ich wusste nicht, ob er in Bergen ins Krankenhaus gekommen war oder ob man ihn gleich nach Berlin geschafft hatte. Dann kam Muttis Brief mit der Nachricht, dass Rainer in Bergen im Krankenhaus lag und sie ihn dort besuchen würde. Dabei würde sie auch mir in Lohme einen Besuch abstatten. An die Lagerleitung hatte sie ebenfalls einen Brief geschickt, sodass Schneft mir für den Besuchstag Urlaub gab. Um elf Uhr, so stand es in ihrem Schreiben, würde sie in Sassnitz mit dem Zug aus Bergen ankommen. Einen Pferdeschlitten hatte sie schon von Berlin aus bestellt. Er fuhr am besagten Tag mit Schellengeklingel pünktlich um halb zehn Uhr beim Jugendheim vor. Es war ein offener schwerer Bauernschlitten. Bei Dr. Peter, unserem Klassenlehrer, hatte ich mich gleich nach dem Frühstück abgemeldet. Nun tat ich noch schnell dasselbe beim Lagermannschaftsführer, und los ging die Fahrt auf verwunschenen Wegen quer durch den tiefverschneiten Stubnitzer Buchenwald. Während der Hinfahrt saß ich vorn auf dem Kutscherbock. Neben mir saß der Schlittenlenker, ein freundlicher Großvatertyp und echter Mecklenburger, bedächtig und maulfaul, der sich die ganze Fahrt über schweigend mit seiner Jägerpfeife beschäftigte. Unsere Mutter hatte einen herrlichen Tag für ihren Besuch erwischt: zwar herrschte klirrender Frost, aber ein strahlend blauer Himmel spannte sich über uns auf. Sogar der stets auf dieser Insel wehende Wind legte heute eine Pause ein.

Im Städtchen Sassnitz wimmelte es von Matrosen. Vom Bahnhof aus sah ich nicht weit draußen auf der See ein größeres Kriegsschiff auf der Reede liegen, sicherlich ein Kreuzer. Allerdings war es ein Wunderkreuzer, denn er wuchs sich im Laufe des Tages zu einem Schlachtschiff aus, wahrscheinlich der Scharnhorst oder der Gneisenau, wie ich nicht müde wurde, allen, die es hören wollten zu erzählen, als ich abends ins Lager zurückkam.

Während der Heimfahrt saß ich neben Mutter unter einer kuscheligen Wolldecke auf der Rückbank des Schlittens. Wir hatten uns viel zu erzählen. Endlich schloss uns aber die Stille der uns umgebenden Winterpracht die Münder. Wir fuhren gerade durch einen uralten Buchenbestand. Ich lehnte meinen Kopf zurück und schaute hinauf in den tiefblauen Himmel und in das Geflecht der kahlen Zweige, das wie eine grob gewebte Gardine über uns wanderte. Als wir uns Lohme näherten, wechselte ich natürlich meinen Platz und setzte mich wieder nach vorn auf den Kutscherbock. Nicht auszudenken, wenn mich einer aus dem Lager, vielleicht gar der Lagermannschaftsführer, neben der „lieben Mutti" hätte sitzen sehen!

Einige Wochen nach Mutters Besuch bestellte mich Lagerleiter Schneft zu sich. Er saß hinter seinem Schreibtisch, als ich bei ihm eintrat, mich vor ihm aufbaute, die Hacken zusammenschlug, den rechten Arm hochriss und „Heil Hitler!" brüllte. „Heil Hitler", antwortete er mir längst nicht so militärisch stramm, wie ich ihn begrüßt hatte. „Rühren!" Nachdem er eine Weile in seinen Papieren auf dem Schreibtisch herumgesucht hatte, zog er unter einem Stapel einen Brief hervor: „Ach, hier ist er ja! Also Dieter, du fährst morgen mit dem Acht-Uhr-Zug von Sagard nach Bergen, dort gibst du im Krankenhaus diesen Brief ab. Es sind Rainers Papiere drin, er braucht sie dringend, wenn er entlassen wird. Verstanden?" „Jawoll!" „Heil Hitler!" „Heil Hitler!"

Am nächsten Morgen um fünf Uhr wurde ich von dem Mädchen Dora geweckt, das gerade Küchendienst hatte. Das Lager lag noch in tiefem Schlaf. Auch Dora hatte müde Augen und ein vom Schlaf zerknautschtes Gesicht. An dem langen Arbeitstisch in der Küche setzte sie mir das Frühstück vor. Der heiße Gerstenkaffee tat gut, von dem Leberwurstbrot brachte ich allerdings keinen Bissen herunter. Es verschwand in meinem Brotbeutel. Unterwegs würde ich schon Hunger bekommen, meinte die Küchenfee. Aber ich fühlte mich gar nicht gut. Ich hatte ein flaues Gefühl im Bauch, und die Knie waren mir so eigenartig weich. Gefröstelt hat es mich auch. Natürlich hätte ich zu niemandem auch nur ein Wort über meinen Zustand gesagt. Ein deutscher Pimpf gesteht sich doch keine Schwäche ein.

Es war noch stockfinstere Nacht, als ich mich auf den Weg nach Sagard machte. Die verschneite Landschaft glitzerte im Sternenlicht, und unter meinen genagelten Stiefeln knirschte der Schnee bei jedem Schritt. Wenn es mir nur nicht so elend gewesen wäre! Ganz geheuer war mir auch nicht zumute, so alleine auf der endlosen Landstraße unter dem weiten Sternenhimmel in der frostklaren Nacht. Sollte ich umkehren, mich zu der freundlichen Dora in die warme Küche setzen und dort bis zum Wecken warten? Unmöglich! Befehl ist Befehl! Außerdem wäre das ein gefundenes Fressen für die gesamte Lagermannschaft gewesen: „Kieckt euch det an, die Muschelkuh, feige und schlapp wie 'n Judenbengel!"

Kann man beim Marschieren schlafen? Mir kam es jedenfalls so vor, als hätte ich an jenem Morgen beim Marsch durch die grenzenlose Einsamkeit wie ein Traumwandler automatenhaft Schritt vor Schritt gesetzt. „Klotz, Klotz, Klotz am Bein, Klavier vorm Bauch, wie lang ist die Chaussee, links 'ne Pappel, rechts 'ne Pappel, in der Mitt 'n Pferdeappel, Klotz, Klotz, Klotz am Bein...". Endlich erreichte ich die ersten Häuser des Städtchens Sagard. Es war halb acht, also war ich zwei Stunden marschiert. Fahrkarte kaufen, wo hab ich denn bloß mein Geld hingesteckt? Ach hier, Gott sei Dank! Im Wartesaal war kein Mensch, der Ofen war kalt, mich fröstelte, jetzt stärker als heute früh beim Aufstehen, und mein Bauch, was ging nur in dem vor? Das Licht im Wartesaal verlosch. Vor den Fenstern glühte bereits die Morgenröte, als die Verdunkelungsrollos hochgezogen wurden.

Im Zug kam dann die erste Entleerung – Wasser! Kann man denn so viel Wasser im Bauch haben? Und dieser schneidende Schmerz. Gott sei Dank war es nur ein kurzer Anfall. Als der Zug in Bergen einfuhr, ging es mir schon wieder besser.

„Bergen, Bergen!" Laut und gellend ertönte die Stimme der Fahrdienstleiterin. Ich war kurz eingenickt, trotz der Kälte im Zug. Nicht auszudenken, wenn ich die Station verschlafen hätte! Während ich noch etwas benommen ausstieg und mich auf dem Bahnsteig umschaute, entdeckte ich vor mir in einiger Entfernung zwei Personen. Das ist doch – dieser Pimpf neben der

Krankenschwester, nein, das kann doch nicht wahr sein! „Rainer!", rief ich, und noch einmal: „Rainer!" Der Pimpf drehte sich zu mir um. Tatsächlich, es war Rainer! Wir liefen aufeinander zu. „Mensch, wo kommst du denn her?" „Aus Lohme! Und du?" „Aus dem Krankenhaus, entlassen, bin gerade auf dem Weg nach Berlin. Und was machst du hier in Bergen?" „Ich muss ins Krankenhaus, dort einen Brief mit deinen Papieren abliefern." „Den Brief kannst du Rainer jetzt direkt aushändigen", sagte die Krankenschwester, die mittlerweile herangekommen war. Rainer stellte mich ihr vor: „Das ist mein Bruder Dieter aus dem KLV-Lager in Lohme." Der Abschied war dann kurz und schmerzlos, denn die Fahrdienstleiterin rief bereits: „Alles einsteigen, die Türen schließen!" „Mach's jut Rainer!" „Mach's du auch jut!" Schon stand ich wieder allein auf dem Bahnsteig. Ich schaute dem davonfahrenden, immer kleiner werdenden Zug nach, aus dem ich erst vor ein paar Minuten ausgestiegen war. Aus einem der Fenster flatterte ein Taschentuch. War es Rainer, der mir noch einmal zuwinkte?

In meinem Bauch begann es erneut zu rumoren. Der Schmerz überfiel mich jetzt, hier in dieser stinkenden, verschmutzten Herrentoilette des Bergener Bahnhofs. Oben schossen mir die Tränen in die Augen, und unten schoss die Jauche aus meinem Gedärm in die Kloschüssel. Mist, kein Toilettenpapier da, die Rolle leer! Zum Glück hatte heute Morgen das Mädchen Dora mein Leberwurstbrot in eine Doppelseite des Völkischen Beobachters eingewickelt, bevor ich es in den Brotbeutel steckte. Also das Päckchen herausgefingert, ausgewickelt und die nackte Schnitte wieder im Brotbeutel verstaut. Für dieses Mal war ich gerettet.

Es war erst zehn Uhr. Um zwölf Uhr dreißig ging der nächste Zug zurück nach Lohme. Ich hatte zweieinhalb Stunden Wartezeit und sehnte mich doch so nach Ruhe, einem Bett und Wärme, und im Bauch rührte es sich auch schon wieder. Verdammt, alle vier Kabinen der Toilette waren zu. Ich hatte doch extra die Tür meiner Kabine offengelassen, als ich vorhin zum Fahrplan in die Halle ging. Einen Groschen besaß ich nur noch und die Hälfte der Zeitungsseite. Mit dem Groschen öffnete ich eine der Kabinentüren. Nur dieses eine Mal hatte ich noch die Möglichkeit dazu, denn die Türen besaßen einen groschenfressenden Schließautomaten. Nun war ich blank, die Tür hatte meinen letzten Groschen geschluckt. In der Kabine fand ich zum Glück eine volle Rolle Toilettenpapier. Bis zur Abfahrt des Zuges war ich nun an die Herrentoilette gefesselt. Ich durfte es ja nicht riskieren, bei einem erneuten Anfall alle Kabinentüren der Toilettenanlage verschlossen vorzufinden. Also machte ich es mir in der von mir gerade besetzten Kabine bequem, hockte mich auf den zugeklappten Klodeckel und studierte die schweinischen Aufschriften, welche Tür und Wände meines selbstgewählten Gefängnisses zierten. Es wurden zwei lange Wartestunden. Auch der Magen begann jetzt zu rebellieren. Was ich erbrach, schmeckte gallig bitter. Ein paarmal musste ich mir die Füße vertreten, aber nur bis zum Waschbecken im Vorraum, stets auf dem Sprung, um wieder in meiner Kabine zu verschwinden, wenn sich ein möglicher Benutzer der Toilette näherte. Hin und wieder musste auch ich in die Halle laufen, um nach der Uhrzeit schauen.

Endlich saß ich wieder im Zug. Dieses Mal war er zum Glück geheizt. Trotzdem schüttelte mich der Fieberfrost, als ich mir einen Platz suchte. Rainer war mager und blass gewesen. Ich hätte ihn so viel fragen und ihm so viel erzählen mögen. Jetzt saß er im Zug und fuhr nach Hause nach Berlin. Das Gefühl grenzenloser Verlassenheit stieg in mir auf. Kurz vor Sagard trieb es mich noch einmal auf die Toilette, dann stand ich wieder auf der Landstraße. Wie sollte ich diesen Marsch noch schaffen?

„Klotz, Klotz, Klotz am Bein, Klavier vorm Bauch, wie lang ist die Chaussee? Links 'ne Pappel, rechts 'ne Pappel, in der Mitt 'n Pferdeappel, Klotz, Klotz, Klotz am Bein." Hinsetzen, nur einen kurzen Moment lang hinsetzen! Ach, tut das gut! Nur nicht einschlafen, das weißt du doch, Dieter, hast es ja im Geländedienst gelernt: Wer im Winter bei Frost draußen einschläft, stirbt.

„He, Junge, wach auf!" Wer schlägt mich denn da? Backpfeifen, links und rechts, und dieses Brüllen, dieser harte Griff, mit dem ich hochgerissen werde! „Junge, Junge, do ben eck jo wol noch mal em richtjen Moment jekommen! Direkt en 'n Dot hed ju sick kennt sloape!" Was ich hier zu suchen hätte, und bei der Kälte zu schlafen, das wäre ja wohl der reinste Selbstmord. Ein Bauer hatte mich gefunden. Höchstens einen Kilometer meines Fußmarsches hatte ich erst geschafft, als ich mich nur für einen Moment an diesen Straßenbaum setzte, um auszuruhen und eingeschlafen bin.

Nachdem ich meinem Schutzengel erzählt hatte, warum ich unterwegs war, wo ich gerade herkam und noch hingehen musste, meinte er: „Hm, dat trifft sich jut!" Er deutete auf den Bock seines Pferdeschlittens. Ich könne getrost aufsteigen, er müsse auch nach Lohme fahren. Eingehüllt in eine dicke Pferdedecke überstand ich die letzte Etappe meines Abenteuers in aller Gemütlichkeit, wenn mir auch der Schüttelfrost die Zähne klappern ließ.

Im Jugendheim lief mir bei meiner Ankunft als Erste unsere Krankenschwester über den Weg. Sie kam gerade aus einem der Revierzimmer, die im Parterre gleich links neben der Eingangstür lagen. „Mensch Junge, wie siehst du denn aus!", rief sie, und nachdem sie mit ihrem Handrücken kurz eine meiner Schläfen berührt hatte: „Fieber hast du auch, und nicht zu knapp! Kannst dich gleich hier dazulegen." Damit ging sie mit mir ins Krankenrevier.

Während ich ganz und gar unheldisch im Krankenzimmer lag, herrschten im Krieg aufregende Zeiten. Der Russlandfeldzug schien nicht mehr so gut zu laufen, wie er begonnen hatte. Nach langem und heldenhaftem, bis zur letzten Patrone und bis zum letzten Mann ausgefochtenem Kampf erlag die sechste Armee im Kessel von Stalingrad der Übermacht jüdisch-bolschewistischer Banden. Sie kämpften für Deutschlands Freiheit, sie starben für Deutschlands Freiheit! So oder so ähnlich ließen sich Goebbels und andere NS-Größen vernehmen, als das sinnlose Schlachten in und um Stalingrad endlich vorüber war. Es waren Worte, die mein begeisterungsfähiges Herz höherschlagen ließen. Ja, die Nazis verstanden es, diese Niederlage in einen Sieg umzumünzen, um dem deutschen Volk Hoffnung und Zuversicht zu geben.

Zum Glück bestätigte sich der Verdacht nicht, dass ich mir irgendwo die Ruhr eingefangen hätte, wenn auch die Schwere der Krankheit mit ihrem hohen Fieber und dem blutigen Durchfall anfangs darauf schließen ließ. Als es mir wieder besser ging, genoss ich die Erholungszeit im Krankenrevier. Einmal hier herein ins Revier geraten, versuchte jeder, diese Drückebergerzeit für sich möglichst in die Länge zu ziehen. Die abenteuerlichsten Rezepte kursierten damals im Lager, um dies zu erreichen. Die einen hatten gehört, man bräuchte am Morgen auf nüchternen Magen nur ein gehöriges Stück Seife zu essen, dann würde das Fieber nie unter siebenunddreißigfünf fallen. Andere schworen darauf, morgens vor dem Frühstück einen Esslöffel voller Zahnpasta zu verdrücken. Mich schüttelte bei dem Gedanken, jeden Tag mit derartigen Delikatessen beginnen zu müssen. Ich zog es deshalb vor, in einem unbeobachteten Moment sanft an der mit Quecksilber gefüllten Spitze des Fieberthermometers zu reiben, um eine gescheite Temperaturanzeige zu erreichen. Höher als siebenunddreißigsechs durfte man die Anzeige dabei allerdings nie treiben, das wäre der Krankenschwester sofort aufgefallen, so dumm war sie nicht.

Derartiges hatte ich dieses Mal aber gar nicht nötig, denn die Krankheit hatte mich so geschwächt, dass der Arzt, der einmal wöchentlich zur Visite ins Krankenrevier kam, mich für eine Woche krank und dienstuntauglich schrieb. So konnte ich es mir in der Abgeschiedenheit des Krankenzimmers gemütlich machen, während draußen auf dem Flur vor der Tür zum Wecken, zum Raustreten, zu allen möglichen Diensten gepfiffen wurde.

Das Schönste, was das Krankenrevier zu bieten hatte, war eine Art Miniaturbibliothek. Sie bestand überwiegend aus einem Stapel von Heftchen mit abenteuerlichen Soldatengeschichten, herausgegeben unter der Schirmherrschaft des Reichsjugendführers Baldur von Schirach, der Jugend zum Vorbild gewidmet. Ich habe sie alle bis zum letzten Heft durchgelesen. Es war aber auch zu spannend, in dem Heftchen „Bomben auf Engelland" zu lesen, wie der Bordschütze einer HE 111 während eines Feindflugs in der Bugkanzel des leichten Bombers liegend und kaltblütig bis ins Mark hinein mit seinem schweren MG feuernd eine angreifende Spitfire nach der anderen vom Himmel holte! Oder die Geschichte von jenem Infanteristen, der, seine letzte Handgranate quer zwischen die Zähne geklemmt, auf die MG-Scharte eines Bunkers der Maginotlinie[119] zurobbt, dem Feuer jenes MG stets ausgesetzt, sich im toten Winkel neben der MG-Scharte an die Bunkerwand gedrückt aufrichtet, die abgezogene Handgranate geschickt platziert und sich in Deckung bringt – wumm, das MG schweigt, der nachfolgende Stoßtrupp kann den Bunker knacken! Das waren Geschichten so recht nach meinem damaligen Geschmack.

Nachdem ich wieder genesen war und am normalen Dienst teilnehmen konnte, bekam ich vom Lagermannschaftsführer ein besonderes Lob ausgesprochen. Der Gehorsam, mit dem ich trotz meiner schweren Krankheit den Befehl zur Fahrt nach Bergen ausgeführt und die Zähigkeit, mit der ich mich durch die größten Widrigkeiten geschlagen hätte, wären beispielhaft und eines Pimpfs durchaus würdig gewesen! In der Rangordnung der Klasse und des Lagerzugs rückte ich dadurch um einige Positionen nach oben. Schade war nur, dass es für das Jungvolk keine Orden gab, ich hätte damals bestimmt einen verliehen bekommen.

Leider bekam ich keine Zeit mehr, dieses neue Ansehen zu festigen, weil unser Lager bald aufgelöst werden sollte. Schon zu Ostern, so hieß es, wären wir wieder zu Hause. Mein Bruder Rainer, kündigte mir Schneft an, würde aus diesem Grunde gleich in Berlin bleiben. Ich solle seinen Spind ausräumen und die Sachen alle nach Hause schicken. Natürlich bekam ich dafür neben dem Bezugsschein zum Erwerb der dafür notwendigen Kartons auch dienstfrei. Einen Nachmittag lang durfte ich packen, während die anderen draußen im Gelände herumhopsten. So sehr ich mich anfangs über diese Bevorzugung gefreut hatte, so traurig wurde mir dann zumute, als ich vor Rainers verwaistem Spind stand, die Tür öffnete und seine vorzügliche Spindordnung zerstören musste. Wenn es mir doch nur einmal gelingen würde, meinen Krempel so akkurat und vorschriftsmäßig zu stapeln, wie ich Rainers Hab und Gut jetzt vorfand. Zwei Kartons wurden verpackt, verschnürt, beschriftet und zur Post gebracht. Jetzt war Rainer endgültig weg, und ich war wieder ganz auf mich allein gestellt.

Die Sonne stieg, die Macht des Winters schmolz unter ihren wärmenden Strahlen dahin. Auf der Ostsee brach donnernd das Eis im Toben der ersten Frühlingsstürme. Dann kam das Wunder der Buschwindröschen. Es war, als wäre über Nacht noch einmal Schnee gefallen, so dicht war der Teppich ihrer weißen Blüten. Soweit das Auge reichte, bedeckte er jetzt den Boden der Jasmunder Buchenwälder. Niemand von uns hatte bisher eine solche Pracht zu sehen bekommen. Bald entfalteten sich wie große lichtgrüne Schmetterlinge die ersten Blätter an den Zweigen der Buchen. Dicht über den Waldboden taumelten die männlichen Falter des prächtigen Nagelflecks dahin. Sie strebten ruhelos nur dem einzigen Ziel zu, sich zu paaren, um dann sogleich zu sterben. Sooft ich während meiner Freizeit nur abkommen konnte, war ich unterwegs, um meine Lieblingsplätze noch einmal zu besuchen.

Niemand wusste, wie es nun weitergehen sollte. Würden wir in Berlin bleiben oder in ein anderes Lager verlegt werden? Wohl eher das Letztere, denn der Krieg hatte nun auch die Reichshauptstadt erreicht. Nacht für Nacht luden die englischen Bomber jetzt ihre tödliche Fracht über Berlin ab. Vorerst würden wir bis zum Ende des Schuljahres in Berlin bleiben, so viel stand fest. Alles Weitere würde man sehen. Zwei Jahre des Lagerlebens hatten uns zu Stoikern gemacht.

Schließlich kam der letzte Tag im Jugendheim. Noch einmal gab es Spindappell und Stubenappell. War auch jeder Winkel, jede Ecke sauber? Der Revierdienst wurde ein letztes Mal um das Haus gejagt, auf dass morgen, nach unserem Abmarsch, auch nicht das kleinste Schnippelchen mehr an unsere Anwesenheit erinnern möge. Die mütterliche Köchin hatte feuchte Augen, als sie von Schneft vor die versammelte Mannschaft geführt wurde, um unseren Dank entgegenzunehmen. Auch den Haustöchtern galt unser Dank. Sie standen verlegen neben der Köchin und wagten nicht, den Blick zu heben. Ich hatte nur Augen für das Mäuschen, da ich eine unglückliche Liebe zu ihr im Herzen trug. Sie, die bildhübsche Sechzehnjährige, hätte für mich, den „spillerischen"[120] dreizehnjährigen Schwärmer sicherlich nur ein mitleidiges Lächeln übrig gehabt, wäre ihr meine Verliebtheit bewusst geworden.

Dabei hatte sie meine Zuneigung ganz schön auf die Probe gestellt, damals ganz am Anfang unseres Lagerlebens in Lohme. In jener Zeit war es noch üblich gewesen, dass während der gemeinsamen allwöchentlichen Duschaktionen am Samstagabend eines der Hausmädchen in der Wäschekammer Dienst tun musste. Die Diensthabenden standen hinter einem Tisch im Vorplatz des Duschraums und händigten jedem von uns ein Handtuch aus, bevor es unter die Dusche ging. Von ihrem Platz aus hatten die Mädchen durch die meistens geöffnete Tür ungehinderten Einblick in den dunsterfüllten Duschraum. Anfangs verleidete mir dies gründlich die ganze Duscherei, denn ich schämte mich entsetzlich vor den Blicken der Mädchen und versuchte regelmäßig, in einem nicht einsehbaren Winkel des Duschraums zu verschwinden, bevor ich mir die Badehose auszog. Auch sonst war ich alles andere als ein Draufgänger und bewunderte jene unter uns, die es wagten, mit den Mädchen am Wäschetisch regelmäßig einige lose Worte zu wechseln, während sie ihre Handtücher entgegennahmen. Eines Tages, das Mäuschen hatte gerade Dienst, nahm ich allen meinen Mut zusammen, um es jenen Draufgängern auch einmal gleichzutun: „Na Mäuschen, biste nich bald blind?" „Nu, du bist mir gut, von was denn?" „Na vom Hinkiecken, in 'n Duschraum rin!" „Was sollte ich mir von so 'nem Spiller, wie du eener bist, schon abgucken, zieh bloß Leine, du Gernegroß!" Zum Glück war ich der Letzte in der Schlange gewesen und stand dadurch dem Mäuschen während dieses Wortwechsels allein gegenüber, so gab es keine Zeugen für meine Abfuhr.

Bomben auf Berlin

Der Übergang vom Lagerleben zum zivilen Alltag in Berlin ging viel leichter als ich gedacht hatte. Zum Glück fiel unsere Heimkehr mit dem Beginn der Osterferien zusammen, sodass uns noch eine kurze Schonfrist vergönnt war, ehe uns die Pflichten des täglichen Einerlei einholten. Die Rückmeldung beim Jungvolk musste erst erfolgen, wenn die Ferien vorüber waren.

Zur Schule gingen wir jetzt nach Mariendorf. Es gab Schichtunterricht: eine Woche vormittags, eine Woche nachmittags, als Gäste des dortigen Mädchengymnasiums. Leider bekamen wir keine der dort beheimateten langhaarigen Rockträgerinnen je zu Gesicht. Wenn wir nachmittags die Schule übernahmen, waren sie längst ausgeflogen. Hatten wir Frühschicht, so war auch der Letzte von uns längst auf dem Heimweg, ehe die Ersten von ihnen eintrafen. Es war eine unbequeme Regelung, aber es war ja Krieg. Da hieß es Opfer bringen, das wurde uns bei jeder Gelegenheit gepredigt, in der Schule, beim Jungvolk, ja sogar zu Hause: Es ist ja Krieg, da heißt es Opfer bringen!

Fliegeralarm gab es seit neuestem Tag und Nacht. Nachts flogen die Engländer ihre Angriffe und tagsüber die Amerikaner. Wie froh waren wir, nun im Wildeck'schen Bunker einen Unterschlupf gefunden zu haben. Innerhalb der starken Betonwände fühlten wir uns sicher. Die Bombardements dehnten sich jetzt immer öfter bis in die Randbezirke der Reichshauptstadt aus. „Kinder, macht euch auf was gefasst, die Christbäume steh'n fast über uns!", rief Mutter während eines Nachtalarms, als sie gemeinsam mit Herrn Wildeck von einem ihrer Kontrollgänge in den Bunker zurückkam.

Da war es wieder, dieses nervtötende, alles durchdringende Dröhnen der herannahenden Bomberverbände, erst kaum wahrnehmbar, dann immer lauter werdend und schließlich Himmel und Erde erfüllend. Selbst das Gebelfer der Flak übertönend, wurde es durch die starken Bunkerwände kaum gedämpft. Dann fielen die ersten Bomben heulend aus der Höhe herab. Die Salven ihrer Detonationen erschütterten den Bunker, als hätten sie ein Erdbeben ausgelöst, und ihre Druckwellen waren selbst in unserer hermetisch abgeschlossenen Betonarche zu spüren. Frau Wildeck betete, Mutter rief uns etwas zu, aber ihre Worte ertranken im Meer des krachenden Getöses, in welchem wir schwammen.

Nach einer Ewigkeit trat endlich Stille ein. Nur ein einzelnes Flugzeug war noch über uns, dann tönte ein letzter Bombenwurf, und das Dröhnen der abziehenden Fliegerverbände wurde leiser. Noch bellte die Flak aus allen Rohren, nun allerdings schon in weiterer Entfernung. Frau Wildeck weinte, unsere Eltern fielen sich totenbleich um den Hals, ehe Mutter hinaus zu ihrem Kontrollgang ging, gefolgt von Herrn Wildeck. Beide trugen die Armbinde des Luftschutzwarts. Es war ihre Pflicht, während der Luftangriffe im Viertel nach dem Rechten zu sehen und kleinere Brände schon im Entstehen zu löschen. Auch Vater verließ den Bunker und ging hinüber in unser Haus, um zu schauen, ob auch dort alles in Ordnung wäre. Die Bunkertür stand offen, Rainer und ich traten hinaus. Noch hing in der Luft das leise Dröhnen der davonfliegenden Bomber. Die Flakbatterien in unserer Nähe schwiegen jetzt. Nur in der Ferne grollte und wetterleuchtete es wie nach einem schweren, abziehenden Gewitter. Von überallher waren nun Stimmen zu hören. Die Menschen kamen aus ihren Kellern, glücklich, noch am Leben zu sein. Mutter und Herr Wildeck kehrten von ihrer Runde zurück: „Es hat sich schlimmer angehört, als es war! Uns hat's nicht direkt betroffen, wir lagen sicherlich genau auf der Grenze!" Endlich kam die Entwarnung. In unserem Haus war noch alles in Ordnung, nur einige Dachpfannen hatte es heruntergeschleudert. „Keine einzige kaputt", stellte Vater befriedigt fest. Morgen würden Eberhard und er sie wieder einhängen. Brandgeruch hing in der Luft. Aus der Ferne waren die Martinshörner der Einsatzfahrzeuge zu hören, sonst herrschte erstaunliche Stille, oder kam es uns nach dem Getöse des Luftangriffs nur so vor? Nach Mariendorf zu leuchtete der Himmel rot. „Die armen Menschen", seufzte Mutter angesichts dieses Brandfanals, als wir ins Haus traten. Oma ging mit ihrem Petermätzel gleich hinauf in ihr Zimmer. Sie hatte während der Angriffe große Mühe gehabt, das Vögelchen zu beruhigen, zumal Wildecks Dackel Waldi sich stets mächtig aufführte, wenn Oma mit dem Vogelkäfig in den Bunker kam. Er konnte den munteren

Wellensittich überhaupt nicht leiden. Oma wiederum hegte eine starke Abneigung gegen Wildecks.

Wie immer nach den Luftangriffen versammelten wir uns erst einmal in der Küche. Zum einen warteten wir auf Eberhard, der oft nach der Entwarnung mit dem Fahrrad angeradelt kam: „Alles in Ordnung, ich lebe noch! Also dann, bis morgen!" Schon war er wieder weg. Andernteils blieben wir in der Küche, um schnell noch eine Kleinigkeit zu essen. So ein Alarm machte ganz schön hungrig! Mutter stellte Brot, Wurst und Margarine auf den Tisch: „Aber jeder nur eine Bemme! Und ganz dünn geschmiert, hört ihr, sonst müssen wir morgen Karnickelkleie essen!" Sie übertrieb wieder einmal maßlos.

Dann kam der erste Tagesangriff. Wir saßen gerade beim Mittagessen, als plötzlich die Luftschutzsirene ertönte. „Was, jetzt Fliegeralarm? Stellt mal schnell den Drahtfunk an!" Ja, es stimmte! Starke feindliche Fliegerverbände seien im Anflug auf die Reichshauptstadt, tönte es aus dem Lautsprecher. Also nichts wie rüber zu Wildecks in den Bunker. Oma mit ihrem Vogelkäfig wurde wie immer von Waldi angekläfft, und das Petermätzel krätschte aus der vollsten Kraft seiner kleinen Lungen. Mutter, die als Letzte kam, riegelte die schwere Stahltür des Bunkers zu. Außer uns beiden, Rainer und mir, waren nur die drei Frauen, Mutter, Oma und Frau Wildeck anwesend. Die Männer gingen ja ihrer Arbeit nach.

Lange blieb es dieses Mal ruhig draußen, sodass Mutter die Bunkertür vorsichtig wieder öffnete und wir hinaus in die sonnige Frühlingshelle traten. Über unserem Viertel mit seinen in die Gärten gestreuten Einfamilienhäusern lastete die Stille wie vor einem großen Sturm. In der Ferne hörten wir Flakfeuer und das anschwellende Dröhnen der herannahenden Bomber. Dann sahen wir sie über dem Horizont heraufziehen, jene Todeskeile, den Flugformationen der ziehenden Kraniche gleich, jeder Keil aus Dutzenden von Fliegern bestehend, die vielspurigen Bahnen ihrer Kondensstreifen in den Himmel schreibend. Noch waren sie nicht herangekommen, und unsere Flak schwieg, denn über uns schien sich ein Luftkampf zu entwickeln. Man hörte es an den nicht zum Bomberdröhnen gehörenden aufheulenden Motorgeräuschen einzelner Flugzeuge und dem gelegentlichen Geknatter automatischer Bordkanonen. Mutter wurde nervös, schickte uns in den Bunker und verriegelte die Tür, als alle drin waren.

Der Angriff galt nicht uns, aber wir hörten trotz des massiven Flakbeschusses, wie eine Angriffswelle nach der anderen über uns hinweg auf ihr Ziel in Berlin zuflog. Wieder spürten wir das Erdbeben der Bombardierung, dieses Mal jedoch nicht so bedrohlich wie beim letzten Mal, als wir fast zum Zielgebiet gehört hatten. Endlich kam die Entwarnung, und wir traten erleichtert ins Freie. Der Himmel war jetzt überzogen von unzähligen Kondensstreifen, die sich nach Süden hin schon zu einer Wolkendecke zusammengeschoben hatten. Mutter sah es dann als Erste, sie war die Größte von uns und konnte über die Hecken hinwegschauen. „Guckt mal, was da hochkommt!" „Was, wo?" Rainer und ich reckten die Hälse. „Na dort, hinter Wildecks Haus!" Jetzt sahen wir es auch, jenes mächtige dunkle Ungetüm. Wie eine gigantische schwarze Gewitterwolke stieg es über dem Horizont herauf, verdunkelte die Sonne, dehnte sich schließlich fast bis über unsere Köpfe aus. Mutter stand fassungslos, die Tränen liefen ihr über die Wangen. Rainer und ich stürmten ins Haus und polterten die Treppe hinauf ins Schlafzimmer, um uns von dem dortigen Fenster aus einen besseren Überblick zu verschaffen. Aber es war nichts weiter zu entdecken als diese riesige bedrohliche Wolke. Es war das erste Mal, dass wir so etwas zu sehen bekamen. Während der bisherigen Nachtangriffe hatte stets die Dunkelheit jene aufsteigenden Brandwolken verborgen. Gewiss, es spiegelte sich in ihnen stets der glutrote Schein des Flächenbrandes wider, aus dem sie aufstiegen, aber über das ganze beängstigende Ausmaß dieses Fanals hatte bisher immer die Nacht ihren Mantel gebreitet.

Es schien so, als wäre die neu erbaute Eisenbahnlinie, der sogenannte Güteraußenring, endlich in das Fadenkreuz der alliierten Angriffsplaner geraten. Immer öfter fielen jetzt Bomben außerhalb der Flächenbombardierungen entlang dieser Strecke. Gut, dass wir in Wildecks Bunker sicher saßen. Wenn alle zu Hause waren, herrschte allerdings drangvolle Enge in jenem zwei mal vier Meter in der Fläche und etwa zweieinhalb Meter in der Höhe messenden Raum. Der Eingang befand sich in der linken Seitenwand. In die rechte Längswand war ein von außen durch eine schwere Stahlklappe verriegeltes Fenster eingelassen. Entlang der beiden Längswände saß man sich während der Angriffe auf Gartenstühlen gegenüber: wir auf der dem Fenster gegenüberliegenden Seite, Wildecks nach dem Garten hin. Herr Wildeck hatte seinen Stammplatz genau vor dem Fenster. Mutter saß ihm gegenüber an der anderen Längswand. An und für sich galt jener Angriff, von dem ich nun berichten will, nicht unserem Viertel, aber unsere Mutter wurde plötzlich unruhig: „Herr Wildeck, das gefällt mir gar nicht, dass Sie so vor dem Fenster sitzen!" „Warum denn nicht, ist doch 'n Platz wie jeder andere!" „Ich weiß nicht, wenn das Fenster mal reinfliegt, kriegen Sie die ganzen Glassplitter in den Kopf!" Darüber konnte Herr Wildeck nur lachen. „Ist doch ganz sicher, das Fenster, sechs Riegel sind an der Klappe dran. Da passiert nüscht!" Aber Mutter ließ nicht locker und bettelte so lange, bis Herr Wildeck sich neben das Fenster setzte und auch sie, die an der anderen

Wand gegenüber dem Fenster saß, rückte beiseite. Nicht lange danach tat es einen mächtigen Schlag, die eiserne Luke wurde von einem heftigen Sog aufgerissen, und die nachfolgende Druckwelle schleuderte das Glas des Fensters mit solcher Wucht quer durch den Bunker, dass sich die Splitter tief in den Beton der gegenüberliegenden Wand bohrten. Herr Wildeck und Mutter wären von diesen Trümmern wie von Geschossen durchbohrt worden. Danach saßen wir erst einmal eine ganze Weile wie betäubt, unfähig, uns zu regen oder auch nur ein Wort zu sagen. Nur Waldi winselte, und das Petermätzel verfiel in sein übliches Gekrätsch. Kurze Zeit später, es war alles ruhig geblieben und wir hatten uns von dem Schreck erholt, machte sich Mutter mit Herrn Wildeck auf, um draußen nach dem Rechten zu sehen.

Als wir uns nach der Entwarnung in der Küche versammelten, teils um etwas zu trinken, teils um einen Happen zu essen, meinte Mutter: „Nee, so was, da hat doch der Herr Wildeck vorhin bei unserem Rundgang oben im Bad aus der Badewanne getrunken! Wenn er aufgeregt sei, bekäme er immer so 'n mächtigen Durst, meinte er. Ehe ich's verhindern konnte, hatte er schon ein Glas vom Bord genommen und sich seinen Erfrischungstrunk aus der vollen Badewanne geschöpft!" Mutter hatte am Abend ein Vollbad genommen und das Wasser in der Wanne zu Feuerlöschzwecken stehengelassen. „Wohl bekomms!", meinte Vater und stimmte einen noch aus den zwanziger Jahren bekannten Schlager an: „Lass mich dein Badewasser schlürfen!"[121] Mutter warf ihm einen ihrer strengen erzieherischen Blicke zu: „Aber Hans!"

Wir hatten wieder einmal großes Glück gehabt. Nur eine einzige Bombe war gefallen. Vielleicht war es ein gezielter Abwurf, um die Gleise der Bahn zu treffen, vielleicht aber auch ein Notabwurf. Jedenfalls war diese Bombe nur vier oder höchstens fünf Meter von unserem Haus entfernt niedergegangen, mitten auf das Abstellgleis. Die Wucht der Explosion hatte die Schienen haushoch aufgebogen, sonst war aber nicht viel passiert, abgesehen von einem mittleren Dachschaden und mehreren zerbrochenen Fensterscheiben. Da die Bombe genau vor der Hausecke eingeschlagen war, wurde der Explosionsdruck wie durch einen Bug geteilt und konnte so dem Haus keinen Schaden zufügen. Aber die Druckwelle hatte genügt, um die Riegel an der stählernen Fensterklappe unseres Bunkers aufzureißen und das Fenster in den Raum zu schleudern.

Es war erstaunlich, welch hohes Maß an Normalität man sich in dieser außernormalen Zeit noch erhalten hatte. Alles ging seinen gewohnten kriegsmäßigen Gang. Die zusätzlichen Tagesangriffe der Amerikaner waren unangenehm und beängstigend, für die Betroffenen bedrohlich oder tödlich, aber

Derartiges war man ja schon von den Nachtangriffen her gewöhnt. Man ging wie eh und je seiner Arbeit und seinem Vergnügen nach, freute sich samstags schon auf den freien Sonntag, wenn es nicht gerade ein Eintopfsonntag war. Konzert, Kino, Theater – die Stadt bot noch genug Zerstreuungen, wenn es nur nicht noch schlimmer kam.

Oma ging nicht mehr zur Arbeit. Die Schokoladenfabrik, in der sie als Freiwillige gearbeitet hatte, war während eines Bombenangriffs zerstört worden. In eine andere Fabrik mochte sie sich nicht mehr verpflichten lassen, sie war ja damals immerhin schon dreiundsiebzig Jahre alt, allerdings noch von der Rüstigkeit einer Dreiundsechzigjährigen, wie sie bei jeder passenden Gelegenheit voller Stolz betonte.

Vater war jetzt auch nicht mehr so eifrig dabei, auf der großen Europakarte in der Diele den Frontverlauf nach den täglichen Nachrichten mit seinen bunten Fähnchen neu abzustecken. Sondermeldungen gab es schon lange nicht mehr, und seit Stalingrad ging es an der Ostfront langsam, aber stetig zurück.

Die Aktentasche

An den Schichtunterricht hatten wir uns mittlerweile gewöhnt und auch daran, dass wir während der Tagesangriffe im Schulkeller Schutz suchen mussten. Unsere Lehrer setzten alles daran, uns trotz allem einen möglichst umfassenden Unterricht angedeihen zu lassen. Ich ging jetzt gern zur Schule, was nicht immer der Fall gewesen war. Schuld an meiner Schulbegeisterung waren die täglichen Straßenbahnfahrten nach Mariendorf hinein. Ich fuhr damals für mein Leben gern mit der Straßenbahn, vor allem auf dem hinteren Perron des letzten Wagens. Man hatte von dort aus nach hinten hinaus einen wundervollen freien Blick. Natürlich stand ich selten allein dort hinten. Der Fritz, der Malke, Rutenstrauch, Fritze, der Rindsfüßer, ach ich weiß nicht mehr, wer mir noch bei den Fahrten Gesellschaft leistete. Während einer der Fahrten ging es auf dem hinteren Perron besonders hoch her. Wir prahlten und protzten, knufften und pufften uns, erzählten uns Göring- und Goebbelswitze. Die neuesten Juden- und Tommywitze konnte der Fritze beisteuern, und der Fritz tat sich mit schweinischem Weiberkram hervor.

Ich hatte zu Weihnachten eine Aktentasche bekommen, eine Schultasche, die man mittels zusätzlicher Riemen in einen Ranzen verwandeln konnte. Es war echte Vorkriegsware aus bestem Leder. Die Eltern hatten seither darauf bestanden, dass ich diese Tasche als Ranzen trüge: „Du neigst sowieso zum

Buckel, da tut dir der Ranzen auf dem Rücken gut. Das hält gerade!" Ich fühlte mich als dreizehnjähriger Pimpf mit einem Ranzen auf dem Rücken wie ein Sextaner, so etwas war total unwürdig! Schließlich fruchtete meine andauernde Bettelei, ich durfte die Aktentasche nun auch als Aktentasche tragen.

An besagtem Tag, als es auf dem hinteren Perron des letzten Wagens der Linie 99 so besonders hoch herging, durfte ich zum ersten Mal meine Tasche in der Hand tragen. Mit stolzgeschwellter Brust erstieg ich die Straßenbahn, trotzdem stellte ich die Tasche während der Fahrt in einer Ecke des Perrons auf den Boden. Ich brauchte ja meine Arme, um mit ihnen in der Luft herumzufuchteln, während ich große Töne spuckte und meinen ganzen Vorrat an Amiwitzen erzählte. Dabei hätte die Tasche in der Hand ja nur gestört.

Wir waren während der Fahrt so miteinander beschäftigt, dass wir in Mariendorf beinahe unsere Haltestelle verpasst hätten. Also nichts wie runter von der Bahn, als sei der Teufel hinter uns her! Aber meine Tasche stand noch im hinteren Perron des letzten Wagens der Linie 99, und ich war mit den anderen schon ein paar Schritte über die Chaussee in Richtung Schule gegangen. Als „Klingkling", der Schaffner gerade das Zeichen zur Abfahrt gab, drehte ich mich um und hechtete auf die Bahn zu. Ich konnte jedoch nur noch ihren Rücklichtern nachschauen. Sie war unerreichbar für mich. Da begann nun ein ungleicher Wettlauf. Auf dem Gehsteig den Straßenbahnschienen folgend, gegen den Passantenstrom ankämpfend, über Kreuzungen hinweg, auch bei Rot, von Haltestelle zu Haltestelle. Oft war ich nahe daran, die Bahn zu erreichen. Doch stets ertönte, ehe ich heran war, das Klingeling des Schaffners, und die Bahn fuhr mir wieder davon. So ging es über den Teltowkanal hinweg bis nach Tempelhof hinein. Dort gab ich endlich nach Luft japsend auf. In der Klasse wird man jetzt über der für heute angekündigten Englischarbeit schwitzen, dachte ich, während ich auf die nächste 99 wartete. Na endlich, da kam sie! Der Schaffner hatte kein Einsehen mit mir, als ich ihm meine Misere erklärte, ich musste die Fahrkarte bezahlen. „Wo kämen wir denn da hin!" Bis zur Endstation Hackescher Markt kostete es fünfundzwanzig Pfennige, meine ganze Barschaft.

Am Hackeschen Markt wusste niemand etwas von einer gefundenen Aktentasche, und die Straßenbahn, in der sie liegen musste, war schon wieder unterwegs in Richtung Lichtenrade. Also rein in jene 99, mit der ich gerade angekommen war und die nun schon wieder zur Abfahrt bereitstand. Dieses Mal stieg ich allerdings in den ersten Wagen ein, denn dem unfreundlichen Schaffner mit seinem barschen „Wo kämen wir denn da hin!" mochte ich nicht noch einmal in die Arme laufen. Meine Taschen waren ja auch leer, wie sollte ich da eine Fahrkarte bezahlen? Fünfzig Pfennige bis zur Endstation Bahnhof Lichtenrade waren ein Vermögen. „Nur mit die Ruhe", meinte die Schaffnerin, die im vorderen Wagen Dienst tat und der ich meine missliche Lage schilderte. „Det kriejen wa schon!" Bevor die Fahrt begann, nahm sie mich mit ins Wageninnere, postierte mich im Mittelgang und erläuterte den schon anwesenden Fahrgästen meine Notlage. Neunzig Pfennige konnte sie mir aushändigen, nachdem sie alle Fahrgäste abkassiert hatte. Da blieben mir, nachdem ich meine Fahrkarte bezahlt hatte, also vierzig Pfennige übrig. „Die vier Jroschen darfste jetrost behalten, die sin für'n Schreck!"

In Lichtenrade hatte man die Tasche zwar gefunden, aber mit einem Zug der 25, der anderen von dort aus abgehenden Linie, gerade zum Fundbüro der Berliner Verkehrsgesellschaft geschickt. Vater hat sie später dort abgeholt und am nächsten Abend mitgebracht. Den Sturm im Wasserglas, den mein Aktentaschenabenteuer bei uns zu Hause verursacht hat, brauche ich wohl nicht extra zu beschreiben. So richtig glätteten sich die Wogen erst wieder, als ich nach einigen Tagen mit einer Zwei für die nachgeschriebene Englischarbeit nach Hause kam, eine von mir selten erreichte Note.

Urlaubstage in Lychen

Wie zäh und langsam schlichen doch die Wochen zwischen Pfingsten und dem Beginn der großen Ferien dahin! Aber nun war endlich Ferienzeit: sechs Wochen, und eine Woche davon Urlaub! Ein Wermutstropfen trübte allerdings die Ferienfreude: Unser Gastspiel zu Hause würde bald zu Ende sein. Ein neues Lager rief, dieses Mal sollte es in das Protektorat Böhmen und Mähren gehen.[122] Wohin genau, das war noch ungewiss. Mir wollten die Eltern das erneute Lagerleben allerdings ersparen. Ich kränkelte, neigte zum Buckel und sowohl zu körperlicher wie nervlicher Schwäche. Außerdem stellte der Amtsarzt, dem ich zwecks Lagerbefreiung vorgestellt wurde, eine beginnende Trichterbrust bei mir fest.

Die Tatsache, dass ich anstatt ins Lager gemeinsam mit Oma zu Onkel Otto und Tante Erna nach Falkenstein geschickt werden sollte, löste bei mir keine Begeisterungsstürme aus. Onkel Otto hatte bei seinen Besuchen in Gefell nie einen Hehl daraus gemacht, dass er mich für einen Schwächling hielt. „Ein Junge, der keinen Klimmzug zustande bringt und nach zwei Liegestützen schon schlapp macht, na Schwamm drüber!"

Vorerst stand zum Glück erstmal Urlaub in Lychen[123] bei Onkel Rudi und

Tante Lotte auf dem Ferienplan. Onkel und Tante im echten, familiären Sinn waren sie nicht. Wir nannten sie nur so, weil sie zum engsten Freundeskreis unserer Eltern gehörten. Onkel Rudi war ein waschechter Vogtländer und kam, wie die Eltern, aus dem „Wandervogel". Er hatte uns schon in Gefell regelmäßig besucht und war ein lustiger, stets fideler Geselle, einige Jahre jünger als Vater. Tante Lotte war relativ neu in diesem Kreis. Onkel Rudi hatte sie erst vor einigen Jahren kennengelernt und 1939 zur Frau genommen.

Auch in Lychen entließ uns der Krieg nicht aus seinem Bann. Sogar hier, weitab jeder größeren Stadt, gab es zwei- oder dreimal während unserer Ferienzeit Fliegeralarm, einmal davon sogar am hellichten Tag. Gott sei Dank flogen die Bomber nur in großer Höhe über uns hinweg anderen Zielen zu, Pulk auf Pulk, ihre Kondensstreifen hinter sich herziehend. Auch sonst wurden wir fast täglich an den Krieg erinnert, denn in Lychen gab es ein Erholungsheim für kriegsversehrte Angehörige der Waffen-SS. Im Hallenbad am Stettiner Bahnhof in Berlin hatte ich die ersten verstümmelten Soldaten gesehen. Es war noch gar nicht solange her, dass Rainer dort einen Schwimmkurs absolviert hatte und ich ihn dabei begleiten durfte. Stets traf man Verwundete dort, die von Schwestern begleitet das Schwimmen als Aufbausport betrieben. Ich erinnere mich noch an einen Beinlosen, dessen Oberschenkelstummel gerademal so lang waren wie die Breite zweier Männerhände. Auf den an sie geschnallten Lederpolstern bewegte er sich auf die Hände gestützt und mit dem Körper schwingend recht gewandt fort. Mich interessierte das natürlich unbändig, deshalb steht mir das Bild dieses Menschen heute noch so klar vor Augen.

Lychen erschien uns wie ein Paradies. Die Landschaft war vergleichbar mit Krössinsee: Es gab Moränenhügel, dazwischen versteckte, von Kiefern- und Eichenwäldern umsäumte Seen und überall Sand, Sand und nochmals Sand. Das Städtchen mit seiner mittelalterlichen Silhouette, am Ufer des Oberpfuhl-Sees gelegen, nach diesem hin durch eine uralte Mauer geschützt, schien wie aus einem Kupferstich von Merian[124] in unsere Zeit gezaubert. Jedesmal sagte unsere Mutter, wenn wir von jenseits des Sees nach Lychen herüberruderten, und dabei hatte sie stets einen verzückten Ausdruck im Gesicht: „Guck mal Hans, dieses Lychen, fast so schön wie Nürnberg, weißt du noch, damals?" Vater antwortete stets darauf: „Viel schöner, Rosel, viel schöner!"

Dem Ufer des Sees folgte im Lychener Stadtgebiet ein befestigter Weg. Auf ihn hinaus führten unzählige in die Stadtmauer eingelassene Gartenpforten, und vor jeder Pforte ragte ein hölzerner Bootssteg in den See hinaus. Nicht nur die Bewohner der höhergelegenen Häuser gingen dort ein und aus, sondern auch Herden von Gänsen und Enten, die sich tagsüber im See tummelten oder den Anger des Ufers abweideten. Die Haupteingänge aller an den See grenzenden Anwesen lagen nach vorn, nach der Straße zu. Von hinten her, von den Seepforten aus gelangte man über Treppensteige nur in die zu den Häusern gehörenden Gärten und weiter nach der Straße hin in die Höfe mit ihren Stallungen und Werkstätten. Dies würde also für die nächsten vierzehn Tage unsere Heimat sein.

Kollin hießen die Leute, die uns Herberge boten, und Tante Lotte war ihre Tochter. Wir saßen im Kollin'schen Garten auf unserem Lieblingsplatz, einer von Geißblatt umrankten Laube über der Seemauer. Es war am späten Nachmittag. Wir waren den ganzen Tag über drüben auf der anderen Seeseite gewesen und hatten in den Grenzwäldern der Schorfheide wandernd die schönsten Gelbschwämmeln gefunden, einen ganzen Rucksack voll. Wir genossen den Blick über den See und putzten die duftenden Pilze. Nachher würden Tante Lotte und Mutter uns allen aus ihnen ein sommerliches Abendbrot bereiten.

Nicht nur Pfifferlinge boten uns die einsamen Wälder jenseits des Sees. Auch alle Sorten sommerreifer Waldbeeren fanden wir in ihrem Schatten. Köstlich duftende wilde Erdbeeren zum Beispiel in solcher Fülle, dass man binnen kürzester Frist seine Krüge mit den kleinen hocharomatischen Früchten füllen konnte. So manches Abendbrot bestand damals nur aus einer großen Schüssel eingezuckerter Walderdbeeren mit frischer Ziegenmilch aus dem Kollin'schen Stall, dazu duftendes Mühlenbrot, natürlich auf Marken, und frische Butter, die wir ohne Marken bei einem benachbarten Bauern ergattert hatten. Unsere Mutter konnte sich nicht genug tun, gerade diese Butter zu loben: „Hm, eine Köstlichkeit, fast so gut wie damals die Almbutter bei Schneebergers in Mayrhofen! Weißt du noch, Ditt? Man schmeckt direkt die Sahne raus." „Und das gute Heu", ergänzte dann Vater meistens.

Mir gefiel die ewige Beerenpflückerei gar nicht. Brombeeren, Blaubeeren, Preiselbeeren, Mutter konnte nicht genug davon bekommen. Jeden zweiten Tag ruderten wir mit dem Kahn unserer Wirtsleute über den See hinüber, um in den Wäldern am anderen Ufer alle verfügbaren Kannen mit der markenfreien Waldernte zu füllen. „Wer weiß, wie lange der Krieg noch dauert und was man hat, das hat man!" Abends stand Mutter dann mit Tante Lotte in der Küche des Kollin'schen Hauses und kochte den ganzen Segen ein. Die Weckgläser dazu waren eine Leihgabe der liebenswürdigen Mutter Kollin. Onkel Rudi wird später den ganzen eingeweckten Erntesegen während einer Berlinfahrt im Mühlenauto mit nach Lichtenrade transportieren.

In Lychen wohnten noch andere Freunde unserer Eltern: Ganges, die Mühlenbesitzer. Karl Gang, der Müller, war aus dem fernen Marburg hierher nach

Lychen gekommen. Auch er war ein Wandervogel gewesen und spielte die Gambe. Wie fast alle Müller war er ein geschickter Holzwerker. Ich habe ihm gern beim Schnitzen zugeschaut, wenn er nach Feierabend in der zu jeder Mühle gehörenden Stellmacherwerkstatt saß und aus roh zurechtgesägten Hölzern kleine schlichte Bildnisse schuf. Gewiss, es waren keine Kunstwerke, die unter seinen Händen entstanden, aber schöne Ziergegenstände.

Die Lychener Mühle war für damalige Verhältnisse ein moderner Bau und für uns Kinder trotzdem voller Geheimnisse. Das Schönste an diesem Mühlenbetrieb war der dazugehörige Lastwagen, ein sogenannter Holzvergaser. Sein umgebauter Motor wurde statt durch Dieselöl durch Kohlenmonoxyd angetrieben. Dieses Gas entstand in einem auf der Ladefläche gleich hinter dem Führerhaus neben der Plane stehenden Gasofen, in dem Hartholzwürfel verglüht wurden. Das war eine Erfindung der Kriegszeit, welche vielerorts noch bis weit in die Nachkriegszeit hinein in Gebrauch war. Onkel Rudi, der wegen eines Beinschadens vom Kriegsdienst freigestellt war, war also nicht nur Mühlenchauffeur, sondern zugleich auch Kohlenbrenner. Es war unsäglich, wie klagend und schnaufend der alte Motor unter diesen Bedingungen seinen Dienst tat, wie schneckenhaft das Vehikel, Mühlenauto genannt, über die Landstraßen schlich, wie oft Onkel Rudi anhalten, auf die Ladefläche steigen und den qualmenden Holzvergaser nachstopfen musste. Zweimal durften Rainer und ich mit ihm auf Tour gehen. Von Bäckerei zu Bäckerei ging dann die Fahrt. Wie ein alter Fahrensmann spann Onkel Rudi sein Seemannsgarn, während er den klapprigen Laster über die schattigen Alleen von Dorf zu Dorf lenkte. Wenn wir nach unserer Heimkehr dann am gemeinsamen Abendbrottisch saßen und von unseren Erlebnissen berichteten, natürlich auch Onkel Rudis abenteuerliche Geschichten zum Besten gaben, geschah es, dass Tante Lotte ihren Mann mit einem seltsam innigen Lächeln bedachte: „Haste wieder mal det Blaue vom Himmel heruntergeflunkert, du alter Schwede!" Darauf er: „Nicht das Blaue, Lottchen, nur 'n ganz kleines, weißes Wölkchen, zu mehr hat's nicht gereicht."

„Kinder, morgen geht's ins Fegefeuer!" Das waren keine guten Aussichten, dennoch haben wir fest und ruhig geschlafen in jener Nacht, denn wir wussten ja, dass wir nicht im Fegefeuer brennen würden. Jener Ort war nämlich nichts anderes als eine besonders einsame und düstere Stelle in den weiten menschenleeren Forsten jenseits des Sees. Es sollte unser letzter großer Ausflug werden. Das Schönste daran war: Mutter hatte uns fest versprochen, dass keine einzige Beerenkanne mitgenommen würde. Jede Blaubeere, die wir fänden, dürfte sofort gegessen werden!

Über dem See stand noch der Morgennebel, als wir am nächsten Tag in aller Frühe den Kollin'schen Kahn beluden. Zwei große Picknickkörbe und etliche Saftflaschen wurden verstaut, Mangel würden wir also nicht leiden. Sogar Kuchen und Spitzbohnenkaffee[125] in zwei Thermosflaschen hatten wir dabei. Unsere Mutter ohne ihren Nachmittagskuchen, das wäre wohl nicht gegangen! Onkel Rudi, der mit von der Partie war, meinte, bevor die Fahrt losging: „Habt ihr auch die Lanzen dabei, ihr beiden Indianer?" Damit meinte er Rainer und mich. Als wir ihn verwundert anschauten, fuhr er fort: „Da drüben ist's nicht geheuer! Wo wir heute hinfahren, ist die Schorfheide nicht mehr weit, da gibt's Wisente und Auerochsen, kann schon sein, dass wir einen von denen treffen und der uns auf die Hörner nehmen will!" „Aber Rudi, du bist wieder mal der reinste Lügenbaron!" Tante Lotte, die schon im Kahn saß, schüttelte missbilligend, aber durchaus freundlich den Kopf. Rudi ließ sich jedoch nicht irritieren, bückte sich und nahm zwei lange, kräftige Stangen auf, die er von oben aus dem Schuppen mitgebracht hatte. „Hier!" Dabei zeigte er auf die spitzen, eisenbeschlagenen dickeren Enden dieser Stangen: „Damit schlag ich jeden Auerochsen und jeden Wisent in die Flucht!" Tante Lotte schüttelte nur noch ihren Kopf und schnalzte mit der Zunge: „Ts, ts, ts, Rudi, Rudi!" Später, als wir durch enge Kanäle von einem See in den anderen fuhren, zeigte es sich, dass diese Lanzen nichts weiter als Stangen waren, mit denen das Boot auch noch durch das schmalste Fließ gestakt werden konnte.

Was wäre unser Urlaub in Lychen ohne diesen Kahn gewesen? Fast täglich fuhren wir mit ihm über den See. Oft ruderte uns Tante Lotte nur hinüber und brachte das Gefährt dann zurück an den sicheren Bootssteg vor der Kollin'schen Seepforte, während Vater, Mutter, Rainer und ich zu längeren Wanderungen in das angrenzende Naturschutzgebiet aufbrachen. Kamen wir zurück, so genügte nur ein lauter Ruf, und unsere Fährfrau Lotte ruderte herüber, um uns abzuholen.

Es war unbegreiflich, dass unter dem gleichen Himmel beides möglich war: hier, umsorgt von liebenswürdigen Menschen, ein Leben wie im Paradies oder wie auf einer Insel des Friedens, und dort, nur ein paar Kilometer entfernt, fast zum Greifen nahe, jenes Lager, jene Hölle: Ravensbrück! Wir hatten auf der Herfahrt vom Zug aus am Bahndamm die Arbeitskolonne gesehen, jene Elendsgestalten in ihren gestreiften Häftlingskleidern, bewacht von schwerbewaffneten Flintenweibern, scharfe Schäferhunde an den Leinen haltend. Konzertlager nannten die Leute diese Stätte des Grauens verharmlosend, wenn, was selten genug geschah, die Sprache einmal auf dieses Konzentrationslager für Frauen kam.[126]

Eines Tages habe ich Vater, Mutter und Lotte heimlich belauscht, als sie über dieses Lager sprachen. Es geschah während eines Ausflugs. Wir waren wieder einmal mit dem Boot unterwegs. Zur Mittagszeit rasteten wir in einer stillen, einsamen Bucht des Leistsees. Während Rainer sich im Wasser vergnügte, hatte ich mich mit einer Zauneidechse angefreundet, die einen der sonnenwarmen Steine bewohnte, die nicht weit vom Wasser entfernt im Heidekraut lagen. Bewegungslos und zeitverloren saß ich beobachtend bei dem Tierchen. Zwar war es bei meiner Annäherung blitzschnell unter seiner Steinburg verschwunden, tauchte aber nach einigen Augenblicken vorsichtig nach allen Seiten sichernd wieder auf und erklomm erneut den wärmenden Stein. Da lag sie nun sonnenbadend, ab und zu nach vorbeifliegenden Insekten schnappend, durch gelegentliches leichtes Drehen ihres Kopfes die Umgebung betrachtend. Auch mich maß sie dabei mit ihren goldglänzenden Augen. Plötzlich verließ sie ihren Stein. Ehe ich mich versah, glitt sie über meine auf eine Wolldecke gestützte Hand und kletterte so flink, wie es nur eine Eidechse vermag, meinen Arm hinauf, fast bis zur Schulter. Die Erwachsenen saßen währenddessen nicht weit von mir entfernt und unterhielten sich leise. Ihren Gesichtern sah ich an, dass sie sich mit einem ernsten Thema beschäftigten, und als dann das Wort Konzertlager fiel, wurde ich hellhörig. Dieses Lager, diese schwarzweiß gestreiften, schwer arbeitenden Frauen, diese Wache haltenden Flintenweiber mit ihren Bluthunden, mir wäre es lieb gewesen, ich hätte von diesem allem nie etwas sagen hören noch es je zu Gesicht bekommen. Warum kamen mir später, wenn mich diese Bilder wieder einmal bedrängten, stets zugleich auch jene grauen Gesichter in den Sinn, die gespensterhaft aus den mit Stacheldraht bespannten Luken der Viehwaggons starrten, wenn wieder einmal einer jener Menschentransporte auf dem Abstellgleis der Bahnlinie vor unserem Lichtenrader Küchenfenster stand? Auch jetzt noch, in dem Augenblick, da ich dies schreibe, sehe ich wieder beide Bilder vor meinem inneren Auge: jene Schwerstarbeit leistenden Frauen, schwarzweiß gestreifte Elendsgestalten, und die schier endlosen Züge mit den grauen Gesichtern hinter dem Stacheldraht der Lüftungsluken der Viehwaggons. Es ist bis heute ein Schandfleck in der sonnigen Erinnerungslandschaft dieses letzten gemeinsamen Sommerurlaubs.

Als wir zurück in Lichtenrade waren, begann für Rainer und mich sehr bald wieder der ganz normale Kriegsalltag. Rainer rückte mit der Ulrich-von-Hutten-Schule in ein neues KLV-Lager ein. Dieses Mal verschlug es die Schule ins Protektorat Böhmen und Mähren. Das Lager nistete sich auf dem Hostein ein, einer oberhalb des Städtchens Bistritz gelegenen weithin bekannten

Pilgerstätte.[127] Mir blieb vorläufig das Lagerleben erspart. Statt ins KLV-Lager wurde ich zu Onkel Otto und Tante Erna nach Falkenstein im Vogtland[128] geschickt. Meine Oma, die Mutter von Onkel Otto, begleitete mich dorthin.

Falkenstein

Im Herrenzimmer hing tagaus, tagein der Duft kalten Zigarrenrauchs. Er hatte sich in den schweren blauen Portieren vor den Fenstern festgesetzt, nistete im blauen Plüsch der kubisch steifen Clubsessel, ja selbst auf den Schnitzereien der tiefbraun gebeizten Eichenmöbel schien er sich niedergelassen zu haben. Er gehörte zu diesem Zimmer wie eine nicht zu tilgende dunkle Erinnerung. Dies war Onkel Ottos Reich. Hier hielt er, nachdem er seine tägliche Verdauungszigarre geraucht und dabei den Völkischen Beobachter gelesen hatte, auf der Couch liegend sein Mittagsschläfchen, hier korrigierte und bewertete er am Schreibtisch sitzend die Arbeiten seiner Schüler, hier empfing er auch seine Freunde. Meist waren es Kollegen aus der Studienzeit, Künstler und Sportkameraden.

Im Herrenzimmer tagte außerdem einmal im Monat Tante Ernas Kaffeekränzchen, alles honorige Damen. Leider habe ich während meiner Falkensteiner Zeit nur deren Stimmen kennengelernt, denn an den Kränzchentagen war Oma und mir in der Zeit zwischen drei und sechs Uhr am Nachmittag das Betreten des Herrenzimmers nicht gestattet. Auch sah es Tante Erna nicht gern, wenn wir uns während jener Stunden in der Wohnung zeigten.

„Du mit deiner Dienstmädchenmentalität!" Wie oft musste ich mit anhören, dass Tante Erna oder Onkel Otto unserer Oma ihre Herkunft vorwarfen. Natürlich hat sie dies gekränkt, wenn sie es auch kaum zeigte. Waren wir nach derartigen Auftritten dann in unserem Stübchen allein, so konnte es schon geschehen, dass sie sich ein paar Tränen aus den Augen wischte und vernehmlich in eines ihrer zurechtgeschnittenen Zeitungsblättchen schnäuzte, die in kleinen Stapeln unter den Kissen aller Stühle unseres Zimmers verteilt lagen. „Eine Zumutung, diese Schwiegermutter! Und der Neffe erst gar, na, ewig werden sie uns ja nicht auf der Pelle hocken!", so Tante Ernas Meinung über uns.

Meistens verbrachten wir also die Kränzchennachmittage in der kleinen, an das Herrenzimmer angrenzenden Kammer. Dies war ehemals Cousine Giselas Mädchenzimmer gewesen. Hier bereitete Oma auf ihrem zweiflammigen Spirituskocher unsere einfachen Mahlzeiten zu, denn: „Zwei Dienstmädchen in meiner Küche, das halte ich nicht aus, mir reicht schon unsere Agathe, koche du lieber in eurem Zimmer, Mutter!" So hatte Tante Erna gleich zu Beginn unserer Falkensteiner Zeit die Verhältnisse klargestellt.

Den ersten großen Krach hatte es schon kurz nach unserer Ankunft gegeben. Schuld daran waren die Bratkartoffeln, die uns Oma an einem der Kränzchentage mittags zubereitet hatte. Da die Tür von unserer Kammer aus ins Herrenzimmer nicht dicht schloss, hing im Herrenzimmer, als die Kränzchendamen kamen, neben Onkel Ottos kaltem Zigarrenqualm auch noch unser Bratkartoffelduft in der Luft. „Eine Zumutung, dieses Tagelöhnerparfüm!", meinte Tante Erna.

Eines Tages, nach einer der üblichen Streitigkeiten zwischen den beiden so unterschiedlichen Frauen, platzte Oma endlich der Kragen: „Liebe Erna, das schreib dir mal hinter die Ohren: Einen Oberstudienrat zu heiraten ist keine Kunst, aber einen solchen großzuziehen, das mach mir mal nach!" Tante Erna stand einige Sekunden lang wie versteinert unserer Oma gegenüber, dann machte sie auf der Stelle kehrt und verschwand, die Türe hinter sich zuschlagend, ins Schlafzimmer. Ich war eben aus der Schule gekommen und strebte gerade unserem Zimmer zu, als die beiden Streithennen sich im Vorsaal der Wohnung trafen. In die Nische der Herrenzimmertür gedrückt, konnte ich den kurzen heftigen Auftritt genau beobachten. Eine ganz neue Oma zeigte sich mir. Noch nie hatte ich solch einen triumphierenden Ausdruck in ihrem Gesicht gesehen wie jetzt, als sie kurz nach mir unsere Kammer betrat. Nach dem Mittagessen wurde ich von Onkel Otto kurzerhand hinunter auf die Straße geschickt. Es muss, während ich mich unten vor der Haustür langweilte, eine heftige Auseinandersetzung zwischen den drei Erwachsenen gegeben haben. Als ich wieder nach oben in die Wohnung zurückkam, würdigten mich Tante Erna und Onkel Otto keines Blickes, und Oma lag still vor sich hin weinend in ihrem Bett in unserer Kammer.

Am Abend jenes Tages saßen Oma, Tante Erna und Onkel Otto dann lange im Wohnzimmer beieinander. Sie unterhielten sich anfangs laut und heftig. Ich wäre zu gern noch einmal aus dem Bett gestiegen, um an der Tür zu lauschen, denn es gibt für ein neugieriges Kind ja nichts Interessanteres, als wenn Erwachsene sich streiten. Leider bin ich über diesem Wunsch eingeschlafen. Sie müssen damals ein versöhnendes Gespräch geführt haben, denn das Verhältnis der beiden Frauen zueinander besserte sich seit jenem Tage zusehends. Auch Onkel Otto behandelte fortan meine Oma so, wie ein erwachsener Sohn seine alte Mutter behandeln sollte: bei aller Überlegenheit rücksichtsvoll und verzeihend. Gelegentlich konnte man von seinem Gesicht sogar ablesen, dass er diese alte Frau liebte.

„Also Mutter, so geht's nicht weiter, dass ihr hier, in dieser engen Kammer zusammen haust, du und der Dieter! Derartige Zustände kann ich mir als Amtsperson nicht leisten. Ich komme ja ins Gerede bei den Leuten. Wenigstens schlafen muss der Dieter woanders." „Ja wo denn, um Gottes Willen?" „Na oben in der Bodenkammer, wo denn sonst?" Onkel Otto stand auf der Schwelle unserer Kammertür und füllte mit seiner Sportlerfigur deren ganzen Rahmen aus. Das Mittagessen war vorüber, Onkel Otto hatte bereits seine Verdauungszigarre geraucht, den Völkischen Beobachter gelesen und wollte vor seinem Mittagsschläfchen diese heikle Angelegenheit hinter sich bringen. Warum hatte man mich, als wir vor ein paar Wochen hier eingezogen waren, nicht gleich hinauf in die Bodenkammer gesteckt? Oma rieb sich jeden Abend vor dem Schlafengehen mit stark duftenden Rheumasalben ein, außerdem schnarchte sie wie ein Holzknecht und hatte nachts oft heftige Blähungen. Es war also nicht gerade ein Vergnügen, mit ihr in dieser engen Kammer zu schlafen.

Hier oben unter dem Dach, in der Bodenkammer, war ich jetzt also zu Hause. Ich hatte nun mein eigenes Reich, in das ich mich zurückziehen konnte, wenn ich einmal allein sein wollte. Heimelig war es hier, zugleich aber auch gruselig, weil ich als Einziger in dem Dachgeschoss wohnte. Alle anderen Bodenkammern waren unbewohnt. Außerdem lagerte in meinem neuen Domizil allerhand abgestellter Krempel, wie es in derartigen Abstellkammern der Brauch ist. Vor allem die Fechtmaske flößte mir Angst ein. Sie lag wie ein abgeschlagener Kopf auf der Kommode, die an der Wand gegenüber meinem Bett stand. Ihr aus Draht geflochtener Gesichtsschutz hatte an einer Stelle schon Rost angesetzt. Es sah aus, als wäre dort Blut angetrocknet. Die beiden Degen, die gekreuzt darüber an der Wand hingen, interessierten mich da schon eher, desgleichen die Schirmmütze in den bunten Farben irgendeiner Burschenschaft, die zwischen ihnen an einem Nagel baumelte. Auch ein bemalter gläserner Bierkrug mit Zinndeckel weckte mein Interesse. Er stand neben der Fechtmaske auf jener Kommode. „Treu seys Panier!", war in verschnörkelter Schrift auf dessen Vorderseite geschrieben, darunter prangte eine gemalte Fahne in den Farben der schon erwähnten Schirmmütze. Es waren alles Erinnerungsstücke aus Onkel Ottos Studentenzeit.

Was mich in meiner neuen Behausung anheimelte, war das ständige Klappern der Schieferplatten auf dem Dach über mir. Sobald sich draußen nur das geringste Lüftchen regte, erfüllten sie den Bodenraum mit ihrer eigenartigen Musik. Es war hier oben wie in längst vergangenen Gefeller Zeiten, wenn Rainer und ich oben bei der Oma in der schmalen Kammer neben deren

Wohnzimmer schliefen. Auch dort gehörte das Klappern der Schieferplatten auf dem Dach über uns zur allabendlichen Einschlafmusik.

Bescheiden war mein neues Zuhause, klein und unter die Dachschräge gezwängt. In der Schräge war etwa in Kopfhöhe das einfache Bodenfenster eingelassen, durch das in klaren Nächten der Mond einen wandernden Lichtfleck auf die Dielen warf und auf dem im Winter eine dicke Schneeschicht lag. Keine Lampe gab es hier oben, keine Steckdose, mit der man sich hätte behelfen können. Mir gefiel es hier aber trotzdem. Ich genoss das Leben in der Bodenkammer wie ein Abenteuer. Sofort nach meinem Einzug hatte ich das Inventar der Kammer einer genauen Prüfung unterzogen. Außer einem Karton voller alter Briefe und einem verstaubten Buch fand sich allerdings nichts, was für mich interessant gewesen wäre.

Die Briefe stammten von Onkel Otto. Er hatte sie seiner damaligen Braut, der jetzigen Tante Erna, vor vielen Jahren geschrieben. Es waren alles Liebesbriefe, wohlgeordnet und bündelweise in rosa Seidenbändchen geschnürt. Onkel Otto zeigte sich in diesen frühen literarischen Ergüssen nicht anders als alle anderen verliebten Gockel auch. Natürlich habe ich einen großen Teil dieser Briefe gelesen, bis zu dem verhängnisvollen Tag, an dem die Putzfrau ganz außer der Reihe in meiner Bodenkammer aufräumte und den Fußboden scheuerte. Warum hatte ich auch gestern den zuletzt gelesenen Brief nicht sofort wieder zurück in den Karton gelegt und diesen in jener alten Truhe verstaut, wie ich es sonst immer tat? Natürlich hat die Putzfrau den Brief unter der Fechthaube gefunden, wo ich ihn vorübergehend versteckt hatte. Dass sie mit diesem Fundstück sofort zu Tante Erna heruntergelaufen kam und ihr das heikle Papier aushändigte, war auch allzu natürlich.

Als ich an jenem Tag aus der Schule kam, ahnte ich sofort, dass sich ein drohendes Gewitter über mir zusammengebraut hatte. Oma lag in ihrem Bett und schaute mich mit leeren, verweinten Augen schweigend an. Es war kein Mittagessen gekocht, wo ich doch solch einen Bärenhunger hatte! Ich konnte gerade noch meine Schultasche ablegen, da rief mich von nebenan aus dem Herrenzimmer Onkel Otto zu sich, und als ich verschüchtert zu ihm trat, meinte er nur: „Was hast du mir dazu zu sagen?" So hart wie sein Gesichtsausdruck war auch der Klang seiner Stimme. Er stand am Schreibtisch und zeigte auf den darauf liegenden Briefkarton. Was sollte ich ihm dazu sagen, außer der Wahrheit? Es war ja allzu offensichtlich, dass sich unbefugte Hände mit dem Inhalt dieses Kartons beschäftigt hatten. Die von mir unter den Briefen gestiftete Unordnung war nicht zu übersehen.

Etwas anderes, durchaus Bedrohliches, lag außerdem auch noch auf dem

Schreibtisch bereit, nämlich jener Rohrstock, der sonst in der Gartenlaube links neben der Eingangstür hing. Es war ein vornehmer Rohrstock. Eines seiner Enden war zu einer Art Handgriff umgebogen. Wie ein Säbelgriff sah dieses Ende aus. Ich hatte, wenn ich wieder einmal von Onkel Otto zum Jäten in den Garten abkommandiert worden war, mit diesem schlanken, federnden Stock oft gegen die Brennnesseln gefochten, die sich im Eck beim Komposthaufen allen Vernichtungsaktionen der Putzfrau zum Trotz behaupteten. Gut lag er in der Hand, dieser Säbelstock, und unter seinen Hieben starben meine grünen, hoch aufgeschossenen Widersacher in ihrem gefährlich gezackten Blätterkleid reihenweise den Heldentod.

Beim bedrohlichen Anblick des Rohrstocks auf Onkel Ottos Schreibtisch wanderten meine Gedanken unwillkürlich zu jener Gartenlaube, in der er sonst seinen Platz hatte. Am anderen Türposten der Laube hingen Tante Ernas Gartenkittelschürze und daneben ein leichtes, jugendliches Sommerkleidchen, rot mit weißen Punkten bedruckt und besetzt mit ebenfalls weißen Spitzenrüschen. Es gehörte sicherlich Cousine Gisela. Wie alt mochte sie jetzt eigentlich sein, diese Gisela, siebzehn oder gar schon achtzehn? Ja, achtzehn war sie unter Garantie, denn sie hatte bereits ihr Abitur gemacht und paukte auf der Kolonialfachschule in Hamburg. Ist doch klar, dass der Führer uns die Kolonien zurückerobert! Da braucht er gut ausgebildete Kolonialbeamte, die die Nigger das Fürchten lehren, ihnen aber auch Kultur beibringen. Erst neulich hatten wir beim Jungvolk darüber gesprochen.

Ich war oft und gern hier draußen in der Schrebergartenanlage, auch wenn ich nicht zum Jäten abkommandiert worden war. Wenn alle ihr Mittagsschläfchen hielten, konnte ich sicher sein, im Garten vollkommen ungestört zu bleiben, wenigstens zwei Stunden lang, bis Onkel Otto ausgeschlafen hatte, dann konnte es schon sein, dass er hier herauskam. Ich machte mich, wenn ich mich in den Garten verzog, meistens ein bisschen nützlich, jätete, wo es nötig war, oder besser gesagt, wo es jedem sofort ins Auge fallen musste, und las gelegentlich die Falläpfel auf. Tante Erna und Onkel Otto hatten es gern, wenn ich mich während der Zeit ihres Mittagsschläfchens hier draußen im Garten beschäftigte. So hatten sie ihre Ruhe vor mir, und ich tat etwas Vernünftiges.

Gelegentlich kam ich während der einsamen Mittagsstunden hier draußen im Garten allerdings auf recht seltsame Ideen. Das hübsche rote, weißgepunktete Sommerkleidchen mit seinen ebenso weißgefärbten Rüschen hatte es mir besonders angetan. Es regte meine Fantasie auf wundersame Weise an, was ich von Tante Ernas giftgrüner Kittelschürze nicht sagen kann, zumal ich Tante Erna schon des Öfteren mit diesem unmöglichen Kleidungsstück angetan hier im Garten hatte arbeiten sehen, ein Anblick zum Weggucken, nicht gerade fantasieanregend, obwohl, das muss ich sagen, Tante Erna damals noch recht ansehnlich war. Früher, als bräutlich junges Mädchen, muss sie sogar sehr hübsch, wenn nicht gar schön gewesen sein, wenn man dem Foto glauben darf, das auf Onkel Ottos Schreibtisch stand.

Als ich an einem der letzten sonnig warmen Septembertage draußen im Garten war, in dem sich unter dem alten Birnbaum Schwärme gefährlich summender Wespen an den im Grase liegenden überreifen Früchten gütlich taten, überkam es mich plötzlich. Ich hatte mich bereits eine Weile auf dem speckigen Ledersofa herumgelümmelt, das fast die ganze Rückwand des Hüttenzimmers einnahm und träumte wieder einmal meine verbotenen Träume. Die schwarzzöpfige Edith aus Krössin spukte diesmal in meinen Fantasien herum. Bis zum Mäuschenspiel sind wir allerdings nicht gekommen, denn vorher überkam mich plötzlich eine absonderliche Lust. Es war wie ein Zwang, der mich vom Sofa aufstehen und das rote, weißgepunktete Sommerkleidchen vom Nagel nehmen hieß. Was fühlt ein Mädchen eigentlich unter ihrem Rock, wenn es solch ein luftiges Kleidchen trägt? Idiotische Gedanken! Trotzdem waren Hemd, Unterhemd und Hose im Nu ausgezogen! Wie zieht man solch ein Kleid eigentlich an? Stimmt, über den Kopf. So hat es jedenfalls Meta in Palmnicken immer getan, übrigens die einzige weibliche Person, der ich bisher beim An- und Ausziehen zuschauen durfte, Oma ausgenommen, aber die zählt hier nicht. Das Kleidchen war ein bisschen zu groß für mich. Da stand ich nun, ein deutscher Pimpf im Weiberrock. „Schämen sollst du dich, sowas zu machen!", dachte ich, aber prickelnd war es doch, und wenn mich nicht alles täuschte, haftete dem Kleid noch ein hauchzarter Lavendelduft an.

Plötzlich hörte ich draußen vor der Gartentür die Stimme der Putzfrau. Was will die denn hier, jetzt um diese Zeit? Ach so, Pappelstöcke, also Löwenzahn stechen. Die Kuhhasen haben wieder mal Hunger auf frisches Grün. Die Putzfrau darf das und hat jederzeit freien Zutritt zum Garten. Zu dumm, dass ich den Schlüssel zur Gartenlaube von außen im Schloss habe steckenlassen, nicht auszudenken, wenn die jetzt hier hereinplatzt und mich so sieht, einen deutschen Pimpf in einem Mädchenkleid! Zum Glück ist sie der Nachbarin zur Rechten in die Arme gelaufen, bevor sie unseren Garten betreten konnte. Da haben sich nun zwei Klatschtanten gefunden. Das gab mir Zeit, um mich in einen deutschen Jungen zurückzuverwandeln. Also über den Kopf mit dem Mädchenfummel und an den Nagel damit, Hemd und Hose an, kurz mit den gespreizten Fingern durchs Haar gestrichen, fertig! „Heil Hitler, Frau Schmerler! Darf ich Ihnen 'n paar Pappelstöcke stechen?" „Dieter, was machst du denn hier?" Die Putzfrau war baff und von den Socken, wie wir Jungs bei solchen Gelegenheiten zu sagen pflegten. „Der ist oft hier", meinte die Nachbarin, „'n fleißiger Junge! Der Neffe vom Direx! Aber das wissen Sie ja besser wie ich." „Na klar", meinte darauf die Putzfrau und reichte mir den Korb über das Gartentor. Zu mir gewandt ergänzte sie dann: „Wenn de Lust und Laune hast, kannste mir 'n paar stechen und 's könn'n och noch von den Wurzeln dran sein, das fressen die Kuhhasen besonders gern."

Es war eigenartig, dass mir die Sache mit dem Kleiderfrevel jetzt noch einmal durch den Kopf schoss, als ich im Herrenzimmer vor Onkel Otto stand und dessen Schimpfkanonade über mich ergehen ließ. Was ich für ein abgefeimter Schurke sei, im Heiligsten anderer Leute mit meinen schmutzigen Fingern herumzuwühlen, ganz zu schweigen davon, dass ich durch das Lesen dieser Briefe seine, Onkel Ottos, hehrsten Gedanken und Gefühle beschmutzt hätte! „Über den Stuhl mit dir und die Krachledernen runter, du ...!" Was er mir noch an den Kopf werfen wollte, verschwieg er lieber und ließ dafür den Rohrstock sprechen. Die Senge, welche er mir verabreichte, war nicht von schlechten Eltern, ich hatte sie aber auch verdient! Als ich am Abend vor dem Einschlafen im Bett die Schwielen auf meinem Hinterteil noch einmal befühlte, musste ich mir eingestehen, dass ich für das Vergnügen, welches mir das Lesen der Liebesbriefe bereitet hatte, einen viel zu hohen Preis hatte bezahlen müssen.

Herbstferien in Gefell

In den Herbstferien würde Gisela kommen, also mussten wir uns vorübergehend ein anderes Quartier besorgen. Natürlich sollte sie ihr Zimmer so vorfinden, wie sie es verlassen hatte. Deshalb wanderte unser ganzer Krempel vorübergehend hinauf in die Bodenkammer. Oma würde für zwei Wochen in Dresden bei ihrer Lieblingsnichte wohnen, deren Spur sich später im Bombeninferno der Märztage 1945 verlieren würde. Verbrannt, verdampft, spurlos verschwunden blieben sie und ihr Baby.

Ich durfte Gefell wiedersehen. Dort hatten wir Berliner Möckels in Großvaters Bastelstube immer noch eine Bleibe. Neben dem Küchensofa der Großeltern stand dort ein Ziehharmonikabett, und die Erinnerung an den Großvater nistete noch in allen Winkeln. Am Samstag in aller Frühe soll ich mit der Bahn nach Plauen fahren, Vaters Schwester Tante Else besuchen, und am Abend dann mit dem Spätzug nach Gefell weiterdampfen. Vater hatte bei seinem letzten Aufenthalt in Gefell alles bestens organisiert. Allerdings würde er mich nicht am Bahnhof abholen können, denn er hatte eine wichtige Maschinenreparatur zu erledigen, wie er mir schrieb.

Aufregend und abenteuerlich war diese Fahrt, so ganz allein und nur auf mich gestellt. Am Bahnhof erwartete mich niemand an jenem Sonnabendmorgen. Den Weg von dort aus in die Trockentalstraße zu Tante Else kannte ich. Es war ein typisches Plauener Vorstadtviertel, diese Trockentalstraße und ihre Umgebung. In der Zeit des fieberhaften industriellen Aufschwungs der Stadt Ende des 19. Jahrhunderts sind jene Straßenzeilen mit ihren stuckverzierten vielstöckigen Mietshäusern innerhalb weniger Jahre in die Gartenregion jenseits der Stadtgrenzen gebaut worden.

Ring, reng! Die Drehklingel an der Vorsaaltür im Parterre des Hauses in der Trockentalstraße schrillte. Übrigens glich die Klingel genau jener, die wir in Gefell auch an unserer Vorsaaltür hatten. Die Tür ging auf. „Heil Hitler!" „Guten Morgen", antwortete mir Tante Else, welche die Tür geöffnet hatte. Sie war der Gefeller Großmutter wie aus dem Gesicht geschnitten. Ich hatte sie, ehrlich gesagt, vergessen, ihr Bild war einfach aus meinem Gedächtnis verschwunden, und nun erlebte ich dieses Wiedererkennen.

„Naa, dor Dieder!" Tante Else schlug die Hände über dem Kopf zusammen. „Su was von Ähnlichkeit, 'n richtcher Möckel, dei'm Vader wie aus 'm Gesicht gschniedn! Wart ner, nochert guck mer uns Bilder ah, da war dei Voder genauso alt wie du itze! Do kahstes dir ahguckn. Naa, su was von Ähnlichkeit! Nu kimm ner reispaziert!" Habe ich richtig gesehen, hatte Tante Else etwa feuchte Augen, als sie mich begrüßte? Abgeküsst hat sie mich Gott sei Dank dabei nicht. Und diese herrliche Muttersprache! Dieser unverfälschte Plauener Dialekt! Wirklich, wie die Gefeller Großmutter, diese Tante Else! Kartoffelkuchen hatte sie für mich gebacken, richtigen vogtländischen Kartoffelkuchen! Na ja, die auf den ofenfrischen Kuchen gestrichene Butter hatte sie durch Margarine ersetzen müssen und am darüber gestreuten Zucker mächtig gespart. „Es ist halt Krieg", meinte sie bedauernd, als sie mir vom Besten des Kuchens einen tüchtigen Runken abschnitt, nämlich vom knusprigen Rand. Woher wusste sie eigentlich, dass der Kartoffelkuchen eines meiner Hauptleibgerichte war? Die Gefeller Großmutter wusste es. Ich war ja auch ihr Liebling gewesen. Vielleicht hatte sie es ihrer Tochter erzählt, bevor sie gestorben ist. Sie hat ja hier, von jener gepflegt, die letzten Monate ihres Lebens verbracht.

Dieses zweite Kuchenfrühstück tat mir gut. Heute früh, vor der Abfahrt, hatte ich trotz meines Kohldampfs vor Reisefieber keinen Bissen heruntergebracht. Und nun diese Paradiesspeise: knuspriger, ofenfrischer, plauenscher Kartoffelkuchen, dazu süßer Malzkaffee! „Darfst ruhig drei vom Süßstoff reintun", meinte Tante Else, als ich nach dem Eierbecher griff, in welchem sie jene damals so begehrten süßenden Tablettchen auf den Tisch gebracht hatte. „Onkel Erwin hat neulich erst Nachschub geschickt", ergänzte sie aufmunternd lächelnd. „Wo ist denn der Onkel Erwin jetzt?", wollte ich wissen. „Wo soll er denn sein!" Tante Elses Miene verfinsterte sich. Es war, als würde eine Gewitterwolke über ihr Gesicht ziehen. „Beim Militär ist er, in Frankreich." „Und Günther, wo ist der?", forschte ich weiter. „Luftwaffenhelfer in Leipzig." „Eberhard ist auch bei den Luftwaffenhelfern." Ich gab mächtig an mit meinem großen Bruder. „Ja, ja, noch halbe Kinder und schon Soldaten! Wo soll das noch hinführen?" Tante Else wischte sich, während sie dies sagte, eine Träne aus den Augen. Nach dem Motorrad, jener Beiwagenmaschine, die mich damals, als wir noch in Gefell wohnten, so begeistert hatte, mochte ich nicht mehr fragen. Sicherlich war auch sie schon längst eingezogen worden und tat nun Frontdienst in irgendeiner Kradmelderabteilung.

Wir saßen in der Küche. Diese war ganz nach dem Wohnstil jener Zeit eingerichtet. Es stand ein Plüschsofa darin, davor der Küchentisch. Die über ihn gebreitete Wachstuchdecke war schon etwas abgewetzt und das darauf gedruckte Meißener Zwiebelmuster nur noch stellenweise erkennbar. Über die Lehnen der Stühle waren gehäkelte Schoner gezogen, übrigens im selben Muster gestaltet wie die auf den Sitzen liegenden Häkelkissen. Der Küchenschrank an der gegenüberliegenden Wand war, wie in tausenden anderer Küchen auch, im Stil des Renaissancebarock, Pitchpine[129], naturlasiert. Hinter dem geschnitzten Giebelaufsatz hatte bei uns der Rohrstock seinen angestammten Platz gehabt, in vielen anderen Familien lag er übrigens auch dort oben, wie ich erfahren habe. Die Küchen waren also nicht nur ein Ort des leiblichen Wohlbehagens, sondern auch ein Ort körperlicher Züchtigungen.

Ich hatte genügend Zeit, mir nach dem Kartoffelkuchenfrühstück die Kücheneinrichtung zu betrachten, denn Tante Else war nach dem Abräumen und Aufwaschen verschwunden, um die alten Fotoalben herauszusuchen. Na ja, der Junge auf dem Foto in dem prächtigen Album, das Tante Else vor mir aufblätterte, dieser Junge, der mein Vater sein sollte, hatte zwar eine gewisse Ähnlichkeit mit mir, aber wie aus dem Gesicht geschnitten, ich weiß nicht!

Später beim Mittagessen, es gab gebratene Kaninchenleber mit Kartoffelbrei, auch eines meiner Leibgerichte, kamen Falkenstein und mein Leben dort zur Sprache. „Sag mal", meinte Tante Else und legte mir dabei das letzte Stückchen Kaninchenleber auf den Teller, „sag mal, der Karl, der Karl Betzer, der ist doch in deinem Alter, müsste also in deiner Klasse sein, kennst du den? Der wohnt nämlich auch in Falkenstein." „Den Betzersch Karli, na klar kenn ich den, der is sogar mein Freund!" „So so, das freut mich! Weißt du auch, dass er einen Großvater in Plauen hat, der Schuster ist?" Tante Else kratzte, während sie dies sagte, den allerletzten Rest des Kartoffelbreis aus der Schüssel und tat ihn mir auf. Ich hatte schon große Augen darauf gemacht und auf diesen Nachschlag gehofft. Hunger hatte ich damals immer. Nach dem Mittagessen stellte Tante Else mir ein Schüsselchen voller Birnenkompott vor die Nase und legte ein zierliches Alpakalöffelchen[130] daneben. Auch eine meiner Lieblingsspeisen, Birnenkompott!

Das Mittagessen war beendet, und Tante Else räumte den Tisch ab. Wir verbrachten noch den Nachmittag zusammen, dann verabschiedete ich mich. Ich musste mich wieder auf den Weg machen, denn um sechs Uhr ging vom oberen Bahnhof der Abendzug nach Göttengrün, dem Gefeller Bahnhof ab. Es war schon dunkel, als ich in Göttengrün aus dem Zug stieg. Nach diesem Moment hatte ich mich jahrelang gesehnt. Nun war es stockdunkel, und Göttengrün war wie ausgestorben. Nur in der alten Wirtschaft gegenüber dem Bahnhof war noch Leben. Die zur Straße hin gelegene Holzveranda mit ihren Sägeornamenten über der offenen Fensterfront lag allerdings in völliger Dunkelheit. Natürlich, es war ja Krieg, und die Tommys kurvten jede Nacht mit ihren Bombern in Deutschlands Himmel herum, da herrschte striktes Verdunklungsgebot! Aus der Gaststube drangen laute Männerstimmen, ab und zu auch ein Frauenlachen, dann einige Takte auf einem verstimmten Klavier gespielt. Zwei ältere Männer, die mit mir aus dem Zug gestiegen waren, überquerten die Straße und verschwanden im Dunkel der Veranda. Als sie von dort aus den Gastraum betraten, hoben sich noch einmal ihre Silhouetten in der schwach erleuchteten Türöffnung ab, dann war ich allein.

Ausgerechnet in diesem Moment, als ich mich so einsam fühlte, fiel mir jene heitere sommerliche Begebenheit ein, die sich vor vielen Jahren hier, hinter der hölzernen, offenen Fensterfront dieser Veranda abgespielt hatte. Es muss im Jahr 1937 gewesen sein, unser Betrieb, die Firma „Toledo", feierte den Abschluss ihres jährlichen Betriebsausflugs. Man trank Kaffee, aß Kuchen, war fröhlich und tanzte nach den Klängen jenes jetzt so verstimmten, damals jedoch noch wohltönenden Klaviers. Man hatte es heraus auf die Veranda geschafft. Zwei junge Mädchen oder besser gesagt junge Damen traktierten seine Tasten teils abwechselnd, teils vierhändig, wie es die Noten verlangten, die sie während des ganzen Ausflugs mit sich getragen hatten. Schlager und Karnevalslieder wurden bei solchen Gelegenheiten gern gesungen, aber auch leichte Klassik brachten sie zu Gehör. Die Geschäftsmädels tanzten nach Frauenart miteinander. Die beiden Chefs, unser Vater und Arno, saßen mit ihren Familien an

getrennten Tischen, der Gattinnen wegen, die ihre Zwietracht wie eine giftige, jedoch schöne Pflanze pflegten.
Es wurde abendlich, die Gespräche und das Lachen verstummten. Tanzen mochte niemand mehr, da trat eine der jungen Damen ans Klavier und sang, von der anderen begleitet, Schuberts „Auf dem Wasser zu singen".[131]

„Mitten im Schimmer der spiegelnden Wellen
Gleitet wie Schwäne der schwankende Kahn;
Ach, auf der Freude sanft schimmernden Wellen
Gleitet die Seele dahin wie der Kahn;
Dann von dem Himmel herab auf die Wellen
Tanzet das Abendrot rund um den Kahn!"

„Ditt, was ist denn mit dir los, geht's dir nicht gut?" Mutter riss mich mit diesem Ausruf aus endlosen Traumfernen in das Hier und Heute zurück. Ich wusste damals noch nichts von Franz Schubert, seinem kurzen erfüllten Leben und seinem frühen tragischen Tod, aber dieses Lied, der reine Gesang jenes Mädchens, getragen vom Klavierspiel der Freundin, trafen mich wie eine paradiesische Botschaft. Zum ersten Mal in meinem jungen achtjährigen Leben wurde ich damals vom Zauber der Musik ergriffen. Fast siebzig Jahre mussten vergehen, ehe ich dieses Lied wieder hören durfte, diesmal während einer Nachtsendung des Bayerischen Rundfunks. Dietrich Fischer-Dieskau[132] sang es:

„Über den Wipfeln des westlichen Haines
Winket uns freundlich der rötliche Schein;
Unter den Zweigen des östlichen Haines
Säuselt der Kalmus im rötlichen Schein;
Freude des Himmels und Ruhe des Haines
Atmet die Seel' im errötenden Schein."

Wie damals beim Hören dieses Liedes dem achtjährigen Jungen die Tränen kamen, so kamen sie auch jetzt dem siebzigjährigen Greis, und das Bild, dem Kinde eingeprägt, erstand erneut vor meinem inneren Auge: Die Holzveranda, der Blick durch die glaslose Fensterfront hinaus zum gegenüberliegenden dörflichen Bahnhof, dann weiter zum nahen Fichtenwald, über dessen gezackten Wipfeln das Abendrot hing. Die beiden Mädchen, Freundinnen, Volontärinnen der Plauener Kunstschule, nur für einen Sommer lang bei „Toledo" tätig, in meiner Erinnerung haben sie sich ihren jugendlichen Liebreiz bewahrt, wie niemals alternde Göttinnen, und der Greis musste sich eingestehen, dass die reife Kunst eines Fischer-Dieskau den achtjährigen Knaben nie so hätte verzaubern können wie das dilettantisch-fröhliche Musizieren jener beiden jungen Musterzeichnerinnen.

„Ach, es entschwindet mit traurigem Flügel
Mir mit den wiegenden Wellen die Zeit;
Morgen entschwindet mit schimmerndem Flügel
Wieder wie gestern und heute die Zeit;
Bis ich auf höherem strahlenden Flügel
Selber entschwinde der wechselnden Zeit."
„Na Junge, wo soll's denn so spät noch hingeh'n?" Die Anrede eines Gendarmen riss mich aus meinen Träumereien. Er muss wohl, von mir unbemerkt, aus der Bahnhofswirtschaft gekommen sein und stand nun auf sein Fahrrad gestützt im Dunkeln neben mir. „Nach Gefell will ich!" „So, nach Gefell, bist aber nicht von hier?" „Nee, aus Berlin." „Das hört man." „Hab aber in Gefell gewohnt, bis wir nach Berlin gezogen sind." Der Gendarm wurde hellhörig: „So, wo denn da?" „Na oben, in der Stickerei, beim Strick gegenüber." „Junge, das lass mal den Herrn Berg nicht hören: Strick, da fängste schnell 'n paar hinter die Ohren, wenn de das zu dem sagst! Aber sag mal, da biste wohl einer von Möckels, von Toledo?" „Ja, der Dieter bin ich, und jetzt will ich zur Familie Arno." „So, zu Arnos willste, kennste denn überhaupt den Weg nach Gefell?" Der Gendarm fand sichtlichen Gefallen an unserem Gespräch. Den Weg vom Göttengrüner Bahnhof aus nach Gefell bin ich in meinen heimwehseligen Fantasien nach unserem Umzug nach Berlin so oft gegangen, dass ich seine Beschreibung jetzt frank und frei heraustrompeten konnte: „Na klar, erst hier lang bis zum Tetzler, dort am Fabriktor links schwenkt marsch und die Göttengrüner Straße vor bis zur Schleizer, dort rechts schwenkt marsch und an der Ockergrube vorbei nach Gefell rein. Erst kommen Steins und dann Abteilung halt, weggetreten!" Schade, dass ich in der Dunkelheit das Gesicht des Gendarmen nicht sehen konnte, aber dass ihm meine forsch dahergebetete Wegbeschreibung gefallen hat, hörte ich an seiner Stimme, als er sich verabschiedete: „Na, denn marschier mal los, du strammer Pimpf, und verlauf dich nich! Heil Hitler!" Dann sah ich nur noch sein schwach flimmerndes Rücklicht auf der Blintendorfer Straße im Dunkeln verschwinden. Ich setzte mich in Trab.

Das hohe Tor zur Straße hin fand ich unverschlossen. Es war immer noch die einfache Maschendrahtkonstruktion. Als wir noch in Gefell wohnten, haben Rainer und ich den Eisenrahmen dieses Tors gelegentlich als Spielzeug benutzt. Auf dem untersten Winkeleisen stehend, konnte man eine kurze Fahrt machen, gerade solange, bis das Tor zuschlug. Abwechselnd natürlich, uns beide auf einmal hätte die schwache Konstruktion nicht getragen. Das Ganze musste auch ohne Krach abgehen, da musste man abbremsen, ehe das Tor ins Schloss fiel. Das Torfahren war nämlich streng verboten, und ein krachendes

Zuschlagen dieses heimlichen Spielgeräts hätte sofort Herrn Arno, unseren Vater oder den Strick von gegenüber auf den Plan gerufen. Nicht zu vergessen, oben in der Küche schlief ja damals noch der gelbe Onkel auf dem Schrank, der durfte nicht geweckt werden. Das hätte nämlich schmerzhafte Folgen gehabt.

Die Haustür war offen, genau wie es mir Vater nach Falkenstein geschrieben hatte. Als ich das stockdunkle Treppenhaus betrat, griff ich instinktiv nach dem Lichtschalter, ich wusste ja noch, wo er sich befand. Im letzten Moment zog ich allerdings die Hand wieder zurück. Verdunklungspflicht! Wusste ich denn, ob an allen Fenstern des Treppenhauses bis hinauf zum obersten Stockwerk die Rollos heruntergezogen waren? Als ich mich dann die ersten Stufen zu den Geschäftsaborten hinauftastete, schoss mir die Frage durch den Kopf, ob über deren Türen noch jene Rehe grasten, von einem Dorfkünstler dort oben in Essig und Öl verewigt, wie Vater sich stets abfällig zu äußern pflegte. Vertraut war mir auch wieder sofort der Hausgeruch. Im September 1938 hatte ich ihn zum letzten Mal erschnuppern dürfen. Seitdem schlummerte er in den Tiefen meiner Erinnerung, aus dem Bewusstsein verschwunden, jedoch nicht vergessen.

Ring reng ring, schepperte die Drehklingel. Ich stand vor unserer Vorsaaltür, hinter der jetzt andere Leute wohnten, nämlich Arnos, die Familie des Kompagnons. Kaum war der letzte Klingelton verklungen, näherten sich drüben auf der anderen Seite in der Wohnung eilige große Schritte. Die Tür wurde aufgerissen, und Vater stand mir in der hell erleuchteten Türöffnung gegenüber: „Da bist Du ja, Ditt!" Ich kam gar nicht dazu, mein pflichtgemäßes „Heil Hitler!" zu brüllen und den rechten Arm hochzureißen, so schnell und ungestüm schloss mich Vater in die Arme, eine Geste spontaner Zärtlichkeit, die ich von ihm überhaupt nicht gewöhnt war.

Dies war nun eine ganz und gar ungewöhnliche Situation. Ich stand im Vorsaal unserer alten Wohnung, die nun gar nicht mehr unsere Wohnung war. Das signalisierte mir schon der fremdartige Geruch, der den Vorsaal erfüllte. Arnos hatten, wie ehemals auch wir, an der rechten Wand, gleich neben der Eingangstür ihre Flurgarderobe befestigt. Aber es hingen fremde Mäntel daran, und obendrauf lagen fremde Hüte. Der auf die gegenüberliegende Wand gepinselte Ozeandampfer in voller Fahrt auf bewegter See prangte dort allerdings noch in alter Frische. Dieses Bild war zum Glück nicht von jenem Essig- und Ölmaler an die Wand gepinselt worden, der die äsenden Rehe über den Geschäftsaborten verbrochen hatte. Hier auf dieser bescheidenen Vorsaalwand, links neben der Tür, wenn man hereinkam, war ein Künstler am Werk gewesen. Mit Leimfarbe und in flotten, vereinfachenden Pinselstrichen hatte jener

Unbekannte sein Werk auf den Kalkputz der Wand gemalt. Man bekam direkt Fernweh, wenn man es ansah.

Dazu hatte ich jetzt allerdings keine Zeit. Kaum hatte ich mein Gepäck abgelegt, kam Frau Arno um die Vorsaalecke gebogen, mich zu begrüßen. Sie hatte sich kaum verändert, nur ein paar Falten hatten sich seit 1938 in ihrem Gesicht angesiedelt, aber so etwas galt es zu übersehen. Man durfte es einer Frau nicht sagen, das hatte ich schon gelernt. Dass man nicht zu jeder Begrüßung den rechten Arm hochreißen und „Heil Hitler!" brüllen musste, hatte ich ebenfalls schon gelernt, deshalb begnügte ich mich jetzt mit einem braven Diener, als ich ihr die Hand reichte. „Guten Tag, Frau Arno!" Auch hier wieder das typische Tantengesäusel: „Ein richtiger Kavalier, unser Dieter!" Zum Glück verzichtete sie auf das mich so kränkende Beiwort „klein" vor „Kavalier", dadurch hatte sie auf Anhieb bei mir gewonnen.

Als wir im langen Korridor auf die Wohnzimmertür zugingen, wurde ich von der Vision ergriffen, dass ich hinter ihr unsere vertraute Tischrunde vorfinden würde, Mutti, Oma, Eberhard und Rainer, jeder auf seinem Stammplatz sitzend. Vater und ich bräuchten uns nur dazuzusetzen, und alles wäre wieder so wie damals vor fünf, sechs Jahren, ehe wir nach Berlin gezogen waren. „Träumst du, Ditt?" Vater schob mich durch die geöffnete Stubentür in das hell erleuchtete Wohnzimmer. Mein Traum zerstob. Ich fand mich in unserem Wohnzimmer inmitten fremder Menschen und fremder Möbel wieder. Man aß gerade zu Abend und hatte auch mit mir gerechnet. „Hier, Dieter, neben der Marga hab ich dir gedeckt, das war doch immer dein Stammplatz, als ihr noch hier gewohnt habt. Stimmt's, Herr Möckel?" Frau Arno führte mich in den Kreis ihrer Familie ein. Vater nickte zustimmend, und ich nahm Platz.

Es hatte sich äußerlich fast nichts verändert, seit wir hier weggezogen waren, und doch war fast alles anders geworden. Die Häuser standen noch auf ihren angestammten Plätzen, die Bäume vorn an der Straße und nach hinten hinaus in den Gärten waren aber um Einiges größer geworden. Es wohnten unter den Dächern noch dieselben Menschen, aber auch an ihnen war die Zeit nicht spurlos vorübergegangen, und so manche unvergessliche Person sah man nicht mehr. Viele waren gestorben oder auch „draußen geblieben" in Polen, Frankreich, Belgien, Holland, Griechenland, auf dem Balkan und in den Weiten Russlands. Häufig sah man jetzt Frauen gemächlich neben ihren Kuhgespannen die Schleizer Straße heraufkommen. Ihre Männer lagen verlaust und heimwehkrank im Dreck des russischen Herbstes.

Nachts heulten nun auch hier regelmäßig die Luftschutzsirenen, in den Keller gingen wir allerdings nicht, sondern wir versammelten uns notdürftig bekleidet bei Arnos im Wohnzimmer. Die Tommys flogen ja nur über uns hinweg, anderen, lohnenderen Zielen zu. Wir saßen dann um den Tisch herum und unterhielten uns flüsternd, so als könnte der hoch über uns herannahende Feind unsere Gespräche belauschen. Ließen sich dann im alles erdrückenden Motorengedröhn die Geräusche einzelner Flugzeuge wahrnehmen, wussten wir, dass sie genau über uns waren. Dann verstummten unsere Gespräche, und wir knipsten das Licht im Wohnzimmer aus, obwohl doch alle Fenster fest verdunkelt waren. In mondklaren Nächten gingen Vater und ich gelegentlich hinaus, um von Heinrichs Wiese aus den Flug der Bomber zu beobachten. Ruhig und in wohlgeordneten Pulks zogen sie über uns dahin wie Zugvögel, und ihre Kondensstreifen leuchteten im Licht des hochstehenden Mondes. Kein Flakbeschuss störte ihren Flug, kein Angriff deutscher Nachtjäger. Wo würden sie ihre tödliche Fracht diesmal abladen? Über Nürnberg oder gar über München? Berlin konnte der Angriff nicht mehr gelten. Da waren sie, aus dem Norden kommend, schon vorbeigeflogen.

Manchmal gesellte sich der Strick von gegenüber zu uns. Dann reckten die beiden Männer ihre Hälse und starrten in den Himmel. In unendlicher Weite und Größe wölbte sich über den Kondensstreifen der Bomber das Firmament. Doch diese Größe, diese Unendlichkeit, was war sie schon gegen jene bedrohlichen Wolkenstreifen, die wie mit dem Lineal in den Nachthimmel gezogen, vielspurig von Horizont zu Horizont den Himmel bedeckten?

Hatten sie sich ihre Hälse lange genug verrenkt, der Strick und Vater, dann schimpften sie auf die Tommys, und der Strick erzählte zum wer weiß wievielten Mal die Geschichte von einem Luftkampf, der sich vor einigen Wochen eines Nachts über ihren Köpfen abgespielt hatte. Alle, die draußen standen, hätten sich diebisch gefreut, als der getroffene Tommy brennend vom Himmel gestürzt sei, drüben im Fränkischen: „Von dem Luftkampf selbst hat man natürlich nix geseh'n, 's war ja alles dunkel", so erzählte Strick, „aber das Taktaktak der Bordkanonen war zu hören und das kurze Aufheulen eines Flugzeugmotors. Sicher der Nachtjäger. Dann ist er runtergekommen, der Tommy, wie 'ne Fackel, ich hab's ja schon erzählt! Ne richtige Genugtuung war das! Na ja, 'n paar Tommys weniger, auch gut! Na, dann gute Nacht, Hans."

Ich mochte nicht ins Haus gehen, schon gar nicht ins Bett, solange die Tommys noch über uns hinwegflogen. Denn ich hoffte Nacht für Nacht, dass sich wieder solch ein spannender Luftkampf über uns entwickeln würde. Die deutschen Nachtjäger taten mir jedoch diesen Gefallen nicht. Sie schützten sicherlich lohnendere Ziele.

Es war Erntezeit, die Zeit der Kartoffelfeuer. Sie gaben diesen Herbsttagen den typischen würzigen Geruch. Gleich am ersten Tag nach meiner Ankunft, einem Sonntag, nahm mich Vater mit zu einem längeren Ausflug, um Heimarbeiterinnen unserer Stickereifabrik zu besuchen. Es waren Bauersfrauen, die dieser Tätigkeit neben ihrer schweren Feld- und Stallarbeit nachgingen. Sie hatten es in der Kriegszeit besonders schwer, weil in Abwesenheit der Männer auf ihren Schultern die ganze Last der Existenzsicherung lag. Dazu kam die tägliche Angst um Männer, Brüder und Söhne, würde man sie je wiedersehen? Unser Weg führte über Göttengrün nach Blintendorf. Als wir an der Ockergrube vorbeigingen, kam uns der für diesen Ort typische Geruch in die Nase. Aha, der Bim hatte also immer noch den städtischen Ziegenbock im Stall. Auf der Holzveranda der Göttengrüner Bahnhofswirtschaft saßen einige ältere Männer beim Frühschoppen. Noch konnte man Bier ausschenken, auch wenn dafür außer Geld noch mit Brotmarken bezahlt werden musste. Die Blintendorfer Ziegelei hatte man mittlerweile stillgelegt und ein Militärmagazin darin eingerichtet.

Vater erzählte mir, während wir die große Straßenkehre zur Ziegelei hinuntergingen, vom Leben in Berlin. Tag und Nacht müssten sie jetzt mit Luftangriffen rechnen, und diese würden immer heftiger. Schon zweimal wäre durch in der Nähe heruntergekommene Luftminen das Dach unseres Hauses zum Teil abgedeckt worden. Aber Eberhard und er hätten bis jetzt die Schäden immer wieder reparieren können. „Stell dir mal vor, Dachpappe ist jetzt zum raren Artikel geworden!"

Vater würde noch diese Woche über in Gefell bleiben und erst am Sonntag mit dem Frühzug nach Berlin zurückreisen. Normalerweise wäre Samstag der Rückreisetermin gewesen, aber für diesen Tag war bei unserer ehemaligen Putz- und Waschfrau Schlachtfest angesagt, und Vater und ich waren auf den Abend zum Wellfleischessen eingeladen, ein für jene Zeit rares Fest. Wir dürften uns an diesem Abend an fettem Wellfleisch, Metzelsuppe und geplatzten, frischen Würsten so richtig satt essen, und das markenfrei, meinte Vater. Kartoffelklöße gäbe es auch dazu. Wenn es nur erst soweit wäre! Aber noch lag eine lange, arbeitsreiche Woche vor uns, mich eingeschlossen. Vater hatte mich nämlich fest im Geschäft mit eingeplant. „Es sind in der letzten Woche einige Schablonen kaputtgegangen. Es müssen neue gestochen werden. Versuch doch, das Stechen zu lernen, du bist jetzt alt genug dazu. Als ich in deinem Alter war, hab ich es auch schon gekonnt und meinem Vater beim Stechen geholfen. Außerdem ist am Donnerstag Versand, da könntest du mit der Adele zusammen die Pakete auf den Bahnhof schaffen. Sie werden wohl alle auf den kleinen Handwagen passen." Also ein volles Programm.

Das Stechen der Papierschablonen wurde bei „Toledo" mittels einer fußbetriebenen Maschine bewerkstelligt. Als wir noch in Gefell wohnten, haben Rainer und ich Großvater oft bei dieser Arbeit zugeschaut. Wenn du mal größer bist, lässt du dir das vom Großvater zeigen, habe ich damals gedacht. Leider sind wir, bevor ich größer wurde, nach Berlin gezogen, und mittlerweile war Großvater ja gestorben. Nun würde ich bei Vater in die Lehre gehen.

Das Werkeln an der Stechmaschine machte mir vom ersten Augenblick an Spaß, wenn es mir anfangs auch schwerfiel, die Beinarbeit am Fußpedal mit der Handarbeit am Nadelarm über der Arbeitsplatte zu koordinieren. Vater hatte mir mit flotten Bleistiftstrichen einige einfache Muster aufs Stechpapier geworfen, an denen ich üben konnte. Die ersten Versuche fielen kläglich und ungelenk aus, aber am Montagmittag war ich soweit, ich konnte die erste Schablone meines Lebens stechen. Vater hielt sie gegen das Licht, als ich mit ihr fertig war. Da sah ich nun die haarfeinen Lochspuren, die ich mit der tanzenden Nadel genau der Vorzeichnung nach gezogen hatte, im schattigen Papier aufleuchten. Vater war höchst zufrieden mit mir. „Prima, Junge, du könntest mal 'n guter Musterzeichner werden." Dieses Lob erfüllte mich mit Stolz. Beim Mittagessen, oben bei Frau Arno am großen Küchentisch, die uns gegen Abgabe der entsprechenden Reisemarken verköstigte, konnte Vater meine Tüchtigkeit nicht genug loben. Mir war das natürlich ein bisschen peinlich, brachte mir aber bewundernde Blicke der gleichaltrigen Arno'schen Tochter Marga ein, was mir wiederum sehr gefiel.

Bei den Geschäftsmädels war ich während jener Zeit der Hahn im Korb, was mir die Arbeit an der Stechmaschine einigermaßen versüßte. Junior nannten sie mich. Eines der Lehrmädchen vom Abschneidetisch, an dem es übrigens meistens hoch herging, die Adele, sagte stets mit despektierlicher Betonung auf der zweiten Silbe „Juni-Ohr" zu mir. So eine freche Ziege, und mit dieser Adele sollte ich also am Donnerstag zum Bahnhof marschieren! „Na gute Nacht und kein Bett!", hätte in diesem Fall die Möckels-Großmutter gesagt.

Viele der Stickerinnen kannte ich noch von früher her, sie saßen schon vor 1938, als wir Gefell verließen, an den Stickmaschinen. Die Else zum Beispiel war seit 1932 Betriebsangehörige und hatte mich bereits auf ihren Knien reiten lassen, als ich noch in die Windeln machte. Mittlerweile hatte sie geheiratet und hieß Bohl. Bei ihr und ihrer Mutter würden wir also am Sonnabend Schlachtfest feiern.

Eine andere Else ratterte immer noch an derselben Maschine, an der sie 1936 das Sticken erlernt hatte. Sie wird mich, den zerlumpten, verlausten, heruntergekommenen und fast zum Skelett abgemagerten Kriegsheimkehrer im September 1946 unten vor dem Geschäft im Flur treffen. Just in dem Moment, als ich dort, noch auf das Treppengeländer gestützt, mit Angst und Ungewissheit kämpfte und den ersten Schritt hinauf zu den Wohnungen nicht zu tun wagte, führte sie ein menschlicher Drang heraus ins Treppenhaus. „Um Himmels Willen, der Dieter!", konnte sie nur erschrocken stammeln und mich, den Zusammenbrechenden, auffangen, während ihr die hellen Tränen in die Augen schossen. Bis es allerdings soweit kommen würde, sollten noch drei leidvolle Jahre ins Land gehen. Noch schrieben wir Oktober 1943.

Mittlerweile war der Mittwochabend herangekommen. Am nächsten Morgen sollte der Versand erfolgen. Ich lag in Großvaters Zimmer noch wach auf dem Kanapee. Es war ein bisschen zu kurz für mich. Vater schlief in seiner Ecke schon tief und fest auf dem Ziehharmonikabett und schnarchte wie ein Holzknecht. Mir gingen jetzt abends vor dem Einschlafen oft allerlei krause Gedanken durch den Kopf. Diesmal war es die Angst vor dem morgigen Versandtag, die mich nicht einschlafen ließ. Genauer gesagt war es das Unbehagen, das mich bei der Vorstellung ergriff, neben Adele wie ein eingeschirrter Ackergaul den beladenen Handwagen die Schleizer Straße hinauf und zum Göttengrüner Bahnhof ziehen zu müssen. Ich malte mir genau aus, wie ich dieses wildfremde Mädchen während des langen Weges unterhalten könnte. Ich legte mir alle Juden-, Ami-, Tommy-, Goebbels- und Göringwitze zurecht, die ich kannte, desgleichen all die forschen Reden, mit denen der Fritz stets um sich warf, wenn es galt, irgendeinem BDM-Mädchen zu imponieren. Es sollte dann jedoch ganz anders kommen.

Wir mussten den großen Handwagen für unsere Fuhre nehmen. Denn die sechs Pakete, die wir transportieren sollten, waren zwar nicht sonderlich schwer, hatten dafür aber eine ansehnliche Größe. Es würde eine ganz schöne Plackerei werden, diese Fuhre den Berg zur Ockergrube hinaufzubugsieren. Gleich nach dem Frühstück haben Vater, Adele und ich den Handwagen beladen. Sie war ganz schön bei Kräften, diese Adele, stämmig, dabei durchaus wohlgebaut. Es war kein Wunder, dass sie schon einen Schapprich[133] hatte, obwohl sie erst sechzehneinhalb war.

Was wir verluden, waren alles andere als kriegswichtige Artikel: Zuschnitte für Damenunterwäsche, Hemden, Unterröcke, Schlüpfer, alle Teile aufs Eleganteste nach Vaters Entwürfen bestickt. Vater gab uns noch die Versandpapiere, dann ging es los. Weit kamen wir allerdings nicht, denn bereits hundert Meter oberhalb unseres Hauses stand der Erich an der Straße. „Was lungert der denn jetzt hier herum, der müsste doch längst auf der Arbeit sein", meinte Adele ärgerlich, um dann erklärend fortzufahren: „Ach so, sicherlich Spätschicht."

Der Erich arbeitete nämlich damals schon als Handlanger in der Hirschberger Lederfabrik, das hatte ich bereits in Erfahrung gebracht.

Ich hätte bei dieser Gelegenheit von ihm gar zu gern den Hauptmann aus meiner Elastolinarmee zurückgefordert, den er mir vor fünf Jahren beim Rücktausch des Blechrevolvers nicht wiedergegeben hatte. Adele meinte aber kurz und bündig: „Geh'n mer vorbei, als wär der Luft!" So leicht ließ sich Erich aber nicht abschütteln. Als er bemerkte, dass wir von ihm keinerlei Notiz nahmen, stellte er sich uns kurzerhand in den Weg: „So, so, der Möckels Dieter! 'N feiner Hauptstadtpinkel isser geworden, kennt seine alten Freunde nich mehr und jetzt gar in Damenbegleitung, kannstes denn überhaupt schon?" Die Art, wie er dabei den gestreckten Zeigefinger seiner rechten und die zur Faust gekrümmten Finger seiner linken Hand zusammenführte, war unmissverständlich. Adeles Reaktion kam prompt. Sie ließ den Deichselgriff des Handwagens los, stürzte auf den Frechdachs zu und langte ihm rechts und links eine deftige Tachtel[134], dass es nur so schallte. Ehe der Verdutzte sich von seinem Schreck erholt hatte, war sie wieder bei mir, und weiter ging die Fuhre. Ich verhielt mich in diesem Fall vollkommen neutral. Mit dem Erich wollte ich es mir nicht verderben. Ich dachte immer noch an meinen Elastolinhauptmann. Erich schickte uns zwar noch einige Drohungen nach, aber Adele meinte, tief Luft holend: „Den sind wir los! Dieses Dreckschwein!"

Eine Weile später, als wir uns schon der Ockergrube näherten, fragte sie plötzlich: „Du, kennste mich denn überhaupt noch?" „Nee, woher denn?" „Na aus der Schule, du Dämlack. Ich kenn dich noch." Nachdem wir eine Weile schweigend nebeneinanderher gegangen waren, schaute sie mich plötzlich lachend an: „Mann, war das lustig, als du die Hosentaschen voller Fünfmarkstückeln hattest und alles in der großen Pause verteilt hast! Ich hab damals auch 'n Fünfmarkstück ergattert, wenn ich's auch nicht lange behalten durfte!" „Das weißt du noch? Du warst doch damals, warte mal, das müssen drei Klassen über mir gewesen sein, schon im ersten Stock, während ich noch im Parterre hockte!" Ich wunderte mich. „Na klar", meinte sie, mich dabei schelmisch anlachend, „war ja auch zu lustig das Ganze, und wie dich der Gendarm ins Zimmer vom Hanft abgeführt hat!" „Die Senge, die ich von dem dort bekommen hab, war weniger lustig", fiel ich ihr ins Wort. „Na mal ehrlich, haste die denn nich verdient gehabt? Das ganze Wechselgeld aus der Lohnkasse zu klauen und auf 'm Schulhof zu verteilen, und die Geschäftsmädels sind an dem Sonnabend leer ausgegangen."

Ich konnte also meine zurechtgelegten Ami-, Tommy-, Juden-, Goebbels- und Göringwitze getrost vergessen, desgleichen die forschen Sprüche von Fritz. Die

Adele wurde nicht müde, alte Geschichten aufzuwärmen. Wie konnte uns da die Zeit lang werden? Meine anfängliche Befangenheit verflog, und mir war es plötzlich, als hätte ich mit dieser Adele schon jahrelang täglich Handwagen voller Pakete auf den Göttengrüner Bahnhof gezogen. Wir waren schon längst an der Ockergrube vorbeimarschiert und in die Göttengrüner Straße eingebogen, vor uns tauchte bereits der hohe Schornstein der Tetzler'schen Fabrik auf, und Adele redete immer noch.

Auf dem Heimweg wurde es dann besonders lustig, jedenfalls ehe wir auf die belebtere Schleizer Straße kamen. Wir spielten Automobil. Ich setzte mich vorn in den Wagen und nahm als Lenker die Deichsel zwischen meine gestreckten Beine. Die Adele setzte sich mit dem Rücken zu mir hinten hinein und schubste den Wagen durch kräftige Stöße ihrer zur Straße herausgestreckten Beine voran. Sie rannte quasi sitzend rückwärts. Anfangs ging es etwas in Schlangenlinien, ich musste mich ja erst an das Lenken gewöhnen, aber spätestens, als wir beim Tetzler waren, lief unsere Heimfahrt wie geschmiert. Wir waren wie zwei Kinder, lachten, kicherten und sangen die im Jungvolk und beim BDM damals weitverbreiteten Spottlieder auf die Italiener, die den Führer im Juli erst so schnöde im Stich gelassen hatten. Sogar den Duce hatten sie abgesetzt und gefangengenommen, diese Verräter![135] „Karamba karacho visputschi, Spagetti ist alles kaputschi!" So sangen wir. Oder eine andere Version: „Santa lutschia morella, sie fraßen die Suppa samt Tella!"

Dass der Führer seinen besten Freund, den Duce, nicht im Stich lassen konnte, war Adele und mir damals vollkommen klar. „Richtige Helden, diese Fieseler Storch-Piloten, die den da rausgeholt haben!", meinte Adele. Sie verfolgte nämlich ganz genau alle Nachrichten aus dem abtrünnigen Italien, weil ihr Schapprich erst vor ein paar Monaten eingezogen worden war und nun dort unten als Panzergrenadier kämpfte.

Nach einigen hundert Metern unserer lustigen, aber anstrengenden Fahrt verließen Adele dann die Kräfte. „Lass uns anhalten, außerdem muss ich mal verschwinden! Aber nich hergucken, Ehrenwort!", rief sie mir noch über die Schulter zu, ehe sie über den Seitengraben sprang. Etwas abseits der Straße standen eine Birke und eine weit ausladende Fichte als Baumgruppe vereint neben einem mit Brombeersträuchern bewachsenen Steinhaufen. Hinter diesem notdürftigen Versteck verschwand sie nun, um ihr Geschäftchen zu erledigen.

Zu gern wären wir den Berg von der Ockergrube hinunter nach Gefell auch im Wagen sitzend gefahren, da hätten wir ein ganz schönes Tempo draufgekriegt! Aber das verkniffen wir uns. Es war ja verboten, und irgendjemand hätte uns beim Gendarm verpfeifen können, der Erich zum Beispiel. Zum Glück lungerte der aber nicht mehr vor dem berüchtigten Ziegelhaus an der Schleizer Straße herum. Als wir schon bei Steins waren und nur noch einige Schritte bis zu unserer Toreinfahrt hatten, konnte ich es mir nicht mehr verkneifen: „Warum sagst du eigentlich immer Juni-Ohr zu mir?" „Ooch, nur so, is' halt lustig!" „Aber nich für mich!" „Gut, sag ich's halt nimmer, du Juni-Ohr! Aber das war jetzt das letzte Mal, Ehrenwort!"

Bisher hatten sich die Gefeller Ferientage für mich sehr gut angelassen. Vormittags saß ich an der Stechmaschine oder verrichtete anderweitige Hilfsarbeiten im Geschäft, nachmittags durfte ich draußen herumstromern. Seit Palmnicken war mir solche Freiheit nicht mehr zuteilgeworden. Vater, der sonst stets auf ein striktes Reglement achtete, war diesmal der Meinung, dass mir diese Freiheit zustände, da ich ja vormittags durch meinen Eifer im Geschäft eine Hilfskraft ersetzte.

Im Schieferbruch bin ich schon gewesen, das Leuchtmoos im alten, dunklen Stollen reflektierte immer noch die spärlich einfallenden Sonnenstrahlen. Unsere alten Pilzfleckchen hatte ich ebenfalls schon aufgesucht. Wie der Wald in den paar Jahren doch anders geworden war! Wo wir einst Steinpilze gefunden hatten, würden jetzt keine mehr wachsen, die Gelbschwämmelschonung war dagegen zum Steinpilzwald aufgeschossen. Doch die Blutreizger[136], die schon früher auf dem Weg zur Pechhütte rechter Hand im Graben wuchsen, kaum zu sehen im Moos und dem dichtem Geflecht des Grases, sie gab es dort immer noch. „Dass du das alles noch weißt und kennst!", meinte Frau Arno verwundert, als ich die ersten jener köstlichen, jedoch recht giftig aussehenden Pilze zum Abendbrot von einer meiner nachmittäglichen Stromereien mitbrachte. Sie konnte ja nicht ahnen, dass mir das Heimweh all diese Lieblingsplätze ins Gedächtnis geprägt hatte, unvergesslich und mit fotografischer Genauigkeit.

Nun war der Sonnabend herangekommen. Morgen würde der Gefeller Urlaub zu Ende gehen. Vater und ich würden mit dem Frühzug nach Plauen fahren. Für ihn ging die Reise dann weiter nach Berlin, ich musste nach Falkenstein zurückfahren. Den Erich habe ich nicht mehr getroffen, schade um den Elastolinhauptmann. Na, zu Weihnachten hoffte ich wieder hier zu sein, dann sollte es damit schon klappen!

Über Nacht war Wind aufgekommen. Eine stetige steife Brise fegte über die kahlen Felder und Wiesen herein und pfiff um unsere Hausecke. „Ja ja, der böhmische Wind, der trocknet alles aus und verweht die Saat", klagten jetzt im späten Herbst die Bauern an solchen Tagen. Am Nachmittag, bevor wir zur Putzfrau gingen, meinte Vater, als wir uns unten vor der Haustür trafen: „Guck mal, Ditt, was ich dir gemacht hab!" Dabei hielt er mir eines seiner Windräder entgegen. Als wir noch klein waren, damals vor 1938, löste er an Tagen des böhmischen Winds bei Rainer und mir mit den kunstvoll geschnittenen und abgezirkelten Pappräden stets Begeisterung aus. Aber jetzt sagte ich: „Vati, ich bin doch kein Kind mehr." „Versuch's doch noch mal, guck, ich hab mir auch eins gebastelt. Machen wir 'n Wettrennen", meinte er darauf mit Verschwörermiene. „Na gut, meinetwegen."

Eigentlich fand ich es ja prima, dass Vater diese Windräder geschnitten hatte, aber so schnell darf ein echter Pimpf ja seine Meinung nicht ändern, deshalb zeigte ich ihm meine Freude vorerst einmal nicht. Als wir dann aber am üblichen Startplatz, hinten im Hof vor der Aschegrube bei der ersten Lokustür, die Rädchen in den Wind hielten und auf „Achtung, fertig, los" der steifen Brise übergaben, konnte ich meine Begeisterung nicht mehr zügeln. „Juhu, ich gewinne, ich gewinne, guck mal, mein Rad ist viel schneller als deins!" So war es auch, in der Tat! Mein Windrad flitzte wie ein Wiesel vor dem Wind her, wohingegen Vaters Rad wie ein betrunkener Bierkutscher um die Hausecke und auf das Hoftor zutorkelte, als meins sich schon längst in dessen Maschendraht verfangen hatte. Vielleicht hatte der Konstrukteur dies auch extra so eingerichtet, aber daran mochte ich damals nicht denken. Übrigens war nicht Vater der Erfinder dieser Windräder, sondern er hatte dessen Anfertigung von seinem Vater gelernt, in dessen Bastelwerkstatt wir jetzt nächtigten.

Schließlich war es Abend geworden. Es war Zeit, zum Schlachtessen zu gehen. Auf dem Weg hinunter zum Marktplatz und über diesen hinweg in dessen südwestliche Ecke unterhalb der Kirche, wo die kleinen Häuschen stehen, auf diesem langen Weg also gab mir Vater noch einige Instruktionen. Brav Guten Abend sagen und einen Diener machen, ruhig auch mal beim Knochen abknaupeln mit den Händen zulangen, das sei hier erlaubt, und essen dürfe man, so viel man wolle.

Das Anwesen unserer ehemaligen Wasch- und Putzfrau war ein kleines Häuschen oder richtiges Ziegenbauernzeug, wie man in Gefell zu sagen pflegte. Vater musste den Kopf einziehen, als wir durch die Haustür in den engen Flur traten. Auch im niedrigen Wohnzimmer stieß er mit dem Kopf fast an die Decke. Die Putzfrau hatte sich in den Jahren unserer Abwesenheit kaum verändert. Jederzeit hätte sie wieder im Advent für uns Möckelsbuben den Knecht Ruprecht spielen können, wenn wir nicht schon längst dem Weihnachtswunderglauben entwachsen gewesen wären. Außerdem hatte ich sie ja bereits 1937 entlarvt. Ein bisschen gekrümmt hatte sich ihr Rücken unter der schweren Last ihrer täglichen Arbeit. Immer noch wusch und putzte sie für die

Honoratioren des Städtchens und, wenn bei der Ernte Not am Mann war, stand sie außerdem so manches Mal bei den Bauern als Tagelöhnerin ein, obwohl sie damals schon über sechzig war.

Im Wohnzimmer war es bullig heiß. Der Tisch war weiß gedeckt, wie an einem hohen Feiertag. Sogar Messer und Gabel hatte man aufgelegt und für die Wurstsuppe extra Löffel. „Der Herr Möckel setzt sich bitte ans Kopfende und Ditt, du daneben!" Sie war bei unserer Ankunft gerade aus der Waschküche gekommen und brachte in ihren Kleidern einen verführerischen Duft nach würzigen Würsten mit. Im großen Waschkessel siedeten gerade die frischen Blut- und Leberwürste, aber auch das fette Wellfleisch. Jetzt stand sie mit hochrotem Kopf am anderen Tischende und dirigierte die wenigen Gäste auf ihre Plätze. Dass sie mich bei meinem Kosenamen genannt hatte, nahm ich ihr nicht übel. Sie hatte mich schon früher so genannt und durfte dies auch jetzt noch so halten, die Putzfrau, Waschfrau und Knecht Ruprecht während vieler glücklicher Kinderjahre im Gefeller Haus der Möckels.

Vater hatte nicht zuviel versprochen. Schon nach der Wurstsuppe hätte ich aufhören können zu essen. Riesige glänzende Fettaugen schauten mich aus meinem Teller an, nachdem die Else sie mir aufgetan hatte. Außerdem hatten einige geplatzte Blut- und Leberwürste sie in wohltuender Weise sämig-sättigend gemacht. An den köstlichen Knochen des Ringelschwänzchens hing dann zart und fett das Fleisch. Für mich, den begeisterten Abknaupler, war das eine paradiesische Freude. Dazu noch das Sauerkraut, frisch aus dem eigenen Fass, ganz zu schweigen von den Kartoffelklößen. „Wie macht die Else das eigentlich, dass die Semmelrösteln im Inneren ihrer Klöße stets pfannenfrisch und knusprig bleiben? Das schafft nicht einmal unsere Mutti."

Wir waren auf dem Heimweg. Vater hatte sogar zwei schwarzgebrannte Schnäpschen getrunken, „sag es bloß nicht weiter, Junge!" Nun freuten wir uns auf unsere Betten. Als wir uns verabschiedeten, hatte Vater heimlich der Else einige Geldscheine und Reisefleischmarken in die Hand gedrückt. Die Putzfrau tat anfangs zwar so, als wolle sie gar nichts von dieser Gabe wissen, steckte dann aber alles ganz schnell in ihre Schürzentasche und verschwand in der Waschküche. „Warten Sie mal 'n Moment, Herr Möckel", flüsterte sie dabei. Es dauerte nur einige Augenblicke, dann kam sie zurück und steckte Vater ein kleines, in Zeitungspapier gewickeltes Päckchen zu. Es enthielt je zwei frische Blut- und Leberwürstchen. „Hm, die eine Hälfte nehm' ich mit nach Berlin, da wird sich Mutti aber freuen! Die andere Hälfte ist für euch, Oma und dich", meinte er noch, als er sich auf seinem Ziehharmonikabett ausstreckte. Gleich darauf begann er mit seinem allnächtlichen Schnarchkonzert.

Schade, dass die Gefeller Zeit für mich am nächsten Morgen schon zu Ende sein würde, da ich doch wieder so richtig heimisch in der alten Heimat geworden war. Vorgestern hatte ich begonnen, in Großvaters Zimmer zu stöbern. Man hatte nach dem Wegzug und Tod der Großeltern einen Teil ihrer Hinterlassenschaft hier oben deponiert, jedenfalls den Teil, der bei der Erbteilung übriggeblieben war, weil ihn niemand haben wollte. Wieso eigentlich nicht? Da waren interessante Sachen zu finden! Großvaters Rasierkästchen zum Beispiel, eine kleine polierte Kirschbaumtruhe, deren Deckel sich nach einer der Schmalseiten hin aufklappen ließ. Sie enthielt alles, was ein gepflegter Herr zur täglichen Rasur vonnöten hatte, Rasierpinsel, Rasierseife, mehrere Rasiermesser, den blutstillenden Alaunstein und unter dem Deckel den herausklappbaren Hohlspiegel. Nur zum Seifenschaumschlagen benötigte Großvater einen Extrateller. Er stand gleich hinter der linken grünen Scheibengardine im Oberteil des Küchenschranks und war aus echtem Meißner Porzellan, allerdings mit einer Scharte im Rand. Trotz dieser blieb er der Stolz unserer Großmutter.

Großvaters tägliche Rasur vollzog sich stets nach dem gleichen Ritual. Noch vor dem Frühstück brachte er das Rasierkästchen aus dem Schlafzimmer herein in die Küche, stellte es auf den Tisch und klappte es auf. Dann folgte die Wahl des Rasiermessers und die Prüfung der Schärfe mit dem Daumennagel. Natürlich musste das Messer erst abgezogen werden. Zuvor könne man auf dessen Schneide nach Hamburg reiten, wie Großvater stets betonte, bevor er zur Küchentür schlurfte und dort an dem am rechten Pfosten hängenden, speckig glänzenden Lederriemen der Messerschneide die nötige Schärfe gab. Großmutter stellte derweil den angeschlagenen Meißner Teller auf den Tisch, dazu ein Schälchen heißen Wassers, dann konnte es endlich losgehen. Halt, nein, erst musste noch die richtige Sitzposition am Küchentisch unter der Lampe gefunden werden. „Weißt du, Ditt, beim Rasieren ist das wie beim Fotografieren, aufs richtige Licht kommt's an!"

Die Schlagen des Seifenschaums beherrschte Großvater wie ein gelernter Barbier. Ehe man sich versah, türmte sich unter den Schlägen seines Rasierpinsels im Meißner Teller ein wahres Schaumgebirge auf. Es war lustig anzusehen, wie Großvaters Gesicht durch den Rasierspiegel vergrößert und verzerrt wurde. Nach dem Rasieren, wenn er sich am Küchenausguss die Wangen und das Kinn wusch und die winzigen, aber stets stark blutenden Schnitte mit dem Alaunstein behandelte, durfte ich seinen Platz vor dem Rasierkästchen einnehmen und mich an den ins Unwirkliche vergrößerten Grimassen freuen, die ich in den Hohlspiegel schnitt. Meistens war es Großmutter, die dem ein Ende setzte: „Pass auf, wenn dir's Gesicht stehenbleibt, dann musste dein ganzes Leben lang so rumlaufen!" Wobei sie ihrerseits eine grimmige Grimasse schnitt. Meistens schüttelten wir uns dann aus vor Lachen.

Während der Rasur trug Großvater zwar schon seine auf Hochglanz gewienerten Schuhe, deren linker bei jedem Schritt etwas knarrte, und die gebügelte und gebürstete Hose seines Arbeitsanzugs, oben herum, unter den Hosenträgern steckte er jedoch noch im Unterhemd. Später, wenn die Prozedur des Rasierens vorüber war, ließ er sich von Großmutter das Vorhemd umbinden, ein damals schon längst aus der Mode gekommenes Kleidungsstück. Es bestand nur aus dem gestärkten Stehkragen und einem vorne daran angesetzten Hemdenlatz. Unter dem kompletten Anzug mit Weste und Rock getragen, erfüllte es den Zweck eines ganzen Hemdes, im Sommer eine angenehme Sache. Voraussetzung für eine gelungene Täuschung war, dass man Unterhemden trug, deren Ärmelbündchen denen eines Oberhemdes glichen, sonst wäre der Betrug ja aufgefallen. Während der Ferienzeiten hatte ich meinen allmorgendlichen Zeitungsträgergang hinunter zu den Großeltern stets so eingerichtet, dass ich Großvaters Rasierzeremonie beiwohnen konnte.

Wieder in Falkenstein

Vor der Rückkehr nach Falkenstein hatte ich etwas Angst gehabt. Schuld daran war Winnetou. Nicht, dass dieser edle Krieger in voller Größe und Kriegsbemalung, den Tomahawk in der Hand, in unserem Zimmerchen auf mich gewartet hätte, um mir den Garaus zu machen, nein, so war es nicht! Jener Winnetou, welcher mir diese Angst eingeflößt hatte, war höchstens zehn Zentimeter groß und bestand durch und durch aus Plastilin. Entstanden war er unter den Händen der Cousine Gisela.

Doch der Reihe nach: Gleich rechts neben dem einzigen Fenster unserer Behausung, wenn man von der Eingangstür her schaute, stand an die Wand gerückt der ebenfalls einzige Tisch, den dieses Zimmer zu bieten hatte. Hier arbeiteten wir, aßen nebeneinander sitzend unsere einfachen Mahlzeiten, und auf diesem Tisch stand der Spirituskocher, Omas Armeleuteherd. Darüber hing an der Wand ein Bücherregal. Es enthielt eine umfangreiche Sammlung prächtiger Karl-May-Bände, die waren alle mit goldgeprägten Lederrücken versehen. „Aus dem Karl May darfst du dich getrost bedienen, aber bitte keine Eselsohren, Fettflecken und dergleichen hinterlassen!" Es war am Tag unserer Ankunft gewesen. Onkel Otto hatte uns gerade jenes Zimmerchen zugewiesen und machte mir nun dieses großzügige Angebot. „Aber vom Indianer,

dem Winnetou, von dem lass die Finger, der ist tabu für dich! Verstanden?"
„Jawoll!", antwortete ich nach der Art eines rechtschaffenen deutschen Pimpfs. Onkel Otto nickte zufrieden und zog sich ins Herrenzimmer zurück, um seine Nachmittagszigarre zu rauchen.

Der Indianerhäuptling Winnetou war von Cousine Gisela aber auch auf das Vorzüglichste modelliert worden. Vom prächtigen Federschmuck auf dem etwa haselnussgroßen Haupt bis hinunter zu den Mokassins stimmte jedes Detail. Wie hatte Gisela es vermocht, dem winzigen Indianergesicht mit seiner kühnen Adlernase diesen edlen Ausdruck und dem Büffellederwams durch ein paar modellierte Falten die Natürlichkeit zu verleihen, alles in prächtigen, der Natur entsprechenden Farben? Es war ein Kunstwerk, so recht wie für mein Bubenherz geschaffen! Wenn nur dieses strikte Verbot nicht gewesen wäre. Was hat der schönste Indianerhäuptling für einen Wert, wenn man nicht mit ihm spielen darf? Selbst ihn aus der Nähe zu betrachten, war beschwerlich. Er stand vor der mittleren Reihe der Karl-May-Bände im Regal. Man musste schon auf den Tisch klettern, um ihn aus der Nähe ansehen zu können.

Eines Tages, als ich wieder einmal ganz allein in der Wohnung weilte, nahm ich all meinen Mut zusammen und holte das zerbrechliche Kunstwerk herunter auf den Tisch. Das hätte ich nicht tun sollen. Trotz aller Vorsicht, mit der ich den winzigen Winnetou herunterbugsierte, kam dieser zu Schaden. Der rechte Arm, der so kühn den Tomahawk geschwungen hatte, lag plötzlich neben dem tapferen Krieger auf der Tischplatte. Da war nun guter Rat teuer. Mir lief der Schreck durch alle Glieder. Draußen im Herrenzimmer lag auf Onkels Ottos Schreibtisch immer noch jener Rohrstock, mit dem ich nach meinem Liebesbrieffrevel so heftig verprügelt worden war.

Onkel Otto, dessen war ich mir sicher, würde nicht zögern, mir noch einmal einen Hosenspanner zu verabreichen, wenn er Kunde von diesem neuerlichen Frevel bekäme. Gott sei Dank wusste Oma Rat. Mit Hilfe eines Tropfens UHU, jenem hilfreichen Alleskleber, bekam der tapfere Krieger seinen Arm zurück an die Schulter geklebt, und Oma war es auch, die ihn wieder hinauf ins Bücherregal bugsierte. „So ein dummer Esel, schon dreizehn Jahre alt und immer noch mit Indianern spielen, nein, so ein dummer Esel", flüsterte sie dabei vorwurfsvoll. Natürlich ging die Armoperation nicht ganz ohne sichtbare Spuren ab. Gisela würde diese nach ihrer Heimkehr und bei der Besichtigung ihres Bücherregals bestimmt sofort bemerken und alles Onkel Otto berichten, dessen war ich mir sicher. Von daher rührte meine Angst vor der Rückkehr nach Falkenstein. Doch zum Glück schien Gisela nichts von meinem Kunstfrevel bemerkt zu haben. Sowohl Tante Erna als auch Onkel Otto begrüßten uns recht freundlich, als Oma und ich an jenem Sonntagabend nach Falkenstein zurückkehrten.

Der erste Schultag nach den Herbstferien bescherte uns einen neuen Klassenlehrer, Herrn Dr. Röhm. Er war ein rechter Widerling: strammer Nazi, hochdekorierter Soldat, EK I, EK II, Verwundetenabzeichen, Nahkampfspange und Gefrierfleischorden.[137] Als Leutnant der Reserve trat er natürlich stets in voller Uniform vor die Klasse. Dass ihm vor Sewastopol ein Granatsplitter den rechten Unterarm abgerissen hatte, weckte nur bei den Mädchen ein gewisses Mitleid. Wir Buben, die wir unsere Plätze auf der linken, der Fensterseite des Klassenraums hatten, ließen uns nicht so leicht zu Mitleid hinreißen. Wie sollte man mit solch einem Schläger und Brüller auch Mitleid haben? Selbst Onkel Otto schien diesem neuen Kollegen gegenüber ein gewisses Misstrauen zu hegen. „Also der Röhm, das ist vielleicht ein unangenehmer Mensch! Wie der sich vor den Klassen benimmt, unmöglich!" „Otto, du bist doch sein Vorgesetzter, kannst du ihn denn nicht mal zurechtweisen?" „Aber Erna, Kind, wo denkst du hin? Der genießt doch allerhöchste Protektion!" Dieser kurze Dialog zwischen Onkel Otto und Tante Erna war natürlich nicht für meine Ohren bestimmt gewesen. Wie konnten sie aber auch so unvorsichtig sein, ihn im Wohnzimmer zu führen, dessen Tür nur angelehnt war. Ich lungerte gerade wieder einmal gelangweilt im Vorsaal herum, als sie dies flüsternd besprachen. Naja, von mir würde niemand auch nur ein Sterbenswörtchen von dieser Unterhaltung erfahren, und Onkel Otto stieg gewaltig in meiner Achtung. Übrigens, was meinte Onkel Otto mit „Protektion"?

Dieser Dr. Röhm war wirklich ein richtiger Mistkerl, da waren wir uns alle einig. Nicht einmal den Mädchen gegenüber ließ er eine gewisse Milde walten. Der einzige Vorzug, den sie genossen, war, dass er ihnen, wie es damals auch an Gymnasien bis zur Tertia noch erlaubt war, mit einem Stöckchen die Handflächen züchtigte und nicht wie uns Buben seine gesunde Linke ins Gesicht schlug, mal rechts, mal links, mal mit der Innenhand, mal mit dem knochigen Handrücken. Dem Willi wackelten nach einer derartigen Attacke vier Zähne, aber anstelle eines Schmerzensgeldes bekam der Willi zu Hause von seinem Vater zusätzlich noch den Hintern versohlt, und der Röhm kriegte zur Belohnung für seine Strenge eine Stiege rotbäckiger Äpfel aus dem Garten geliefert. Willi musste sie eigenhändig mit dem Handwagen in die Höhle des Löwen fahren. Sein Vater, ebenfalls ein strammer Nazi und verwundeter Frontkämpfer, war nämlich der Meinung, dass Härte nur durch Schläge in den Stahl gehämmert werden könne und der Führer stahlharte Jungs brauche.

Der Röhm war nicht nur ein Schläger, sondern auch ein hemmungsloser Brüller. „Rotz am Ärmel, jawohl, Rotz am Ärmel seid ihr!" Das war noch einer seiner harmlosesten Aussprüche, mit denen er uns bedachte, wenn er wieder einmal so richtig in Fahrt war. In solchen Momenten war es ratsam, nicht aufzuschauen und den ganzen Wut- und Wortschall über sich hinwegbrausen zu lassen. Willis wacklige Zähne waren eine ernste Warnung. Und die Mädchen? Gut tat es ihnen bestimmt nicht, Röhms Stock auf den Fingern zu spüren. Die meisten von ihnen taten uns Buben leid, wenn sie nach vollzogener Abfuhr, die Finger unter ihre Achseln geklemmt, auf ihre Plätze stolperten. Nur einige Petzen und Heulsusen ernteten unsere Schadenfreude.

Ich war hier in Falkenstein wieder in eine gemischte Klasse gekommen. Seit meiner Palmnickener Zeit 1941 hatte ich dies nicht mehr erlebt, waren wir doch in allen Lagern reine Bubengesellschaften gewesen, von Männern als Lehrer geführt und von unseren Jungvolkoberen, die kaum älter waren als wir, in militärische Zucht genommen. In Falkenstein saßen die Mädchen mit uns im selben Klassenraum, zwar nicht direkt unter uns, sondern durch einen Mittelgang fein säuberlich von uns Jungen getrennt. Anfangs war mir diese Situation etwas peinlich gewesen, zumal ich in der dritten Reihe direkt am Mittelgang saß, nur etwa einen Meter von dem braunlockigen Käthchen getrennt, die auf der Mädchenseite ebenfalls in der dritten Reihe direkt am Gang saß. Ich hatte mich gleich am ersten Tag in sie verknallt. Kein Wunder, sie war ja auch die Hübscheste in der Klasse. Allerdings wurde meine Liebe von ihr nicht erwidert, sondern von diesem koketten Ding eher der Lächerlichkeit preisgegeben.

Meine Verliebtheit war den schulischen Leistungen nicht gerade förderlich und schlug sich in schlechten Noten nieder. Onkel Otto musste mich so manches Mal ernsthaft ins Gebet nehmen. Ihm als Direktor dieser Schule war mein Schlendrian mehr als peinlich. Aber was konnten seine Ermahnungen nützen, solange das braunlockige Käthchen neben mir saß, nur durch den Mittelgang von mir getrennt? Diese Situation entspannte sich irgendwann. Meine Gemütslage normalisierte sich, und meine schulischen Leistungen näherten sich wieder dem Normalniveau.

Kohlenklau

„Hier seht ihr einen bösen Wicht,
Er spart an Holz und Kohlen nicht!
Der Kohlenklau wird er genannt

Und ist bekannt im ganzen Land!
Auch Strom will dieser Kerl uns klauen,
Drum merkt euch, Männer, Kinder, Frauen:
Geht ihr aus einem Zimmer raus,
Dreht stets das Licht am Schalter aus."

Da war ich nun also unter die Poeten gegangen. An Anleitung zur Dichtkunst fehlte es mir damals nicht, denn das verstaubte Buch, das ich neben Onkel Ottos Liebesbriefen in meiner Bodenkammer gefunden hatte, trug folgenden Titel: „Der fröhliche Pegasus, ein Handbuch für Dichter und solche, die es werden wollen". Gedruckt worden war es im Jahre 1892 zu Glauchau in Sachsen, und sein erster Besitzer war ein gewisser Johann August Berger gewesen. Jedenfalls hatte dieser sich vorne im Buch verewigt.

Unverständlich ist mir damals geblieben, warum Onkel Otto dieses interessante und lehrreiche Werk nicht in seiner Bibliothek im Herrenzimmer aufbewahrte, sondern hier herauf in die Bodenkammer verbannt hatte. In ihm fand sich nämlich alles, was zur Erlernung des Dichterberufs nötig ist. Allerdings brummte mir der Kopf, als ich die einleitenden Kapitel gelesen hatte. Hexameter, Sonett, Daktylus, Stabreim, Strophengedicht, Ode und dutzende anderer Fachausdrücke schwirrten in meinem Schädel durcheinander. Dichter, das ist nicht meine Sache, dies wurde mir nach der Lektüre jener einleitenden Kapitel klar. Trotzdem habe ich damals dem braunlockigen Käthchen einige Gedichte gewidmet. Allerdings waren sie zum größten Teil der Beispielsammlung des „Fröhlichen Pegasus" entlehnt, wenn auch von mir mit einigen persönlichen Änderungen versehen. Leider hat sich die hübsche Empfängerin nie bei mir für die poetischen Ergüsse erkenntlich gezeigt. Wenn sie mir wenigstens ein einziges Lächeln geschenkt hätte, diese Undankbare!

Jetzt galten meine poetischen Bemühungen sowieso dem Kohlenklau. Schon seit seinem ersten Auftauchen an allen Litfasssäulen und Reklameflächen des Großdeutschen Reiches hatte dieser listige einäugige Kerl mit dem Seehundsbart und der schief ins Gesicht gezogenen karierten Ganovenmütze meine Fantasie angeregt. Im Zeichenunterricht, wenn freies Figurenzeichnen auf dem Stundenplan stand, habe ich ihn so manches Mal in den verschiedensten Positionen dargestellt, stets zur vollen Zufriedenheit unserer Zeichenlehrerin. Diese war ein ältliches Fräulein, sanft und stets von einer Aura milden Lavendeldufts umgeben. Ihre Einser waren mir sicher, leider zählten sie wenig in den Zeugnissen.

„Dieter, komm doch bitte einmal vor!" Die Stimme der Lehrerin riss mich aus dem Zustand angenehmen Dösens in die Wirklichkeit. Mir war heute nicht nach Zeichnen zumute. Bei ihr, dem Fräulein, durfte ich mich in solcher Weise gehenlassen, sie übersah es meistens geflissentlich. Jetzt rief sie mich also zu sich. Alle Jungen und Mädchen reckten natürlich die Hälse, als ich den langen Mittelgang im Zeichensaal vor zu ihrem Arbeitstisch ging. Dort hatte das Fräulein meine Kohlenklauzeichnungen ausgebreitet. „Ich habe dich zum Kohlenklau-Zeichenwettbewerb angemeldet", eröffnete sie mir, und während sie eine der Zeichnungen zu sich heranzog, meinte sie: „Hier, dieses Blatt eignet sich hervorragend zum Plakat!" „Nun fehlt nur noch ein kurzes Gedicht dazu, kannst du so etwas?", fuhr sie fragend fort. „Na klar, ich denk schon", antwortete ich.

Ich dachte an den „Fröhlichen Pegasus" und war mir meiner Sache ganz sicher. In ihm würde ich schon eine passende Vorlage finden. Leider versagte mir der „Fröhliche Pegasus" jedoch seinen Dienst, in ihm fand sich nichts, was ich hätte umschreiben können. So musste ich aus dem Nichts heraus die oben vorangestellten Verse dichten. Es war eine schwere Arbeit, die mich so manche kostbare Stunde meiner Freizeit kostete. Die Mühe, dieses Poem in Fraktur unter die Zeichnung zu schreiben, nahm mir gütigerweise das sanfte Fräulein ab. Kunstschrift stand damals noch nicht auf unserem Lehrplan. Erst im nächsten Schuljahr würden wir uns mit Fraktur, Schwabacher und Antiqua herumplagen müssen. Doch da war ich schon längst wieder drüben im Protektorat Böhmen und Mähren auf KLV.

Mein Kohlenklaubild gewann den ersten Preis! Die ganze Unterstufe war in der Aula versammelt, alle Klassen von der Sexta bis zur Tertia. Vorne auf der Bühne standen die preisgekrönten Kohlenklaubilder, darunter auch meines. Was heißt darunter, nein, erhöht stand es, mit dem ersten Preis bedacht. Mit einem der ersten Preise, wie ich der Wahrheit gemäß gestehen muss, denn jede der drei Preisstufen mussten sich drei Gewinner teilen. Wir Auserwählten durften in der ersten Reihe sitzen, auf gleicher Höhe mit Onkel Otto, dem Direx, und den anderen zur Preisverleihung geladenen Lehrern.

Onkel Otto trug, wie stets zu derartigen Anlässen, die braune Uniform der SA. Die Zeichenlehrerin wieselte, in ein mausgraues Strickkleid gewandet, mit glühenden Wangen, ihren Lavendelduft verbreitend zwischen uns, ihren Schutzbefohlenen, hin und her. Sie atmete erst erleichtert auf, als endlich alle ihre Plätze gefunden hatten. Für sie, die an der Schule belächelte Kunsterzieherin, war dieser Tag sicherlich ein Höhepunkt ihrer Karriere. Endlich durfte sie sich einmal so richtig wichtig fühlen. Bei der kurzen Begrüßungsansprache, die sie zu halten hatte, verhaspelte sie sich allerdings ein paarmal und kam dadurch ganz aus dem Konzept. Aus dem Auditorium war daraufhin kindliches Kichern zu hören. Onkel Otto brauchte sich jedoch nur zu erheben und seinen

Blick über die Versammlung schweifen zu lassen, schon erstarb jegliche kindliche Heiterkeitsäußerung.

Onkel Ottos Ansprache war kurz und bündig, ohne jegliche Anspielung auf die Kriegswichtigkeit jenes Kohlenklau-Zeichenwettbewerbs. Das zu erklären, besorgte dann der Abgesandte des Schulamtes. Seine Ansprache war voller patriotischen Feuers. Da hätten also alle, nicht nur wir Gewinner, die an dem Zeichenwettbewerb teilgenommen hatten, ihren Beitrag zum Endsieg geleistet. Unsere Waffen wären Zeichenfeder und Tuschpinsel gewesen! Heil Hitler!

Ein wichtiger Tag war dieser Tag der Preisverleihung nicht nur für das Fräulein, sondern auch für mich. Onkel Otto änderte von da an seine Meinung über mich. Als ich an jenem Mittag aus der Schule kam, saß er schon wartend im Herrenzimmer. „Wart' mal, Dieter!", rief er, als ich in unserer Kammer verschwinden wollte. Ich blieb stehen. Er trat auf mich zu und legte mir beide Hände auf die Schultern: „Heute war ich stolz auf dich, mach weiter so! Vielleicht kannst du dann mit dem Geiste schaffen, was dein Körper nicht zu leisten vermag!" Ich verstand zwar nicht ganz, was Onkel Otto meinte, aber dass er, der Schulleiter und Sportwart des örtlichen NSKK, unter der turnerischen Unfähigkeit seines Neffen litt, das verstand ich wohl, desgleichen, dass sein Ausspruch mit dieser blamablen Unfähigkeit zusammenhing.

Übrigens war meine Zeichnung als Einzige für wert befunden worden, als Plakat gedruckt zu werden. Sogar einen Vertrag musste Oma, die Erziehungsberechtigte, für mich unterschreiben. Leider hatte ich nie das Vergnügen, meinen Kohlenklau auch nur an einer Litfasssäule betrachten zu dürfen. Sicherlich tat ich, als die Plakate endlich gedruckt und verteilt worden waren, schon Dienst im KLV-Lager der Ulrich-von-Hutten-Schule, drüben im Mährischen auf dem Hostein.

Nachmittage in Falkenstein

In Falkenstein habe ich meinen Freund Karli wiedergetroffen. Zum Glück hatte seine Mutter in jener Woche Nachmittagsschicht. Sie tat, soviel ich weiß, damals Dienst in einem Lazarett. Also fanden wir, wenn ich Karli besuchte, bei ihnen zu Hause an jedem Nachmittag eine sturmfreie Bude vor. Karli hatte, als er am vergangenen Samstag seiner Mutter im Wohnzimmer beim Staubwischen helfen musste, das Versteck des Bücherschrankschlüssels entdeckt. Wegen einiger nicht gerade jugendfreier Schriften, die der Bücherschrank beherbergte, hielt man dieses Möbelstück stets unter Verschluss. Uns interessierte ein Buch aus dem bescheidenen Bestand dieses Schranks mit dem Titel: „Die Frau und Mutter als Ärztin im Hause" oder so ähnlich.[138] Es war ein dicker Wälzer. Für uns waren in diesem Buch allerdings nur die ersten Kapitel interessant. Die übrigen fast tausend Seiten schlugen wir kaum auf.

Das erste dieser Kapitel trug den Titel: „Der Mensch". Ihm waren zwei auf Karton in den natürlichsten Farben gedruckte Bilder vorangestellt: Adam und Eva von vorn. Sie waren allerdings nach dem Sündenfall dargestellt, denn der Erschaffer dieser Bilder hatte an der für uns interessanten Stelle, nämlich dort, wo sich der Mensch nach unten hin gabelt, den beiden Figuren geschlungene Tücher um die Hüften gezeichnet. Nichts war bei Adam und Eva von der Anatomie jener Körperregion zu sehen. Der Adam interessierte uns weniger, aber die Eva hätten wir uns da untenherum gerne einmal näher betrachtet. Immerhin konnte man die Bilder aufklappen, und zum Vorschein trat eine Schicht innerer Organe nach der anderen. „Das is ja wie beim Karnickelschlachten", meinte der Karli beim Blick auf die Eingeweide der Eva, als wir deren Bild aufgeklappt hatten. Auch mir war der Anblick solchen Gekröses unangenehm, und ich hatte eine ganze Weile damit zu tun, diese anatomischen Bilder wieder aus meiner Fantasie zu tilgen. Ich mochte mir gar nicht vorstellen, dass auch das schönste Mädchen im Innern so aussehen sollte wie jene aufgeklappte Eva.

Wir lagen nebeneinander auf dem Teppich des Wohnzimmers, hatten vor uns das Buch ausgebreitet und blätterten darin. „Hier, das könnte interessant sein!" Karli begann vorzulesen: „Vom Mädchen zur Jungfrau!" So so, da besitzt also jedes Mädchen einen Schatz, ein Kleinod, das es bis zur Hochzeitsnacht zu hüten und zu bewahren gilt, die Jungfräulichkeit. „Nur gut", meinte der Karli, und darin war ich mit ihm einer Meinung, „dass wir Jungs nich auch so 'n Kleinod haben, das es zu bewahren gilt!" Jedenfalls stand im Kapitel „Vom Knaben zum Jüngling" nichts dergleichen. Was aber von solch armen Mädchen auch alles verlangt wird, damit dieser Schatz keinen Schaden nimmt: nicht zu lang und zu heiß baden, sich nicht unbekleidet von Kopf bis Fuß im Spiegel anschauen, keine scharfgewürzten Speisen essen, abends stets ins kalte, nicht vorgewärmte Bett gehen, ach ich weiß nicht mehr, was die Autorin noch alles von solch junger Schatzbewahrerin verlangte.

Das Kapitel „Vom Ehestand" wollten wir schon überblättern, als wir beim Darüberhinlesen am Wort „Begattungsakt" hängenblieben. „Was soll denn das nu wieder heißen?" „Na, das da." Ich antwortete auf Karlis Frage mit jener obszönen Geste, durch welche in Gefell der Erich die Adele so in Rage gebracht hatte. Mittlerweile war ich über deren Bedeutung halbwegs aufgeklärt worden. „Ach so", meinte der Karli, und wir begannen uns in das Kapitel zu vertiefen. Hatten wir gehofft, dass dieser besagte Akt in dem Buche näher beschrieben würde, so wurde diese Hoffnung gründlich enttäuscht. Was wir aber erfuhren, war, dass der Mann aus diesem Akte einen hohen Genuss zöge und er demzufolge bestrebt sei, diesen so oft wie möglich an seinem Weibe zu vollziehen. Nun sei es an ihr, der sittlich Höherstehenden, dies dem Manne ihrerseits so oft wie möglich zu verwehren. Hatte ich nicht solches schon einmal aus dem Munde unserer Mutter gehört, damals in Gefell während eines Kaffeekränzchens, im Wohnzimmer hinter einem Clubsessel versteckt? Die Damen hatten an jenem Nachmittag dieses heikle Thema ziemlich offen behandelt. Vielleicht stand ja bei uns im Bücherschrank derselbe Wälzer? „Mal nachsehen, wenn ich wieder nach Lichtenrade komme", dachte ich.

Zwei Nachmittage lang haben wir uns aus diesem Buch einige Aufklärung angelesen, der Karli und ich: Montag und Dienstag. Der Mittwochnachmittag gehörte dem Jungvolk: Bastelstunde. Weihnachten war nicht mehr fern, da galt es, für arme Kriegswaisenkinder aus Sperrholz Hampelmänner auszusägen, schön bunt zu bemalen und ihnen mittels feinem Bindfaden zu ihrer schlenkrigen Gestalt zu verhelfen. Dabei lernte ich, mit jenen Werkzeugen umzugehen, die mir später beim Musikinstrumentenbau so sicher in der Hand lagen: Laubsäge, Feilen aller Art und Drillbohrer. Die meiste Zeit war ich allerdings mit Pinsel und Farbe beschäftigt, denn ich galt als der sicherste Gesichtermaler. Alle von mir bemalten Hampelmänner hatten lustige Lachgesichter.

Für Donnerstag hatte mich Onkel Otto zum Holzhacken verdonnert. Im Garten unter der Dachtraufe an der Hüttenwand hatten sie im vergangenen Jahr Fichtenrundlinge aufgeschichtet, die nun den Winter über in der Küche dem Herd ins gefräßige, feurige Maul gestopft werden sollten. Auch die beiden Kachelöfen im Wohn- und Herrenzimmer sollten davon ihren Teil abbekommen. Oma war mit von der Partie und half, den Handwagen mit den gespaltenen Scheiten zu beladen. Nebenbei wollte sie das Radieschenbeet im hinteren Gartenecke umgraben. Mir war dies gar nicht recht, denn ich liebte die Holzhackerei und wäre bei dieser Arbeit lieber allein gewesen. Man konnte dabei so schön träumen. Jeder Klotz ein Tommybomber oder russischer Panzer und jeder Beilhieb ein vernichtender Volltreffer. Wie sollte man solche Heldenträume träumen, wenn einem ununterbrochen eine Oma in die Quere quatschte?

Für den Freitagnachmittag hatte ich mich mit Karli zur Altmaterialsammlung verabredet. Wir hatten weder bei den Spinnstoffen und Knochen noch dem Metall unser diesjähriges Soll erfüllt, obwohl wir mittlerweile schon Mitte November schrieben. Es war gar nicht mehr so leicht, an diese begehrten Rohstoffe heranzukommen, denn jeder Pimpf und jedes Jungmädel war jetzt bestrebt, die geforderte Menge zusammenzutragen und an der zuständigen Sammelstelle abzugeben. Immer häufiger hörte man in diesen Tagen, wenn man von Haus zu Haus, von Wohnungstür zu Wohnungstür ging, auf das pflichtgemäße „Heil Hitler!" und die Frage: „Hamm sie vielleicht alte Lumpen, Kupfer, Blei, Eisen, Knochen, Papier?" die Antwort: „Na, da kommt ihr 'n bisschen spät. Is alles schon abgeliefert, nur Papier könnt ihr noch hamm." Demzufolge hatten wir nicht viel auf unserem Handwagen, als wir nach mehreren Stunden des Klinkenputzens an jenem Freitag zur Sammelstelle kamen. Wir würden uns sehr anstrengen müssen, wenn wir noch unseren vollen Beitrag zur Erlangung des Endsiegs leisten wollten, und diesen Beitrag zu erfüllen, das war ja Ehrensache jedes Jungmädels und jedes Pimpfs!

Für den Samstag stand beim Jungvolk Heimnachmittag auf dem Dienstplan. Also, was wir da zu hören kriegten! Zu Beginn des Dienstes, nach dem üblichen Appell, lernten wir erst einmal das Lied „Oranie Transvaal": „Es kämpfen die Buren Oranje-Transvaal gegen Engelands große Übermacht!" und so weiter.[139] Es ging darin um den Freiheitskampf der Buren in Südafrika. Ein alter Bure muss zusehen, wie einer seiner sieben Söhne nach dem anderen im Kampf gegen die Tommys niedergestreckt wird, selbst der Jüngste, noch ein halbes Kind. Hinterrücks natürlich, „denn gegen die tapferen Buren einen ehrlichen Kampf zu bestehen, waren die Tommys viel zu feige!" Unser Jungzugführer redete sich regelrecht in einen heiligen Eifer, als er uns die Schandtaten der Engländer da unten am Kap in glühenden Worten schilderte. Lager hätten sie in die Wüste gebaut und darin die armen Burenfrauen mit ihren Kindern eingesperrt, aber auch alte Mütterchen und hinfällige Großväter, bei Hungerrationen und fauligem Wasser. Konzentrationslager hätten sie diese Stätten des Grauens genannt. Mir lag es schon auf der Zunge, den Jungzugführer zu fragen, ob das damals so etwas Ähnliches war wie jetzt die Konzertlager, Ravensbrück bei Lychen zum Beispiel, in denen auch Frauen eingelocht waren, allerdings nur Volksschädlinge, wie ja jeder wusste, und nur zur Umerziehung dort! Im letzten Moment sind mir dann doch Zweifel gekommen, und ich habe mir diese Frage zum Glück verbissen.

Am 2. Dezember 1943 feierte ich meinen vierzehnten Geburtstag. Von Mutti aus Lichtenrade war ein Paket angekommen, und in jenem lag ein langer Brief, den sie extra für mich geschrieben hatte. Auch eine Ansichtskarte aus Bistritz am Hostein lag dabei, ein Geburtstagsgruß aus dem KLV-Lager. Rainer hatte mich also nicht vergessen. Muttis Brief enthielt eine bittere Pille, die zu schlucken mir sehr schwer wurde. Mit den Luftangriffen würde es immer schlimmer, schrieb sie, und es sei nicht ratsam für mich, über die Weihnachtsfeiertage nach Berlin zu kommen. Da Oma und ich unsere Kammer bei Onkel Otto während der Weihnachtsferien für Gisela räumen müssten, wäre es doch praktisch, wenn ich das diesjährige Weihnachtsfest in Gefell verbringen würde. „Dort bist du sicher", schrieb sie weiter, „und bei Frau Arno mit ihrer Tochter, so hoffe ich doch, gut aufgehoben!"

Wochenendbesuch in Gefell

Zuvor bot sich sogar noch eine andere Gelegenheit zu einem Besuch in Gefell. Eine Woche nach meinem Geburtstag gab es samstags schulfrei: Kohleferien.[140] Der Winter war in jenem Jahr mit unerbittlicher Härte schon in der ersten Dezemberwoche über uns hergefallen. Es gab klirrende Kälte, und das amtlich zugeteilte Brennmaterial würde kaum bis zum Frühjahr reichen. Allerdings nicht so bei uns, denn Onkel Otto in seiner Position als Leiter des Gymnasiums und jovialer Sportwart des örtlichen NSKK konnte aus so mancher halblegalen Quelle schöpfen.

Der schulfreie Samstag war eine gute Gelegenheit, um Vater wiederzusehen. Er leistete gerade seinen vierzehntägigen Dienst im Gefeller Geschäft ab und hatte mir aus Berlin ein Paar Skier mitgebracht. Es waren seine Skier, die er noch aus bewegten Wandervogelzeiten her aufbewahrte und wie seinen Augapfel hütete. Wenn ich am Samstag mit dem ersten Frühzug in Falkenstein losführe, könnte ich mit dem Mittagszug schon in Göttengrün ankommen, hatte er mir geschrieben. So war es dann auch.

Hatte sich die Natur extra für meinen Besuch so herausgeputzt? Zwar hing dichter Nebel über dem Land, als ich in Göttengrün aus dem Zug stieg, aber gerade diesem Nebel und dem an jenem Tage stetig wehenden böhmischen Wind war der Raureif zu verdanken, der die Landschaft ringsum in einen Märchenpark verwandelte. Morgen würden sich die Birken in der Ockergrube unter der Last dieses Kristallschmucks bis zur Erde niederbeugen, und so manche hochgewachsene Fichte würde ihren Wipfel einbüßen.

Dieses Mal wurde ich in Göttengrün wie ein Prinz empfangen, denn Vater wartete dort mit dem Spediteur auf mich. Sie hatten eine größere Sendung Expresspakete hergebracht, die mit dem Nachmittagszug noch weggehen sollten. Nun standen Vater und der Spediteur neben den Gleisen. Einen Bahnsteig gab es auf unserem dörflichen Göttengrüner Bahnhof nicht, dafür aber eine Schar zwitschernder Vögel, die hier überwinterten. Ihr Tisch war den ganzen Winter über reichlich gedeckt, denn Körner, Sämereien und vor allem täglich frische, dampfende Pferdeäpfel gab es an der Expressgutrampe und am Gütergleis in Hülle und Fülle. Buchfinken, Grünfinken, Goldammern, der seltene Stieglitz, Amseln und natürlich Spatzen taten sich daran gütlich. Ihr Zwitschern wollte so gar nicht zu dem frostigen Nebelwetter passen, das mich hier empfing.

Während Vater mich freudestrahlend begrüßte, nahm der Spediteur den Schlittenpferden, zwei stämmigen Braunen, die Hafersäcke vor den Mäulern ab. Ein paarmal hatten die genüsslich mampfenden Tiere kräftig hineingeschnaubt und mit ihrem dampfenden Atem jedesmal eine Portion des goldgelben Hafers in den Schnee zu ihren Füßen gesät. Das war ein Festmahl für die auf den Dachrinnen der Bahnhofsgebäude wartenden hungrigen Vögel. Wie Stukas kamen sie von ihren Aussichtspunkten herabgestürzt und balgten sich zeternd zwischen den Beinen der Gäule im Schnee um ihren Anteil an der nahrhaften Saat.

Mein forsches „Heil Hitler!" wurde von dem Spediteur ebenso forsch beantwortet, dann stiegen wir auf den Kutschbock des Schlittens. Wir breiteten eine schwere Wolldecke über unsere Knie, und ab ging es unter lustigem Schellengeläut. Bei Arnos hatten sie mit dem Mittagessen auf uns gewartet. Im Wohnzimmer war der Tisch gedeckt worden, und ich bekam wie beim letzten Besuch wieder meinen Stammplatz zugewiesen. Mir gegenüber saß Vater und neben ihm ein mir unbekanntes junges Mädchen. Frau Arno hatte sie mir bei der Begrüßung als eine entfernte Verwandte aus Leipzig namens Sonja vorgestellt. Sie war nicht mehr Kind, noch nicht Frau, dabei frisch wie ein Sommerapfel und zum Anbeißen, diese Sonja.

Vater schien sehr vertraut mit ihr zu sein. Sie nannte ihn Onkel Hans und verstand es schon, richtig mit ihm zu flirten. Mir gab es jedesmal einen leichten Stich ins Herz, wenn sie in das Lächeln, mit dem sie ihn bedachte, das gewisse Etwas legte. Vater genoss es sichtlich, im Kreise dieses weiblichen Trios so etwas wie der Hahn im Korb zu sein. Sowohl Frau Arno als auch Marga, ihre heranwachsende Tochter, und nicht zuletzt Sonja versuchten ihm jeden Wunsch von den Augen abzulesen. Er gab sich weltmännisch charmant, geradeso als spiele er den Helden in einem jener damals so beliebten Revuefilme aus den Babelsberger UFA-Studios, die so gar nicht in diese schwere Kriegszeit passten.

Frau Arno schien es Vater angetan zu haben, in allen Ehren natürlich. Aber die Blicke, welche er ihr nachwarf, wenn sie im Wohnzimmer auf und ab ging, um hausfrauliche Tätigkeiten zu erledigen, waren die eines Hungrigen. Obwohl schon in den Enddreißigern, war sie immer noch eine ansehnliche Person und verstand es, sich beim Gehen graziös in den Hüften zu wiegen. „Die wackelt mit dem Hintern wie 'ne Halbseid'ne", so lautete Mutters abfällige Meinung über ihre Intimfeindin. Vater schien da ganz anderer Meinung zu sein.

Auch der Frau Arno war Vater sicherlich nicht ganz gleichgültig. Vielleicht traute sie Vaters Tugendfestigkeit und ihrer eigenen Standhaftigkeit nicht gar so sehr und teilte deswegen Schlafzimmer und Ehebett mit Sonja, der entfernten Verwandten. Man könnte sonst vielleicht in Versuchung geraten. Herr Arno trug ja des Führers Ehrenkleid und tat Dienst als Zahlmeister irgendwo in der Weite Russlands. Wie dem auch sei, mich interessierte vor allem Sonja, und ich verfiel ihr gegenüber in eine gewisse Verliebtheit.

Zurück ins KLV-Lager

Wieder zurück in Falkenstein erwiesen sich Vaters Skier als viel zu lang für mich, da halfen auch die angepassten Bindungen nichts. Ich konnte sie nicht gebrauchen, aber verleihen konnte ich sie. Viele der größeren Jungs, die meisten von ihnen schon Hitlerjungen, welche sich mit uns Pimpfen auf der Falkensteiner Sprungschanze im Göltschtal tummelten, waren begierig darauf, wenigstens einmal ihre unwürdigen Kinderskier gegen meine Erwachsenenskier eintauschen zu können. Die Sprungschanze selbst war zwar gesperrt, aber von der zugänglichen kleinen Ebene unter dem Schanzentisch ging es auf der Landebahn steil hinunter ins Göltschtal. Die Schwierigkeit bei dieser Abfahrt war, dass sie über eine nicht gerade breite Brücke die Göltsch überquerte.

Ich hatte diese Abfahrt ein einziges Mal versucht und war dabei von der rechten Bahn abgekommen. Die vertrackten Langhölzer zogen mich direkt in die Göltsch. Gott sei Dank war den Skiern nichts passiert, aber ich landete der Länge nach im eisigen Wasser. Zum Glück wand sich das Flüsschen bei Falkenstein noch als flacher Bach in steinigem Bett durch das tiefverschneite Wiesental mit seinen fichtenbestandenen Hängen. Bedrohlich war dieser Sturz also nicht, aber sehr unangenehm. Oma war nahe daran, in Ohnmacht zu fallen, als ich an allen Gliedern zitternd und mit steifgefrorenen Kleidern zu ihr in unsere Kammer stolperte. „Junge, was hast du denn nun wieder angestellt! Nichts als Aufregungen und Ärger hat man mit dir! Ach, wie waren da meine Jungs so ganz anders, der Albert und der Otto!"

Das Kanonenöfchen in unserer Kammer bullerte gemütlich, und die Ganzkörperabreibung mit ätherisch duftendem Franzbranntwein, welche mir Oma verabreichte, versetzte mich in eine himmlisch-leichte Stimmung. Ich hätte die ganze Welt umarmen können! Sogar an die hübsche Gefeller Sonja hätte ich mich jetzt ohne weiteres herangewagt!

In der darauffolgenden Nacht schlief ich den Schlaf eines Murmeltieres, und am Morgen wachte ich mit dröhnendem Schädel auf. Ich glaube, die gute Oma hat mir damals mit ihrer Branntweinabreibung einen ersten unfreiwilligen Vollrausch verpasst. Die von ihr prophezeite Lungenentzündung ist allerdings ausgeblieben. Nur ein ausgewachsener Schnupfen hat sich bei mir als Folge des eisigen Vollbads eingestellt.

In jener Zeit braute sich über meinem Haupte so etwas wie ein Wetter zusammen. Es kroch, wie Onkel Ottos Zigarrenrauch, durch alle Türritzen. Ich spürte es fast körperlich und konnte doch nicht herausfinden, war es etwas Bedrohliches oder etwas Erfreuliches, was sie jetzt so oft im Wohnzimmer flüsternd berieten, Oma, Onkel Otto und Tante Erna. Nur dass es mich betraf, spürte ich.

Mittags zwischen zwölf und eins läutete an der Hausklingel regelmäßig der Briefträger. Dann war es meine Aufgabe, hinunter zu den Briefkästen zu laufen und die Post heraufzuholen. Zweimal war in den letzten Tagen ein dicker Brief von den Eltern aus Lichtenrade unter Onkel Ottos Post gewesen. Hing diese Korrespondenz etwa noch mit meinem Brieffrevel zusammen? Aber wenn dies so gewesen wäre, warum hatte mich Vater noch nie darauf angesprochen? Nein, es musste etwas anderes sein. Für Onkel Otto war mein Brieffrevel mit der vollzogenen Züchtigung abgetan und erledigt. Er ist nie wieder darauf zurückgekommen.

Eine Woche vor Weihnachten klärte sich dann alles auf. Eines Nachmittags, als ich durchgefroren vom Schlittschuhlaufen nach Hause kam, wurde ich von Onkel Otto ins Wohnzimmer gerufen. Dort saßen Tante Erna, Onkel Otto und Oma schon wartend beisammen. Bei mir funkte das schlechte Gewissen sofort Alarmsignale, als ich sie da so sitzen sah, und meine Fantasie spulte im Zeitraffer alle kleinen und großen Schandtaten herunter, die ich in der letzten Zeit begangen hatte. Onkel Otto unterbrach jedoch diese Selbstanalyse. In weichem, fast väterlichen Ton meinte er: „Komm, Dieter, setz dich einmal her zu uns!" Mein schlechtes Gewissen funkte Entwarnung, und ich setzte mich beruhigt zu den dreien an den Wohnzimmertisch. Meine Tage hier in Falkenstein wären leider gezählt, eröffnete mir Onkel Otto und fuhr, sich eine Zigarre präparierend fort: „Ja, mir ist eine ehrenvolle Aufgabe zuteil geworden. Ab ersten Januar 1944 darf ich der Lehrerbildungsanstalt Rodewisch[141] als Direktor vorstehen." Da sie ab ersten Februar im dortigen Institut die Dienstwohnung bezögen, wäre es ratsam, wenn ich ab Januar 1944 ins KLV-Lager ginge. „Mit deinen Eltern ist schon alles besprochen", schloss Onkel Otto seine Erläuterungen und zündete sich dabei bedächtig die Zigarre an. Nicht nur Tante Erna schien über diese Entwicklung erfreut zu sein, sondern auch Oma, die während Onkel Ottos Rede ihr heiterstes Sonntagsgesicht aufgesetzt hatte. Beiden Frauen war es mit der Zeit immer schwerer gefallen, den zwischen ihnen geschlossenen Burgfrieden zu halten. Jetzt, da die Zeit der Trennung nahe war, konnten sie wirklichen Frieden miteinander schließen.

Am nächsten Vormittag wurde ich während der großen Pause in Onkel Ottos Direktionszimmer gerufen. Er empfing mich, nun nicht Onkel, sondern ganz Direktor: „Also, Dieter, auf meine Fürsprache hin bist du ab heute aus unserer Schule entlassen. Ich habe damit der Bitte deines Vaters entsprochen. Er weilt gerade wieder einmal in Gefell und möchte, dass du die Tage bis zum Fest mit ihm gemeinsam verbringst." Dabei übergab er mir das Entlassungszeugnis und verabschiedete mich mit „Heil Hitler!" Damit hatte ich eine Woche zusätzlicher Weihnachtsferien. Morgen würden wir Giselas Kammer räumen und übermorgen würden wir auf die Reise gehen: Oma nach Dresden, ich nach Gefell.

Weihnachten in Gefell

Ein bisschen wehmütig war mir dann doch zumute, als sich Oma am nächsten Tag auf dem oberen Bahnhof in Plauen von mir verabschiedete. Mein Anschlusszug ging gleich weiter, Oma musste auf ihren noch eine Stunde warten. Jetzt zog es mich doch nach Hause, nach Berlin. Die paar Luftangriffe hätte ich ohne mit der Wimper zu zucken über mich ergehen lassen, dessen war ich mir sicher! Im Gegenteil, ich brannte darauf, endlich einmal einen richtigen Angriff erleben zu dürfen, mit Bombeneinschlägen rings um den Wildeck'schen Bunker herum! Aber die Eltern waren nun einmal solche Angsthasen, da konnte man nichts machen.

Vielleicht würde es ja in Gefell auch recht schön. Vater war noch bis zum 22. Dezember dort. Heute war der 17., also hatten wir noch vier gemeinsame Tage vor uns, eine tröstliche Aussicht. Übrigens würde ich dort ja auch Sonja wiedertreffen. Der Zug dampfte, während mir diese Gedanken durch den Kopf gingen, die vertraute Strecke vom oberen Bahnhof aus in Richtung Syrau in das verschneite Land hinaus. Die tiefstehende Sonne warf violette Schatten auf die weite glitzernde Schneefläche, und aus den Essen der abseits liegenden einzelnen Höfe stieg der Rauch kerzengerade in die Höhe. Es würde einen sonnigen, frostig klaren Wintertag geben.

Es war halb zehn, in Falkenstein würden sie jetzt die Schulbank drücken und auf das Klingelzeichen zur großen Pause warten. In der Schule hatte ich mich gestern schon verabschiedet. Sogar Dr. Röhm, dieser Brüller und Schläger, hat mir in ungewohnter Freundlichkeit alles Gute gewünscht, und die Augen der Kunstlehrerin glänzten verräterisch feucht, als sie mir die Hand zum Abschied reichte.

Den anderen in der Klasse war mein Ausscheiden ziemlich gleichgültig. Einige schlugen mir aufmunternd ihre Pranken ins Kreuz, andere gaben mir schlicht und einfach die Hand: „Mach's gut, alter Junge!" Unter den Mädchen nahm nur das braunlockige Käthchen Notiz von meinem Abschied. Sie wartete mittags nach Schulschluss neben dem Portal auf mich und drückte mir wortlos ein Bündelchen Zettel in die Hand, ehe sie auf dem Absatz kehrtmachte und leichtfüßig davoneilte. Es waren meine Gedichte. Unter eines der Poeme hatte sie ein kleines rotes Herzchen gezeichnet und in ihrer zierlichen Schrift darunter geschrieben: „Du Dummkopf!" Da verstehe nun einer die Mädchen.

Da ich Vaters sperrige Skier mit nach Gefell zurückbrachte, musste ich in Plauen das Abteil für Reisende mit Hunden und Traglasten besteigen. In Syrau stieg ein älterer Mann in bäuerlicher Lodenkleidung zu mir ins Abteil. Seine linke Hand umfasste einen derben Knotenstock, und mit der Rechten hielt er das zugebundene Ende eines Sackes, den er wie Knecht Ruprecht persönlich geschultert trug. Er setzte sich schweigend mir gegenüber in eine Ecke der an den Abteilwänden umlaufenden Bank, und als er den Sack auf dem Fußboden ablegte, fing dieser an zu zappeln, und aus ihm ertönte mehrstimmiges Quieken. Ich muss wohl sehr erstaunt geschaut haben, denn er stieß den Sack mit seinem Knotenstock leicht an und meinte lakonisch: „Ferkel", und wie zum besseren Verständnis: „Winterferkel, die taugen nicht viel!"

Die alte Frau, die in Mehltheuer zustieg, schien diesen Mann zu kennen, denn nachdem sie den vom Bahnsteig aus zu ihr heraufgehobenen Tragkorb verstaut hatte, meinte sie: „'N Morgen, Bruno!" Dann ließ sie sich neben diesem Bruno auf die Bank fallen, ächzend und krötenhaft dick. Der Duft, den sie verbreitete, roch nach Schweiß und ungewaschenen Kleidern. „'N Morgen, Lina! Na auch mal wieder unterwegs?", antwortete der Mann und beeilte sich, einen Stumpen anzuzünden. Aus der Unterhaltung der beiden erfuhr ich, dass er Viehhändler war und sie als Altenleiterin nun mit ihrer Schwiegertochter den Erbhof bewirtschaften müsse: „Obwohl die alten Knochen gar nimmer so recht wollen, ja, dieser Krieg!", bärmelte sie mit zahnlosem Mund. „Hab schon von euerm Unglück gehört, tut mir sehr leid", antwortete der Mann ehrlich betrübt. „Ja, ja, mit nur einem Bein wird der Fritz wohl nich mehr Bauer machen können", entgegnete sie, sich die Tränen aus den Augen wischend. Beim Umsteigen in Schönberg verlor ich die beiden dann aus den Augen.

Ein bisschen Traurigkeit, ein bisschen ängstliche Spannung, ein bisschen Vorfreude erfüllten mich, als ich an jenem Mittag von Göttengrün aus durch den Schnee in Richtung Gefell stapfte. Die Sonne schien aus tiefblauem Himmel, und auf den Bäumen und Sträuchern, ja selbst auf den Pfählen der Weidezäune saßen dicke glitzernde Schneekappen. Die Skier samt Stecken waren mehr als hinderlich, obwohl ich alles zu einem Bündel fest verschnürt hatte. Bis zur Tetzler'schen Fabrik habe ich sie geschleppt, dann ist mir zu den sperrigen Dingern das einzig Richtige eingefallen: Anschnallen! Gesagt, getan! Noch ein kurzes Festzurren der Rucksackriemen, und los ging es. Den Abkürzungsweg über die Felder und Wiesen zur hinteren Gefeller Hohle hin kannte ich noch. Er war allerdings nicht leicht zu finden in der verschneiten Landschaft, und die nicht gerade vorschriftsmäßig gewachsten Skier wollten so gar nicht über den tiefen Schnee gleiten. Dann gab es plötzlich Fliegeralarm. Aus allen Himmelsrichtungen tönte das nervenzerreißende, auf- und abschwellende Heulen der Sirenen, leiser aus den entfernteren Flecken wie Blintendorf, Frössen und Ebersdorf, lauter aus Göttengrün hinter mir und dem vor mir liegenden Städtchen Gefell. Es war ein vielstimmiges, angsterzeugendes Konzert, und ich befand mich hier inmitten der endlosen Feldflur, ein schwarzer Punkt, ein Floh auf der weiten Schneefläche. Was wäre, wenn jetzt Tiefflieger kämen? Ein paarmal hatten wir dies beim Jungvolk schon trainiert: „Tiefflieger von links!" Dann nichts wie in den rechten Straßengraben gehechtet. Beim Ruf „Tiefflieger von rechts" konnte nur der Sprung in den linken Graben lebensrettend sein. Zum Glück trieben die anglo-amerikanischen Tiefflieger damals an Weihnachten 1943 noch nicht ihr Unwesen im Himmel über uns, aber gehört hatte man schon von ihnen. Noch blieb um mich herum alles still, aber ich kam ganz schön ins Schwitzen, als ich so im Eiltempo in Richtung Gefell durch den tiefen Schnee stakste. Dann ertönte das Wummern fernen Flakbeschusses und endlich das Motorengeräusch der Bomber. Anfangs war es kaum hörbar, man fühlte es nur wie einen Druck auf den Ohren.

Die Geschäftsmädels standen zum Teil noch draußen auf dem Hof und der Straße, als ich über die verschneite Wiese zu unserem Haus und Grundstück stakte. Vater sah ich nicht bei ihnen stehen, aber da mich jetzt einige entdeckten und erkannten, riefen sie: „Herr Möckel, Herr Möckel, dort kommt der Dieter von der hinteren Hohle her!" Als ich vorn bei der Schleizer Straße ankam, war auch Vater unter ihnen. Ich wurde mit Hallo empfangen, und so viel Aufmerksamkeit war mir mehr als peinlich. Als mir dann zu allem Überfluss die

Adele noch einen kameradschaftlichen Puff gab und meinte: „Na, da biste ja, Juni-Ohr", wäre ich am liebsten wieder umgekehrt. Das nannte dieses freche Ding ihr versprochenes Ehrenwort zu halten?

Die Pulks der ersten Bomber näherten sich jetzt. Sie zogen ihre Kondensstreifen hinter sich her und erfüllten die Luft mit ihrem vielstimmigen Dröhnen. Vater klatschte kräftig in die Hände und rief: „Aber jetzt wird's höchste Eisenbahn, marsch in den Keller!" Obwohl sie damals nur über uns hinwegflogen, lohnenderen Zielen entgegen, konnte man doch nie wissen, ob nicht einer unter den vielen hundert Bombern plötzlich durch einen Motorschaden zum Notabwurf seiner Bombenlast gezwungen wurde. Außerdem war es verboten, während eines Fliegeralarms im Freien herumzustehen. Bei einem Bombentreffer hätte der Keller allerdings kaum Schutz geboten, sondern wäre eher zu einem Massengrab geworden.

Der Alarm dauerte anderthalb Stunden, und mein Magen fing an, mächtig zu knurren. Mittlerweile war es halb vier Uhr nachmittags geworden, und ich hatte heute Morgen gegen sechs Uhr den letzten richtigen Bissen zwischen die Zähne bekommen. Vor Aufregung und Reisefieber war es Oma heute früh nicht in den Sinn gekommen, mir ein anständiges Vesperpaket mit auf die Fahrt zu geben. Deshalb war ich recht froh, als Frau Arno nach der Entwarnung meinte: „Komm, Dieter, jetzt wird erst mal Kaffee getrunken! Du wirst 'nen Bärenhunger haben!" Vater schränkte diese Verheißung jedoch sofort wieder ein: „Aber erst die Skier spannen, hörst du?" Die alten Holzskier verloren nämlich ihre federnde Wölbung, wenn sie nicht sofort nach jedem Gebrauch in Klammern und Klötze gespannt wurden.

Während ich die gespannten Skier zusammen mit den Stöcken in den Schuppen hinter der Aschegrube trug, ratterten im Geschäft schon wieder die Maschinen. Die Geschäftsmädels würden heute Abend die durch den Alarm versäumten anderthalb Stunden nacharbeiten müssen. Trotzdem sangen sie aus voller Kehle, so als sei nicht vor einer halben Stunde erst der leibhaftige Tod über uns hinweggeflogen. „Lasst uns froh und munter sein", sangen sie, und der Chor ihrer hellen Stimmen plätscherte wie ein munterer Bach über den ratternden Bordun der Stickmaschinen.

Der Kaffee wurde oben bei Arnos in der Küche getrunken. Zu viert saßen Frau Arno, Sonja, Marga und ich um den Tisch herum. Vater war im Geschäft unabkömmlich, er würde erst zum Abendbrot heraufkommen. Gemütlich war es hier, im Herd knisterte das Feuer, im Ofenschiff summte das siedende Wasser, und da es draußen schon dunkel war, hielten wir Dämmerstunde. Mitten auf dem Tisch stand als einzige Lichtquelle eine brennende Kerze und sog mit ihrer ruhig brennenden Flamme die dünne, fadenförmige Weihrauchfahne ein, die dem Mund des Räuchermännchens entstieg. Dies putzige gedrechselte Figürchen stand nicht weit von der Kerze entfernt auf dem Tisch, direkt neben dem Teller voller kalter Kartoffelpuffer, dem Rest des Mittagessens. Es versteht sich von selbst, dass mich bei meinem knurrenden Magen niemand erst zum Zulangen auffordern musste, zumal es auch an Apfelmus nicht mangelte.

Ein Gespräch wollte nicht aufkommen an diesem ersten Nachmittag. Sonja saß mit gesenktem Kopf und im Schoß gefalteten Händen wie abwesend auf ihrem Platz. Seit sie in der Nacht vom 4. zum 5. Dezember den ersten großen Luftangriff auf Leipzig[142] miterlebt hatte, verfiel sie oft in diesen Zustand ängstlicher Traurigkeit, wenn die Sirenen das Nahen der todbringenden Bomber ankündigten. Seit Leipzig in die Zielplanungen der alliierten Bomberstrategen gerückt war, bangte sie um das Leben ihrer Mutter und Großmutter, die dort ausharren mussten, während man sie hierher nach Gefell in Sicherheit gebracht hatte. Meist erlöste sie erst die Ankunft einer jener mit Schnellpost beförderten grün oder rot geränderten Karten aus ihrer Angst, die damals nach schweren Luftangriffen zu Tausenden von den betroffenen Städten aus in alle Winkel des Großdeutschen Reiches flatterten und selbst die entlegensten Bezirke der Front erreichten. Fünf Worte durften sie enthalten. „Wir leben noch, alles gesund" war wohl das Schönste, was solch eine Karte übermitteln konnte.

Lange hielt es mich nicht in dieser Runde, denn von der Straße her hörte man Kinder lärmen, welche die Zeit bis zum Abendessen noch für eine Schlittenpartie nützten. Mich zog es hinunter zu ihnen. Natürlich waren es nur Größere, die jetzt in der Dunkelheit noch draußen sein durften. Rolf, Horst, Günter, sie kannten mich alle noch. In schneller Fahrt ging es die schneeglatte Schleizer Straße hinunter bis zum Einkaufsladen. An sich war das ein verbotenes Vergnügen, aber wie hätte unser alter Dorfgendarm uns fassen oder erkennen sollen bei dieser Dunkelheit und mit seinem hinderlichen Säbel am Koppel. Kurz bevor ich zum Abendessen gerufen wurde, gesellte sich Erich zu uns, und ich fragte ihn nach meinem Elastolinhauptmann. Er schaute mich daraufhin ganz entgeistert an und meinte nur: „Du spinnst wohl!"

Ich genoss in Gefell, weit weg von Onkel Otto mit seiner preußischen Strenge und Oma mit ihrer oft lästigen Fürsorge, die Freiheit eines verwöhnten Gastes. Am 21. Dezember wurde ich von Vater noch einmal im Geschäft eingespannt. Ich stand den langen Vormittag über neben Sonja am Paustisch. Sie war von Vater in die Kunst des Vorpausens eingeweiht worden und hatte es darin zu einer erstaunlichen Fingerfertigkeit gebracht. Anfangs war es mir unangenehm gewesen, so dicht neben diesem Mädchen zu stehen, obwohl ich etwas verliebt in sie war. Die zuarbeitenden Handgriffe unseres gemeinsamen Tuns gaben mir jedoch bald meine Sicherheit wieder.

Die Maschinen ratterten, und die Stickerinnen übertönten diesen Lärm noch mit ihrem Gesang. „Die blauen Dragoner, sie reiten", sangen sie, und das Lied von der Räuberbraut, dann warfen sie Bomben auf „Engeland" und ließen den Schnee leise rieseln, in drei Tagen würde ja schon Weihnachten sein. Am Abschneidetisch neben uns ging es hoch her. War doch die Müller mit einem verheirateten Mann aus Blintendorf am Waldrand bei den Herrenteichen in einer mehr als verfänglichen Situation überrascht worden, und „das bei dieser Kälte und im Schnee!", entrüstete sich die dicke schwarzhaarige Edelgard, eines der älteren Lehrmädchen, und die Lina meinte, dabei Galle und Gift spuckend: „Hoffentlich hat se sich den Arsch erfroren, das ausgeschamte Luder! Sich mit 'nem Kerl im Schnee rumzusielen und die Beine breitzumachen, während der eigne Mann draußen an der Ostfront die Knochen hinhält!" Was soll an dem Beinebreitmachen eigentlich so schlimm sein, dachte ich und schickte einen kurzen, prüfenden Blick zu der links neben mir stehenden Sonja hinüber, deren Gesicht bis unter die Haarwurzeln in glühender Röte stand. Wenn ich im Januar auf KLV komme, werde ich den Fritz mal nach dieser Angelegenheit fragen, der weiß darüber bestimmt Bescheid.

Es war ein interessantes und erregendes Gespräch am Tisch neben uns. Ich versuchte jedes Wort der geifernden Mädchenrunde zu verstehen, was bei dem Lärm im Saal gar nicht einfach war. Dabei ging unsere Arbeit unentwegt weiter. Allerdings schien die links neben mir arbeitende Sonja auch Interesse an dem Gespräch zu haben, denn sie wurde sichtlich langsamer und neigte ihren Kopf leicht in Richtung der plappernden Abschneiderinnen. Erst als diese verstummten, fand sie ihren Rhythmus wieder. Nun ging es aber hoppla, weil wir in Rückstand geraten waren. Richtig ins Schwitzen kamen wir im Eifer des Gefechts, was sich bei dem neben mir schaffenden Mädchen in einem zarten, frischen Seifenduft äußerte, der ihrem Körper entstieg. Wo mochte sie in dieser Kriegszeit mit ihrem Mangel solch duftende Seife herhaben?

In die Sonja hatte nicht nur ich mich verknallt, sondern auch ein anderer. Schon am Nachmittag meiner Ankunft konnte ich feststellen, dass sich der Erich in auffälliger Weise um mich bemühte. Er nahm mich auf seinem Schlitten mit auf die Reise über die schneeglatte Schleizer Straße hinunter ins Städtchen, ja ich durfte gelegentlich seinen Schlitten sogar ganz allein benutzen, und gegen die Rabauken meines Alters, den Horst, den Günter und den Rolf, nahm er mich in Schutz. Dabei brachte er, sooft es ging, die Rede auf das Mädchen Sonja. Ein bisschen schnitt mir dieses Interesse schon ins Herz, und als er mir dann am Tag vor Heiligabend einen Zettel in die Hand drückte und sagte: „Den gibste heute Abend der Sonja, gelle!", wäre ich ihm am liebsten an die Gurgel gesprungen. Dabei war es mir schon am zweiten Tag meines Aufenthalts in Gefell klargeworden, dass meine schwärmerische Verliebtheit von dem Mädchen nicht erwidert wurde. Sie schien all die kleinen Aufmerksamkeiten, die ich ihr zudachte, nicht einmal zu bemerken. Erstens war ich mit meinen vierzehn Jahren für sie, die Siebzehnjährige, sicherlich noch ein rechtes Küken, und zweitens hatte ich ja noch keinerlei Erfahrung im Liebesdienst, meine Galanterien werden dementsprechend unbeholfen ausgefallen sein.

Am Abend jenes Tages steckte ich ihr nach dem Essen das Briefchen zu. „Da, vom Erich – soll ich dir geben." „So, von dem Aufdringlichen", meinte sie schnippisch und nahm den Zettel mit spitzen Fingern, so als sei er ein Schmutzfetzen. „Ditt, nun guck mal genau zu, was ich mit so was mache!" Dabei öffnete sie die Ofentür, und ehe ich mich versah, war Erichs Liebesbrief im Herdfeuer zu Asche geworden. Mir fiel ein Stein vom Herzen. Gewiss, ich wusste mittlerweile, dass ich bei ihr nicht landen konnte, aber der Erich auch nicht, und das war gut so.

An Heiligabend war das Neunerlei in der Küche aufgetischt, wir waren ja nur zu viert: Frau Arno, Marga, Sonja und ich. Zuvor, während der Bescherung im Wohnzimmer, hatte mich plötzlich eine tiefe Traurigkeit befallen. Der Baum mit seinem Elektrokerzenglanz, die vertrauten Lieder, die Tränen von Frau Arno, Muttis zu Herzen gehender Weihnachtsbrief, das war alles zuviel für mich gewesen. Vom Neunerlei hatte ich dann nur ein paar Bissen gegessen und war, wie ich meinte, heimlich und unbemerkt hinauf in Großvaters Zimmerchen gestiegen. Warm war es hier oben, irgendjemand hatte den Bullerofen angeheizt. Marga, vielleicht Sonja oder schon am späten Nachmittag die Putzfrau, ehe sie mit Putzen, Scheuern und Wienern fertig geworden war? Ihren Tageslohn hatte sie in der Küche empfangen, desgleichen ein kleines in Buntpapier verpacktes Päckchen. „Für's Enkelkind", meinte Frau Arno, und die Putzfrau bedankte sich mürrisch, aber nicht unfreundlich dafür, eben nach echter vogtländischer Art.

Ich zog am einzigen Fenster des Zimmerchens das Verdunklungsrollo herunter. Die pelzigen Eisblumen an den Scheiben begannen vom oberen Rand her bereits abzutauen. Oben am Himmel flogen wieder die dröhnenden Todesvögel dahin. Vorhin war die Luftschutzsirene gegangen, aber wir hatten sie nicht weiter beachtet. In den Keller ging schon lange niemand mehr.

Gestern war mir beim Stöbern im spärlichen, hier verbliebenen Nachlass der Großeltern jener Karton in die Hände gefallen, der das kleine zusammensteckbare künstliche Tannenbäumchen enthielt, das sie sich alljährlich zu Weihnachten auf den Wohnzimmertisch gestellt und mit winzigen Kerzen bestückt hatten. Neben dem puppenkleinen Christbaumschmuck fand sich sogar noch ein Päckchen der bleistiftdünnen Lichter in dem Karton. Ich setzte das Bäumchen zusammen, behängte es mit dem Schmuck, stellte es auf den ehemaligen Küchentisch der Großeltern, der nun hier oben gelandet war, und bestückte es mit den Kerzen. Als diese brannten, konnte ich mein eigenes Weihnachtsfest feiern und den Tränen freien Lauf lassen.

Dass sich die Kammertür hinter meinem Rücken leise öffnete und jemand ins Zimmer trat, entging mir zuerst in meinem Schmerz. Es war Sonja, die nun an den Tisch trat und mich aus meiner Trübsal riss. „Das ist ja allerliebst", flüsterte sie, auf das Bäumchen deutend. „Großvaters Kriegsbäumchen", erwiderte ich. „Er hat es 1916 von der Großmutter an die Front geschickt bekommen, in diesem Karton. Schau! Hier steht es ganz groß aufgestempelt: Feldpost." Während ich ihr den Karton zeigte, tat ich alles, um ihren Blicken auszuweichen. Nicht auszudenken, wenn sie auf meinen Wangen und in meinen Augen Tränenspuren entdeckt hätte. Ein deutscher Pimpf, vierzehn Jahre alt, bald schon Hitlerjunge, und weinen – und das auch noch einem Mädchen gegenüber! Unmöglich!

Ich hatte gehofft, sie würde mir eine Weile Gesellschaft leisten, war sie doch in der gleichen Lage wie ich, quasi hierher kinderlandverschickt. Leider war sie nur heraufgesandt worden, um mich zurück in die Familienrunde zu holen. Alle die Hoffnungen, die ihr Erscheinen in mir geweckt hatten, zerplatzten, als sie sich nach einigen Augenblicken zur Tür wandte und wie beiläufig meinte: „Willste nich noch 'ne Weile runter zu uns kommen?" Wie konnte ich auch hoffen, dass sie, die drei Jahre Ältere, andere als höchstens geschwisterliche Gefühle für mich hegen würde?

Am Himmel war es mittlerweile still geworden, als ich es mir unten im Arno'schen Wohnzimmer bequem machte. Die Entwarnung hatten wir überhört, denn von der Anrichte her quäkte das Grammophon. Anfangs waren es weihnachtliche Melodien, dann die damals übliche Schlager- und Filmmusik. Die beiden Mädchen tanzten miteinander, was Frau Arno, als sie von draußen hereinkam, veranlasste, missbilligend ihren Kopf zu schütteln: „Mädels, das gehört sich aber nicht! Eure Väter liegen draußen vorm Feind, in irgend 'ner Stadt sterben die Leute vielleicht grade in den Luftschutzkellern, und ihr tanzt wie zwei, na ja, ich will lieber stille sein, aber den Dudelkasten macht mal schnell aus!"

An jenem Abend wollte mir der Schlaf einfach nicht kommen. Zu viele

Bilder und Gedanken schwirrten mir im Kopf herum. Ob Eberhard dieses Mal nach der Bescherung ganz allein im Keller mit unser aller Eisenbahn spielen wird? Ob vielleicht die Bomber von vorhin gar nach Berlin geflogen sind? Dann säßen die Eltern gerade bei Wildecks im Luftschutzbunker, Eberhard kurbelte an seinem Flakscheinwerfer herum, fing Tommys mit seinem Lichtstrahl ein, und peng, würden sie abgeknallt werden! In zwei Jahren werde ich auch Luftwaffenhelfer und kann dann selbst solche Heldentaten vollbringen! Hoffentlich dauert der Krieg noch solange! Irgendwann hat mich der Schlaf dann doch übermannt, ein unruhiger, traumdurchwirkter und löchriger Schlaf.

Die Träume jener Nacht waren nicht von der heiteren, den folgenden Tag mit Sonnenschein erfüllenden Art. Als ich gegen Morgen erwachte, spürte ich, dass meine Wangen nass und der Bezug des Kopfkissens klamm vor Feuchtigkeit waren. Kann man denn im Schlaf weinen? Hungrig war ich auch, wie ein Bär! Ich hatte ja am Abend von dem Neunerlei so gut wie nichts gegessen.

Großvaters alter Wecker zeigte erst halb drei. Ich liebte diesen laut und blechern tickenden Gesellen mit seinem bierdeckelgroßen Zifferblatt. Jeden Abend vor dem Zubettgehen schaute ich mir auf einer der Arno'schen Uhren die Zeit ab und stellte ihn danach, nachdem ich ihn aufgezogen hatte.

Natürlich gab es am ersten Feiertag Gänsebraten und grüne Klöße zu Mittag. Ein Vogtländer ohne Gänsebraten zu Weihnachten war undenkbar, Krieg hin, Krieg her. Ich habe zum Festessen sogar eine ganze Gänsekeule für mich allein bekommen und durfte am zweiten Feiertag, dem Nudeltag, den langen Gänsehals und den Kopf abknaupeln. Das waren Genüsse, die bei uns zu Hause dem Vater zustanden und um die ich ihn stets beneidet habe.

Am Nachmittag des zweiten Feiertags hielt es mich nicht mehr in der Wohnung, weil draußen bestes Rodelwetter herrschte. Am ersten Feiertag war ich den ganzen Nachmittag über zum Gänsehüten verurteilt worden, wie der Fritz sagen würde, wenn er hier und nicht drüben im Mährischen auf KLV wäre. Am Hoftor wartete schon der Erich auf mich. „Da biste ja endlich! Ich hab schon gestern auf dich gewartet." „Gestern? Bei dem Sauwetter, da war ja kein Hund vor die Tür zu kriegen!" „Ich wusste gar nich, dass du so 'ne Memme bist", antwortete Erich darauf und versetzte mir einen kräftigen Puff in die Seite. Natürlich wusste ich, warum er so dringend auf mich gewartet hatte, aber ich wollte ihn noch eine Weile auf die Folter spannen. „Was willste eigentlich so dringend von mir?" „Biste nu so doof oder tuste nur so! Was se zu dem Brief gesagt hat, will ich wissen." „Wer?" „Mensch, lass dir doch nich alle Rosinen einzeln aus der Nase popeln, die Sonja natürlich!" „Ach die, nüscht hat se gesacht. In 'n Ofen hat sen gesteckt, den Brief. Nich mal gelesen hat sen!" Erich stand nach dieser

Offenbarung ein, zwei Sekunden wie vom Blitz getroffen vor mir, dann bückte er sich, schaufelte zwei Hände voll Pulverschnee zu seinen Füßen zusammen, und ehe ich mich versah, wusch er mir das Gesicht damit. „Versager!", schleuderte er mir noch ins Gesicht, ehe er kehrtmachte und hinunter ins Schießhaus zu einem Beruhigungsbier oder einem bierähnlichen Ersatzgetränk lief.

Dresden

Die ersten zehn Tage des Jahres 1944, es waren gleichzeitig die letzten meines Falkensteiner Aufenthalts, vergingen wie im Fluge. Es galt ja auch noch vieles zu erledigen: zum Beispiel Pakete packen und nach Berlin, wie auch nach Gefell schicken, und dann diese Abschiedsbesuche. Es war eine widerliche Sache, das Tantengeschmuse!

Der Karli hatte tatsächlich feuchte Augen, als wir uns zum letzten Mal die Hand gaben. Es war ein Abschied für immer. Auch nach dem Krieg habe ich Karli nicht mehr zu Gesicht bekommen. Vergessen wird er mich genauso wenig haben wie ich ihn. Unvergesslich war allein schon unser gemeinsames heimliches Lesen des Doktorbuchs.

Einige Tage vor unserer Abreise gab es noch einmal eine lautstarke Auseinandersetzung zwischen Oma und Tante Erna. Ich weiß nicht mehr, woran sich ihr Streit entzündet hatte. In Erinnerung habe ich nur noch, dass Onkel Otto all seine diplomatischen Fähigkeiten aufbieten musste, um die beiden Streithennen wieder einigermaßen miteinander zu versöhnen. Wir haben daraufhin zwei Tage früher als vorgesehen unsere Zelte in Falkenstein abgebrochen. Es war gut so, denn auch unsere Asylgeber litten mittlerweile unter hochgradigem Umzugsfieber.

Wir reisten zuerst nach Dresden, wo wir zwei Tage verbrachten. Noch durften wir dieses Elbflorenz in seiner unversehrten Barockpracht erleben. Für Oma waren die beiden Dresdener Tage wie ein Jungbrunnen. Hier, in der Stadt ihrer Kinder- und Jugendjahre, fielen all die Zwänge von ihr ab, denen sie sich in Falkenstein hatte unterwerfen müssen.

Bei wem wir in Dresden untergekommen waren, weiß ich nicht mehr. Nur so viel ist mir im Gedächtnis haften geblieben, dass unsere Unterkunft in der Neustadt lag, in einer älteren Mietskaserne, von deren Fassade der einfache Stuckschmuck bereits abzubröckeln begann. Zwei Treppen stiegen wir hoch und wurden oben von einer weißhaarigen Dame empfangen, die etwas jünger war als Oma, vielleicht war es eine ihrer drei Schwestern. „Da seid ihr ja, kommt rein!" Sie sprach das gepflegte Sächsisch einer Großstadtbewohnerin aus gutem Hause. Ich wollte gerade zu dem vorschriftsmäßigen Deutschen Gruß ansetzen, doch da fiel mir in letzter Sekunde ein, dass Oma mir noch auf der Treppe zugeflüstert hatte: „Hier brauchst du nicht Heil Hitler zu sagen, mach 'n artigen Diener und sag einfach guten Tag!" „Warum denn das nun wieder", dachte ich, denn ich hasste die Dienermacherei. Dagegen war doch das „Heil Hitler!" etwas Kerniges, echt Deutsches!

Im Wohnzimmer roch es wie bei Onkel Otto in Falkenstein, rauchte doch der alte Herr, der uns hier empfing, wie jener ebenfalls Zigarren. „'N Tach, Minna! Auch mal wieder im Lande?" Er reichte ihr die Hand. „Und du, immer noch der alte Sozi?", konterte Oma, während sie seine Hand ergriff. „Nicht mehr, man hat mich belehrt", antwortete er mit einem prüfenden Blick zu mir herüber, und dann, sich mir ganz zuwendend: „Das also ist der Rosel ihr ..." „... Mittlerer, der Dieter", fiel ihm Oma ins Wort. „So große Jungs hat sie also schon, euer Nesthäkchen", wunderte sich der alte Herr, und ich konnte mir beim Gutentagsagen das Lachen kaum verbeißen. Unsere Mutti als Nesthäkchen, wenn das kein Witz war! Gewiss hatte die Kriegsernährung schon etwas an ihrer barocken Figur gezehrt, aber als Nesthäkchen konnte ich sie mir nicht vorstellen.

Am Nachmittag, als wir im Wohnzimmer bei Muckefuck und Kaffeesatztorte saßen, meinte die ältere Dame: „Wir können euch aber nur ein Zigeunerlager anbieten." „Das ist mehr, als wir erwarten konnten. Dankeschön!", meinte Oma darauf. Später traf sich um den Kaffeetisch eine kleine Familienrunde. Nach den üblichen Begrüßungsfragen, wie geht es, alles noch gesund, und deren zufriedenstellender Beantwortung kam man recht bald auf die Stadt Dresden zu sprechen, und was es doch für ein Wunder sei, dass die Angloamerikaner ihre Terrorangriffe noch nicht bis zum schönen Elbflorenz hin ausgedehnt hätten. „Das können die nicht machen, unser Dresden ist doch in der ganzen Welt bekannt, und die Frauenkirche gilt als achtes Weltwunder, nein, das können die nicht kaputtbomben, sind doch zivilisierte Leute, die Tommys!" Ein Jahr lang durften die Dresdener noch in dieser Illusion leben, doch dann traf sie die ganze Wut der alliierten Gegner des Hitlerregimes. Das Elbflorenz versank in einem Flammenmeer, und von der Frauenkirche blieb nur ein Trümmerhaufen übrig, während der Brandstifter im Keller seiner Berliner Reichskanzlei immer noch von neuen Wunderwaffen und künftigen Siegen fantasierte.

Fahrt in das KLV-Lager Bistritz

"Achtung, Achtung, auf Gleis elf hat Einfahrt ein Sonderzug, bitte von der Bahnsteigkante zurücktreten!" "Das isser, mit dem kommt Mutti!", rief ich begeistert und startete durch in Richtung Bahnsteig elf. Weit kam ich jedoch nicht. "Dieter, dein Gepäck!" Omas weinerliche Stimme rief mich zurück. Wir standen schon seit drei Stunden auf dem Dresdener Hauptbahnhof, denn niemand konnte uns genau sagen, wann jener Sonderzug aus Berlin hier einfahren würde. "Ab sechzehn Uhr bereithalten!", lautete die telefonisch eingeholte Auskunft. Wir standen natürlich um drei Uhr am Nachmittag schon in der dämmrigen, winterlich eisigen Halle des Dresdener Hauptbahnhofs. Aus Luftschutzgründen hatte man gleich zu Beginn des Krieges das gewölbte Glasdach mit schwarzem Verdunklungslack gestrichen. Entsprechend dämmerig war es auch tagsüber in dem zugigen Gebäude. Jetzt, als es draußen bereits dunkel war, hatte man die roten Sicherheitslampen der Luftschutzbeleuchtung eingeschaltet. Sie gaben jedoch nur wenig Licht.

Wo war eigentlich Oma geblieben? Ich sah sie in der Dunkelheit und zwischen den anderen wartenden Reisenden nicht mehr, als ich zu ihr zurücklaufen wollte. "Oma, wo bist du denn?" "Hier, mein Kind!" Wenn sie mich doch nicht immer "mein Kind" nennen würde!

Endlich standen wir an der Sperre zum Bahnsteig elf. Der Zug war gerade eingefahren. Es stieg jedoch kaum jemand aus. So sah ich Mutter schon von weitem, trotz des dämmerigen Lichts. "Kieck mal, Oma, dort kommt Mutti!" In Begleitung eines uniformierten HJ-Führers kam sie, winterlich vermummt, eilig am Zug entlang auf die Sperre zugelaufen. "Hier, Mutti, hier bin ick!" Ich hüpfte und winkte vor Freude und Aufregung wie damals beim Führerempfang Unter den Linden. Mutter kam mit ausgebreiteten Armen auf die Sperre zugelaufen. Nur das nicht, dachte ich, jetzt bitte kein Geschmuse vor diesem HJ-Oberen! Ich schlug die Hacken zusammen, riss meinen rechten Arm hoch und brüllte beiden mein "Heil Hitler!" entgegen, als sie jenseits der Sperre angekommen waren. Dann machte ich Meldung: "Pimpf Dieter Möckel zum Dienst im KLV-Lager der Ulrich-von-Hutten-Schule angetreten!" Mutter ließ ihre Arme resigniert sinken, und der Oberpimpf meinte: "Danke, rühren!", und an Mutter gewandt: "Alle Achtung, wenn det ihr Filius is, 'n strammer Pimpf, 'ne richtje Führernatur!" Wenn der wüsste, dachte ich, was alle meine bisherigen Jungvolkführer über mich für eine Meinung gehabt hatten. Schlappschwanz, Memme, Arschgeige, ja sie haben diese ihre Meinung stets treffend zum Ausdruck gebracht! Die Meldung hatte ich mir übrigens für meine Ankunft im Lager zurechtgelegt. Dies hier war also nur die Generalprobe gewesen.

Die Formalitäten an der Sperre waren schnell erledigt, dann noch ein kurzer Abschied von Oma, und schon saß ich im Zug. Im Abteil war es kalt und dunkel. Mein „Heil Hitler!" beim Eintritt wurde von den Mitreisenden, alles KLV-Müttern, kaum erwidert. Ich drückte mich neben Mutti in die Fensterecke, so konnten wir uns gegenseitig wärmen.

„Musst du denn immer so spröde sein?", flüsterte sie, als der Zug langsam anfuhr. „Oma hätte einen ganz anderen Abschied verdient gehabt, nach dem, was sie alles schon für dich getan hat, erst in Ostpreußen und jetzt hier, in Falkenstein. Und ich hätte dich auch ganz gern zur Begrüßung wieder mal gedrückt." „Aber Mutti, einen Pimpf in Uniform!" Ich konnte über so viel Unverständnis nur den Kopf schütteln. Obwohl, eine Geste mütterlicher Zärtlichkeit hätte mir jetzt sehr gutgetan, hier in der Dunkelheit des Abteils sah es ja niemand. Mutter schien eine besondere Antenne für meine Gedanken und Gefühle zu haben, denn plötzlich legte sie ihren rechten Arm um meine Schultern und drückte mich an sich. „Alter Besenstiel", flüsterte sie dabei versöhnlich. Und ich? Es hätte nicht viel gefehlt, und mir wären die Tränen in die Augen gestiegen. Es war nicht nur die Wärme ihres Körpers, die mich jetzt endlich auftauen ließ.

Neben sie in die Fensterecke des nahezu unbeheizten, nur durch die Luftschutzbirne matt erleuchteten Sonderzugabteils gedrückt, überkam mich eine bleierne Müdigkeit, sobald sich der Zug in Bewegung gesetzt hatte. Die Damen im Abteil unterhielten sich leise miteinander, auch Mutter beteiligte sich an dem Gespräch. Mir verwandelten sich ihre Worte und Sätze jedoch in ein von Minute zu Minute unverständlicher werdendes Gemurmel, einem Bach unter dem Eise vergleichbar, bis ich endlich in einen tiefen, erquickenden Schlaf versank.

In der Morgendämmerung erreichten wir das erste Ziel unserer Reise, es war zugleich die letzte Station des Sonderzuges. Der Zug dampfte langsam durch die Vororte dieser Stadt und näherte sich dem offenen Maul einer großen Bahnhofshalle. Auch hier war nur Dämmerlicht unter der hohen Wölbung des schwarzgestrichenen Glasdachs. „Prag, Hauptbahnhof, Prag, Hauptbahnhof" und gleich daran anschließend: „Praha, hlavni nadrazi, Praha, hlavni nadrazi." Nicht nur die Lautsprecherdurchsagen tönten hier zweisprachig, auch alle Schilder und Anschläge waren in beiden Sprachen gehalten, der deutschen Amtssprache des Protektorats und der tschechischen Umgangssprache der Bevölkerung. Soweit ich mich erinnern kann, waren selbst die Schriftbänder mit

Propagandasprüchen wie „Alle Räder müssen rollen für den Sieg!" auch auf Tschechisch zu lesen.

Während die anderen Reisenden des Abteils ihre Koffer aus den Gepäcknetzen hoben und sich auf den Gang drängten, warf ich schnell noch einen Blick zum Fenster hinaus auf den Bahnsteig. Dort stand doch tatsächlich in einem Trupp Uniformierter der KLV-Lehrer Tossing und bei ihm ein Unteroffizier. „Mutti, kieck mal, dort steht der Pulchra, an den müssen wir uns bestimmt wenden!" „Pulchra, wer ist denn das?" „Aber Mutti, das ist unser Lateinlehrer!" „Herr Tossing, wenn ich bitten darf", verbesserte mich Mutter, und weiterhin meinte sie, nicht sonderlich interessiert, „ach so." Sie kämpfte gerade mit ihrem Koffer, der sich im Gepäcknetz verhakt zu haben schien. „Lass mal Mutti, das krieg ich schon." Ich schob sie sanft beiseite, stieg auf die Sitzbank, und eins zwei drei stand der Koffer zwischen den beiden Sitzreihen auf dem Abteilboden.

In der Tat war Herr Tossing abkommandiert worden, um die Eltern der Insassen des Bistritzer Lagers abzuholen. Der Soldat an seiner Seite hieß Franzl Ringer und hatte den Rang des stellvertretenden Lagermannschaftsführers inne. Ich baute mich vor Tossing auf und riss den rechten Arm hoch: „Heil Hitler! Dieter Möckel zum Dienst im KLV-Lager der ..." „Is schon gut Dieter, deine Meldung kannst du bei Herrn Ringer, dem Vizelagermannschaftsführer loswerden." Ich wandte mich jenem zu und schlug erneut die Hacken zusammen, doch auch er war nicht erpicht darauf, mein soldatisches Gehampel über sich ergehen zu lassen. „Lass man gut sein!", meinte er in seiner gemütlichen bayerischen Art und reichte mir die Hand. „Du bist also Dieter Möckel, unser alter Neuer oder neuer Alter, wie man's nimmt, der Bruder vom Rainer?" „Jawoll, Herr stellvertretender Lagermannschaftsführer! Und das hier ist meine Mutter." Ringer gab auch ihr mit einer angedeuteten Verbeugung die Hand, ein Kavalier in Uniform. Zu mir meinte er: „So, ab jetzt bist du außerdienstlich hier, da brauchst nicht dauernd vor Herrn Tossing und mir Männchen zu machen, verstanden?"

Mittlerweile hatten sich die zum Bistritzer Lager gehörenden Mütter um den Lehrer und Ringer geschart, nachdem er ein paarmal mit seiner Löwenstimme gerufen hatte: „Ulrich-von-Hutten-Schule, Lager Bistritz bitte hierher zu mir!" Dann zog er eine Liste aus seiner Aktentasche und verlas die Namen. Alle waren da, bis auf Frau Rutenstrauch, die jedoch im dem Moment, da ihr Name genannt wurde, angehetzt kam, hochrot im Gesicht und ganz außer Atem. „Entschuldijung", keuchte sie, „hab ick mir doch aus Versehen beim Lager Neubistritz mit anjestellt!" Und mit einem Stoßseufzer: „Is ja jerade noch mal jut jegangen!"

Es war eine ansehnliche Reisegruppe, die mit nach Bistritz fuhr, außer mir, dem einzigen Pimpf, waren es mindestens achtzig Mütter und ein Opa. Alles war bestens organisiert. Die große Uhr an der Stirnseite der Halle zeigte kurz vor Neun. Unser Zug würde erst um 10 Uhr 45 von diesem Bahnhof abgehen, da blieb noch genügend Zeit für ein stärkendes Frühstück.

„Alles mir nach!", rief Tossing und führte uns durch die Sperre zur Rotkreuzstation. Dort herrschte reges Treiben. Außer den mit unserem Zug angekommenen KLV-Eltern sah man Soldaten aller Waffengattungen, Verwundete mit und ohne Betreuer, Urlauber auf der Rückreise zur Front oder solche, die gerade angekommen waren, Militärpolizisten mit ihren vor der Brust baumelnden großen Messingschildern, die nicht müde wurden, einzelne Landser zu kontrollieren und dafür böse Blicke einfingen. In aller Heimlichkeit natürlich, denn mit jenen scharfen Spürhunden war nicht gut Kirschen essen. Da landete man schnell in einer Strafkompanie oder gar in einem Konzertlager, das wussten sogar wir Pimpfe schon, obwohl sie uns noch nicht gefährlich werden konnten, jene Schildträger.

Der Pappbecher voll heißem Gerstenkaffee, den man uns ausschenkte, belebte die Gemüter wieder, und die Doppelschnitte Marmeladenbrot, die wir dazu gereicht bekamen, sorgte für neue Kräfte. Als wir später im Bummelzug saßen, der schnaufend und rußigen Dampf ausstoßend durch das tiefverschneite Böhmerland in Richtung Brünn zuckelte, beschlich mich ein beklemmendes Gefühl. Das Lager, noch war es für mich ein großes böhmisches Dorf, wenn auch bevölkert von mir längst vertrauten und bekannten Bewohnern. Was würde mich dort erwarten?

Ankunft auf dem Hostein

Da war ich nun wieder zum KLV-Lagerinsassen geworden, und der Wechsel vom Zivilistendasein zu dem eines Lagerpimpfs war mir längst nicht so schwergefallen, wie ich befürchtet hatte. Es war fast wie eine Heimkehr, als ich gemeinsam mit den KLV-Müttern, dem einen Opa, Tossing und Franzl Ringer aus dem Bus stieg, der uns, mit seinen Schneeketten klirrend, von Prerau aus hier herauf auf den Hostein gebracht hatte. Unten in der böhmisch-mährischen Senke herrschte dichtes Schneetreiben, und als sich der altersschwache Bus von Bistritz aus zum Hostein hinaufquälte, mussten wir dreimal vor mächtigen Schneewehen aussteigen und das Vehikel durch die von den tschechischen Fahrern notdürftig beiseite geschaufelten Hindernisse schieben. Dann kamen wir in eine Region dichten Nebels, und oben auf dem Gipfel empfing uns herrliches sonniges, dabei frostiges Winterwetter. Über uns wölbte sich ein klarblauer Himmel, und nur einige dutzend Meter tiefer verlief die Obergrenze der Wolken, die sich von Westen kommend durch die Mährische Pforte schoben. So dicht erschienen diese Wolken, dass man meinte, darüber hinweggehen zu können, zu den wie Inseln aus diesem blendend weißen Meer herausragenden Nachbargipfeln.

„Das ist hier ja das reinste Ferienparadies", meinte Mutter, als wir die paar Schritte vom Busparkplatz hinüber zum eigentlichen Lagergelände gingen und ich mich mit Franzl Ringer aus dieser Mütterherde löste. Er war es dann auch, der mich Morschmitt, dem Lagermannschaftsführer vorstellte. Jetzt konnte ich endlich ganz offiziell meine Meldung machen und zwar bei der einzigen dafür zuständigen Person, nämlich bei dem Oberscharführer der Waffen-SS Morschmitt. Natürlich tat ich alles, um vor solch einem verwundeten Frontsoldaten, solch einem Helden eine gute Figur zu machen. Ich baute mich vor ihm auf wie ein Gefahr witterndes, Männchen machendes Kaninchen, schlug knallend die Hacken zusammen und riss meinen rechten Arm hoch, ganz vorschriftsmäßig nur bis in Augenhöhe. Aber es half nichts, Morschmitt musterte mich von oben bis unten mit dem Ausdruck des Widerwillens im Gesicht. Von ihm hatte ich nichts Gutes zu erwarten, das wurde mir in diesem Augenblick klar.

Schneft, der Lagerleiter, begrüßte mich dagegen wie einen alten Bekannten und stellte mich meiner neuen Klassenlehrerin vor, Fräulein Hase, dem Häschen, wie wir sie in liebevoller Überheblichkeit nannten. Wir, das waren vierzehn- und fünfzehnjährige schlaksige Lackl mit brechenden Stimmen, die nicht wussten, ob sie noch im kindlichen Sopran oder schon im männlichen Tenor tönen sollten. Fast alle von uns überragten die zierliche Lehrerin um Haupteslänge. Wenn wir es gar zu wild trieben, langte sie diesem oder jenen auch mal eine hinter die Ohren, was ihr keiner von uns je übelgenommen oder gar als ehrenrührige Züchtigung aufgefasst hätte. Einem Häschen nimmt man doch so etwas nicht übel!

Dann kam das Wiedersehen mit den langjährigen Gefährten meiner bisherigen KLV-Zeit. Alle waren sie noch da: der große und der kleine Kienast, der Rutenstrauch, der Malke, der Rindsfüßer, Kruse, Weidner und nicht zuletzt Fritz. Aber vor allem natürlich: Rainer. Sowohl Schneft als auch Morschmitt hatten gar nicht erst versucht, den Empfang der Mütter appellmäßig aufzuziehen. So gestaltete sich unser aller Wiedersehen in einer lockeren familiären Atmosphäre auf dem verschneiten Platz vor der Wallfahrtskirche des Hosteins.

„Na, Muschelkuh, auch wieder da?" Der große Kienast trat als Erster auf mich zu, schlug mir kräftig auf die Schultern und empfing mich so im Kreise der Lagermannschaft. Diese Ankunft im Lager der Ulrich-von-Hutten-Schule auf dem Hostein war wie eine Heimkehr. Sogar den alten Spitznamen Muschelkuh hatten sie sich gemerkt und mir gleich wieder verpasst.

Von dem, was sonst noch geschah an diesem ersten Nachmittag meines wieder beginnenden Lagerlebens, habe ich kaum etwas im Gedächtnis behalten. Dunkel erinnere ich mich an ein gemeinsames Kaffeetrinken im Speisesaal mit einer kurzen Begrüßungsrede Schnefts. Später durften die gerührten und aufgeregten Mütter das Lager besichtigen, und ich wurde einem Zimmer zugeteilt. Ich weiß nicht mehr, mit wem ich dieses Zimmer teilen musste. Auch daran, wie dieses Zimmer eingerichtet und das Haus beschaffen war, in dem es lag, kann ich mich nur noch sehr dunkel erinnern. Jedenfalls hatte man das Pilgerhotel des Wallfahrtsortes beschlagnahmt und zum Lager umfunktioniert, das weiß ich noch. Wir mussten uns die Zimmer zu sechst teilen und schliefen in doppelstöckigen Betten, das war Standard in allen KLV-Lagern. Dass sich die ebenerdigen Betten größerer Beliebtheit erfreuten als die oberen, konnte ich nie verstehen und war deswegen höchst erfreut, wieder in einem der Oberstöcke mein Nachtlager aufschlagen zu dürfen. So konnte ich sie nun getrost erwarten, meine erste Nacht im KLV-Lager der Ulrich-von-Hutten-Schule auf dem Hostein.

Meine Ahnung hatte mich nicht getrogen: Bei Morschmitt hatte ich es gründlich verschissen, wie man damals im Lagerjargon zu sagen pflegte. Sicherlich ist ihm im Vorfeld meiner Ankunft von einigen, die mich nicht leiden konnten, gesteckt worden, welche Niete da im Anmarsch sei. Im Übrigen hatte sich das Lagerleben im Laufe meiner Abwesenheit so gut wie nicht geändert. Selbst die Dienstpläne waren noch dieselben wie jene, nach denen man schon vor Jahren auf der Ordensburg Krössinsee die Tage, Wochen und Monate eingeteilt hatte.

Für Schneft blieben Rainer und ich nach wie vor Castor und Pollux. So nannte er uns jedenfalls, obwohl wir kein Zwillingspaar waren. Wir genossen dadurch wie eh und je das Vorrecht, bei den Ausgängen in Gruppen am Sonntagnachmittag zu zweit durch die Umgebung des Lagers streifen zu dürfen.

Es war jetzt Anfang Februar 1944, und wir standen im vorletzten Kriegswinter. Allerdings merkten wir hier oben auf dem Hostein wenig vom Krieg, außer dass nun fast täglich die Pulks der amerikanischen Bomber vom Südosten kommend über uns hinwegflogen. Da es auf dem Gelände des Hosteins so gut wie keine Luftschutzräume gab, marschierten wir im Fall des Fliegeralarms lagerzugweise in die nahegelegenen Wälder, die den ganzen Hostein bedeckten, das Gipfelplateau mit seiner Kirche und den Hospizgebäuden und einer großen Wiesenfläche ausgenommen. Oft geschah es, dass wir die telefonische Meldung über das Herannahen der Bomberverbände recht spät bekamen, dann gellten die Alarmpfeifen und Befehle unserer Lehrer und HJ-Führer auf allen Fluren: „Fliegeralarm, alles raustreten! Aber dalli!" Und draußen dann, kaum dass wir angetreten waren: „Im Dauerlauf, marsch marsch!" In solchen Fällen hörten wir meist schon das ferne Dröhnen der herannahenden Bomber, ehe wir den schützenden Wald erreichten. Sie flogen zwar in großer Höhe über uns hinweg, ohne uns zu bedrohen, aber seit neuestem wurden sie von Jagdbombern begleitet, die gelegentlich gefährliche Tieffliegerangriffe flogen. Jedenfalls hatte man schon von solchen Attacken gehört.

Für unsere Lehrer und die HJ-Führer bedeuteten diese erzwungenen Ausflüge stets eine besondere Herausforderung, galt es doch eine Herde potentieller Helden in Disziplin zu halten. So mancher Pimpf nützte die Gelegenheit solcher Gefährdung dazu aus, sich und den anderen den eigenen Mut zu beweisen. Selbst jetzt, in dieser Winterzeit, kletterten diese Angeber in den vereisten Bäumen bis hinauf zum Wipfel, um von dort oben nach angreifenden Tiefffliegern Ausschau zu halten. Affenartiges Wipfelschaukeln war bei solcher Gelegenheit ein beliebter Sport. „Seid ihr noch zu retten, ihr Äser lockt uns die Amis auf den Hals! Wenn die einen von euch entdecken, pflügen die den ganzen Wald mit ihren Bordkanonen um, da könnt ihr Gift drauf nehmen!" Solchermaßen pflegte Morschmitt loszupoltern, wenn er jene Helden oben in den Bäumen herumturnen sah. Leider hat sich während unserer ganzen Hosteinzeit kein einziger Tiefflieger sehen lassen. So ein richtiger Angriff wäre doch mal eine interessante Abwechslung gewesen!

Einige Monate später, mitten im Sommer, kam dann Morschmitts großer Auftritt, den er zum Glück recht kleinlaut beenden musste. Es gab Fliegeralarm, diesmal am frühen Nachmittag. Die Pulks der Bomber hatten ihren Angriff bereits hinter sich gebracht und flogen nun in ziemlich aufgelöster Ordnung zu ihren Basen auf dem Balkan zurück, der damals bereits in alliierter Hand war. Wir Lagerpimpfe beobachteten in sicherer Deckung hockend vom Waldrand aus das Geschehen über uns. Man sah es den Bomberverbänden an, dass sie ihre Kämpfe bestanden hatten. Gelegentlich mischte sich in das Weiß der Kondensstreifen, die sie über uns in den Himmel schrieben, ein verräterisches Grau: das war ein Zeichen dafür, dass so mancher dieser Todesvögel waidwund geschossen worden war auf seinem langen Flug. Wie immer bei solcher Gelegenheit ließ ich meinen Fantasien freien Lauf. Könnten nicht ein paar der angeschossenen Bomber hier in der Nähe vom Himmel fallen, lichterloh brennend, explodierend und mit dröhnendem Donnern aufschlagen? Oder ich sah mich als Erfinder einer verheerenden Luftschutzbombe, die, von oben aus in die Bomberpulks geworfen und im rechten Moment ferngezündet, dreißig, vierzig dieser Flieger auf einmal zur Hölle schicken könnte. Hohe Auszeichnungen erträumte ich mir für diese Erfindung, vom Führer oder dem Reichsjugendführer eigenhändig an die Brust meines Braunhemds geheftet!

Diesmal rissen mich das Aufheulen eines Flugzeugmotors und das Hämmern schwerer Bordwaffen aus meinen Träumen. Zehn, fünfzehn Sekunden lang währte der für uns unsichtbare Luftkampf über uns, dann löste sich in südöstlicher Richtung ein brennender Bomber aus einem der Pulks und fiel, sich um die eigene Achse drehend und eine Rauchfahne hinter sich herziehend, zu Boden. Das Ganze schien gar nicht so sehr weit von uns entfernt stattgefunden zu haben, denn man sah sogar die ausgestiegenen Besatzungsmitglieder wie winzige schwarze Punkte an ihren Fallschirmen zur Erde segeln. Als Morschmitt dies sah, sprang er aus der Deckung und schrie: „Die kauf ich mir!" Er riss die Pistole aus der Tasche und stürmte in Richtung der Absturzstelle davon. „Freiwillige mir nach!", rief er noch. Lagerleiter Schneft hielt dagegen: „Halt! Hiergeblieben! Keiner verlässt die Deckung!" Die zivile Lagerleitung und die Lagermannschaftsführung der HJ lagen während der ganzen KLV-Zeit miteinander im Kampf um die Vorherrschaft. Hier und jetzt trat dieser Konflikt wieder einmal offen zu Tage.

Übrigens hatte Morschmitt die Entfernung bis zur Absturzstelle des Bombers weit unterschätzt, das sahen wir, als der Rauchpilz der Aufschlagsexplosion über den Baumwipfeln des Horizonts aufstieg. Die Druck- und Schallwellen dieser Explosion hatten mindestens fünfzehn bis zwanzig Sekunden gebraucht, ehe sie unsere Ohren erreichten. Nach etwa einer halben Stunde kam Morschmitt zurück, nun nicht mehr in stürmendem Dauerlauf. Die Pistole stak wieder in der Ledertasche am Koppel, und der ganze Held machte eher den Eindruck eines Besiegten als den eines Siegers. Natürlich straffte sich seine Haltung sofort, als er unser ansichtig wurde. Als er später im Schutz des Waldes zu uns stieß, umringten wir ihn, während über uns die letzten Bomber dahinflogen. „Haben ganze Arbeit geleistet, die Kameraden vom SD![143] War alles schon erledigt, wie ich hinkam. Keiner von den Halunken konnte fliehen. Abknallen, einfach abknallen, was anderes haben solche Verbrecher nicht verdient! Soll sogar ein Nigger darunter gewesen sein!" So oder so ähnlich lautete sein Bericht. Natürlich ist keiner der abgesprungenen Bomberpiloten abgeknallt worden. Vielleicht hätte sich Morschmitt, der SS-Scherge, zu solch einem

Verbrechen hinreißen lassen, wenn er überhaupt bis zur Absturzstelle gelangt wäre, denn das hat sich später im Lager herumgesprochen: Morschmitt musste umkehren, lange bevor er den abgestürzten Bomber erreicht hatte.

Dass wir vom Krieg auf dem Hostein wenig merkten, lag sicherlich nicht zuletzt an der guten böhmischen Küche, mit der wir hier von den Küchenschwestern des Pilgerhotels verköstigt wurden. Gewiss, die Portionen waren nicht gerade üppig, und wir standen meistens noch hungrig vom Tisch wieder auf. Aber die Mahlzeiten boten so manches aus der österreichischen Küche entlehntes „Schmankerl": Geselchtes mit Erbsbrei und Sauerkraut zum Beispiel oder Germknödel mit Backpflaumen, das Ganze mit gebutterten Semmelbröseln bestreut. Natürlich musste man sich auch an Speisen gewöhnen, vor denen es den zartbesaiteten Kostgängern unserer Tage grauen würde, so etwa süßsaures Lungenhaschee mit Serviettenklößen oder gekochter Rinderpansen, sogenannte Kutteln.

Der Höhepunkt im kulinarischen Wochenablauf war stets das sonntägliche Frühstück, gab es doch für jeden von uns einen ganzen Striezel. Rehbraun glänzend, wie lackiert, zierte je einer von ihnen jeden unserer Plätze an der Frühstückstafel. Wie kleine Stollen waren sie in kunstvoller Flechtarbeit aus Milchbrötchenteig geformt, fast das Doppelte einer normalen Frühstücksportion. Dass sie stets frischbacken waren, versteht sich von selbst. Dazu gab es unsere Wochenration an Butter, etwa einen gestrichenen Esslöffel voll und einen ordentlichen Klecks Powidl.[144] Schien dann noch die sonntägliche Morgensonne durch die hohen Fenster des Saales, so war das Sonntagsglück vollkommen.

Winter im Lager

Wir waren hier mit unserem Lager im schönsten Wintersportgebiet gelandet. Nur schade, dass es kaum Geräte dafür gab. Schlitten oder Skier besaßen die wenigsten von uns, und man musste sich um die Freundschaft jener glücklichen Besitzer redlich bemühen, wenn man sich eine jener Raritäten ausleihen wollte. Als echte Jungs wussten wir uns jedoch auch in dieser Lage zu helfen. Ich denke bloß an unsere vereiste Schlitterbahn, die den Hang des Berges an seiner steilsten Stelle hinunterführte. Auf ihr gelangte man, mit einigen Unterbrechungen, fast bis ins Tal. Wie ein gefrorener Bach schlängelte sie sich auf dem verschneiten Waldboden zwischen den Bäumen hindurch. Sie war den ganzen Winter über unser offizieller Weg ins Tal hinab nach Bistritz. Junge, Junge, bekam man auf ihr ein Höllentempo drauf! Da musste man schon mächtig aufpassen, dass man nicht aus der Bahn flog. An einer Stelle hätte dies fatale Folgen gehabt, denn dort wand sie sich in engen Kurven durch eine Gruppe dicht beieinanderstehender Bäume. Der Weidner hat es eines Tages geschafft, in jener Kurve in vollem Tempo gegen einen der Stämme zu knallen. Ihm ist nicht viel passiert, aber die Schlitterbahn wäre uns von Schneft daraufhin beinahe gesperrt worden. Das wäre ein großer Verlust für uns alle gewesen, denn die Schlitterpartie hinunter ins Tal verkürzte den Weg fast um die Hälfte, ganz zu schweigen vom sportlichen Vergnügen, das uns diese Rutscherei bot.

Der Lagermannschaftsführer Morschmitt war es, der gegen dieses Verbot protestiert hatte. „'Ne gute Sache, diese Schlitterbahn! Auf ihr könn'n die Jungs Mut und Geschicklichkeit trainieren. Könn'n se später gut gebrauchen, wenn se zum Militär kommen!" So oder so ähnlich soll er Schneft gegenüber argumentiert haben. Außerdem benützte er diese Abkürzung selbst gern, wenn er unten im Städtchen etwas zu erledigen hatte. Stand der allmonatliche Kinobesuch auf dem Dienstplan, schlitterte die gesamte Mannschaft lagerzugweise und unter großem Hallo und Juhu geschlossen auf ihr hinunter nach Bistritz, Morschmitt vorneweg und sein Vize Franzl Ringer als Nachhut hintennach.

Ich durfte bei solcher Gelegenheit manchmal außer der Reihe gleich hinter Morschmitt auf die Piste gehen, denn ich besaß ein Paar Schuhe, die es in sich hatten. Als ich diese Treter nach meiner Ankunft im Lager zum ersten Mal trug, erntete ich allerdings nur Spott und großes Gelächter. „Det sin ja Weiberschuhe! Wohl noch von deine Urjroßmutter her?" So Höfer, der Schläger. Natürlich versetzte er mir zur Bekräftigung seiner Worte gleich einen Fausthieb vor die Brust, und ich ging zu Boden, wobei mir die Füße auf dem festgetrampelten Schnee wegglitten, als stünde ich auf Schlittschuhen. Donnerwetter, hatten die alten Treter glatte Sohlen, das stellte ich in diesem Moment fest!

Natürlich waren es Damenschuhe, da hatte der Höfer schon recht gehabt. Um 1920, als unsere Mutter noch jung und hübsch war, waren sie sicherlich das Eleganteste, was man zum Schlittschuhlaufen trug. Stiefeletten nannte man sie damals, zu unserer Zeit sagte man einfach hohe Schuhe zu diesen niedrigen Schnürstiefeln. Mutters Schlittschuhstiefeletten hatten, in einer Kiste mit Erinnerungsstücken verstaut, den Umzug von Gefell nach Berlin mitgemacht, waren vorübergehend in Vergessenheit geraten und jetzt, in dieser kriegsbedingten Notzeit, wieder zu Ehren gekommen. „Dieter, die passen dir ja wie angegossen!" Mutter hatte diese Museumsstücke aus Berlin mitgebracht, als sie mich im Lager ablieferte. Bei der Anprobe stellte sich heraus, dass sie Rainer leider zu groß waren, mir aber genau passten. Ich hatte diese altmodischen Treter nach Mutters Abreise in meinen Spind gestellt und mir vorgenommen, sie nie anzuziehen, mochten sie auch von noch so guter Qualität sein, wie Mutter nicht müde wurde, mir zu erläutern. Als sich dann jedoch die Sohle meines linken hohen Schuhs löste, war ich froh, Mutters alte Schlittschuhstiefel in Reserve zu haben. Und nun stellten sie sich auch noch als brauchbare Wintersportgeräte heraus.

Es war ein besonderes Vergnügen, mit ihnen an den Füßen über die vereiste Schlitterbahn hinunter nach Bistritz zu sausen. Anfangs zog diese sich als einspuriges Band den Hang hinunter, durch unseren regen Gebrauch war sie mittlerweile jedoch so breit geworden, dass man sich auf ihr an vielen Stellen gegenseitig überholen konnte. Eines Tages ist es mir sogar gelungen, während einer Massenabfahrt an Morschmitt vorbeizuziehen. Ich habe von ihm, als wir uns unten am Ende der Piste wieder sammelten, wegen meiner riskanten Schlitterei zwar einen Anschiss bekommen, der sich gewaschen hatte, zugleich merkte ich jedoch, dass ich dadurch bei Morschmitt etwas an Ansehen gewonnen hatte.

Wenn man vom Gipfelplateau des Hosteins aus auf der Zufahrtsstraße einige hundert Meter talwärts ging, lag linker Hand, von dieser Straße aus kaum einsehbar, ein alter Steinbruch. Seine aus dem Berg herausgesprengte Steilwand hatte eine Höhe von mindestens zehn, wenn nicht gar fünfzehn Metern. Oben an der Abbruchkante war sie gegen den Wald hin durch ein einfaches Holzgeländer abgesichert. Dies war ein streng verbotener, aber trotzdem bei uns Pimpfen beliebter Abenteuerspielplatz. Zu gebrauchen war er natürlich nur, wenn sich einige der Mitspieler als Schildwachen abkommandieren ließen, um die anderen vor bösen Überraschungen zu bewahren. Morschmitt, Franzl Ringer, Schneft, der für uns „uralte", wenn auch zähe und wanderfreudige Papa Weiß, ja selbst unsere beiden Lehrerinnen, Fräulein Harre und das Häschen, versäumten es nie, während ihrer Spaziergänge den Steinbruch zu kontrollieren. Wehe, wenn uns einer von ihnen dort erwischt hätte! Schulische Strafarbeiten oder schier endloses militärisches Strafexerzieren wären die Folge gewesen.

Im Winter spielten wir im Steinbruch unser beliebtes Bomberspiel, sobald vorübergehendes Tauwetter das Aufrollen gewichtiger Schneewalzen, den Bomben, zuließ. Das Spiel vollzog sich folgendermaßen: Eine Gruppe postierte sich oben am Geländer, während eine kleinere unten am Grund der Steilwand die herabgeworfenen Bomben erwartete. Natürlich fungierten oben nur die Mutigsten und Schwindelfreien als Werfer am Geländer. Andere, die nicht so mutig waren, hatten die Aufgabe, die nötige Munition herbeizuschaffen. Für die unten am Fuß der Wand Stehenden war es natürlich Ehrensache, sich erst im allerletzten Moment durch Sprünge aus der Bahn der herabsausenden Schneebomben zu retten, denn wir suchten ja die Gefahr. Ich spielte das Spiel gern unten am Fuße der Steilwand mit. Übrigens hätte ich oben an dem wackligen Geländer gar nicht stehen können, da mir leicht schwindelte, und die Rolle als Munitionsfabrikant mochte ich auf keinen Fall übernehmen. Gefährlich waren beide Positionen. Oben konnte man leicht im Eifer des Gefechts unter dem Geländer hindurchrutschen und in die Tiefe fallen, den unten Agierenden konnte ein Volltreffer Kopf und Kragen kosten, denn die herabsausenden Schneebomben waren nicht gerade kleinkalibrig. Glücklicherweise kam den ganzen Winter über im Steinbruch nie jemand zu Schaden. Im Übrigen war es auch nur eine kleine eingeschworene Gruppe, die sich zu diesem gefährlichen Spiel zusammenfand. Natürlich waren die beiden Kienasts regelmäßig dabei und Fritz ebenfalls. Gelegentlich gesellte sich auch Rudi zu den Spielenden im Steinbruch. Er war älteren Jahrgangs und von athletischer Statur. Demnächst würde er zum Dienst als Luftwaffenhelfer eingezogen werden.

Das Frühjahr tat sich in jenem Jahr schwer damit, dem Hostein die Schneemütze vom Kopf zu ziehen. Während unten in der Weite der Mährischen Pforte auf den Feldern die vom Schnee befreite, wintermatte Saat sich wieder begrünte, konnten wir hier oben auf dem Gipfel des Berges noch eine ganze Weile lang unseren winterlichen Vergnügungen nachgehen. Es genügte dann allerdings nur eine einzige sturmdurchtobte Nacht, und der Schnee schmolz dahin. Lau und regendurchwirkt prallten die Böen prasselnd gegen die Fensterscheiben der südwestlichen Häuserfronten, fegten über die Kuppel der Kirche hinweg und fuhren in die Wipfel der Wälder. Wir schliefen unruhig in solchen Nächten, denn so manches Mal mischte sich in das Fauchen und Heulen des Sturmes ein Krachen wie von splitterndem Holz. Was nicht mehr gesund war im Wald, fiel jetzt vor dem stürmischen Atem des Frühlings, und was vordem als Schnee die Höhe des Hosteins bedeckt hatte, sickerte nun in unzähligen Rinnsalen zu Tal. Unsere Schlitterbahn zog sich danach noch eine ganze Weile als schmales morsches Eisband zwischen den Stämmen des Waldes den Hang hinunter, jetzt ein unbrauchbares Relikt des vergangenen Winters.

Frühling und Sommer auf dem Hostein

Ostern stand vor der Tür. In den Wäldern blühten Lungenkraut, Leberblümchen und die ersten Buschwindröschen. Letztere bildeten keinen bodenbedeckenden Teppich, wie wir ihn vom Jasmunder Naturschutzpark auf Rügen her kannten, sondern wuchsen in einzelnen Flecken unter den hier seltenen Buchen. Die zartwüchsige Szilla mit ihren blauen Blütensternen gesellte sich an vielen Stellen genauso dazu wie die seltene gelbblühende Anemone.

Lagerleiter Schneft, der gleichzeitig unser Naturkundelehrer war, verlegte während der nun beginnenden warmen Jahreszeit seine Biologiestunden oft hinaus in die freie Natur. Er kannte in der näheren Umgebung des Lagers die Standorte seltener und seltenster Pflanzen, führte uns zu ihnen und ermahnte uns, sie als Kostbarkeiten zu betrachten und zu behüten. Ragwurz, Waldvöglein, Frauenschuh und Türkenbund durften wir so bestaunen. Ob seine Ermahnungen bei allen Lagerpimpfen auf fruchtbaren Boden gefallen sind, lässt sich allerdings bezweifeln.

Mit Beginn des Frühlings setzten auf dem Hostein wieder die Wallfahrten ein, die den Winter über geruht hatten. An hohen katholischen Gedenk- und Feiertagen herrschte nun bis in den späten Herbst hinein reges kirchweihartiges Treiben auf dem Berg. Aus allen Gauen Böhmens und Mährens, ja sogar aus der fernen Slowakei kamen die Pilger, um auf dem heiligen Hostein Trost und Hilfe zu suchen. Da mischten sich dann unsere Braunhemden unter die farbenfrohen Trachten der frommen Reisenden. Unsere Lagerleitung sah es allerdings nicht gern, wenn wir uns uniformiert den Pilgern zugesellten, denn Hakenkreuz und Kirchenfahnen, wie konnte das zusammenpassen? Glaubensfest waren unter uns Pimpfen sicherlich die wenigsten, und die uns hier vorgelebte religiöse Inbrunst forderte eher unseren Spott heraus, als dass sie uns andächtig gestimmt hätte. Als stramme, im Geist des Nationalsozialismus erzogene Lagerpimpfe lebten wir in anderen Glaubenswelten als jene frommen Büßer.

„Das ist hier ja das reinste Ferienparadies!" Unsere Mutter hatte mit ihrem Ausruf Recht gehabt, damals Anfang Januar 1944. Die Hosteiner Berge sind in der Tat ein Ferienparadies. Aus der Ebene etwa 500 Meter aufsteigend, gehören sie zum nördlichen Teil des Höhenzugs der Biskeden, der die Böhmisch-Mährische Senke wie ein riesiger Ringwall nach allen Richtungen hin begrenzt. An sonnigklaren Tagen geht der Blick von hier oben aus in südlicher Richtung bis hinüber zur gegenseitigen Begrenzung dieser Tiefebene, den weißen Karpaten. Blassblau und durchsichtig wie ein schmaler Dunstschleier zieht sich dieses Waldgebirge dann am südlichen Horizont dahin. Den Blick vom Hostein aus hinunter in die mährische Ebene durften wir während länger andauernder Schönwetterperioden täglich genießen. Wie eine weit hingebreitete, sich im fernen Dunst verlierende Landkarte lag dann das Land mit dem Städtchen Bistritz, den verstreuten Dörfern, den Feldern, Wiesen und bewaldeten Hügeln zu unseren Füßen. Brauten sich über dieser Ebene sommerliche Gewitter zusammen, gerieten wir hier oben oft in die Wolken. Dann waren Blitz und heftig knatternder Donnerschlag meist eins, so nah bei den Gebäuden unseres Lagers geschahen diese Entladungen. Da war es nicht gut, draußen zu sein.

Eines schönen Sommersonntags gerieten Rainer und ich in diese ungute Lage. Wir hatten Ausgang in Gruppen. Das Mittagessen war vorüber, so richtig satt waren Rainer und ich jedoch nicht geworden, also machten wir uns auf den Weg in Richtung Teufelskopf. Dieses markante Felsgebilde wird man unter diesem Namen auf keiner Landkarte finden, denn wir Lagerpimpfe hatten es so getauft. Dieser Felsen hatte, von unserem Lager aus gesehen, wirklich die Form eines Teufelskopfes. Sogar Hörner wuchsen ihm in Form zweier kümmerlicher Birken aus der Stirn. Das schönste an diesem Teufelskopf waren jedoch die Himbeersträucher, die in den Schrunden und Klüften seines Felsgesichts wucherten. Es war nicht ungefährlich, zu ihnen hinaufzuklettern, weil es an den Felswänden senkrecht in die Höhe bis zu den kümmerlichen, jedoch reichen und sonnig-süße Frucht tragenden Beerensträuchern ging. Rainer war bei dieser Kraxelei mir gegenüber im Vorteil. An Mut fehlte es mir zwar nicht, aber an Muskelkraft. Wie sollte solch ein Schlappschwanz, wie ich damals einer war, der höchstens einen Klimmzug zustande brachte und nach fünf Kniebeugen schon schnaufte, wie also sollte ich in der Felswand des Teufelskopfs bis zu solch schwindelerregenden Höhen von vier, fünf oder gar sechs Metern hinaufklettern? Ich durfte deshalb nur in den vom Boden aus erreichbaren Regionen ernten, während Rainer bis hinauf ins Himbeerparadies klettern konnte.

An jenem Sonntagnachmittag waren wir so in unser Ernteabenteuer vertieft, dass wir auf die Entwicklung des Wetters keinerlei Acht gaben. Erst ein fernes Grummeln in der sommerlich brütenden Luft ließ uns zum Himmel aufschauen. Über der Tiefebene braute sich südwestlich von Bistritz etwas zusammen, was uns die Nasenspitzen weiß werden ließ: Wolkentürme, unten schwarzblau und oben blendend weiß in den Sommerhimmel schießend. „Mannomann, da kommt vielleicht 'n Gewitter!" Rainer hing noch in der Wand des Teufelskopfs, und ich hatte gerade etwas abseits stehend einen Brombeerstrauch voller reifer Früchte entdeckt. Also schnell noch ein paar Beeren in den Mund gestopft, bis Rainer festen Boden unter den Füßen hatte, und los ging es im Dauerlauf. Wir kannten diese Wetterlage zur Genüge. In spätestens einer halben Stunde würde hier oben die Hölle los sein, und wir hatten noch mindestens vier Kilometer Fußmarsch vor uns.

Anfangs ging es über eine Alm- und Heidefläche leicht bergab. Die Kühe auf der Weide schienen von dem aufziehenden Gewitter keinerlei Notiz zu nehmen. Sie grasten und widerkäuten, obwohl sich mittlerweile das anfänglich ferne Grummeln zu grollendem Donner verstärkt hatte. Als wir endlich in der Talsohle den Wald erreichten, verschwand die Sonne hinter den aufgetürmten Wolken. Still war es hier zwischen den Bäumen, kein Lüftchen regte sich, und kein Vogel ließ auch nur einen Piepser vernehmen. Es war die sprichwörtliche Ruhe vor dem Sturm.

Keuchend liefen wir auf einem Trampelpfad im Wald den Hang hinauf in Richtung Hosteingipfel, Rainer vorneweg, ich hinterher. Die ersten Sturmböen fegten dichte Nebelschwaden zwischen die Stämme der Bäume, und mit den ersten schweren Regentropfen setzten Blitz und Donner ein. Schlag auf Schlag ging es nun. Zum Glück waren der Hosteingipfel und somit auch das rettende Lager nicht mehr weit. Nur die Zufahrtstraße war noch zu überqueren, dann vielleicht hundert Meter bergauf. Da blitzte plötzlich grelles Licht um uns herum auf, und wir wurden wie von einem gewaltigen Peitschenschlag zu Boden gefällt. „Rainer, lebst du noch?" „Ich, ja – und du?" „Ich auch!" Wir wollten gerade über die Straße spurten, als dies alles geschah, und nun, da wir uns wieder aufrappelten, entspann sich jener denkwürdige Dialog zwischen uns. Ja, wir lebten noch. Es wird wohl mehr der Schreck als der in nächster Nähe niedergegangene Blitz gewesen sein, der uns zu Boden gefällt hatte. Im Lager angekommen, mussten wir im Waschraum erst einmal unsere pitschnassen Kleider auswringen wie Scheuerlappen, und einen Anpfiff von Lagerleiter Schneft hat es natürlich auch gegeben.

Ein anderer Lausbubenstreich sollte zu einem noch heftigeren Donnerwetter führen. Diesmal ließ Morschmitt die gesamte Lagermannschaft antreten, stellte sich vor sie und spuckte Gift und Galle: Da hatten sich also drei aus unserer Mitte „am Ansehen des gesamten Lagers versündigt, ja, nicht nur am Ansehen des Lagers, sondern des gesamten deutschen Volkes, und das ausgerechnet im Angesicht jenes Tschechenpacks! Ein Verbrechen, vergleichbar nur mit dem des Landesverrats oder der Fahnenflucht!"

Was war geschehen? Drei deutsche Pimpfe hatten einem tschechischen Andenkenhändler und dessen Ehefrau, die auf dem Hostein eine Verkaufsbude hatten, einen üblen Streich gespielt. Es war an einem Sonntag, als der Kirchenvorplatz schon am frühen Morgen von unzähligen Pilgern bevölkert war. Zahlreiche andere waren noch auf dem Weg dorthin. Der Singsang ihrer Vorbeter tönte vom Kreuzweg, über den sie heraufkamen, bis in unseren Speisesaal, denn an hohen Festtagen schwieg das Radio, das sonst unsere Mahlzeiten vom Sender Olmütz aus mit böhmisch-deutscher Herz-Schmerz-Polkamusik begleitete. Es ging also relativ ruhig zu während des Frühstücks.

Für viele von uns war ein derartiger Menschenauflauf auf dem Hostein eine gefundene Sonntagsunterhaltung. Zwar war es uns verboten, uns an solchen Tagen der Kirche zu nähern, geschweige denn, sie zu betreten, aber es war gestattet, sich in Zivilkleidung unauffällig unter die Pilger zu mischen. „Ich erwarte jedoch, dass mir keine Klagen zu Ohren kommen!", hatte uns der Lagerleiter ermahnt.

Schon am frühen Morgen waren die ersten Pilger betend, fromme Lieder singend und am Kreuzweg immer wieder auf die Knie fallend auf dem Gipfel des Hosteins mit seinem Heiligtum angekommen. An der Wasserkapelle mit seiner heilbringenden Quelle konnten sich die frommen Reisenden nach der anstrengenden Bergtour erquicken. Hier sah man immer wieder besonders reuige Büßer, die sich ihre Schuhe von den blutenden Füßen zogen und die harten Erbsen herausschütteten, auf denen sie bis dahin gegangen waren. Die meisten von ihnen zeigten während der Buß- und Betwanderung erstaunlicherweise kaum Schmerzensregungen. Nun durften sie endlich ihren gequälten Füßen im Wasser der Quelle Kühlung gewähren. Andere wiederum fielen vor der großen Freitreppe, die bis vor das Kirchenportal führte, auf die Knie und rutschten singend und betend bis zum Heiligtum hinauf.

Nach vollbrachter Andacht und dem Ende des Hochamts flanierte man in Gruppen heiter plaudernd zu den Sehenswürdigkeiten des Hosteins, dem hohen, die Landschaft beherrschenden Kreuz zum Beispiel, von dessen Fuß aus man nach Bistritz hinunter und weit ins Land hinaus schauen konnte. Oder man besichtigte den keltischen Ringwall, von dem am Hang hinter der Kirche im Wald noch ein Rest die Jahrtausende überdauert hat.

Die Pilger kamen aus allen Gegenden Böhmens und Mährens, ja selbst aus der fernen Slowakei. Die jungen Frauen trugen bunte Gewänder und mit Bändern geschmückte Hauben. Farbenfroh waren auch die gestickten Westen der männlichen Jugend, dunkel und ernst dagegen die Trachten der Alten. An solchen Festtagen genügte es mir, während der Freizeit irgendwo abseits zu sitzen, dem Treiben zuzusehen und mir so meine eigenen Gedanken zu machen. Wenn nicht gerade Gruppen trachtengeschmückter junger Mädchen und Burschen meine Aufmerksamkeit und Bewunderung auf sich zogen, erging ich mich in Erinnerungen und träumte mit offenen Augen in den Tag hinein.

Vor den Andenkenbuden herrschte nach dem Hochamt reger Betrieb. Hier deckten sich die Pilger mit kirchlichen Devotionalien aller Art ein, beschrifteten Kerzen und Andachtsbildchen, handgestickten Madonnenbildern, aber auch mit Andenken weltlicher Art wie Bechern mit dem aufgedruckten Bild des Hosteins, brandbemalten Holzbildern, spekulatiusartigen Lebkuchen oder

Karlsbader Oblaten[145], um nur einiges zu nennen. Letztere erhielt man sogar ohne Lebensmittelmarken. Soweit wir tschechische Kronen eintauschen konnten, erstanden auch wir Pimpfe an den Buden diese köstlichen Seltenheiten.

An diesem Tag hatten jedoch einige von uns sich hinreißen lassen, an einer der Buden zuzugreifen, ohne zu bezahlen. Wie professionelle Kleinganoven hatten sie ihre Diebestour betrieben. Während zwei von ihnen den Händler und dessen Frau ablenkten, griff der dritte blitzschnell zu und ließ zwei Oblatenpäckchen verschwinden. Weit sind sie damit jedoch nicht gekommen, da sie bei ihrem Diebstahl beobachtet worden waren. Nun standen wir vor Morschmitt und mussten uns dessen Wutgebrüll anhören. „An der Front würde mit euch kurzer Prozess gemacht!" Gemeint waren damit die drei Ganoven. Nun, am nächsten Baum wird man sie nicht aufknüpfen und auch nicht an die Wand stellen, aber ihre gehörige Abreibung werden sie bekommen, dafür wird Morschmitt schon sorgen, das ist so sicher wie das Amen in der Kirche!

Zum Beginn der Sommerferien erreichte die älteren Jahrgänge des Lagers eine Abkommandierung zum Schanzenbau an der Ostfront. Weit mussten die Heimatverteidiger zu ihrem Einsatzgebiet nicht transportiert werden, nur bis in die östliche Slowakei. Zu gern wäre ich mit in dieses Abenteuer gezogen, aber leider galt die Einberufung des Jahrgangs 1929 nur für die in der ersten Jahreshälfte Geborenen. Ich als im Dezember Geborener musste also leider zu Hause bleiben. „Dich Schlappschwanz hätt' ich sowieso nicht mitgeschickt! Wär 'ne Blamage für das ganze Lager geworden!" Wie ich den Morschmitt hasste!

Natürlich wurmte mich diese Zurücksetzung, besonders als nach ein, zwei Wochen die erste Feldpost im Lager eintrudelte. Die Pimpfe und Hitlerjungen durften wie richtige Soldaten schon Feldpostkarten schreiben. Der kleine Kienast hat von seinem großen Bruder sogar einen Brief geschrieben bekommen. Es war wirklich abenteuerlich, was darin stand: zum Beispiel, dass abends, wenn es dunkel wäre, immer die russische Nähmaschine geflogen käme, ein uralter Doppeldecker, aber nicht ungefährlich! In der Stille der Nacht würde man sogar die Front hören, ganz leise natürlich und nur wie ein Druck auf den Ohren. In den Bergen und Wäldern der Umgebung gäbe es sogar Partisanen, aber mit denen würde kurzer Prozess gemacht, wenn man sie erwischte. Mich wurmte es mächtig, dass ich das nicht miterleben durfte.

Dabei sah es nicht gut aus an den Fronten. In der Normandie konnten die Alliierten, als ihnen die Landung in Nordfrankreich geglückt war, nicht ins Meer zurückgetrieben werden, wie uns Morschmitt in kernigen Worten vor einigen Wochen prophezeit hatte. In Russland folgte eine Rückzugsschlacht auf die andere. „Reine Taktik ist das, vom Führer genau kalkuliert. Frontverkürzung nennt man das. Die Nachschubwege der Russen werden immer länger, unsere dagegen immer kürzer, von den Amis ganz zu schweigen! Glaubt mir, kein Bolschewik und kein angloamerikanischer Halunke wird je deutschen Boden betreten, dafür hält der Führer seine Hand ins Feuer! Wer weiß, was der noch für Wunderwaffen im Hinterhalt hat. Vielleicht sogar 'ne V 4, oder V 5[146], von der eine genügt, um ganze Stadtteile dem Erdboden gleich zu machen!" Diesmal war es Franzl Ringer, der Vizelagermannschaftsführer, der uns dies während eines Heimabends vortrug, wie damals üblich in glühenden Worten, wenn auch in seinem bayrisch-kommoden Tonfall.

Im Übrigen machte der Sommer in jenem Jahr seinem Namen alle Ehre. Die Hochdruckgebiete lösten einander über Mitteleuropa ab wie Wachsoldaten. Wenn tatsächlich einmal eine Regenfront heranzog, dann spielte sich das ganze Geschehen meistens unter uns in der mährischen Pforte ab. Die Gipfelregion des Hosteins lag dann in der Sonne, und wir konnten von hier oben aus auf die Obergrenze der Wolken hinabschauen. An Schönwettertagen geschah es zuweilen, dass Kumuluswolken über die Ebene herangesegelt kamen und als Nebelschwaden den Hosteingipfel streiften, ehe sie sich auf der Leeseite vom Berg lösten und als Wolken weiterzogen. Oft waren es nur Wölkchen, die so über den Gipfel zogen, und wir hatten für uns ein Spiel erfunden: Wolkenfangen. Man konnte den oft nur hüttengroßen Wolkenfetzen nach- oder entgegenlaufen, in sie eintauchen und eine Weile in ihrem Schutz über die Wiesenflächen des Gipfels spurten. Oft lösten sich diese Wölkchen während ihres Zuges über den Gipfel in nichts auf, wurden kleiner und kleiner, bis sie verschwunden waren.

Das Verhältnis zu den hier ansässigen Tschechen war in jener Zeit noch entspannt. Zum Beispiel hatten Rainer und ich in Bistritz einen Schreiner kennengelernt, bei dem wir regelmäßig Holz für unsere Bastelarbeiten erstanden. Er war ein freundlicher älterer Herr, der in einem ebenso älteren Anwesen seine Schreinerei betrieb und ein lustiges, slawisch eingefärbtes Deutsch sprach, natürlich mit starkem österreichischem Zungenschlag. Für ein paar Kreuzer oder Kronen bekamen wir Sperrholzreste, so viel wir brauchten. Oft denke ich heute noch an ihn und daran, wie es ihm in den ersten Tagen nach dem Kriege wohl ergangen sein mag. Sogenannte Freiheitskämpfer waren schnell mit der Pistole zur Hand, wenn sie meinten, einen Verräter vor sich zu haben. Ein Menschenleben galt ja damals nicht mehr als die paar Kreuzer, die wir dem alten Mann für seine Holzreste auf die Werkbank gelegt hatten. Ich habe während meiner tschechischen Kriegsgefangenschaft so manches Schreckliche über jene chaotische Zeit gehört.

Ausflüge nach Bistritz waren Halbtagstouren und mussten bei der Lagerleitung angemeldet werden. In der Regel galten sie als Ausgang in Gruppen, und es durften nicht weniger als mindestens vier von uns gemeinsam hinunterwandern. Aber bei Rainer und mir, Castor und Pollux, wurden stets Ausnahmen gemacht. Der Heimweg von Bistritz aus hinauf auf den Hostein war recht beschwerlich. Unsere regelmäßig benutzte Abkürzung folgte mehr oder weniger der winterlichen Schlitterbahn. Leichtfüßig, wie wir damals waren, ging es bergab hüpfend im Gemsengalopp, aber bergauf, da zog sich der Weg ganz schön in die Länge, ebenso, wie sich unsere Marschkolonnen auf dem schmalen, steilen Anstieg in die Länge zogen, wenn wir den Weg in Lagerzugstärke bewältigen mussten.

Jetzt im Sommer stand wenigstens einmal pro Woche Schwimmen auf dem Dienstplan. Wenn sich nur einzelne Lagerzüge zum Schwimmen einfanden, blieb das Bad auch für die Tschechen geöffnet. Dann konnte es schon geschehen, dass wir Pimpfe mit bösen Blicken bedacht wurden, allerdings ernteten unsere sportlichen Asse, der Rudi zum Beispiel, offene Bewunderung. Wenn der elegant wie ein Kunstspringer vom Drei-, Fünf- oder gar vom Zehnmeterbrett sprang, blieben selbst tschechische Mädchenaugen nicht trocken. „Und diese Tschechinnen sind eine wie die andere zum Anbeißen", stellte der Fritz bewundernd fest, „wenn man nicht wüsste, dass es eben nur Tschechinnen sind." Trotzdem konnte es selbst Morschmitt, der Tschechenfresser, nicht lassen, dieser oder jener Schönen mit brennenden, verlangenden Blicken nachzustarren, wenn die Betreffende sich im knappen Badeanzug graziös in den Hüften wiegend über den Rasen auf die primitiven Umkleidekabinen zuschritt. Weibliche Schönheit konnte sogar den strengen Geboten der nationalsozialistischen Rassenhygiene gefährlich werden.

Obwohl der eben erwähnte Rudi nicht gerade dem Idealbild eines nordischen Menschen entsprach, genoss er doch die volle Anerkennung des Lagermannschaftsführers. Rudi war kurzbeinig, dabei an allen Gliedern stämmig und muskulös, rundschädlig, schwarzhaarig, allerdings blauäugig, also in den Augen der Nazis ein rundum slawischer Typ. „Aber sonst ein wurzelechter Deutscher!", wie Morschmitt anerkennend feststellte.

Wenn die gesamte Lagermannschaft vor dem Schwimmbad aufmarschierte, wurde dieses für die Tschechen kurzerhand geschlossen. Ich liebte diese Massenaufläufe nicht, denn an solchen Tagen lief die ganze Schwimmerei stets auf sportliches Wettkampfgetue hinaus. Ich zog es dann meistens vor, mich freiwillig zum Telefondienst in der Pforte des Lagers zu melden, ein Dienst, den ich normalerweise zutiefst verabscheute.

Noch vor dem Ende des Sommers kamen die Schanzengräber aus der östlichen Etappe zurück. Sie brachten neben ihrem angeberischen Getue auch knochenharte Dauerwürste von ihrem Einsatz mit. Weiß der Teufel, wo sie die aufgetrieben hatten. Wenn man diese Heimatverteidiger so reden hörte, hätte man meinen können, dass sie täglich anschleichenden Bolschewiken ins blutrünstige Auge geblickt hätten, von nächtlichen Partisanengefechten ganz zu schweigen. Der Rudi war es dann, der diesen Angebereien einen Dämpfer aufsetzte: „Alles halb so schlimm! Von der Ostfront keene Spur! Nicht mal zu hören, det hunderte von Kilometern entfernte Kampfjetöse, und die Nähmaschine is nur einmal jekommen. Junge, junge, hamse die unter Beschuss jenommen! Von Partisanen war zwar die Rede, aber zu zu hör'n und zu seh'n war keener von denen." Da hatte ich also hier im Lager nichts versäumt, und auf die Schwerstarbeit in den Schanzgräben konnte ich gerne verzichten!

Spiele in der Freizeit

Während der Ferienzeit gewährte uns der Dienstplan etwas mehr Freizeit als im übrigen Jahr. Rainer und ich trieben uns an diesen Tagen gern am Teufelskopf herum. Schon der Weg dorthin führte uns an zwei unserer Lieblingsplätze vorbei. Der eine davon war eine Almwiese, auf der jetzt, Anfang August, die Kühe noch ihre Sommerweide hatten. Ein paar Schritte davon entfernt lag in östlicher Richtung ein anderer unserer Lieblingsplätze, nämlich unser Kampfgebiet. Hier stieß ein Nebenweg im spitzen Winkel auf den Hauptweg, der vom Hostein aus in Richtung Teufelskopf führte. Er kam im Süden über eine Wiesenlehne herauf und lag an unserem Kampfplatz etwa einen Meter tiefer als der Hauptweg. Zwischen beiden Wegen duckte sich ein dichtes, niedriges Birkengestrüpp. Hier also fochten wir unsere ganz und gar unbrüderlichen Kämpfe aus. Ein nicht ungefährliches Kriegsspiel war es, dem wir uns hier hingaben.

Wie haben wir dieses Spiel eigentlich genannt? Handgranatenspiel? Ja, so hätten wir es nennen können. Die Grundbedingung für dieses Spiel war das Vorhandensein entsprechender Munition. Diese gab es hier allerdings in Hülle und Fülle, denn im Staub der Wege lagen unzählige vierkantige, leistenförmige Schieferbrocken herum, etwa handlang und bis zu zwei Finger dick. Man konnte diese Brocken beim Werfen so von der Hand abrollen lassen, dass sie in schnelle Drehung gerieten und im Fluge einen unüberhörbaren Brummton von sich gaben. Dies waren unsere Handgranaten, mit denen wir uns bewarfen, einer auf dem unteren, der andere auf dem oberen Weg stehend. Sehen konnten wir uns nicht, da das Birkengestrüpp zwischen uns lag, aber hören konnten wir uns, da beide Wege hier nur noch im Abstand von fünf bis sechs Metern nebeneinanderher liefen.

Um die Gefährlichkeit dieses Spiels etwas zu mindern, hatten wir uns zwei Regeln gesetzt, die genau eingehalten werden mussten. Die erste lautete: Nur Brummer dürfen geworfen werden, da diese sich im Anflug verrieten, man ihnen also ausweichen konnte. Als zweites war festgesetzt, dass nur abwechselnd geworfen werden durfte, man sich also auf anfliegende Brummer konzentrieren konnte, denn das war uns bewusst: Ein Treffer am Kopf konnte fatale Folgen haben. Glücklicherweise sind unsere Handgranatenspiele stets ohne Treffer vorübergegangen, was man wohl einem beschützenden Zufall zuschreiben muss. Einmal hätte es uns beide dann doch beinahe erwischt. „Mannomann, das war aber eben knapp. Musste mich doch grade so 'ne blöde Bremse in de Kniekehle stechen, als dein Brummer kam. Mal 'ne Sekunde nich aufjepasst und schon ..." Na ja, es ist noch einmal gut gegangen, Rainer hat damals Glück gehabt. Und wie war es mit mir? „Mensch, Rainer, dein vierter Brummer hätt mich auch beinah erwischt! Weißte, was dran schuld war? 'N Waldportier!" „'N Waldportier?", fragte Rainer leicht irritiert. Ich konnte mich über so viel Unwissenheit nur wundern: „Mensch, Rainer, bei uns im Herrenzimmer hängt doch der Schmetterlingskasten vom Urgroßvater mit den seltensten deutschen Faltern, da isses der dritte von oben am linken Rand, gleich unter den beiden Apollos! Und hier fliegt so 'n Ding frei rum!"

Ich konnte noch im letzten Moment beiseitespringen, sonst hätte mich sein Brummer voll im Gesicht erwischt. Soweit ich mich erinnern kann, haben wir an diesem Tag beschlossen, unser Kriegsspiel endgültig zu begraben. Vielleicht waren der Waldportier und die Bremse von guten Geistern geschickt worden, um uns das Absurde unseres Tuns bewusst zu machen: Zwei Brüder, die sich herzlich zugetan waren, aber sich mit allen Mitteln eins auszuwischen versuchten!

Unser Lagerzug war bei Morschmitt in Ungnade gefallen. Ich weiß nicht mehr genau warum. Vielleicht genügte allein die Tatsache, dass ich diesem Lagerzug angehörte, um ihm die Laune zu verderben. Er fand ja stets etwas an mir auszusetzen, wenn er uns aus irgendeinem Grund antreten ließ. Mal glich meine Haltung eher der eines schlappen Judenjungen als der eines strammen deutschen Pimpfs, dann waren es Flecken auf meiner Uniform oder gar das nicht vorschriftsmäßig gewichste Koppel. Bei den regelmäßigen Schuhappellen erregten meistens kleinste, in irgendwelchen Ecken des Stegs versteckte

Schmutzpartikel seinen Zorn. Es gab unzählige Möglichkeiten, bei Appellen oder ähnlichen Gelegenheiten aufzufallen.

Jene bislang zweimal in der Woche gewährten, kostbaren zwei freien Nachmittagsstunden würde es für uns heute also nicht geben. Stattdessen war das von uns Stoppelhopsen genannte Strafexerzieren angesagt. Morschmitt verstand es meisterhaft, dieses Exerzieren für uns Pimpfe zu einer wahren Schinderei zu machen. Dieses Mal sollte es besonders dick kommen. Morschmitt hatte sich für die Stoppelhopserei eine Hangwiese ausgesucht, auf der bis vor kurzem noch eine stattliche Anzahl von Kühen geweidet hatte. Die Wiese war demzufolge übersät mit den fladenförmigen, noch ziemlich breiigen Hinterlassenschaften dieser sanften Tiere. Hier jagte Morschmitt uns nun den Hang hinauf. „An den Horizont, marsch marsch, hinlegen, auf, hinlegen, auf, marsch marsch! Kehrt, marsch marsch!" In dem Moment, als wir uns ihm zuwenden mussten, sahen wir, dass eine der beiden unserem Lager zugeteilten Lehrerinnen neben ihm stand. Sie war die Jüngere und Hübschere von beiden, und Morschmitt hatte, das war unübersehbar, ein Auge auf sie geworfen. Blond mit rötlichem Schimmer im Haar, blauäugig, dabei groß und schlank entsprach sie ganz und gar dem Idealbild einer nordischen Walküre. Jedenfalls stellte ich mir so jene germanischen Halbgöttinnen vor, deren Aufgabe es war, die Seelen gefallener Helden von der Walstatt aufzulesen und in den Götterhimmel zu tragen. Sie schaute unserem Treiben belustigt lächelnd zu. Wenn dieses Lächeln nicht gewesen wäre, hätten wir jetzt, nach nur einer halben Stunde schon Dienstschluss gehabt, denn Morschmitt ließ uns ganz unvermittelt auf dem Weg antreten. Vielleicht fand er es angenehmer, sich der jungen Frau zu widmen als uns über die Viehweide zu jagen.

Mannomann, wie sahen wir aus! Fast jeder von uns war beim Hinwerfen auf den Boden wenigstens einmal in einem der Kuhfladen gelandet. Das würde eine mühsame Uniformreinigerei geben, und für den Abend würde Morschmitt unter Garantie einen Uniformappell ansetzen. Ärgerte uns allein diese Tatsache schon, so ließ das mokante Lächeln unserer jungen Lehrerin helle Wut in uns aufkochen. Als Morschmitt auf die Befehle „Rechts um! Im Gleichschritt marsch!" dann den Befehl „Ein Lied!" folgen ließ, war es nicht verwunderlich, dass wir ihm voller Trotz mit dem Gesang antworteten: „Wir hamm den Kanal, wir hamm den Kanal, wir hamm den Kanal noch lange nicht voll!" So etwas hatte unser Lagergewaltiger sicherlich noch nie erlebt, denn es schien ihm für einen Moment die Sprache verschlagen zu haben, während wir lauthals singend weitermarschierten. Dann seine gebrüllten Befehle: „Ruhe! Abteilung halt! Links um!" Während er uns nun als Meuterer beschimpfte und vor Augen hielt, was wir, wenn wir schon Soldaten wären, für diese Unverschämtheit zu erwarten hätten, ließ er uns in der halben Kniebeuge verharren. Es war eine perfide, die Oberschenkelmuskulatur bis zur völligen Erschöpfung beanspruchende Foltermethode, die jedem von uns Schweißperlen auf die Stirn trieb. Wir empfanden es darum direkt als Erlösung, als wir von ihm zurück auf die Viehweide gejagt wurden. Dort kam dann der Befehl: „An den Horizont, marsch marsch!" Dieses Mal mussten wir den Weg auf dem Bauch liegend und im Robbengang zurücklegen. Am Ende der Weide erreichte uns der gebrüllte Befehl: „Auf dem Koppelschloss kehrt marsch!" Es war eine viehische Schinderei. Wenn die Lehrerin uns mit ihrem amüsierten Lächeln nicht so in Rage versetzt hätte, wären wir glimpflicher davongekommen. Übrigens hat sie das Ende unserer Schleiferei gar nicht erst abgewartet, sondern ist während Morschmitts Schimpfkanonade kopfschüttelnd davongegangen.

Es war Herbst geworden. Von den Weiden hatte man die Kühe ins Tal getrieben. Ihr sanftes Geläut war verstummt, und unten in der Mährischen Pforte war die Kartoffelernte in vollem Gange. Nachmittags schickten unzählige Kartoffelfeuer ihren brandigen Herbstgeruch bis herauf zu uns auf den Hostein. Wie ein Gespinst feiner, lichtgrauer, streng in eine Richtung gekämmter Wollfäden zogen sich ihre Rauchfahnen übers Land. In der Ferne verlor sich deren Spur in einem Schleier lichten Dunstes. Fiel dann die Nacht herein, so war es, als hätte ein Riese winzige leuchtende Rubine in die Dunkelheit tief unter uns gestreut, glimmende Glutpunkte bis hin zum fernen Horizont.

Noch trieben die Rotschwänzchen ihr heimliches Wesen um Häuser und Hütten, während es andere gefiederte Sommergäste, die Rauchschwalben zum Beispiel, schon in den warmen Süden gezogen hatte. Deren nimmermüde Geschwätzigkeit und ihr schneller Flug fehlten uns nun genauso wie das Flattern seltener Schmetterlinge an den Treppenhausfenstern unserer Lagergebäude. Der schon erwähnte Waldportier, großer und kleiner Eisvogel, Schiller- und Segelfalter – was mochte diese wärmeliebenden Gaukler bewogen haben, an Sommertagen aus der Sonnenglut in den kühlen Schatten der Häuser zu fliehen? Ich stellte diesen flatternden Sommervögeln eifrig nach, lief in den Häusern unseres Lagers an sonnigen Tagen treppauf, treppab, von Fenster zu Fenster, gespannt darauf, welche Schmetterlinge sich diesmal ins Haus verirrt hatten und am Glas der Fenster ihre Flügel fransig flatterten. Stets entließ ich sie ins Freie, nachdem ich sie betrachtet hatte. Gelegentlich fand ich auch Falter, die sich zu Tode geflattert hatten. Sie lagen dann mit eigenartig gespreizten, leicht nach unten gekippten Flügeln auf den Fensterbrettern. Waren sie selten genug und noch gut erhalten, trug ich sie vorsichtig auf der flachen

Hand in unsere Bude, um sie dort in einem Kästchen zu verwahren. Wenn sich die Gelegenheit dazu ergab, zeigte ich sie Schneft, dem Lagerleiter. Er war stets sehr interessiert an meinen Fensterfunden. „Erstaunlich, wie reich hier die Schmetterlingsfauna noch ist!" „Was das nun wieder sein soll, eine Fauna?" Ich wusste es damals nicht, wagte aber auch nicht, Schneft danach zu fragen. Dass ich bei ihm trotz meiner lässigen, kaum in den militärischen Drill des Lagers passenden Liederlichkeit ein Steinchen im Brett hatte, verdankte ich sicherlich meiner Schmetterlingssammelei. Er staunte oft darüber, dass ich die Namen selbst seltenster Falter kannte. Er konnte ja nicht wissen, dass im Schmetterlingskasten des Urgroßvaters jeder der aufgespießten und mumifizierten Falter mit einem Namensschildchen versehen war und ich sie damals schon alle vom Apollo bis zum Totenkopf kannte.

Dies waren nun alles Sommergeschichten, längst vergangen, fast schon vergessen. Jetzt standen wir im Herbst. Auf die stillen, sonnigen Tage des Septembers mit ihren ersten nächtlichen Frösten folgte der Oktober mit seinen Stürmen und seinem Regen. Im Lager kursierten seit einiger Zeit Gerüchte, dass wir verlegt würden, und zwar schon recht bald. Als wir dann endlich Gewissheit darüber erhielten, blieben uns gerade noch vier Wochen Zeit. Schneft hatte uns auf dem Appellplatz im offenen Karree antreten lassen, als er uns dies verkündete. Also nach Prag würden wir zunächst kommen und im Haus Imka, einem ehemals komfortablen Jugendhotel des CVJM[147] vorübergehend unser Lager aufschlagen. „Wichtig ist vor allem, dass ihr euren Krempel reduziert, nicht dass unser Abmarsch wie 'ne Zigeunerwallfahrt aussieht! Was nicht in den Tornister passt, bleibt hier, verstanden?", schnauzte Morschmitt, und „Jawoll!" brüllte die Lagermannschaft wie aus einem Munde.

Da war nun guter Rat teuer. Das Sammeln war schon damals eine meiner großen Leidenschaften, entsprechend umfangreich war auch mein Hab und Gut, und jedes Stück war mir ans Herz gewachsen. Da war zum Beispiel ein verrosteter Trommelrevolver, eine echte Waffe mit gezogenem, wenn auch stark verrostetem Lauf, der außerdem eine wichtige Feder und die hölzernen Schalen des Griffs fehlten. Sie waren sicherlich abgefault, während der Revolver in der Erde geruht hatte. Ich würde ihn zwar nie reparieren können, sollte ihn aber jetzt wegwerfen, einfach so? Außerdem fragte ich mich, wohin damit. Vielleicht war es gar nicht erlaubt, solch eine Mordwaffe zu besitzen, mochte sie auch noch so kaputt sein. Ich hatte diese Rarität von einem der Großen bekommen, als diese zum Schanzen ausrückten. Fünf Mark hatte ich dafür bezahlt, meine ganzen Ersparnisse. Der Verkäufer weigerte sich nun, diese heiße Ware zurückzunehmen.

Damals kursierte im Lager in aller Heimlichkeit ein Buch mit dem Titel „Die Armee hinter Stacheldraht"[148], natürlich nur unter uns Größeren, zu denen ich mit meinen bald fünfzehn Jahren zählte. Die Kleinen wie zum Beispiel Rainer durften dieses Buch nicht in die Hand bekommen, das war unter uns eine ausgemachte Ehrensache. Es standen aber auch wüste Sachen drin! Unbegreiflich, was die deutschen Kriegsgefangenen damals 1915, 1916, 1917 und 1918 in den russischen Lagern und während der wochenlangen Transporte zwischen Ural und Baikalsee so alles hatten erdulden müssen! Dreck, Krankheiten, Hunger, Tote allerorten, dazu das Wissen, von aller zivilisierten Welt verlassen zu sein, und nachts diese Weiberträume. Jetzt galt es erst einmal, diese Schwarte verschwinden zu lassen. Dass es verboten war, dieses Buch zu besitzen, war uns klar.

Was hatten Rainer und ich mit unserem heißen Diebesgut getan, damals in Gefell, als der Umzug nach Berlin bevorstand? Wir hatten es begraben. Natürlich, das war die Lösung! Vielleicht ließe sich der Revolver dabei gleich mit beseitigen, obwohl – ich könnte den ja auch dem kleinen Kienast andrehen, der war ja schon immer scharf auf dieses Mordinstrument gewesen. Seit jenen Tagen sind im Wald hinter dem Lager, an dem Rest der keltischen Ringmauer einige Krümel des geschichtsträchtigen Bodens getränkt mit den Ideen, Fantasien und Erinnerungen des Edwin Erich Dwinger, nämlich dort, wo ich sein sibirisches Tagebuch „Armee hinter Stacheldraht" begraben habe. Für den Rostrevolver hat mir der kleine Kienast anderthalb tschechische Kronen gegeben, immerhin so viel, dass ich für Rainer und mich an einer der Andenkenbuden je einen kleinen Lebkuchen kaufen konnte.

Es war, als wollte der Hostein uns den Abschied von seinem Gipfel recht schwer machen. Stilles sonniges Herbstwetter schenkten uns die letzten Tage des Oktobers bis in die erste Woche des Novembers hinein. Morgens erschien das Land ringsum wie überzuckert: Wälder, Wiesen, Hecken, überständige Gräser und Dolden, ja selbst die Dächer der Häuser und der Kirche glitzerten im Schmuck des über Nacht gefallenen Reifes, doch schon im Laufe des Vormittags gelang es der Sonne stets, all diese Pracht aufzulecken. Nur an den der Sonne abgekehrten Nordhängen konnte der Reif den Tag überdauern.

Rainer und mich zog es jetzt regelmäßig in Richtung Teufelskopf. Fast jeden Ausgang in Gruppen verbrachten wir dort. Es waren dies ja unsere letzten Hosteiner Tage, und die galt es zu genießen. Wer weiß, was Prag uns bringen würde, außerdem rückte die Front immer näher. Bei einem dieser Ausflüge entdeckten wir dann rechts vom Wege, auf jener nach Süden hin abfallenden Kuhweide unzählige Mistfladen. Die ganze Weide war mit ihnen wie übersät.

Einige waren kleiner, einige größer, aber alle von gleicher flacher Wölbung und durch die Herbstsonne wohl durchgebacken, wie wir feststellten, als wir den ersten von ihnen mittels eines Hölzchens anhoben. Nur die gewölbte, etwa einen Zentimeter dicke Rinde dieser Fladen hatte sich bis in die Herbsttage erhalten. Die nahrhaften Füllungen jener kleinen Gewölbe hatten unzählige Larven während des Sommers verbraucht, um heranzuwachsen und sich in stahlblau glänzende Mistkäfer zu verwandeln. Diese Mistvertilger waren damals, Ende Oktober, allerdings längst ausgeflogen. Nur von einigen hatten sich stahlblau glänzende Reste ihrer Panzerung im duftenden Mulch erhalten. Wie mochten sie so vorzeitig umgekommen sein?

Natürlich weckten die mumifizierten Kuhfladen sofort unsere Wissbegier. Das Erste, was wir feststellten: „Mensch, die stinken ja gar nich!" Das schien uns sehr verwunderlich. Merkwürdig war auch ihre federnde Festigkeit. „Die sin ja wie aus Pappmaschee gepresst! Ob die auch fliegen?" Natürlich flogen sie! Sie besaßen durch ihre flache Wölbung hervorragende Flugeigenschaften. Anfangs genügte es uns, sie einfach so den Hang hinuntersegeln zu lassen. Später veranstalteten wir Wettfliegen mit ihnen, und zum Schluss ließen wir sie als Tieffflieger auf uns zu segeln. Dabei galt es, erst im allerletzten Moment vor der heranfliegenden Dungscheibe beiseitezuspringen. Vermochte man es, ein solches Flugobjekt mit der Hand zu Boden zu schlagen, so galt dies als Abschuss. Fast alle unsere Spiele waren damals vom Krieg beeinflusst und geprägt.

Die Sonne stand schon tief und rot im Westen, und unten in der Mährischen Pforte stiegen über den Wiesen die ersten Nebel auf, als wir die letzten beiden Kuhfladen dem Abendwind übergaben. Sie segelten weit bis über den Weidezaun hinweg. „Wessen is nu weiter jeflogen, deiner oder meiner, hast du nu jewonnen, oder ich?" Wir konnten dies nicht mehr abwägen, denn der Landeplatz unserer letzten beiden fliegenden Kuhfladen lag außerhalb unseres Gesichtsfelds. Rainer und ich standen nebeneinander und hatten fasziniert ihren Flug verfolgt, dann wandten wir uns einander zu, schauten uns an, und in diesem Moment überfiel uns wie aus heiterem Himmel ein befreiendes, verbindendes Lachen. Es war dies für Rainer und mich der letzte Ausflug in Richtung Teufelskopf gewesen. Einige Tage später hieß es: Abmarsch nach Prag!

Prag

Prag, die goldene Stadt. Was würde sie uns bringen, Gutes oder Schlechtes? Wie lange würden wir überhaupt in dieser Stadt bleiben? Die Imka, jenes vielgerühmte Jugendhotel, hielt für uns eine bis dahin noch nicht gemachte Erfahrung bereit: Wanzen! Es müssen wahre Heerscharen jener platten, kleinen, geflügelten Blutsauger auf uns gewartet haben. Wie sahen wir aus am Morgen nach der ersten Prager Nacht? „Mannomann, det is' ja wie Windpocken!", meinte der Fritz, sich am ganzen Körper kratzend. „Wenn det jede Nacht so weiter jeht, denn hamm wer in 'ner Woche keen'n Troppen Blut mehr in uns", befürchtete der Rindsfüßer. Nur der Malke war guter Hoffnung: „Mal werden die Biester ja satt sin', und denn hamm wer uns sowieso an die Piekerei jewöhnt." Gewöhnen konnten wir uns an diese lästigen Mitbewohner beim besten Willen nicht, aber Schneft wurde bei der Lagerverwaltung der Imka umgehend vorstellig und beantragte eine „Entwesung" unserer Zimmer, mit anderen Worten, der Kammerjäger musste tätig werden. Diese Prozedur hat zwar die Luft in unseren Zimmern für einige Stunden verpestet, den Wanzen aber zum allergrößten Teil den Garaus gemacht.

Für dieses Ungemach wurden wir durch das im Keller gelegene hauseigene Hallenbad entschädigt. Wir Allerweltspimpfe durften diesen Trainings- und Gesundheitstempel allerdings nur nach Voranmeldung und in Gruppen benutzen. Wir waren ja nicht das einzige KLV-Lager, das damals in jenem Hotel sein Quartier hatte. Die Imka diente in jenen Tagen als eine Art Durchgangsstation für Lager, die im Protektorat Böhmen und Mähren in andere Orte verlegt wurden. Auch die Ulrich-von-Hutten-Schule durfte nur einige Wochen in der Imka bleiben.

Nicht nur Wanzen hielt Prag für uns Lagerpimpfe bereit, sondern auch anstrengende Nachtdienste auf einem der großen Bahnhöfe. Es war wohl der Hauptbahnhof, auf welchem wir der Rotkreuzstation zugeteilt worden waren. Jede zweite Nacht hieß es nun für uns um zehn Uhr abends bei den Rotkreuzschwestern auf der Bahnhofsstation zum Dienst zu erscheinen. Ich ging gern zu diesem Dienst, denn mit der Binde „Rotkreuzhelfer" auf dem linken Uniformärmel galt man ja als wer. Außerdem begann jeder Dienst mit einem Schlag kräftiger Erbsensuppe aus der Gulaschkanone und dazu einer ordentlichen Schnitte schweren klebrigen Brotes. „Hoher Kleieanteil", stellte der Rudi fest, und er schien recht damit zu haben. Meist meinten es die Schwestern gut mit uns Jungen und versuchten, bei jedem Schlag mit der Schöpfkelle zusammen mit der Suppe eine möglichst reichliche Portion Speckstückchen in unseren Kochgeschirren landen zu lassen, was allerdings nicht jedermanns Sache war.

Unser Dienst im Achtstundentakt bestand darin, die Flüchtlinge, die sich aus den von den Russen bedrohten östlichen Reichsgebieten bis hierher durchgeschlagen hatten, in Empfang zu nehmen, zur Rotkreuzstation zu bringen oder wenn nötig zu weiterführenden Bahnhöfen zu geleiten. Dieser Dienst verlangte uns Jugendlichen, die wir gerade der Kindheit entwuchsen, viel ab. Selbst die Kleineren wie Rainer mit seinen knapp dreizehn Jahren waren zu diesem Dienst verpflichtet. Wen wundert es da, dass sich so mancher von uns in den harten Stunden zwischen Mitternacht und Morgen ein stilles Plätzchen suchte, um wenigstens ein paar Minuten Schlaf zu finden. Da genügte es schon, in einem dunklen Winkel der Rotkreuzstation an einem Tisch zu sitzen und den Kopf auf die verschränkten Arme zu legen. Damals konnten wir in jeder Lage schlafen. Ich verzog mich gern auf die steinerne Empore unter der großen Uhr an der inneren Stirnseite der Bahnhofshalle. Dort hinter der Balustrade war es still, einsam und dunkel. Man konnte auf dem Boden liegend zwischen den Zierelementen der Balustrade hindurch das Geschehen unten auf dem Bahnhof bis hin zu den Sperren und Bahnsteigen beobachten. Einen Nachteil hatte dieses Fleckchen allerdings: Es zog dort oben mächtig. Lange hielt man es an diesem Ort nicht aus.

Dem Bahnhof gegenüber lag das Wehrmachtskino. Es muss wohl ehemals ein eleganter Filmpalast gewesen sein. Jetzt hatte es seinen Glanz allerdings verloren. Das Parkett vor der Leinwandbühne war durch unzählige genagelte Soldatenstiefel schrundig geworden, und im Plüsch der Sessel nisteten Flöhe. Tag und Nacht hielt dieser Unterhaltungstempel für die auf dem Bahnhof gestrandeten und wartenden Landser seine Tore geöffnet. Zu meiner Zeit liefen in ihm abwechselnd nur drei Filme: „Casanova heiratet", „In flagranti" und „Zirkus Renz".[149]

An sich war uns Pimpfen der Besuch dieses Kinos nicht gestattet, aber wenn man im Laufe der Nacht von einer Transportbegleitung zum Standort zurückkam, war es durchaus möglich, sich an den beiden scheinbar dösenden Platzanweiserinnen vorbei in einen versteckten Winkel des Zuschauerraums zu stehlen. So konnte man getrost ein Stündchen in aller Bequemlichkeit verschlafen. Auch mir ist dies ein paarmal gelungen. Ich glaube allerdings, dass die ältlichen Frauen, die den Dienst an der Kasse und im Kinosaal versahen, nicht vor Müdigkeit beide Augen zudrückten, wenn wir an ihnen vorbeihuschten, sondern aus Mitleid mit uns überforderten Jungen. Wir hätten ja ihre Kinder sein können.

Meistens richtete ich es so ein, dass der Film „Zirkus Renz" lief, wenn ich mich ins Kino verdrückte. Dann versuchte ich, bis zu jener Szene wachzubleiben, in der die Hauptdarstellerin einige Augenblicke lang hinter dem Fenster ihres Zirkuswagens in einer prächtigen Rückenansicht bis hinunter zum Po splitternackt zu sehen ist. Nach dieser Szene fiel ich meistens sofort in einen flachen, unruhigen Schlaf. Flach und unruhig musste dieser Schlaf bleiben, weil man ja die geflüsterte Warnung der beiden Platzanweiserinnen nicht überhören durfte: „Kettenhunde!" Sie meinten damit die Militärpolizisten, die uns Pimpfen zwar noch nicht wirklich gefährlich werden konnten. Doch waren sie verpflichtet, uns drüben auf dem Bahnhof dem Nachtdienstleiter zu übergeben. Noch war Morschmitt unser Lagermannschaftsführer. Ihm wurden solche Sünder dann überstellt, und er wusste uns für die Drückebergerei empfindlich zu bestrafen. Hallenbadverbot war das Mindeste, was man zu erwarten hatte.

Mir ist solches Ungemach zum Glück nie passiert. Einmal wäre ich allerdings beinahe aufgeflogen. Ich war leichtsinnig gewesen und hatte mich einfach in eine der hinteren Sesselreihen verdrückt, anstatt mir einen Platz im Verborgenen zu suchen. Der „Kettenhund", der später meine Seite inspizierte, war bereits dabei, die Papiere der Landser in der Reihe vor mir zu kontrollieren, und ich hatte noch keine Gelegenheit gefunden, heimlich zu verschwinden. Natürlich klopfte mir das Herz in jenen Minuten bis zum Halse, doch dann geschah das Unfassbare: Die Papiere des Landsers drei Sitze linker Hand vor mir schienen nicht in Ordnung zu sein. Er wurde auf der Stelle verhaftet. Als er sich von seinem Sitz erhob und dem Gang zuwandte, konnte ich kurz in sein Gesicht schauen. Selbst im Dämmerlicht des Kinosaales sah ich das Entsetzen, von dem sein Gesicht gezeichnet war. Es hat sich mir unauslöschlich eingeprägt. Für dieses Mal war die Kontrolle zu Ende. An Schlaf war allerdings nicht mehr zu denken, und die nackte Rückenansicht der jungen Artistin im Film „Zirkus Renz" konnte mich in jener Nacht auch nicht mehr reizen.

Die Flüchtlingsbegleitung durch die nächtlichen Straßen zu entfernten Bahnhöfen erforderte Mut und durfte nur in einer Zweiergruppe ausgeführt werden, weil wir ja in dieser von unseren Truppen besetzten Stadt nicht wohlgelitten waren. Da bewährte sich unsere brüderliche Anhänglichkeit, denn Rainer und ich wurden gemeinsam auf Tour geschickt. Unvergesslich war unser Transport einer Familie zum Hyperner Bahnhof. Der Zug, mit dem sie gegen elf Uhr nachts ankamen, war am späten Abend von einem Tiefflieger beschossen worden. Man hatte dies von unterwegs aus bereits bei der Bahnhofskommandantur gemeldet. Während der Zug auf dem Bahnsteig noch ausrollte, entspann sich die übliche Hektik. Sanitäter, Rotkreuzschwestern und auch zivile Helfer bevölkerten den abgesperrten Bahnsteig mit ameisenhafter Geschäftigkeit. Da wurden Verwundete vor Ort versorgt, andere auf Tragen gebettet und im Laufschritt zu den Ambulanzen gebracht. Auch einige Tote hatte es gegeben. Sie hatten nun keinen Anteil mehr an diesem Treiben, lagen als stumme Hindernisse mit abgedeckten Gesichtern am Bahnsteigrand und würden später weggebracht. Zuerst kamen die Überlebenden an die Reihe.

Natürlich wurden auch wir Pimpfe zu solchen Diensten eingesetzt, ganz egal, ob wir dreizehn oder fünfzehn Jahre alt waren. Pflicht ist Pflicht und deutsche Jungen kennen keine Tränen! Wie oft war uns das schon eingepaukt worden von unseren Jungvolkoberen, den Lehrern, soweit sie überzeugte Nazis waren, und natürlich von Morschmitt.

Während der Zug sich leerte und die verstörten Menschen sich vor und in der Rotkreuzstation sammelten, wurden Rainer und ich zu jener erwähnten Familie gerufen. Sie saßen etwas abseits, eng aneinandergedrückt an einem der Tische und wurden gerade von einer jungen Schwester betreut. Man hatte ihnen auf Papptellern die obligatorische Erbsensuppe vorgesetzt, die sie stumm und mit versteinerten Gesichtern in sich hineinlöffelten. Zum Hyperner Bahnhof mussten diese Menschen gebracht werden, und zwar möglichst bald. Es waren fünf Personen, eine ältere und eine jüngere Frau, vielleicht Mutter und Tochter, dazu drei Kinder, zwei Mädchen und ein Junge, das älteste Mädchen nicht viel jünger als Rainer. Die beiden Frauen trauten uns nicht viel zu, das sah man ihren Gesichtern an, als wir ihnen als Betreuer und Stadtführer vorgestellt wurden.

Wir kannten den Weg zum Hyperner Bahnhof. Mit der Familie und ihrem Gepäck würden wir mindestens eine Stunde bis dorthin unterwegs sein, zumal wir aus Gründen der Sicherheit nur Hauptstraßen benutzen durften, auf denen jederzeit mit Streifen und Kontrollen durch uniformierte Sicherheitskräfte der Wehrmacht oder der Waffen-SS zu rechnen war. Letztere wurden von vielen gefürchtet, von uns während unserer nächtlichen Märsche durch die Straßen Prags jedoch stets mit Erleichterung begrüßt.

Man kann sich heute keinen Begriff mehr von der Finsternis machen, die sich in jener Zeit der absoluten Verdunkelung abends selbst über Großstädte wie Prag oder Berlin breitete. Menschen, die nachts unterwegs sein mussten, trugen deshalb auf den Revers ihrer Jacken, Mäntel und Kleider phosphoreszierende Leuchtabzeichen. Sie wurden während des Krieges zur großen Mode und galten bald als praktischer Kleiderschmuck.

Es wurde Mitternacht, ehe wir uns auf den Weg machen konnten, und ich hatte mich nicht verschätzt. Eine Stunde waren wir bis zum Hyperner Bahnhof unterwegs. Über uns zogen wieder mal britische Todesvögel ihre Bahn. Ihr Dröhnen lag über dem Land wie eine alles erstickende Decke, und ihre Kondensstreifen wurden im Licht der abnehmenden Mondsichel sichtbar, wie mit Griffeln in den schwarzen, sternenübersäten Himmel gezogen. Die beiden Frauen hoben verängstigt die Köpfe, während wir uns, an die Häuserwände gedrückt, durch die Straßen schleppten. Wir konnten die beiden beruhigen, denn noch nie war im Protektorat auch nur eine Bombe gefallen. Sie schienen die Tschechen verschonen zu wollen mit ihrem Bombenkrieg, wenigsten vorläufig noch.

Immer öfter mussten wir Verschnaufpausen einlegen, je länger der Weg sich hinzog. Die Flüchtlinge schleppten an ihren Rucksäcken und wir an den beiden Koffern, die sie außerdem noch dabei hatten. Schließlich löste sich während einer der Verschnaufpausen unsere anfängliche Sprachlosigkeit. Woher wir kämen, fragte die ältere Frau. Aus Berlin, hierher auf KLV verschickt und Brüder wären wir, antwortete Rainer. Sie kämen aus dem Warthegau und dies wäre nun alles, was sie noch besäßen, meinte die Jüngere. Wenigstens besäßen sie ihr Leben noch, ergänzte die Ältere. Die Kinder ruhten sich während solcher Pausen auf den Koffern aus, und stets fielen ihnen die Augen zu, sobald sie saßen. „Ja, die Kinder", meinte die Jüngere, sorgenvoll seufzend, „was wird denen noch bevorstehen?" Dann, an Rainer gewandt: „Du bist doch auch noch fast ein Kind. Wie alt bist du eigentlich?" Wir gaben uns damals gern für älter aus als wir eigentlich waren. Diesmal antwortete Rainer jedoch der Wahrheit gemäß: „Dreizehn werd' ich im Dezember!" „Dreizehn erst und schon solcher Dienst! Unsere Anna, die Große, ist auch schon zwölf, aber ..." „Bei uns gehen auch Zwölfjährige schon zum Nachtdienst, aber natürlich keine Mädchen", fiel ihr Rainer ins Wort, aber sie schien dies nicht einmal als ungezogen zu empfinden. Ja, wir galten etwas mit der Rotkreuzbinde auf dem Arm! „Mädchen", ergänzte ich etwas großmäulig, „die würden bei jedem Toten, den sie wegtragen müssten, ja sowieso nur flennen!" Dazu fiel den Frauen nichts mehr ein, und wir setzten unseren Weg schweigend fort. Vor uns tauchte auch schon der Hyperner Bahnhof auf.

Auf ihm ging es wesentlich ruhiger zu als auf dem Hauptbahnhof. Nur wenige Rast- und Hilfesuchende bevölkerten die Rotkreuzstation, und die Übergabe unserer Schutzbefohlenen an den Nachtdienstleiter war schnell erledigt. Als Belohnung bekam jeder von uns beiden noch einmal einen Schlag der stärkenden Erbsensuppe. Zum Abschied dann ein schneidiges „Heil Hitler!", und schon trabten wir in Richtung Hauptbahnhof durch die stockdunkle Nacht davon. Die Mondsichel war mittlerweile hinter dem Häusermeer der Stadt versunken, und von den britischen Bombern war auch nichts mehr zu hören.

Der Rückweg verlief ohne Störung. Natürlich war uns ziemlich mulmig zumute, als wir so ganz allein durch die menschenleere Stadt liefen, immer an den Wänden der Häuser entlang, in absoluter Finsternis, geleitet nur durch das schwache Sternenlicht. Endlich erreichten wir den Hauptbahnhof. Die Bahnhofsuhr zeigte halb drei. Jetzt ein Bett, jetzt schlafen, nur ein paar Minuten lang! „Komm, verdrücken wir uns erst einmal!", meinte Rainer. „Ja, verdrücken wir uns!" An ein Bett war natürlich nicht zu denken, aber uns genügten ja schon eine Bank und ein Tisch davor, um die Arme darauf zu breiten und den Kopf auf sie zu betten.

Die Stadt forderte nicht nur jene nächtlichen Samariterdienste von uns, sondern zeigte in den späten Herbsttagen 1944 uns Pimpfen auch die ganze Schönheit ihres geschichtsgeprägten Antlitzes. Dass wir dieses zu erkennen und zu begreifen lernten, hatten wir einigen unserer Lehrer zu verdanken. Tossing und Schneft, der Lagerleiter, wurden nicht müde, uns während der dienstfreien Tage in der Stadt herumzuführen. Dabei sparte Tossing sogar die Zeugen jüdischen Lebens, jüdischer Kultur und Geschichte nicht aus. Natürlich durften wir die jahrhundertealten steinernen Zeugnisse dieses jüdischen Lebens nur aus gebührender Ferne betrachten. Es waren Bauwerke, die man nicht zerstört hatte, weil sie in Museen verwandelt werden sollten. In ihren Mauern plante man Zeugnisse einer „ausgestorbenen Menschenrasse" zu bewahren, wie die Nazis ihre im ganzen Protektorat zusammengetragenen Sammlungen jüdischen Glaubens und jüdischer Kultur nannten.

Prag, die goldene Stadt, war ein Ort, dessen auf allen Plätzen, Straßen und Gassen pulsierendes Leben mich unsicher machte. Ich sehnte mich nach der Naturnähe des Lagers auf dem Hostein zurück. Nur nachts, während der von den NS-Behörden verordneten Ausgehsperren, versank diese Stadt in schweigender Menschenleere. Tagsüber hätte man sich hier noch im tiefsten Frieden wähnen können, wenn das Straßenbild nicht von den vielen deutschen Uniformen sowie von Militärfahrzeugen aller Größen beherrscht gewesen wäre, und wenn nicht regelmäßig aus dem Südosten oder Süden kommend die Pulks der Bomber über uns hinweggezogen wären. Man kümmerte sich hier wenig um sie. Wenn die Tschechen in ihre Schutzkeller gingen, dann eher, um den Bestimmungen des NS-Luftschutzes zu genügen und nicht aus Angst vor den Bomben der Angloamerikaner. Man verließ sich darauf, dass diese ihre tödliche Last nicht über den Städten ihrer auf Befreiung hoffenden Freunde abladen würden. Jedenfalls verfielen die Straßenpassanten hier noch nicht in das panikartige Gerenne zum nächsten Luftschutzkeller hin, sobald die Sirenen ertönten, wie wir es von Berlin her kannten.

Man hätte sich hier im tiefsten Frieden wähnen können, so unzerstört war damals noch diese Stadt, und wir Lagerpimpfe der Ulrich-von- Hutten-Schule aus Berlin durften dies erleben und begreifen, weil wir geschichtskundige und kunstbeflissene Lehrer hatten. Wenn es nach Morschmitt gegangen wäre, hätten diese kulturgeschichtlichen Wanderungen allerdings nicht stattgefunden. „Sollten lieber militärisch geschult werden, die Ärsche, als zu alten Tschechen- und Judenpalästen zu laufen!" So oder so ähnlich soll er eines Tages Tossing angepflaumt haben, nachdem dieser mit uns über die Karlsbrücke und von dort aus hinauf zum Hradschin gewandert war. Tossing war nicht nur höchst kundig in der Geschichte dieser Stadt, sondern kannte auch deren Geschichten und Sagen. So erfuhren wir an jenem Tage vom Brückensturz des Johann von Nepomuk und dem Fenstersturz auf der Prager Burg. Ausgerechnet ein aufgetürmter Misthaufen soll den tiefen Fall der aus dem Fenster geworfenen kaiserlichen Beamten gebremst und so deren Leben gerettet haben.[150]

Lagerleiter Schneft führte uns hinaus in das böhmische Umland. Unvergesslich war ein Ausflug zur südlich von Prag gelegenen Burg Karlstein, jenem mächtigen landschaftsbeherrschenden Bollwerk, das während vieler Jahrhunderte schützender Ort für die Insignien des Heiligen Römischen Reiches Deutscher Nation war. Leider ist dieses Bauwerk im 19. Jahrhundert, ähnlich wie die Wartburg, auf schreckliche Weise gotisiert worden. Ich konnte damals nicht ahnen, dass mir die auf dieser Burg im 14. Jahrhundert entstandenen und bis heute erhaltenen Musikantenfresken mit ihren recht genauen Darstellungen spätmittelalterlicher Instrumente dreißig Jahre später besonders wichtig werden würden. Sie dienten mir nämlich während meiner Tätigkeit als Instrumentenbauer als Vorlage für die spielbare Rekonstruktion eines zitherähnlichen Zupfinstruments.

Das KLV-Lager in Böhmisch Brod

An Unterricht war während unseres Prager Aufenthalts nicht zu denken. Wie sollten wir tagsüber die Schulbank drücken, wenn wir nachts unseren Dienst tun mussten? Erst in Böhmisch Brod[151], unserem nächsten Lager, begann der schulische Alltag wieder. Dazu ging auch der Lageralltag wieder los. Seit Krössinsee waren wir mit unserem Lager nun schon fünfmal verlegt worden, aber die Dienstpläne mit ihren von Woche zu Woche gleichen

Tageseinteilungen waren, die Prager Zeit natürlich ausgenommen, seit jeher unverändert geblieben. Daran änderte auch die Tatsache nichts, dass unsere beiden HJ-Oberen, Morschmitt und Franzl Ringer, in jenen Tagen zu ihren Einheiten zurückbeordert wurden. Ihnen hatten die Wehrbehörden den Mannschaftsführerdienst in unserem Lager nur als Rekonvaleszenzurlaub nach ihren Verwundungen zugestanden. Morschmitt trauerten die wenigsten nach, den allermeisten fiel ein Stein vom Herzen. Der große Kienast zeigte sich seit Morschmitts Abgang jedenfalls total verändert, er wirkte wie befreit. Auch ich fühlte mich erlöst und konnte endlich wieder frei atmen, nachdem dieser SS-Scherge aus unserem Lager verschwunden war.

Franzl Ringer wurde später, Anfang März 1945, noch einmal mein Vorgesetzter, doch ihn brauchte ich nicht zu fürchten. Er war eher Kamerad als Schleifer, und wenn er guter Laune war, durfte man den Zeigefinger in die Kerbe legen, die ein Granatsplitter in seinen Hinterkopf geprägt hatte. Da gruselte es einem ganz schön! Morschmitt hielt Franzl Ringer wegen dieser Verwundung für ein bisschen plemplem. Er versäumte auch keine Gelegenheit, dies zu zeigen, meistens durch entsprechende Gesten, gelegentlich sogar vor versammelter Lagermannschaft hinter dem Rücken des so Verhöhnten stehend. Dies tat jedoch Ringers Beliebtheit unter uns Pimpfen keinerlei Abbruch, im Gegenteil.

Viel mehr noch als über Franzl Ringers Schädelkerbe gruselte es uns bei Morschmitts Erzählungen über seine angeblichen Pufferlebnisse in Frankreich anno 1940 und was er mit den dort tätigen Nutten so alles an Perversitäten getrieben hätte, oder über Partisanenhinrichtungen in Russland, und dass er höchstpersönlich den Juden die Bärte hatte abschneiden lassen, um sie zu demütigen, bevor sie an den Galgen kamen. Fotos hat er auch gezeigt. Da hingen sie nun an einem Balkengestell, zerlumpte Zivilisten, vier, fünf, auch eine Frau darunter, alle mit glattgeschorenen Schädeln, wie leblose Puppen, und ein lachender SS-Mann stand daneben in Positur. War es Morschmitt selbst? Ich konnte es auf dem Bild nicht erkennen, denn ich war nicht fähig, mir diese Ungeheuerlichkeit näher zu betrachten. In der Nacht nach dieser Bilderschau wurde ich von wüsten Träumen heimgesucht. Gern glaubte ich Morschmitts Worten, dass es sich bei den Gehenkten nur um hinterhältige feige Mörder gehandelt hätte. Dass ich mich nie freiwillig zur Waffen-SS melden würde, wenn ich mit sechzehn das SS-fähige Alter erreichte, wurde mir jedoch damals klar.

In Böhmisch Brod hatte es uns in eine vom Ackerbau geprägte Landschaft verschlagen. Fast eben war es hier in dem Schwemmland zwischen zwei Flüssen, der jungen Elbe im Norden und der Sazuwo im Süden, kaum dreißig Kilometer östlich von Prag gelegen. Trostlos war dieses Land in den letzten Tagen des Novembers 1944: tiefhängende Wolken, Nebel und Regen – Regen, Regen und nochmals Regen, dazu Schlamm auf den Straßen. Rings um den Ort lagen große Zuckerrübenäcker. Die dazugehörige Fabrik prägte das Bild des Städtchens. Die Bauern brachten ihre Rüben in einfachen Holzfuhrwerken herein, teils mit dem Pferdegespann, teils aber auch von Ochsen und Kühen gezogen. In langen Kolonnen standen diese Fuhrwerke Tag für Tag wartend an den Rändern der zur Zuckerfabrik führenden Straßen. Auf ihren Böcken sitzend, gegen Regen, Wind und Wetter nur durch dicke, über die Köpfe gebreitete Pferdedecken geschützt, verbrachten die Kutscher Stunde um Stunde in stoischer Ruhe. Für den Rückweg wurden ihre Wagen mit den in der Fabrik ausgekochten Rübenschnitzeln beladen. Dieser Treber, Kraftfutter für das heimische Vieh, bedeckte als glitschiger Schlamm viele Straßen des Städtchens, weil die Wagen stets einiges von ihrer Ladung verloren, wenn sie über das Kopfsteinpflaster ratterten.

Dass wir uns an diesem trüben Ort jemals wohlfühlen würden, bezweifelten viele von uns. Doch als dann im Dezember die graue Herbsttristesse von einer Zeit klaren, frostigen Winterwetters abgelöst wurde, besserte sich die Stimmung im Lager zusehends. Nun zeigte es sich, dass auch diese Landschaft ihre Schönheiten besaß. Man fand sie zum Beispiel an den zahlreichen Teichen mit ihren herbstlich goldgelb leuchtenden und im Winde raschelnden Schilfgürteln. Schon vor Weihnachten waren diese Teiche so tragfähig zugefroren, dass wir jede freie Minute auf ihrem Eis zubrachten. Die seltenen Heimatpakete enthielten jetzt neben nahrhaften Leckereien die so begehrten Schlittschuhe.

Gelegentlich waren sogar einige unserer Lehrer auf den Teichen mit von der Partie, und ich konnte mich dann an der Pirouettendreherei unseres schlittschuhlaufenden Häschens nicht sattsehen. Die hübsche Frau von fast fünfunddreißig oder gar vierzig Jahren konnte mich, den fünfzehnjährigen Springinsfeld, noch so beeindrucken, dass ich abends vor dem Einschlafen gelegentlich versuchte, mir diese Klassenlehrerin nackt vorzustellen, wobei ich an die nackte Artistin im Film „Zirkus Renz" dachte.

Sogar Wald gab es in Böhmisch Brod, besser gesagt, in die Feldmark eingestreute Waldinseln. In der Zeit kurz vor Weihnachten war es uns Lagerpimpfen eine Beruhigung, diese Wäldchen in der Umgebung des Städtchens zu wissen. Aus ihnen würden wir in den Nächten vor Heiligabend unsere Christbäumchen holen, heimlich natürlich. Jede Bude des Lagers musste ihren eigenen Christbaum haben. Organisieren nannten wir damals diese Klauerei. Dies musste mit aller Vorsicht geschehen, denn das Organisieren irgendwelchen fremden, wenn auch nur tschechischen Eigentums war an und für sich verboten. Im Falle der Christbäumchen drückte die Lagerleitung jedoch beide Augen zu, wir durften zu diesem Zweck sogar ganz offiziell ausrücken. Das Ganze war als Nachtübung getarnt. „Aber nicht alle auf einmal und wehe, ihr lasst euch dabei von den Tschechen erwischen", lautete Schnefts Parole.

Natürlich gab es im Lager Feiglinge und Faulpelze, die solche Nachtaktionen scheuten. Sie fanden es bequemer, ihre Christbäumchen aus Nachbarstuben zu stehlen. Prügeleien von Schlafsaal zu Schlafsaal waren die Folge. Auch aus Rainers Bude hatten sie den redlich organisierten Christbaum gestohlen. Vor Jahren, im Lager Krössinsee, wären solche Frevler von der schwarzen Kuh heimgesucht worden. Zum Glück löste sich dieser Geheimbund im Laufe unserer Lagergeschichte auf.

Zur Feier des Heiligabends studierte Lagerleiter Schneft mit dem Lagerchor ein Lied mit christlichem Inhalt ein: „Es war am Tag Sankt Barbara." Natürlich wagte er es nicht, dieses Lied darzubieten, ohne erklärende Worte voranzuschicken, denn die Beschäftigung mit christlichen Überlieferungen war im höchsten Maße verpönt. Da erfuhren wir nun, dass der Brauch, am vierten Dezember, dem Barbaratag, Knospenzweige aus Obstbäumen zu schneiden und bis Weihnachten zum Aufblühen in Vasen oder Krüge zu stellen, eigentlich germanisch-heidnischen Ursprungs und ein alter nordischer Julfestbrauch wäre. Das Julfest zur Wintersonnenwende stünde überhaupt dem Denken und Fühlen des germanisch-deutschen Menschen viel näher als das christlich-jüdische Weihnachtsfest. War Schneft wirklich dieser Meinung oder folgte er nur seinem Selbsterhaltungstrieb, als er uns dies verkündete? Man wurde damals schnell degradiert oder strafversetzt, wenn man in Ungnade fiel oder denunziert wurde, und Dr. Krenz wartete ja nur darauf, in Schnefts Stellung aufrücken zu dürfen.

Vom Weihnachtsfest 1944, der letzten Kriegsweihnacht, ist mir sonst nur der saftige, knusprige Schweinebraten zum festlichen Mittagessen am ersten Feiertag im Gedächtnis haften geblieben. Dass es dazu böhmische Serviettenknödel und Sauerkraut gab, versteht sich von selbst. Das weiß ich noch. Desgleichen habe ich nicht vergessen, dass die Portionen so klein waren, dass wir, wie so oft, noch hungrig vom Tisch aufstehen mussten.

Noch einmal Prag

Unser Aufenthalt in Böhmisch Brod währte nicht lange. Schon Mitte Januar 1945 wurden wir wieder zurück nach Prag verlegt. Diesmal verschlug es uns auf die Schützeninsel. Das auf dieser Moldauinsel gelegene Schießhaus war von den deutschen Besatzungsbehörden konfisziert worden und diente uns nun als KLV-Durchgangslager. Mir gefiel es hier viel besser als in der inmitten der Stadt gelegenen Imka, bot doch diese Insel ein Mindestmaß an parkähnlich angelegter Natur. Unvergesslich war der Blick vom Inselufer aus über die Moldau hinweg und hinüber zur Kleinseite mit dem über allen Giebeln und Dächern thronenden Palastgebirge des Hradschins und den Türmen des St. Veits-Doms. Von der flussabwärts gelegenen Inselspitze aus sah man die Karlsbrücke. Ich saß gern auf einer nahe dem Ufer stehenden Bank und trotzte Wind und Frost, um mich an dem Blick hinüber auf den Hradschin zu erfreuen. Bald würde das Frühjahr kommen, dann hätten wir hier auf dieser Insel das reinste Paradies, so dachten wir wenigstens. Doch das Schicksal hatte anderes mit uns vor. Als das Frühjahr endlich seinen Sieg über den Winter erfochten hatte, war unser Lager abermals verlegt worden, dieses Mal nach Schwarzenberg, einem Städtchen in der Nähe der mährischen Stadt Brünn.

Aber den Winter über beherbergte uns das Schießhaus auf der Schützeninsel. In einem Büchlein über Prag und seine Merkwürdigkeiten aus dem Jahre 1830 beschreibt ein gewisser Wolfgang A. Gerle die Schützeninsel folgendermaßen: „Die Schützeninsel oder Klein-Venedig, ein Eigenthum der Prager Schützengilde, welches sie der Huld Kaiser Ferdinand des I. verdankt, der ihr solche im Jahre 1537 schenkte. Schattige Gänge führen zu dem Schießhause, in dessen heiterm Salon Bälle gegeben werden, und viele Tische stehen bereit, die Gäste zu empfangen."[152] Es muss wohl dieser Salon gewesen sein, in dem man für einen Teil von uns die doppelstöckigen Betten aufgestellt hatte.

Bahnhofsdienste mussten wir dieses Mal nicht ableisten. Dafür versuchte die Lagerleitung wenigsten ein Mindestmaß an schulischem Lehrbetrieb zu organisieren, solange wir hier in Prag auf dieser Insel stationiert waren. Er reichte gerade aus, um unseren bis dato erworbenen Wissensstand zu erhalten. Fast täglich wurden die Unterrichtsstunden jetzt durch das Aufheulen der Luftschutzsirenen unterbrochen. Dann mussten wir in das Kellersystem unter dem alten Hauptgebäude der Wirtschaft hinabsteigen. Später erfuhr Schneft, dass es am Oberlauf der Moldau, kurz vor Prag, mehrere Wehre gäbe, die das Wasser des Flusses aufstauten. „Wenn die mal von Bomben getroffen werden, ersaufen wir hier unten wie Ratten in ihren Löchern", stellte er lakonisch fest. Seitdem brauchten wir uns nicht mehr in die düsteren Gewölbe zu verdrücken, wenn die Bomber über uns hinwegflogen. Nun verteilte sich die Lagermannschaft, unter Bäumen und Sträuchern Deckung suchend, auf der Insel und vertraute darauf, dass man die Stadt Prag verschonen würde. Im Übrigen flogen die Bomber selten direkt über die Stadt, sondern zogen meist hoch über dem östlichen Horizont ihre Bahn. Das uns von Berlin her vertraute Gebelfer der wütendes Sperrfeuer schießenden Flak war hier nicht zu hören. Nicht einmal einen kleinen Luftkampf bot man uns, den gespannt zum Himmel starrenden Lagerpimpfen.

So waren wir auch ziemlich sorglos, als es am Vormittag des 14. Februar 1945 einen Fliegeralarm gab. Das Wetter war frostig und klar an diesem Tag. Die Kondensstreifen der Bomber hielten sich nicht lange am Himmel, so trocken war die Luft. Wir standen wie immer alle draußen und beobachteten den Flug der Bomber, die Lehrer waren mitten unter uns. Niemand dachte sich etwas dabei, als ein Teil der dröhnenden Armada plötzlich seinen Kurs änderte und auf die Stadt zuhielt. Erst als vor der flussaufwärts den Strom überspannenden Nachbarbrücke die ersten zwei oder drei Fontänen aus dem Wasser in die Höhe schossen, begriffen wir, dass der Angriff diesmal dem uralten, goldenen Prag galt. „Hinlegen, alles hinlegen!", brüllte Schneft, und während wir uns, wo wir gerade standen, zu Boden warfen, erreichte uns wie eine mächtige Flutwelle das Getöse des niedergehenden Bombardements. Es war nur ein kurzer Angriff, der höchstens zehn, fünfzehn Minuten dauerte und der uns zum Glück auch nicht direkt betraf. „Noch mal Schwein gehabt", meinte der Fritz, nachdem wir uns, vom langgezogenen Entwarnungston der Luftschutzsirenen aus unserer Schreckensstarre erlöst, aufgerappelt hatten.

Fritz hatte während des Angriffs neben mir gelegen. Wir beide hatten uns wie der ganze Lagerzug bäuchlings auf dem Boden ausgestreckt, die Arme vor dem Kopf verschränkt und das Gesicht fest auf die gefrorene Erde gedrückt. Angst hatte während des Angriffs wohl jeder von uns gehabt, selbst unserem Häschen schlugen die Zähne noch aufeinander, als sie sich vom Boden erhob. Von uns Pimpfen mochte in diesem Moment natürlich keiner seine Angst zeigen, und wir überboten uns in der Zurschaustellung großmäuliger Heldenhaftigkeit, obwohl so mancher recht bleich um die Nasenspitze herum aussah. Es blieb jedoch keine Zeit, um uns von dem erlittenen Schrecken zu erholen. Nur wenige Minuten, nachdem die Entwarnungssirenen verstummt waren, kamen von der Brücke zwei höhere HJ-Führer die Treppe herunter auf die Insel gestürmt und bauten sich vor Schneft auf, die Hacken militärisch stramm zusammenschlagend. „Heil Hitler! Die Lagermannschaft ist hiermit zum Hilfs- und Räumdienst in den bombardierten Stadtvierteln abkommandiert!"

Es war nur ein mäßiger Angriff gewesen, aber in den betroffenen Stadtvierteln hatte es viele Opfer, Tote und Verletzte, gegeben. Viele der tschechischen Bewohner waren nicht nur in ihren Häusern geblieben, statt in die

Schutzräume zu eilen, sondern hatten von Balkonen und Dachterrassen aus das Geschehen am Himmel beobachtet. Niemand hatte es ja für möglich gehalten, dass die Amis oder gar die Engländer diese tschechische Stadt bombardieren würden.

Hilfs- und Räumdienst, das bedeutete für uns Lagerpimpfe in erster Linie Verwundete und Tote zu bergen. Lagerzugweise marschierten wir im Eilschritt zu unseren Einsatzorten. Mich verschlug es in die Gegend der königlichen Gärten, Rainer hinüber auf die Kleinseite. Das Stadtviertel, das vor einer Stunde noch in der Pracht seiner barocken Stadthäuser gestanden hatte, sah jetzt aus, als ob eine Herde mächtiger Zyklopen darüber hinweggestampft wäre. Allerorten wüteten Brände, aus den Fenstern der betroffenen Häuser loderten die Flammen himmelhoch auf, und auf den Straßen lagen Trümmer, Scherben und ganze Hausfassaden, die vom Druck schwerer Bomben flachgelegt worden waren.

Nach diesem Einsatz haben mich nächtelang quälende Angstträume heimgesucht. Es waren ja nicht nur Verletzte und Tote zu bergen, sondern auch Leichenteile fanden sich unter den Trümmern. Wir brauchten uns zwar damit nicht zu befassen, aber schon der Anblick solcher Menschenfetzen war grauenhaft. Da spielte es keine Rolle, ob es ein Deutscher oder Tscheche war, der Tod machte alle gleich. Auch bei den Verletzten wurde nicht danach gefragt, welche Sprache einer sprach. Jeder, den wir bergen konnten, bekam seinen Platz auf einer der Bahren und wurde, soweit es überhaupt möglich war, an Ort und Stelle notdürftig versorgt.

Für Rainer hätte dieser Einsatz beinahe das Ende des Lebenswegs bedeutet, wenn nicht ein beherzter deutscher Heeresoffizier die Ausführung des sinnlosen Befehls jenes HJ-Führers verhindert hätte, dem er und sein Lagerzug während dieses Einsatzes unterstellt worden waren. Vor einem brennenden Haus, in der eine höhere HJ-Dienststelle untergebracht war, hatte der stramme HJ-Führer den Lagerzug antreten lassen und folgenden Befehl erteilt: „Mal herhören, Jungs, da oben in der ersten Etage stehen noch Spinde, da waren unsere Akten drin, ist schon in Sicherheit, der Papierkram. Eure Pflicht ist's jetzt, auch noch diese Spinde zu retten. Ich hoffe, dass keine Feiglinge unter euch sind! Verstanden?" „Jawoll!" „Weggetreten!" Der Heeresoffizier, der schon seit einigen Minuten das Treiben des Oberpimpfes beobachtet hatte, trat in diesem Moment vor den Lagerzug und brüllte: „Alles hört auf mein Kommando! Keiner betritt das Haus!" Da er höheren Ranges war, galt zum Glück sein Befehl mehr als der eines HJ-Führers. Kurze Zeit darauf stürzte das Haus in sich zusammen und begrub die alten Wehrmachtsspinde unter seinen Trümmern. Der Schreck saß Rainer und seinen Kameraden noch in den Gliedern, als sie am Nachmittag jenes Tages auf die Schützeninsel zurückkamen: „Mannomann, det war knapp jewesen. Wenn der Hauptmann nich zufälligerweise vorbeijekommen wäre – da darfste jarnich dran denken!"

Das KLV-Lager in Schwarzenberg

Nicht lange nach diesem ersten und soviel ich weiß einzigen Luftangriff auf Prag hieß es wieder einmal, die Tornister packen. Dieses Mal verschlug es unser Lager in den mährischen Flecken Schwarzenberg, über dem ein großes Schloss thronte.[153] Das Lager war wieder in einer Schule untergebracht. Mehr hat sich mir aus dieser Lagerzeit nicht eingeprägt. Sie dauerte ja auch nur einige Wochen. Schon Anfang März erreichte einige von uns die Einberufung ins Wehrertüchtigungslager. Vorher schickte Schneft Rainer und mich noch auf eine recht abenteuerliche Reise. Es galt, irgendwelche wichtigen Papiere in der Kreisstadt Brünn auf einem deutschen Amt abzuliefern. Schneft wird uns für diese Mission ausgewählt haben, weil wir ihm in den vergangenen, gemeinsam verbrachten Lagerjahren unsere brüderliche Verbundenheit oft vorgelebt hatten. Auf uns, das stand für ihn fest, konnte er sich verlassen, wir würden in jeder Situation zusammenhalten. Immerhin waren wir zwei Jungs, einer davon gerade einmal dreizehn Jahre alt, in voller Jungvolkuniform und ganz auf uns allein gestellt mit der Eisenbahn auf einer ländlichen Nebenstrecke unter lauter feindlich gesinnten Tschechen unterwegs. Die Tschechen zeigten in dieser Zeit kurz vor dem Kriegsende ihren berechtigten Hass auf die deutschen Besatzer schon offen, und es war nicht ratsam, ohne militärischen Schutz als Deutscher allein auf dem flachen Lande unterwegs zu sein, noch dazu in der Uniform einer der verhassten Naziorganisationen.

Wir erreichten glücklich und ohne Zwischenfälle Brünn, das Paris Mährens, wie es Enthusiasten schon um 1900 nannten. Es war nach Prag die zweitgrößte Stadt Tschechiens. Wir fühlten uns bei unserer Ankunft erst einmal recht verlassen. Da konnte uns auch die Pracht des Jugendstilbahnhofs, auf dem wir angekommen waren, nicht aufheitern. Heute wäre ein Rundgang durch diese Stadt für uns ein reines Vergnügen, könnten wir uns doch an vielen prächtigen Bauten erfreuen, damals ließen uns jene Zeugnisse einer reichen und bewegten Geschichte jedoch kalt. Der hochaufragende Dom, der Krautmarkt und der Bischofspalast, wir hatten keinen Blick dafür. Auch nicht dafür, dass sich uns diese Stadt in völliger Unversehrtheit darbot. Nicht viele mitteleuropäische

Städte waren bis in die letzten Kriegsmonate von Zerstörungen verschont geblieben. Viel wichtiger als das Vorhandensein jener Bauten aus Gotik, Renaissance, Barock und Jugendstil war uns die Tatsache, dass hier in diesem Verwaltungszentrum des Protektorats Böhmen und Mähren das Straßenbild beherrscht war vom Feldgrau deutscher Uniformen. Dies beruhigte uns und gab uns ein Gefühl der Sicherheit.

Schneft war sichtlich erleichtert, als wir uns am späten Nachmittag jenes Tages bei ihm zurückmeldeten. Er empfing uns in seinem „Dienststelle" genannten Büro. „Heil Hitler! Melde gehorsamst, Befehl ausgeführt, Auftrag erledigt!" Wer von uns beiden hat damals eigentlich jene Meldung vollzogen? Da wir beide den gleichen Dienstgrad hatten, hätte ich als der Ältere eigentlich das Recht und die Pflicht dazu gehabt, aber da Rainer von uns beiden der Schneidigere war, werde ich ihm wohl das Recht eingeräumt haben, uns bei unserem Lagerleiter zurückzumelden. „Danke, rühren!", sagte Schneft zunächst noch militärisch korrekt, um dann jovial, fast väterlich zu fragen: „Na, alles geklappt, keine Zwischenfälle gehabt?" Außer hasserfüllten Blicken hatte uns auf dieser „Dienstreise" wirklich nichts weiter Verletzendes getroffen, was den Lagerleiter sehr zu erleichtern schien.

In Schwarzenberg erreichte uns noch ein „Heimatbrief", von unserer Mutter in ihrer so lebendigen und rührenden Weise geschrieben. Der Brief war von Berlin bis hierher lange unterwegs gewesen. Damals, Anfang März 1945, zwei Monate vor dem totalen Zusammenbruch des Nazireiches waren Briefe aus der Heimat schon ein seltenes Geschenk geworden. Mit gleicher Post erhielten ich und ein paar andere meines Jahrgangs ein weniger erfreuliches Schreiben zugeschickt, nämlich die Einberufung ins Wehrertüchtigungslager.[154]

5

Wehrdienst und Gefangenschaft

1945

Das Wehrertüchtigungslager Groß-Zinitz

Es war ja nur ein Lehrgang, zu dem wir damals einberufen wurden, und in einem Vierteljahr wären wir wieder zurück im KLV-Lager der Ulrich-von-Hutten-Schule, so dachte ich, so dachten alle im Lager. Dass es ein Abschied vom KLV-Lager für immer war, hätte man damals allerdings schon ahnen können. Lagerleiter Schneft hatte offenbar diese Ahnung. Als er uns am Abend vor unserem Einrücken in seinem Büro verabschiedete, war er sichtlich bewegt, desgleichen unsere Klassenlehrerin Fräulein Hase.

Der Abschied von Rainer war kurz und schmerzlos. Ich erwartete ja, ihn bald wiederzusehen. Wir ahnten beide nicht, dass unsere Trennung eineinhalb Jahre bis Ende September 1946 andauern würde. In dieser langen Zeit sollte das Schicksal unsere beiden Lebenswege mit mächtigen Stolpersteinen pflastern.

Groß-Zinitz[155] hieß das gottverlassene Nest, in dem sich am nördlichen Dorfrand das Wehrertüchtigungslager befand. Es waren einfachste Baracken, die nach dem Anschluss des Sudeten- und Egerlandes an das sogenannte Großdeutsche Reich für den Reichsarbeitsdienst[156] errichtet worden waren. Groß-Zinitz lag im von Deutschen besiedelten Grenzgebiet. Deshalb wurden wir Hitlerjungen hier nicht mit hasserfüllten Blicken betrachtet, wie dies zuvor in Böhmen und Mähren der Fall gewesen war.

Die Fahrt nach Groß-Zinitz war abenteuerlich gewesen. Aus unserem Lager hatte man nur eine kleine Gruppe rekrutiert, etwa sieben oder acht Jungen, die alle dem Jahrgang 1929 angehörten und im letzten Viertel dieses Jahres geboren waren. Wir waren bis dahin verschont geblieben, aber jetzt benötigte man auch uns als letztes Aufgebot im aussichtslosen Kampf gegen die Niederlage. Einer aus unserer Mitte wurde zum Transportleiter ernannt und zum Unterführer befördert. Tiedke hieß er, und ich konnte ihn nicht leiden, weil er sich mächtig aufspielte. Morgens früh um halb sechs marschierte unsere Gruppe zum Bahnhof. Die Fahrt zog sich lange hin, wir mussten mehrmals umsteigen, und als wir endlich um vier Uhr nachmittags in Groß-Zinitz ankamen, hatten wir einen Riesenkohldampf. Auf dem Bahnsteig stand neben der Fahrdienstleiterin Franzl Ringer. Er hatte es sich nicht nehmen lassen, seine Ulrich-von-Hutten-Schüler auf dem Bahnhof in Empfang zu nehmen.

Der Dienst im Wehrertüchtigungslager unterschied sich kaum von dem in einem der KLV-Lager. Jedenfalls fiel uns alten Lagerhasen der Übergang von einem ins andere Lager nicht so schwer wie jenen, die aus dem behüteten Dasein einer Familie in diese Welt des vormilitärischen Drills gerissen wurden. Auch in Groß-Zinitz gab es solche Treibhauspflanzen, wie wir lagergestählten

KLV-ler jene Neulinge nannten. Meistens kamen sie aus den ländlichen Gebieten Bayerns oder dem Sudetenland.

Statt der in den KLV-Lagern üblichen Schulstunden erhielten wir hier Unterweisungen in Wehr- und Waffenkunde. Einen großen Teil des Tages verbrachten wir auf dem Exerzierplatz. Diesem Stück Land hatten schon die ersten hierher zum Reichsarbeitsdienst verpflichteten Männer den Namen „Schleifacker" verpasst, und seitdem pflanzte er sich wie eine alte Flurbezeichnung von Lagergeneration zu Lagergeneration, von Lehrgang zu Lehrgang fort. Zu dem jedem Pimpf bekannten Stoppelhopsen kam nun hier noch das Griffekloppen dazu: „Präsentiert daas Gewerr! Daaas Geweeer über!" Dazu wurden in Ermangelung echter Waffen hölzerne Attrappen ausgegeben, natürlich auch zum Stoppelhopsen, denn wir sollten ja das Hinwerfen und Aufstehen mit der Waffe in der Hand trainieren. „Für jeden Infanteristen beim Sturmangriff die reinste Lebensversicherung, wenn das in Fleisch und Blut übergegangen ist!" So erklärte es Franzl Ringer während einer Wehrunterweisung.

Hatten wir gehofft, er würde uns Ulrich-von-Hutten-Schüler bevorzugt behandeln, so sahen wir uns gründlich getäuscht. Er jagte uns genau so gnadenlos über den Schleifacker wie jeden anderen Lagerinsassen auch, gerade so, als wäre er nicht fast zwei Jahre lang unser stellvertretender Lagermannschaftsführer in Bistritz gewesen. Trotz seines gemütlichen bayerischen Zungenschlags galt auch für ihn die preußische Devise: Dienst ist Dienst und Schnaps ist Schnaps! So konnte es passieren, dass er uns nach Dienstschluss in den Dorfkrug einlud, sich eine halbe Maß Bier bestellte und uns mit der damals üblichen Fruchtersatzlimonade bewirtete, obwohl er uns vorher bis ans Ende unserer Kräfte über den Schleifacker gejagt hatte. In solchen Momenten seltener Freizeit schwelgte er in Bistritzer Erinnerungen und erkundigte sich nach diesem oder jenem, nach Lehrern und Lagerpimpfen. Immer wieder kam er dabei auf unser Häschen zu sprechen. Er hatte wohl sein Herz an sie verloren. Das war uns während unserer Bistritzer Zeit nie so aufgefallen wie die offenkundige Balzerei des SS-Schergen Morschmitt um das viel jüngere und hübschere Fräulein Harre, die andere der beiden unserem Lager zugeteilten Lehrerinnen.

„Freiwilligenmeldung" zum Wehrdienst

Das Osterfest 1945 gestaltete sich für uns Lagerinsassen sehr trist und trostlos, was nicht nur an dem nebelverhangenen Wetter lag, das von Karfreitag bis Ostersonntag wie eine graue Decke über dem Land hing. Für den Ostersonntag hatten sich zwei Werber angemeldet, zwei Offiziere mit ihren Schreibstubengehilfen und einem Stabsarzt. Einer dieser Offiziere kam von der Waffen-SS-Division „Hitlerjugend" und der andere von der SA-Standarte „Feldherrnhalle". Sie hatten es auf uns, die jüngsten Lagerinsassen, abgesehen. Die Angehörigen der zweiten Hälfte des Jahrgangs 1929 und der gesamte Jahrgang 1930 galten zwar schon als wehrfähig, aber noch nicht als wehrpflichtig. Da man uns jedoch zur Auffüllung dezimierter regulärer Fronteinheiten benötigte, erwartete die zuständige Heeresleitung unsere Freiwilligenmeldung zum Wehrdienst.

Bereits am Karfreitag wurden wir auf dem Appellplatz des Lagers unter der am Mast wehenden Hakenkreuzfahne zu einem Appell befohlen. Unsere Gruppe hatte fast die Stärke eines Fähnleins, also etwa hundert Mann. Nachdem der militärisch korrekte Auftrieb dieses Fähnleins unter den Augen des Lagerkommandanten nach allen Regeln der Exerzierkunst vollzogen und unsere Anwesenheit gemeldet worden war, hielt der Kommandant eine zündende, sich von Wort zu Wort steigernde Rede: Jetzt sei es an uns, als tapfere Krieger in die Reihen der heldenhaft kämpfenden Vaterlandsverteidiger zu treten und die rote Flut, diesen Abschaum der Menschheit, von unserem geliebten Vaterland, von unseren Schwestern, Brüdern, von unseren Müttern und Altvorderen – hier stockte die Ansprache, der Kommandant schien sich im wildwuchernden Geäst seines Redebaums verstiegen zu haben. Nachdem er sich kurz geräuspert hatte, fuhr er etwas ruhiger fort: „Ich erwarte von euch, von jedem einzelnen, dass er ohne große Umschweife am Sonntag seine Unterschrift gibt und sich freiwillig meldet. Seid euch dessen immer bewusst: Die Ehre unseres Lagers hängt daran!"

Am Ostersonntag 1945 wurden wir um fünf Uhr dreißig geweckt. Bis fünf Uhr fünfundvierzig war Bettenbauen und Frühsport angesagt, danach für die zur Freiwilligenmeldung Abkommandierten der Uniformappell. Um sechs Uhr dreißig fand der Morgenappell des gesamten Lagers mit dem allmorgendlichen Flaggenhissen auf dem Appellplatz statt. Um sieben Uhr gab es Frühstück, um sieben Uhr dreißig traten wir zur Freiwilligenmeldung vor der Verwaltungsbaracke des Lagers an.

Als Erster sprach der SS-Offizier von der Division „Hitlerjugend" zu uns, dann der Vertreter der SA-Standarte „Feldherrnhalle". Letzterer hatte einen schweren Stand, denn man erwartete von uns, dass wir uns in Scharen zur legendären Division „Hitlerjugend" melden würden. Bis zehn Uhr, so hieß es, hätte sich auch der Letzte von uns freiwillig zu melden, das seien wir Führer, Volk und Vaterland schuldig. Wer dies nicht befolge, sei ein elender, ehrloser, feiger Schuft! „Übrigens bleibt die Einheit in Reih' und Glied stehen, bis sich auch der Letzte freiwillig gemeldet hat!", donnerte der SA-Offizier uns an, ehe er sich in die mollig beheizte Schreibstube zurückzog. Uns schlotterten vor Kälte und Aufregung ganz die Knie, und zu allem Überfluss begann es auch noch zu nieseln.

Mit unserer Opferbereitschaft für Führer, Volk und Vaterland war es nicht weit her. Bis neun Uhr hatte sich noch nicht einmal ein Viertel von uns freiwillig gemeldet, und der SS-Offizier sah sich genötigt, noch einmal vor uns zu treten und erneut an unseren Heldenmut zu appellieren. Diesmal ließ er eine Schimpf- und Propagandakanonade auf uns niederprasseln, die einem Goebbels alle Ehre gemacht hätte. Um zehn Uhr betrug das Häuflein der Wehrunwilligen immerhin noch etwas mehr als ein Drittel der ursprünglich Abkommandierten. Mindestens dreißig Mann standen noch frierend in Reih' und Glied vor der Verwaltungsbaracke. Auch ich gehörte dazu. Wieder erschien der SS-Offizier. Nun gesellten sich auch unsere Ausbilder sowie der Lagerkommandant und der andere Offizier dazu.

„Also, niemand mehr bereit, für's Vaterland zu kämpfen? Noch ist Zeit, Mut zu zeigen und Vaterlandsliebe, ihr Scheißkerle!" Unser Kommandant stand vor uns und erwartete eine Reaktion auf seine Worte. Es waren noch einmal fünf oder sechs, die aus dem Glied traten und betont forschen Schrittes auf die Baracke zumarschierten. „Sonst niemand mehr?" Als sich unter uns niemand rührte, meinte er in gefährlich ruhigem Ton: „Das werdet ihr noch bereuen, ihr feigen Schweine!" An unsere Ausbilder gewandt, brüllte er lauthals: „Oberfeldwebel Kramer übernimmt das Kommando!" Kramer war ein Oberschleifer, schlimmer noch als Morschmitt, der Bistritzer Lagerkommandant. Und er fing auch sofort an: „Aachtung! Reechts um! Im Dauerlauf maarsch, maarsch!"

Anderthalb Stunden jagte er uns über den Schleifacker, bis zum Mittagessen. Erschöpft, verschmutzt und hungrig wie wir hereingekommen waren, mussten wir uns nun an einer der Speisesaalwände aufstellen und der allgemeinen Esserei zuschauen. Wenigstens konnten wir ein bisschen verschnaufen und uns aufwärmen, ehe es wieder hinaus auf den Schleifacker ging. Diesmal jagte uns Franzl Ringer auf ihm herum. Auch er ersparte uns keine der üblichen Schikanen. Als wir gegen drei Uhr am Nachmittag wieder vor der Verwaltungsbaracke Aufstellung nehmen mussten, waren bis auf drei alle bereit, die erlösende Unterschrift zu leisten. Auch ich war mittlerweile soweit, dass ich schweren Herzens meine Unterschrift unter die Freiwilligenmeldung setzte. Ich entschied mich für die SA-Standarte „Feldherrnhalle". Zur Waffen-SS wollte ich nach Morschmitts Erzählungen über seine Erlebnisse an der Ostfront auf keinen Fall.

In der Nacht zum Ostermontag habe ich kaum Schlaf gefunden, denn eine tiefe Traurigkeit hat mich in jener Nacht heimgesucht, ein seit langem nicht mehr verspürtes Heimweh. Nun würde ich Rainer doch nicht wiedersehen. Die drei Standhaften, die sich bis zum Schluss verweigert haben, sind in derselben Nacht von einem Rollkommando fast lazarettreif geprügelt worden.

Kriegsende

So war ich nun zum Angehörigen einer „Eliteeinheit" geworden, zum SA-Mann und Panzergrenadier. „SA-Standarte Feldherrnhalle" stand in goldgelb gewebter Schrift auf den etwa zwei Zentimeter breiten schwarzen Bändern, die wir auf die rechten Unterärmel unserer Uniformjacken nähen mussten, genau eine Handbreit über dem unteren Ärmelrand. Diese Vorschrift musste genau eingehalten werden und wurde bei den Uniformappellen gelegentlich kontrolliert.

Wir waren Panzergrenadiere, allerdings fast ohne Panzer, denn die wenigen alten Trainingsfahrzeuge, die unserer Einheit zur Verfügung standen, hatten sicherlich schon mehrere Feldzüge mitgemacht. Sie waren mittlerweile eher fahrbare Schrottkisten als kriegstaugliche Waffensysteme. Unsere Handfeuerwaffen, die Gewehre und Pistolen, machten den Eindruck, als seien sie in einem historischen Zeughaus oder einem Heeresmuseum beschlagnahmt worden. Da sah man neben modernen Karabinern auch solche, die noch aus der Zeit vor dem Ersten Weltkrieg stammten. Es war ein Wunder, dass die moderne Karabinermunition auch für sie verwendbar war. Allerdings reichte der Vorrat an Gewehren nicht für alle von uns, ein Teil musste sich mit Pistolen begnügen, so auch ich. Dafür war ich als zweiter Schütze zu dem einzigen leichten MG abkommandiert worden, das unserer Kompanie zugeteilt war, eine tragbare, schnell in Stellung zu bringende Waffe. Da dieses MG allerdings recht sperrig war, passte es nicht in die Enge eines Mannschaftspanzerwagens, desgleichen die beiden schweren Munitionskisten, die zu tragen meine Aufgabe war. Der erste und zweite MG-Schütze gehörten deswegen zum Begleitkommando der Panzer. Unsere Aufgabe war es, im Ernstfall zu Fuß zwischen diesen stählernen Särgen im Laufschritt mit vorzurücken und den aus den Panzern herausspringenden und ausschwärmenden Grenadieren mit unserem schnell in Stellung gebrachten MG Feuerschutz zu geben. Zum Glück musste ich diesen Ernstfall nie erleben.

Meine Pistole war eine klassische 08.[157] Dem auf ihrem Lauf eingeschlagenen Datumsstempel nach stammte sie aus dem Jahr 1916, trotzdem war sie immer noch eine zuverlässige Waffe. Allerdings war ich nie genötigt, sie im Kampf einzusetzen. Nur auf Pappkameraden habe ich mit ihr beim Training auf dem Schießplatz gefeuert.

Auch unser Kammerbulle[158] war genötigt, den Mangel zu verwalten. Um unsere Einkleidung war es ziemlich schlecht bestellt. In der Kleiderkammer lagerten zwar für jeden von uns SA-Paradeuniformen, die aber für uns schlaksige Heranwachsende viel zu groß waren. Als uniformierte Vogelscheuchen beschimpfte uns lachend unser Spieß, als wir in diesen Uniformen zu unserem ersten Appell angetreten waren und er vor die Formation trat.

Besser war es um unsere Alltagsuniformen bestellt. Es war Beuteware, nämlich Kampfanzüge der italienischen Armee, die wir abschätzig als Badoglio-Kluft[159] bezeichneten. Die Italiener hatten ja mittlerweile das Bündnis mit Hitler aufgekündigt, den Duce abgesetzt und in den Abruzzen inhaftiert. Von einem deutschen Kommando im Handstreich befreit, konnte dieser noch einmal die Macht im nördlichen Italien gewinnen, allerdings nun als Herrscher von Hitlers Gnaden in einem von deutschen Truppen besetzten Land. Die Besatzungsmacht bediente sich in Norditalien an allem, was für die Kriegsführung von Wert war.

Die Badoglio-Kluft hatte unseren deutschen Wehrmachtsuniformen gegenüber einen Vorteil: Sie war in Schnitt und Material nicht den preußischen Traditionen verhaftet. Es gab keine schweren, die Bewegungen einengenden Waffenröcke, sondern leichte Kampfjacken, und die ebenfalls leichten Hosen verfügten über so manche aufgenähte Tasche im oberen Beinbereich. Allerdings konnte sich von uns niemand vorstellen, in dieser leichten Kluft einen Winterfeldzug in Russland zu überstehen. Einen weiteren Vorteil boten diese Kampfanzüge außerdem noch: Sie waren den überwiegend kleinwüchsigen Italienern angemessen und passten dadurch uns noch nicht ausgewachsenen Jugendlichen wie angegossen.

Unsere Garnisonsstadt hieß Neuhaus[160] und war wie jedes Dorf und jede Stadt in Böhmen geprägt durch die Zeugnisse einer reichen Geschichte. Von der um 1220 von einem Heinrich von Witigo erbauten Burg, dem Kern der sich in ihrem Umfeld entwickelnden Siedlung, steht fast nichts mehr. Sie ist im Laufe der Jahrhunderte zu einem prächtigen Schloss im Stil der Renaissance erweitert worden, und der in ihrem Schutz entstandene Flecken Jindřichův Hradec (Heinrichsburg) hat sich zur Stadt gleichen Namens entwickelt. Den Namen Neuhaus gaben ihr die in jenem Grenzgebiet zu Österreich siedelnden Deutschen.

Unsere Kaserne war in einem um 1605 erbauten ehemaligen Jesuitenkolleg untergebracht, einem mächtigen vierflügeligen Gebäude. Schon im Jahr 1788 war dieses Kolleg säkularisiert und in eine Kaserne umgewandelt worden. Hier sollten wir Allerweltspimpfe nun zu todesmutigen Vaterlandsverteidigern umgeschliffen werden. Außer uns Angehörigen der „Feldherrnhalle" war in dieser Kaserne noch eine Einheit des Heeres-Nachrichtenkorps zur Ausbildung untergebracht. Es waren hochnäsige Pinkel, die glaubten, weit über uns Stoppelhopsern zu stehen. Von den Nachrichtenhelferinnen, deren Kompanie jener Einheit zugeteilt war, hatte augenscheinlich keine mehr als achtzehn Jahre auf dem Buckel. Es war ein Haufen kichernder Backfische. Ich hatte für diese Blitzmädels nichts übrig, denn sie verhielten sich uns armen, von den Unteroffizieren und Feldwebeln geplagten Stoppelhopsern gegenüber sehr schnippisch. Blitzmädels nannte man diese Nachrichtenhelferinnen übrigens wegen des goldgelb gestickten Blitzabzeichens auf dem linken Oberarm ihrer Uniformjacken.

Zunächst versetzte uns das Gerücht in Unruhe, dass wir nun, wie Angehörige der Waffen-SS, unsere Blutgruppe unter die rechte Achsel tätowiert bekämen. Die Russen, so hieß es, legten jeden sofort um, den sie gefangennahmen und durch diese Tätowierung als SS-Mann erkannten. Kein Gerücht hingegen war, dass wir am 16. Mai 1945 an die Front geschickt werden sollten. Unsere Ausbilder verschärften in den vier Wochen, die bis zu diesem ersten Fronteinsatz noch blieben, den Drill, denn wir seien, wie unser Spieß meinte, alles andere als kampfestüchtige Soldaten, sondern allenfalls schlappe Salonkrieger. Fast jede zweite Nacht schrillten jetzt die Alarmglocken, und Freizeit gab es so gut wie keine mehr. Es galt, uns auf das Leben in vorderster Front vorzubereiten.

Viele von uns fieberten diesem ersten Fronteinsatz entgegen. Der tägliche Umgang mit den Waffen weckte in diesen Kriegsbegeisterten den Wunsch, endlich einmal Panzerfaust, Eier- und Stielhandgranaten, Maschinenpistole, Pistole und Karabiner im Ernstfall gezielt einsetzen zu dürfen. Ich durfte an diese Möglichkeit gar nicht denken! So manche Nacht lag ich jetzt wach, von Angstträumen aus dem Schlaf gerissen. Mutti, Vater, Oma, Eberhard, Rainer, wo werden sie jetzt sein? Ob alle noch leben? Dies nicht zu wissen, beschwerte mir zusätzlich das Gemüt. An Heimatpost war nicht mehr zu denken, man konnte weder Briefe empfangen noch welche absenden. Oft musste ich jetzt an die Worte unserer Mutter denken: „Also Jungs, was ich euch jetzt sage, müsst ihr unbedingt für euch behalten, das darf außer euch keiner wissen: Wenn dieser Krieg zu Ende ist, ganz egal wie er ausgeht, dann treffen sich alle, die von uns noch leben, in Gefell! Vergesst das nicht und schweigt darüber!" Sie war sehr bewegt, sehr ernst und den Tränen nahe, als sie uns das Anfang Januar 1944 in Bistritz einschärfte.

Wieder kamen Werber von der Waffen-SS ins Lager, diesmal, um uns für den Werwolf[161] zu begeistern. Die Betreffenden würden bewaffnet, müssten sich von der Front überrollen lassen und hätten dann die ehrenvolle Aufgabe, als Zivilisten getarnt im Rücken der Feinde deren Operationen zu sabotieren. Nur vier oder fünf Mann haben sich freiwillig zu diesem Einsatz gemeldet. Jahrelang war uns eingepaukt worden, dass Partisanen nichts weiter als feige Mörder und Banditen wären. Warum waren dann unsere Werwölfe, die ja auch als Partisanen hinter den Linien kämpfen sollten, plötzlich Helden und Vaterlandsretter? Natürlich habe ich diese Frage den Werbern nicht gestellt, obwohl sie mir auf den Lippen brannte. Die SS-Offiziere hätten unter Garantie sofort ein Standgericht gebildet und mich als Wehrkraftzersetzer und Volksverhetzer an die Wand stellen oder am nächsten Baum aufknüpfen lassen. So etwas ging in diesen letzten Kriegswochen schnell, das hatte sich schon bis zu uns herumgesprochen.

Während wir auf den Fronteinsatz vorbereitet wurden, kam die Nachricht, dass der Führer gefallen war. Zehn Tage nur hatte er seinen Geburtstag überlebt. An jenem 20. April 1945 hatte seine Radioansprache, die wir im Auditorium gemeinsam mit dem Nachrichtenkorps anhörten, noch einmal Hoffnung in uns gepflanzt. Auch zur Trauerfeier für den Führer am 30. April haben wir uns im Auditorium getroffen. Die Blitzmädels haben so geheult, dass sie kaum singen konnten, vor allem, als das in Moll gehaltene Lied „Heilig Vaterland" angestimmt wurde.

Wie würde es nun weitergehen ohne den Führer? Seinen Ruf als größter Feldherr aller Zeiten hatte er zwar schon seit einiger Zeit eingebüßt, aber dass er mit seinen Wunderwaffen das Ruder noch herumreißen könnte, davon war jeder von uns überzeugt! Wenn er nur diese Wunderwaffen endlich einmal einsetzen würde! Darauf würden wir nun wohl nicht mehr hoffen können. Jedenfalls war er als Held gefallen, unser Führer, davon waren wir ebenfalls überzeugt!

In den ersten Maitagen begann es innerhalb der tschechischen Bevölkerung zu gären. War es nun der Tod des Führers oder das Näherrücken der Fronten sowohl im Osten als auch im Westen, welches die so lange unterdrückten Menschen jetzt umtrieb? Nachts hörte man von den die Stadt umgebenden bewaldeten Höhen herab gelegentliche kurze Schusswechsel, und an den Wänden öffentlicher Gebäude hingen morgens häufig gegen die Deutschen gerichtete Schmähplakate.

In der Stille der Nacht war jetzt ein fernes Grollen zu hören, und von den oberen Stockwerken unserer Kaserne aus sah man es über dem östlichen Horizont wie sommerliches Wetterleuchten zucken. Dort standen sich Russen und Deutsche gegenüber, dort würde sich ab dem 16. Mai auch unser Schicksal erfüllen! Doch dazu kam es zum Glück nicht mehr. Als wir am 6. Mai 1945 morgens um fünf Uhr nach dem Wecken hinaus auf die Stadt schauten, trauten wir unseren Augen nicht, weil in allen Straßen blau-weiß-rote Trikoloren, die Symbole des tschechischen Freiheitswillens wehten.

Wir hatten eine unruhige Nacht hinter uns. Unaufhörlich war das Dröhnen schwerer Motoren und das Rasseln von Panzerketten zu hören gewesen. Waren uns etwa schon die Russen auf den Pelz gerückt, so ganz heimlich, ohne dass ein Schuss gefallen war? Natürlich waren es keine russischen, sondern deutsche Panzer, deren Motorengedröhn und Kettenrasseln uns wachgehalten hatte. Westlich von uns sollten sie an der Moldau eine neue Verteidigungslinie aufbauen. Die Front würde also näherrücken. Noch lief der Dienst nach Plan, doch unsere Ausbilder, die Unteroffiziere und Feldwebel, ja selbst Leutnant von Döbritz, unser Kompaniechef, konnten ihre Nervosität kaum verbergen.

Gegen Mittag rückten die Nachrichtensoldaten in einer langen feldgrauen Autokolonne sang- und klanglos ab. Am Nachmittag wurde an uns scharfe Munition verteilt, und wir bekamen den Befehl, uns nach dem Abendessen marschbereit zu machen. Ich bekam für meine Pistole zwei volle Magazine, eines zur sofortigen Bestückung der Waffe und eines als Ersatz, dazu vier Stiel- und vier Eierhandgranaten. Die Ersteren wurden mit dem Stiel hinter das Koppel gesteckt, und die Stahleier waren in den Taschen auf den oberen Vorderseiten der Hosenbeine gut aufgehoben, wenn sie durch ihr Gewicht auch mächtig an den Hosen zogen und bei jedem Schritt hinderlich waren. Da war ich nun für den Krieg gewappnet mit meinen vierundzwanzig Schuss Pistolenmunition und acht Handgranaten.

Um 18 Uhr gab es Abendessen mit der Ausgabe der eisernen Ration. Hunger hatten wir zwar wie immer, aber am rechten Appetit fehlte es uns. Denn von der Stadt her waren Geschrei und einzelne Schüsse zu hören. War etwa der langerwartete tschechische Aufstand schon im Gange? Um 20 Uhr sollte Abmarsch sein. Vorher gab es noch einen Uniformappell. Neben der Kontrolle unserer vorschriftsmäßigen Bewaffnung wurde besonderes Augenmerk auf das Vorhandensein von Stahlhelm, Gasmaske, Brotbeutel, Feldflasche und Kochgeschirr gelegt. Ich hatte mein Kochgeschirr im Spind liegenlassen und erntete einen gepfefferten Anpfiff dafür. „Willste dir vorm Feind oder aufm Marsch deine Suppe etwa in die hohle Hand schöpfen lassen, du Heini!" Recht hat er gehabt, unser Spieß. Was wäre aus mir ohne dieses wichtige Utensil geworden, später auf dem Marsch oder noch später in der Gefangenschaft?

Unsere privaten Habseligkeiten waren im Laufe der Lagerverlegungen während des letzten KLV-Jahres schon sehr zusammengeschrumpft. Nun musste auch der Rest hier in Neuhaus bleiben. Wir durften nur kleines Marschgepäck mitnehmen, das bedeutete, dass in den Tornister nur das Nötigste gepackt werden durfte: einmal Wäsche zum Wechseln, Waschzeug, zwei Paar Strümpfe, Verbandszeug und die eiserne Ration. Da sich bei mir noch keinerlei Anzeichen eines Bartwuchses zeigten, konnte ich auf das Mitführen von Rasierutensilien verzichten. Ich packte mir dafür das von Oma zusammengestellte Näh- und Flickzeug ein. Als ich es zu Weihnachten 1944 von ihr geschenkt bekam, sagte ich zwar artig „Dankeschön", fand jedoch das Ganze ein sehr überflüssiges und eher zu einem Mädchen passendes Geschenk. Weißer und schwarzer Zwirn, Stopfgarn in zwei Farben, Näh- und Stopfnadeln und ein gedrechseltes Stopfei, was sollte ich, ein Bub und Pimpf, mit solchen Sachen machen? Oma hatte jedoch gemeint: „Du kommst bestimmt wieder ins Lager, da kannste das Flickzeug unter Garantie gut brauchen." Wie Recht sie hatte, die gute, alte Oma!

Auf den Tornister wurden noch der Mantel und die dreieckige Zeltplane geschnallt. Auf den genauen Sitz dieser beiden sehr wichtigen Dinge richtete der Spieß sein besonderes Augenmerk, als er unsere Formation vor dem Abmarsch kontrollierte. Die ungeliebte durchfallbraune SA-Paradeuniform musste in den Spinden hängenbleiben. Ihr trauerte keiner nach. Den Spinden und der in ihnen herrschenden Ordnung galt übrigens das ganze Augenmerk unseres Kompaniechefs: „Dass mir keiner seinen Spind wie 'nen Saustall zurücklässt! Nich, dass das Tschechenpack, wenn's nach unserem Abzug hier reinkommt, denkt, wir wär'n Hals über Kopf jeflohen!"

Unsere drei Schützenpanzerwagen waren übrigens am Vortag von Angehörigen einer Waffen-SS-Einheit konfisziert worden, ebenso das leichte MG. Nun waren wir wirklich Panzergrenadiere ohne Panzer.

Natürlich vollzog sich unser Abmarsch aus Neuhaus in vorzüglicher militärischer Ordnung und unter Absingen solch aufrüttelnder Lieder wie „Vorwärts, vorwärts schmettern die hellen Fanfaren", oder „Ob's stürmt oder schneit, ob die Sonne uns lacht", dem allseits bekannten und beliebten Panzerlied. Natürlich ließen wir die morschen Knochen der Welt zittern. Als es am Schluss dieses Liedes hieß „Wir werden weiter marschieren, bis alles in Scherben fällt, denn heute gehört uns Deutschland und morgen die ganze Welt!"[162], legten wir eine Kraft in unseren Gesang, als sollte die ganze Welt unsere Siegesgewissheit hören. Weit wird man unseren Gesang im Städtchen gehört haben. Mit Einbruch des Abends war in den Straßen, Gassen und auf allen Plätzen Ruhe eingekehrt. Kein Mensch ließ sich sehen, als wir in westlicher Richtung marschierend die Stadt verließen. Nur die in der vergangenen Nacht heimlich gehissten blauweiß-roten Trikoloren flatterten unbehelligt im Abendwind. Trotz unseres forschen Gesangs und strammen Schritts war uns recht mulmig zumute. Wohin würde uns dieser Marsch führen, geradewegs in den Tod? Man brauchte sich ja bloß umzudrehen und in Richtung Osten zu sehen, da zeigte sich, dass aus dem Wetterleuchten über dem östlichen Horizont ein Gewitter geworden war, das seinen Donner gelegentlich schon bis hierher zu uns schickte.

Anfangs ging unser Marsch wohlgeordnet auf einer nahezu leeren Nebenstraße zügig voran. Es war ein richtiger Heerwurm, der sich von Neuhaus aus auf dieser Landstraße in Richtung Westen bewegte. Vorneweg fuhr der VW-Kübelwagen mit unseren Kommandeuren, dann folgten die einzelnen Kompanien mit ihren Chefs und Unteroffizieren, schließlich am Schluss einige Proviantwagen, Ambulanzen und die Gulaschkanonen. Jetzt sangen wir allerdings andere Lieder als vorhin während unseres Abmarsches aus Neuhaus. Hier auf der etwa zwanzig Kilometer langen Strecke gab es keine Tschechen, denen es zu imponieren galt.

Wir ließen über die Höhen des Westerwaldes den Wind so kalt wehen, lagen vor Madagaskar, wir schmetterten sogar das von den Nazis übernommene Lied aus den Anfängen der Sozialdemokratie „Wann wir schreiten Seit' an Seit' und die alten Lieder singen"[163] in die Nacht hinaus. Natürlich durfte auch das Lied vom Polenmädchen nicht fehlen. Diese Schönheit wohnt, wie wohl jeder weiß, in einem Polenstädtchen, und „sie war das allerschönste Kind, das man in Polen find!" Leider ist das schöne Kind recht spröde, denn vier Strophen lang heißt es im Refrain stets: „Aber nein, aber nein sprach sie, ich küsse nie!" Erst in der letzten Strophe, beim Abschied wird sie weich: „So nimm du Dussel, Dusseltier den allerersten Kuss von mir. Vergiss Maruschka nicht, das Polenkind!" Übrigens durften wir in Bistritz dieses Lied beim Marschieren nicht singen, da hätte uns Morschmitt ganz schön über den Schleifacker gejagt. „So was ist ja Anstiftung zur Rassenschande und gehört aus den deutschen Soldatenliederbüchern ausradiert!" Morschmitt wird wohl mit dieser Meinung so etwas wie ein Rufer in der Wüste gewesen sein, denn dieses Lied ist von den Landsern bis Kriegsende besonders gern gesungen worden und findet sich in fast allen Klavierausgaben der beliebtesten deutschen Soldatenlieder jener Zeit, allen weltanschaulichen Vorbehalten zum Trotz.

Bis gegen ein Uhr wurde in dieser Nacht marschiert, dann hieß es: „Abteilung halt!" Nachdem die Wachdienste eingeteilt waren, durften wir uns endlich zur Ruhe begeben. Nicht etwa, dass hier eine Unterkunft für uns bereitgestanden hätte, davon war weit und breit nichts zu sehen. Eine Wiese neben der Straße diente uns als Bett, und mit dem Sternenhimmel deckten wir uns zu. Zum Glück waren diese ersten Maitage 1945 schon sommerlich warm und die Nächte nicht zu kühl. Da genügte es, sich unter den Mantel zu verkriechen und den Kopf auf den Tornister zu betten. Die Zeltplane leistete uns in dieser Situation bessere Dienste als die beste Seegrasmatratze.

Als ich mich endlich rücklings auf dieses Lager gebettet hatte und hinauf in den Sternenhimmel über mir schaute, kam ein Weinen über mich. In dieser Nacht, jetzt und hier, wurde mir zum ersten Mal richtig bewusst, wie einsam und verlassen ich war, umgeben von Menschen, die mir fremd und gleichgültig waren. Ein vom Wind verwehtes Sandkorn. Angst kroch mir durch Mark und Bein, fraß sich in mein Denken und Fühlen. Das Näherrücken der Front war weder zu übersehen noch zu überhören. Das Wetterleuchten über dem östlichen Horizont hatte an Helligkeit gewonnen, und das gelegentliche Donnergrollen war merklich lauter geworden.

Ich fiel irgendwann in einen bleiernen Schlaf, aber die Nacht war kurz, denn schon um vier Uhr in der Frühe schrillten die Trillerpfeifen, erschallten die Weckrufe unserer Unteroffiziere. Wenigstens wurde unser kurzer Schlaf nicht gestört in dieser ersten Nacht unseres überstürzten Rückzugs. Kein tschechischer Partisanenüberfall riss uns aus dem Schlaf, und von den gefürchteten amerikanischen Nachtjägern war auch keiner im Tiefflug über uns hinweggefegt.

Jetzt hätte uns die sonst zu jedem Tagesbeginn übliche Gymnastik gutgetan. Die Kühle der Nacht war uns ganz schön in die Glieder gekrochen. Zum Glück waren die Gulaschkanonen, als für uns der Weckruf erklang, schon in Betrieb und konnten uns mit heißem Kathreiner-Kaffee[164] versorgen. Sogar einen Nachschlag für die Feldflasche gab es und dazu die tägliche Brotration.

Noch bewegte sich unser Heerwurm wohlgeordnet und in zügigem Marschtempo auf der Nebenstraße. Mittlerweile hatte diese sich allerdings belebt. Auf der Straße drängten sich nun motorisierte Einheiten, Rotkreuzwagen, Kradmelder und dazwischen immer wieder Geländewagen, besetzt mit Offizieren und deren Ordonnanzen, die ständig hupend alles zu überholen versuchten. Jeder strebte gen Westen! Da blieb für uns Fußvolk zum Marschieren nur noch der geschotterte Straßenrand. Zum Glück hatte ich, als wir in Neuhaus abmarschierten, nicht die zur Badoglio-Uniform gehörigen ausgelatschten Knobelbecher angezogen, sondern die zur SA-Paradeuniform passenden Reitstiefel. Sie saßen mir an den Füßen wie angegossen, und durch ihre derben Ledersohlen spürte man keinen Stein. Ich würde also ein schmerz- und blasenfreies Marschieren haben.

Als wir an die von Freistatt in Österreich über Budweis und Tabor nach Prag führende Heeresstraße kamen, war es leider vorbei mit der vorbildlichen Marschordnung, weil auf dieser Straße ein heilloses Durcheinander herrschte. Hier waren Flüchtlingstrecks unterwegs, ganze Dorfgemeinschaften mit ihren Fuhrwerken, dazwischen Männer, Frauen, Alte und Junge, ihre Handwagen ziehend, Kinderwagen schiebend, schwere Rucksäcke schleppend, weinende Kinder an den Händen führend. Dazu kamen motorisierte und marschierende Wehrmachtseinheiten und immer wieder Panzer, die mit glühenden Auspuffrohren heranbrausten und rücksichtslos alles in die Straßengräben drängten. Dies war kein geordneter Rückzug mehr, sondern heillose Flucht. Nur nicht den Russen in die Hände fallen, das trieb alle an, ob Flüchtlinge oder Angehörige der Wehrmacht.

Wie sollten wir uns, aus einer Seitenstraße kommend, in diesen Strom einfügen? Zumal unser nächstes Ziel, die Stadt Budweis, im Süden lag, während der allgemeine Menschenstrom auf dieser Straße in Richtung Norden flutete, wir uns also auf der gegenüberliegenden Straßenseite zum Weitermarsch formieren mussten. Gegen Mittag standen wir immer noch wartend an dieser Einmündung. Als gerade der Befehl durchgegeben wurde: „Kompanieweise antreten zum Essen fassen!", ertönte plötzlich der Ruf: „Tiefflieger von links!" Im Nu lag unsere ganze Marschkolonne flach im rechten Seitengraben unseres Sträßchens, dicht an dicht, fast übereinander gebettet. Zwei Lightnings[165] flogen den Angriff. Sie waren gefürchtet, diese doppelrümpfigen Kampfbomber. Der Angriff galt aber nicht uns. Die Lightnings fegten mit heulenden Motoren in etwa dreißig Metern Höhe, dem Verlauf der Hauptstraße folgend, in Richtung Norden davon, wobei sie mit ihren Bordkanonen und den abgeworfenen Splitterbomben Tod und Verderben säten. An ein Weiterkommen war nun überhaupt nicht mehr zu denken. Erst einmal galt es, die Verletzten zu bergen, die Toten beiseite zu tragen, die zertrümmerten Armeelaster und Bauernwagen von der Straße zu räumen. Den verzweifelten, klagenden, in ihrem Schmerz erstarrten, wenn auch äußerlich unverletzt Gebliebenen unter den Opfern Trost zu spenden, dazu war jetzt keine Zeit. Mir war angesichts dieses Elends speiübel geworden. Ich musste mich erst einmal seitwärts in die Büsche schlagen.

Als ich mich einigermaßen gefasst hatte, war die meiste Aufräumarbeit schon erledigt. Ein Bild hat sich mir damals unauslöschlich eingeprägt und wurde Teil jener Alpträume, die mich bis weit in die Nachkriegszeit hinein Nacht für Nacht plagten: In einem der Trecks hatte es einen Bauernwagen voll erwischt. Zum Glück waren die auf dem Wagen reisenden Flüchtlinge rechtzeitig abgesprungen und hatten sich in die Straßengräben geworfen. Das Zugpferd jedoch, die Liese, war schwer getroffen worden. Sie lag immer noch angeschirrt mit aufgerissenem Bauch in ihrem Blut und schlug Vorderhufe und Kopf unaufhörlich und wie im Takt auf den Asphalt der Straße, wobei sie wiehernde, prustende Seufzer ausstieß. Hilflos standen die Besitzer des Wagens, zwei Frauen, ein alter Mann und vier Kinder um das leidende Tier herum. Die Kinder und die Frauen schluchzten fassungslos. Der alte Mann rief mir zu, als er mich sah: „Komm, Junge, du hast doch 'ne Pistole, gib der Liese den Gnadenschuss!" „Das krieg ich nich fertig!" „Komm, schieß endlich, du bist doch 'n Soldat!" Wenn er gewusst hätte, wie wenig ich Soldat war, ich, dieser Hitlerjunge von fünfzehneinhalb Jahren! Zum Glück erbarmte sich ein junger Leutnant der Liese und erlöste sie mit einem gezielten Pistolenschuss von ihren Qualen.

Die Lightnings kamen zum Glück nicht zurück, und es war dies die einzige Kriegshandlung, die ich erleben musste. Nachdem sich unsere Einheit wieder gesammelt hatte, hieß es abermals: „Kompanieweise antreten zum Essen fassen!" Eine Stunde war vergangen, seit dieses Kommando zum ersten Mal ausgerufen worden war. Jetzt hatte niemand mehr Lust aufs Essen. Wir ließen uns trotzdem die Kochgeschirre voll Erbsensuppe schöpfen, denn das hatten wir schon gelernt in unserer kurzen Soldatenlaufbahn: Was man hat, das hat man!

Dieses Mittagessen war die letzte offizielle Verpflegung, die ich aus der Küchenabteilung unserer Einheit bekommen habe. Noch bevor wir Budweis erreichten, gab es unsere Einheit nicht mehr. Sie hatte sich in lauter Einzelkämpfer aufgelöst, die nicht mehr willens waren zu kämpfen und nur noch das Ziel hatten, sich möglichst schnell in die Hände der Amis zu retten. Es war am 7. Mai 1945 immer noch gefährlich, als versprengter Landser unter lauter zivilen Flüchtlingen unterwegs zu sein, denn noch machten Einsatzkommandos der Waffen-SS Jagd auf Fahnenflüchtige oder solche, die sie dafür hielten. Ich hätte ja gern zu meiner Einheit oder zu dem, was von ihr noch übrig war, zurückgefunden. Das jahrelange KLV-Lagerdasein, dann der Drill im Wehrertüchtigungslager und die kurze, jedoch harte Ausbildung bei der „Feldherrnhalle" hatten mich zwar gelehrt, empfangene Befehle auszuführen, aber nicht, mein Überleben selbst in die Hand zu nehmen.

An der Moldau stauten sich die Ströme der Flüchtlinge und der zurückflutenden Wehrmachtseinheiten. Das Westufer des Flusses wurde von Teilen einer Waffen-SS-Division besetzt gehalten. Hier sollte die neue Verteidigungslinie aufgebaut werden. Niemand durfte die Moldau in westlicher Richtung überqueren. Nach Budweis war überhaupt nicht hineinzukommen. Für versprengte Landser, zu denen ich ja auch zählte, war dies außerdem nicht ratsam, denn die Waffen-SS stellte dort auf dem Marktplatz aus Leuten wie mir provisorische Kampfeinheiten zusammen, die den Moldauübergang der Russen verhindern sollten. Diese Nachricht ging unter den die Straße bevölkernden uniformierten und nicht uniformierten Flüchtlingen von Mund zu Mund. Immerhin war ich ja ein hochgerüsteter Krieger mit meinen acht Handgranaten und vierundzwanzig Schuss Pistolenmunition. Sie würden mich also gut gebrauchen können. Ich aber wollte diesen Vaterlandsverteidigern nicht in die Hände fallen. Mein Sinn stand danach, möglichst bald in amerikanische Gefangenschaft zu geraten.

Es wurde Abend, und im Westen glühte der Himmel über der untergehenden Sonne. Mit dem Verlöschen des Abendrots kroch dann die Nacht aus Büschen, Gräben und Wäldern, und mit der Nacht kamen Angst, Trauer und Heimweh über mich. Ich fühlte mich verlassen und sehnte mich nach einem vertrauten Menschen, und wäre es auch nur einer aus meiner SA-Einheit gewesen. Die vielen Hundert, mit denen ich gestern Abend singend und im Gleichschritt marschierend Neuhaus verlassen hatte, waren wie vom Erdboden verschwunden.

Jetzt standen nicht nur im Osten die Feuerzeichen des Krieges über dem Horizont, sondern auch im Westen. Auch dort wurde gekämpft, und so nahe waren diese Linien schon herangerückt, dass man sowohl aus dem Osten als auch aus dem Westen das Krachen der Artillerie hören konnte. Was galt es jetzt eigentlich noch zu verteidigen?

Da in Budweis nicht über die Moldau zu kommen war, machte ich auf der Heerstraße kehrt und marschierte nach Norden zu in Richtung Tabor. Weit bin ich allerdings nicht gekommen auf dem Weg dorthin. Die Füße wollten mich einfach nicht mehr tragen, und die Müdigkeit lastete mir wie Bleigewichte in allen Gliedern. Seit vier Uhr in der Frühe war ich nun auf den Beinen, seit Stunden schon als versprengter „Kindersoldat" unterwegs, des Schutzes und der Geborgenheit meiner militärischen Einheit beraubt und Teil eines bunt zusammengewürfelten Menschenstroms. Eine Uhr besaß ich damals nicht, aber ich hatte mir während meiner Lagerlaufbahn ein ziemlich genaues Zeitgefühl antrainiert. Dieses sagte mir, dass es mittlerweile mindestens zehn, wenn nicht gar elf Uhr am Abend war. Ich setzte mich an den Straßenrand, um auszuruhen und die am Mittag verteilte, inzwischen kalt und steif gewordene Erbsensuppe zu essen. Satt bin ich davon nicht geworden, aber so müde, dass ich am Rand der belebten Heerstraße an einen Baum gelehnt tief und fest eingeschlafen bin.

Ich wurde vom Aufblitzen einer auf mich gerichteten Taschenlampe geweckt. „Junge, steh auf, du kannst doch hier nich einfach so rumsitzen und schlafen! Willste dir die Beine abfahren lassen?" Ein älterer Sanitäter stand vor mir. Nachdem er mich über mein Woher und Wohin befragt hatte, meinte er: „So, deine Einheit haste verloren, nu' weiste nich, wohin – wie alt biste denn eigentlich?" „Fünfzehneinhalb!" „Fünfzehneinhalb und schon bei der Feldherrnhalle, hast dich wohl freiwillig gemeldet?" „Nich direkt, mehr gezwungenermaßen!" „Wie das?"

Der Sanitäter konnte nur mit dem Kopf schütteln, während ich ihm von der Schleiferei im Wehrertüchtigungslager Groß-Zinitz erzählte und dass diesem Drill kaum einer widerstehen konnte. „Ich jedenfalls nich, aber zur SS hätt' ich mich nie gemeldet!" Darauf meinte der Sanitäter, ohne auf meine Erzählung weiter einzugehen, nur lakonisch: „Komm mit, in unserm Auto is' noch Platz für dich. Kannst 'n Stück mitfahr'n. Da biste auch besser aufgehoben, als hier am Straßenrand rumzulungern. Wenn dich die SS aufgreift, könnte es sein, dass die dich für 'n Deserteur halten, dann machen die kurzen Prozess mit dir! Das weißte doch!"

Es waren nur einige Schritte bis zu dem Feldweg, auf dem der Krankenwagen stand. Dort wartete ein zweiter, jüngerer Sanitäter auf uns, sicherlich der Fahrer des Wagens. „Na, was haste denn da für 'n ulkjen Vogel aufjegabelt?" „Feldherrnhalle. So 'n freiwillig gemeldeter Pimpf. Hat seine Einheit verlor'n!" „Also ausgebüxt", meinte der jüngere Sanitäter. „Nein!", protestierte ich, „da war doch der Tiefffliegerangriff." „Is schon jut", begütigte der andere. „Komm, steig hinten rin und leg dir zwischen die Pritschen uf 'n Boden. Dort kannste 'ne Runde schlafen!" Das ließ ich mir nicht zweimal sagen.

Als ich aufwachte, dämmerte schon der neue Tag herauf. Niemand von uns konnte ahnen, dass dieser Tag, der 8. Mai 1945, zum Schicksalstag werden würde.[166] Die Sanitäter hatten das Ambulanzfahrzeug nicht weit von der Straße entfernt im Schutz eines Wäldchens abgestellt. Aus ihren Gesprächen konnte ich entnehmen, dass sie sich in der vergangenen Nacht, während ich schlief, auch von ihrer Einheit abgesetzt hatten und sich in Richtung Freyung[167] durchschlagen wollten. Dort, das wüssten sie genau, stünde schon der Ami. Außerdem wäre ja der Ältere dort zu Hause! Natürlich waren sie bestens mit Proviant versorgt, aus dessen reichem Schatz sie jetzt auch mich, den mittellosen, hungernden und frierenden Landserpimpf mitversorgen konnten. Sogar von ihrer Büchsenwurst gaben sie mir einen größeren Happen, den kalten Kathreiner-Kaffee aus meiner Feldflasche, den ich ihnen dafür anbot, lehnten sie ab, gaben mir aber dafür einen Pappbecher voll von ihrem über dem Feldkocher frisch aufgebrühten Brombeerblättertee. Sogar süß war dieses Leib und Seele erwärmende Getränk.

Wir saßen auf dem Stamm eines umgestürzten Baumes, und sie berieten, wie es nun weitergehen sollte und dass ich mich ab jetzt auf eigene Faust durchschlagen müsse, als der Ältere plötzlich meinte: „Pst, seid mal still! Hört ihr nix?" Wir hielten den Atem an und lauschten, ob nicht in der näheren Umgebung ein verräterisches Geräusch zu hören wäre. „Nee, nix zu hören", meinte der Jüngere, und ich konnte nur bestätigend mit dem Kopf nicken. „Hört mal genau hin, in die Ferne, mein' ich!" Wir lauschten noch einmal, und nun fiel es uns auch auf: „Mann, die Kanonen sin ja stille!", meinte der Jüngere. In der Tat, das nun schon seit Tagen anhaltende Dauergewitter im Osten und Westen war nahezu verstummt, von einzelnen Kanonenschüssen abgesehen. „Was das nu wieder bedeuten soll?", meinte der Ältere. „Sind wir eigentlich schon über die Moldau drüber?", wollte ich wissen. „Na klar", meinte der Jüngere. „Zwischen Mitternacht und ein Uhr war die SS plötzlich weg! Einfach so, sang und klanglos! Bei Frauenberg sind wir dann über die Moldau gekommen. Zwei Stunden mussten wir dort vor der Brücke warten." Und der Ältere meinte: „Aber du hast vielleicht 'n Schlaf, wie 'n toter Eskimo! Hast die ganze Fahrt über bis hierher gepennt. Nich mal das Chaos an der Moldaubrücke haste mitgekriegt."

Später, als die Sonne schon über den Bäumen stand, breiteten sie eine Landkarte aus und zeigten mir unsere augenblickliche Position. Die Gegend, in der wir uns befanden, kannte ich nicht einmal vom Hörensagen. „Macht nichts", meinte der Ältere, „Wallern ist die nächste Stadt, dorthin musste gehen, da gibt's 'nen großen Verbandsplatz, da findeste wieder Anschluss. Den brauchste jetzt, das is wichtig. So alleine gehste sonst unter in dieser Zeit." Der Jüngere ergänzte noch: „Wallern steht auf allen Wegweisern, brauchst'n bloß zu folgen, den Schildern." Sie gaben mir aus ihrem Verpflegungsvorrat noch einiges an Wegzehrung, dann trennten sich unsere Wege. „Ach ja", meinte der Jüngere noch, „von die Handgranaten kannste dir jetrost trennen. Der Krieg is ja jetzt so jut wie rum, wo sich sogar die SS schon abjesetzt hat. Schmeiß se einfach in den nächsten Teich, denn knallen die nich so beim Explodieren. Von die Pistole trennste dir aber erst, wenn de bei den Amis bist. Die kannste vorher vielleicht noch jebrauchen. Du weißt ja, die Tschechen sin jetzt rebellisch jeworden. Also denn: Hals und Beinbruch!"

Das mit dem nahen Kriegsende mochte ich noch nicht so recht glauben. Was, wenn der Dönitz[168] jetzt des Führers geheime Wunderwaffen noch einsetzt, dachte ich, dann kann sich doch alles noch ändern, und der würde die

Wunderwaffen einsetzen, der Dönitz, davon war ich fest überzeugt. Vorhin beim Frühstück hatte der jüngere Sanitäter erwähnt, dass jetzt die große Schlacht um Berlin auch schon so gut wie verloren wäre. „Was, die Russen in Berlin? Das kann ich nich glauben!" „Junge, wo lebst du denn?", meinte darauf der Ältere. „Hat sich das noch nich bis zur Feldherrnhalle rumgesprochen, dass die Reichshauptstadt so gut wie in russischer Hand is'?" „Und die Leute dort, meine Eltern?" „Die wer'n et überleben, det hoff ick doch", entgegnete darauf der Jüngere, „meine wohnen ja auch in Berlin." Ich saß noch eine ganze Weile wie versteinert auf dem umgestürzten Baumstamm, nachdem die beiden mit ihrem Krankenwagen schon längst über alle Berge waren. Das hatte ich überhaupt noch nicht in Erwägung gezogen: Die Russen in Berlin! Woher wussten die beiden Sanitäter dies überhaupt?

Also nach Wallern sollte ich gehen. Das wäre auch unser Ziel gewesen, wenn ich nach dem Tieffliegerangriff gestern nicht den Anschluss an meine Einheit verloren hätte. Vielleicht würde ich ja dort, in Wallern, jemanden von der „Feldherrnhalle" wiedertreffen. Auf der Straße herrschte heilloses Durcheinander, wie ich es erwartet hatte. Es war ein buntgemischter Menschenstrom, mit dem ich mich treiben ließ: Landser, Flüchtlinge zu Fuß und per Fuhrwerk und immer wieder Panzer, rücksichtslos an dem Elendszug vorbeipreschend. Irgendwann im Laufe des Vormittags entledigte ich mich meiner Handgranaten. Der Sanitäter hatte recht gehabt. Im Teich verursachten ihre Unterwasserexplosionen nur wenig Getöse, das im allgemeinen Straßenlärm kaum zu hören war. Die Fontänen, die sie aus der Tiefe des Teiches in die Höhe jagten, waren allerdings unübersehbar und begeisterten mich. Ich war in diesem Moment nicht der Panzergrenadier Dieter Möckel, Angehöriger der SA-Standarte „Feldherrnhalle", sondern ein fünfzehnjähriger Junge, der sich weltvergessen seinem Spiel hingab.

Der Teich lag etwa hundert Meter neben der Straße und war von schützendem Gebüsch umgeben, ein idyllisches Fleckchen Erde, so recht geeignet, in der Sonne zu liegen, seinen Gedanken und Träumen nachzuhängen und den Krieg Krieg sein zu lassen. Eine unbegreifliche Stille lag über dem Land, abgesehen vom Lärm des Menschenstroms auf der Straße. Der Krieg hatte seine bedrohliche Stimme verloren. Verstummt war das unüberhörbare Wummern ferner Geschützsalven, das seit etwa einer Woche Tag und Nacht unser Leben begleitet hatte. Sollten die beiden Sanitäter doch recht gehabt haben mit ihrer Prophezeiung des nahen Kriegsendes? Auch die Lightnings, von denen gegen Mittag eine ganze Staffel über uns hinwegbrauste, feuerten keinen Schuss ab und warfen keine einzige Bombe. Trotzdem trieben die herannahenden Flugzeuge uns alle in schützende Gräben und Mulden. War der Krieg wirklich verloren und vorbei?

Irgendwann stand plötzlich ein fremder Soldat am Weg, richtete seine Maschinenpistole auf mich und rief mir auf Englisch zu: „Come here, my boy!" Als ich mich ihm zuwandte, kam ein weiterer Befehl: „Hands up!" Ich hatte mich mittlerweile einer Flüchtlingsfamilie angeschlossen, die auch auf dem Weg nach Wallern war. Mit ihnen wollte ich dorthin gelangen. Leider wurde nun nichts mehr daraus, denn an dem amerikanischen Soldaten gab es für mich kein Vorbeikommen. Auch wenn mein Schulenglisch kaum gereicht hat, seine Worte zu verstehen, so war doch seine auf mich gerichtete Maschinenpistole ein unmissverständliches Zeichen.

Hatte ich bis dahin noch nie so richtig erlebt, was panischer Schrecken und Todesangst ist, so erlebte ich es in diesem Moment. Ich fürchtete, der Ami würde mich auf der Stelle erschießen. Warum hätte er mich sonst zu sich gerufen? Es waren doch außer mir noch viele andere Landser im Menschenstrom unterwegs. Hätte ich doch nur den Rat der beiden Sanitäter befolgt, die mir heute früh nahegelegt hatten, das Feldherrnhallenband von meinem Ärmel abzutrennen. Vielleicht machen sie Jagd auf Angehörige derartiger Eliteeinheiten, schoss es mir in jenen Augenblicken durch den Kopf.

Als ich zu ihm über den Straßengraben sprang, wären mir beinahe die Beine eingeknickt, so zitterten meine Knie. Er dirigierte mich hinter ein Gebüsch, und als er dort meine Angst bemerkte, mein Zittern und meine Tränen, deren ich mich nicht schämte, legte er mir begütigend seine linke Hand auf die Schulter, während er mit seiner Rechten immer noch die MP auf mich gerichtet hielt. Ich wagte zu ihm aufzuschauen und sah nicht in die Fratze eines Mörders, sondern in ein normales Onkelgesicht. Ich muss wie ein Häufchen Elend vor ihm gestanden haben, denn plötzlich überzog sich dieses Gesicht mit einem vage angedeuteten, verlegenen Lächeln: „Damned war, my boy!", war alles, was er sagte, dann ließ er sich von mir die Pistole samt Munition und Halfter geben. Er hat wohl an dem aus dem Halfter herausragenden Griff erkannt, dass meine Pistole eine seltene Waffe war. Die beiden Packungen Zigaretten, eine davon schon zur Hälfte aufgebraucht, die er mir für dieses Schießeisen gab, haben mir, dem Nichtraucher, als kostbare Währung später gute Dienste geleistet. Ich war durch sie vorübergehend zu einem wohlhabenden Gefangenen geworden. Allerdings kostete es mich einige Mühe und Erfindungsgabe, diesen Schatz durch die verschiedenen Kontrollen zu bringen, denen wir uns zu Beginn unserer Gefangenschaft immer wieder unterwerfen mussten.

Ob der fremde Soldat, der mich am 8. Mai 1945 gegen 16 Uhr etwas außerhalb der Legalität entwaffnet hat, noch lebt? Ob er die Pistole noch besitzt und vielleicht am 8. Mai gelegentlich an unser kurzes Zusammentreffen denkt, so wie ich immer wieder daran denken muss, Jahr für Jahr, am 8. Mai um 16 Uhr?

Im russischen Gefangenenlager

Nach viertägigem Marsch kam ich als Gefangener wieder in das Garnisonsstädtchen Neuhaus, in dem die Ausbildungsstätte der SA-Standarte „Feldherrnhalle" lag, der ich etwa vier Wochen lang angehört hatte. Mein Marsch führte auch an dem Sportplatz vorbei, auf dessen weiter Rasenfläche der SA-Standartenführer Schepmann, unser allerhöchster Kommandant, mit dem Fieseler Storch gelandet war, um uns den Eid auf Führer, Volk und Vaterland abzunehmen, einen Eid, der heute an diesem Tag des Vorbeimarsches zum Glück keine Gültigkeit mehr hatte. Heroischen Mutes sollten wir sein, kampfeswillig und nach Heldentaten dürstend, und wir waren doch eher ein Haufen weinerlich gestimmter, von Ängsten geplagter, gerade dem Kinderdasein entwachsener Jugendlicher gewesen, die damals in jener anderen, nun zum Glück untergegangenen Welt in Reih' und Glied im Nieselregen gestanden hatten. Gewiss hatten viele von uns versucht, dem Idealbild eines kriegsbegeisterten Hitlerjungen zu entsprechen. Sogar ich, der von allen Jungvolk- und HJ-Führern als schlappe und unsportliche Memme Geschmähte, hatte jahrelang danach gestrebt, dieses Idealbild zu erreichen. Erst als ich im Jahr 1943 in Bistritz am Hostein unter dem KLV-Lagermannschaftsführer Morschmitt zu leiden hatte, begann sich meine Kriegsbegeisterung in Unwilligkeit zu verkehren.

Wir bekamen in Neuhaus den Hass der Tschechen zu spüren. Hier schieden auch die Blitzmädels aus unserer Marschkolonne aus. Nie würde ich einer von ihnen je wieder begegnen. Von Neuhaus führte unser Marsch weiter nach Nowa Bystrice, Neu-Bistritz. Täuschte ich mich, oder war es wirklich so, dass unser Marschtempo, nachdem die Blitzmädels nicht mehr dabei waren, um einiges zügiger geworden war? Trotzdem kämpfte sich Franz im Laufe des Nachmittags bis zur Zugspitze hin vor. „Jungchen, wenn et stimmt, wat ick eben erfahren habe, denn scheint unser Marsch bald ein Ende zu haben", verkündete er mir flüsternd, als er wieder neben mir auftauchte. In einem Wald bei Neu-Bistritz läge das große Gefangenen- und Auffanglager der Russen, wusste er zu berichten.

Das Wissen um das baldige Ende unseres Marsches weckte neue, schon längst verbraucht geglaubte Kräfte in mir. Ich vermochte es endlich, wieder den Kopf zu heben und meine Blicke vom Boden und den über ihn dahinschlurfenden Füßen zu lösen. Es lohnte sich, das Bild der Landschaft, durch welche wir marschierten, in sich zu speichern. Später würde es die Erinnerung an diesen Marsch vergolden. Das Land sah aus wie ein sanft gewellter, schier endloser Park, am Horizont begrenzt durch die im Nachmittagslicht blau schimmernde Silhouette des Böhmerwaldes, auf die wir zumarschierten. Jenseits dieser Hügelkette lag schon das österreichische Waldviertel. Doch soweit würde unser Marsch nicht gehen. Wie hatten wir noch zu Jungvolkzeiten beim Marschieren gesungen: „Es war im Böhmerwald, da hat's mich hingeknallt, im schönen, schönen Böhmerwald!" Jetzt durfte ich diesen Märchenwald mit eigenen Augen sehen, und ich durfte für einige Wochen mein Lager auf einer seiner fichtenbestandenen dunklen Höhen aufschlagen. Vielleicht hätte ich dieses Ziel nie erreicht, oder wenigstens nicht in dieser guten körperlichen und seelischen Verfassung, der ich mich am Ende des vierten Marschtages erfreuen durfte, wenn der Marsch nicht durch diese sanfte Landschaft geführt hätte.

Das Städtchen Neu-Bistritz bekamen wir nur von weitem zu Gesicht, denn bevor wir es erreichten, bog unsere Marschkolonne nach rechts auf einen zum Rand des nahen Waldes führenden Fahrweg ein. Wir marschierten nun auf einen etwa drei bis vier Meter hohen Stacheldrahtzaun zu, hinter dem, noch vor dem Waldrand gelegen, einige Baracken sichtbar wurden. Allerdings dienten die Baracken nur der russischen Kommandantur und den der Lagerverwaltung unterstellten Dienststellen als Unterkunft. Das eigentliche Gefangenenlager war ein weitläufiges, von hohen Stacheldrahtzäunen umschlossenes Waldrevier. Die entlang der Zäune im Abstand von zwanzig Metern errichteten Wachtürme waren Tag und Nacht mit drei oder vier schwerbewaffneten russischen Soldaten besetzt. Nachts wurde die Lagergrenze durch starke Scheinwerfer in gleißendes Licht getaucht. Von einem Flugzeug aus würde das Lager sich dem Betrachter wie eine schwärende Wunde im dunklen Grün des Fichtenwaldes dargestellt haben. Entlang seiner Stacheldrahtgrenzen war der Wald innerhalb und außerhalb auf zehn oder zwanzig Meter Breite gerodet und planiert worden. So hatten die Posten auf den Wachtürmen stets freies Schussfeld, falls es einer der Gefangenen wagen sollte, sich dieser Stacheldrahtgrenze zu nähern.

Dieses Lager sollte uns nun für drei Wochen beherbergen. Es war schon später Nachmittag, als unsere aus Písek[169] kommende Marschkolonne das Lagertor passierte. Auch hier empfingen uns, wie schon in Písek, gebrüllte Kommandos im besten preußischen Kasernenhofton. „Abteilung haaalt! Links um! Abzählen!" Der übliche Zählappell, wir kannten das schon. „Jungchen, dat is' wie im Märchen vom Haas und de Igel. Der Haas, dat sin' wir, die Jefangenen, un' der Igel, dat sin' de Kapos.[170] Die sin' überall immer schon da, wenn wir wo hinkommen!" Recht hat er gehabt, der Franz, mit seiner geflüsterten Bemerkung. Diese Kapos, obwohl doch auch deutsche Kriegsgefangene, konnten einem durch ihre brutalen Schikanen das Leben in den Lagern zur Hölle machen.

Meine Bekanntschaft mit Franz hatte ich zu Beginn meiner Gefangenschaft geschlossen, als ich noch im amerikanischen Lager war. Franz half mir über die erste Zeit des Gefangenendaseins hinweg. Schon am dritten Tag hatte er zu mir gesagt: „Jungchen, so kannste nich bleiben, dat SA-Zeug müssen wir dir vom Halse schaffen und dat möjlichst schnell! Wieviel von den Ami-Zijaretten haste eijentlich noch?" „Elfe und eine zerdrückte!" „Jib mir mal fünfe, die müssen reichen!" Nach zwei Stunden kam Franz mit einem verdeckten Kleiderbündel über dem Arm zurück. „So, dat müsste dir passen und macht aus einem SA-Jungchen ein'n Lausebengel in Räuberzivil." Drüben im Lager der Flüchtlinge hatte er ein rotkariertes Hemd, eine Skihose, eine Windjacke und sogar einen Gürtel aufgetrieben. Natürlich musste ich erst die Dunkelheit der Nacht abwarten, ehe ich mich entmilitarisieren konnte. „Jungchen, trau, schau wem!" Recht hat er gehabt, der Franz! In meiner Kariere als Kriegsgefangener bin ich dreimal Zeuge unwürdiger Denunziationen geworden. Meist waren es sogenannte Freunde, die andere um kaum nennenswerter Vorteile willen den Russen ans Messer lieferten.

Mein ausgezogenes Militärzeug wurde im Flüchtlingslager sofort zu Fußlappen und ähnlichen brauchbaren Lumpen zerschnitten. Meinen schönen, fast neuen Tornister mit seinem Kalbfellrücken hat der Franz übrigens auch bei einer Flüchtlingsfamilie gegen einen alten Wanderrucksack eingetauscht, und von meinen Reitstiefeln musste ich mich auch trennen. „Mit den Stiefeln an de Füße glaubt dir kein Schwein, dat de nich bei die Soldaten warst!" Die leichten Straßenschuhe, die mir Franz dafür brachte, passten übrigens wie angegossen. Diese letztere Tauschaktion fand allerdings erst im russischen Waldlager statt. Es war unglaublich, wie der Franz solche Dinge unter den widrigsten Bedingungen zustande bringen konnte.

Als dies alles geschehen war, erhielt ich von ihm eine Lektion in Überlebenskunde: „So, dat mit der Feldherrnhalle verjiss nu mal janz schnell! Wat biste nu?" „Ehemaliger Schüler eines KLV-Lagers, der auf der Heimreise aus Schwarzenberg den Anschluss an seine Mitschüler verloren hat!" „Wodurch haste den Anschluss verlor'n?" „Tieffliegerangriff auf den Eisenbahnzug!" „Dat allet is nu 'ne Lüje, die musste dir Wort für Wort merken, dat de dich nich mal verquasselst! Verstanden?" „Jawoll, Herr Unteroffizier!" „Kieck dir dat Küken an, noch nich trocken hinter die Ohren und schon frech wie 'n Rotzlöffel! Kriegst gleich 'n paar hinter die Ohrn, du!", konterte Franz mit gespielter Entrüstung.

Den SA-Mann der Standarte „Feldherrenhalle", als der ich in Gefangenschaft geraten war, habe ich also in Wallern bei den Amis zurückgelassen und bin nun hier, im Waldlager bei Nowa Bystrice als versprengter Insasse eines KLV-Lagers angekommen. Als solcher habe ich am Aufnahmetag auch Eingang in die Listen der russischen Lagerverwaltung gefunden, Franz sei Dank!

Die Aufnahme ins Lager begann mit der Registrierung und Entlausung, der allgemeinen Kopfrasur und der Gesundheitskontrolle. Jeder musste die Arme in die Höhe strecken, damit die eventuelle SS-Tätowierung festgestellt werden konnte. Es folgte die Impfung gegen Typhus und Cholera, wobei nur nach jedem zehnten die Nadeln gewechselt wurden. Anschließend wurden wir in Lagergruppen eingeteilt, immer zwanzig je Gruppe inklusive eines Kapos und zweier Hilfskapos, die von uns Hilfsbremser genannt wurden. „Jungchen, halt dich dichte bei mich, dat we nich jetrennt werden!", meinte Franz, als es ans Abzählen ging.

Als dies alles vollbracht war, lag der Wald schon in tiefster Nacht. Nur das Verwaltungsgelände des Lagers wurde durch unzählige Scheinwerfer und Lampen in grelles Licht getaucht. Es war nun unmöglich, uns Neuankömmlingen im stockdunklen Wald unsere Lagerplätze zuzuweisen. Wir verbrachten deshalb die Nacht auf einem zum Lager gehörenden stadionartigen Exerzierplatz. Ich fiel, kaum dass ich mich neben Franz auf den Schottergrund dieses Platzes gebettet hatte, in einen tiefen Schlaf, aus dem mich Franz nur mit Mühe in den aufdämmernden ersten Neu-Bistritzer Lagertag reißen konnte. „Komm, min Jung, lat uns zur Latrine jehn, brauchst ja nur dem Jestank foljen!" Wie immer war es seine größte Sorge, sich in Ruhe entleeren zu können, bevor das allgemeine Wecken zu dem morgendlichen Gedränge an diesen Stinkgruben führte. Dann folgten der tägliche Zählappell und der Empfang der Morgensuppe, danach marschierten wir ab ins eigentliche Lager.

Jede Lagergruppe bekam einen Platz im Wald zugewiesen, auf dem es sich häuslich einzurichten galt. Wir hatten Glück, denn das Terrain unserer Gruppe lag am Rande einer kleinen Lichtung, auf der sich eine der Feuerstellen befand. Diese Feuer waren an geeigneten Plätzen über das ganze Lagergebiet verteilt. Unterhalten wurden sie durch Funktionsgefangene, die auch die täglichen Holzrationen zugeteilt bekamen und für die Brandsicherheit verantwortlich waren. Franz hatte sofort nach unserer Ankunft auf diesem Platz die beste Lagerstelle entdeckt und für uns beide in Beschlag genommen: zwei alte Fichten, die etwa eineinhalb Meter nebeneinander am Waldrand vor dem Unterholz standen. Mit unseren beiden zu einem Rechteck zusammengeknöpften Dreieckszeltplanen als Dach konnten wir uns zwischen diesen Bäumen einen regensicheren Unterschlupf einrichten. Eine Zeltplane zu besitzen, war in dieser Situation ein unschätzbarer Reichtum. Franz und ich wurden von vielen unserer Mitgefangenen darum beneidet.

Die Erinnerung gaukelt mir jene Neu-Bistritzer Lagerzeit in den sonnigsten Farben vor. Ich kann mich kaum auf Regentage besinnen. Anderes drängt sich in den Vordergrund: allabendliche Lagerfeuerrunden, der Bau unseres überdachten Erdlochs als Nachtlager, Schachergeschäfte mit den russischen Wachsoldaten – gelegentlich haben sie uns Gefangene übers Ohr gehauen, gelegentlich aber auch wir sie.

„Jungchen, du träumst jetzt in den Tach hinein, dat man meinen könnte, dat hier wär en Ferien- und kein Jefangenenlager bei die Ruskis!" Er hatte recht, der Franz, seit wir hier im Waldlager kampierten, lebte ich fast sorglos in den Tag hinein. Für mich zählte damals nur der Augenblick, das Leben, das Überleben im Hier und Jetzt. Mir fiel es nicht schwer, mich diesem Leben anzupassen, und ich fand genügend Winkel und Nischen, in die ich mich mit meinen Träumereien zurückziehen konnte. Die Welt draußen interessierte mich im Augenblick nicht. Ich hatte ja Franz, der mich wie ein Vater umsorgte und beschützte, der zur Not aber auch, eben wie ein Vater, energisch erziehend auf mich einwirkte. Außerdem erweckte meine Jugend bei den Mitgefangenen, aber auch bei vielen der Kapos und russischen Wachsoldaten Mitgefühl. Vor allem unter dem Küchenpersonal fanden sich immer barmherzige Seelen, die mir erlaubten, in dem täglich anfallenden Abfall nach genießbaren Resten zu suchen.

Es stand dieser frühsommerlichen, idyllisch anmutenden Lagerwelt auch anderes gegenüber: die Läuse zum Beispiel, die unter den Gefangenen immer wieder Fleckfieberepidemien aufflackern ließen. Im Quarantänetrakt des Lagers quälten sich die daran Leidenden dann zu Tode, und täglich fuhr ein Panjewagen[171] voller Leichen aus dem Lager hinaus zu den Massengräbern. Den beiden Feld- und Lagergeistlichen evangelischer und katholischer Konfession ging die Arbeit nicht aus in jenen Tagen. Von der sowjetischen Lagerkommandantur wurde das Treiben dieser beiden Geistlichen allerdings mit größtem Argwohn beobachtet.

Franz war der Meinung, dass es vielfach Dreckschweine waren, die auf diese Weise dahingerafft wurden, weil sie sich vor den offiziell angeordneten, regelmäßigen Säuberungs- und Entlausungsaktionen drückten. Vielleicht wäre ich auch zu solch einem Drückeberger geworden, wenn er nicht von sich und mir eine eiserne Disziplin bei der Entlausung gefordert hätte. Das allabendliche

Läuse- und Nissensuchen in den Nähten aller unserer Kleider forderte er als Teil der Lagerdisziplin mit Nachdruck von mir. Dann saßen wir splitternackt vor unserer Erdkuhle und polkten in den Nähten unserer Kleider herum. Meist fand Franz bei der Endkontrolle in meinen Kleidern irgendwo an versteckter Stelle noch einige der widerlichen weißen Läuseeier, sogenannte Nissennester. Natürlich gehörte zu dieser abendlichen Zeremonie auch das gegenseitige Lausen der einem selbst unzugänglichen Körperpartien. Mich stimmte diese Lauserei oft heiter, und Franz meinte eines Abends, als wir uns wieder einmal dieser Tätigkeit hingaben: „Na Jungchen, wat lachste denn nu schon wieder so?" „Ach Franz, ick fühl mir bei dieser Lauserei wie einer von den Pavianen im Berliner Zoo!" „Recht haste, Jungchen, aber nur so halten wir uns den Flecktyphus vom Leibe!"

Auch von etwas anderem, durchaus Bedrohlichem hörte Franz bei seinen täglichen Streifzügen im weiten Lagergelände die Gefangenen reden: Wir alle werden noch hier in Neu-Bistritz vor ein russisches Militärtribunal gestellt, das über unser weiteres Schicksal zu entscheiden hat! Tod durch Erschießen für schwerste, mindestens fünfundzwanzig Jahre Zwangsarbeit in Sibirien für minderschwere Kriegsverbrechen und kürzer bemessene Haft als Kriegsgefangene in einem der vielen Lager auf dem weiten Territorium der Sowjetunion für alle Angehörigen der ehemaligen deutschen Wehrmacht. „Ja, Jungchen, hevick et nich jleich jesacht, als wir uns in Písek auf den Weg jemacht haben, dat dieser Marsch unter Jarantie direkt nach Sibirien jeht? Nu kann es sogar sin, dat für diesen oder jenen von uns de Jrube dat Ziel is!" Sehr niedergeschlagen war mein Franz, als er mit dieser Nachricht von einem seiner Gänge durch das Lager zurückkam.

Natürlich hat mich der Bericht von Franz auch in Angst versetzt, aber nur für den Augenblick. Mir fiel es damals nicht schwer, derartige Ängste aus meinen Gedanken zu verbannen. Nur nachts, wenn ich wieder einmal nicht schlafen konnte, befreiten sie sich aus ihrem Kerker und kamen in mein Bewusstsein zurückgekrochen, und mit den Ängsten kam dann stets das Gefühl des Verlassenseins über mich, aber auch die erlösenden Tränen. Meistens kroch ich dann an den Rand des verglimmenden Lagerfeuers, es waren ja von unserem Schlafplatz aus nur einige Meter bis dorthin. Zusammengerollt wie eine schlafende Katze überließ ich mich so meinem Kummer, eingehüllt in die mütterliche Wärme des niederbrennenden Feuers. Diese Wärme und meine Tränen schenkten mir dann meist den erlösenden Schlaf. Dass dies nicht ungefährlich war, musste ich eines Nachts erfahren, als das Wehrmachtskäppi, das ich mir vor dem Einschlafen auf den Kopf gedrückt hatte, Feuer fing. Zum Glück erwachte ich rechtzeitig. Von dem angesengten Käppi habe ich mich übrigens nie getrennt. Erst meine Mutter hat es nach meiner Heimkehr zusammen mit all den Lumpen, die ich damals auf dem Leib trug, unter dem Waschkessel im Keller unseres Gefeller Hauses verbrannt, all meinen Protesten zum Trotz.

In unserem Lager mitten im Wald hausten zeitweise bis zu zwanzigtausend Kriegsgefangene in notdürftig gegrabenen, mit Reisig abgedeckten Erdlöchern. Vier Bereiche waren durch hohe Maschendrahtzäune vom übrigen Lager abgetrennt. Diese durften nur von den russischen Bewachern betreten werden: das Offizierslager, der Bereich, in dem Angehörige der Waffen-SS gefangengehalten wurden, das Frauenlager und, dieses allerdings extra noch durch Stacheldraht gesichert, das Lager der Verurteilten. Während die Angehörigen der Waffen-SS und natürlich die Verurteilten ihre Sperrbezirke nicht verlassen durften, war es den Offizieren und den Frauen gestattet, am normalen Lagerleben teilzunehmen.

Vor dem Wald lagen auf einem weiten geteerten Platz die Gebäude der Kommandantur, der Küchentrakt, das Krankenrevier, die Wasch- und Entlausungsstation, die weithin stinkenden Latrinenanlagen und der schon erwähnte stadionartige Exerzierplatz. Hier fanden täglich ab zehn Uhr vormittags Gefangenenparaden statt. Auf einer Tribüne standen dann die hochdekorierten russischen Offiziere mit ihren fast die gesamte Brust bedeckenden Blechbehängen. Etwas abseits dieser Tribüne spielte auf einem Podest das Lagerorchester. Es konnte passieren, dass während dieser Paraden plötzlich einer der preußischen Heeresmärsche erklang. Kein Russe störte sich daran, wenn der Vorbeimarsch nur diszipliniert und zackig absolviert wurde. Für uns ausgehungerte, seelisch leidende, einer ungewissen Zukunft entgegengehende Gefangene war das aber eine schier unmöglich zu befolgende Forderung. Aus diesem Grund wurden wir Lagerinsassen regelmäßig kompanieweise auf dem Exerzierplatz von eigens dafür ausgewählten Kapos für diese Paraden trainiert. Allein schon das Marschieren in wohlausgerichteten Achterreihen erforderte hohe Konzentration und höchste Disziplin, desgleichen der an der Tribüne von jedem geforderte Stechschritt. „Jungchen, die Paraden haben de Ruskis nur wejen der Disziplin einjeführt", meinte Franz. Sicherlich hatte er recht damit.

Wir lebten noch nicht lange in unserem für damalige Lagerverhältnisse komfortablen Unterschlupf, als während der täglichen, oft stundenlang andauernden Namensdurchsagen über den Lagerfunk auch mein Name genannt wurde. Jeder Insasse des Lagers war verpflichtet, diese Durchsagen genau zu verfolgen. Meist handelte es sich um Aufforderungen, am nächsten Tag in aller Frühe vor der Baracke des Militärtribunals zu erscheinen. Nun war also ich an der Reihe. Ich hatte die Durchsage gar nicht verstanden, denn die im ganzen Lager an Bäumen aufgehängten Lautsprecher gaben die Funksprüche nur scheppernd und kratzend wieder. Franz war es, der meinen Namen verstanden hatte. „Dieter Meckell, dat bist doch du! Eben biste im Lagerfunk jenannt worden. Jungchen, morjen wirdet ernst! Denk dran, wat ick dir einjebläut habe! Mehr will ick nu nich sagen", beendete er mit einem verstohlenen Blick in die Runde seine geflüsterte Rede. Der Feind hört mit! Ja, dieser während des Krieges von der Nazipropaganda geprägte Spruch hatte hier im russischen Gefangenenlager seine Gültigkeit behalten. Nur, dass es jetzt und hier sogenannte Kameraden waren, vor denen man sich in Acht nehmen musste.

Die folgende Nacht habe ich schlaflos durchlitten. Einem zum Tode Verurteilten werden sich die Stunden vor seiner Hinrichtung in ähnlich qualvoller Länge hinziehen wie damals meine Nachtstunden vor dem Tag des Tribunals. Aus lauter Angst, Verzweiflung und Heimweh sprach ich Gebete zu einem Gott, an den zu glauben uns in den vergangenen Jahren fanatische Lehrer und Oberpimpfe ausgetrieben hatten.

Die zum Frühstück übliche Suppe habe ich am Morgen nicht gebraucht, ich hätte keinen Löffel heruntergebracht. Von Franz begleitet, bin ich gleich zum Platz vor der Tribunalbaracke gegangen. „So, Jungchen, jetzt muss ick dich alleine lassen", meinte Franz, als wir dort angekommen waren. „Ick wart aber auf dich, drüben bei der Küchenbaracke. Und Hals- und Beinbruch!" Er gab mir eine kurze väterliche Umarmung, und dann war ich auf mich allein gestellt.

Es dauerte danach nicht lange, bis die Kapos kamen und in dem verhassten Kasernenhofton brüllten: „Aachtung! Alles hört auf mein Kommando! In Dreierreihen angetreten! Marrsch marrsch!" Wie viele mögen an jenem Morgen vor der Baracke gewartet haben? Zweihundert oder gar mehr? Wie lange würde es dauern, bis jeder der Wartenden seine Verhandlung hinter sich gebracht hätte, zwei, drei oder gar vier Stunden? Um punkt neun Uhr wurden die ersten zwanzig aufgerufen, mussten sich vor der in Rührt-euch-Stellung wartenden Kolonne formieren und wurden in die Baracke vor das Tribunal geführt. Für die anderen galt während der ganzen Wartezeit ein streng überwachtes Redeverbot. Zum Glück war der Himmel an jenem Tag bedeckt, es regnete aber nicht. So fiel uns das Warten etwas leichter, als wenn, wie in den Tagen zuvor, die Sonne vom Himmel herabgebrannt hätte.

Dass dieses Militärtribunal seine Urteile im Fließbandtempo fällte, ersah jeder der Wartenden daran, dass quasi im Minutentakt die eben erst in der Baracke Verschwundenen wieder herauskamen. Die einen verließen leichten Schrittes diesen angstbesetzten Ort in Richtung Lager, das waren die

Freigesprochenen. Die anderen wurden von einem bewaffneten Russen abgeführt, das waren die Verurteilten. Zu welcher Kategorie würde ich gehören?

Schließlich wurde auch ich aufgerufen, nachdem schon zweimal zwanzig Gefangene vor das Tribunal geführt worden waren. Als Gerichtssaal diente der gesamte Innenraum der Baracke. An einer der Giebelseiten wurde man hereingeführt und hatte dann den Raum in seiner ganzen Länge vor sich. Hier gab es weder einen Stuhl noch eine Bank. Die auf ihre Verhandlung Wartenden mussten in Formation und Still-gestanden-Stellung warten, bis sie vor den Richter gerufen wurden. Dieser thronte vor der anderen Giebelseite auf einem niedrigen Podest hinter einem schweren Schreibtisch unter einem großen Stalinbild und zwei gekreuzten sowjetischen Fahnen. Ihm zur Seite saßen links ein Dolmetscher und rechts ein Protokollant. Sobald man aufgerufen wurde, galt es in möglichst strammem Marschierschritt die lange Distanz zum Richtertisch zu überwinden, sich vor einem ebenerdig montierten Holzgeländer in Habacht-Stellung zu postieren und die erste Frage des Richters zu erwarten. Militärisch strammes Verhalten war in dieser Lage eine Selbstverständlichkeit, denn schlappes Dahinschlorksen hätte als grobe Missachtung der Würde des hohen Tribunals ausgelegt werden können.

Die Verhandlungen folgten stets demselben Schema, und die Fragen des Richters trafen die Delinquenten wie Pistolenschüsse: „Name? – Alter? – Einheit? – Wo du haben Krieg gemacht? Krieg auf dem Territorium der Sowjetunion?" Der Richter sprach ein recht passables Deutsch, und nur sehr selten musste der Dolmetscher eingeschaltet werden. Es war neben mir nur noch ein kleines Häuflein wartender Gefangener übrig geblieben, als ein gewisser Eugen Leicht aufgerufen wurde. Er war ein älterer Mann, sicherlich einer von denen, die als Reservisten im letzten Kriegsjahr noch einberufen worden waren. Er trug keine militärische Uniform, sondern die eines normalen Polizisten. Er hätte mein Vater sein können, aber vielleicht war er auch noch älter und vom Gefangenendasein zermürbt. Er hatte wenig Militärisches an sich, als er sich vor dem Gericht am Geländer aufbaute. Unter der mit schneidender Stimme gebrüllten ersten Frage des Richters zuckte er zusammen wie von einem Schlag getroffen. „Name?" „Leicht, Eugen." – „Alter?" „49 Jahre." – „Einheit?" „Ich war nicht Soldat, Herr Richter." „Was du waren dann?" „Verkehrspolizist in Oppeln." „Was du haben gemacht, als du waren Polizist in Oppeln?" „Für Ordnung auf den Straßen gesorgt. Den Verkehr ..." Was Eugen Leicht noch sagen wollte, ging im Gebrüll des Richters unter: „Du hättest niecht sollen machen Ordnung auf Hitlerstraßen! Dafür du gehen fünfundzwanzig Jahre nach Sibirien!" So als hätte er auf dieses Stichwort gewartet, stürzte einer der

Wachsoldaten zu dem Verurteilten und trieb ihn, die Maschinenpistole im Anschlag haltend, dem Ausgang zu. Er würde nicht wieder zurückkommen in seine vertraute Lagergruppe, sondern geradewegs im Verurteiltenlager landen. Das in seinem Erdloch zurückgelassene armselige, ihm noch verbliebene Eigentum würde er verloren geben müssen, wenn nicht einsichtige Mitgefangene ihm dies an das Tor des Verurteiltenlagers bringen würden. So viel gestatteten sie immerhin, die russischen Bewacher.

Den noch wartenden Mitgefangenen stand in diesem Augenblick Angst und Schrecken im Gesicht. Da hörte ich meinen Namen rufen: „Mekell Dietr!" Von wegen militärisch strammen Schrittes vor den Richtertisch treten! Dazu reichten meine Kräfte nicht mehr. Sie waren von meiner Angst und meiner Verzweiflung längst aufgefressen worden. Zu allem Unglück wäre ich auf dem schier endlosen Marsch dorthin beinahe über meinen linken Fuß gestolpert. In derartigen Angstsituationen machte sich dieser damals noch regelmäßig selbstständig und zwang mich dazu, mächtig über den Onkel zu latschen, ein Tick, der mir in der vergangenen braunen Zeit so manches Strafexerzieren eingebracht hatte.

Was würde der Richter zu solchem Verhalten sagen? Würde er es als Respektlosigkeit auslegen? Ich wagte nicht, zu ihm aufzuschauen, als ich mich vor dem Richtertisch postierte, hörte aber, wie er sich leise mit seinen beiden Beisitzern besprach, auch Papier hörte ich rascheln. Ich erwartete das hassverzerrte Gesicht, welches er seit Beginn der Verhandlungen zur Schau gestellt hatte, als ich endlich meinen Blick zu ihm erhob. Doch sein Gesicht zeigte jetzt eine winzige Spur Menschlichkeit, vielleicht nur mir in meiner schlotternden Angst wahrnehmbar. Auch führte er meine Befragung nicht mit der gewohnten schneidenden Härte: „Name?" „Dieter Möckel." „Alter?" „Fünfzehneinhalb Jahre." Der Richter taxierte mich mit einem kurzen prüfenden Blick, nickte kaum merklich und stellte die nächste Frage: „Einheit?" „Ich war nicht Soldat, Herr Richter!" „Was du waren dann?" „Versprengter Schüler eines KLV-Lagers in Schwarzenberg bei Brünn." Diese Antwort musste er sich nun doch vom Dolmetscher übersetzen lassen. „Was das sein, KLV-Lager?" Nachdem ich dies in kurzen Worten erklärt hatte, verlief die weitere Verhandlung fast genauso, wie ich sie mit Franz vor ein paar Tagen geübt hatte. Am Ende dieser höchstens fünf Minuten dauernden Befragung schienen sie nicht so recht zu wissen, wie sie mich behandeln sollten. Vielleicht war auch mir im Voraus schon eine hohe Strafe zugedacht worden, und sie suchten nun einen Weg, um mir dieses Schicksal zu ersparen. Nach einigen schier endlosen Sekunden zwischen Hoffen und Bangen hörte ich dann endlich die Stimme des Richters: „Du können zurück in Lager!" Als ich nicht gleich verstand, was er meinte, ergänzte der Dolmetscher: „Du hauen endlich ab! Du seien freigesprochen, niecht Verbrecher!" Während der Dolmetscher mich in die Lagerfreiheit entließ und der Protokollant letzte Eintragungen machte, hörte ich, wie der Genosse Richter schon den nächsten zu Verurteilenden aufrief.

Während ich mich zum Gehen wandte, überfiel mich ein nur zwei oder drei Sekunden anhaltender Schwindel. Das Herz klopfte mir bis zum Hals, und in den Ohren sauste pochend mein eigener Blutstrom. Nicht viel hätte gefehlt, und ich wäre vor dem Richtertisch zusammengebrochen. Draußen vor der Ausgangstür war es dann zu Ende mit meiner Kraft. Fünf, sechs Schritte schaffte ich noch, dann musste ich mich am Wegesrand niedersetzen, von kindlichem Weinen überwältigt. Doch da war plötzlich Franz bei mir. Er muss wohl in der Nähe der Ausgangstür auf mich gewartet haben. „Biste freigesprochen?", fragte er mich, während er mir auf die Beine half. Ich konnte nur nicken. „Jungchen, wat hev ick für eine Angst jehabt um dich!" Ach Franz, wenn du mir in jenen Tagen nicht beigestanden hättest als Freund, zuweilen aber auch als strenger Vater, wie hätte ich diese Zeit unbeschadet überstehen sollen?

Vom Tag meines Freispruchs an durfte ich noch knapp zwei Wochen lang unter seinen Fittichen Sicherheit und Schutz suchen, dann kam sein Schicksalsmorgen. Er gestattete es mir nicht, ihn an jenem Morgen zur Tribunalbaracke zu begleiten, als er vor den Richtertisch treten musste. „Jungchen, mittags bin ick ja wieder da, verlass dich drauf! Ick war ja nur Soldat und hev nuscht jemacht, wat en Verbrechen jewesen wär." Er ist aber nie wiedergekommen. Nur einmal durfte ich ihn am Stacheldrahtzaun des Verurteiltenlagers noch sprechen. Ein Hin- und Zurückwinken und ein paar Worte: „Mach's jut, Franz!" „Machs jut, Jungchen!" Verschwommen hat sich mir sein letztes Bild eingeprägt, durch den Schleier meiner Tränen entstellt.

An jenem Tag Anfang Juni 1945 begann mir das Kriegsgefangenendasein erst in seiner ganzen Trostlosigkeit bewusst zu werden. Ich fühlte mich plötzlich verwaist, verloren und in Hoffnungslosigkeit verstrickt. Franz hatte in weiser Voraussicht sein ganzes Eigentum mit zum Gerichtstermin genommen, nur die Zeltplane hatte er mir gelassen. „Sicherlich werde ich zurückkommen, Jungchen, aber trau, schau wem, den Ruskis am allerwenigsten, nach dem, wat wir in Russland so allet anjerichtet haben!" Ich hatte damals zwar noch keine Ahnung von dem, was wir Deutsche in Russland angerichtet hatten, aber Franz muss schlimme Dinge gesehen haben, sonst hätte er gewiss nicht immer wieder während unserer langen Abendgespräche am Lagerfeuer derartig dunkle Andeutungen gemacht. „Franz, was haben wir Deutschen denn in Russland gemacht?" Wenn ich ihm diese Frage stellte, verschloss sich sein Gesicht, und es konnte der ganze Abend vergehen, ehe sich seine Züge wieder entspannten. Eine Antwort bekam ich auf diese Frage nicht.

Eines Abends dann, es war in den letzten Tagen vor Franzens Verurteilung, kam ich auf die Kinderlandverschickung zu sprechen und erzählte ihm, dass ich seit meinem Palmnickener Aufenthalt an der ostpreußischen Bernsteinküste 1940/41 bis zum März 1945 Jahr für Jahr auf KLV zugebracht hatte, teils privat verschickt, teils in verschiedenen Lagern. Natürlich erwähnte ich bei dieser Gelegenheit auch Morschmitt, den Waffen-SS-Offizier und Lagermannschaftsführer in Bistritz am Hostein. Ich erzählte Franz, dass jener Morschmitt ein brutaler Schleifer und ich bei ihm sowieso von Anfang an unten durch gewesen sei. Hatte der gute Laune, dann zeigte er uns Pimpfen Fotos von toten Russen. Da hingen sie, Männer und Frauen, wie riesige tote Hühner nebeneinander an einem langen Galgen, und seitlich stand, an einen der Pfosten gelehnt, ein SS-Mann, lässig die Zigarette im Mund. Franz war außer sich: „Und dat hat der euch Kindern jezeicht?" „Natürlich! Jedoch unter dem Siegel der Verschwiegenheit, und auf dieses Schweigen konnte er sich verlassen, der Morschmitt! Das war in der Zeit doch Ehrensache! Damals habe ich mir vorgenommen: Zur Waffen-SS gehst du nie freiwillig!" „Ja, so haben sie's getrieben, die Waffen-SS und freiwillige Sonderkommandos!", meinte Franz voller Zorn. „Erschießen, Aufhängen, Verschleppen! Denk nich, dass die Ostmädels freiwillich ins Reich jekommen sin! Oft wurden auch einfache Landser zum Dienst bei solchen Verbrechen abkommandiert. Ick bin jottseidank davon verschont jeblieben. Jnade uns Jott, wenn die Ruskis dafür Rache nehmen!"

Transportmusterung

Einige Tage nach Franzens Verurteilung hieß es plötzlich: Fertig machen zum Abmarsch! Wenn Franz noch bei mir gewesen wäre, hätte er sich bestimmt nach dem Erhalt dieses Befehls sofort auf den Weg gemacht, um im Lager Näheres über unser nächstes Ziel zu erfahren, wenn es oft auch nur Gerüchte waren, die er von solchen Gängen mitbrachte. „Jungchen, kein Jerücht, an dem nicht ein kleines bissjen Wahrheit tät kleben!" Jetzt, da ich quasi verwaist war, konnte ich von Franzens Beziehungen nicht mehr profitieren. Ich war mit meinen fünfzehneinhalb Jahren ganz auf mich allein gestellt.

Am Vortag war ich noch einmal zum Zaun des Verurteiltenlagers gegangen und hatte gehofft, Franz ein letztes Mal zu sehen, aber er ließ sich am Zaun nicht blicken. Sollte er vielleicht schon auf dem Weg nach Sibirien sein? Wie ich noch so dastand und hinüber in den Lagerbereich starrte, kam einer aus meiner Lagerkolonne vorbei und trat auf mich zu, ein Soldat von etwa dreißig Jahren. Franz war öfters mit ihm im Lager unterwegs gewesen, wenn es galt, etwas Lebensnotwendiges zu ergattern. „Wenn du deinen Kumpel, den Franz, suchst, die sind gestern abtransportiert worden. Wird wohl in Sibirien seine fünfundzwanzig Jahre abarbeiten müssen, der arme Kerl! War 'n guter Kumpel, der Franz! Ich bin übrigens der Egon. Auf mich kannst du zählen, wenn du mal Hilfe brauchst. Das bin ich allein dem Franz schon schuldig." Es war wie der Abschluss eines reellen Handels, als wir dieses Gespräch mit einem kräftigen Handschlag beendeten. War der Franz mir wie ein Vater gewesen, so wurde mir der Egon ein treuer Freund, so etwas wie ein älterer Bruder.

Nun waren wir also wieder auf dem Marsch, drei Marschtage lagen vor uns. Egon ging rechts neben mir. Erst ging es nach Norden auf Neuhaus zu, aber schon am Nachmittag des ersten Marschtages bogen wir in ein kleines, nach Westen führendes Sträßchen ein. Marschieren konnte man mein Dahingestolpere nicht mehr nennen. Immer wieder mussten sich Egon und der rechts neben mir gehende Kumpel meine Arme über die Schultern legen und mich kilometerweit über die Landstraße schleppen. Vier Wochen währte nun schon unser Leben bei Hungerrationen und Wassersuppe. Das hatte an meinen Kräften gezehrt. Mir hatte außerdem noch besonders zugesetzt, dass Franz von meiner Seite gerissen worden war.

Schon am Morgen des zweiten Tages, als wir auf die von Nord nach Süd führende größere Straße stießen, wurde mir klar, dass unser nächstes Ziel Budweis sein musste. Auf dieser Straße war ich schon einmal marschiert, nämlich am 7. Mai als versprengter Angehöriger der SA-Standarte „Feldherrnhalle", sogar diese Straßeneinmündung erkannte ich wieder. Einen guten Monat war dies nun her, und es kam mir doch so vor, als hätte ich dies alles in einer anderen, längst untergegangenen Welt erlebt.

Das Ziel dieses Dreitagemarsches war der einige Kilometer außerhalb von Budweis gelegene Fliegerhorst. Zwar hatte dieser Fliegerhorst in den letzten Kriegstagen noch Schäden erlitten, aber seine beiden Hangars waren mittlerweile soweit wieder hergerichtet worden, dass sie uns Schutz und Unterkunft boten. Seit dem überstürzten Rückzug unserer SA-Einheit aus Neuhaus hatte ich bis jetzt Nacht für Nacht stets nur den Himmel über mir gehabt, mal sternenklar, mal bewölkt. Gewitter und Vollmondnächte hatte ich erlebt, keinen Schlaf gefunden, wenn mich der Regen bis auf die Haut durchnässte. Im Licht des vollen Mondes hatte ich während klarer, kalter Nachtstunden gefroren.

Jetzt hatten wir wieder ein Dach über dem Kopf. So seltsam es erscheinen mag, ich fand in den ersten beiden Nächten unter diesem Dach nur wenig Schlaf. Dies lag nicht nur an dem harten Betonboden, auf dem wir uns ohne irgendeine Unterlage betten mussten, sondern hatte seine Hauptursache in der von Stunde zu Stunde stickiger werdenden Luft in dem riesigen Hangar, dessen weite Tore Nacht für Nacht fest verschlossen wurden. Wie die Ölsardinen lagen wir ungewaschenen, verlausten und stinkenden Landser dicht aneinandergedrängt auf dem Boden dieser Halle. Waren es fünfhundert oder gar mehr? Was hätte ich dafür gegeben, unter freiem Himmel im Gras einer Wiese schlafen und frische Nachtluft atmen zu dürfen.

Der Fliegerhorst war nur ein Übergangslager. Die Verweildauer für Gefangene betrug höchstens eine Woche. In dieser Zeit wurden wir erneut registriert und einer Gesundheitskontrolle unterzogen. Dann erfolgte die Zusammenstellung der Transporte für die Überführung in die Gefangenenlager nach Russland. Zu der Zeit waren es zwei- bis dreitausend Gefangene, die hier auf ihren Abtransport in Richtung Osten warteten. Natürlich kursierten unter den Gefangenen die abenteuerlichsten Gerüchte. Da brauchte bloß jemand gelegentlich eine Vermutung zu äußern, schon begann dieser dahingeschwätzte Satz im Lager von Mund zu Mund zu wandern, dabei seine Aussage verändernd wie ein Chamäleon seine Farbe. Von beängstigenden Dingen wurde so im Lager gemunkelt, von Massenerschießungen zum Beispiel oder von Todeslagern östlich des Urals. Es war nicht verwunderlich, dass mir vor Angst die Knie schlotterten, als es eines Tages auch für mich hieß: „Antreten zur Transportmusterung!"

Diese Musterungen fanden auf dem ehemaligen Rollfeld des Flugplatzes statt. Dort standen bei Wind und Wetter mehrere hundert Gefangene in einer Reihe mit nacktem Oberkörper nebeneinander, vor sich auf dem Boden im Marschgepäck das letzte Hab und Gut, das jeder bis hierher hatte retten können. Mir war mehr als beklommen zumute, als ich an jenem Morgen in der schier endlosen Menschenkette stand und des Schicksals harrte, das da kommen sollte. Dieses Schicksal kam dann in Person eines weiblichen sowjetischen Offiziers, einer Matrone, deren üppig gewölbte Heldenbrust beziehungsweise das Vorderteil der sich darüber spannenden Uniformjacke dicht mit allerlei Orden und Medaillen dekoriert war. Sie war eine mütterliche, etwa vierzig Jahre alte Frau, die von Mann zu Mann trat und jeden kurz, aber eindringlich musterte. Wahre Elendsgestalten waren es, die sie da zu sehen bekam: knochige, mehr oder weniger unterernährte Vogelscheuchen mit kahlgeschorenen Köpfen, auf deren Haut die aufgekratzten Saugmale der in ihren

Kleidern hausenden Läuse schwärten. Diesem oder jenem, meist besonders elenden Gestalten, setzte sie den ausgestreckten Zeigefinger der rechten Hand auf die nackte Brust und schob ihn nach rückwärts aus der Menschenkette. Natürlich war mein erster Gedanke, als ich dies beobachtete: Das sind alles jene Erschießungsopfer, von denen man im Lager gemunkelt hatte, die werden den Abend dieses Tages nicht mehr erleben!

Dann stand sie vor mir. Ich wagte kaum, ihr ins Gesicht zu sehen, und doch hat sich mir dieses Gesicht unauslöschlich ins Gedächtnis geprägt. Es war ein gutes Gesicht, breitknochig, rundbackig, mit leichtem Ansatz zum Doppelkinn, blassblauen Augen unter den feinen Bögen strohblonder Brauen, darüber auf dem Kopf der schwere Kranz des zu einem Zopf geflochtenen, ebenfalls strohblonden Haares. Barhäuptig versah sie ihren Dienst, sicherlich nicht ganz im Einklang mit der im sowjetischen Heer gültigen Uniformordnung. Hass konnte ich in diesem Gesicht nicht ausmachen, in den Blicken, die sie über meine Elendsgestalt gleiten ließ, lag eher so etwas wie mütterliches Mitgefühl. „Wie alt bist du, Junge?" Sie sprach ein korrektes, wenn auch stark slawisch eingefärbtes Deutsch. Bisher war sie bei der Musterung stumm geblieben und schweigend vor jeden meiner Leidensgenossen getreten. Warum stellte sie ausgerechnet mir diese Frage? Ich erschrak, und entsprechend zaghaft fiel auch meine Antwort aus: „Fünfzehneinhalb Jahre." Ein letzter musternder Blick, dann setzte sie auch mir den Zeigefinger auf die nackte, knochige Brust und schob mich rückwärts aus Reih' und Glied. Ich glaubte nun zum Tode verurteilt zu sein und war nur eines Gedankens fähig: „Warum tut sie das, sie könnte doch meine Mutter sein?" Am liebsten hätte ich in meiner Angst geweint wie ein Kind, doch das konnte ich zum Glück unterdrücken. Was hätten die Kumpels von mir gehalten? Ein deutscher Junge weint doch nicht, noch dazu, wenn er schon den Soldatenrock getragen hat!

Schließlich war es soweit, es kam der Befehl zum Anziehen, Gepäckaufnehmen und Abmarsch. „Die Aussortierten bleiben auf ihren Plätzen stehen, verstanden?" „Jawoll!", antworteten wir etwa fünfzig hinter der Formation stehenden Aussortierten. Ich hatte mich mittlerweile etwas beruhigt, als der rundum wohlgenährte deutsche Kapo uns Aussortierte in Dreierreihen antreten ließ.

Da marschierten sie also dahin, die Kumpel, mit denen ich seit über einem Monat zusammen gelebt und gelitten hatte. Einige waren bereits in Wallern bei den Amis meiner Gruppe zugeteilt worden und mussten in Písek erleben, den Russen ausgeliefert zu werden. Sie hatten den Marsch nach Neu-Bistritz mitgemacht, im dortigen Waldlager gehungert, waren dann hierher nach

Budweis marschiert und marschierten nun in eine ungewisse Zukunft. Egon hatte während der Musterung in der Menschenkette drei Mann entfernt von mir gestanden. Wir konnten uns nicht einmal mehr die Hand zum Abschied reichen, als es für die Transporttauglichen hieß: „Rechts um, in Dreierreihen aufschließen! Im Gleichschritt marsch!" Nur zugerufene gute Wünsche waren noch möglich und ein kurzes Winken.

Jene mütterliche Frau in Uniform, übrigens eine Ärztin, wie ich später erfuhr, hat mir mit ihrem auf meine Brust gesetzten Zeigefinger sicherlich das Leben gerettet. Viele sind während der tage- oder wochenlangen Transporte nach Russland an den Strapazen gestorben. Ich hätte einen solchen Transport sicherlich auch nicht überlebt.

Etwa eine Stunde standen wir in Rührt-euch-Stellung wartend auf dem Rollfeld. Was würde nun mit uns geschehen, würden sie uns wirklich erschießen? Endlich fuhr ein VW-Kübelwagen der ehemaligen deutschen Wehrmacht vor, dem ein sowjetischer Offizier entstieg. Aus dem zweiten Auto, einem klapprigen PKW mit Holzvergasermotor, stieg ein elegant gekleideter, drahtig-sportlicher Zivilist aus, der um den rechten Oberarm eine Binde in den tschechischen Nationalfarben trug. In diesem Moment kam Leben in den auf einem Feldhocker vor sich hindösenden Kapo. Er sprang auf und rief: „Aachtung!", und an den sowjetischen Offizier gewandt: „Sechsundfünfzig Mann zur Übergabe angetreten!" Der nickte kurz, wechselte einige Worte mit dem Tschechen, grüßte militärisch und fuhr im Kübelwagen davon. Nun befanden wir uns also in tschechischen Gewahrsam.

Wieder kam Angst in mir auf. Wie würde es uns unter den Tschechen ergehen? Dass sie alle Deutschen, deren sie habhaft werden konnten, für die Schmach der Protektoratszeit büßen ließen, hatte sich bis in die Gefangenenlager herumgesprochen. Würden sie auch an uns, den übergebenen Gefangenen, Rache nehmen? Endlich wandte sich der Zivilist an uns: „Guten Tag!", rief er in einem einwandfreien, fast akzentfreien Deutsch. „Ihr seid nun Gefangene der Tschechoslowakischen Republik und dem Národni vybor[172] überstellt. Das kann ich euch zu eurer Beruhigung sagen: Wir sind nicht die Gestapo! Keinem von euch wird ein Haar gekrümmt werden. Zwei, vielleicht drei Jahre müsst ihr am Wiederaufbau unseres Landes mitarbeiten, dann dürft ihr in eure Heimat zurückkehren."

Es war eine beruhigende Rede, wenn man ihr nur Glauben schenken könnte! Was meinte er eigentlich mit dem Satz: „Wir sind nicht die Gestapo!" Ich wusste zwar, dass Gestapo der Name für die geheime NS-Staatspolizei war und dass man diese Gestapo allgemein gefürchtet hatte. Von den Terrorakten, an denen sie maßgeblich beteiligt war, wusste ich allerdings bis dahin noch nichts.

Nach der kurzen Ansprache fuhren drei Lastwagen vor, und es kam der Befehl: „Alles aufsteigen!" Im Nu war der Platz leer. Der tschechische Zivilist stieg ebenfalls in sein Auto und setzte sich an die Spitze unseres Transports. So endete meine Zeit als Kriegsgefangener in sowjetischem Gewahrsam.

Národni vybor

Wir fuhren nach Budweis. Der quadratische, 133 mal 133 Meter messende Marktplatz dieses Städtchens gilt als der schönste Platz Europas. Die ihn umgebenden Laubenhäuser hatten den Krieg ohne Schaden überstanden, und die Pracht ihrer im grellen Mittagslicht leuchtenden Giebelfronten machte uns verdreckten, von Läusen geplagten Gefangenen unsere augenblickliche Lage erst so richtig bewusst. Obwohl wir erleichtert waren, den Russen entkommen zu sein, wussten wir doch nicht so recht, ob wir den Worten des tschechischen Národni vybor-Vertreters Glauben schenken durften.

Die wenigen um diese Zeit den Platz belebenden Tschechen taten ihren Hass auf uns, die geschlagenen Unterdrücker, durch erhobene geballte Fäuste kund, und es fiel auch so manches, uns allerdings unverständliche Schimpfwort. Allerdings wurden wir hier in Budweis nicht mit Unrat und Steinen beworfen, wie das in anderen Städten geschehen war.

Die näheren Umstände und Gegebenheiten des tschechischen Auffanglagers in Budweis entziehen sich leider meinem Erinnerungsvermögen. Nur einzelne Bilder sind mir im Gedächtnis haften geblieben. Ich sehe eine lange Lagerstraße, links und rechts von giebelständigen Baracken begrenzt, ringsum hoher Stacheldraht, Wachtürme und gleich hinter dem Lagertor einen weiten Platz mit gemauerten Verwaltungsgebäuden. Auf diesem Platz kamen unsere Laster zum Stehen, nachdem sie das Lagertor passiert hatten. Das erste, was wir hier sahen, noch bevor wir von den Lastwagen herunterspringen durften, war eine Gruppe Gefangener. Sie trugen gestreifte Häftlingskleidung und waren gerade dabei, nahe beim hohen Stacheldrahtverhau am Rande des Platzes mittels einiger Schubkarren einen Sandberg zu versetzen. Diese Arbeit geschah im Dauerlauf, und die Gefangenen wurden von uniformierten tschechischen Wachleuten mit Knüppelschlägen und Gewehrkolbenstößen zu höchster Eile angetrieben. Ich erinnere mich an einen der Sträflinge, der sich mit blutüberströmtem Gesicht und stark hinkend hin- und herschleppte.

Der Sandhaufen war offenbar nur zu dem Zweck dort aufgeschüttet worden, um hin- und hergeschaufelt zu werden. Mal geschah dies von links nach rechts, dann wieder von rechts nach links, Tag für Tag, immer von denselben Häftlingen, unter Hieben und Beschimpfungen, bis zur Erschöpfung. „Das soll also unsere Hilfe beim Wiederaufbau dieses Landes sein?", dachte ich, und die Angst in mir bekam neue Nahrung,

Sofort nach unserer Ankunft waren Kapos zur Stelle. Wir mussten antreten und abzählen, dann erfolgte noch einmal eine kurze Ansprache durch den uns begleitenden tschechischen Zivilbeamten. Er hatte wohl bemerkt, dass wir entsetzt waren über die Behandlung der Häftlinge am fernen Lagerzaun und versuchte nun, uns zu beruhigen: Diese Häftlinge seien alles Mörder, Verbrecher und Kollaborateure, die hier ihre gerechte Bestrafung erführen. Wir hätten solche Behandlung natürlich nicht zu befürchten. Darüber würde das Internationale Rote Kreuz wachen, das seine Hände schützend über uns hielte. Die Tschechoslowakei sei schließlich ein zivilisierter Staat und unterhielte keine KZs!

Gerüchte über KZs waren während der Nazizeit wohl jedem Deutschen zu Ohren gekommen, so auch mir. Manches Mal hatten unsere Mutter, aber auch Oma zu mir gesagt, wenn ich mich wieder einmal im Erzählen der neuesten Göring- oder Goebbelswitze hervortat: „Du landest schon noch mal im Konzertlager und ziehst uns alle mit rein, wenn du nicht endlich deinen Schnabel hältst!" Jeder Deutsche wusste, dass in den KZs Volksfeinde umerzogen wurden, aber doch nicht mit solchen Methoden, wie wir sie jetzt hier in Budweis von den Tschechen vorgeführt bekamen!

Ich wurde jedoch bald eines anderen belehrt. Vor den geöffneten Massengräbern im ehemaligen KZ Beraun[173] bei Prag, der letzten Station meines Gefangenendaseins, musste ich mir eingestehen, dass wir Deutsche nicht nur das Volk der Dichter und Denker sind, sondern dass dieses Volk neben Goethe, Schiller, Bach, Beethoven und Mozart auch Verbrecher wie Hitler, Himmler, Goebbels, Göring und außerdem ein Heer sadistischer Mörder und mitleidloser Mitmarschierer hervorgebracht hat. Jetzt verstand ich Franzens Worte: „Jungchen, wenn die Ruskis für allet Rache an uns nehmen, wat die Waffen-SS in Russland so anjestellt hat, denn jnade uns Jott!" Er würde für diese Verbrechen nun sühnen müssen, irgendwo in Russland, weit hinter dem Ural.

Zum Glück waren wir, die paar aussortierten Transportunfähigen, nun in tschechischer Hand und würden die nächste Zeit in dem Land leben, von dem ich schon als Kind gehört hatte, dass es regelmäßig seinen kühlen böhmischen Wind über das Erzgebirge zu uns herein ins Vogtland nach Plauen schickt, meiner vertrauten Heimat. Würde ich sie bald wiedersehen?

Doch zunächst galt es einmal, sich in Geduld zu üben. Mindestens eine, wenn nicht gar anderthalb Stunden dauerte es, bis auch der Letzte von uns registriert, vernommen und einem Sanitäter vorgestellt worden war. Dem Vernehmungsoffizier, vor dessen Schreibtisch ich mich endlich in strammer Haltung aufbauen musste, brauchte ich nicht zu erklären, was meine Zugehörigkeit zu einem KLV-Lager bedeutete. Er wusste darüber Bescheid und wollte genau wissen, in welchem Lager ich gewesen sei. Also begann ich aufzuzählen: „Erstens: Bystrice pod Hostinem ab Januar 1943." Er zog seine Augenbrauen hoch, als ich ihm diesen Namen auf Tschechisch nannte, er hatte wohl nicht erwartet, dass ich dies vermochte. „Zweitens", fuhr ich fort, „im September 1943 drei Wochen in Prag, in der Imka." Die Nennung des Namens dieses Jugendhotels schien ihn noch mehr zu verwundern, und er meinte unter leichtem Wiegen seines Kopfes: „So so, in der Imka." „Drittens: Ab Oktober 1943 in einer der Schulen zu Česke Brod und dann im September 1944 noch einmal drei Wochen in Prag, auf der Schützeninsel." Über diesen Aufenthalt wollte er nun mehr und Genaueres wissen, und ich berichtete ihm, dass ich dort den ersten und einzigen Luftangriff der Amerikaner auf Prag miterlebt hätte. „Danach beim Hilfseinsatz, als alles vorbei war, hab ich meine ersten Toten gesehen und musste Verletzte zum Verbandsplatz tragen, viele Frauen und Kinder, soweit wir Pimpfe sie tragen konnten." „Auch tschechische Verwundete?", unterbrach mich der Offizier. „Ja, viele Tschechen. Sie sind ja nicht in die Luftschutzkeller gegangen, weil sie gedacht haben, Amerikaner werfen doch keine Bomben auf Prag."

Sein Gesicht verdüsterte sich zusehends, während ich dies berichtete, und ich fürchtete schon, etwas Falsches gesagt zu haben. Ihm muss in diesem Moment wohl meine Angst aufgefallen sein. Plötzlich beendete er das Verhör. Nur eine Frage stellte er mir noch, jene Frage, die mir schon oft gestellt worden war: „Wie alt bist du eigentlich?" Er bedachte mich dann noch mit einem langen, prüfenden Blick, ehe er mich zur Gesundheitskontrolle schickte. Diese Prozedur wurde übrigens von uns Gefangenen allgemein Arschbeschau genannt, weil man am Schluss dieser Kontrolle dem Untersuchenden den blanken Hintern mit auseinandergezogenen Backen präsentieren musste. Das war eine peinliche Sache, vor allem, wenn man sich vor einer Frau, einer Schwester oder Ärztin, so entblößen musste. So erging es mir jetzt, und ich wäre am liebsten in den Erdboden versunken, als dieses junge Ding, vielleicht eine Medizinstudentin, erst meine entblößte Vorderseite musterte, besonders die Gegend um den Penis herum, und anschließend befahl: „umdrehen, bücken, Backen auseinanderziehen!" Sie haben uns auf diese Art auf venerische

Krankheiten hin kontrolliert. Die Infizierten kamen stets sofort in die jedem Lager zugeordneten Isolierbaracken.

Das Lager des Národni vybor in Budweis bot uns Gefangenen zum ersten Mal seit Kriegsende wieder einen gewissen Komfort. In den Baracken gab es dreistöckige hölzerne Betten mit Strohsäcken und schweren, allerdings von unzähligen Flöhen bewohnten Decken. Flöhe gehörten zu unserem alltäglichen Gefangenendasein. Wir hatten uns schnell an sie gewöhnt, und ihre Stiche waren für uns nicht quälender als einfache Mückenstiche. Auch Duschräume gab es hier und endlich wieder normale Toilettenanlagen.

Leider konnte ich mir in der Baracke keinen der oberen Bettplätze erobern, sie waren alle schon von Vorzugsgefangenen besetzt, als wir Neuankömmlinge unsere Schlafstellen zugeteilt bekamen. So musste ich mit einem Platz in der untersten, stickigen Etage vorliebnehmen. Dass dies doppelt unangenehm war, konnte ich gleich am ersten Abend feststellen, als einer der Kapos nach dem Zapfenstreich die tägliche Runde machte. Auf seinen Befehl hin „Füße raus!" musste ihm jeder seine Füße am Fußende entgegenstrecken, und ein Hilfskapo hatte die Pflicht, das Fußaroma der einzelnen Gefangenen zu erschnuppern. Beim Ausruf „Stinkt!" zog der Kapo den so als Dreckschwein entlarvten Gefangenen vier Stockhiebe über die Fußsohlen, für jeden Fuß zwei. Nur die in dem obersten Bett Schlafenden entgingen dieser sich täglich wiederholenden entwürdigenden Prozedur. Ihre Füße blieben für die Nase des Hilfsbremsers unerreichbar. Im Übrigen waren diese Aktionen illegal, und der Kapo wurde später dafür hart bestraft.

Ich bekam im Souterrain des dreistöckigen Betts kaum Luft und schlief demzufolge schlecht und von Alpträumen geplagt. Katakombengeister nannte man uns, die im Untergrund hausten. Zudem standen in den Baracken die Betten bedrückend eng beieinander. Jeweils zwei der Dreiertürme waren an den Längswänden der Baracke entlang mit den Fußenden zum Mittelgang aneinandergestellt. Die Gänge dazwischen waren höchstens achtzig Zentimeter breit und boten gerade so viel Platz, dass eine Person darin stehen und gehen konnte.

Trotzdem erwies es sich als Glücksfall, dass ich in dieser Baracke gerade auf diesem ungemütlichen Schlafplatz gelandet war, denn das Schicksal hatte mir in meinem Bettnachbarn einen neuen Schutzengel gesandt. Er hieß Adolf Harms und lag im Bett neben mir, nur durch einen schmalen Gang getrennt. „Kommst wohl von 'ner Adolf-Hitler-Schule?"[174], redete er mich am ersten Abend an, kaum dass wir die Bastonade durch den Kapo überstanden hatten. „Nee, KLV-Lager", log ich und dachte dabei: „Sicher ist sicher, vielleicht ist er ein Spitzel." Niemand brauchte zu wissen, dass ich SA-Soldat war. Auf meine Frage „Und du?" antwortete er: „Wehrmachtshelfer." Sollte ich ihm dies glauben? Immerhin war er ja mindestens so alt wie Eberhard, also achtzehn oder neunzehn, da müsste er schon längst ordentlicher Soldat gewesen sein.

Im Barackenlager wurde unser Denken hauptsächlich von der Sorge um das Essen beherrscht. Es war nicht reichlicher als zuvor bei den Russen, aber von besserer Qualität. Morgens gab es zu der täglichen Brotration Ersatzkaffee und manchmal ein warmes Wiener Würstchen oder was man für solche Köstlichkeit ausgab. Allerdings mussten sich immer drei Mann eine jener fingerlangen Delikatessen teilen. Mittags gab es zwei Schläge dicke Suppe, etwa ein halbes Kochgeschirr voll. Wenn man Glück hatte, fand man sogar einzelne Fleischfasern darin. Abends gab es Tee, „Marke quer durch den Friedhof, von jedem Grab 'n paar Blumenblätter", wie Harms meinte.

„Wenn du mich rufen oder anreden willst, dann sag' einfach Harms zu mir. Adolf, nee, das klingt zu verfänglich in dieser Zeit." So hatte er sich mir gleich am ersten Abend vorgestellt. „Und ich heiß' Dieter, kannst aber Muschel zu mir sagen, so haben se mich auf KLV genannt", erwiderte ich.

Harms war einen Tag vor uns angekommen und wusste über den Lageralltag schon bestens Bescheid. „Also, Muschel, hier müssen wir so schnell wie möglich raus. Das ist nur 'n Auffanglager, und jeden Abend der Fußappell ist ja auch die reinste Schikane. Am besten, wir melden uns freiwillig zum Arbeitseinsatz. Das läuft hier folgendermaßen: Früh zwischen achte und neune werden über den Lagerfunk gerade gesuchte Berufe ausgerufen, heute zum Beispiel Feilenhauer und Messerschmiede. Da können sich dann Spezialisten melden. 'Nen Beruf hamm wir beide nich gelernt, sind ja nur Schüler gewesen, also geh'n wir freiwillig gleich nach dem Frühstück zum Lagerplatz, dort kannste dich auch als Ungelernter zur Arbeit melden, in 'ner Fabrik zum Beispiel oder beim Bauern. Gehste morgen gleich mit?" Natürlich war ich sofort dabei, und am nächsten Morgen standen wir pünktlich um acht Uhr auf dem Lagerplatz und warteten gespannt darauf, wohin es uns verschlagen würde. Mit uns warteten etwa hundert Arbeitswillige.

Gegen neun Uhr begann die Vergabe der Arbeitsstellen. Als Erste kamen eine ganze Reihe Bauern zum Zuge, die Leute für die Heuernte suchten. Die Grundbedingung war der sichere Umgang mit der Sense. Das war schon einmal nichts für uns, denn wir hatten beide noch nie eine Sense in der Hand gehabt. Der Harms meinte auch: „Zum Bauern geh'n wir nich, wenn du da an einen Deutschenhasser gerätst, nich auszudenken!" Als Hilfsarbeiter im Straßenbau wollten wir auch nicht gehen, desgleichen kam Handlangerdienst bei einer Baufirma für uns nicht in Frage. „Fundamente ausheben, zu schwere Arbeit für uns schlappe Schüler!" Da musste ich dem Harms Recht geben. Außerdem hatte ich ja schon als Kind in Gefell bei der Renovierung unseres Elternhauses gesehen, wie schwer das Handlangerdasein auf dem Bau war. Mörtel in großen Tragkübeln auf dem Rücken über schwankende Leitern hinauf in die einzelnen Gerüstetagen zu schleppen, das hätte ich nie geschafft. Letzten Endes landeten wir im Aufgebot einer nicht weit von Budweis entfernt im Südosten gelegenen Fabrik. Calofrig hieß das Unternehmen und Borovany das dazu gehörige Städtchen.

Calofrig

Am Freitag kamen wir gegen Mittag auf drei offenen Lastwagen stehend bei der Firma Calofrig an. Während der Fahrt von Budweis hierher nach Borovany war meine Ängstlichkeit schnell einer spannungsvollen Erwartung gewichen. Obwohl uns diese Fahrt nur etwa fünfzehn Kilometer weit von Budweis hinaus aufs flache Land geführt hatte, empfand ich sie wie die Reise in eine längst vergangene Zeit. Es war, als hätte ein Riese hier vor fünfzig Jahren alle Uhren angehalten und mit ihnen auch die Entwicklung menschlicher Zivilisation und technischen Fortschritts. Da sah man zum Beispiel noch Frauen, die ihr Wasser vom Dorfbrunnen aus nach Hause trugen, beide Eimer links und rechts an ein hölzernes Schulterjoch gehängt, geradeso, wie es niederländische Maler schon vor dreihundert Jahren auf ihren Bildern festgehalten hatten.

Das Land, durch das wir fuhren, war ebenes, nur von sanften Bodenwellen bewegtes Bauernland. Zu beiden Seite der Straße gab es weit und breit nur Wiesen, Felder, Weidekoppeln, auf denen braune Kühe und Stuten mit ihren Fohlen grasten, von breiten Schilfgürteln gesäumte, im Sonnenlicht blinkende Teiche, dunkle Waldinseln und kleine weilerartige Dörfer. Vor uns lag, diesen grünen Park im Süden begrenzend, die blau schimmernde Kette eines Waldgebirges. Das Land zeigte sich an diesem Freitag von seiner besten Seite. Seit Wochen schon herrschte frühsommerlicher Sonnenschein. Es war, als hätte der Himmel beim Kriegsende ein Einsehen gehabt mit den Menschenströmen auf den endlosen Straßen, den Vertriebenen, den Heimatlosen, den in Gefangenschaft Marschierenden, aber auch mit den in Trümmerwüsten hausenden Elendsgestalten. Allerdings waren hier im südlichen Böhmen das Land und seine Dörfer und Städte in paradiesischer Unversehrtheit erhalten geblieben.

Als wir gerade eine der Waldinseln durchfahren hatten, erblickten wir in der Ferne zwei hohe Fabrikschornsteine und die Dächer eines Städtchens. Sollte dies Borovany mit Calofrig, der dazugehörigen Fabrik, sein? Ich hoffte es, weil ich mich in dieser Landschaft schnell heimisch fühlen würde, das spürte ich. Hier würde ich die mir noch zugedachte Frist der Gefangenschaft gut überstehen.

Eine Viertelstunde später passierten wir das Ortsschild dieses Städtchens. Es war tatsächlich Borovany. Hier nahm man kaum Notiz von uns, als wir über den Marktplatz gefahren wurden. Es gab keine Hassausbrüche und Beschimpfungen seitens der wenigen den Platz bevölkernden Tschechen. Ich wertete dies für mich als gutes Zeichen, und auch Harms, der neben mir auf dem Lastwagen stand, schien so zu empfinden. Er meinte, als wir auf einem schmalen Sträßchen hinaus zur Fabrik fuhren: „Muschel, ich glaub, wir haben's hier gut getroffen."

Die Straße führte durch ein Teichgebiet. Sie war vom Bahnhof Borovany aus extra als Zubringer für die Fabrik gebaut worden. Vor dem Eingangsportal der Fabrik hielten unsere Lastwagen an. Rechts von der Straße, ein wenig vor dem Fabrikeingang, lag in einem parkähnlichen Garten eine im Jugendstil erbaute prächtige Villa, sicherlich ehemals der Wohnsitz des Direktors oder Besitzers dieses Werks. Links, schon innerhalb der Fabrikgelände, erhob sich wie eine Sanddüne ein langgestreckter ockerfarbener Hügel. Außer ihm sahen wir noch nicht viel von dem Ort, der uns von nun an ein Jahr lang Arbeitsstätte, Heimat und Unterkunft sein sollte, denn links und rechts des Tores war die Sicht durch die Gebäude der Werksverwaltung verbaut.

Calofrig war fast wie ein Dorf. Links und rechts der Straße, auf der wir nun auf das Fabrikgelände fuhren, standen unzählige Hallen und Gebäude. Vor uns lagen, die Dächer aller Bauten überragend, weißschimmernde Halden. Wohin waren wir geraten, was würde hier von uns erwartet? Schon die aufgeschüttete Düne gleich hinter dem Tor hatte uns Rätsel aufgegeben. Aus was für einem Material bestand sie eigentlich, desgleichen dieses weiße Gebirge vor uns?

Einige hundert Meter ging das so, dann kamen wir auf eine platzartige Kreuzung. Vor uns tauchte ein hohes hallenartiges Backsteingebäude auf. Wie eine Kathedrale erhob es sich, nur hatte es statt eines Turmes einen hohen Schornstein. Ein anderer Schornstein wuchs aus einem einstöckigen Rundgebäude heraus. Seine Eigenart waren die vielen, ebenerdig nebeneinander in die Mauer eingelassenen rundbögigen Eingänge, einer neben dem anderen rings um den ganzen Bau. An dieser Kreuzung verließen wir die Hauptstraße, und nach zwei- bis dreihundert Metern hatten wir unser Lagergebäude erreicht.

Nach nur drei Tagen hatte diese Fabrik, die uns bei der Arbeitsvergabe gänzlich unbekannt gewesen war, für uns nomadisierende Kriegsgefangene den Status einer vorübergehenden Heimat gewonnen. Das Lagergebäude, in dem wir wohnten, war wohl ehemals die Werkskantine gewesen. Von einer geräumigen Küche aus gab es eine Durchreiche in den nun als Schlafsaal genutzten Speiseraum. Der in der Toilette installierte Waschraum war ein Provisorium, das wohl nachträglich und in aller Eile eingerichtet worden war. Neben der Küche gab es noch ein angebautes Büro. Hier verwalteten zwei Angestellte nebst einer Sekretärin, dem Fräulein Swoboda, außer ihrer eigentlichen Arbeit auch uns Gefangene.

Vor der Eingangstür zu unserem Schlafsaal stand in etwa zwanzig Meter Entfernung ein großer, provisorisch überdachter, mit Holz zu befeuernder Waschkessel. Neben dieser Eingangstür duckte sich als winziger Anbau ein Häuschen für die Bewacher an die Außenwand unseres „Gefängnisses", gerade so groß, dass ein Kanapee, ein Stuhl, ein Tisch und ein altertümlicher Kanonenofen darin Platz fanden. Nur abends nach Feierabend fand sich eine der drei zu diesem Dienst abkommandierten Respektspersonen dort ein. Die drei waren gemütlich aussehende, sich jedoch betont martialisch gebende ältere Herren. Das martialische Gehabe legten sie bald nach unserem Einzug ab und waren dann nur noch gemütliche Großväter. Einer von ihnen trug einen altertümlich gezwirbelten, schwarz gewichsten Schnauzbart und wurde von uns etwas despektierlich Schmusekater genannt. Alle drei hatten noch in der k.u.k.-Armee[175] gedient, wie sie uns später erzählten. Genauso alt wie jeder der drei war auch die Dienstwaffe, die sie sich teilen mussten.

Dieses Lager war ein Fleckchen Erde wie für mich geschaffen! Hier war das Sträßchen zu Ende, und man konnte fast meinen, in der freien Natur zu sein, denn das langgestreckte, barackenähnliche Lagergebäude lag in der äußersten Südwestecke des Werksgeländes. Hier hatte allem Anschein nach noch nie eine gärtnerische Hand ordnend in den Wildwuchs der Natur eingegriffen. Nach Süden hin, jenseits der Straße, hatte sich als Windanflug bis zum Zaun ein Birkenwäldchen angesiedelt. Es waren kümmerliche, zu einem dichten Gestrüpp verwachsene Bäumchen. In westlicher Richtung zog sich vom Ende der Straße bis zum hohen, stacheldrahtbewehrten Zaun eine brombeerüberwucherte Trümmerhalde hin, und jenseits dieses Zauns erstreckte sich eine magere, mit Hungerblumen durchsetzte Wiese. Nur um den inmitten dieser Wiese schimmernden Teich hatte sich ein Kranz krautig-grüner Vegetation angesiedelt. Jetzt im Juni waren die Nächte erfüllt vom Quaken unzähliger Laubfrösche, die im Ufergebüsch dieses Teiches lebten. Tagsüber schickten

Heuschrecken und Grillen ihr zirpendes Lied aus dem Wiesengrund herüber in unseren Lagerbereich.

Calofrig war eine Fabrik für Isolierartikel, und die weißschimmernden Hügel, die wir bei der Einfahrt in das Werk gesehen hatten, waren für die Winterproduktion aufgeschüttete Vorratshalden von Kieselgur. Dieser wurde rund um das Werk im Tagebau gefördert und in der Fabrik verarbeitet. Die am Werkstor aufgeschüttete sandfarbene Düne bestand aus Sägespänen. Auch sie war ein notwendiger Bestandteil der Produktion. So viel hatten wir schon erfahren.

Unsere Ankunft in diesem Werk war von der Direktion wohlgeplant und gut organisiert worden. Nicht nur den uns kommandierenden deutschen Kapo hatte man schon vor ein paar Tagen aus dem Budweiser Lager hierhergeholt, sondern auch den Koch, damit dieser sich in der Küche auf seinen Dienst vorbereiten konnte. Rätsel gab uns das Fuder duftenden Strohs auf, das am Ende des Sträßchens aufgetürmt war. Aber dieses Rätsel löste sich schon am Nachmittag, als wir durch den für uns zuständigen Herrn Pane Novak begrüßt wurden. Wir merkten sofort, dass er uns Deutsche nicht mochte. Wie Hammerschläge prasselten seine Worte auf uns nieder, die unser Kapo, der des Tschechischen mächtig war, übersetzte und fast im gleichen Ton wiedergab. Wir sollten ja nicht denken, hier in einem Sanatorium gelandet zu sein, hörten wir da, sondern in einer Fabrik! Harte Arbeit würde von uns verlangt und der Wille, alles wiedergutzumachen, was Deutsche dem tschechischen Volk angetan hätten! Richtig in Zorn redete er sich, dieser Pane Novak.

Dann bezogen wir unsere Unterkunft. Ich konnte ein Bett in der oberen Etage ergattern, nicht weit neben der Eingangstür. Der Harms mochte lieber unten im Parterre liegen und fand einen Platz im Nachbarbett, nur durch den Gang von meinem getrennt. Über ihm lag ein gewisser Hermann, wie sich später herausstellte, ein Vogtländer wie ich. Er stammte aus Hof und kannte sogar das Städtchen Gefell. Der Älteste unserer Lagermannschaft war ein gewisser Herr Berg, er wurde stets von allen mit Sie angeredet, war Bankbevollmächtigter und in Berlin-Lichtenrade zu Hause. An ihn habe ich mich neben Harms bald angeschlossen. Dies nicht nur, weil er, wie ich, aus Lichtenrade stammte, sondern auch, weil er als passionierter Entomologe alle Schmetterlinge kannte, die hier in reicher Artenfülle flogen.

Auf jedem Bettgestell lagen jeweils eine Pferdedecke, ein ungefüllter Strohsack und ein grauweißes Baumwolltuch bereit. Letzteres war wohl als Laken gedacht. Das Stroh zum Füllen der Säcke hatten wir bei unserer Ankunft am Ende der Straße bereits liegen gesehen. Bevor wir allerdings mit dieser Arbeit beginnen konnten, wurde der Schieber zur Küche hin geöffnet, und in der Durchreiche erschien der Kopf des Kochs: „Essen fassen!" Ein Ruf, der uns hungrigen Nomaden wie Balsam in die Seelen fiel. Wir waren endlich angekommen!

Köstlich war diese erste Mittagssuppe! Es gab dicke Graupen mit Gemüse darin. Sogar einige Fettaugen schauten einen aus dem gefüllten Kochgeschirr heraus verheißungsvoll an. Der Koch war ein Meister seines Fachs. Wie sich später herausstellte, war er vor dem Krieg Chefkoch eines in Köln am Rheinufer gelegenen Lokals gewesen. Jupp, der Zweitälteste unserer Mannschaft, ebenfalls ein Kölner, kannte dieses Lokal und seinen Chefkoch, wenn auch nur dem Namen nach. Wie klein doch die Welt war!

Den Tag nach unserer Ankunft nutzten wir, um unsere Unterkunft in einen bewohnbaren Zustand zu versetzen. Die rohen Dielen des Schlafsaals waren in einer erbärmlichen Verfassung. Da half nur gründliches Schrubben mit heißem Wasser. Zu diesem Zweck wurde unter dem vor unserer Behausung aufgestellten überdachten Waschkessel ein höllisches Feuer entfacht. Dass der Kapo befahl, den Schlafsaal vor der reinigenden Sintflut vollkommen leerzuräumen, empfanden fast alle von uns als reine Schikane, wir mussten aber feststellen, dass dies ein weiser Befehl gewesen war, denn unter den Betten hatte sich unsäglicher Schmutz angesammelt. Selbst tote mumifizierte Mäuse und Ratten fanden sich darunter. Am späten Abend war der Saal wieder eingeräumt, die Betten standen an ihren Plätzen, ebenso die Reihe der Tische in der Saalmitte zwischen den beiden Bettreihen. Auch die rohen Holzplatten der Tische mussten erst einmal tüchtig geschrubbt werden. Jetzt war der Pesthauch, der uns am Vortag beim Beziehen dieser Unterkunft empfangen hatte, einem frischen Duft nach Wasser und Schmierseife gewichen. Die in den Dielenritzen hausenden Flöhe hatten wir durch die Schrubberei allerdings weder ausrotten noch vertreiben können. Vielleicht würden sie das Weite suchen, wenn nach dem Trocknen der Dielenbretter der ganze Fußboden eingeölt wurde. Leider erfüllte sich dieser Wunsch nicht, und die Quälgeister blieben bis zum letzten Tag dort unsere Mitbewohner.

Während der Protektoratszeit unter der Naziherrschaft hätte hier in Calofrig ein deutscher Direktor das Sagen gehabt, so erzählte uns einer der drei tschechischen Bewacher, und in unserer Unterkunft wären damals Zwangsarbeiter unter erbärmlichen Bedingungen zusammengepfercht worden. Sie hätten weder Zeit noch Kraft gefunden, neben ihrer zwölfstündigen Schufterei in den Kieselgurgruben ihr Revier zu schrubben.

Den ersten Sonntag hatte uns die Werksleitung als Erholungs- und Eingewöhnungstag geschenkt. So viel Menschlichkeit hatten wir nicht erwartet.

Vormittags gegen zehn Uhr erschien der Kopf des Kochs in der geöffneten Durchreiche und fragte: „Ich brauch 'ne Hilfskraft, wer meldet sich freiwillig zum Küchendienst?" Ich meldete mich als Erster und bekam die Stelle, ein großes Glück für mich, wie sich am nächsten Tag gegen acht Uhr bei der Musterung für die Einteilung in die Arbeitskolonnen herausstellte. Der uns musternde Arzt fand meinen körperlichen Zustand nicht geeignet für die Arbeit in der Fabrik und wollte mich zurück ins Lager nach Budweis schicken, doch da setzte sich der Koch entschieden für mein Bleiben ein. Ich hätte mich gestern sehr gelehrig und geschickt in der Küche angestellt, und er könne sich vorstellen, an mir eine brauchbare Hilfe zu bekommen. So durfte ich bleiben. Der Koch und ich verstanden uns vom ersten Augenblick an sehr gut, und er wurde mir zum väterlichen Freund. Er stand übrigens im Rang eines Hilfskapos. Zwar nicht per Ernennung, aber durch die Kraft seiner Persönlichkeit.

Ich war aber nicht nur in der Küche beschäftigt, so viel Arbeit gab es dort gar nicht. Wo immer Not am Mann war, wurde ich als eine Art Springer eingesetzt. Es waren jedoch stets leichtere Arbeiten, die mir zugemutet wurden. So kam es, dass ich während des Calofriger Jahres auf dem Kieselgurtrockenplatz, im Sägespäneberg, am Ziegelbrennofen, als Heizer auf der Feldbahnlokomotive, im Maschinenhaus beim sonnabendlichen Reinigen der riesigen Dampfmaschine, beim Maschinenmeister in der Werksschmiede, in der Kieselgurabfüllerei und auch einige Nachtschichten lang mit zwei Frauen in der Mischanlage der Ziegelei gearbeitet habe.

Übrigens hatte der Koch zum Mittagessen des ersten Sonntags aus allerlei vom Schlachthof gelieferten Abfallfleisch ein köstliches Gulasch gezaubert. Das angebratene Fleisch verbreitete einen köstlichen Duft, den ich seit Wochen nicht mehr in die Nase bekommen hatte. Dazu gab es Salzkartoffeln, die aus einem riesigen Haufen von stinkenden, vor sich hin keimenden und faulenden Knollen herausgelesen waren. Man hatte sie vor einigen Tagen in einem leerstehenden Schuppen von einem Bauernfuhrwerk abgeladen. Das Schälen der gummiweichen, schrumpeligen Erdäpfel kostete einige Mühe. Dabei konnte ich mein handwerkliches Geschick unter Beweis stellen und mir so die Stelle als Küchengehilfe verdienen.

Schlecht waren unsere Lebensbedingungen in Calofrig nicht. Sie wären allerdings besser gewesen, wenn wir einen anderen Kapo gehabt hätten. Er sorgte dafür, dass wir nicht zu einem undisziplinierten Haufen verkamen, aber dies in einer Weise, die eines SS-Schergen würdig gewesen wäre. Zu seinem Handwerkszeug gehörte zum Beispiel ein etwa unterarmlanges Stück Gartenschlauch. Er trug es in der ersten Zeit immer bei sich. Spurte man seiner

Meinung nach nicht richtig, so setzte es damit schmerzhafte Hiebe über Gesäß und Rücken. Wie Blitze aus heiterem Himmel konnten einen diese Hiebe treffen. Man wusste ja nie, ob man nach Meinung des Kapos gerade spurte oder nicht. Eine seiner üblichen Reden lautete: „Den Arsch sollte man euch vollschnicken, grün und blau, ihr Äser!" Er hat dies auch wahrgemacht, allerdings mit Hilfe eines wirksameren Elektrokabels. Dreimal ließ das unser Koch geschehen, dann hat er sich den Kapo zu einem Vieraugengespräch in die Küche geholt. Es war ein sehr kurzes Gespräch, und danach verschwanden Gartenschlauch und Elektrokabel ein für alle Mal. Bettenappelle veranstaltete der Kapo allerdings weiterhin regelmäßig und verteilte an alle, die dabei auffielen, Zeit und Kraft zehrende Sonntagsarbeiten. Auch die rüde beleidigende Art, in der er mit uns verbal umsprang, behielt er bei.

Ich hatte allerdings kaum unter ihm zu leiden, denn er bewunderte mein zeichnerisches Talent. Für ihn war ich der „Künstler". Es waren unter Garantie keine Kunstwerke, die ich damals produzierte, nicht einmal annehmbare Handwerksarbeiten, aber den Leuten, in der Regel tschechischen Arbeitskollegen, gefielen sie. Ich hatte schnell entdeckt, dass die weißen Kieselgursäcke, wenn man sie entsprechend zurechtschnitt, gutes Zeichenpapier abgaben. In der Abfüllerei fielen genügend Ausschusssäcke an, und von Fräulein Swoboda bekam ich regelmäßig Bleistiftstummel geschenkt. Auch welche von der weichsten Sorte waren darunter. Ich schenkte Fräulein Swoboda dafür eines meiner ersten kleinen Bildchen: eine Dreimastbark auf bewegter See im vollen Schmuck ihrer Segel. Solche Schiffe hatte ich schon in Lohme auf Rügen gern gezeichnet. Ich konnte sie auswendig aufs Papier bringen, etwa so, wie man ein auswendig gelerntes Gedicht herunterbetet.

Im Lager in Calofrig waren wir insgesamt sechzig Männer. Es war eine zusammengewürfelte Gruppe von Menschen, die sich vorher noch nie gesehen, geschweige denn gekannt hatten. Wir mussten nun zu einer Einheit zusammenwachsen, wenn wir in den kommenden Monaten erträglich zusammenleben wollten. Für diesen Prozess förderlich war es, dass wir gegen den Kapo Front machten, denn in der Ablehnung dieses widerlichen Kerls waren wir uns alle einig. Kurz vor meiner Entlassung, als ich schon im Quarantänelager Weißenfels in Thüringen war, traf ich einen ehemaligen Kumpel aus dem Budweiser Lager. „Du warst doch in Calofrig?", sprach er mich eines Tages an. „Ja", antwortete ich, und er erzählte mir, dass unser ehemaliger Kapo auf der Fahrt hierher in dieses Lager während der Wartezeit im Niemandsland an der Grenze zwischen Böhmen und Sachsen von den im selben Viehwaggon mitreisenden Calofrigern fast krankenhausreif geschlagen worden wäre.

Diese Abfuhr hatte der Kapo allerdings nicht verdient. Sein hartes Durchgreifen hat uns vor manchem Ungemach bewahrt. Vor allem sein fast fanatischer Reinlichkeitswahn kam uns zugute. Jeden Samstag wurde der große Waschkessel angeheizt, und am Nachmittag, wenn wir mit unserer Wochenarbeit im Werk fertig waren, hieß es: Wäsche kochen! Wehe, es wollte sich jemand vor dieser Prozedur drücken, dann konnte unser Kapo sehr giftig werden! „Ihr Äser wollt uns wohl die Läuse in die Wäsche locken?" Bei der ersten dieser Wäscheaktionen büßte ich leider mein schönes rotweißkariertes Oberhemd ein. Von ihm fanden sich im Waschkessel nach dem Kochen nur noch die Knöpfe und die baumwollene Krageneinlage wieder, dafür hatten alle weißen Wäscheteile, die im selben Waschgang mitgekocht worden waren, eine leichte rosa Farbe angenommen. Offenbar hatte sich der Stoff des Hemdes in der kochenden, scharfen Seifenlauge einfach aufgelöst.

Bei der Einteilung in die Arbeitskolonnen, die am ersten Montag nach unserer Ankunft stattfand, wurden die meisten Gefangenen zur Arbeit in die Kieselgurgruben geschickt. Das war Schwerstarbeit, denn Bagger oder ähnliche Hilfsmittel gab es nicht. Die Loren mussten per Hand mit großen spatenähnlichen Schaufeln vollgeschippt werden. Waren die Loren voll, so wurden sie zu mehreren aneinandergekoppelt und mittels Seilwinden aus den Tagebauten herausgezogen. Oben auf der ebenen Erde schoben dann zwei Mann diese Züge zum Auskippen zu den Trockenplätzen. Auf den Abraumfeldern kamen schwerere Loren zum Einsatz, deren Holzkästen nur mühsam zu beladen und auf den Halden stets von vier Mann mittels hölzerner Hebebäume zu kippen waren. Hier kam auch eine Feldbahnlok zum Einsatz. Sie schleppte schnaufend und dicke Dampfwolken ausstoßend immer fünf bis acht dieser beladenen Loren hinauf auf die Abraumhalden. Diese umgaben das Werksgelände wie ein Miniaturgebirge. Auch für die Arbeit auf den Abraumfeldern gab es keinerlei Hilfsmittel außer Spitzhacken, Äxten, Schaufeln, Spaten und Hebebäumen.

Ich wurde am ersten Arbeitstag in die Küche geschickt, um dem Koch beim Generalputz zu helfen. Der Kapo hatte panische Angst vor etwa dort hausenden Spaltpilzen. Damit meinte er gefährliche Bakterien. Drei Tage lang haben der Koch und ich geschrubbt, dann glänzte in der Küche alles, was glänzen sollte, und auf den Schränken und in den Regalen fand sich kein Stäubchen mehr.

Am Donnerstag früh wurde nebenan im tschechischen Büro gegen die Wand geklopft, und Pane Novak schrie mit seiner unangenehmen Krähenstimme: „Metzkel, komm!" Ich stürzte hinaus auf die Straße und sah ihn dort bei einer hübschen Frau stehen. Sie war mindestens schon fünfunddreißig, also mehr als doppelt so alt wie ich. Sie hatte rotes Haar, das feingeschnittene Gesicht war voller Sommersprossen, und Leib und Glieder waren zierlich und schlank. Im Genick zwischen den Schultern hing ein breitkrempiger Strohhut an einem Gummiband, und sie war barfuß. Sie glich eher einer Urlauberin als einer Arbeitskraft.

„Metzkel, du gehen mit dieser Dame zur Arbeit!" „Jetzt gleich?", stotterte ich ziemlich verdattert. „Ja, jetzt gleich! Diese Dame wird dich führen zu der Arbeit." Ich folgte der Frau zum Trockenplatz, wo sie eine Art Vorarbeiterin war. Leichtfüßig schritt sie vor mir her, und unter dem Stoff ihres Arbeitskleides zeichneten sich die Formen ihres Körpers deutlich ab. Ich konnte mich an der Rückenpartie der vor mir herschreitenden Schönen, an dem anmutigen Spiel ihrer Schenkel nicht sattsehen. Es war ein die Fantasie beflügelnder, erotisierender Anblick. Auf der Straße war reger Betrieb, und im Vorübergehen wurde die Frau von diesem und jenem in der mir damals noch unverständlichen tschechischen Sprache angesprochen. Nur einige Worte kannte ich schon. „Dobry den", Guten Tag, hörte ich zum Beispiel, und „dobre jitro", was so viel wie Guten Morgen heißt. Öfter fiel auch das Wort „Nemec", Deutscher, und immer wieder „Jitka", sicherlich der Name dieser Schönen.

Mir war recht mulmig zumute. Was würde mich auf dem Trockenplatz erwarten? Dort standen vier Arbeiterinnen beisammen, die offenbar auf mich warteten. Ich grüßte mit einem höflichen „dobry den", als ich zu ihnen stieß. Ihre Antwort fiel sehr zurückhaltend aus. Ich merkte gleich, dass sie nicht so recht wussten, wie sie mit mir umgehen sollten, dem Deutschen, dem ehemaligen Feind.

Der Trockenplatz lag etwas außerhalb der Fabrik in der Nähe eines kleinen Sees, in dessen Schilfgürtel sich allerlei Wasservögel tummelten. Sogar ein Haubentaucherpärchen konnte man vom Toilettenhäuschen aus beobachten. Dieses Häuschen war ein in den ufernahen Flachwasserbereich des Sees gestellter Pfahlbau und über einen hölzernen Steg zu erreichen. Nur die dem Ufer zugewandte Vorderseite mit der typischen Herzchentür war aus dicht schließenden Brettern zusammengenagelt. Die Seitenwände und auch die Rückwand hatte man aus aufrechtstehenden Latten zurechtgezimmert, allerdings auf Lücke, sodass sie keinen völligen Sichtschutz boten. Auch die starken Fußbodenbohlen waren so angeordnet. Der Fußboden reichte allerdings nur bis unter die Vorderkante des Sitzbretts. Man hatte stets das Gefühl, wenn man über dem bewussten Loch auf dem quer von einer Seitenwand zur anderen angebrachten Brett saß, dass man jeden Augenblick mitsamt der Abortanlage im See landen würde. Unter dem Abort tummelten sich im Wasser des Sees eine

Menge von Karpfen, die sich als Gesundheitspolizei betätigten und den See fäkalienfrei hielten. Sobald man sich über den Steg dem Häuschen näherte, strömten die Karpfen herbei und taten sich an den von oben herabplatschenden Leckerbissen gütlich. Man brauchte sich bloß im Sitzen vorzubeugen und konnte so zwischen den gespreizten Oberschenkeln hindurch die Fische bei ihrem Werk beobachten. Es waren uralte kapitale Exemplare darunter. Übrigens wurden von Pane Novak dem Koch zum Weihnachtsfest 1945 zehn dieser Fische zum Fang freigegeben. Der Koch hat sie schon Anfang November von Jupp, einem passionierten Angler, fangen lassen. Sie mussten dann bis Weihnachten ohne Nahrung bei täglich erneuertem Wasser in drei ausrangierten Badewannen schwimmen. So haben sie ihr Fett abgebaut und ihr Fleisch von allen darin angereicherten Moderstoffen gereinigt. Nach dieser Prozedur haben sie köstlich geschmeckt. Trotzdem wollten einige von uns nicht davon kosten, so sehr sie auch der Hunger quälte.

Auf dem Trockenplatz waren nur Frauen beschäftigt, zu meiner Zeit fünf an der Zahl. Es war wie bei der Heuernte. An sonnigen Tagen wurde früh die am Abend vorher zu Haufen zusammengerechte krümelige Kieselgur auf dem Platz ausgebreitet und musste dann bis zum Abend regelmäßig gewendet werden. War sie trocken, so wurde sie auf zwei große Kastenwagen verladen und hinauf ins Werk zur Mühle gefahren, gezogen von einem uralten Traktor. Dieser stieß an windstillen Sommertagen in der Morgenkühle Rauchringe aus seinem gen Himmel ragenden Auspuff aus, wie sie mein Großvater für uns Kinder ausgestoßen hatte, wenn er seine Feierabendzigarre rauchte und guter Laune war. Meine Aufgabe war es, die aus den Gruben kommende, zum großen Teil triefnasse Kieselgur mittels eines Schubkarrens auf dem Platz in groben Haufen zu verteilen, so dass die Frauen diese mit ihren breiten Rechen über die ganze Fläche ausbreiten konnten.

Drei Wochen lang war ich Hilfskraft auf dem Trockenplatz. Die fünf Frauen sind mir gegenüber während dieser Zeit von Tag zu Tag ein bisschen mehr aufgetaut. Zum Schluss hatte ich kaum mehr das Gefühl als Gefangener in Feindeshand zu sein. Dies besonders, seit ich an einem schwülen Tag im Laufe des Vormittags mein schweißnasses Hemd auszog und sie mich als wandelndes Gerippe bewundern mussten. Die Wochen des Hungerns, dazu die anstrengenden Tagesmärsche von einem russischen Lager ins andere hatten ihre Spuren an meinem Körper hinterlassen. Von da an bekam ich regelmäßig mittags von jeweils einer anderen der Frauen ein Zubrot zugesteckt. In der Regel waren es leckere Mehlspeisen, Mohnnudeln zum Beispiel, Powidl-Datschgerl[176] oder Buchteln[177], alles lange entbehrte Leckerbissen.

An den Ufern der Teiche und Wasserläufe neben dem Trockenplatz wuchsen Schwarzerlen und Pappeln, aber auch Birken und Holunder. Trockenrasen fand sich hier genauso wie Feuchtgraswiesen. In der Mittagszeit trug der heiße Sommerwind den Duft des wilden Steppenthymians bis herein auf den Trockenplatz. In rosa blühenden Polstern wuchs dieses Gewürz im Verein mit dem ebenfalls rosa blühenden Heidekraut entlang der Ränder jener trockenen Wiesen. Aber auch wilder Schnittlauch fand sich dort. Für unseren Koch waren das willkommene Geschenke der Natur.

In den feuchten Wiesengründen erhob jetzt der Wiesenknöterich seine rosa Blütenrispen über das Meer der harten Gräser. In meiner Heimat, dem Vogtland, wurde dieser Knöterich Otternzunge genannt und von den Frauen als früher Spinatersatz von den Bachrändern eingetragen. Auch unser Koch lernte dieses Wildgemüse zu schätzen, nachdem ich ihm eines Tages am Abend nach der Arbeit einige Blätter dieses Krauts mitgebracht und er sie einer praktischen Probe unterzogen hatte. Selbst jetzt, da der Knöterich schon sommerlich derb in seinen Blättern war, mundete der daraus zubereitete Spinat noch sehr gut und war auch bekömmlich. In jenen Tagen wurde ein freiwilliges Gemüse- und Kräutersammelkommando zusammengestellt und dessen Mitglieder namentlich bei der Werksdirektion gemeldet. Nur die sechs Mitglieder dieses Kommandos durften nach Feierabend das Werksgelände verlassen, um unser Zubrot zu sammeln. Selbstverständlich war ich bei diesen Kräutersammelaktionen mit von der Partie.

Eines Mittags, es war in der zweiten Woche meines Trockenplatzdienstes, riefen mich die beiden tschechischen Lorenschieber zu sich. Sie hatten gerade einen Zug, also drei Kipploren, auf den Platz geschoben und mir zur Verteilung ausgekippt: Nun standen sie, eine Zigarette rauchend, am Platzrand und schauten den Frauen bei der Arbeit zu: „Moucha, komm mal her!" Ob ich auch eine Zigarette haben möchte, meinte der eine von ihnen, der gut Deutsch sprach. „Ja, bitte!", antwortete ich, „rauchen tu ich sie aber erst nach Feierabend." Ich war Nichtraucher und würde dem Harms mit der Zigarette eine große Freude machen. Der Tscheche war zufrieden und meinte dann, während er mir die Zigarette reichte: „Du müssen mir aber einen Gefallen tun dafir! Da vor uns, die Rote, die Jitka, geh mal zu ihr und sage: Dolo tacki rude. Was sollst du sagen?" „Dolo tacki rude", wiederholte ich und fügte hinzu: „Was heißt denn das?" „Ein Kompliment", antwortete er.

Die Besagte arbeitete jetzt vier, fünf Schritte vor uns, eine gute Gelegenheit. Ich baute mich also vor ihr auf, und als sie mich fragend anschaute, stieß ich so laut, dass es alle hören mussten, heraus: „Dolos tack rude!" Für die Länge eines

Wimpernschlages stand sie wie versteinert vor mir, dann verpasste sie mir pitsch patsch, pitsch patsch, von links und rechts je zwei schallende Ohrfeigen, die nicht von schlechten Eltern waren. Ihr Gesicht war brennend rot angelaufen, und ihre Augen, mit denen sie mich jetzt von oben bis unten musterte, waren die einer wütenden Katze. Ich wollte weg, sie langte jedoch nach meinem rechten Arm und umschloss diesen mit hartem Griff. So viel Kraft hätte ich der zarten Person im Traume nicht zugetraut. „Du bleiben hier!", fauchte sie mich an. In diesem Moment hörte ich hinter meinem Rücken die beiden Lorenschieber feixen und lachen. Sie hatten mich also hereingelegt! Die rote Jitka gab mich frei und stürzte, ihren Rechen wie eine Waffe schwingend, auf die beiden Übeltäter zu. Leider stolperte sie in ihrer Aufregung dabei und segelte in hohem Bogen auf den harten Grund des Trockenplatzes, wobei sie sich beide Knie aufschlug. Ich lief zu ihr und half ihr beim Aufstehen, denn ich fühlte mich an ihrem Unglück schuldig. In der beim Trockenplatz gelegenen Schmiede gab es eine Pumpe, die Wasser in Trinkqualität förderte. Dort wurden ihre aufgeschlagenen Knie gereinigt, und es erwies sich, dass alles halb so schlimm war.

Am Abend, als wir zum Essen am langen Tisch saßen, fragte ich den neben mir sitzenden Harms: „Du, sag mal, was heißt eigentlich dolo tacki rude?" „Aber Moucha, das kannst du dir doch selbst übersetzen: dolo heißt unten, tacki heißt auch, und rude heißt rot, also: Unten auch rot? Warum diese Frage?" „Der Lorenschieber, der Milan, hat mir das beigebracht, damit ich's der roten Jitka sagen konnte. Ein Kompliment, hat er gemeint." „Ach du heilige Einfalt! Und du hast das der Jitka ins Gesicht gesagt?" „Ja! Vom Milan hab ich dafür eine Zigarette gekriegt, ich geb' sie dir nachher, von der Jitka vier Backpfeifen, du, die waren nicht von schlechten Eltern!" „Ja, man sieht's immer noch", meinte der Harms, nachdem er mir ins Gesicht geschaut hatte: „Alle fünf Finger auf jeder Backe!"

Und die rote Jitka? Sie kam am nächsten Morgen mit einem dicken Verband auf jedem Knie zur Arbeit. Ihre Leichtfüßigkeit hatte sie vorübergehend verloren. Es gab mir einen regelrechten Stich ins Herz, als ich sie so sah. Mit „dobre jitro" begrüßte ich sie, und auf mein „prominte" – Entschuldigung – meinte sie, mich dabei freundlich anschauend: „Ach dummes Moucha! Du dürfen nicht sein so leichtgläubig und machen Komplimente in eine Sprache, die du nicht verstehen!" Sie hatte sofort begriffen, dass ich dem Milan auf den Leim gegangen war. Die Jitka wurde mir durch diese vier Backpfeifen so etwas wie eine große Schwester oder mütterliche Freundin. Sooft sie dazu Gelegenheit fand, steckte sie mir nahrhafte Leckereien zu, auch in Zeiten, wenn ich nicht auf dem Trockenplatz arbeitete.

Mein tschechischer Spitzname „Moucha" bedeutete übrigens „Fliegengewicht". Einer der Arbeiter hatte ihn mir verpasst, als ich einen Tag in der Kieselgurabfüllerei aushalf. Dort wurde eine jener altmodischen, jedoch sehr genauen Dezimalwaagen benutzt. Während einer kurzen Pause meinte Janosch, einer der Sackträger und ein Hüne von Gestalt: „Du, Nemec, stell dich mal auf die Waage!" Die Waage zeigte mein Gewicht mit 46 Kilogramm an, bei einer Größe von 1,79 Meter. Moucha, Fliegengewicht, so nannten mich seitdem erst die Tschechen, dann auch meine Kameraden. Auch Harms wechselte in seiner Anrede von Muschel hinüber zu Moucha.

Der Unfall

Mein nächster Arbeitsplatz war die Abraumhalde. Sie lag nicht weit vom Trockenplatz entfernt, ebenfalls außerhalb des Werksgeländes. Als Aufschüttung erhob sie sich etwa zwanzig Meter über dem flachen Gelände. Von hier oben aus hatte man über alle Baumwipfel hinweg einen herrlichen Rundblick bis zu der am südöstlichen Horizont sich hinziehenden Kette der Neuburger Berge, eines Mittelgebirgszugs, an dessen östlichen Ausläufern drüben im Österreichischen das Städtchen Gmünd liegt. Nachmittags und gegen Abend sah man an klaren Tagen im Licht der westlich stehenden Sonne die spiegelnden Fenster dieses Städtchens bis hierher nach Borovany glänzen. Für Heini Unger, einen österreichischen Gefangenen, war diese Halde ein Platz, auf den er sich stets zurückzog, wenn er Sehnsucht nach seiner Heimat und Familie hatte. Er stammte aus Gmünd, konnte also von hier oben aus am Horizont sein Heimatstädtchen liegen sehen und war doch wie auf einen anderen Kontinent verbannt. Nie hat ihn von dort drüben her ein Lebenszeichen erreicht. Frau und Kind hatte er in Gmünd zurücklassen müssen, als er gezwungen wurde, des Führers feldgrauen Rock anzuziehen.

Wir waren hier oben auf der Halde zu fünft beschäftigt. Kommandiert wurden wir von Bogomil, einem tschechischen Arbeiter mittleren Alters, der es gut mit uns meinte. Er war jederzeit zum Scherzen bereit und entlockte uns durch sein radebrechendes Deutsch so manches Schmunzeln. Nie nahm er uns dies übel. „Ich sprech Deitsch, ihr nix sprechen Tschechisch. Ich haben Gehirn im Kopf, ihr nix wie Stroh!"

Unsere Aufgabe war es, die von der Feldlok heraufgeschleppten Loren entlang der nach einem Weiher hin abfallenden Nordkante der Aufschüttung auszukippen, diesen Abraum über die Kante hinunter auf den Hang zu schaufeln und das Gleis der wandernden Haldenkante entsprechend zu verrücken. Unebenheiten des Bodens mussten bei diesem Verlegen der Gleise durch Unterfüttern der Schwellen mit Steinen an den entsprechenden Stellen ausgeglichen werden. Dies geschah vom Ende des Schienenstrangs her. Waren wir mit einem Abschnitt fertig und hatte sich Bogomil davon überzeugt, dass alles gewissenhaft ausgeführt worden war, kam von ihm die Aufforderung: „Dost dal!", was so viel heißt wie „genug, weiter!" „Oh, Nico Dostal!"[178], entfuhr es mir, als ich diesen Befehl zum erstenmal hörte, worauf er spontan einen Operettenschlager pfiff, soweit ich mich erinnern kann, ein Couplet aus der Operette „Die ungarische Hochzeit!"

Unser Werkzeug bestand hier, auf der Abraumhalde, für jeden aus einer Schaufel in Übergröße und einem Hebebaum, der mit einem kräftigen handgeschmiedeten Eisenschuh versehen war. Mit ihm wurden sowohl die Gleise gerückt als auch die Loren gekippt. Die Radachsen dieser Loren waren unter einem aus kräftigen Eichenbalken zusammengefügten Rahmen montiert. Die in etwa einem halben Meter Höhe über diesem Rahmen aufgehängten hölzernen Kippkästen überragten diesen Rahmen etwa einen halben Meter auf jeder Seite, denn das Bähnchen fuhr ja auf einem Schmalspurgleis. Zum Kippen musste jeder von uns seinen Hebebaum auf der dem Hang abgewandten Längsseite unter dem Kasten auf den Rahmen schieben, dann in die Hocke gehen, sich den Baum auf die rechte Schulter legen, worauf Bogomil kommandierte: „Jeden – dva – tri our ruck!" Bei Ruck hieß es für alle von uns, sich möglichst schnell und gleichzeitig aus der Hocke hochzustemmen und so den schweren Holzkasten mittels der Hebebäume mit Schwung zu kippen. Die dem Hang zugewandte entriegelte Seitenwand öffnete sich dann von unten her und spie den Abraum entweder neben dem Gleis auf den Boden oder über die Kante hinweg den Hang hinunter. Damit die Loren im Schwung des Kippens nicht von den Gleisen sprangen und ihrem Inhalt hinterherpurzelten, wurden sie durch einen s-förmigen schweren Eisenhaken gehalten. Der Kleinste von uns, Kurzer genannt, hatte die Aufgabe, sich vor das Gleis unter den Lorenkasten zu hocken, den Haken unten an den Schienen und oben an der Lore einzuhängen. Wichtig war es dabei, dass der Haken so lange in Position gehalten wurde, bis die Lore restlos entleert war, was meistens ein mehrmaliges Wiederholen des Kippvorganges erforderte. Die Kastenböden mussten nach jeder Entleerung gründlich gesäubert werden. Nichts durfte auf den glatten Brettern klebenbleiben oder antrocknen und so das Abgleiten des Loreninhalts behindern.

Dass eine nicht vollständige Leerung der Loren äußerst gefährlich werden konnte, mussten wir an einem der ersten verregneten Herbsttage erleben. Der

Abraum bestand damals aus zäher Lehmerde. Wie Brotteig klebte er an unseren Schaufeln, da er unten auf dem abzuräumenden Areal nass und durchweicht auf die Loren kam. Bogomil war sehr beunruhigt an diesem Tag, man merkte es ihm an. Es war schwer, den zähen Teig aus den Loren zu kippen, und Bogomil hätte für den Augenblick gern die Arbeit ruhen lassen. Er kannte die Gefahr, aber nicht so der in der Direktion für das Grubenwesen zuständige Geologe. Im Werkzeugschuppen auf der Halde gab es für den Notfall ein Feldtelefon. Bogomil, der über dieses Telefon bei dem Geologen um die Erlaubnis zur Arbeitseinstellung nachgesucht hatte, erhielt von diesem jedoch eine glatte Abfuhr. Dies brachte die spätere polizeiliche Untersuchung ans Licht.

Wir mussten also weiterarbeiten. Die Kästen der Loren ließen sich mit unseren Hebebäumen kaum kippen. Es war eine zermürbende, kräfteraubende Schufterei. Kurz vor dem Ertönen der erlösenden Mittagssirene geschah es dann: Die letzte Lore des Zuges leerte sich nur zur Hälfte, und der auf unserer Seite festhängende, tonnenschwere Rest der Erdmassen drückte den Kasten mit voller Wucht zurück, so dass uns nichts anderes übrigblieb, als im letzten Moment zurückzuspringen, um nicht durch die Wucht unserer niedersausenden Hebebäume die Schultern zerschmettert zu bekommen. Dem unter dem Lorenkasten hockenden Kurzen war keine Flucht möglich. Er blieb unter der nun nach unserer Seite vom Gleis kippenden Lore fest eingeklemmt liegen. Dies geschah alles innerhalb weniger Sekunden, und der Tod muss unseren allseits beliebten Kameraden so schnell und überraschend ereilt haben, dass er nicht einmal mehr dazu kam, auch nur den geringsten Laut von sich zu geben. Oder ist sein Todesschrei in unseren Schreckensschreien untergegangen? Bogomil, der mit bloßen, um die untere Kastenkante gekrallten Händen das Unglück zu verhindern versucht hatte, lief nun zur Werkzeughütte, um den Unfall per Telefon bei der Direktion zu melden. Während wir fassungslos den Toten umstanden, der rücklings unter der Lore liegend mit weitoffenen Augen in den Himmel starrte, ertönte die Mittagssirene.

Auch Bogomil hatte der Unfall erschüttert, man sah es ihm an, war doch der Kurze bei den Tschechen wegen seines heiteren Wesens sehr beliebt gewesen. Noch während die Mittagssirene tönte, kam der Lokführer gelaufen. Er und Bogomil verfielen sofort in ein erregtes Gespräch in der uns unverständlichen tschechischen Sprache. Nicht lange nach dem Lockführer kam Jaroslava auf ihrem Dienstfahrzeug angeradelt. Ihr unterstand die Ambulanz des Werkes, und sie hatte schon so manchen von uns verarztet. Auch der Kurze war von ihr erst vor ein paar Wochen mit dem Skalpell von einem schmerzhaften Furunkel am Genick befreit worden. Jetzt ging sie neben ihm in die Hocke, entnahm ihrem

Notfallkoffer das Stethoskop und begann ihn in der Herzgegend abzuhorchen, soweit diese nicht unter dem Lorenkasten eingeklemmt lag. Dann steckte sie ihr Gerät zurück in den Koffer und strich dem Kurzen die Augen zu. Ganz sanft tat sie das. „Tot", flüsterte sie, als sie aufstand. Ich hatte dies alles am ganzen Leibe zitternd beobachtet. Jetzt verließen mich die Kräfte, ich sackte zusammen.

Der Lokführer hat mich wie ein Kind aufgenommen und quer auf seine Unterarme gebettet zur Werkzeughütte ins Trockene getragen, denn über dem Land hing der typische böhmische Nieselregen. Für uns vier von der Abraumhalde begann nun eine aufregende Zeit. Es gab polizeiliche Vernehmungen und Befragungen durch Angehörige des Roten Kreuzes und des Národni vybor. Dass man sich hier so eingehend mit dem Unfalltod eines ehemaligen Feindes, eines deutschen Kriegsgefangenen befasste, gab uns die Gewissheit, unter zivilisierten, die allgemeinen Rechtsnormen beachtenden Menschen gelandet zu sein. Bisher hatten wir nur Berichte über Gräueltaten gehört, von Tschechen an Deutschen begangen, von Todesmärschen, Erschießungen und Plünderungen. Derartige Schreckensschilderungen kursierten unter den Gefangenen in allen Lagern, die ich bisher durchlaufen hatte. Natürlich schenkte ich derartigen Erzählungen absoluten Glauben. Schon auf dem Marsch von Písek nach Neu-Bistritz hatte ja gegolten: durchhalten, nicht zusammenbrechen und vor allem nicht liegenbleiben, die Tschechen machen jeden Deutschen kalt, der in ihre Hände fällt!

Jetzt keimte Zuversicht in uns auf. Ganz Verwegene hofften sogar, dass wir alle Weihnachten schon wieder zu Hause wären. Weihnachten, das lag noch fern. Niemand mochte jetzt an den Winter denken, da doch der Bilderbuchsommer des Jahres 1945 seinem Höhepunkt entgegentrieb: lange, sonnendurchglühte Tage und kurze, graue Nächte; tägliche Gewitter, die sich im Laufe des Nachmittags über den fernen, blauen Ketten des Waldgebirges zusammenbrauten und nachts unter Donner und Sturmgetöse über das Land fegten, der aufatmenden Natur frische, klare Morgenluft schenkend.

Den Tod unseres allseits beliebten Kameraden nahm die Direktion des Werkes zum Anlass, die Böden aller Abraumloren mit Blech beschlagen zu lassen. Bogomil hatte nun darauf zu achten, dass diese Bleche stets blankpoliert blieben. Jetzt blieb an Regentagen beim Kippen nichts mehr in den Loren hängen. Diese Aktion kam gerade im rechten Moment zum Abschluss, weil der August 1945 mit einer mehrere Tage andauernden Regenperiode endete.

Kurze Zeit später ereignete sich ein anderer schwerer Unfall. In der Asphaltkocherei war es zu einer Verpuffung gekommen, dabei erlitten ein Tscheche und einer der Gefangenen schwere Verbrennungen. Die Arbeit mit dem Asphalt nahm die dort Tätigen generell sehr mit. Der beim Entladen der Waggons und beim Zerkleinern in der Kocherei entstehende Staub führte in Verbindung mit dem Schweiß zu starken Reizungen der Haut bis hin zu Verätzungen. Die dort Arbeitenden wurden alle Monate ausgewechselt, so dass jeder von uns wenigstens einmal in dieser Vorhölle arbeiten musste. Auch ich hatte diesen ungeliebten Dienst abzuleisten. Angeliefert wurde der Asphalt in walzenförmig gegossenen Rollen von einem Zentner Gewicht. Das Zerkleinern dieser Walzen geschah mittels stählerner Keile und schwerer Vorschlaghämmer per Hand. Erhitzt und dadurch verflüssigt, wurde der Asphalt mit ebenfalls erhitzten Korkwürfeln zu Isolierplatten gegossen. An den Tagen, wenn diese Platten gegossen wurden, hing der Duft des stark erhitzten Korks wie eine Parfümwolke über dem Werk.

Ein anderer unbeliebter Arbeitsplatz war die Glaswollzupferei. Dort stellte man aus Glaswatte und kräftigem Papier Isoliermatten her. Die Glaswolle kam in etwa dreißig Zentimeter langen und armstarken Bündeln glatter, haarfeiner Fasern in der Fertigung an. Diese Bündel mussten nun zu Watte zerzupft werden. Handschuhe und Atemschutzmasken gab es nicht, sodass die dort Arbeitenden meist unter Dauerhusten und Entzündungen zwischen den Fingern litten. In der Glaswollzupferei arbeiteten meist nur tschechische Frauen mittleren Alters. Viele von ihnen hatten sich selbst mit alten Glacéhandschuhen und Mundtüchern ausgerüstet. Woher sollten aber die in Stoßzeiten von uns dorthin Abkommandierten derartige Schutzutensilien bekommen? Der Koch und Jaroslava, die gute Fee der Werksambulanz, setzten sich bei Pane Novak für die Beschaffung dieser lebenswichtigen Dinge ein.

Küchendienst

Nach meinem Zusammenbruch nahm mich der Koch erst einmal unter seine Fittiche. Fünf Wochen blieb ich jetzt in der Küche. Diese Zeit war für mich wie ein Gesundbrunnen. Ich habe viel bei ihm gelernt, zum Beispiel, wie man aus sehr streng riechendem Gammelfleisch ein köstliches Gulasch zubereiten kann. Karamell, so meinte er, sei unabdingbar dafür. „Nur Fleisch von Schöps[179], Kalb und Rind darf so werden wie dat, wat wir jetzt kochen müssen. Fleisch vom Schwein und Federvieh fault, dat hier reift. Ob et noch jut is, musste mit Augen, Nase und Fingerspitzen prüfen."

Das Gulasch à la Calofrig wurde auf die folgende Weise zubereitet: Die Fleischbrocken wurden mit den Zwiebeln in eine heiße, mäßig gefettete

Pfanne gegeben und mit Salz und einer Prise Zucker gewürzt. Das Ganze wurde unter ständigem Wenden und Rühren scharf angebraten, bis aus der Pfanne ein angenehmer Karamellduft aufstieg, dann wurde es mit ein wenig Wasser abgelöscht. Anschließend ließ man das Gulasch zugedeckt am Herdrand bei kleiner Hitze mindestens drei Stunden schmoren, nach Bedarf wurde etwas Wasser nachgeschüttet.

Den für seine Kochkünste nötigen Zucker zweigte unser Küchenmeister regelmäßig von unseren wöchentlichen Rationen ab. Dies geschah mit Zustimmung aller Kameraden, denn wir wussten ja, dass er sich an diesem Allgemeineigentum nie vergreifen würde. Unser Koch war ein absoluter Ehrenmann und eine von allen geachtete Respektsperson. Später, als sich unser amtlich ernannter Kapo immer mehr selbst demontierte, war er es, der diesem zwar die Stange hielt, dabei aber das eigentliche Sagen hatte. Einen großen Vorteil verschaffte ihm dabei seine Herkunft. Er konnte auch die unangenehmsten Anordnungen in sein gemütliches kölscher Platt verpacken.

In der Küche zauberte unser Koch auch aus minderwertigen Zutaten köstliche Gerichte. Natürlich legte er erst einmal seine Stirn in Sorgenfalten, als uns eines morgens eine Zinkwanne voller blutig-glitschender Fleischlappen geliefert wurde: Schweineohren, so wie sie den Borstenviechern im Budweiser Schlachthof von den Köpfen geschnitten worden waren. „Borsten abbrennen, waschen, einpökeln und in den Keller damit! In zwei Wochen sehen wir weiter."

Der Koch kannte diese Armenspeise aus seiner Lehrzeit her, wenn er auch solchen Fraß nie zubereiten musste, wie er beteuerte. Pökelsalz besorgte Harms, unser Fachmann für dunkle Geschäfte. Er konnte nahezu alles herbeischaffen, weil er unter den Tschechen Schieber und Händler, Ehrenmänner und Gauner kannte. Ich glaube, er hätte dem Teufel sogar die eigene Großmutter verkaufen können.

Die Zutaten für das nächste Sonntagsfestmahl bereiteten unserem Kochlöffelkünstler schon mehr Kopfzerbrechen. Wieder bekamen wir eine ansehnliche Emailleschüssel voller blutiger Fleischlappen geliefert. „Kinners, dat sin ja allet Kuheuter!", meinte er und überlegte: „Die kannste in 'ner Pfanne braten oder wie saure Kutteln kochen." Er entschied sich für die letztere Variante. Unabdingbar für das Würzen dieses Gerichts waren Lorbeerblätter, Wacholderbeeren, Reibpfefferkuchen und natürlich Essig. Alles konnte Harms besorgen, nur den Pfefferkuchen nicht. Dafür brachte er eine Tüte voller Pimentkörner. „Auch jut", meinte der Koch. „Piment is ja als Hauptjewürz in jedem Lebkuchen drin."

Er servierte uns am Sonntag Kuheuterkutteln mit neuen Kartoffeln, die in der Schale gekocht waren, es war ein richtiges Festmahl! „Jetzt noch 'n Schuss Sahne und Madeira dran, denn könnt ick dat jradewegs in Kölle em Lokal anbieten", meinte der Koch beim letzten Abschmecken vor der Ausgabe.

Am Sonntag darauf waren die Schweineohren im Pökeltopf reif. „Die müssen erst mal jewässert werden, wejen dem Salz, denn in et kochende Wasser mit denen, Lorbeerblatt, Zwiebeln, en paar Wurzeln dazu und mindestens vier Stunden poschieren. Dazu jibt et Meerrettich, frisch jerieben." „Was ist denn das, poschieren?", wollte ich wissen. „Dat is, die janze Schose jerade knapp unterm Kochen zu halten, verstehste, die Brühe darf nur wallen, nie sprudeln! Kannst auch einfach köcheln dazu sagen."

Woher aber sollten wir die Wurzeln kriegen? Sellerie, Möhren, Porree, nichts war zu bekommen. Da konnte uns Berg, der Schmetterlingssammler, helfen. „Nehmt doch einfach wilde Möhren, die wachsen hier überall auf den Wiesen." Er kannte sich in dieser Beziehung aus. „An die wilde Möhre legt der Schwalbenschwanz seine Eier, die kenn ich genau, da besorg ich euch welche!" Meerrettich wuchs an allen Wegrändern, man brauchte ihn bloß auszugraben. Unser Festessen war also gerettet. Die Wurzeln des wilden Meerrettichs waren zwar mehr als kümmerlich: lang und dünn, höchstens fingerdick, dafür aber scharf wie Höllenfeuer. Beim Reiben meinte man, die Augen würden einem ausgebrannt. Der Koch zauberte aus ihm und dem Kochsud der Schweineohren eine rustikale, aber schmackhafte Soße. Sie waren ein würziges, wenn auch etwas knorpeliges Sonntagsgericht, diese Schweineohren in Meerrettichsauce. Alles wurde bis auf den letzten Nachschlag verputzt.

Das Essen war bei uns stets hungrigen Gefangenen das Thema Nummer eins, nicht etwa Weibergeschichten. Nach Feierabend wurden beim Kartenspielen die abenteuerlichsten Rezepte entwickelt, und dies auch von Kumpels, die unter Garantie im zivilen Leben noch nie einen Schritt in die Küche getan hatten.

Die Ziegelei

Nach fünf Wochen Küchendienst wurde ich zur Sägespanhalde beordert. Es war ein interessanter Arbeitsplatz. Die Halde lag gleich beim Fabriktor, also ein- oder zweihundert Meter von der Ziegelei entfernt, von der ein Gleis zur Sägespanhalde gelegt worden war, auf dem eine einfache Kipplore hin- oder hergeschoben werden konnte. Das Gleis verlief ebenerdig zur Basis des Hügels, wo man einen nach allen Regeln bergmännischer Kunst gesicherten Stollen hineingetrieben hatte. Hier wirkte Hermann, der Hofer. Er belud die Lore, schob sie zur Ziegelei und kippte ihren Inhalt in der weiten Halle den beiden Mischerinnen vor die Waage. Diese hatten die Aufgabe, in einer gemauerten Wanne bereits geschlämmten Lehm mit einer ganz bestimmten Menge an Sägespänen zu mischen. Dazu stampften sie mit geschürzten Röcken in der Wanne hin und her. Es entstand so ein knetbarer Teig, der in der angrenzenden Formerei zu allerlei Ziegeln verarbeitet wurde. Von den nebeneinander an einem langen Tisch stehenden Formern wurde die Ziegelmasse per Hand mit Schwung in Holzrahmen geklatscht, dann mit einer linealartigen Leiste auf der Oberseite glattgestrichen, und der so ausgeformte Ziegel aus diesem Rahmen auf passende Brettchen gekippt. Die in den abenteuerlichsten Formen gestalteten Ziegelrahmen wurden übrigens in der fabrikeigenen Tischlerei hergestellt und hingen stets griffbereit an einer der Wände des Saales.

Die Ziegelrohlinge wurden zunächst hinüber in die Trockenhalle gebracht und später in einem altertümlichen Ringofen gebrannt. Um den hohen Schornstein waren die Brennkammern im Kreis angeordnet und ließen sich von außen bestücken. Der Schornstein dieses Ofens war eines der Wahrzeichen von Calofrig. Nach dem Brennen bekamen die Ziegel eine poröse Struktur, weil ja bei den hohen Temperaturen von tausend bis tausendzweihundert Grad die der Ziegelmasse beigemengten Sägespäne verdampften. Es entstanden so mauerbare Isolationsziegel.

Ich war allerdings an der Ziegelherstellung nicht beteiligt. Meine Aufgabe am Sägespanberg war es vielmehr, unter der Anleitung eines tschechischen Arbeiters entlang der Flanke dieses Berges einen zu dessen Scheitel hin ansteigenden Weg abzustechen und zu ebnen. Er sollte für einen Schubkarren bequem befahrbar sein. Wir begannen unseren Wegebau unten bei der Endstation des Lorengleises und arbeiteten uns den Hang hinauf nach oben, dabei bemüht, stets etwa die gleiche Steigung einzuhalten. Dem Tschechen oblag das Abmessen, Abstechen und Planieren der Wegtrasse, mir das Abtransportieren der anfallenden Sägespäne mit einem Schubkarren auf dem bereits fertigen Stück Weg bis hinunter zum Ladeplatz. Nach der Fertigstellung des Weges sollten wir beide den Hügel von oben her etwa fünfzig Zentimeter weit abtragen, wobei unsere Arbeitsteilung sich nicht änderte. Der Tscheche grub die oberste Schicht des Berges ab und schaufelte mir den Schubkarren voll, während ich die Sägespäne Schubkarre für Schubkarre hinunter zu Hermann fuhr. Es war eine schwere Arbeit, weil die Karre bergab einen mächtigen Zug entwickelte und ich bergauf ganz schön ins Schnaufen kam, weshalb mir der Tscheche die Arbeit des Einschaufelns abnahm. Ich hatte so Zeit, zwischen den

Fuhren wieder Atem zu schöpfen. Trotzdem überstieg diese Schufterei bei weitem meine Kräfte. Nach drei Wochen war ich so abgemagert, dass der Tscheche meine Versetzung beantragte. Ich kam wieder in die Küche und wurde vom Koch innerhalb weiterer drei Wochen soweit aufgepäppelt, dass ich erneut einer richtigen Arbeit nachgehen konnte.

Nashornkäfer

Bei meiner Arbeit auf der Sägespanhalde hatte ich mich anfangs über die fetten weißen Engerlinge gewundert, die ich immer wieder beim Beladen des Schubkarrens in den Sägespänen fand. Sie waren teilweise mehr als fingerlang und so dick wie ein männlicher Mittelfinger. Berg, der Insektenkenner, meinte, als ich ihm von meinem Fund erzählte: „Junge, das könnten Hirschkäferlarven sein. Aus was für 'n Holz sind denn die Sägespäne?" „Ich weiß nicht, aber riechen tun sie wie frisches Leder." „Also wie Gerberlohe, da könnten sich schon Hirschkäfer drin entwickeln. Na, findste mal einen oder wenigstens Reste, so von den Flügeldecken oder vielleicht sogar 'n Kopf mit Geweih!"

Eines Tages fand ich nicht nur einen, sondern gleich mehrere Exemplare jener geheimnisvollen Krabbler, davon zwei in Kopula begriffen. Das konnten unmöglich Hirschkäfer sein, trugen sie doch vorn auf dem Kopf ein stattliches Horn. „Mannomann, das is ja 'n Nashornkäfer, 'ne Seltenheit, hab ich noch nich mal in meinen Sammlungen!" Berg geriet ganz aus dem Häuschen, als ich ihm das erste Exemplar von der Arbeit heimbrachte. Es waren stattliche Tiere, die aussahen wie gepanzerte Ritter. Der größte Käfer hatte eine Körperlänge von fünf Zentimetern. Berg ließ es sich nicht nehmen, einige der prächtigsten Exemplare für seine Sammlung zu präparieren. Er ließ mich dabei teilnehmen, und ich lernte so bei ihm das Präparieren von Käfern. Ganz natürlich sollten sie erscheinen, so als wären sie noch lebendig und könnten jeden Moment davonkrabbeln. Jetzt war Harms als Schwarzhändler wieder gefragt, denn zu dieser Arbeit brauchte man Stecknadeln und Bierdeckel. Mit Hilfe der Stecknadeln wurden die getöteten Käfer auf den Bierdeckeln fixiert, wobei besonders auf die Haltung der Fühler und Beine geachtet werden musste. Ich habe mir ein prächtiges Männchen mit dem dazugehörigen Weibchen präpariert. Beide Käfer sind mir leider zerbrochen, ehe ich Ende 1946 wieder zu Hause ankam. Berg hat mit den Calofriger Exemplaren seine Sammlung bereichert. Ich konnte sie anlässlich meines Besuches im Jahre 1952 bei ihm zu Hause in Lichtenrade bewundern.

Auf der Feldbahn

Nachdem mich der Koch wieder hochgepäppelt hatte, wurde ich erneut auf die Abraumhalde beordert, dieses Mal allerdings nicht als Streckenarbeiter und Lorenkipper, sondern als Heizer, Hilfsbremser und Rangierer auf der Lokomotive des Feldbähnchens. Dieser Arbeitsplatz war wie ein Weihnachtsgeschenk für mich. Damals war es der große Traum aller Jungen, Lokomotivführer zu werden, und ich war mit meinen fünfzehneinhalb Jahren ja noch ein halber Junge. Ich war zwar nur Heizer, Hilfsbremser und Rangierer, aber ich durfte täglich auf der kleinen Dampflok mitfahren. Meine Aufgabe war es in erster Linie, den Druck- und Wasserstandsanzeiger zu beobachten. Fiel der Kesseldruck ab, so galt es, das Höllentürchen aufzureißen und diesen Schlund mit der im Tender vorrätigen Braunkohle zu füttern. Allerdings gehörte zu meinen Pflichten auch das allabendliche Ausräumen und Reinigen der Befeuerungsanlage und jeden Morgen gegen halb sechs Uhr das Anheizen der Lok. Spätestens um sieben Uhr musste sie unter Dampf stehen. Meine Freizeit wurde also ganz schön beschnitten, doch ich opferte der Dampflok diese zusätzlichen Arbeitsstunden gern. Nur das frühe Aufstehen fiel mir oft schwer, da musste mich der wachhabende Tscheche ganz schön rütteln und schütteln, ehe ich zu mir kam.

Ich hatte nun auch kaum mehr Zeit zum Lesen. Lesestoff war genug vorhanden, denn wir hatten gleich zu Beginn unserer Calofriger Zeit eine Bücherspende bekommen. Vier große Wäschekörbe voll waren es, die Pane Novak an einem Samstagnachmittag auf einem Bauernwagen ankarren und im Schlafsaal auf dem freien Platz vor der Essensausgabe auf die Dielen kippen ließ. Der Kapo schien über diesen Büchersegen Bescheid zu wissen, denn er stand bereits wartend vor der Küchenluke, als Pane Novak mit den Büchern kam: „Alle Literaturliebhaber mal herhör'n!", rief er. „Die Bücher sin für euch. Bedient euch, solange der Vorrat reicht!"

Ich saß gerade auf der Bettkante und zeichnete wieder eines meiner Schiffsbildchen. Natürlich entstand sofort um den Bücherhaufen ein wildes Getümmel, denn jeder wollte ja das Beste und Spannendste für sich ergattern. Vor allem wurde mächtig um die reichlich mitgelieferten Groschenromane gestritten. Ich mochte mich an dieser Balgerei nicht beteiligen und beobachtete von meinem Hochsitz aus amüsiert das Geschehen. Als sich der Sturm gelegt hatte, waren noch zwei Bücher liegengeblieben. Es waren nicht gerade die spannendsten Schmöker, aber ich eignete sie mir trotzdem an. Eines der Bücher war Knigges Umgang mit Menschen in einer Ausgabe von 1870[180], das andere Homers „Ilias" und die „Odyssee" in einer bebilderten Ausgabe aus dem 19. Jahrhundert. Letzteres war ein dicker Wälzer, der nach dem antiken Versmaß in Hexametern übersetzt worden war, und zwar von Johann Heinrich Voß, einem Zeitgenossen Goethes.[181] Ich las mich dennoch in dieses Werk sehr schnell ein und konnte doppeltes Vergnügen daraus schöpfen. Zum einen fand ich den Inhalt der beiden Epen spannend, und zum anderen faszinierte mich damals schon die gebundene, altertümliche Sprache der Werke. Natürlich war ich auf der Seite der Trojaner, und den Pferdetrick des Odysseus empfand ich als hinterhältige Schuftigkeit. Leid hat mir auch Kassandra getan, die das ganze Unglück ihrer Stadt und ihres Volkes voraussah, ohne helfen zu können. Jeden Abend las ich eine Stunde im Homer. Natürlich wurde Harms neugierig auf diesen Wälzer, aber als er eines Tages darin höchstens zehn Minuten gelesen hatte, gab er mir das Buch angewidert zurück: „So was liest du jeden Abend? Ich würde daran schon nach 'n paar Minuten an Langeweile sterben!"

Den viel weniger gewichtigen Knigge hatte ich mir für die morgendliche halbe Stunde Freizeit zwischen Frühstück und Arbeitsbeginn vorbehalten. Nach meiner Heimkehr war ich der Meinung, durch die Lektüre des Knigge nun über alle Benimmfragen bestens Bescheid zu wissen, musste jedoch leider feststellen, dass mittlerweile viele der Knigge'schen Regeln dem modernen Zeitgeist angepasst worden waren und nicht mehr galten.

Auf der Feldbahn tat ich drei Monate Dienst, von Anfang August bis Ende Oktober. Ich wurde in dieser Zeit so sicher in der Bedienung der kleinen Lokomotive, dass mich der Lokführer so manche Fahrt allein machen ließ, wenn er in der bei dem Lokschuppen stehenden Schmiede an Ersatzteilen für die schnaufende Madam arbeiten musste. Oben auf der Abraumhalde waren damals noch die alten Kumpels bei der Arbeit, nur für mich und den Kurzen waren Ersatzmänner angelernt worden. Ich wurde dort mit großem Hallo empfangen, als ich zum ersten Mal als Lokführer allein im Führerhaus stehend die schnaufende Feldbahn auf den Punkt genau zum Stehen brachte.

Jitka

Der Sommer 1945 gewährte mir ein ganz besonderes Erlebnis, das für meine Entwicklung, mein Erwachsenwerden sehr wichtig war. Es begann damit, dass der Harms eines Tages zu mir sagte: „Moucha, deine Windjammer kannste dir in Zukunft an den Hut stecken. Die interessieren niemanden mehr!" Er meinte damit meine Zeichnungen von Segelschiffen in voller Takelage auf hoher See, mit denen wir in Calofrig einen Kunsthandel begonnen hatten. Harms verhökerte diese Kunstprodukte bei den tschechischen Arbeitern und Arbeiterinnen gegen essbare Naturalien. Sogar unter Glas und Rahmen konnten wir auf Wunsch meine Bleistiftskizzen liefern, dafür sorgte unser in der Tischlerei beschäftigter Facharbeiter. Es wurden ja nur Glas- und Holzabfälle für die Rahmen verwendet, weswegen der die Schreinerwerkstatt leitende Tscheche nichts gegen die Feierabendarbeit unseres Kameraden einzuwenden hatte. Natürlich mussten wir den mit den Rahmen erwirtschafteten zusätzlichen Gewinn zum großen Teil an jenen tischlernden Kameraden abführen, das versteht sich von selbst.

Dieser Kunstmarkt schien nun ausgetrocknet zu sein. Harms wäre jedoch nicht Harms gewesen, wenn er nicht auch in dieser Situation Rat gewusst hätte: „Mensch, Moucha, zeichne doch einfach statt der Windjammer nackte Weiber, die geh'n bestimmt! Ich find da schon Interessenten, und wenn es welche von uns sin, die solche Kunstwerke abnehmen. Et muss bloß allet dran sein an die Weiber!" „Das kann ich nich, hab doch noch nie 'ne Nackte geseh'n!" Aber Harms ließ meinen Einwand nicht gelten. „Biste noch nie im Schwimmbad gewesen?" „Da loofen doch keine Nack'schen rum!" „Aber fast Nackede! Zeichnest halt einfach 'n paar Badenixen, so, wie de se in der Erinnerung hast und lässt die Badeanzüge weg!" Das war nun leichter gesagt als getan. Jedenfalls schüttelte Harms enttäuscht den Kopf, als ich ihm meine ersten diesbezüglichen Versuche zeigte. „Da haste vielleicht 'n paar Geißen aufs Papier gebracht! So geht das nich, aber ich find schon en Weg!"

So kam es, dass er eines Tages im August zu mir meinte: „Du, Moucha, wenn am Sonntag schönes heißes Wetter ist, hab ich 'ne Aufgabe für dich, da musste am Nachmittag was zeichnen, draußen, hinterm Birkendickicht, bei den Sägespänen." „Was denn?", wollte ich wissen. „Das wirste dann schon sehen! 'N Brett als Zeichenunterlage für die Knie besorg' ich dir." Das klang nach einem rechten Abenteuer und versetzte mich in den Zustand spannungsvoller Erwartung.

Am Mittwoch jener Woche hatte mir dies der Harms beim Abendessen eröffnet. Der Donnerstag zeigte sich regenverhangen, aber am Freitag spannte sich der Himmel wie leergefegt und in reinem Blau über dem böhmischen Becken, kaum dass die Sonne im Laufe des Vormittags den Morgennebel aufgesogen hatte. So kündigten sich hier längere Schönwetterperioden an. Es würde also einen sonnigen und heißen Sonntag geben. Meine Spannung wuchs.

Der Samstag war wie immer ausgefüllt mit allerlei häuslichen Verrichtungen. Wer nicht zur Arbeit antreten musste, wurde zum Wäschekochen verdammt oder zur Dielenschrubberei im Schlafsaal. Die Flöhe hausten trotz allem immer noch in den Dielenritzen und bevölkerten von dort aus unsere Betten, besonders die schweren Pferdedecken, die uns als Plumeaus dienten. Nachmittags hieß es dann nacheinander in Zehnergruppen zum Duschen zum Verwaltungsgebäude marschieren. Ich liebte diesen Gang, half einem der Umgang mit Wasser und Seife doch, sich einen Teil der Menschenwürde zu erhalten. Die Duschen standen uns immer offen, wurden jedoch nur samstags mit warmem Wasser versorgt. Trotz dieses Mankos stellten sich viele Unentwegte, zu denen auch ich gehörte, in der Woche nach der Arbeit gern unter die kalten Duschen. Einige Gefangene versuchten sich allerdings vor den wöchentlichen Duschgängen zu drückten und schleppten immer wieder Läuse bei uns ein.

Am Sonntag hatte ich vormittags Küchendienst. Der Koch war von Harms unter Garantie in unser Vorhaben eingeweiht worden, denn er erließ mir das nachmittägliche Küchenschrubben. Ich brachte trotz meines Hungers an jenem Sonntagmittag kaum einen Bissen herunterbrachte. Was würde mich erwarten? Es war dem Harms aber auch kein Wort zu entlocken! Endlich meinte er zu mir: „So, jetzt müssen wir los. Nimm dein Zeichenzeug und komm mit!"

Wir meldeten uns beim diensthabenden Posten, dem schon längst pensionierten Schmusekater ab und machten uns auf den Weg. Erst ging es ein Stückchen auf der Straße in Richtung Fabriktor, dann, als wir schon nahe beim Sägespanberg waren, verdrückten wir uns in das rechts der Straße wuchernde Birkendickicht. Ein kaum erkennbarer Trampelpfad führte uns an den Grenzzaun des Werkes und endete dort an einem Schlupfloch im Maschendraht, gerade so groß, dass ein Mensch hindurchkriechen konnte. Wer mochte hier heimlich ein- und auskriechen? Wir hielten uns mit dieser Frage jedoch nicht auf, sondern folgten dem Zaun einige Meter und kämpften uns dann durch das Birkendickicht bis hin zum Fuß des Sägespanberges. Dort, in einer ringsum dicht von Gestrüpp eingeschlossenen kleinen Lichtung trafen wir die rote Jitka, die auf einer in den Hang der Sägespäne gegrabenen Bank saß. Wie eine Nymphe saß sie da in einem leichten, mit Blumen bedruckten Sommerkleid, umgeben von jungen Birken. Sie begrüßte uns in ihrem harten, slawisch geprägten Deutsch mit „Gutten Taack!" Wir antworteten in unserem nicht besseren Tschechisch: „Dobri den!" Harms meinte zu mir, dabei die immer noch auf ihrer Bank sitzende Jitka leicht am Arm berührend: „Dein Modell! Leider muss ich gleich wieder gehen. Also Servus, bis nachher." Dabei nickte er Jitka zu und verschwand im Birkendickicht.

Warum verließ er mich gerade jetzt so schnell? Was sollte ich mit dieser Frau anfangen? Worüber reden? Sie schien ähnlich zu empfinden wie ich, denn sie vermied es, mir in die Augen zu schauen. Auch ich tat alles, damit unsere

Blicke sich nicht trafen. Schließlich unterbrach sie das peinliche Schweigen: „Komm, Moucha, setz dich hierher, an die meinige Seite! Haben wir erst ein bissel Gespräch miteinander vor der Arbeit!" „Warum ist der Harms so schnell wieder verschwunden?" Ich hatte es leise und wie zu mir selbst gesagt, während ich mich neben sie setzte. Sie antwortete darauf ebenso leise: „Ich haben ihn weggeschickt, denn ich will mein Kleid nur ausziehen für dich. Kein Mann soll mich sehen so – nackt, ich bin doch nicht eine Hure!" Also, dachte ich, bin ich für sie noch kein Mann! Ich nahm ihr diese Äußerung jedoch nicht übel. Mittlerweile hatte ich ja gemerkt, dass meine Jugend mir Vorteile brachte.

Wie alt ich wäre, wollte sie wissen und wo meine Heimat sei. „Fünfzehneinhalb Jahre, und zu Hause bin ich im Vogtland." Das Vogtland kannte sie nicht. „Noch nie gehärt davon." Über mein jugendliches Alter war sie sehr verwundert. Ob ich schon im Krieg gewesen wäre und Menschen erschießen musste, und ob ich nicht oft Heimweh hätte und Sehnsucht nach Papa und Mama? „An der Front war ich nicht, ich bin ja noch zur Schule gegangen, brauchte also noch nie auf Menschen zu schießen, und ob meine Eltern noch leben, weiß ich nicht. Zuletzt haben wir in Berlin gewohnt, aber seit Jahresbeginn hab ich nichts mehr von meiner Familie gehört. Hoffentlich haben sie keine Bombe auf den Kopf gekriegt!"

Eine ganze Weile saß sie schweigend neben mir. Vielleicht tat ich ihr sogar leid, ich, der ehemalige Feind! „Kopf hoch, Junge, sicher alles wird guttt!" Sie bemühte sich, ihrer Stimme einen zuversichtlichen Klang zu geben, dann stand sie abrupt auf und meinte: „So, jetzt wir mussen aber Arbeit machen!" Sie lief in ihrer leichtfüßigen Art über die Lichtung und verschwand im gegenüberliegenden Dickicht. Ich konnte während der kurzen Zeit, bis sie wieder erschien, zu meinen Füßen eine Tragödie beobachten, einen Kampf auf Leben und Tod! Ein großer, metallisch glänzender Laufkäfer hatte sich in das Hinterteil einer ebenso großen Raupe verbissen, die wild mit dem Kopf hin- und herschlug, um den hungrigen Mörder abzuschütteln. Ich weiß nicht, wie der Kampf ausging. Plötzlich stand wie aus dem Nichts dahingezaubert die Jitka mir gegenüber. Noch verbarg sie ihre Nacktheit im Birkengestrüpp. Nur ihr Gesicht und ihre Schultern waren zu sehen. Als sie schließlich heraustrat, schlug ich beschämt die Augen nieder.

„Moucha, wenn du wollen malen mich, du mussen gucken zu mir!", sagte sie und ergänzte sogleich: „Aber du dürfen nicht malen mein Gesicht, darf niemand kennen mich!" Recht hatte sie ja mit ihrer Feststellung „Du mussen gucken zu mir!", aber durfte ich das denn, sie so ungeniert anschauen, zumal ihr jetzt die Schamröte im Gesicht stand, bis hinunter zum Ansatz der Brüste, und ihre Bewegungen Verlegenheit ausdrückten? Es fiel ihr also nicht leicht, sich mir so zu zeigen.

Bis jetzt hatte ich nur einen kurzen schüchternen Blick auf sie geworfen. Endlich wagte ich es, meine Augen vom Boden zu lösen und von den Füßen aus über ihren Körper bis hinauf zum Gesicht wandern zu lassen. Sie lächelte mir zu, und ich begann mit dem ersten Versuch, diese schöne Frau mit einem weichen Bleistift auf das spröde weiße Papier zu bannen. Die Produkte dieser ersten Zeichenversuche hatten allerdings nur entfernte Ähnlichkeit mit einem schönen nackten Frauenkörper, aber nachdem ich etwa eine Stunde intensiv gearbeitet hatte, waren die Ergebnisse meiner Bemühungen durchaus anschauenswert. Mittlerweile war ich sicherer geworden und ließ meine Blicke ungeniert über die unbekleidete Vorderansicht der kaum drei, vier Meter vor mir stehenden Frau wandern. Trafen sich unsere Blicke, so schenkte sie mir ein aufmunterndes, tantenhaftes Lächeln.

Ist es verwunderlich, dass meine Blicke stets wie gebannt an jenem magischen, dreieckigen roten Haarbüschel hängenblieben, jenem Ziel männlicher Fantasien und Begierden, von welchem aus sich ein feiner Streifen roter Härchen über die Bauchmitte bis zum Nabel hinaufzog? Ihr blieben diese Blicke nicht verborgen, und sie legte dann stets schützend ihre Hand auf jene Stelle. „Moucha, du sollen malen die ganz Jitka und nicht nur die ...!" Weiter kam sie nicht, nur ihr Gesicht lief wieder puterrot an. Ihre Hand, leicht sonnengebräunt und voller Sommersprossen, stand in krassem Gegensatz zu dem makellosen Elfenbeinton ihres übrigen Körpers, soweit dieser normalerweise von der Kleidung bedeckt wurde.

In den nötigen Pausen kam sie zu mir und setzte sich neben mich auf die Rasenbank. Gelegenheit, ein bissel Gespräch zu haben, wie sie es nannte. Anfangs verschwand sie zum Beginn jeder Pause im Dickicht, um sich ihr Kleid überzuwerfen, später, als wir vertrauter miteinander waren, verzichtete sie darauf, und ich konnte mich, wenn sie wieder auf ihren Platz am Rand des Dickichts zurückging, an ihrer schönen Kehrseite erfreuen. Jetzt durfte ich unverpackt bewundern, was sich mir vor ein paar Wochen, als ich ihr auf dem Weg zur Arbeit gefolgt war, unter dem leichten Sommerkleidchen verborgen hatte, das sie an jenem Tag getragen hatte. Sollte sie mir noch einmal eine Zeichenstunde gewähren, würde ich sie um diese prächtige Rückenansicht bitten. Sie würde mir diesen Wunsch bestimmt nicht abschlagen!

Sie hatte mir zu dieser Zeichenstunde ein Stück saftiges Brathuhn mitgebracht und dazu weißes Brot und einen Sommerapfel. Mir blieb sie, auch wenn ich sie nun nackt ansehen durfte, eine gute, mitleidvolle Tante. Nie hat ihr

Anblick in mir sündige Gedanken geweckt. Ich habe sie einfach bewundert, wie man eine gelungene Skulptur bewundert oder ein schönes Gemälde.

Ich erzählte ihr, während ich die von ihr mitgebrachte Brotzeit verzehrte, dass unsere Mutter in Berlin-Lichtenrade im Herbst immer Äpfel auf die drei Pfosten unseres Gartentores gelegt hätte, als Wegzehrung für die armen Ostmädchen. Sie wurden täglich auf der schmalen Straße an unserem Grundstück vorbeigeführt, wenn sie zur Arbeit gehen mussten. Es fanden sich unter den Mädchen stets Mutige, die im Vorbeigehen zum Tor sprangen und die Äpfel in ihre Taschen fallen ließen. Eines Vormittags standen dann zwei Gestapomänner vor dem Tor, zeigten ihre Dienstmarken und befahlen, eingelassen zu werden. Die Unterredung war kurz und gipfelte in der Warnung: „Wenn Sie noch einmal diese volksschädigende Handlung begehen, verschwinden Sie zur Umerziehung in einem entsprechenden Lager! Der Ort ist dann allerdings nicht mit dem Ferienlager zu vergleichen, in dem diese Pollackenweiber hier leben dürfen! Heil Hitler!"

Unsere Oma hatte diese Episode von ihrem Zimmer im ersten Stock unseres Lichtenrader Hauses aus zufällig belauscht und später in Falkenstein unter dem Siegel der Verschwiegenheit Onkel Otto erzählt. Ich konnte damals heimlich dieses vertrauliche Gespräch belauschen. Nie dürfte ich darüber je ein Wort verlieren, ganz egal zu wem, das war mir von Anfang an bewusst. Ich wusste ja damals schon, dass mit jenem Umerziehungslager nichts anderes als ein KZ gemeint war. Der Jitka gegenüber konnte ich nun allerdings getrost mein Schweigen brechen, die Zeit der Gestapo und der KZs war ja mittlerweile Gott sei Dank vorüber.

Sie blieb, nachdem ich geendet hatte, einige Sekunden lang still neben mir sitzen, dann strich sie mir, während sie sich erhob, mit der rechten Hand übers Haar. Ich ließ mir diese mütterliche, wohltuende Geste von ihr gern gefallen. Auf ihren Wangen glänzten zwei Tränen, die sie verstohlen abwischte, als sie mir nun voll ins Gesicht sah, dann wandte sie sich wortlos ab und ging zu ihrem Platz am Rand des Dickichts, um sich noch einmal in Positur zu stellen. Ich blieb ziemlich fassungslos zurück. Zum ersten Mal in meinem jungen Leben ist mir in Gestalt dieser Jitka die Frau als rätselhaftes Wesen erschienen.

„So, Feiromd! Jetzt du haben mich genug dürfen angucken", meinte sie, als sie nach etwa einer Viertelstunde zu mir an die in den Sägespanberg gegrabene Bank kam. Nachdem sie sich ihr Kleid übergeworfen hatte, schaute sie sich meine allerersten Versuche auf dem Gebiet der Aktzeichnerei an. Die ersten zwei, drei Blätter zerriss sie sofort. „Nix gutt das! Schlechte Kunst! Das dürfen niemand angucken!" Die Serie der letzten Skizzen fand sie dann recht gut. „Moucha, du sein eine Kinstleer! So schnell du haben gelernt zu malen die Jitka", meinte sie und nahm sich eines der Bilder heraus. „Tust du mir das schenken?" Natürlich durfte sie die Zeichnung behalten. Aber erst musste ich sie noch einmal von ihr zurückfordern. „Bitte gib mir das Blättchen nochmal, ich muss ja meinen Namen und das heutige Datum drauf schreiben." Ich schrieb darauf: „Dieter Möckel, genannt Moucha, Calofrig im August 1945." „Dankescheen!", meinte sie, als ich ihr die Zeichnung zurückgab, und ich hatte das Gefühl, dass sie ihren Dank gern mit einem Küsschen besiegelt hätte. „Nur das nicht!", dachte ich. Noch waren mir die mütterlichen Abschieds- und Begrüßungsküsse in lebhafter Erinnerung. Wie, wenn ihr Kuss in mir dieselben Gefühle auslösen würde wie ein mütterlicher Schmatz? Sie beließ es zum Glück auch nur bei den Worten. Während sie mir zum Abschied die Hand reichte, fand ich Gelegenheit, sie um eine weitere Zeichenstunde zu bitten. „Natierlich kommen ich, wenn es ist so sonnig und warm wie heite! Schon am nächste Sonntag!"

„Mensch, Moucha, das sinn Zeichnungen, die kannste in jedem Mädchenpensionat als Erbauungsbilder aufhängen", meinte der Harms, als ich ihm am Abend die Früchte meiner Kunstbemühungen zeigte. „Das sinn ja nackte Heilige, aber keine Huren zum Aufgeilen!" „Isse ja auch nicht, die Jitka!" „Musste halt eine aus ihr machen! Bei deinem Talent wird's dir wohl nicht schwerfallen, diese Heiligen in so 'ne Weibsstücker zu verwandeln! Rein zeichnerisch, mein' ich natürlich."

Der folgende Sonntag war wieder sonnig und hochsommerlich heiß. Dieses Mal war ich eine Weile vor der Jitka beim Sitzplatz in unserem Versteck. Dem Harms hatte ich zwar gesagt, was ich an diesem Sonntagnachmittag vorhatte, aber er machte zum Glück keinerlei Anstalten, mich zu begleiten. Ich genoss die Stille und Einsamkeit dieses Plätzchens und vergaß darüber sogar den Anlass meines Hierseins. Hier und jetzt war ich nicht der Kriegsgefangene Dieter Möckel, sondern Ditt, der fünfzehnjährige Junge aus Berlin, der gern vor sich hin träumte, sich lange, in der Schule gelernte Balladen ins Gedächtnis zurückrief und vor allem an Vater, Mutter, die Brüder und an Oma dachte. Würde ich je einen von ihnen allen wiedersehen?

Mussten mir gerade dann Tränen in die Augen steigen, als die Jitka aus dem Birkengehölz trat? Himmel, was für ein Bild! Wie eine Allegorie auf den Sommer stand sie jetzt vor mir, den breitkrempigen Strohhut keck aus der Stirn geschoben, das seidenglänzende blaue Hutband hinten zu einer großen Schleife gebunden, deren Schwänze über die Hutkrempe auf ihren Nacken fielen, in voller farblicher Harmonie mit ihrem zurückgekämmten roten Haar.

Ihr schlichtes leichtes Kleid schien aus naturfarbener Seide zu sein und war mit einem kleinblumigen, sommerlichen Muster bedruckt. Um die Taille hatte sie als Gürtel dasselbe blaue Band geschlungen, das auch den Strohhut zierte.

Mit „Dobri den, Moucha!" begrüßte sie mich diesmal auf tschechisch. „Warum du gucken so, sein ich ein Gespenst?" „Nein, kein Gespenst, aber eine bildhübsche Frau!" Sie trat lächelnd auf mich zu und gab mir einen leichten Nasenstüber: „Ach du dummes Moucha, machen du wieder Komplimente! Was du wissen von Frau, ob scheen, ob hässlich? Mussen erst werden ein Mann!" Peng, das saß! „Du haben schon einmal gemacht ein Kompliment. Du noch wissen? Dolo tacki rude." „Ja! Und dafür habe ich von dir vier Ohrfeigen gekriegt, die sich gewaschen haben!" „Tut es auch geben schmutzige Ohrfeigen? Bin untrestlich deswegen im Herzen. Hätten ja dem Milan gehärt, die gewaschene Ohrfeigen. Ich haben damals gedacht: Is aber frech von Moucha, zu fragen sowas eine Frau! Ich nix konnte wissen, dass Milan war, wie man sagt?" „Anstifter." „Ja, Anstifter! Dafür du dürfen jetzt mich angucken und malen von Fuß bis Kopf."

Natürlich hatte sie zum heutigen Treffen wieder eine Brotzeit mitgebracht. Es war eine richtige Sonntagsjause: saftiges Geselchtes, Sauerkraut und zwei Scheiben böhmischer Serviettenknödel dazu. Sie genoss es, mir beim Essen zuzuschauen, zu beobachten, wie ich ihre mitgebrachte Jause auch jetzt noch, am frühen Nachmittag, als kalte Speise voller Genuss verzehrte. Ja, nicht nur die Liebe geht durch den Magen, sondern auch das Verzeihen, ich erlebte es jetzt in diesem Moment, als ich mir den Bauch mit Jitkas kaltem Sonntagsbraten vollschlug. Sie hatte mich beleidigt mit ihrer Feststellung: „Du mussen erst werden ein Mann!" Aber mit jedem Bissen, den ich mir in den Mund schob, verflog ein bisschen von meinem Unmut.

Nachdem das letzte Krümelchen vom Teller verputzt war, packte sie das Geschirr in ihre Tasche und blieb noch ein paar Augenblicke neben mir sitzen. Ich hatte mir fest vorgenommen, sie diesmal nach ihren Lebensumständen auszufragen, ob sie verheiratet wäre, Kinder hätte und so weiter, ließ es dann aber doch sein. Dafür berichtete sie mir von Ereignissen aus der Protektoratszeit, die ich nicht glauben mochte. Zum Beispiel, dass nach Heydrichs Ermordung durch tschechische Freiheitskämpfer zwei ganze Dörfer von der Waffen-SS dem Erdboden gleich gemacht worden waren.[182] „Alle Männer sie haben erschossen, auch solche Jungs wie dich, und alle Frauen und Kinder sie haben gesteckt in KZ! War auch wie totschießen!" „Das hab ich nicht gewusst, Jitka! Wie können denn Menschen sowas machen?" Sie schien meine Betroffenheit zu spüren, denn sie legte mir nun ihren rechten Arm über den Rücken und schaute mich dabei zwar ernst, aber nicht unfreundlich an: „Ich dir glauben, Moucha, du sein ja auch ein guter Deitscher! Deine Kameraden auch." Nach einer Denkpause kam die Einschränkung: „Vielleicht nicht alle."

Dann saßen wir einige Minuten schweigend nebeneinander, jeder hing seinen Gedanken nach. „Jetzt wir mussen machen aber unsere Arbeit!" Mit diesen Worten verscheuchte sie die Schatten der Vergangenheit. Während sie ihre Kleider ablegte, musste ich ihr den Rücken zukehren. Als sie endlich meinte: „Jetzt du dürfen wieder hergucken" und ich mich ihr zuwandte, stand sie schon auf ihrem Platz in Positur, mir ihren Rücken zukehrend. Ehe ich auch nur ein Wort dazu sagen konnte, meinte sie: „Ich haben gedacht, du mussen die Jitka auch malen im Ricken." Konnte sie Gedanken lesen?

Jitka war leicht untersetzt, schmalschultrig, sehr schlank und biegsam in der Taille, mit breiten, aber wohlgeformten Hüften, strammen Pobäckchen, stämmigen Oberschenkeln, die Waden dagegen schlank, die Fesseln schmal und zart. Vergnügt begann ich mit dem Versuch, die Rückenansicht dieser schönen Frau aufs Papier zu bannen. Es war, als hätte mir dabei Aphrodite persönlich die Hand geführt, so leicht und locker ging das vonstatten. Es war diesmal viel leichter als vor einer Woche. Damals, beim Zeichnen ihrer Frontalansicht, waren sich immer wieder unsere Blicke begegnet. Das war uns beiden peinlich gewesen. Sie schämte sich sicherlich wegen ihrer Nacktheit, ich schämte mich der abschätzenden, tastenden Blicke, die ich über ihren Körper wandern ließ. Heute präsentierte sie sich als selbstsichere Frau, die mir den Blick auf ihren unbekleideten Körper als persönliches Geschenk darbot. Ausdruck dieser Selbstsicherheit war wohl die Tatsache, dass sie mir nicht mehr gestattete, über sie Regie zu führen. Sie bestimmte jetzt ihre Standplätze und die Art ihrer Posen.

Als sie schließlich sagte: „So, Feiromd!", konnte ich von ihr noch eine allerletzte Skizze erbetteln: „Du, Jitka, schenkst du mir noch 'n paar Minuten für 'n letztes Bild? Ich würde dich gern nochmal von vorn zeichnen, mit deinem schönen Strohhut auf dem Kopf." Sie schaute mich verständnislos an und meinte: „Moucha, Moucha, du haben aber krumme Gedanken und Winsche!" Sie schenkte mir aber doch, um was ich sie bat. Sie bot mir, wie sie nun in unschuldiger Nacktheit, aber mit behütetem Haupt vor dem Birkendickicht stand, ein Bild wie aus längst vergangenen Epochen in unsere Zeit projiziert.

Diesmal brauchte sie beim Betrachten der Skizzen keine zu zerreißen, sie fanden alle Gnade vor ihren kritischen Blicken. Lange hielt sie das allerletzte Blatt in den Händen, die nackte Jitka mit Strohhut auf dem Kopf. „Das Bild ist, wie man sagen – apart? Ja, so man kann sagen! Das ich haben nicht gedacht!

Tust du mir schenken das Bild, als Angedenken?" „Eine Kopie davon kannst du haben. Ich geb' sie dir zur nächsten Zeichenstunde." Sie erwiderte, mir dabei freundlich ins Gesicht schauend: „Das nicht mehr geben! Du mich haben genug angeguckt und gemalt. Jetzt wir sind quitt! Zwei Malstunden gegen vier gewaschene Ohrfeigen."

Harms war zufrieden mit meinen neuerlichen künstlerischen Bemühungen: „Ist die Jitka wirklich so hübsch?", meinte er, als er das letzte Blatt betrachtete, das Jitka als behütete Venus darstellte. „Wird wohl so sein, Harms. Ich hab sie nicht verschönert!" Übrigens konnten meine Aktzeichnungen unseren Kunstmarkt nicht so recht wiederbeleben. Der Absatz meiner Bildchen blieb schleppend. Nur vom letzten Bild, der behüteten Venus, konnte Harms zwölf Stück an den Mann bringen, oder waren es gar fünfzehn?

Herbst

Nach dem heißen und trockenen August des Jahres 1945 war es plötzlich Herbst geworden. Der September hatte quasi über Nacht sein Gold an alle Bäume und Sträucher gezaubert und über die raschelnden Schilfgürtel der zahlreichen Teiche gestreut. Diesen aufgelassenen und zu Teichen gewordenen Kieselgurgruben schenkte er nun ihren Herbstschmuck. Der Herbst brachte uns eine Reihe sonniger Tage, in deren mildem Mittagslicht sich das ferne Waldgebirge klar und wie näher gerückt über dem Horizont erhob.

Auf dem Weg zum Aborthäuschen entdeckte ich eines Tages im Gras eines flachen Grabens Blutreizger. Es waren nicht bloß ein paar, nein, auf einer langen Strecke dieses Grabens wuchsen sie im herbstlich gefärbten Gras wie für mich gesät. Vorsichtshalber nahm ich am Abend erst einmal nur ein paar dieser köstlichen Pilze mit. Was würden der Koch und die Kameraden zu solcher Speise sagen? „Moucha, du willst uns wohl vergiften!", meinte der Harms. „Komm mit dem Teufelszeug bloß nich rein!", rief der Kapo und wiegte bedenklich den Kopf, als ich mit den Pilzen in die Küche kam. „Ick weiß nich, so wat hab ick noch nie jekocht! Ja, wenn et Champignons wären, Steinpilze oder Pfifferlinge!" „Du, Koch, ich kenn mich mit Pilzen aus. Schon eh' ich in die Schule kam, kannte ich alle Esspilze und auch die giftigen. Von meiner Oma hab ich das gelernt." „Jut, brat sie dir und wenn de morjen noch lebst, kannste die anderen auch bringen. Denn jibts morjen zum Abendbrot – wie nennste die Dinger?" „Blutreizger!" „Also jibts denn morjen Blutreizger!"

Die Blutreizger sahen in der Tat nicht gerade vertrauenerweckend aus. Es sind brüchige, breitkrempige Lamellenpilze, deren Hutoberseite vom leuchtenden Orange mit zunehmendem Alter in ein schmutziges Gelbgrau verbleicht. Schneidet man sie ab, so zeigen sie auf der Unterseite auch als Pilzgreise noch ihre leuchtende Jugendfarbe und sondern ein stark färbendes Blut ab. Auf Berührungen oder Druck reagieren sie mit Verfärbungen in ein giftiges Grün. In die Pfanne gehauen, verwandelten sie sich jedoch in eine köstlich duftende, schmackhafte Speise. Ein Teelöffel vom stets vorrätigen Bratfett, von uns wegen seines leicht ranzigen Geschmacks Wagenschmiere genannt, eine kleine gehackte Zwiebel, die geputzten eingeschnittenen Pilze, eine passende Pfanne und ein Platz auf der heißen Herdplatte genügten, um die Küche alsbald mit dem Duft dieser gebratenen Wald- und Wiesenspeise zu erfüllen. Natürlich habe ich am anderen Morgen noch gelebt, der fränkische Vogtländer Hermann übrigens auch: „Mensch, Moucha, das duftet ja wie bei meiner Oma! Weißte, die is' auch sonne Pilzkennerin wie du!" „Probier doch mal!" Das ließ er sich nicht zweimal sagen.

Am Nachmittag des folgenden Tages kam der Koch mit einem großen Henkelkorb in der Hand auf den Trockenplatz und ließ sich von mir den Reizgerfleck zeigen. Abends haben wir die gesammelten Pilze in die große Gulaschpfanne geschnitten und gebraten, so wie ich es von zu Hause her kannte. Keinem ist davon schlecht geworden. „Mensch, Moucha, so was kannste öfters bringen!" war die einhellige Meinung derer, die davon aßen. Es gab aber auch einige Angsthasen, die lieber trockene Pellkartoffeln gegessen haben als von den Reizgern zu kosten.

Innerhalb des Fabrikgeländes wuchsen auch viele andere Speisepilze: Birkenpilze, Rotkappen, Wiesenchampignons und Butterpilze. Ich kannte bald die Stellen ihres Vorkommens, sie wuchsen vor allem in den Randbezirken des Birken- und Pappelwildwuchses am Zaun beim Sägespanberg. Allmählich hatten sich auf die letzten Zweifler von meiner Pilzkenntnis überzeugen lassen, und der Meisterkoch meinte eines Tages zu mir, dem Küchengehilfen: „Also, wenn ick nach Hause komme, denn jeh ick selbst mal in die Pilze. Ich hatte ja an dir en juten Lehrer. Im Bergischen Land, oder im Siebengebirge werd ick unter Jarantie fündich!" Ob er das je wahrgemacht hat? Uns stets hungrigen Gefangenen wurde das Wildgemüse zu einem willkommenen Magenfüller. Endlich konnten wir wieder halbwegs gesättigt vom Tisch aufstehen, wenn es hieß: „Heute Mittag gibt's Pilze!" Leider machten bereits Ende Oktober die ersten Nachtfröste diesem Schlaraffenleben ein Ende.

Ein Instrument wird repariert

Einer unserer Mitgefangenen war ein älterer Herr, ein Dorflehrer aus der Nähe von Garmisch, den man kaum wahrnahm. Er hieß Stefan Holz und lebte still und zurückgezogen unter uns. Er verrichtete seine Arbeit, und keiner von uns hätte ihm etwas Besonderes zugetraut. Wie man sich täuschen kann! Eines Sonntags Anfang Oktober erschien am Nachmittag nämlich ein älterer Tscheche vor unserer Behausung und hatte eine kurze Unterredung mit dem diensthabenden Wachmann. Die beiden schienen sich gut zu kennen, denn der Tscheche bekam freien Zutritt zu unserer Unterkunft. Harms schien auf ihn gewartet zu haben, denn er nahm ihn sofort in Empfang, desgleichen die Gitarre, die jener in einem Kartoffelsack bei sich trug. Auch Stefan Holz war zur Stelle und begutachtete das Instrument von allen Seiten. „Es wird viel Arbeit kosten, diesen Trümmerhaufen wieder in eine brauchbare Gitarre zu verwandeln", meinte er. „Den Boden muss ich abnehmen und neu verleimen. Das Abnehmen dürfte kein Problem sein, der Boden ist sowieso schon überall lose."

Drei Wochen hat er Abend für Abend an dem Instrument gewerkelt, zwei fehlende Wirbel und alle Saitenstöpsel nachgeschnitzt, so gut es ging, und die Boden- beziehungsweise Deckenleisten neu verleimt. Endlich war es soweit: Das Instrument konnte geschlossen werden.

Anmerkungen

1 Peter Harlan (1898–1966) war Musikinstrumentenbauer, der Instrumente nach historischen Vorbildern baute. Im Jahr 1930 gründete er das Harlan-Trio, das mittelalterliche und barocke Musik in der historischen Aufführungspraxis spielte.
2 Veit Harlan (1899–1964) war Schauspieler und Regisseur. Schon 1933 bekannte er sich zum Nationalsozialismus. In der Folge drehte er mehrere antisemitische Filme, darunter den nationalsozialistischen Propagandafilm „Jud Süß". Nach dem Krieg wurde Harlan als „entlastet" eingestuft. Zwar wurden mehrere Gerichtsverfahren gegen ihn eingeleitet, doch kam es nicht zu einer Verurteilung.
3 Die Gambe (Viola da gamba) ist ein historisches Streichinstrument, das wegen der Spielhaltung auch Knie- oder Schoßgeige genannt wird.
4 Kleinstadt im Vogtland, etwa 30 Kilometer westlich von Plauen gelegen.
5 Der Text des Liedes stammte von dem Schriftsteller Walter Flex (1887–1917), die Melodie komponierte Robert Götz (1892–1978). Das Gedicht entstand 1915, vertont wurde es 1916.
6 Fritz Jöde (1887–1970) war ein Musikpädagoge, der nach dem Ersten Weltkrieg in Berlin die erste Jugendmusikschule gründete. Im Jahr 1917 veröffentlichte er die Liedsammlung „Der kleine Rosengarten", in der er Gedichte von Hermann Löns vertont hat. Hermann Löns (1866–1914) war Journalist und Schriftsteller und wurde mit seinen Natur- und Heimatgedichten berühmt.
7 Mit „Oma" wird stets die Großmutter mütterlicherseits bezeichnet. Die Eltern des Vaters von Dieter Möckel werden durchweg „Großmutter" und „Großvater" genannt.
8 Gemeint ist das sächsische Barockschloss Moritzburg bei Dresden.
9 „Des Löwen Erwachen" war der Titel einer komischen Operette von Johann Brandl (1835–1913).
10 Die SA (Sturmabteilung) war 1921 als Ordnungsdienst der NSDAP gegründet worden und entwickelte sich zu einer paramilitärischen Organisation, die für Aufmärsche und politische Krawalle eingesetzt wurde. Nach 1933 wurden SA-Einheiten zunächst zur Bewachung von Konzentrationslagern verwendet, vor allem aber organisierten sie die Verfolgungsmaßnahmen gegen die jüdische Bevölkerung, wie bei dem Boykott jüdischer Geschäfte 1933 und dem Pogrom vom November 1938.
11 Die Verschickung von Stadtkindern zu Ferienaufenthalten auf dem Land wurde von der Hitlerjugend (HJ) und der NS-Volkswohlfahrt in Zusammenarbeit mit den Schulen organisiert. Ursprünglich standen gesundheitliche Gründe im Vordergrund, seit Kriegsbeginn diente die Kinderlandverschickung (KLV) zunehmend dazu, die Kinder aus den vom Bombenkrieg bedrohten Städten zu evakuieren. Insgesamt wurden während des Krieges etwa 5 Millionen Kinder aufs Land verschickt. Dort lebten sie – manchmal jahrelang – in Schullandheimen, Jugendherbergen, Zeltlagern oder Pensionen. In den Einrichtungen wurden die Kinder politisch im Sinne der nationalsozialistischen Ideologie beeinflusst und paramilitärisch gedrillt.
12 Dialekt für: knabbern, nagen.
13 Die Firma Wilhelm Bleyle wurde 1889 in Stuttgart gegründet und entwickelte sich zu einem großen Bekleidungsunternehmen. Das wichtigste Produkt war für mehrere Jahrzehnte der Matrosenanzug für Knaben, von dem es 1915 schon 12 verschiedene Modelle gab.
14 Pexieren = eine Dummheit machen.
15 Pfannkuchen.

16 Die Hitlerjugend (HJ) entwickelte sich nach 1933 zu einem staatlichen Jugendverband, der die politische und körperliche Ertüchtigung der Jugendlichen im Sinne der NS-Ideologie bezweckte. Die Mitgliederzahl stieg kontinuierlich an und betrug im Krieg fast 9 Millionen. Ab 1939 war die Mitgliedschaft in der Hitlerjugend verpflichtend. Der HJ gehörten die Jungen zwischen 14 und 18 Jahren an, die Jüngeren (10–14 Jahre) wurden ins „Deutsche Jungvolk" aufgenommen. Analog wurden für die Mädchen als Unterorganisationen der Hitlerjugend der „Jungmädelbund" (für die 10–14-Jährigen) und der „Bund Deutscher Mädel" (BDM, für die 14–21-Jährigen) gegründet.

17 Das berüchtigte Lied war von Hans Baumann (1914–1988) geschrieben worden. Baumann kam aus der katholischen Jugendbewegung, trat 1933 der NSDAP bei, wurde Jungvolkführer und war als Schriftsteller und Journalist in der Reichsjugendführung tätig. Nach 1945 wurde Baumann ein erfolgreicher Jugendbuchautor.

18 Herms Niel (1888–1954), war der erfolgreichste Marschliederkomponist der Nazizeit.

19 Die 1933 gegründete NS-Gemeinschaft „Kraft durch Freude" war eine Unterorganisation der Deutschen Arbeitsfront, die kulturelle und touristische Veranstaltungen zu günstigen Preisen anbot.

20 Joseph Goebbels (1897–1945) war einer der engsten Vertrauten Hitlers. Von 1933 bis 1945 war er Reichsminister für Volksaufklärung und Propaganda und Leiter der Reichskulturkammer.

21 Das „Ehrenkreuz der Deutschen Mutter" war 1938 von Adolf Hitler gestiftet worden. Es wurde „deutschblütigen" und „erbgesunden" Müttern verliehen, die vier und mehr Kinder hatten: Stufe drei für 4 und 5 Kinder, Stufe zwei für 6 und 7 Kinder, Stufe eins für 8 und mehr Kinder.

22 Das Lied wurde 1936 von Hans Baumann geschrieben und 1938 in ein gleichnamiges Weihnachtslied der NS-Reichsjugendführung aufgenommen. Der Liedtext enthält keine christlichen und traditionellen weihnachtlichen Begriffe, stattdessen werden die Mythen der Nacht, der Wintersonnenwende und der Mütterkult in den Mittelpunkt gerückt.

23 Das Neunerlei ist eine traditionelle vogtländische Speisenfolge am Heiligabend. Es besteht aus Brot, Hirsebrei, Sauerkraut, Klößen oder Kartoffeln, Wurst oder Hering, Semmelmilch, Preißelbeeren, Stollen und Salz.

24 Das heidnische Fest der Wintersonnenwende am 21. Dezember; siehe auch Anm. 107.

25 Horace Fletcher (1849–1919) war ein selbsternannter amerikanischer Ernährungsreformer, der das lange und gründliche Kauen der Nahrung propagierte, um die Nahrung vorzuverdauen, was das Hungergefühl dämpfen und dem Übergewicht vorbeugen sollte. Mit Büchern und Vortragsreisen verdiente Fletcher Millionen, einen Doktortitel konnte er allerdings nicht vorweisen.

26 Die Regierungschefs von Frankreich, Édouard Daladier, und Großbritannien, Arthur Neville Chamberlain, versuchten durch das Münchener Abkommen mit Hitler vom 30. September 1938 den Frieden in Europa zu erhalten.

27 Gemeint ist Österreich, das im März 1938 an das Deutsche Reich „angeschlossen" wurde. „Franzmänner" und „Tommys" waren gängige Spitznamen für Franzosen und Engländer.

28 Pfifferlinge.

29 Lola Montez (1821–1861) war eine irische Tänzerin, die in den 1840er Jahren zur Geliebten des bayerischen Königs Ludwig I. wurde. Während der Revolution von 1848/49 wurde der König gezwungen, die skandalöse Beziehung zu beenden. Lola Montez ging zunächst in die Schweiz, von dort nach England und 1851 in die USA, wo sie am Broadway wieder als Tänzerin auftrat, begleitet von zahlreichen weiteren

Skandalen. In Ebersdorf hielt sich Lola Montez nicht nach der Münchener Affäre auf, sondern bereits im Jahr 1843, unmittelbar nachdem sie aus England geflohen war, wo sie als Hochstaplerin entlarvt worden war. Fürst Heinrich LXXII. Reuß (1797–1853), mit dem sie kurzzeitig liiert war, musste sie wegen ihres skandalösen Verhaltens des Landes verweisen.

30 Abraham Roentgen (1711–1793) war ein berühmter Möbelschreiner und Begründer der Roentgen-Möbelmanufaktur in Neuwied. Seit 1738 hatte er der Herrnhuter Brüdergemeine angehört, einer protestantischen Freikirche.

31 Der Kemmler ist ein Berg von gut 500 Metern Höhe am südlichen Rand von Plauen. Auf dem Gipfel stand früher der Kemmler-Turm, der im Jahr 1902 durch eine Bismarcksäule zu Ehren des ehemaligen Reichskanzlers ersetzt wurde. 1946 wurde die Bismarcksäule wieder in Kemmler-Turm umbenannt.

32 Dialektausdruck für: Kram.

33 Rumgetrödelt.

34 Grüne Klöße.

35 Weißgepunktetes schwarzes Kleid, in Anlehnung an den Vogel Star(matz).

36 Eine Zwille.

37 In der Nacht vom 9. auf den 10. November 1938 fand in Deutschland ein großes Judenpogrom statt, die sogenannte „Reichskristallnacht". Dabei wurden von SA- und NSDAP-Trupps zahlreiche jüdische Geschäfte und Wohnungen geplündert, 91 Menschen ermordet (nach offiziellen Angaben) und jüdische Synagogen, Bethäuser und Versammlungsräume zerstört. Am 10. November wurden etwa 26 000 Juden in die Konzentrationslager verschleppt.

38 Joseph Kreipl (1805–1866), österreichischer Sänger und Komponist von volkstümlichen Liedern.

39 Ignaz Josef Pleyel (1757–1831), österreichisch-französischer Komponist.

40 Hermann Göring (1893–1946) war Reichsluftfahrtminister und seit 1935 Oberbefehlshaber der deutschen Luftwaffe. Zugleich war der begeisterte Jäger seit 1934 Reichsjägermeister. Göring war für seine Prunksucht bekannt und raffte in der Nazizeit eine unermessliche Beute zusammen, die er in seinem repräsentativen Anwesen „Carinhall" in Brandenburg zur Schau stellte.

41 In „Rolf Torrings Abenteuer", einer populären Romanheftserie, die seit 1930 erschien. wurden exotische Abenteuer des Helden in Indien, China und Afrika geschildert.

42 „Pimpf" war die Bezeichnung für die Mitglieder des Jungvolks.

43 Die SS (Schutzstaffel) war 1925 gegründet worden und hatte ursprünglich die Aufgabe, den persönlichen Schutz Hitlers zu übernehmen. Später wurde sie zu einer weitverzweigten paramilitärischen und auch militärischen Organisation. Sie übernahm polizeiliche Funktionen und organisierte die Verfolgung und Vernichtung der Juden in den zahlreichen vor ihr eingerichteten Konzentrationslagern. – Der NSKK war das Nationalsozialistische Kraftfahrkorps, zunächst eine Sondereinheit der SA, dann eine Parteigliederung. Seine Aufgabe war die „motorische Ertüchtigung der Jugend" und die Kraftfahrerausbildung für das Heer.

44 Drahtputz, bei dem der Mörtel auf ein Drahtgeflecht aufgetragen wird, benannt nach dem Berliner Maurermeister Carl Rabitz (1823–1891).

45 Es handelt sich um Flugzeugtypen, die von den Flugzeugwerken Messerschmitt, Focke-Wulf, Heinkel und Junkers hergestellt wurden. Die ME 109, HE 111 und JU 87 wurden seit 1936 gebaut, die FW 190 seit 1939.

46 Die Spitfire war das berühmteste englische Jagdflugzeug, das in der Luftschlacht um England einen legendären Ruf erhielt, weil es wesentlich zum englischen Sieg über die deutsche Luftwaffe beitrug.

47 Der Völkische Beobachter war das 1920 gegründete Parteiorgan der NSDAP, das sich selbst im Untertitel als „Kampfblatt der nationalsozialistischen Bewegung Großdeutschlands" bezeichnete. Die Zeitung war eines der wichtigsten Mittel der Nazipropaganda, das übelste politische Hetze betrieb.

48 Die Sudetenkrise war ausgelöst worden durch die auf Instruktion Hitlers von der Sudetendeutschen Partei verlangte Angliederung des Sudetenlandes an das Deutsche Reich. Um einen Krieg zu verhindern, stimmten die Westmächte im Münchener Abkommen der Abtrennung des Sudetenlandes von der Tschechoslowakei zu. Damit gab sich aber Hitler nur zum Schein zufrieden. Im März 1939 besetzten deutsche Truppen die sogenannte „Resttschechei", was die anderen europäischen Mächte ebenfalls hinnahmen.

49 Die 1931 gegründete NS-Frauenschaft hatte die Aufgabe, Frauenarbeit im Sinne der nationalsozialistischen Ideologie zu leisten. An der Spitze stand die „Reichsfrauenführerin". Der Organisation gehörten 2,3 Millionen Frauen an. Die NS-Frauenschaft führte ideologische und praktische Schulungen durch, zum Beispiel Kurse zur Haushaltsführung, Ernährung und Kindererziehung.

50 Die Waffen-SS war der militärische Teil der SS. Die seit 1934 aufgebauten Einheiten entwickelten sich zu einer schwerbewaffneten Kampftruppe, der 1944 fast 600 000 Mann angehörten.

51 Der Kremser ist ein Fuhrwerk mit Planwagen für Ausflüge in die Natur.

52 Der 1. September 1939 war ein Freitag. Die Schule hatte in Berlin nach den Sommerferien schon am 8. August begonnen.

53 Otto Gebühr (1877–1954) war ein deutscher Schauspieler, der in zahlreichen Filmen die Rolle Friedrichs des Großen spielte. In der Nazizeit wirkte er in historischen Propagandafilmen mit, unter anderem unter der Regie von Veit Harlan.

54 Waldemar Kuckuck war ein bekannter Schriftsteller, Radioreporter und Kriegsberichterstatter.

55 Ilse Werner (1921–2005) war eine deutsche Schauspielerin und Sängerin, die ihre Karriere im „Dritten Reich" begann.

56 Abkürzung für Sturzkampfflugzeug.

57 Hier trügt den Autor sein Gedächtnis: Der „Tag der deutschen Wehrmacht" wurde am 2. August 1939 gefeiert, also noch in der Ferienzeit.

58 Wilhelm Schepmann (1894–1970) war von 1943 bis 1945 Stabschef der SA. Nach dem Ende des Krieges lebte er unter falschem Namen in Gifhorn, wurde aber 1949 verhaftet und angeklagt. Er wurde allerdings nach mehrjährigen Prozessen freigesprochen und auch im Entnazifizierungsverfahren als „unbelastet" eingestuft. 1956 wurde er zum stellvertretenden Bürgermeister von Gifhorn gewählt. Seine Wiederwahl 1961 löste öffentliche Proteste aus, woraufh Schepmann zurücktrat.

59 KLV steht für Kinderlandverschickung; siehe oben Anm. 11.

60 Der österreichisch-ungarische Komponist Franz Liszt (1811–1886) komponierte sein symphonisches Werk „Les Préludes" zwischen 1848 und 1854. Die Nazis benutzten das fanfarenartige Hauptthema seit 1941 als Signal für ihre Wehrmachtsmeldungen im Radio.

61 Die Dienstherrin von Oma Möckel war wahrscheinlich die bürgerlich geborene Luise Thiem (1838–1917), seit 1880 als Frau von Lobenhausen die Ehefrau von Kraft Karl August Eduard Friedrich Prinz zu Hohenlohe-Ingelfingen (1827–1892), einem preußischen General und Militärschriftsteller.

62 Das 1933 veröffentlichte Lied wurde als „Fahnenlied der Hitlerjugend" bezeichnet, der martialische Text stammte von Reichsjugendführer Baldur von Schirach (1907–1974).

63 Siehe oben Anm. 17.
64 Das Westerwaldlied (Oh du schöner Westerwald) ist ein Marsch- und Wanderlied aus dem Jahr 1935, komponiert von Joseph Neuhäuser (1890–1949). Der Originaltext wurde oft durch derbere Versionen ersetzt, der genaue Wortlaut der hier erwähnten Umdichtung ließ sich nicht ermitteln.
65 Mayrhofen liegt im Zillertal in Österreich, das damals zum „Großdeutschen Reich" gehörte.
66 Bärmeln = sächsischer Dialekt für: jammern.
67 Zetern, kreischen.
68 Verschlampt.
69 Juno war eine Zigarettenmarke des Berliner Herstellers Oskar Josetti, Overstolz eine Marke der Kölner Zigarettenfabrik Haus Neuerburg.
70 Rankern = sich unruhig hin- und herdrehen.
71 Die Firma Wiking-Modellbau war 1934 gegründet worden und baute Schiffs- und Flugzeugmodelle.
72 Der Warthegau war ein seit 1939 von Deutschland besetztes Gebiet im westlichen Polen.
73 Kleine Heringe aus der Ostsee.
74 Ostpreußische Rote-Bete-Suppe, auch Beetenbartsch geschrieben.
75 Fluss, der bei Königsberg (heute Kaliningrad) in das Frische Haff mündet.
76 Gaststätte.
77 Erich Koch (1896–1986) war von 1928 bis 1945 Gauleiter der NSDAP in Ostpreußen und von 1941 bis 1945 Chef der Zivilverwaltung in Białystok (Polen) und Reichskommissar in der Ukraine. Wegen schwerer Kriegsverbrechen wurde er 1950 an Polen ausgeliefert und dort 1959 zum Tode verurteilt. Die Strafe wurde 1960 in lebenslänglich umgewandelt, und Koch verbrachte den Rest seines Lebens im Gefängnis.
78 Mädchen.
79 Das „Schwarze Korps" war ein Propaganda- und Hetzblatt der SS, das von 1935 bis 1945 immer mittwochs erschien.
80 Verwaltungsgehilfe.
81 Brägen oder Bregen: Hirn von geschlachteten Tieren (niederdeutsch).
82 Lorbas: frecher Junge (ostpreußisch).
83 Karl Liebknecht (1871–1919) war ursprünglich sozialdemokratisches Reichstagsmitglied gewesen. 1916 war er wegen seiner kriegskritischen Haltung aus der SPD-Fraktion ausgeschlossen und zu vier Jahren Zuchthaus verurteilt worden. Nach dem Kriegsende 1918 wurde er entlassen und gründete zusammen mit Rosa Luxemburg (1871–1919) den kommunistischen Spartakusbund und kurz danach die Kommunistische Partei Deutschlands, die für die Errichtung einer sozialistischen Republik in Deutschland kämpfte. Als der Spartakusbund im Januar 1919 einen Aufstandsversuch unternahm, wurden Liebknecht und Luxemburg von einer Bürgerwehr verhaftet und anschließend von nationalistischen Offizieren ermordet. Die Leiche Rosa Luxemburgs wurde in den Berliner Landwehrkanal geworfen.
84 Der Liedtext spielt an auf die Einverleibung des Saarlandes in das Deutsche Reich im Jahr 1935. Nach dem Ersten Weltkrieg war das Saarland für 15 Jahre unter französische Verwaltung gestellt worden. Bei einer Volksabstimmung 1935 stimmten 90 Prozent der Saarländer für die Rückkehr des Landes zu Deutschland.
85 Sumpfiger Strandstreifen zwischen Steilküste und Meer.
86 Eine Kurrende war ein aus bedürftigen evangelischen Schülern bestehender Chor, der bei Festen von Haus zu Haus zog und für Geldspenden sang.
87 Bordun = Brummbass.

88 Arno Holz (1863–1929) war ein deutscher Dichter und Dramatiker und gilt als Vertreter des Naturalismus. Die hier erwähnte Ballade heißt in hochdeutscher Übersetzung: „Ein Boot ist noch draußen". Die zitierte erste Strophe lautet übersetzt: „Ahoi! Klaus Nielsen und Peter Johann / Guckt nach, ob wir noch nicht zu Mus (geworden) sind! / Ihr habt doch den Klabautermann gesehen? / Gottlob, dass wir wieder zu Hause sind!"
89 Otto Ernst (1862–1926), deutscher Schriftsteller aus Hamburg. In seiner Ballade „Nis Randers" rettet der Titelheld in einer Sturmnacht aus einem untergehenden Wrack seinen lange verschollenen Bruder.
90 Klunker: Klößchen.
91 Der deutsche Angriff auf die Sowjetunion begann am 22. Juni 1941.
92 Im Soldatenjargon bezeichnet der „Heimatschuss" eine Verletzung, die nicht lebensbedrohlich ist, aber schwer genug, um von der Front zur Behandlung in die Heimat gebracht zu werden. Im Idealfall führte der Heimatschuss zur dauernden Wehrdienstunfähigkeit, sodass der Betroffene nicht mehr in den Krieg musste.
93 Das Winterhilfswerk (WHW) wurde 1933 als Unterorganisation der NS-Volkswohlfahrt (NSV) gegründet, um die Arbeitslosigkeit zu bekämpfen und Bedürftigen durch Spenden zu helfen. Das WHV führte Haus- und Straßensammlungen durch und veranstaltete sogenannte „Eintopfsonntage".
94 Kalmus: eine krautige Sumpfpflanze.
95 Alfred Wegener (1880–1930) war ein deutscher Meteorologe und Geowissenschaftler, der mehrere Grönlandexpeditionen unternahm. Auf dem Rückweg von der dritten Expedition kam er 1930 im Eis ums Leben.
96 Roald Amundsen (1872–1928), Polarforscher, erreichte 1911 als erster Mensch den Südpol und 1928 den Nordpol.
97 Eisernes Kreuz 2. Klasse.
98 Friedrich III. (1831–1888), der nach dem Tod Kaiser Wilhelms I. im Jahr 1888 Deutscher Kaiser wurde, starb bereits nach 99 Tagen im Amt.
99 Amor, der mit seinen Pfeilen ins Herz trifft und so die Verliebtheit auslöst.
100 Die drei im Jahr 1936 eingeweihten NS-Ordensburgen „Falkenburg" am Krössinsee, „Vogelsang" in der Eifel und „Sonthofen" im Allgäu waren ursprünglich Schulungsstätten für künftiges nationalsozialistisches Führungspersonal. In diesen „Schulen der Weltanschauung" sollten junge Männer zwischen 23 und 30 Jahren, die sogenannten „Ordensjunker", politisch indoktriniert und militärisch ausgebildet werden. Nach Kriegsbeginn wurde diese Ausbildung eingestellt, und die Ordensburgen wurden teilweise als Lazarett oder auch für die Kinderlandverschickung genutzt. In der „Falkenburg" richtete im Februar 1945 der Reichsführer SS Heinrich Himmler (1900–1945) kurzzeitig seinen Befehlsstand ein.
101 Der Hitlergruß, der mit erhobenem rechtem Arm ausgeführt wurde.
102 Über den großen Onkel (Zeh) gehen: einwärts gehen; das Bein beim Gehen nach innen drehen; umgangssprachliche Wendung aus dem Berlinerischen, abgeleitet von dem Französischen „grand ongle" (großer Zeh).
103 Pulchra: weibliche Form des lateinischen Adjektivs pulchrum, das schön, hübsch, vortrefflich bedeutet.
104 In der wissenschaftlich unhaltbaren Rassentheorie der Nazis wurden anhand körperlicher Merkmale angebliche menschliche Rassen definiert, so die hier erwähnten „fälischen", „nordischen", „dinarischen" und „ostischen" Rassen.
105 Kanäle.

106 Die Nationalpolitischen Erziehungsanstalten (Napola) waren 1933 aus ehemaligen Kadettenanstalten der preußischen Armee gebildet worden. Die Anstalten waren achtklassige Internatsschulen, die mit der Hochschulreife abschlossen. Die Napola unterstanden zunächst dem Reichserziehungsminister, wurden aber nach Kriegsbeginn von der SS übernommen und zur Heranziehung nationalsozialistischen „Führernachwuchses" benutzt.

107 Statt des christlichen Weihnachtsfests propagierten die Nazis in ihren Einrichtungen die Feier des altgermanischen Julfests zur Wintersonnenwende, das als „arteigenes Brauchtum" angesehen wurde. Dabei wurden sogenannte Julleuchter verschenkt, der Weihnachtsbaum wurde zur Jultanne umfunktioniert.

108 Die Skepsis des Autors ist angebracht. Die Edda war im Urtext keineswegs in althochdeutscher Sprache abgefasst, sondern in altisländischer Sprache, die für einen mitteleuropäischen Germanen mit Sicherheit unverständlich war. Aber auch die beiden genannten germanischen Helden dürften kaum Althochdeutsch gesprochen haben.

109 Wurstkonserve.

110 Thilo Scheller (1897–1979) war ein nationalsozialistischer Schriftsteller und Reichsarbeitsdienstführer. Er verfasste zahlreiche nationalsozialistische Lieder.

111 James Fenimore Coopers (1789–1851) Indianerromanzyklus „Der Lederstrumpf" gehörte zu den populärsten Abenteuergeschichten für Kinder und Jugendliche.

112 Nach eigener Darstellung wurde Hitler 1918 nach einer an der Front erlittenen Erblindung durch Senfgas im Reservelazarett Pasewalk behandelt. Neuere Forschungen gehen davon aus, dass es sich dabei um eine Legende handelt und dass die zeitweise Erblindung Hitlers durch ein von Hysterie ausgelöstes Augentrauma herbeigeführt wurde. Nach der psychiatrischen Diagnose des behandelnden Arztes, Professor Edmund Forster, war Hitler ein „Psychopath mit hysterischen Symptomen". Siehe dazu Bernhard Horstmann, Hitler in Pasewalk. Die Hypnose und ihre Folgen. Düsseldorf 2004.

113 Das Pfenniggrab ist ein großes Dolmengrab in der Nähe von Jasmund auf Rügen.

114 Nischel: mitteldeutsch für Kopf.

115 Polken: fingern, herumnesteln. Läusepolken meint also das mühsame Auffinden von Läusen.

116 Kristina Söderbaum (1912–2001) war eine schwedische Schauspielerin und die Ehefrau von Veit Harlan, unter dessen Regie sie große Erfolge in Propagandafilmen feierte. In drei von diesen Streifen, darunter auch der Film „Jugend" von 1938, fand sie den Tod im Wasser, was ihr den Spitznamen „Reichswasserleiche" einbrachte.

117 „Hitlerjunge Quex" wurde 1933 mit namhaften deutschen Schauspielern gedreht und zeigte das Schicksal eines von Kommunisten erstochenen Hitlerjungen. Der gleichfalls propagandistische Film über den von KPD-Mitgliedern ermordeten SA-Führer Horst Wessel (1907–1930) wurde 1933 unter dem Titel „Hans Westmar - Einer von vielen" in die Kinos gebracht. Der dritte Nazi-Märtyrer, Albert Leo Schlageter (1894–1923), war wegen Spionage und Sprengstoffanschlägen gegen die französischen Besatzungstruppen im Ruhrgebiet von einem französischen Militärgericht zum Tode verurteilt und hingerichtet worden. Seine Taten wurden in dem Film „Seine Saat" von 1933 glorifiziert. „Jud Süß" war der bekannteste NS-Propagandafilm, gedreht von Veit Harlan 1940, in dem übelste antisemitische Hetze betrieben wurde.

118 Die 1852 gegründete Schokoladenhandlung „Felix & Sarotti" hatte seit 1913 eine große Fabrik in Berlin-Tempelhof.

119 Die Maginotlinie war ein aus zahlreichen Bunkern und Wällen bestehendes Verteidigungssystem, das nach dem Ersten Weltkrieg an der französischen Ostgrenze

gebaut wurde, um einen erneuten deutschen Angriff abzuwehren. Sie war benannt nach dem französischen Kriegsminister André Maginot (1877–1932).

120 Schmächtig, dürr; abgeleitet vom Substantiv Spiller, das einen kleinen, schmächtigen Jungen bezeichnet.

121 Das frivole Lied stammte von dem berühmten Berliner Vokalensemble „Comedian Harmonists" und begann mit den Versen: „Laß mich dein Badewasser schlürfen, / einmal dich abfrottieren dürfen, / und deine Oberweite messen / und alle andern Frau'n vergessen."

122 Das Protektorat Böhmen und Mähren war nach dem deutschen Einmarsch in der Tschechoslowakei 1939 als deutsches Reichsgebiet proklamiert worden und wurde von einem Reichsprotektor verwaltet.

123 Lychen liegt in der Uckermark etwa 100 Kilometer nördlich von Berlin.

124 Matthäus Merian der Ältere (1593–1650) war ein berühmter Kupferstecher, der in seiner „Topographia Germaniae" zahlreiche Städteansichten veröffentlichte.

125 Malzkaffee.

126 Das Frauenkonzentrationslager Ravensbrück wurde 1939 eingerichtet. 1942 kamen ein Männerlager und das sogenannte „Jugendschutzlager Uckermark" für Mädchen und junge Frauen hinzu. Die Häftlinge mussten Zwangsarbeit im nebenan gelegenen Werk der Firma Siemens & Halske leisten. Bis 1945 wurden im KZ Ravensbrück mehr als 150 000 Häftlinge registriert. Viele von ihnen starben an Hunger, Krankheiten und medizinischen Experimenten. Von Januar bis April 1945 wurden in Ravensbrück 5000 bis 6000 Häftlinge vergast.

127 Bistritz am Hostein (Bystřice pod Hostýnem) liegt im Osten des heutigen Tschechien. Der 734 Meter hohe Hostein ist ein Wallfahrtsberg, auf dessen Gipfel schon im 16. Jahrhundert eine Kapelle errichtet worden war. Später wurde hier ein Wallfahrtskloster gebaut.

128 Die Kleinstadt Falkenstein liegt im Süden des heutigen Bundeslands Sachsen, direkt an der Grenze zu Tschechien.

129 Holz der Pechkiefer.

130 Löffel aus Neusilber, einer Kupfer-Nickel-Zink-Legierung.

131 Das Gedicht von Friedrich Leopold Graf zu Stolberg (1750–1819) wurde von Franz Schubert (1797–1828) vertont und gehört zu seinen beliebtesten Liedern.

132 Dietrich Fischer-Dieskau (1925–2012) war einer der berühmtesten deutschen Liedsänger.

133 Fester Freund, Liebhaber.

134 Ohrfeige.

135 Nach der Invasion Siziliens durch britische und amerikanische Truppen im Juli 1943 war der italienische Diktator Benito Mussolini gestürzt und interniert worden. Im September 1943 wurde Mussolini von deutschen Fallschirmjägern befreit und mit einem Fieseler Storch nach Deutschland ausgeflogen. Wenig später kehrte er nach Norditalien zurück, wo er bis 1945 die unter deutscher Kontrolle stehende Republik von Salò regierte.

136 Ein Speisepilz.

137 „Gefrierfleischorden" oder „Eisbeinorden" waren die Spitznamen für die „Medaille Winterschlacht im Osten 1941/42", mit der deutsche Soldaten ausgezeichnet wurden.

138 Es handelte sich sehr wahrscheinlich um das Buch „Die Frau als Hausärztin. Ein ärztliches Nachschlagebuch für die Frau" von Dr. Anna Fischer-Dückelmann (1856–1917), das erstmals 1901 erschien und eine Millionenauflage erreichte. Das Buch war unter anderem ein Pionierwerk der sexuellen Aufklärung.

139 Das sogenannte Burenlied „Oranje Transvaal" glorifizierte den Kampf der südafrikanischen Buren gegen die englische Kolonialmacht um 1900. Die Buren waren die europäischstämmigen Siedler in Südafrika, die seit dem 17. Jahrhundert aus den Niederlanden, aber auch aus Frankreich und Deutschland gekommen waren.
140 Kohleferien wurden im Krieg gewährt, um in den Schulen Brennstoff zu sparen.
141 Eine Kleinstadt im Vogtland.
142 Bei dem Luftangriff auf Leipzig am 4. Dezember 1943 kamen 1800 Menschen ums Leben, weitere 114 000 wurden obdachlos.
143 Der Sicherheitsdienst war 1931 gegründet worden und unterstand im Krieg dem Reichsführer SS. Er überwachte als Nachrichtendienst die Bevölkerung im Inland und unterhielt zugleich ein Netz von Agenten im Ausland. Im Krieg war der SD an der Ausbeutung der besetzten Gebiete beteiligt, wobei er mit den Einsatzgruppen der SS zusammenarbeitete.
144 Zwetschgen- oder Pflaumenmus.
145 Verziertes, süß gefülltes Oblatengebäck.
146 Die V 1 und V2 („Vergeltungswaffen") waren Boden-Boden-Raketen, die von den Nazis seit 1944 gegen Ziele in England und den Niederlanden eingesetzt wurden. Von diesen „Wunderwaffen" erhoffte man sich eine Wende im Krieg. Die hier erwähnten V 4 und V 5 existierten nur in der Fantasie des Sprechers.
147 Der Christliche Verein junger Männer entstand zu Beginn des 19. Jahrhunderts aus evangelischen Jünglingsvereinen und entwickelte sich zu einer weltweiten Jugendbewegung. In vielen Städten wurden Jugendhotels des CVJM gegründet, in denen Jugendliche preiswert übernachten konnten.
148 Das Buch „Die Armee hinter Stacheldraht. Das Sibirische Tagebuch" wurde verfasst von Edwin Erich Dwinger (1898–1981), einem nationalistischen (und später nationalsozialistischen) Schriftsteller. In dem 1929 veröffentlichten Werk schilderte Dwinger seine Erlebnisse in der russischen Kriegsgefangenschaft während des Ersten Weltkriegs. Seit 1936 gehörte Dwinger der SS an, machte sich aber während des Krieges durch abweichende Meinungen unbeliebt und wurde 1943 unter Hausarrest gestellt.
149 Casanova heiratet: Filmkomödie von Viktor de Kowa (1904–1973) von 1940; In flagranti: Spielfilm von Hans Schweikart (1895–1975) von 1943; Zirkus Renz: Spielfilm von Arthur Maria Rabenalt (1905–1993) von 1943.
150 Johannes Nepomuk (um 1345–1393) war ein Märtyrer, der gefoltert und in Prag in die Moldau geworfen wurde. Beim Prager Fenstersturz wurden am 23. Mai 1618 die katholischen kaiserlichen Statthalter in Böhmen von aufgebrachten Protestanten aus dem Fenster des Palastes in Prag geworfen. Das Ereignis war das Signal zum Ausbruch des Dreißigjährigen Krieges zwischen Protestanten und Katholiken.
151 Böhmisch Brod (Český Brod) ist eine Kleinstadt etwa 30 Kilometer östlich von Prag.
152 Das von dem Prager Schriftsteller Wolfgang Adolph Gerle (1781–1864) verfasste Buch „Prag und seine Merkwürdigkeiten" erschien erstmals 1825. Das Zitat findet sich auf S. 21.
153 Wahrscheinlich ist der Ort Schwarzenberg (Černá Hora) zweihundert Kilometer nördlich von Brünn gemeint. Hier stand auch das gleichnamige Schloss.
154 Die Wehrertüchtigungslager waren Ausbildungsstätten der Hitlerjugend zur vormilitärischen Ausbildung der sechzehn bis siebzehn Jahre alten Jugendlichen. Gegen Ende des Krieges wurden auch erst fünfzehnjährige Jugendliche wie Dieter Möckel einberufen.
155 Groß-Zinitz (Groß-Senitz) liegt etwa 80 Kilometer nordöstlich von Brünn im Osten des heutigen Tschechien. Der heutige Ortsname ist Senice na Hané.

156 Der Reichsarbeitsdienst (RAD) wurde 1935 gegründet. Alle jungen Männer und Frauen zwischen 18 und 25 Jahren wurden dadurch zur Ableistung eines Arbeitsdienstes von sechs Monaten Dauer verpflichtet.
157 Die Pistole 08 (Luger) wurde 1908 im Deutschen Reich als Armeewaffe eingeführt.
158 Soldatenjargon für den Unteroffizier, der die Kleiderkammer verwaltet.
159 Pietro Badoglio (1871–1956) war ein italienischer General, der nach dem Sturz Mussolinis 1943 Ministerpräsident wurde, einen Waffenstillstand mit den Alliierten schloss und Deutschland den Krieg erklärte. Der inhaftierte Mussolini wurde von einem deutschen Kommando befreit und als Regierungschef der in Norditalien geründeten Republik von Salò eingesetzt. Siehe Anm. 135.
160 Neuhaus (Jindřichův Hradec) ist eine Stadt im Süden Tschechiens an der Grenze zu Österreich.
161 Die Organisation Werwolf wurde im September 1944 als eine nationalsozialistische Untergrundbewegung gegründet, die hinter den feindlichen Linien Sabotageakte verüben und Partisanen bekämpfen sollte.
162 Siehe Anm. 17.
163 Das Lied wurde 1914 von Hermann Claudius (1878–1980) geschrieben und war ursprünglich ein beliebtes Lied der sozialdemokratischen Jugend.
164 Malzkaffee der Firma Franz Kathreiner.
165 Amerikanisches Jagdflugzeug der Firma Lockheed.
166 Am 8. Mai 1945 trat nach der bedingungslosen Kapitulation der deutschen Wehrmacht der Waffenstillstand in Kraft. Damit endete gleichzeitig das NS-Regime.
167 Kleinstadt im Bayerischen Wald an der deutsch-tschechischen Grenze.
168 Karl Dönitz (1891–1980) war seit 1943 Großadmiral und nach Hitlers Tod dessen Nachfolger als Reichspräsident und Oberbefehlshaber der Wehrmacht. Er leitete bis zum 23. Mai 1945 die letzte nationalsozialistische Regierung in Flensburg. Dönitz wurde 1946 als Kriegsverbrecher zu zehn Jahren Haft verurteilt.
169 Tschechische Stadt in Südböhmen, hundert Kilometer südlich von Prag gelegen.
170 Kapos waren Häftlinge, die als Aufsichtspersonen über andere Häftlinge eingesetzt wurden. Sie erhielten dafür Vergünstigungen.
171 Einfacher, von einem Pferd gezogener Holzwagen.
172 Národní výbor bedeutet „Nationalausschuss". Diese Ausschüsse bildeten sich gegen Ende des Zweiten Weltkriegs als tschechische Regierungsorgane.
173 Beraun ist eine Stadt in Böhmen, 30 Kilometer westlich von Prag gelegen.
174 Die Adolf-Hitler-Schulen waren nationalsozialistische Ausleseschulen, in denen die künftige NS-Führungselite ausgebildet werden sollte.
175 k.u.k. ist die Abkürzung für kaiserlich und königlich und bezeichnet die Doppelmonarchie von Österreich-Ungarn.
176 Mit Pflaumenmus gefüllte Teigtaschen.
177 Süße gefüllte oder ungefüllte Teigknödel.
178 Nico Dostal (1895–1981) war ein österreichischer Operetten- und Filmkomponist. Zu seinen Werken gehörte die Operette „Die ungarische Hochzeit", die 1939 uraufgeführt wurde.
179 Schaf.
180 Das berühmte Buch „Ueber den Umgang mit Menschen" von Adolph Freiherr Knigge (1752–1796) erschien erstmals 1788 und beschäftigte sich mit den guten Umgangsformen in der zivilisierten Gesellschaft.
181 Johann Heinrich Voß (1751–1826) war ein deutscher Dichter und Übersetzer, der vor allem durch seine Übersetzung der Werke Homers berühmt wurde.

182 Reinhard Heydrich (1904–1942) war einer der höchsten SS-Führer und Chef der Geheimpolizei. Seit 1941 war er mit der sogenannten „Endlösung der Judenfrage" beauftragt, das heißt der Deportation und Ermordung der europäischen Juden. Gleichzeitig amtierte er als Stellvertretender Reichsprotektor in Böhmen und Mähren. 1942 wurde er von tschechischen Widerstandskämpfern getötet. Als „Vergeltungsmaßnahme" ließen die Nazis die Dörfer Lidice und Ležáky zerstören und alle männlichen Bewohner über 15 Jahre erschießen. Die Frauen wurden in Konzentrationslager deportiert, die Kinder kamen zum Teil zu deutschen Pflegeeltern, zum Teil wurden sie umgebracht.

Nachwort

Dieter Möckel hat im Herbst seines Lebens seine Erinnerungen an die Kindheit und Jugend niedergeschrieben. Das Buch, obwohl umfangreich, ist nicht abgeschlossen, denn es endet abrupt mit der Schilderung der Erlebnisse des Autors in einem tschechischen Lager, in das der fünfzehnjährige Jugendliche nach dem Ende des Zweiten Weltkriegs als Kriegsgefangener geraten war. Erst im September 1946 kehrte Dieter Möckel aus der Gefangenschaft zu seinen Eltern nach Gefell zurück.

Dieter Möckel war ein feinfühliger Mensch mit vielfältigen Begabungen und Interessen: Er war Sammler, Zeichner, Naturliebhaber, Instrumentenbauer und Musiker. Eine besondere Liebe entwickelte er für die Musik und hier ganz besonders für ein Instrument: die Gitarre. Er nahm Unterricht bei dem bekannten Gitarristen Heinz Teuchert aus Frankfurt am Main. Daneben hatte er schon früh begonnen, sich für die Musik des Mittelalters und der Renaissance zu interessieren. Da es keine geeigneten Instrumente zum Spielen dieser Musik gab, beschloss er, selbst alte Instrumente nach historischen Abbildungen nachzubauen. Er gründete mit Musikern die Gruppen „Die Spielleut", „In Seculum", „Gentili Spiriti" und gab regelmäßig Konzerte. In den letzten Jahren seines Lebens war seine große Leidenschaft die Musik des schwedischen Komponisten und Sängers Carl Michael Bellman (eines Zeitgenossen Mozarts). Er gründete das „Bellman-Trio", um diese Lieder aufzuführen.

Dieter Möckel hatte ein enorm gutes Gedächtnis und konnte schon immer gut erzählen, insbesondere seine wechselvolle Familiengeschichte. Seine Kinder baten ihn, seine Erlebnisse und Erinnerungen schriftlich festzuhalten. So begann er damit, sein Leben aufzuschreiben. Immer wenn ein neuer Abschnitt fertig war, ließ er sich bei Familientreffen oder Zusammenkünften mit guten Freunden nicht lange bitten, diesen vorlesen zu lassen – niemals trug er seinen Text selber vor, dies war immer die Aufgabe von Ingeborg, der Ehefrau und Dieters Rückhalt in allen Situationen.

Leider war es Dieter Möckel nicht möglich, die weitere Entwicklung nach 1945, insbesondere seine Erfahrungen in der Nachkriegszeit und in der frühen DDR bis zur Flucht 1953, zu Papier zu bringen. Krankheitsbedingt fiel es ihm immer schwerer, an seiner Lebensgeschichte weiterzuschreiben. Aber schon zuvor war es der Familie aufgefallen, dass die Kriegsjahre und die Gefangenschaft ihn sehr stark beschäftigten und er davon nicht loskam. Die Traumatisierungen der Jugend, lange Zeit verdrängt, kamen nun an die Oberfläche und beschäftigten ihn immer mehr. Als er im Jahr 2009 im Alter von 79 Jahren verstarb, lag ein umfangreiches Manuskript vor, das die Kindheit und Jugend von 1929 bis 1945 behandelte. Nach reiflichen Überlegungen sowie intensiven Gesprächen innerhalb der Familie entschloss man sich, dem Vorschlag einer Veröffentlichung zuzustimmen, um diese individuelle Geschichte einer Jugend, die gleichzeitig ein historisch interessantes Dokument darstellt, der Öffentlichkeit zugänglich zu machen.

Die Lebenszeit, die in dem Buch geschildert wird, fällt nahezu exakt mit der Phase der nationalsozialistischen Diktatur zusammen. Dieter Möckel wurde 1929 in Plauen im Vogtland geboren und verbrachte die ersten Kinderjahre in dem Ort Gefell. Die Eltern betrieben dort eine Stickerei. 1938 erfolgte der Umzug in die Hauptstadt Berlin, wo Dieters Vater einen Zweigbetrieb aufbaute. Die Familie bewohnte ein Haus in Lichtenrade.

Unter normalen Umständen hätte der junge Dieter hier nicht nur seine Schulzeit verbringen, sondern zum jungen Mann heranwachsen können, der dann vielleicht in den väterlichen Betrieb eingetreten wäre. Doch nichts war „normal" in dieser Zeit, wenn man heutige Maßstäbe anlegt. Die Normalität des Lebens der Familie Möckel wurde das, was die Nazis aus Deutschland machten: ein Land, in dem eine radikale politische Bewegung sich alle Macht aneignete, die Gesellschaft in „gute" Deutsche und in „Volksschädlinge" aufteilte und unnachgiebig verfolgte; ein Land, in dem alle Medien vom Regime beherrscht und kontrolliert wurden, in dem tagaus, tagein übelste Propaganda verbreitet wurde; ein Land, in dem schon die Kinder in den Schulen von den Lehrern und in zahlreichen nationalsozialistischen Organisationen von den „Führern" indoktriniert wurden.

Dieter Möckel erzählt, wie er hineinwächst in diese Verhältnisse und wie er von ihnen geprägt wird. Als kleines Kind kann er sich der gesellschaftlichen und politischen Atmosphäre seiner Zeit nicht entziehen. Die Eltern geben ihren Kindern Geborgenheit und Liebe, doch sie vermögen es nicht – und sie wagen es nicht – in einem von Hass und Hetze geprägten Land ihre Kinder in einer Weise großzuziehen, die den Normen des nationalsozialistischen Deutschland widersprochen hätte. In einer Diktatur, das zeigt die Schilderung von Dieter Möckel eindringlich, ist es nahezu unmöglich, als Kind und Jugendlicher in Distanz oder gar Opposition zum Regime heranzureifen, weder in der emotionalen noch in der intellektuellen Entwicklung. Der individuelle Reifeprozess ist unter solchen Umständen ein Prozess der Korruption der kindlichen Anlagen hin zu einem ideologisch verzerrten, inhumanen Welt- und Menschenbild. So geht es auch dem kleinen Dieter oder „Ditt", wie er in seiner Familie genannt

d. Er wird bereits in seinen ersten zehn Lebensjahren in seinem Denken und Fühlen, in seiner Sprache und in der Sicht auf die Gesellschaft, in der er aufwächst, geprägt von dem, was seine Lehrer und Mitschüler, Bekannte und Verwandte und vor allem auch die öffentliche Propaganda ihm vorleben und vorsagen.

Solange er im Kreis seiner Familie lebt, bildet diese noch ein starkes Gegengewicht zu der von Ausgrenzung, Hass und zunehmendem Fanatismus gekennzeichneten politisch-sozialen Sphäre des nationalsozialistischen Deutschland. Das ändert sich, als 1939 der Krieg ausbricht und im Jahr danach die Zeit der Kinderlandverschickung beginnt. Der gerade elfjährige Dieter entgeht zunächst noch der Entsendung in ein KLV-Lager und kommt vom Herbst 1940 bis zum Sommer 1941 zunächst nach Palmnicken in Ostpreußen, wo ihn Bekannte seiner Oma in ihre Familie aufnehmen. Er kann hier eine weithin unbeschwerte, glückliche Zeit verbringen.

Ab 1941 beginnt für Dieter dann das Lagerleben. Er verbringt von da an bis zum Ende des Jahres 1945 seine Jugendzeit in Lagern, abgesehen von einigen kurzen Heimaturlauben. Er durchläuft mehrere KLV-Lager in Pommern, auf Rügen, dann im sogenannten Reichsprotektorat Böhmen und Mähren, dem heutigen Tschechien, das 1939 von den Nazis besetzt worden war. Die Lager stehen unter der Leitung der Führer der Hitlerjugend, teilweise fungieren als Lagerleiter auch Angehörige der Waffen-SS. In den Lagern herrschen militärischer Drill und Schikanen, die Kinder und Jugendlichen leben in kasernierter Form zusammen, teilweise in primitiven Baracken. Die KLV-Lager fungieren als Erziehungseinrichtungen im Sinne der NS-Ideologie, der die Kinder und Jugendlichen fernab von ihren Eltern ausgeliefert sind. Das hier vermittelte Weltbild ist das der nationalsozialistischen Männergemeinschaft, die Sprache, in der dieses pervertierte Gemeinschaftsideal vermittelt wird, ist verroht und vulgär. Wer den körperlichen und ideologischen Ansprüchen an einen „deutschen Pimpf", wie die Angehörigen des „Jungvolks" genannt werden, nicht genügt, ist eine „Memme" und ein „Schlappschwanz". Und nicht zuletzt gibt es im Lager gravierende körperliche und seelische Bedrohungen bis hin zum sexuellen Missbrauch durch die Lehrer und Lagerleiter.

Den ausführlich geschilderten bedrückenden Lagererfahrungen stehen auch hellere, glücklichere Erlebnisse entgegen. Dazu gehören vor allem die kindlichen Spiele und die regelmäßigen Ausflüge in die Natur. Diese Aktivitäten bieten Erleichterung und Entlastung vom Jungvolkdrill, und hier können die Kinder, zumindest für kurze Phasen, ganz sie selbst sein. Dieter Möckel schildert die Spiele und Freizeitvergnügen der Kinder und Jungen, ihre erlaubten und unerlaubten Exkursionen in die Natur, der Dieter von Kindesbeinen an sehr zugetan ist. Ihn faszinieren seit jeher die Pflanzen und Tiere, und er eignet sich die Natur nicht nur durch den direkten Kontakt an, sondern verarbeitet seine Eindrücke auch in Zeichnungen. Die Empfindsamkeit und das sich entwickelnde künstlerische Talent des Jungen stehen im klaren Kontrast zum barschen Ton und der immer wieder zutage tretenden Brutalität des Lagerregimes. Diese wird gelegentlich von menschlichen Lehrerinnen und Lehrern gemildert, die den Kindern Freiräume gewähren und ihre Entwicklung fördern.

Insgesamt aber ist das „Lager", so zeigen es die Schilderungen Dieter Möckels, ein Ort, an dem die freie Entfaltung der Insassen unmöglich ist, was umso schlimmer ist, wenn Kinder und Jugendliche von ihren Familien getrennt und einer ideologisch fanatisierten Lagerdisziplin unterworfen werden. Die KLV-Erfahrungen des Autors verweisen darauf, was grundsätzlich auf dem Spiel steht, wenn Menschen gegen ihren Willen und gegen ihre Neigung gezwungen werden, in Lagern zu leben: Es ist dies nicht weniger als die Würde des Menschen. Nicht von ungefähr haben gerade im 20. Jahrhundert die diktatorischen und totalitären Regime das Lager zu einem zentralen Element ihrer Politik gemacht. In Lagern sollen die Angehörigen der eigenen „Rasse" oder „Klasse" im Sinne der herrschenden Ideologie geschult werden; in Lagern werden die Gegner der eigenen Politik oder auch nur die Verweigerer willkürlich eingesperrt; in Lager werden diejenigen verschleppt, die das Regime „eliminieren" will; in Lagern hält man diejenigen auf unbestimmte Zeit fest, die man als Terroristen identifiziert und denen man ein reguläres juristisches Verfahren verweigert; in Lagern endet aktuell auch in Europa wieder die Odyssee derjenigen, die von Krieg und Gewalt in die Flucht getrieben werden.

Dieter Möckel verbringt die Zeit von seinem elften bis zum sechzehnten Lebensjahr in Lagern. Kurz vor dem Ende des Krieges, als dieser für das Deutsche Reich schon längst aussichtslos geworden ist, wird er in ein sogenanntes Wehrertüchtigungslager einberufen. Dort wird er militärisch ausgebildet und Anfang 1945 dazu genötigt, sich „freiwillig" zum Kriegsdienst zu melden. Zum Kampfeinsatz kommt es dann aber glücklicherweise für ihn nicht mehr. Statt dessen gerät er Anfang Mai 1945 in Kriegsgefangenschaft. Dies hat zur Folge, dass er auch das folgende Jahr noch in Lagern verbringen muss. Von einem amerikanischen Kriegsgefangenenlager wird er zunächst in ein russisches Lager überstellt, und dort entgeht er nur knapp dem Transport nach Sibirien, wo ihn der Gulag erwartet hätte – jenes stalinistische Arbeitslagersystem, in dem seit den 1930er Jahren Millionen von Sowjetbürgern und seit dem Krieg

Dieter Möckel singend und trinkend in Bellmanscher Manier, gezeichnet von der Bozener Künstlerin Trude Saltuari-Oberegger

weitere Millionen von Kriegsgefangenen zu Tode geschunden wurden. Eine sowjetische Militärärztin verhindert dies, indem sie den schwachen Jugendlichen aussortiert. Er kommt anschließend in tschechische Gefangenschaft und wird als Zwangsarbeiter in einer Fabrik eingesetzt. Auch hier ist das Leben schwierig, Hunger und harte Arbeit zehren an den körperlichen Kräften, hinzu kommt die seelische Belastung durch das Heimweh nach den Eltern und Geschwistern und die Ungewissheit, ob er sie je wiedersehen wird. Aber schließlich findet der junge Dieter in dem Arbeitslager Hilfe und Heilung. Nicht nur die Mitgefangenen unterstützen ihn, sondern auch die tschechischen Aufseher und Arbeiter: Sie stecken ihm zusätzliche Lebensmittelrationen zu, sie ziehen ihn von zu anstrengenden Arbeiten ab, sie behandeln ihn, den ehemaligen Feind, wie einen Menschen. Und an einem warmen Sommertag im August 1945 schenkt ihm eine schöne Frau ein paradiesisches Erlebnis. Darin verbinden sich Natur, Schönheit und menschliche Wärme zu einer heilenden, die Schrecken der Nazi- und Kriegszeit überwindenden Erfahrung, die das weitere Leben des Jungen prägen und bestimmen wird. Diesem Ende der Erzählung wohnt ein Zauber inne, dessen warmes Licht den Autor bis in den Herbst seines Lebens begleiten wird.

Sybille von Soden / Thomas und Stefan Möckel / Jürgen Müller